# 用纯净眼光看中国农村

清华大学中国农村研究院
『百村调查』成果汇集

清华大学中国农村研究院◎编

SEE RURAL CHINA IN PURE VISION
—COMPILATION OF HUNDRED VILLAGES INVESTIGATION

中国发展出版社
CHINA DEVELOPMENT PRESS

图书在版编目（CIP）数据

用纯净眼光看中国农村：清华大学中国农村研究院"百村调查"成果汇集/清华大学中国农村研究院编 . —北京：中国发展出版社，2013. 6
ISBN 978-7-80234-947-6

I. ①用… Ⅱ. ①清… Ⅲ. ①农村—社会主义建设—调查研究—中国 Ⅳ. ①F320. 3

中国版本图书馆 CIP 数据核字（2013）第 119194 号

书　　　名：用纯净眼光看中国农村
　　　　　　——清华大学中国农村研究院"百村调查"成果汇集
著作责任者：清华大学中国农村研究院
出 版 发 行：中国发展出版社
　　　　　　（北京市西城区百万庄大街 16 号 8 层　100037）
标 准 书 号：ISBN 978-7-80234-947-6
经 　销 　者：各地新华书店
印 　刷 　者：北京明恒达印务有限公司
开　　　本：710mm×1000mm　1/16
印　　　张：33
字　　　数：600 千字
版　　　次：2013 年 6 月第 1 版
印　　　次：2013 年 6 月第 1 次印刷
定　　　价：98. 00 元

联 系 电 话：(010) 68990630　68990692
购 书 热 线：(010) 68990682　68990686
网 络 订 购：http：//zgfzcbs. tmall. com//
网 购 电 话：(010) 88333349　68990639
本 社 网 址：http：//www. develpress. com. cn
电 子 邮 件：bianjibu16@ vip. sohu. com

# 序言一

大学生也许没有足够的社会阅历和经验，但他们有最纯真的理想和信念。在2012年清华大学中国农村研究院（以下简称农研院）开展的"百村调查"暑期实践活动中，来自清华大学、中国人民大学、中国农业大学、北京师范大学等首都高校的在校大学生和研究生，利用暑期返回自己的家乡或在其他地方的农村深入调研，用最纯净的眼光和最真实的语言观察并记录了中国农村最真实的状况，写出了一篇篇令人感动的调研报告。这些调研报告所用的专业术语并不多，也没有太多政策性语言，但写得深刻而客观。

我长期从事"三农"工作，读了这些报告，感觉报告中提出的问题和政策建议可以达到专业级水平。报告中对于农村教育、农村医疗卫生、农民合作社等问题的探讨，与国家部委或省级相关机构的研究相比，毫不逊色。同学们的调查研究不带任何功利目的，他们用纯净的眼光去看"三农"问题，深入田间地头开展实地调研，为农研院带回了最宝贵、最有价值的资料。农研院的专家学者和教授有责任把这些资料转化为研究成果和政策建议。

同学们在大学期间能够利用宝贵的假期，放弃自己休闲放松和与亲人团聚的时间，深入农村，特别是深入到青海、宁夏、贵州和云南等偏远地区的农村调研，实在难能可贵。同学们在"百村调查"活动中展现出了当代大学生的实践能力、创新能力和社会责任感。

一次真正投入了感情的调研会令人刻骨铭心，对人生产生重要而深远的影响。同学们通过参加"百村调查"活动，一方面丰富了自己的社会经验，另一方面培养锻炼了多方面的能力，增强了社会责任感。同学们在调研活动结束后，可以从如何为人处事方面进行总结。比如，作为当代大学生应该了解什么，应该做什么，应该怎样与社会上各种各样的人打交道。与农民打交道，如果你想要农民把你当朋友，对你说真话，你就必须信任他、尊重他，这样才能了解到最真实的信息。在现实生活中，如果涉及"三农"问题的政策和国家的法律在某一个地区贯彻不好或者被扭曲了，问题的根源可能在于"三农"实际工作者对国家相关政策法规存在认识上的偏差。这一点希望同学们在未来走上工作岗位后能够引起足够重视。

我年轻的时候下乡种了十年地。当年上山下乡的那些人，据不完全统计有1600多万，基本上都回到城市了。而我所熟悉的当年一起下乡的人，回到城市之后从事"三农"工作的没有几个。我本科毕业于中国人民大学农业经济系，班里40多位同学，现在仍然从事与"三农"工作有直接关联的同学不超过5个。以我的个人经验来看，青年人对于自己未来的设计，眼界要放宽。并不是说自己学了某个专业，一辈子就注定要从事这一职业。同学们应该把上大学看作是增长知识、培养解决问题能力的过程。至于自己所学的专业和将来从事的职业，并不见得有太多必然的联系。

清华大学中国农村研究院开展"百村调查"暑期实践活动，目的并不在于让同学们以后每年假期都去调研，也并不是为了让同学们毕业后都从事与"三农"相关的工作，而是为在校大学生提供一个了解"三农"问题的机会，这对青年人的成长是非常重要的。如果想要建设好中国，发展好中国，为国家的现代化作出贡献，了解农业、农村、农民是对当代中国青年的基本要求。如果青年人做到了这点，我想他们身上的浮躁和片面都会减少很多。正是出于上述原因，清华大学中国农村研究院组织了这项活动。只要同学们愿意参与，清华大学中国农村研究院还会继续为他们提供更多的机会和条件，帮助他们去农村开展调研。

最后，我想将最近的一些感触与大家分享。上海的一位著名"知青"作家叶辛出版了一本书——《客过亭》，由六篇具有散文性质的文章组成。之所以给这本书取这个名字，缘于他当年下乡时经历的一件事。当时他在贵州农村插队，有一天和一个老农在田边搞戽水。戽水是一项很重的体力活，需要用两根绳子拽着簸箕一样的容器从下一层梯田往上一层梯田戽水，以方便插秧。老农戽水可以弄300下，叶辛当年只有20多岁，正年轻力壮，但他戽50多下就受不了了。老农看他累得不行了，让他靠在田埂上休息一下。老农靠在田埂上就打呼噜睡着了，叶辛却一肚子牢骚，抱怨活这么累，工分挣的这么少，吃的还这么差。其实，别看老农打呼噜，他还是听到了叶辛的抱怨。他把草帽一摘对叶辛说，小伙子不要这么大的脾气，人到世上来要想做点事，其实就是受苦；你要知道，山坡是主，人是客。这句话，让叶辛记了半辈子，因此他把这本书的书名叫《客过亭》。山坡千百年来都没有多大变化，所以主人是田野，是山川，是大地，我们每一个人，每一代人，无非就是一个过客而已。为什么有人留名，有人留不了名；有人留好名，有人留恶名，你这个客怎么当是最重要的。叶辛觉得这件事情对他的人生影响很大，我听到这个故事也深有感触。

　　现在同学们都是风华正茂的时候，我希望同学们能够通过这样一些活动，增长知识，开阔胸怀和眼界，把今后的人生道路走得更扎实，也更加有社会责任感，未来从多方面为国家和民族的发展进步做出实实在在的贡献。

中央农村工作领导小组副组长、办公室主任<br>
清华大学中国农村研究院院长　　陈锡文

# 序言二

清华大学以服务人民、奉献社会为己任，以培养人才为根本任务，形成了"厚基础、重实践、求创新"的育人特色，鼓励和组织青年学生积极参加社会实践活动，使他们在实践中受教育、做贡献、长才干。2012 年暑期，清华大学中国农村研究院与共青团清华大学委员会、共青团清华大学研究生委员会，及北京其他高校相关机构和学生社团合作，组织开展了"百村调查"活动，吸引了在京多所高校近千名在校大学生和研究生的广泛参与。同学们经过两个多月的调查研究，取得了丰硕的实践成果，积累了宝贵的人生财富。

"百村调查"活动引导学生在实践中运用已知、更新旧知、开掘新知、探索未知，帮助青年学生体验式参与到调查研究的整个过程，促进青年学生进一步认识科学研究规律，掌握科学研究方法，树立科学研究意识，增强自主研究能力。同时，活动让青年学生深入农村，走进农户，深度调查我国农村社会发展变迁的基本情况，了解新时代农民的生产生活现状，直观感受我国农村社会的风土人情，为青年学生准确把握我国农村实情，深刻认识我国基本国情创造了很好的条件，为理想信念教育、爱国主义教育，增强社会责任感与历史使命感，激励广大青年学生自觉投入中华民族伟大复兴"中国梦"的宏伟事业，提供了非常重要的平台。活动的一大特色是，突破了不同高校、不同专业领域的界限，实现了队员之间的校际联合、跨专业结合，实现各高校和社会教育资源的优化整合，为帮助青年学生构建完善的知识结构，促进自身综合全面发展，培养自身独立品格打下坚实基础，也为进一步增强学校之间的沟通交流提供了重要渠道。

党的十八大报告明确指出，解决农业农村农民问题是全党工作的重中之重。作为国家重点支持的大学，关注和研究重大社会课题，为党和国家决策提供咨询参考和智力支撑，为国家经济社会发展贡献力量，是清华大学义不容辞的责任。2011 年，在清华大学百年华诞之际，在中央农村工作领导小组和相关部委的关心和支持下，清华大学成立中国农村研究院，为推进我国农业农村农民事业快速健康发展、实现国家农业现代化发展贡献力量。清华大学中国农村研究院作为清华大学的一个新兴研究机构，秉承和弘扬清华大学"爱国奉献、追求卓越"，"自强不息、厚德载物"的光荣传统，充分利用清华大学的综合学科优势，整合校内外涉农各领域、各部门的资深专家、学者，开展广泛深入、形式多样的"三农"研究活动，取得了丰硕的研究成果。

本书作为"百村调查"活动的重要成果汇编，选题涵盖农民子女教育、农村卫生、农村"三留守"问题、农村承包地经营与流转、农村合作经济组织、农村金融服务、农民增收等多个方面，涵盖经济学、社会学、人类学、教育学、医学、金融、公共管理等多个学科，以实地考察、访谈、问卷、统计、分析等多种方式，反映了当前我国农村发展过程中亟需解决的重要问题。书中收录的调查成果主题突出、内容充实、思想深刻，展现了当代大学生敏锐的洞察力，凝聚了参加活动的近千名同学两个多月全情投入、认真思考的智慧和汗水，具有一定的理论价值和现实意义。

好学才能上进，希望广大青年学子珍惜青春大好时光，传承和弘扬百年清华精神，继续发扬刻苦钻研、艰苦奋斗的优良作风，按照习近平总书记提出的大兴学习之风的要求，做到带着问题学，拜人民为师；做到干中学、学中干，学以致用、用以促学、学用相长；坚持学习、学习、再学习，坚持实践、实践、再实践，成长为一名有担当、敢担当、能担当的栋梁之才，用实际行动服务人民，奉献社会，报效祖国，引领未来！

清华大学党委书记
清华大学中国农村研究院指导委员会主任　胡和平

# 序言三

　　"百村调查"实践活动是清华大学中国农村研究院组织首都高校大学生和研究生开展的一次非常成功、有价值的活动。记得第一时间拿到这本厚厚的调研报告集时，我用两天时间通读了全部报告。读完报告，感觉自己又充了一次电，深感从事农村政策研究工作，如果一段时间不去农村调研，就会感觉说话没了底气。

　　总结这次调研活动，我觉得主要有以下几方面的意义。

　　第一，是一次真正深入农村的调查。毛泽东同志说过，"没有调查就没有发言权"，"不做正确的调查，同样没有发言权"。当前，下基层做调查，很多都是事先安排好的，真实问题很容易被掩盖。而"百村调查"活动，共有96个支队，近千名北京各高校的大学生和研究生足迹遍及中国205个村庄，直接访谈5000多个农户。同学们很少选择去繁华的沿海地区的农村，绝大多数去的是边远落后地区、最基层的传统村庄，了解到了农民最真实的心声。因此，"百村调查"活动是一次真正深入中国农村的调查。

　　第二，是一次真正认识农村的调查。"三农"问题是国家发展面临的"难中之难"。那么，难在何处？中国要在2020年全面建成小康社会，实现这一目标，最艰巨、最繁重的任务在农村。农村到底还有哪些问题需要解决？同学们的报告在肯定中国农村发展取得成就的同时，也发现了许多真问题。比如，有报告提到，乡村教师的工资和乡村医生的工资，比打工者的工资低得多。许多专家学者说，中国农村承包地必须流转起来，土地规模太小，农业就没有出路，但很少有人关注农民对于土地流转的看法是什么。同学们通过调研发现，农民关心的并不是土地能否尽快流转起来，而是关心怎么样种地才能赚到钱，怎么样才能使土地不被廉价征用。同学们深入农村，从不同角度了解到转型期中国农村的真实面貌，发现了一些真实存在的问题，这对中国农村发展政策的制订具有非常重要的参考价值。

第三，检验了当代青年学生学为所用的能力。同学们在调研过程中积极开动脑筋，综合运用了田野调查法、参与观察法、问卷法、访谈法和文献收集法等多种方法。在调查过程中，有些同学发现"百村调查"问卷设计中存在一些问题，提到问卷设计太过复杂，简单明了的问卷反而能够得到更加真实的反馈。许多同学在访谈中发现，现实中的许多细节问题，是难以从问卷中得到答案的，也是无法预知的。所以复杂的问卷不能够满足调研的需求，不能获得更多新的信息。同学们在发现问题的同时，也积极在调查方法上开动脑筋。有的同学针对特定的问题开展深入的个案访谈；有的同学则采取观察法，连续观察江西唐江儿童看电视的偏好，最终得出了正确的结论；有的同学对政府文件、学术论文和观点进行了系统地梳理；还有调研支队自己动手设计问卷，如关于留守儿童的问卷，关于撤点并校的问卷，关于青海、西藏双语教学的问卷。这些问卷有些只有一页半纸，十几个问题，但全是核心问题。如果同学们不自己动手设计问卷，可能调查报告也写不了如此精彩。

第四，锻炼了青年学生思考和分析现实问题的能力。此次调查，大家不仅是填写问卷，更要将调查过程中的所见所闻撰写成调研报告。许多报告进行了深入思考和理论分析研究。比如，有的报告对学校和乡村的关系做了深入分析，发现中国乡村自古以来都是和学校融合在一起的，没有学校就没有中国乡村文化。有的报告提到，男人是乡村的脊梁，女人是乡村的乳汁。现在男人和女人都进城了，留下的都是老人和小孩。没有了脊梁，没有了乳汁，这些小孩就像在移民大潮中被抛到岸上的可怜小鱼。有的报告深入分析了人在再社会化过程中家庭的作用。现在，许多农村留守老人和留守儿童的家庭是空巢家庭，小孩从小享受不到正常的家庭生活，缺乏一个最有效的再社会化媒介，其人格发育受到了不良影响。有的报告以村庄为视角，研究中国农民是怎么富起来的，文风与费孝通教授对中国村庄的研究颇有几分相似。很多调研报告也作了非常好的政策分析，这些报告稍加整理，不做任何修饰，就能汇总出一篇很好的政策建议报告。所提的对策建议都是直入主题，非常到位，可以直接为国家决策提供重要参考。

第五，培养了青年学生对中国农村的感情。青年学生若能对中国农村产生深厚感情，对人生的成长，绝对是一种正能量。有人在问，怎么样了解中国？电视、网络上的信息基本都是带有发布者偏好的。这次活动，使青年学生亲眼看到了真实的中国农村。有同学说，他们真真实实感受到脚下这块土地是养育中国人的根之所在，对土地应该怀有一种谦虚的、崇敬的和感恩的心情。有的同学提到，虽然只有七到八天的调研，但感觉自己经历了一场蜕变，整个身心都被抽换了一次。他们被中国农民的热情与淳朴以及他们对土地的那份执着的热爱深深地感动了。

第六，提升了当代青年学生的实践能力、创新意识和社会责任感。党的十八大报告提到要培养学生的社会责任感、创新精神、实践能力。这也正是"百村调查"活动中青年学生所展现出的精神。有同学说，通过调查，看到了不一样的中国，深切地体会到农民生活的艰辛。农民确实需要帮助，作为当代中国青年学生，要更加珍惜现在的学习机会，为社会贡献自己的一份力。以甘肃青海撤点并校报告为例，这个团队以大学一年级学生为主，通过出色的团队组织工作，在甘肃青海两省六个县市30个村庄开展了扎实的深入调研，取得了高质量的调研成果，极其不易。这是当代青年学生社会责任感、创新精神的具体写照。

最近媒体正在提倡"走转改"，即"走基层，转作风，改文风"。这次调研活动对于广大青年学生来说，也是"走转改"。青年学生走基层，改变了部分原有的作风，形成的调研报告中几乎没有空话、官话、套话和大话，全是鲜活的语言，确有改文风的意味。

今后，清华大学中国农村研究院将继续组织青年学生深入农村调研，反映中国农民的心声和呼声，让中国农民更加公平地分享到中国的改革发展成果。这也是我们每个人应担当的责任。

国务院发展研究中心副主任

韩俊

清华大学中国农村研究院副院长

# 目　录

# 综 合 篇

# 当前农村农业生产经营与基本公共服务
# 的实践进展与完善措施
## ——清华大学中国农村研究院2012年"百村调查"调研分析报告

清华大学中国农村研究院于2012年暑期对全国205个村5165个农户进行了"百村千户"问卷调查。调查表明,伴随着农村人口的不断转移,农业生产方式正在发生重大变化。农业生产的家庭人口、土地经营、专业合作均出现了向现代农业推进发展的新特征。同时也存在农户急需的营销、信贷合作发展及需求严重不足,水利等农业基础设施建设和维护机制不健全等问题。应依法确立农户长久不变、更加充分而有保障的土地承包经营权;以培养新型农民为重点培育新型农业经营主体;以发展专业合作为重点构建新型农业服务组织;以健全建设和维护机制为重点加强农业基础设施建设。

调查同时表明,农村基本公共服务供给明显改善,"两免一补"政策的实施大大降低了农民家庭的义务教育负担,"新农合"、"新农保"基本实现了全覆盖,农村贫困家庭大都享受到了低保服务,农民对基本公共服务的迅速普及和广泛覆盖表示满意。但是,一些边远地区"撤点并校"增加了农村儿童上学的难度,农村家庭非义务教育阶段负担依然较重,欠发达地区养老、卫生等服务的经费保障和设施建设仍存在一定困难,需要不断完善政策,加快推进农村地区基本公共服务均等化进程。

党的十六大以来,我国农业生产经营方式发生重大转变,农村公共服务体系框架基本建立,我国现代农业和社会主义新农村建设取得重大进展。2012年暑期,清华大学中国农村研究院组织首都高校在校学生进行了"百村千户"农村调研活动,对全国205个村和5165个农户进行了问卷调查,对部分村干

---

本文作者:韩俊,清华大学中国农村研究院副院长、国务院发展研究中心副主任;何宇鹏,清华大学中国农村研究院院长助理、国务院发展研究中心农村经济研究部副部长;刘红岩,清华大学中国农村研究院博士后;刘万霞,清华大学中国农村研究院博士后。

部、村民进行了深入访谈①。调查表明，在农业生产经营方面，"家庭经营＋专业服务"正成为农业生产的主要方式，为我国现代农业发展贡献了巨大能量，中国农民在现代化进程中将家庭承包经营的伟大创造不断推向新的高度，同时也存在制度创新和政策完善的空间；在基本公共服务方面，广大农民对基本公共服务的迅速普及和广泛覆盖深表满意，同时也提出了改进和完善的对策建议。

# 一、农村农业生产经营与基本公共服务的
# 基本现状与实践进展

## 1. 农村农业生产经营的基本现状

（1）农业生产的家庭人口特征

一是农村人口不断转移，人口老龄化特征显现。调查显示，2011 年，平均每村人口 1811 人，其中劳动力 949 人，外出务工劳动力 345 人，占农村劳动力的 36.4%。平均每村 60 岁以上老人 265 人，占农村实际人口的 16.3%，比占农村户籍人口的比重高 1.7 个百分点，农村每 6 个人中就有 1 个老人。在调查的 5165 个农户中，58.6% 的家庭有人外出，外出农户家庭呈现的老龄化现象更加突出。外出农户家庭平均每户 4.6 人，外出人口 2.0 人，留守的 2.6 口人中，有 1.6 人为 60 岁以上老人。由此可见，外出农户家庭呈现出明显的"三留守"特征，以留守老人为主，他们是外出家庭农业生产的主要经营者。

二是农业生产以妇女、老人为主，兼业现象明显。调查表明，40.3% 的家庭土地由妇女耕种，38.5% 的家庭土地由老人耕种，二者合计占近 80%。只有 1/5 的家庭土地是青壮年男劳力耕种。在家从事农业的农民中，还有 31.7% 的人兼业。调查显示，农业生产者的平均年龄为 47.3 岁。从家庭成员就业结构上看，平均每户 4.6 人，其中劳动力 2.8 人，从事非农业生产的劳动力 1.9 人，由此可知，从事农业的全劳动力应为 0.9 人。但调查数据同时显示，平均每户从事农业生产的人数为 1.9 人，可以推知，每户平均有 1 名 60 岁以上的有劳动能力的老人在从事农业生产，是农业生产的实际经营者。

三是农业收入不再是农户家庭收入的主要来源。2011 年，调查村农民人均

---

① 调查村分布在全国 23 个省、区、市，其中 27% 位于平原地区，25.5% 位于丘陵地区，47.5% 位于山区；21.3% 是城郊型村庄，78.7% 是非城郊型村庄。

纯收入为7837元（比全国平均水平高23%），其中来自农业的收入占34%。农业经营收入在家庭收入中份额下降，工资性收入在农民增收中的作用越来越大。从种植行为上看，粮食播种面积在农户家庭作物播种面积中占到了73.8%，近2/3（65.6%）的农户表示，种地主要是为了自家粮食够吃，只有1/3的农户家庭经营是商品生产导向。这表明对许多农户来说，粮食生产的家庭保障功能依然十分重要。

（2）农业生产的土地经营特征

一是土地流转加快，人均经营面积增大。调查显示，发生土地流转的农户占农村家庭的15.5%，其中全部转出户占7.2%（与整户外出8%的比例相当），村均流转面积占承包耕地面积的15.6%。户均家庭经营实际面积达到9.4亩，比户均承包地面积8.6亩多9%。但由于劳动力大量外出务工，从人均经营实际面积看，则达到3.6亩，比没有外出情况下的人均承包地面积1.8亩高出了1倍。

二是土地流转以农户间自发流转为主，农户流转仍以种植粮食为主。调查显示，55.5%的农户自发进行土地流转，但经过村集体或县乡土地流转中心进行的调整也占据了相当比例（图1）。流转的主要原因是外出打工和因之引起的家庭劳动力匮乏，占71.5%。在流转土地中，71.3%的土地在农户间流转（图2）。农户转入土地仍以种植粮食为主，占2/3（图3）。据此推算，农户间的土地流转，保证了近一半（47.6%）的流转土地用于粮食生产。土地在农户间的流转和家庭经营的生产方式，构成了保障国家粮食安全的微观基础。

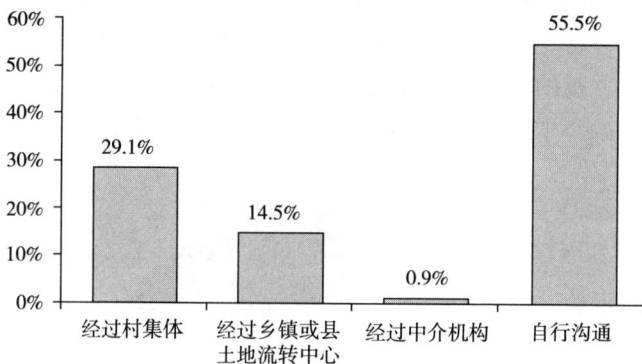

**图1 土地流转的主要形式**

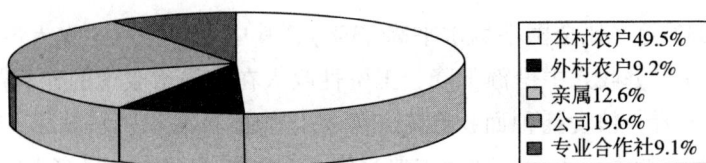

图2　土地流转的方向

本村农户49.5%
外村农户9.2%
亲属12.6%
公司19.6%
专业合作社9.1%

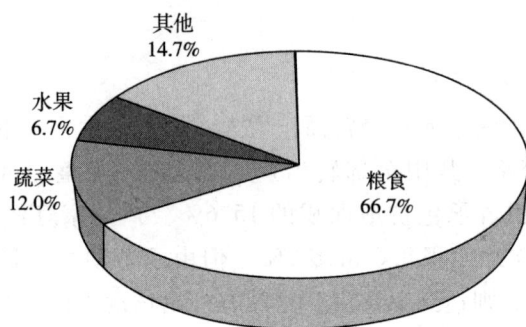

图3　农户间流转土地的种植结构

其他 14.7%
水果 6.7%
蔬菜 12.0%
粮食 66.7%

　　三是公司经营占到流转土地面积的 1/5，种植行为与农户经营明显不同。调查显示，公司经营的土地面积占到流转土地的 19.6%。在有公司租地经营的 21 个村中，每个公司平均转入土地 766 亩，其中 85% 用于非粮食生产（图4）。可见，转入土地后，公司的经营行为与农户的家庭经营行为完全不同，呈现出明显的商品农业生产特征。另外，农民专业合作社流转的土地面积接近 10%，与农户经营粮食作物为主和公司经营非粮食作物为主不同，合作社经营呈现出产品的专业化方向，种植结构比较平均（图5）。综合计算，在转出的土地中，有 55.2% 用于种植粮食。公司流转土地种植结构与农户家庭种植结构显示出较大区别，公司专业化种植的商品生产特征更加明显，而家庭种植的生活保障功能更加明显，表明土地的集中经营更加倾向于经济作物的市场化生产。

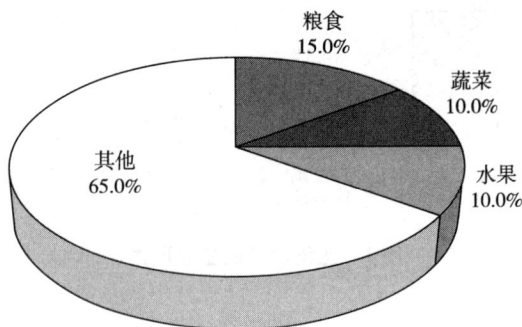

图4　公司转入土地的种植结构

粮食 15.0%
蔬菜 10.0%
水果 10.0%
其他 65.0%

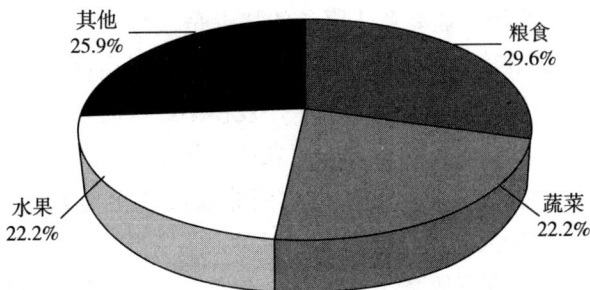

**图5　合作社转入土地的种植结构**

（3）农业生产的专业合作特征

一是专业服务发展迅速，其中农业机械化推进最快。调查显示，专业服务在家庭经营中得到不同程度的使用。大体上，40%左右的农户采用了机械耕种收服务，20%左右的农户采用了统一灌溉服务，15%左右的农户采用了统一植保服务，还有30%左右的农户采用了其他统一服务，机械化专业服务发展最快（图6）。目前，在农户家庭经营中，逐步形成了田间管理环节主要由家庭成员承担，耕种收环节主要由机械服务承担，植保等技术环节由专业人员承担的分工格局趋势，农业生产的专业合作特征越来越明显。

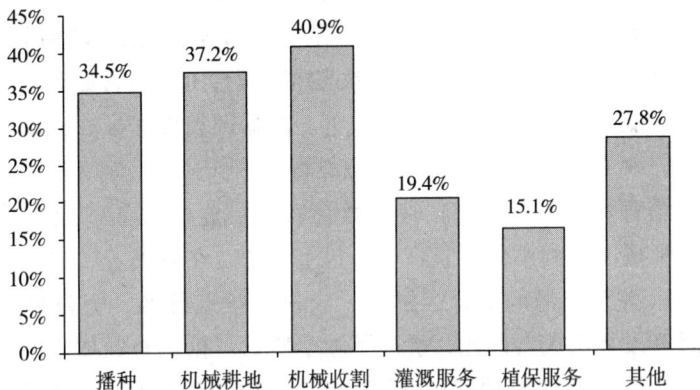

**图6　农户采用各类统一服务的情况**

二是提供专业服务的主体是专业户而非合作社。调查显示，尽管专业服务在农业生产中得到广泛应用，但提供服务的主体是专业户而非合作社。调查村中，只有21.2%的村成立了农民专业合作社，调查户中，只有10.8%的农民参加了农民专业合作社，合作社对村庄和农户的覆盖率都很低。以机械作业为例，提供专业服务的主要是农机专业户，覆盖了50%农田的机耕种收，而合作社覆盖面只有不到 6% 。表明我国农业专业化服务的特点是，有一部分专业农户从纯农户中分离出来，专门从事某个生产环节的专项服务，从而通过各个生产环节的专业化规模经营叠加，有效改变了小农家庭生产规模不经济的特点，进而推动了整个农业向现代化方向发展。这也预示着我国农业现代化在人多地少的资源禀赋约束下，将通过"家庭经营＋专业服务"模式而非通过"土地兼并集中以发展大农场"的方式实现。由于大多数合作社对会员的服务并没有差别待遇（调查显示，77.3% 的合作社社员在获得服务上没有优惠价格），并且在机播耕种收服务上形成了竞争市场，实际上农民并不需要通过专业合作来降低服务成本。这也表明，家庭经营条件下的农户联合并非只有专业合作一条途径。

## 2. 农村基本公共服务的实践进展

（1）教育服务的实践进展

一是农村义务教育基本普及，"两免一补"减轻了农民子女教育负担。百村调查表明，农村小学适龄儿童平均就学率达 92.7% ，初中适龄儿童平均就学率达 90.8% ，义务教育基本得到普及。94.2% 的义务教育段学生就读于公办学校，5.8% 就读于民办学校。由于实行"两免一补"政策，每年每生减免的学杂费、书本费等各项费用平均约 1729 元，相当于受调查家庭年均纯收入的 4.8% 。受调查村义务教育没有实现全覆盖的主要原因在于，部分贫困地区特别是"留守儿童"在小学高年级和初中升学无望情况下选择辍学打工。尽管如此，农村学生接受高中普通教育和职业教育的状况显著改善。根据调查数据推算，农村初中毕业生中，约有 83.0% 的人继续接受高中阶段教育。

二是农村教育资源不断整合，寄宿教育发展迅速。随着"撤点并校"的不断推进，大体形成了农村学龄儿童在中心村上小学、在乡镇上初中、在县城上高中的基本格局。教育资源的整合，解决了农村教学点分散、力量薄弱、合班教学、兼授科目和发展失衡等问题，提高了教学质量。据调查数据，56.8% 的人认为"撤点并校"后农村学校师资和办学质量有不同程度提高，只有 5.5% 的人认为不如从前。得益于"两免一补"政策的推行，越来越多的农村学生选择寄宿就读。调查表明，有 63 个村和 113 个村的义务教育阶段学龄儿童上寄宿小学和寄宿初中，分别占调查村的 30.7% 和 55.1% 。根据调查数据推算，约有 14.5% 的农村儿童上寄宿小学，38.3% 的农村儿童上寄宿初中。尽管寄宿学校在国家政策扶持下发展迅速，但还不能满足教育资源整合带来的农村学生快速增长的寄宿需求。调查表明，已有 89.1% 的农村学生可寄宿于学校，仍有 10.9% 的学生需寄宿于亲朋家中或租房就读。

三是社会力量多方支持，农村儿童健康发展受到关注。近年来，在各级政府的引导下，各种社会力量纷纷对农村教育的薄弱环节予以支持，以多种形式关爱农村儿童健康成长。例如，中国发展研究基金会启动的"贫困地区儿童早期发展"项目，在云南山区设立早教点，以受过专门训练的志愿者"走教"方式，为偏远贫困山村无法上幼儿园的儿童提供早期教育服务。97.1%的家长认为孩子在早教点不仅学会了绘画、跳舞、写字等技能，行为举止也更加文明礼貌。各级社团组织倡导以大学生村官、青年妇女干部和志愿者为主体的"阳光家园"、"代理家长"等留守儿童关爱工程项目，为农村留守儿童提供学习辅导、特长训练、亲情培养和心理咨询等服务。55.3%的家长认为，留守儿童关爱工程项目对孩子的业余时间管理和个性人格塑造有较好作用，提升了孩子的幸福感和归属感，政府应加强引导和支持，使之成为留守儿童的精神家园。

（2）社会保障网络的实践进展

新世纪以来，国家逐步开始构建和完善包括新型农村合作医疗保险、新型农村养老保险和农村居民最低生活保障制度在内的农村社会保障网络，政策推广之快超过预期。农村社会保障网络的建设，开启了推动基本公共服务均等化的进程，深受广大农民的欢迎，成为农民高度评价政府绩效的关键举措。

一是"新农合"迅速普及，农民看病负担减轻。调查表明，已有92.1%的农村实施新型农村合作医疗，参加新农合的家庭占农户家庭的82.3%。一些地方主要是沿海发达地区，已实现新农合和城镇居民基本医疗保险的并轨，农民开始享受城乡一体的医疗保障。村级调查数据显示，2012年，新农合人均缴费69.4元/年，近80%的农户个人缴费在50～100元之间（图7）。调查显示，农民接近一半的看病费用可以报销。2011年，农民家庭看病平均花费5031.5元，报销2407.8元，报销比例为47.9%。调查中报销最高的家庭达到11万元。农户普遍反映，新农合的效果确实好，为农户减轻了就医负担，特别是很好地解决了农民大病不敢看、看不起的问题。

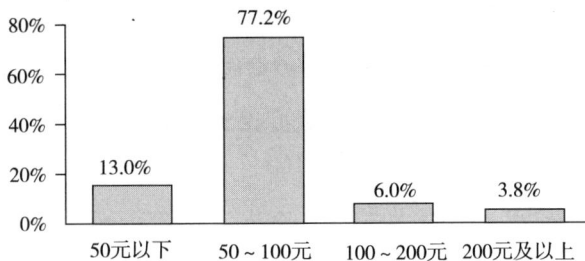

图7　"新农合"个人筹资水平分布

二是"新农保"推广快，60岁以上老人大都开始领取基础养老金。调查表明，已有94.9%的村实施新型农村养老保险，政策推广迅速。参加新农保的家庭，占到了农户家庭的65.8%。村级调查数据显示，2012年，新农保人均缴费208.9元/年，一半以上的农户家庭选择了100元/年的最低缴费档（图8），筹资水平总体还比较低。调查显示，平均每村有250名60岁以上的老人开始领取基础养老金，占老人数量的94.3%。由于还有5%左右的村尚未推广新农保，这实际表明实施这一政策村庄的老人都开始享受基础养老金。人均养老金实际领取额为98.7元/月，高于国家基础养老金的55元/月标准近80%，还有13%左右的老人领取的养老金超过了100元/月（图9）。

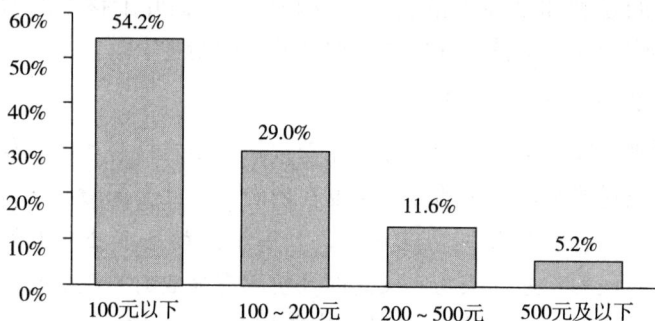

图8 参加新农保的农民缴费标准档次分布

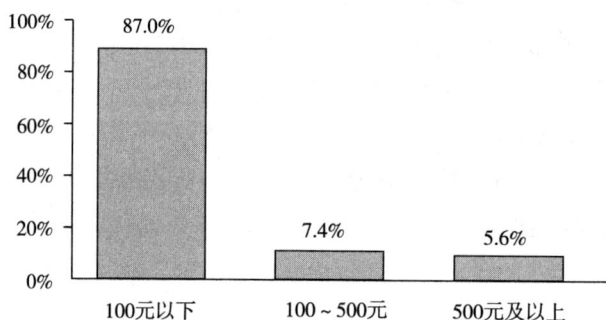

图9 领取不同水平养老金的人数分布

三是低保制度全面覆盖，农村困难家庭得到扶持。调查表明，农村最低生活保障制度全面实施。在实际发放低保的160个村中，每村平均有53.9户享受最低生活保障，占11.8%。人均领取176.5元/月，60%的农户人均领取标准在50～100元之间（图10）。

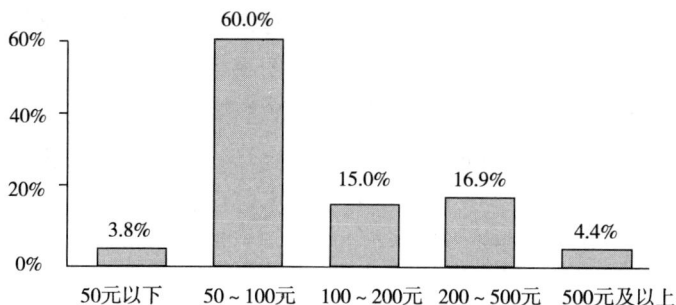

**图10　农村低保人均领取标准分布**

（3）公共服务设施的改进状况

农村基本公共服务设施建设取得较大进展，教育、卫生、文化等公共设施明显改善。

一是农村留守老人比重高，集中养老开始起步。调查表明，由于大量青壮年劳动力外出务工，农村留守老人比重迅速提高。平均每村60岁以上老人有265人，占实际人口的16.3%，比占在册人口的14.6%高1.7个百分点。在调查的5165个农户中，58.6%的家庭有人外出，外出农户家庭呈现的老龄化现象更加突出。外出农户家庭平均每户4.6人，外出人口2.0人，留守的2.6口人中，有1.6人为60岁以上老人。由此可见，外出农户家庭呈现出明显的"三留守"特征，以留守老人为主。由于农村人口老龄化趋势加剧，以乡镇养老院为主的集中养老模式开始起步。调查表明，7%的村在本村设有养老院，59%的村所在乡镇设有养老院。平均每村采用集中养老模式的老人为7人，占60岁以上老人数量的2.7%，与2009年全国平均2.3%的比例基本相当。

二是村卫生室标准化建设取得成效，农民看病一般"足不出村"。调查表明，村卫生室建设成效初现，乡村医生服务水平提高。目前，已有76.6%的村建立了卫生室。以河南省内黄县为例，从2009年开始启动标准化卫生室和乡村医生队伍建设，村卫生室的设备和农民就医条件得到改善。表现为：各村按统一标准建立了诊断室、健康教育室、药房、治疗室、观察室、值班室"六室分开"的标准化卫生室，设施和人员逐步配备齐全；村民体检率上升，健康档案建立；对医生的监督与考核机制确立；例会与培训制度提高了村医素质。由于三级卫生网络逐步健全，多数村民选择"小病在村治，大病进城看"的方式。调查表明，37.3%的人看病一般在本村，37.3%的人看病一般去乡镇，19.1%的人看病一般去县城，6.3%的人看病一般去县以上医院。也就是说，乡镇以下卫生院、室满足了75%的农民的看病需求。

三是村级文化服务设施开始建立，依托文化活动场所的其他公共服务逐步增多。调查表明，69.5%的村建立了文化/图书室，丰富了村民的文化生活。同时，依托文化/图书室，建立了"留守儿童之家"、"老人之家"等公共服务场所，并向村民提供技术技能培训服务。61.1%的村举办过农业生产技术培训，每年平均举办4次，主要由县乡农业技术部门提供服务；59.3%的村举办过新型农民培训，其中40%的村举办过职业技能培训；还有41.7%的村能够进行远程教育培训。

# 二、农村农业生产经营与基本公共服务提供中存在的问题

## 1. 农村农业生产经营中存在的问题

### （1）农业生产土地经营中存在的问题

农民希望强化承包地的自主处置权利。对于在城镇化背景下如何处置承包地，大多数（76.9%）农民认为即便进城落户定居也应该永久保留土地承包权，只有不到1/5（18.8%）的人认为应该退地。特别是云贵等边远地区农民，几乎100%选择进了城也不会退地。他们认为，"自愿"是土地流转的首要条件，至于流转方式是转包、出租、转让还是其他方式，他们的选择相当分散且平均，分别占23.6%、35.3%、22.2%和18.9%，这表明农户会根据自身情况作出理性选择。在流转方向上，农户与村干部显示了不同的态度，超过一半（54.3%）的村干部愿意公司整体租下村里的地，却有八成（79.6%）的农民对公司大规模、长时间租地表示担心，理由主要包括：破坏耕地（38.5%）、亏欠租金（26.9%）、收不回地（23.1%）等。很多农户表示，土地流转是农民自己的事，干部就不要瞎操心了；老板种地图利，农民种地是根。对于家庭规模经营，农民认为可以通过自发流转逐步实现，不要搞强迫流转。在目前条件下，平均每户需转入34亩地，即经营44亩地（户均约3公顷）才可以与务工收入相当。由此可见，实现符合我国国情的家庭适度规模经营，还有很长一段路要走。

### （2）农业生产专业合作中存在的问题

农户急需的营销、信贷合作发展严重不足。农户通过专业户而非合作社获得专业服务，并不意味着农民专业合作社发展没有前景，关键是合作社发展面临的一些束缚亟待破除。除合作社发展面临的支持不足、机制失灵和管理乏力等常见问题外，仅从调查可统计的服务内容（图11）来看，合作社更面临着需要避免过度竞争和加强特色服务的挑战。比如，提供机耕种收、生产资料、育种服务的

合作社大都面临着与专业户和公司的市场竞争；提供培训、植保服务的合作社大都面临着与政府服务体系的服务重合；提供综合服务的合作社数量最多却没有特色，农户急需的营销、信贷服务合作社少却难以发展。因此，细分农业社会化、专业化服务的市场，找准合作社发展的方向，制定有针对性的政策扶持措施，合作社才能顺利发展。

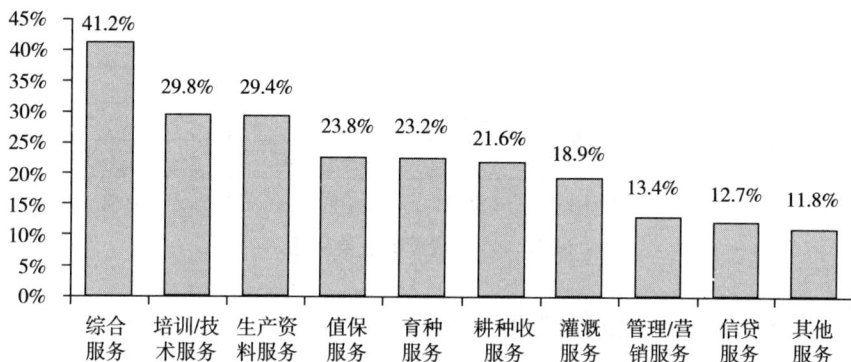

**图 11 合作社主要提供服务类别（复合计算结果）**

（3）农业生产经营设施和服务中存在的问题

一是农民很少参与农田水利建设和维护，农田水利设施病态运行，制约农业生产经营发展。调查村中，只有42.9%的村有较完整的集体灌渠，35%的家庭能用灌渠浇水。多数地方灌溉设施管护经费由村委会集体（25.5%）或农民自己（49%）筹集，但由于许多村委会没有集体经济收入，农民集资投劳进行管护又需要经过"一事一议"程序，致使68.8%的调查村灌溉设施老化失修、带病运行。近年来，国家大力加强包括农田水利在内的农村基础设施建设，形成了有利于农业发展的设施条件，但农田水利等基础设施管护主体不清、责任不明的问题越来越成为一个严重的制约农业发展的因素。68.3%的农户表示他们几乎没有参加过集体水利工程设施建设和维护工作，51.1%的人认为这是政府或集体的责任。尽管用水者协会作为一种新的管护主体和机制被引入，但只有9.9%的调查村成立了用水者协会。用水者协会难以发展的一个重要原因是，65.9%的农户对它是否能起到改善管理作用表示怀疑。

二是农户贷款需求得不到满足。调查显示，2011年，调查村有36%的农户有贷款需求，但贷到款的农户只有23%，超过1/3的农户贷款需求得不到满足。在贷到款的农户中，64.3%的人的贷款满足了资金需求，还有35.7%的人的资金需求没有得到全部满足。推算下来，有近45%的有贷款需求的农户得不到满足。值得注意的是，农户贷款的主要用途从生活消费类贷款转向生产经营类贷款，86.4%的人贷款用于生产活动，其中58%的人的贷款用于农业生产（图12）。也就是说，农村金融需要适应农业发展和农民创业的需求潜力，适时作出制度调整。

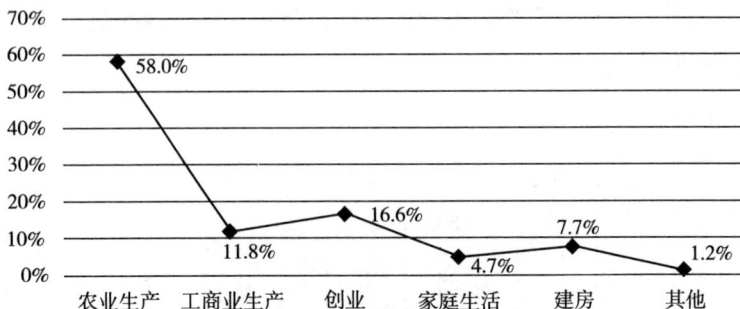

图12　农户贷款的主要用途

## 2. 农村基本公共服务提供存在的问题

（1）教育服务提供存在的问题

一是农村学生上学距离远。调查表明，"撤点并校"后，上学距离变得更远。小学生平均上学距离为5公里，初中生为10公里，高中生为27公里。55.8%的小学生可以在本村就读，77.2%初中生可以在本乡镇就读，而57.4%的高中生需要在县城就读。农村所有学生中，有23.8%的人在本村就读，32.6%的人在本乡镇就读，27.4%的人在本县市就读，16.3%的人在外县市或外省就读。换一个角度看，农村中有52.9%的学生走读，47.1%的学生寄宿。农村教育资源整合提高了教学质量，也给一些学生特别是边远山区学生带来了上学不便的问题。寄宿学生增加，使得养成教育在农村教育中的作用日益凸现，给农村学校学生管理和基础设施建设增添了新的课题。

二是农村非义务段教育负担重。目前，58.9%的农村家庭中有上学的子女，其中29.2%的农村家庭中有子女接受非义务段教育（图13）。平均每生非义务段教育年均支出12810元，占家庭年均纯收入的35.5%。其中学费支出4439元，占34.7%；生活费支出6971元，占54.4%；租房支出1400元，占10.9%。总体上，40%的农村家庭教育支出超过家庭年均纯收入的30%（图14）。非义务段教育开支较重，部分解释了一些农村家庭子女在完成义务教育后选择打工的原因。

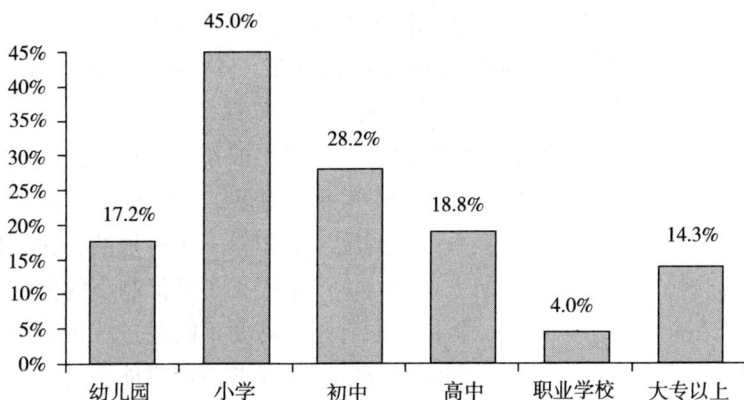

图13 农村在读学生就读各级学校的分布

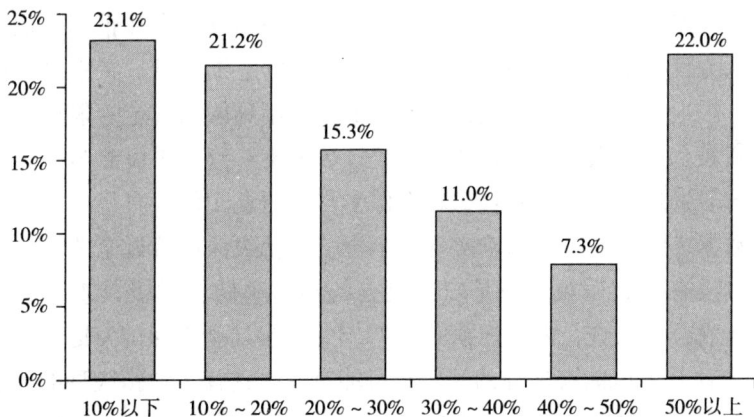

图14 农村子女教育支出占家庭年均纯收入比重的分布

三是留守儿童问题日趋突出。据推算，调查村中40%的家庭有劳动力常年在外打工，8%的家庭整户外出。大体上有1/3的义务教育阶段适龄儿童随父母外出，2/3的同年龄段儿童成为留守儿童。尽管各地开展了多种多样的留守儿童关爱活动，但留守儿童能否健康成长成为一个突出的社会问题。农村整体社会环境特别是学校条件还不能针对留守儿童的特殊需求提供有效的养成教育和人文关怀，留守儿童学习成绩及在校率都低于正常家庭儿童，特别是进入初中阶段以后，留守儿童在校率仅为88%。一些留守儿童缺失亲情，中途辍学或过早打工，带来了一系列社会问题。

（2）社会保障网络建设存在的问题

一是一些地方存在违规现象。调查表明，农村社会保障网络的建设，总体上深受广大农民欢迎，并成为改善政府和社会关系特别是基层干群关系的助推器。

但是，个别地方为达到新农合、新农保全覆盖，仍存在违规操作、强行推进等现象，把好事办坏。例如，西部某贫困地区为完成"达标"任务，将整村参合、参保率与乡村干部考核挂钩，将农民个人参合、参保情况与公共服务提供挂钩。某村支书说，"村庄达不到上头的指标，村干部要被扣工资；村民如不参加，我们就告诉他今后有事不要找村委会"。最为突出的是，一些地方低保对象的确定过程不透明，产生了新的干群关系紧张问题。例如，不止一地的村民反映，获得低保名额要与村干部攀关系才能上报材料，严重损害了低保制度的公正性。

二是新农合报销手续繁杂、报销范围有限，需要不断改进。被调查农民普遍对新农合表示满意和支持，但他们同时反映，医药费报销只能去特定医院，且手续繁杂，给就医报销带来不便。还有一些地方政策宣传力度不够，例如，中部地区某些村庄部分受访农民对自己是否参加了新农合、参加后能享受什么待遇以及参加了新农合怎样进行报销全然不知。反映最多的问题集中在报销比例上，不少参合农民认为目前主要是大病、住院报销，报销的范围较窄。特别是中西部一些贫困地区，因地方财力所限，报销比例较低，达不到国家规定的限额。

三是新农合、新农保村、户参与率统计数据不一致，农民参与的真实状况有待核实。调研发现，有关新农合、新农保参与率的真实数据有待进一步考察和核实。村级数据表明，新农合基本实现了全覆盖，新农保也接近全覆盖，但入户调查的数据则没有那么乐观。一是农户调查的参与率低于村级调查。农户调查显示，参加新农合的家庭，占农户家庭的82.3%，参加新农保的家庭，占农户家庭的65.8%。这其中可能有抽样的问题，可能有农民选择了城镇险种的问题，也可能有为达标虚报的问题，需要甄别处理。二是补贴额度的差别。尽管不少地方出现了农户补贴额度高于国家规定标准的可喜现象，但确实存在部分地区特别是中西部传统农区和贫困地区农户的补贴金额未达到国家规定标准的情况，这其中可能有补贴达到了国家标准而农户不知情的原因，也可能有政策执行不力的其他原因，同样需要甄别处理。

（3）公共服务设施提供存在的问题

一是农村公共设施的数量和水平有待提高。调查表明，还有23.4%的村没有卫生室，离"一村一室"的要求还有一定距离。同时，卫生室的设施水平总体来看还比较简陋。特别是中西部地区部分乡村，由于政府资金支持力度不够，还有不少村医在家中行医，村卫生室标准化建设远未达标，房屋破旧，设施老化，医疗条件有限，不能满足村民要求。不少地方乡镇卫生院需要自负盈亏，经营举步维艰。同样，还有30.5%的村没有文化活动场所，38.9%的村没有举办过任何针对农民的公共培训活动。村一级的公共服务设施建设虽然已经起步，但相对而言，还处于较低水平。

二是从事农村公共服务的人员待遇有待提高。总体来看，从事农村公共服务的人员待遇不高、队伍不稳、人才难引和难留这一长期困扰和制约农村社会事业持续发展的问题仍然存在。例如，还有不少村庄没有对村医进行补贴，占调查村的42.5%。从事乡镇特别是村级教育、卫生和公共文化服务的人员表现出年龄结构偏老、学历和专业技能水平较低以及人才队伍缺乏后备力量等特征。

## 三、发展现代农业与完善基本公共服务的建议和措施

### 1. 发展现代农业的制度创新建议

（1）完善农村基本经营制度，培育新型农业经营主体

一是依法维护农民土地承包经营权，完善农村基本经营制度。加快确权颁证，以法律形式确立农户家庭长久不变、更加充分而有保障的土地承包经营权。完善土地承包经营权流转市场，在依法自愿有偿条件下引导土地向符合条件的专业户和农民合作社集中，地方政府和集体不得以任何理由进行行政干预。

二是大力培养新型农民，积极培育新型农业经营主体。随着农民老龄化和农业兼业化的趋势加快，不抓紧培养新一代农民，我国农业将面临后继乏人的风险；不抓紧培养高素质的专业农民，我国传统农业将难以向现代农业推进。为此，一是要在农村大力开展农业生产技术和市场营销技能培训，加快造就一批新型专业农民。二是要加大对农村职业教育和农业学历教育的扶持力度，鼓励毕业生回到农村，为发展现代农业储备人力资源。三是要加强政策引导，积极发展一批种养业专业户、技术服务专业户和合作社、流通经纪人以及农业产业化龙头企业等，多渠道培育适应现代农业发展的新型农业经营主体。

（2）大力发展专业化服务，构建新型农业经营体系

稳定家庭经营、发展专业服务，是我国建设农业现代化的重要特色。发展专业服务，要加强农户联合与合作，向构建集约化、专业化、组织化、社会化相结合的新型农业经营体系不断推进。大力发展农民专业合作社，是构建新型农业经营体系的重要任务。一是要形成促进合作社发展的有利政策环境，除加强资金支持、税收减免等扶持手段外，还要在制度上保持合作社发展的独立性，维护合作社为社员服务的宗旨。二是要完善合作社的运行机制，健全合作社内部民主管理和监督制度，加强外部审计，充分保证社员的权益。三是要加强合作社的特色建设，发挥合作社在加工、储藏、营销、金融服务和农田水利

及其他基础设施管护等专业户、公司不愿或难以进入而农户又迫切需要的领域的作用，增强合作社服务的专业化。

(3) 加强设施服务建设，改善家庭农业发展的公共产品环境

在家庭经营制度下发展现代农业，必须做好农业生产的基础设施和公共服务配套，有效释放农业增产增效的潜力。调研表明，加大以农田水利为核心的农业基础设施建设和以农村金融为重点的农村公共服务配套，是推动传统家庭农业和现代生产要素相结合的关键。要明确小型农田水利等农村基础设施的公益性质和政府应承担的责任，在资金投入、工程建设、建后管护等方面形成新机制，保证农村基础设施持续发挥作用。继续推进农村金融体制创新，强化金融机构支持农业农村发展的社会责任，培育发展新型农村金融组织，规范引导民间金融，进一步改善农村金融服务。

## 2. 完善农村基本公共服务的措施

(1) 完善教育服务的措施

一是整合农村教育资源要因地制宜。农村教育布局调整既要有利于教学质量的提高，也要兼顾群众的实际需要。特别是边远山区和低龄儿童，出于便捷性、安全性和幼童对家庭心理需求的多种考虑，应根据群众意见，适当保留农村教学点，加强师资力量建设。对上学较远、学生集中的村庄，加强公共交通建设或校车配备和管理，突出人文关怀。

二是加强寄宿制学校管理和对留守儿童的关爱。继续加大农村寄宿制学校建设和家庭困难学生生活补贴力度，确保有寄宿需求的农村学生都能够住校，减轻农村家庭教育负担。针对寄宿学生数量不断增加的趋势，改进教育手段和教学方法，增加养成教育内容，培养学生的健康人格。以寄宿制学校为主要依托，建立"留守儿童关爱之家"，充分发挥学校、社团和志愿者组织的作用，加强对留守儿童的心理学业辅导和亲情关爱服务，建立健全学校、社会和家庭"三结合"的留守儿童教育和监护网络。对学龄前留守儿童，多渠道发展托幼和早教服务。

三是适时推进农村高中和职业教育向义务教育发展。针对农民家庭非义务段教育开支较大的特点和适应劳动力市场对熟练技术工人需求不断增长的趋势，适时推进农村义务教育向职业教育并进而向高中教育延伸。继续加强对接受非义务段教育农村学生的支持，减轻农民家庭非义务段教育负担。积极探索"高职高专完全自主招生"模式，允许农村学生特别是农民工子女跨省参加高等职业教育考试。加快落实农民工子女在当地参加中考、高考政策，通过学前教育、义务教育和非义务教育政策的有机衔接等措施，推进农民工举家迁移，减少并最终消除农

村留守儿童现象。

（2）完善社会保障网络的措施

一是继续完善农村社会保障网络。随着发展水平的提高，不断健全保障体系，提高保障水平，把农村社会保障网络建设从保基本、广覆盖向重质量、全覆盖提升。继续提高新型农村合作医疗政府补助标准，不断提高报销比例，积极推进异地结算。健全新型农村社会养老保险政策体系，建立合理的保障水平调整机制。有条件的地方，要加快推进城乡居民社会保障体系并轨，大力推进城乡一体发展，率先实现城乡基本公共服务均等化。

二是公开透明程序，规范组织行为。农村社会保障网络建设是一件惠民生、谋平等、立公正、促和谐的民心工程，要坚决杜绝新农村建设中各种操之过急的心态和强行推进的行为，避免把民心工程办成堵心工程。特别是低保对象的确定，要阳光操作，使困难家庭真正受益，切实做到农村最低生活保障的规范管理。

（3）完善公共服务设施的措施

加大对农村基础设施建设的投入，构建完善的三级农村基本公共服务运行体系。把乡镇建成农村基本公共服务的供给中心，突出服务门类健全的特征；把村庄建成特色服务的节点，突出服务内容贴近生活的特征。推进标准化建设，使乡村卫生院（室）、文化站（室）在不同层次上满足农民的多样化需求，缩小区域间服务差距。更加注重从事农村基本公共服务人员的队伍建设，在经费支持和人员培训上向基层倾斜，投入更多的人力、物力和财力，巩固农村三级服务的基层网点。

# 专题篇

农民子女教育

# 甘肃青海教育资源整合现状调研报告

　　甘肃青海两省地处我国西部，教育发展相对落后，而农村地区的教育资源相比之下更为短缺。随着城镇化加速发展和计划生育的影响，农村学校生源锐减，农村地区学校布局存在的问题日益暴露。为实现教育公平，优化教育资源布局，从 2001 年起，甘肃青海两省根据国务院出台的《国务院关于基础教育改革与发展的决定》，正式进行教育资源布局调整（简称"撤点并校"）政策。这项旨在促进教育公平与效率的新尝试取得可喜成果，然而不可避免地存在着如校车系统落后、农村学生家庭负担加重、资金短缺带来的配套工程"烂尾"等实施中遇到的现实挑战。此论文基于"甘沐青春"联合支队在甘肃青海两省六市的走访调研和六个分队的调研论文，旨在总结本队调研实况并进行初步的政策分析，尝试提出相应的政策建议，以期能对甘肃与青海的教育改革做出微薄贡献。

　　由清华大学经管学院陈章武教授负责、在经管学院原副院长赵家和教授推动成立的甘肃省兴华爱心助学基金会之"甘肃教育项目"的帮助和支持下，由 10 个院系组成共 43 名队员，以"调研教育资源整合现状"为主题，采用"文献法"、"问卷法"、"访谈法"等综合的调研方法，调研对象涉及政策制定者、学校、学生、家庭等四大群体，调研历时 37 天。

　　调研足迹横跨中国西部的甘肃省白银、庄浪、灵台、三岔、华池和青海省的乐都六个县市（在实地调研中三岔支队延长行程调研了三岔和崇信两个县，故实际上我们调研的总数是七个县市）。

　　经过前期的周密准备，我们深入 30 个乡镇，走访学校近 45 所，采访师生近110 位，完成调研问卷千余份，累计获得当地学校和教育行政主管部门关于教育资源整合的公文、会议记录、考察报告以及各类相关数据、统计图表等一手资料近 80 万字，形成分队调研报告近 14 万字，采访记录约 4.5 万字，较为全面而真实地记录了国家新一轮教育资源整合政策典型地区的现状。

---

　　本文作者："甘沐青春"暨清华大学赴甘肃青海六县调研教育资源整合现状联合支队。报告执笔人：尹西明、徐梦琦、刘璐瑶、张晓阳、冯小莺、童卓、廖宁（清华大学经济管理学院 2011 级本科生）。

# 一、政策及背景综述

## 1. 国家政策

2001 年，国务院出台了《关于基础教育改革与发展的决定》，该文件第 13 条规定，因地制宜调整农村义务教育学校布局，按照小学就近入学、初中相对集中、优化教育资源配置的原则，合理规划和调整学校布局。从 1997 年到 2010 年的 14 年间，全国减少小学 371470 所，其中村小减少 302099 所，占全国小学总减少量的 81.3%。这一决定，在教育界被简称为"教育资源整合"或者是"布局调整"；在民间，则被简称为"撤点并校"。

《国家中长期教育改革和发展规划纲要（2010－2020 年)》第 15 章第 45 条强调应当"加快缩小城乡差距。"第 21 章第 66 条明确提到："2010～2012 年，围绕教育改革发展战略目标，着眼于促进教育公平，提高教育质量，增强可持续发展能力，以加强关键领域和薄弱环节为重点，完善机制，组织实施一批重大项目。"第 67 条表明要"建立城乡一体化义务教育发展机制"，"切实解决区域内义务教育阶段择校问题"。这些条款显示出国家在缩小农村和城市之间的教育差距，促进城乡教育公平的决心。正是这样的规划促使了教育资源整合这一政策的提出。

随着教育资源整合政策的不断深入，农村义务教育学校大幅减少，部分学生上学路途变远，交通安全隐患增加，学生家庭经济负担加重，并带来农村寄宿制学校不足、部分城镇学校班额过大等问题。有的地方在学校撤并过程中，规划方案不完善，操作程序不规范，保障措施不到位，影响了农村教育的健康发展。为此，教育部于 2012 年 7 月 22 日出台《规范农村义务教育学校布局调整的意见（征求意见稿)》，明确提出要规范政策执行过程，并采取多项措施试图解决教育资源整合过程中存在的种种问题。

## 2. 甘肃青海两省教育资源整合政策

为了优化教育资源布局结构，落实国务院于 2001 年出台的《国务院关于基础教育改革与发展的决定》，甘肃省制定实施了《中小学布局调整实施方案》，决定率先在酒泉市、庆阳市开展农村寄宿制学校建设、中小学布局调整试点工作。甘肃省提出了高中向城市集中、初中向城镇集中、小学向乡镇集中、教学点向行政村集中的"四个集中"原则，致使 2001～2010 年甘肃省小学减少 5895 所。在"十二五"期间，这项政策将在全省推行。2010 年至 2020 年的《甘肃省中长期教育改革和发展规划纲要》① 第十三条明确指出，要积极推进义务教育均衡发展。按照"四个集中"的调整思路，合理规划学校布局。

## 二、甘肃、青海两省实施教育资源整合政策的必要性

### 1. 生源方面

（1）农村生源急剧下降，城市生源日益增多的现实性难题

由于历史原因，在甘肃农村形成了一乡多校、一村一校的局面，农村学校容量小、布点多，导致教育质量很难得到保障，部分小学和初中由于生源急剧减少已名存实亡。近年来，城镇化的加速带来了庞大的进城务工人员。一方面，经济水平与文化水平不断提升；另一方面，由于对独生子女的关注与关爱，家长们对于子女教育的关注程度也达到了空前高度，为了使孩子获得更优质的教育资源与更公平的教育机会，在条件允许的情况下，家长们往往更愿意将孩子送至城镇中的条件更好的学校中就读，造成了农村教育资源浪费而城镇教育资源紧缺的矛盾。在增建学校的情况下，上学难、教学班额大等突出的择校问题仍未得到有效解决。

（2）生源减少不利于学生整体素质的培养

生源的减少让那些仍然在偏远农村上学的学生丢掉了更多与同学接触、与他人沟通交流的机会，缩小了学生的接触面与视野，不利于学生团队精神的培养；同时，学生人数的减少使得学习的竞争氛围有所下降，在一定程度上削弱学生的上进心与努力程度，主观能动性的下降无疑将极大地影响教学质量。

### 2. 教育资源方面

（1）师资方面

师资短缺向来就是农村教育发展中的软肋。因为工资低、条件差，愿意投身偏远乡镇地区从事教育事业且接受过高等教育的青年教师越来越少，农村师资学历偏低且出现老龄化。显然，这样的师资配备难以满足新课标、新课改提出的要求，更别提给学生提供和城市一样的素质教育。按旧式学校布局，学生分散，小额班级比例大，学校的教师人数十分有限，使得一人一班甚至一人一校的现象大有存在。一方面，松散的环境很难激发教师的责任意识与竞争意识，很难促进学

① 详见《甘肃省中长期教育改革和发展规划纲要》中关于中小学布局调整部分的文字。

校教学水平的提升；另一方面，造成了教师资源的浪费，以灵台县庙头初小为例，该学校的4名学生由2名教师培养，远远高于1：10的正常师生比。

与此同时，农村地区中小学缺乏专业教师也是一个不容忽视的问题。这些学校专业教师数量普遍不足，教师兼授科目情况常见。

以三岔支队访谈的一位教数学的王老师为例，当问及她是否兼授科目时，她说，都是缺什么老师，就补上什么，"我就兼授音乐，我也不懂音乐，怎么教呢？就是照着课本教他们唱几首歌，做几个游戏"。可见，整合教育资源对提高教育质量意义重大。

（2）校舍问题

对于生源骤减的学校，存在大量闲置的校舍，资源浪费严重。而与此同时，也有一些地方的学校条件十分简陋。

以庄浪县永宁学区为例，8所被撤并的学校中有6所学校原校舍为D级危房。这样的办学条件不仅早已无法适应民众日益增长的对于优质教育的需求，而且有可能危害到学生的生命安全。

（3）资金问题

由于甘肃当地的经济发展较落后，各地的教育资金存在着较大的缺口。如何将有限的教育经费用在刀刃上，解决教育环节中的关键问题才是重中之重。城镇学校具有辐射面广的天然优势，进行撤点并校、集中优势教育资源重点办好几所中心学校不失为一个明智的选择。撤点并校，重点办学能让更多的学生享受到更好的硬件设施与优质资源，如明亮宽敞的教室、先进的教学设备以及不可缺少的图书室、多媒体设备等教辅设施。师资力量的集中也有助于学校开设多种多样的优质课程，有助于学生综合素质的提升与个人身心的成长。

### 3. 学校管理方面

学校布局调整是解决农村学校管理不善的有效途径之一。现阶段，农村学校面临着管理分散、容量小、区位偏、投入少、设备简陋、办学条件差、效益低下、教师难配备、管理难跟进、质量难保障、发展不均衡等现实问题。实施教育资源整合可有效整合教育投入，集中财力改善办学条件，实现办学标准化和规模化；可使农村学校管理向规范化、目标化、精细化迈进。

## 三、甘肃青海两省六县教育资源整合整体现状

为落实《国务院关于基础教育改革与发展的决定》，甘肃省制定了《中小学

布局调整实施方案》，决定率先在酒泉市、庆阳市开展农村寄宿制学校建设、中小学布局调整试点。甘肃省提出"高中向城市集中，初中向城镇集中，小学向乡镇集中，教学点向行政村集中"的"四个集中"原则，致使2001～2010年甘肃省小学减少5895所。在"十二五"期间，此政策将在全省推行。《甘肃省中长期教育改革和发展规划纲要（2010～2020）》第十三条明确指出要按照"四个集中"的调整思路，合理规划学校布局。青海省在《十二五规划》同样提到要"调整优化中小学布局结构"。具体落实到地方，各县市均以撤点并校为重点，以创办寄宿制中小学为突破，采取撤并、扩建、新建、改制等措施，力图实现资源优化配置。

### 1. 甘肃白银市教育资源整合整体现状

白银市从2009年开始，以撤点并校为重点，以创办寄宿制中小学为突破，走"高中阶段学校向县城集中，初中向中心乡镇集中，教学点向中心村集中，新增教育资源向城镇集中"的规模办学路子。采取"撤、并、建"等措施，实现资源优化配置、使全市城乡与区域教育结构、规模、质量统筹协调发展，全面提高教育教学质量，促进教育事业持续、健康、协调发展。

经过七年努力，全市撤并学校511所，使全市中小学学校总数由2009年的1284所减少到810所左右。白银区2010年基本完成调整目标，平川区和景泰县2012年基本完成调整目标，靖远和会宁县预计2015年基本完成调整目标。

### 2. 甘肃平凉市庄浪县教育资源整合整体现状

根据对庄浪县教育局采访得知，全市中小学布局结构存在的问题有："学校布点分散，办学效益低下"；"小学在校学生逐年下降，资源浪费问题日益突出"；"一些农村学校办学条件差"；"城市及城区教育资源严重不足"；"教育教学管理存在一定困难"。

因此，平凉市提出"2009年至2015年，全市撤并744所学校，其中小学715所，初级中学27所，完全中学①1所，一贯制学校1所，撤销教学点117个。改制学校38所，其中：初级中学改一贯制学校9所，完全中学改制初级中学17所、改制高级中学3所，一贯制学校改制初级中学1所，改制小学8所；新建学校20所，其中小学8所，独立初中5所，一贯制学校2所，高级中学5所"的战略目标。

---

① 完全中学是指既包括初中部又包括高中部的中学。

经走访调研了解到，庄浪县城乡教育资源整合现状差异较大。

（1）乡村教育

近年来，随着计划生育政策的推行，农村儿童人数逐渐减少。城市化的不断推进，使农村儿童人数越来越少。庄浪县干旱多灾，资源贫乏，又由于山区的特殊环境，很难发展农业，因而大多数农民背井离乡前往兰州、银川等地打工，子女随父母迁往城市，农村常住生源逐年减少。因此，"撤点并校"政策在农村的施行是具有一定的必要性的。但是，"撤点并校"也带来了一些问题：

①一些学生上学路途遥远，不安全因素增加；

②家长陪读，校外租房使家庭负担加重；

③村校校舍闲置，造成资源浪费。

（2）城镇教育

在城镇，"撤点并校"一方面可以提高管理效率；另一方面也可以提高教学质量，集中资源办好大学校。

然而随着学生人数不断增多，且城镇学校数量以及相关配套设施的跟进不及时，城镇教育现在面临多种问题：

①城镇学校学生人数严重超标，师生比例失衡，过分的拥挤给老师以及校园环境带来很大的压力；

②农村学生入城造成城镇住房的需求陡增，城镇的房价和物价飚升，不仅增大了农村家庭的经济压力，也增大了城镇家庭的经济压力。

## 3. 甘肃平凉市灵台县教育资源整合现状

从2009年开始，灵台县集中利用七年时间，采取撤并、扩建、新建等措施，通过调减中小学校数量，建设寄宿制学校，实现教育资源合理配置。在全县建成1所寄宿制独立高中，1所省级重点职业中学，13所寄宿制独立初中（寄宿率达到80%）、16所寄宿制中心小学（寄宿率达到60%），1所特殊教育学校，保留72所中心村小学，使全县中小学数量减少到104所（不含幼儿园）。

灵台县政府提出四项基本原则指导政策的实施，分别是坚持统筹规划、坚持因地制宜、坚持分步实施、坚持先建后撤。从2009年开始到2015年结束，计划撤并学校101所，占原学校总数的50.5%，其中：完全中学2所、初级中学2所、九年制学校2所、乡镇农村小学95所。

据灵台教育局反映，截至2011年底，灵台县现有144所小学（含2所九年制学校小学部）；现有1所高中、1所完全中学、14所初中、2所九年制学校；另有1所职业技术中学。其中，1所高中（灵台一中）位于县城中台镇；1所完全中学（灵台二中）位于什字镇；14 所初中有 12 所位于县政府或乡镇政府所在地，2 所位于人口较多的什字镇、独店镇的中心村庄；2 所九年制学校位于中心村庄；16 所中心小学有 14 所位于县政府或乡镇政府所在地，2 所位于人口较多的什字镇、独店镇的中心村庄，其他农村小学全部分布在各行政村或自然村。据调研数据显示，整合工作在稳步进行中，其中小学的撤并工作进行较快，已撤并了 39 所，剩余 56 所待撤并，而中学的工作进展较慢①。

### 4. 甘肃省镇原县三岔镇和甘肃省崇信县教育资源整合现状

在调研过程中，调研团队先后到达镇原县、崇信县，与当地学生、老师、领导进行深入交流。同时考察了当地教学、食宿环境，对当地教育资源状况有了较为详细的了解。

在三岔镇，队员走访了山区中学——三岔中学。由于地处黄土高原，三岔镇整体上地广人稀，居民分散居住在山间，学校规模不大，但覆盖面积一般比较大，例如三岔中学是县北五乡镇唯一的一所完全中学。三岔并没有进行过任何中小学或教学点的撤并工作。这是一个从实际出发执行政策的典型例子。

在崇信县，队员走访了枣庄小学、崾岘小学和关村小学，采访了一线教师并家访了学生家庭。了解到，随着人口形势和经济社会的发展，崇信县中小学布局出现了新的不合理现象：农村小学布局分散，规模较小，学生人数在 50 人以下的小学有 28 所，100 人以下的 45 所；初级中学设置较多，规模不均，在校学生人数最多的学校有 1755 人，最少的仅 389 人；因受地理位置、自然条件、办学规模等因素的影响，形成了较为突出的城乡差异和乡村差异。面对这一现实，崇信县按照"四个集中"和"统筹规划，分步实施"的原则，以寄宿制学校建设为重点，先后撤并初级中学 1 所、农村小学 8 所、教学点 10 个。目前，乡镇人民政府所在地均建有寄宿制独立初中、完全小学和幼儿园，乡镇学校在校学生数由 2005 年的 3000 余人增加到了 7338 人，农村小学生数由 2005 年的 6000 余人减少到了 3058 人，使县城、乡镇、农村学生数之比达到了 2：2：1。

实际上，从"11·16 甘肃正宁县特大交通事故"（2011 年 11 月 16 日，一辆超载的幼儿园校车发生交通事故，导致累计死亡 21 人，其中 18 名为幼儿）发生之后，撤点并校的步伐已经有所放缓，在崇信县有 4 所原本准备撤并的初中现被保存下来。

支队从学生生活、教学质量、学校管理三个角度分析，得出结论：甘肃省

---

① 以上数据来自《灵台县 2011～2012 学年初教育统计资料汇编》。

三岔、崇信两地的教育现状隐藏着诸多问题。我们完全肯定撤点并校政策有其优点，但是在所调研的地区似乎，至少在现阶段不适宜推行借宿，应该因地制宜地进行教学改革。因为有许多基层的问题并没有被考虑进去。比如，学生上学路远、需要住宿在学校，但是学校的基础设施跟不上。据崇信县教育局透露，目前，在甘肃省政府和各县政府之间已经达成初步共识：不再硬性实行"四个集中"政策，凡是要进行撤并的都需要根据实际情况来看。目前的标准是：取得70%以上家长的同意才可以实施"撤点并校"计划。我们也希望相关部门能在充分考虑地区实际情况的基础上决定政策的推行范围与力度。

## 5. 甘肃华池县教育资源整合现状

华池曾作为资源整合样本在央视《新闻联播》节目报道过。从前期的文献查阅中得知，从2008年开始，华池县实施新一轮的教育布局调整，计划用5年的时间，陆续撤并200所不适宜继续办学的学校，集中闲置的教育资源，重点发展一些教育条件较好、管理体制较为完善的学校，以达到提高教育资源利用率、改善全县的教育水平的目标。至今为止，教育资源整合政策在华池县实施已有4年，在此期间，全县学校数量由原来的347所，下降到126所，现阶段基本保持稳定。同时利用闲置的教育资源以及国家后期增加投入的教育经费，集中建设并改善柔远小学、华池一中等多所重点学校，在教学水平和管理水平上都取得了长足的进步。

上述文献与支队的考察结果大相径庭。经过实践调研，综合政策文件、教育局、教师、学生、家长各方观点以及对近10个学校的踩点观察，认为至少在华池，撤点并校弊大于利，甚至可以说是政策失误。

一方面，尽管在小范围内，撤点并校的确整合了教育教学资源，但这种整合，更多的带来的是硬件上的提升，为了把学生集中，民办教师转正、新教师聘任制很大程度上削弱了华池县整体的教学水平。综合而言，并不是每一个学生都得到了比以前更好更公平的教育，过分集中的教育资源也并不是合理的资源分配方式。

另一方面，教育资源整合后保留下来的学校同样面临巨大的问题，集中的学生，集中的师资，集中的教学压力，过大的学校规模与学校用地，与资金的不协调形成鲜明对比，想要扩大招生规模，不得不接受教育质量下降的事实。少数学校甚至为了保持原有的教学成绩，采取了偏激的教学方式，甚至对学生进行劝退，导致华池县近些年学生的流失率一直居高不下。

教育局的领导坦言，单纯的撤点并校并没有从根本上改变西部地区的教育困境，教育资源整合也并没有从真正意义上提升资源利用率。由于资金、教师等多个条件的限制，所谓整合更多只是一个资源的加总，将分散的教学集中到了一起，却没有产生明显的规模效应。相反，过于集中的教学模式，过于庞大的校园规模，不仅给学生家庭带来了更多的教育成本，也给学校的运行和管理带来了更大的压力。

### 6. 青海省乐都县教育资源整合现状

为改善乐都全县中小学布局结构，合理优化教育资源配置，改善办学条件，提高办学效益，乐都县一共进行了三轮中小学布局调整。调查了解到乐都县的前两轮布局规划调整已经完成，目前正在进行第三轮调整。

第一轮布局调整是 1997 年至 2005 年，主要针对当时"学校布点分散、规模过小、教育资源严重不足"的"小而全"的办学格局进行的，重点是撤并规模小、办学效益低的初中和高中，以及部分小学高年级，共撤并中小学 198 所，使学校总数从 454 所减少为 256 所。

2008 年第二轮布局调整开始，全县以小学三年级以上合班并校为重点，共调整学校 142 所。

在新一轮调整中，计划将转移学生 15000 余名，教师 1200 多名，涉及学校30 多所。山区初中学生都将集中到县城或川水地区，高中学生都将集中到县城地区，部分小学生将集中到乡镇中心学校或办学条件更好的保留学校。一部分学校的办学层将发生变化，与之相应的老师会进行大范围调配，他们的工作岗位和工作性质也将随之发生变化。

最终调整完成后，乐都县将有高级中学 3 所，职业中学 1 所，特殊教育学校1 所，九年一贯制学校 7 所（不含规划保留的 2 所），初级中学 2 所，小学（含教学点）193 个。

# 四、教育资源整合的积极影响

毋庸置疑，教育资源整合这项新的教育改革政策顺应了中国计划生育导致的人口减少以及城镇化进程中整合高效利用城乡教育资源而实现教育"高效、公平"的大趋势。经过对两省六县（实为七县）的深入调研和采访，结合联合支队累计超过 1000 份问卷的数据分析，我们总结出教育资源整合的以下四方面的积极影响。

### 1. 高效利用资源，促进城乡教育的均衡发展

随着社会经济的不断发展，城市化的趋势日益显现，农村人口向城镇不断集

中，加之计划生育政策成效显现，农村学龄儿童逐年递减，城乡教育布局出现了新的不均衡。村校办学规模进一步萎缩，导致农村上世纪 90 年代投资修建的校舍大部分闲置。

以甘肃白银市白银区为例：实施教育资源整合政策前，在白银区 103 所小学中：农村小学 87 所（闲置校舍 31 个），在校学生 6124 人，在岗教职工总数 671 人，师生比 1：9.08（与国家规定编制 1：23 相比，教师超编严重）；规模在 50 人以下的有 20 所，占农村学校总数的 40.8%。这类村小中，只有 1~2 个班级的学校 3 所，有 4~6 个班级的 9 所；这些学校中的在校生人数，5~10 人的 6 所，11~20 人的 5 所；学校只有 1~4 名教师的 7 所（农村教育资源浪费严重，学校发展处境艰难）。农村小学校舍占地总面积 551471 平方米，生均 150.05 平方米（与国家规定的生均 22 平方米相比，超出 128.05 平方米，资源浪费严重）；城市小学 16 所，在校学生 16346 人，在岗教职工总数 967 人，师生比 1：16.90；1000~2000 人以上的 7 所，占城区小学总数的 41.2%；300~1000 人以上的 10 所，占小学总数的 58.8%。最大学校班级 49 个，最小学校班级 10 个，最大班额 60 人左右，最小班额 30 人左右（城区教育资源相对紧张）。

在 13 所中学中，农村中学 4 所，在岗教职工总数 275 人，在校学生 3046 人，师生比 1：11.07。校舍占地总面积 155998 平方米，生均 51.21 平方米（与国家规定校舍面积生均 24 平方米相比，超出 27.21 平方米，资源浪费严重）；城区中学 8 所，在校学生 9965 人，在岗教职工总数 658 人，师生比 1：15.1。

某些山区小学竟然出现了老师多于学生的怪象。这种情况造成了教师资源的极大浪费。教师的数量与能力的限制让学生学习的科目不能达到城镇学校同等水平。撤并之后，四五十人的班级水平只需六七名教师，并且可以提供更多不同科目的教学，提高了办学水平与效率。另外，撤点并校之后，被撤并学校的校舍将被改成幼儿园和其他社区设施，使因学生数锐减而闲置的教室资源得到充分利用。同时可以促进城乡教育差距的缩小，实现教育公平。

## 2. 适应新课程改革，促进教学质量的整体提高

调研中发现，由于甘肃和青海两省大多以山地和高原地形为主，学校和教学点极度分散。因此，布局调整之前，当地的教育不仅城乡两极分化严重，而且在乡村和城市内部，师资力量缺乏、教学设施严重老化和不足、代课教师文化程度不高成为学生课程设置单一且缺乏必要课程的原因（在灵台调研发现很多学校无法开设微机、英语课程），除此外也是升学率低位徘徊、英语教学水平（尤其是农村地区）持续低迷的重要因素。

一方面，有超过 50% 的受访学生认为自己"享受了更好的师资力量，更有

助于自身学习";另一方面,学校数量的减少使得教育资金能够更集中高效利用,有利于校园硬件设施的改善。超过65%的受访者认为撤点并校使得学校的教学设施有了很大提升。这不仅意味着学生可以在更加舒适的环境中学习,同时,学校规模的调整使得生源来源更广,势必增加学生之间的竞争力和学习积极性,也使得学生能够在更大的平台上开阔视野。配套实行的"三支一扶"(支农、支教、支医、扶贫)、"五千名教师工程"、"两免一补"(免书本费、免杂费、补助寄宿生生活费)等政策使教学团队素质得到提高。最重要的一点,布局调整后班级规模以及师生比的合理化为实施多年却不见进展的新课程改革提供了新的历史契机。

以庄浪县为例,自2001年以来,全县不断调整布局结构,整合优化教育资源,促进城乡教育均衡发展,促进基础教育质量全面提高。通过不断的努力,各级各类教育质量有了明显提升。全县高考二本以上上线人数从2006年的552人上升到2011年的1409人,年增长率保持在15%以上;初中毕业生升学率从2006年的67.8%上升到2011年的82.7%,毕业会考全科合格率达到74.5%;小学毕业水平测试全科合格率达到69.7%。2004年,全县大专以上上线人数1457名,是2000年的1.7倍。南湖中学考生梅南翔摘取了全市理科状元,庄浪一中理科考生柳存定取得作文满分的好成绩,填补了全省作文无满分的空白。2005年,全县本科上线考生548人,上线率为22.06%,居全市第二。庄浪一中应届考生张学义摘取理科状元,南湖中学应届考生王璐取得文科榜眼。全市理科前20名考生中庄浪考生占7名,全市文科前20名考生中庄浪考生占4名。足见布局调整对教学质量提高的极大促进作用。

### 3. 以教育调整带动经济调整,客观上促进城镇化的进程

我们在采访中发现一个普遍现象:甘肃虽然经济发展落后,但是家长们却极度重视教育,而且罕见的是,大多家长并不是到东部沿海地区打工,而是为方便孩子去城镇接受更好的教育而一方选择进城陪读并在城镇寻找工作。城镇人口的增加,从侧面促进了城镇经济的发展。撤点并校在顺应城镇化趋势的情况下,加快了甘肃的城镇化进程。

## 五、教育资源整合的遗留问题

教育资源整合作为一项大规模的改革,势必涉及中央和地方、学校与学校、家庭与学校、学生与学校、学校与教师之间的博弈。改革前期由于缺乏经验和完

善的配套措施，自 2008 年至今的 4 年时间里，撤点并校政策在甘肃青海的实施出现了一系列遗留问题。主要表现为以下几个方面。

## 1. 孩子上学途中安全问题突出

触目惊心的"11·16 甘肃正宁县特大交通事故"，无情地撕开了"撤点并校"政策背后的伤疤。撤并所造成的最显见且最简单的一个问题就是交通安全。撤并延长了孩子们上学的路程，在施行力度还较小的崇信，小学生中家庭与学校相距最远的已大于 10 里地。由于交通闭塞，超过 90% 的孩子都只能步行上学。在访谈中我们了解到，大部分家长忙于工作，几乎不可能每天接送孩子，而彻底的整合只会使孩子的回家之路变得更加漫长。

接受我们访谈的小学生及其家长大多对小学的撤并持有抵触态度。家长首先是担心孩子上学麻烦，更实在的是担心孩子们在路途中的安全。因为甘肃丘陵沟壑交错的地形，公交车通村到户难上加难，勉强通车的后果要么是不切实际的巨额财政投入，要么是可怖的安全事故。唯一的解决方法就是实行寄宿制，然而一方面甘肃的经济发展现状根本无法提供巨额校舍资金，另一方面即使长远来看能够实现寄宿制，但是长期与父母的分居将可能使得中小学的孩子们面临严重的家庭教育的缺失，这会对孩子的终身成长造成负面影响。正是这些客观条件的制约，撤并成效不佳。

## 2. 家长被迫陪读增加双重压力

调查中，很多高中生反映学校周边存在严重的陪读现象，这种陪读并非家长自愿，而是由于部分学校撤点并校后规模扩大但食堂建设落后，饭菜供应不足。因为县区的学生大多家庭贫困，昂贵的生活费对他们来说是一笔天文数字，无奈之下，许多家庭留下一方在家务农或在外务工，另一方（一般是母亲）则随孩子进城陪读，在照顾孩子的同时靠打零工维持生活。老师指出，这种现象不仅给家庭造成了经济方面的负担，同时，夫妻长期分居也是导致近年来农村家庭婚姻变故的重要原因之一。

## 3. 改革资金严重不足，配套工程实施步履维艰

除了社会普遍关注的校车安全问题之外，教育资源整合政策实施的最大障碍就是资金问题，尤其是在甘肃——人均 GPD 全国倒数第一的省份更是如此。而我们此次调研的对象之一——甘肃白银市会宁县虽然是全国有名的"状元县"，近年来也不得不因为教育资金严重不足而反思"倾家荡产"式的求学方式。在联合支队走访的累计超过 60 名校领导和各县市的逾 10 名教育局领导中，无人不

提资金缺口的问题。

且不论诸如多媒体等先进教学设备的预算，单是很多学校一些合理的资金需求——诸如教师培训、校安工程、实验硬件设施等，在短时间内都可能无法满足。例如政府补贴实施的"营养餐计划"，在资金的补助上，并没有考虑配套资金；例如食堂师傅的工资、中心学校向各个村的早教点配送的运输支出，对于没有其他收入来源的乡镇中心学校，是一笔比较沉重的负担。

### 4. 具体撤并标准不明，论证过程百姓鲜有知情

在走访教育局的过程中，在教育局存留的官方文件里，我们始终没有找到撤点并校标准的规范性文件。究竟什么样的学校应该被撤并、什么样的学校应该被保留呢？若是没有制定撤并的明确标准，仅靠地方自觉将无法实现政策的初衷。事实上，我们的确了解到在教育资源整合中出现了盲目裁撤学校的行为。

反映最突出的，恰恰是央视《新闻联播》报道过的甘肃庆阳华池县，我们的调研结论与央视的报道相反。在华池一中的采访中我们了解到，农村孩子所占的比例在70%到80%，这与我们在华池县的感受比较一致，县城虽然拥有全市唯一的高中，但城镇面积很小，人口比例也只占五分之一左右，辐射式的服务范围使得华池一中绝大多数同学在校住宿。华池一中依山而建，三栋教学楼、两栋宿舍楼的设施已经是最大负荷，现在每个年级800人左右的规模也是最大配置，不可能再安置更多的学生。

华池二中校长表示，高中部撤销后，华池二中只有60%的老师来到了初中部，30%的老师归入了华池一中，而这部分恰恰是华池二中的优秀师资力量。校长认为，撤并非但没有改变华池县高中教育的现状，反而使华池二中的经济负担进一步加重。而这也和县教育局"公平、效率"的说法相左。

### 5. 师生素质参差不齐，教学质量阵痛明显

长远来看，资源整合确实能够提高教育的整体质量，但是短期而言，教育质量反而有可能经历一次过山车式的下滑。在采访中老师普遍提及的一个问题是，撤点并校之后各不同文化背景和学习环境的学生聚在一所学校，一个班上的学生能力和自律性的差异较大地影响了教学设置和课程进度。部分素质较低的学生也成为课堂管理的一个难题，甚至会带坏学校的学习风气。如果不采取措施控制和缩小同校同学的层次差异，很可能形成恶性循环。

当地撤点并校后教师的分流方案是"谁合并谁解决"，这样一来被撤学校的老师大多随学生转移至保留学校。但是，扩容后的学校由于编制有限无法容纳所有转移来的老师，更重要的是，被撤学校多是村学，被裁老师多是代课师等一些低水平

教师，会造成合并后教师质量的参差不齐，同样影响教育质量。

# 六、政策建议

## 1. 明晰政策执行标准，规范学校撤并行为

撤点并校标准的明晰指的是一方面要给出细致、可量化的标准，譬如并校后的新校与村落的距离、村村通情况、村民的经济收入、学龄儿童的年龄分布与结构等，并将这些标准纳入衡量机制中，从而避免盲目并校的现象。例如，根据实际条件合理确定学校覆盖范围，最好能够使学生每天上学单程步行时间不超过40分钟；具备公共交通或校车服务条件的，学生每天上学单程乘车时间最好不超过40分钟。

## 2. 加强对交通建设的投入，完善基础建设

除低成本的方法是优化班车路线，或者增加途经学校的公交班次，有条件的学校最好能够配备规范化运行的校车，便利孩子的上学，保障学生安全。

## 3. 鼓励民办教育的发展

政府可以尝试扩大社会资源进入教育领域，吸收社会资金兴办民营学校，努力形成公办民办多元化的教育格局。竞争机制的引入有利于各方的发展，也有助于新的教育理念的产生。

## 4. 完善社会捐赠教育的激励机制

鼓励引导社会力量捐资助学、出资办学，设立奖学金、助学金等助学项目。可以邀请公益人士来甘肃体验当地孩子上学的艰辛，感受他们的刻苦努力，争取到更多社会力量的援助，发展当地教育事业。

## 5. 增加素质教育课程，促进学生快速融入新环境

根据对当地情况的分析，建议扩容的学校在保持合理规模的同时，相应增加素质教育课程，如利用德育课加强对学生素质的培养等。对于灵台等部分有一定条件的县市，建议增加心理辅导课程和教师，为学生开展定期的交流活动和心理辅导，帮助学生快速融入新的学习生活环境。

### 6. 实行教师转型，加强教师的交流和培训机制建设

白银、灵台以及庄浪等县市在资源整合过程中针对教学水平较低的农村教师或者是代课教师采取了转变其为负责生活等学校后勤管理工作的教师，既解决了一批教师的就业问题，也弥补了学校扩容后的管理岗位空缺问题。而崇信县针对"办学水平参差不齐，发展不够均衡"的问题，开展了三大工程："强校带弱校"工程、"名校带新校"工程、"对口帮扶"工程。其中，许多农村教师走进县城，感受县城中小学的教学模式，而县城老师走入乡村，双向互动，交流教学方法。武川新村等学校则定期外派教师到山东、江苏等地考察新课程改革的办学模式并回校开展教师学习交流会，以此促进教师团队整体素质的提高。

# 附录一："甘沐青春"联合支队调查问卷

## 甘肃省教育资源状况调查问卷

同学们好！我们是来自清华大学的学生，为了了解您所在地方的教育资源相关状况，我们设计了如下问卷，下面的问题绝无对错之分，希望您根据个人情况在选项上打√或填写空格。我们的问卷是无记名问卷，您的个人信息将被严格保密，请您放心填写，谢谢您的合作！

基本信息

性别：＿＿＿＿＿＿

现就读学校：＿＿＿＿＿＿高中＿＿＿＿＿＿年级

您来自：A 农村　B 城镇

第一部分：小学阶段教育资源状况

1. 您小学所在班级有多少名同学？　　　　　＿＿＿＿＿＿＿

2. 您小学一个年级的班级个数？　　　　　　＿＿＿＿＿＿＿

3. 您所在小学的师生比例如何？

　　A. 老师富余　　　　B. 师生比例合适　　　　C. 老师紧缺

4. ①在您小学时，学校存不存在老师跨学科教学的现象（即一位老师教授两个或两个以上的科目）？

　　A. 是（请回答 4.②题）　　　　　　B. 否（请跳至第 5 题）

　　②如果有，一般会兼授哪些科目？　　　　　＿＿＿＿＿＿＿

5. 老师的学历水平普遍如何？

　　A. 中专或中专以下　　B. 大专　　C. 本科　　D. 本科以上

6. 您在总体上感觉小学老师的教学水平如何？

    A. 优秀　　　B. 良好　　　C. 一般　　　D. 差

7. 您小学所在班级中是否有同学辍学？

    A. 是（数量请注明_____）　　　B. 否

8. 整体上，您觉得自己上小学给家里带来的经济负担如何？

    A. 难以承受　　　B. 负担较大　　　C. 有一些　　　D. 几乎没有

9. 从您家到学校距离多远？　　　　　　　　　_____

10. 您上学放学通常采用的交通方式是？　　　_____

**第二部分：初中阶段教育资源状况**

11. 您初中所在班级有多少名同学？　　　　　_____

12. 您初中一个年级的班级个数？　　　　　　_____

13. 您所在小学的师生比例如何？

    A. 老师富余　　　　　B. 师生比例合适　　　　　C. 老师紧缺

14. ①在您初中时，学校存不存在老师跨学科教学的现象（即一位老师教授两个或两个以上的科目）？

    A. 是（请回答 14.②题）　　　　　B. 否（请跳至第 15 题）

    ②如果有，一般会兼授哪些科目？　　　_____

15. 老师的学历水平一般如何？

    A. 中专或中专以下　　　B. 大专　　　C. 本科　　　D. 本科以上

16. 您在总体上感觉初中老师的教学水平如何？

    A. 优秀　　　B. 良好　　　C. 一般　　　D. 差

17. 您初中所在班级中是否有同学辍学？

    A. 是（数量请注明_____）　　　B. 否

18. 整体上，您觉得自己上初中给家里带来的经济负担如何？

    A. 难以承受　　　B. 负担较大　　　C. 有一些　　　D. 几乎没有

19. 从您家到学校距离多远？　　　　　　　　_____

20. 您上学放学通常采用的交通方式是？　　　_____

**第三部分：教育资源整合**

以下问题将会涉及教育资源整合、撤点并校等内容。请您先阅读相关说明后作答。

说明：教育资源整合是甘肃省在《甘肃省中长期教育改革和发展规划纲要》中提出的，即：按照"四个集中"（即高中向城市、初中向城镇、小学向乡镇、教学点向行政村集中）的思路，调整中小学布局，简称"撤点并校"。

21. 您赞成撤点并校吗？

    A. 赞成          B. 无所谓          C. 不赞成

22. 您觉得农村教育网点的减少会不会影响农村经济发展？

    A. 极大的阻碍了农村经济发展    B. 有一定阻碍作用

    C. 影响不大

23. 整体而言，您觉得撤点并校会改善教育不公平的现状么？

    A. 有很大改善          B 有一定改善          C. 变化不大

# 附录二：联合支队成员表

项目指导老师：陈章武　教授，"兴华基金会"负责人

总队长：尹西明

支队长：

| | | |
|---|---|---|
| 1. 甘肃白银支队 | 徐梦琦 | 龙安琳 |
| 2. 甘肃庄浪支队 | 刘璐瑶 | 刘丰年 |
| 3. 甘肃灵台支队 | 张晓阳 | 曾馨玥 |
| 4. 甘肃三岔支队 | 冯小莺 | 刘　昶 |
| 5. 甘肃华池支队 | 童　卓 | 黄喆晋 |
| 6. 甘肃青海乐都支队 | 廖　宁 | 袁　斌 |

其他队员（按姓氏字母顺序排名，不分先后）：

| | | | | | |
|---|---|---|---|---|---|
| 程振宇 | 党竹溪 | 董世霖 | 杜晶晶 | 段勇倩 | 顾　实 |
| 贺力瑶 | 黄　靓 | 黄喆晋 | 李慕菲 | 刘晨光 | 刘丰年 |
| 刘涵一 | 马晓敏 | 肖正航 | 宋叶青 | 王　勃 | 王译诺 |
| 王梓淇 | 魏可佳 | 温　容 | 吴迪亚 | 吴天浩 | 许君茹 |
| 杨舒慧 | 姚又友 | 于　洋 | 张　璐 | 张启迪 | 赵子博 |
| 周观平 | | | | | |

# 甘肃白银教育资源整合现状调研报告

随着农村税费改革、撤乡并镇、城镇化加速、计划生育的影响，学校生源锐减、教育经费紧张、中小学布局被打破，农村地区的教育资源和学校布局存在的问题日益暴露。从 2009 年起，甘肃省白银市开始实施以"撤点并校"为重点的教育资源整合政策。本文总结了各利益相关方对政策出台及政策执行的优劣、利弊的不同考虑，分析了白银市布局调整成功范例——武川新村学校的成功经验，并分别在问责、干预及运行层面提出相应的政策建议。

## 一、白银市教育资源整合政策实施情况综述

### 1. 白银市简介

白银市位于甘肃省中部，黄河上游。矿产资源丰富，业已成为全国瞩目的有色金属生产基地，并形成了电力、煤炭、稀土、化工、纺织、加工、建材等比较全面的工业体系。但随着社会经济的不断发展，自然资源日渐枯竭，目前白银市正积极寻求转型途径，限于当地的自然条件，吸引投资的环境相对较差，经济发展面临瓶颈。

白银市虽临近黄河，但整体而言水资源相对匮乏。加之气候在中国气候区划上为中温带半干旱区向干旱区的过渡地带。年降雨量 180～450 毫米之间，年蒸发量达 1500～1600 毫米，是平均降水量的 4.5 倍。北部景泰县年蒸发量最高达 3390 毫米。部分地区十年九旱、靠天吃饭的格局尚未根本改变，脱贫稳定性差，大灾大返贫、小灾小返贫的现象突出。绝大多数贫困人口居住在沟壑梁峁和林缘区，立地条件差，脱贫难度大。

白银市有着浓厚的重教兴学之风。以其下辖会宁县为例，会宁县作为一个自

---

本文作者："甘沐青春"暨清华大学赴甘肃青海两省六县调研教育资源整合联合支队白银支队。报告执笔人：徐梦琦、尹茜明、许君茹、温容、龙安琳、杜晶晶、刘涵一（清华大学经济管理学院 2011 级本科生）；王勍（清华大学汽车系 2011 级本科生）。

然条件差、经济基础弱、师资力量算不上雄厚的西北贫困县，凭着"政府苦抓、家长苦供、社会苦帮和教师乐教、学生乐学"的"三苦两乐"精神，创造了一个又一个高考神话，被誉为"西北状元县"。在会宁，全县58万人口中20万人生活在穷困线下，人均年收入不足1500元，而高中生每人每年的平均花费为2500~3000元左右，大学生每人每年的平均花费在8000~10000元左右，会宁每年的教育支出接近2亿元，对于那些挣扎在温饱线上的贫困山区农民来说，教育支出已成为很多家庭的重负。但是正因为穷，人们迫切希望改变自己不公平的命运，家长们都普遍认为"不上学不如人"，为了孩子上学，家长桌卖口粮，四处借债，就是哪怕砸锅卖铁也要让孩子读书受教育。

### 2. 当地教育资源整合的必要性

随着白银市经济社会的高速发展和经济增长方式的转变，以及不断推进的工业化、城市化和社会主义新农村建设，农村人口向城镇不断集中，加之计划生育成效的显现，农村学龄儿童逐年递减，城乡教育布局又出现了新的不均衡，严重影响了农村义务教育的健康发展和教育教学质量的提高。

在农村，由于历史原因形成了一乡多校、一村一校的局面，农村学校容量小①、布点多，同时教师难配备，管理难跟进，优质资源短缺，导致教育质量很难得到保障，部分小学和初中由于生源和教育资源配置问题已名存实亡，从而浪费了农村教育资源。同时，近年来，城镇化的加速发展带来了庞大的进城务工群体，加之民众对优质教育资源的追求，城镇在校学生平均每年增加2500人左右，增幅约为20%。在增建学校的情况下，上学难、教学班额大等突出的择校问题仍未得到有效解决。城市和县镇所在地，65%的学校平均班额在65~70人左右，从而导致了乡镇教育资源的相对短缺。

农村教育资源浪费同城市县城和经济较发达的乡镇教育资源相对短缺成为现阶段阻碍当地教育发展的主要矛盾之一。

### 3. 当地教育资源整合的总目标和总路径

从2009年开始，以撤点并校②为重点，以创办寄宿制中小学为突破口，走"高中阶段学校向县城集中，初中向中心乡镇集中，教学点向中心村集中，新增

---

① 100人以下的小学或教学点有496所（个），占同类学校总数的44.68%；规模在300人以下的初中有15所，占同类学校的12.3%。

② 撤点并校：2001年起，我国为了优化农村教育资源配置，全面提高中小学教育投资效益和教育质量，促进农村基础教育事业健康可持续发展，对农村教育资源进行整合，摒弃"村村办学"的方式，对临近的学校进行资源合并。

教育资源向城镇集中"的规模办学路子。采取"撤、并、建"等措施，实现资源优化配置、使全市城乡与区域教育结构、规模、质量统筹协调发展，全面提高教育教学质量，促进教育事业持续、健康、协调发展。

经过 7 年努力，全市撤并学校 511 所，使全市中小学学校总数由 2009 年的 1284 所控制在 810 所左右。白银区 2010 年基本完成调整目标，平川区和景泰县 2012 年基本完成调整目标。靖远和会宁县规划在 2015 年基本完成调整目标。

### 4. 教育资源整合资金来源渠道

白银市教育局预计从 2009 年至 2015 年间，布局调整概算资金 60000 万元，其中校舍建设资金 45000 万元，学生用床 3000 万元，学生食堂设施 2000 万元，教育装备 10000 万元。

资金来源渠道：税费改革转移支付和校舍维修长效机制资金每年 3500 万元，七年共计 24500 万元；每年争取国家和省级农村校舍改造等项目资金 1500 万元；七年共计 10500 万元；市财政连续七年每年列支 400 万元共计 2800 万元；各县区政府每年自筹 3170 万元（城市教育附加 2000 万元），七年共计 22200 万元。

## 二、教育资源整合政策的各方利益分析

此项政策涉及多方利益，学生和家庭、学校、政府，各个利益方对政策的利弊都有自己的考虑，因而建议从不同角度出发进行政策分析。

### 1. 政策执行者——地方政府

优点 1：教育资源整合可以促进城乡教育均衡发展。

随着社会经济的不断发展，城市化的趋势日益显现，农村人口不断向城镇集中，加之计划生育政策成效显现，农村学龄儿童逐年递减，城乡教育布局又出现了新的不均衡。村校办学规模进一步萎缩，导致农村上世纪 90 年代投资修建的校舍大部分闲置。

以白银区为例，实施教育资源整合政策前，在白银区 103 所小学中：农村小学 87 所（闲置校舍 31 个），在校学生 6124 人，在岗教职工总数 671 人，师生比 1：9.08（与国家规定编制 1：23 相比，教师超编严重）；规模在 50 人以下的有 20 所，占农村学校总数的 40.8%。这类村小中，只有 1～2 个班级的学校 3 所，有 4～6 个班级的学校 9 所；这些学校中的在校生人数，5～10 人的 6 所，11～20 人的 5 所；学校只有 1～4 名教师的 7 所（教育资源浪费严重，学校发展处境艰难）。农村小学校舍占地总面积 551471 平方米，生均 150.05 平方米（与国家规

定的生均 22 平方米相比，超出 128.05 平方米，资源浪费严重）；城市小学 16 所，在校学生 16346 人，在岗教职工总数 967 人，师生比 1：16.90；1000～2000 人以上的 7 所，占城区小学总数的 41.2%；300～1000 人以上的 10 所，占小学总数的 58.8%。最大学校班级 49 个，最小学校班级 10 个，最大班额 60 人左右，最小班额 30 人左右（城区教育资源相对紧张）。

在 13 所中学中，农村中学 4 所，在岗教职工总数 275 人，在校学生 3046 人，师生比 1：11.07。校舍占地总面积 155998 平方米，生均 51.21 平方米（与国家规定校舍面积生均 24 平方米相比，超出 27.21 平方米，资源浪费严重）；城区中学 8 所，在校学生 9965 人，在岗教职工总数 658 人，师生比 1：15.1。

某些山区小学竟然出现了老师多于学生的怪象，在这样的情况下，实施教育资源整合政策，可以优化教育布局，实现城乡教育公平。

优点 2：实施教育资源整合政策可以提高教学质量。

①农村小学原本就偏远，条件艰苦，师资力量薄弱，音、体、美器材及图书、仪器等教学设备严重短缺，从根本上制约了教育的发展和教育教学质量的提高。实施教育资源整合可以集中优势资源，发挥规模效应，一方面满足学生对于教学设备的基本需求，另一方面增强师资力量，减少大班额的出现，从而提高教学质量。在我们的问卷第 20 题"你认为撤点并校后的师资力量与原来相比如何变化"中，选 1 代表变差很多，选 4 代表基本无变化，选 7 代表变好很多。整体而言，学生认为撤点并校的确可以增强师资力量。

②因教育环境与教育条件影响，部分村校教师因待遇较低而不安于教学，积极性难以发挥。有的村小学还存在一校一师、一师多用现象，教师既要负责各年级各科目的教学，还要管理行政、财务等全部事务，难以集中精力教学，办学效益极其低下。学生家长对此意见很大，纷纷在条件好的乡镇或县城租房带子女上学，导致城镇学校办学压力巨大，学校疲于管理，教师负担加重，教学质量和学生身心健康也受到严重影响。据白银区王岘镇学区校长滕泽斌介绍，在王岘镇甚至存在一所学校有一生多师的情况，这种情况下，老师的教学积极性难以调动，教育质量无法保证。实施教育资源整合政策可以极大地提高教师的教学积极性，有利于课堂教学质量的提高。

③当地师资状况不容乐观。以会宁县为例，当地的师资状况面临以下问题：一是教师结构高龄化，教师大部分是民教转正，年龄大、身体差、水平低、教育质量低下；二是代课教师较多，村校现有代课教师 778 人；三是教师的分布不合理，部分边远山区的学校全是老龄民转公教师或代课教师；四是教师专业层次低，观念陈旧，教学方法呆板单一，已不能适应新课改的需要。实施教育资源整合政策可以整合教师队伍，将部分水平相对较低的教师安置为学生的生活老师，

提高一线教学老师的整体水平，有利于教学质量的提高。

困难1：实施教育资源整合政策极大地增加了当地的财政负担。

①虽然在白银市中小学布局调整规划方案中，政府提出了资金解决办法，但是我们通过走访发现：制约这项政策推行的最重要的因素还是资金。在规划方案中政府提出各县区政府每年自筹3170万元，但是由于会宁、靖远等县仍然比较贫困，财政方面比较困难，很难提供足够的资金支持此项政策的推行。根据《白银市2009～2015年中小学布局调整规划表》显示，会宁、靖远、平川三个区县无力承担资金负担，全部依靠争取中央、省级项目资金。资金的欠缺极大地制约了此项政策的推广和落实。

②相关配套支持政策的推广和落实也极大地增加了当地的财政负担。校车、营养早午餐的宣传、校车的维护、司机、厨师的工资等相关费用对于县区政府来说无疑是一笔巨额开销，极大地增加了地方政府的财政负担。而教师安置、废旧校舍的再利用对于政府来说都会产生一笔相当高的行政费用，这无疑会大大削弱地方政府推行此政策的积极性。巨大的财政负担使地方政府在推行此项政策过程中心有余而力不足。

困难2：学生、老师和家庭各方利益考虑不同，政策推行可能会受到阻力。

由于宣传力度不够，加之各利益方的利益侧重点不同。有人支持，更有人反对。对于基层政府来说，在政策推行过程中，很可能会遭到一定的阻力。加之去年校车事故频发，该政策已引起了全国人民的关注，学生和家长很可能出于安全考虑，对此政策产生一定的不信任情绪，而这无疑增加了政策推行的难度。

## 2. 政策影响者之一——学生和家庭

优点1：学校师资力量的提升、学生间竞争的加剧有利于学生学习成绩的提高。

教育资源整合后，学校可以整合以前几所学校的资源办学，这意味着有更多高水平的老师，更多先进的教学设备，学校的硬件设施和食宿条件都将有所提升。同时，由于国家九年义务教育的普及和营养午餐计划的推行，学生的家庭经济负担并不会加重。据王岘镇校区校长滕泽斌介绍，义务教育阶段，一天只需花3元，就能满足中午吃饭需要。

更加先进的硬件设施和更优质的师资力量可以帮助大部分学生，使其学习成绩以及综合能力等方面在原基础上有所提高。

随着多所学校合并，各学校的尖子生聚集到同一所学校。根据我们的问卷调查结果，117位同学作答了第14题"作为原校学生，您认为周围的学习氛围是否发生改变"，其中68位同学认为学习氛围变好，37位同学认为变化不大，而只有 13 位同学认为学习氛围变差。其中，大家认为学习氛围变好的主要原因是同学之间的竞争加剧，学习动力更大了。

优点 2：学生可以加强和同龄人的交流，有利于其团队能力的培养。

撤点并校前部分学校生源较少，以王岘镇为例，当地曾经有一个六个年级加起来有 7 名学生和 10 位老师的小学。然而，儿童只有更多地和同龄人接触才能更快地成长，这样的小学显然不能提供这样的条件，反而会耽误学生的发展成长。撤点并校之后，孩子们可以有更多的机会和同龄人交流，因而才能更加健全健康地成长。

在现代社会，我们需要的也不仅仅是单干蛮干、独立拼搏的精神。对于没有与同龄人共同成长的孩子，往往怀着自卑心态不能融入团队，又或者追捧个人努力或绝对独裁，不太具备团队能力，而这些已经不能适应现今社会生活，而撤点并校为他们提供了一个绝佳的发展机会。

缺点 1：家庭成员之间联系相对减少，家庭不和睦的可能性增加。

由于撤点并校后学校向城区、乡镇集中，学生上学的距离相对延长。为了便利学生上学，部分家庭选择了这样的应对措施：

①将孩子送到寄宿制学校上学，只有放假时孩子才会回家。但是，由于在当地的现有情况下，大规模增加校车投入并不现实，因此当地采用周末增加公共交通的方式来满足学生的需求。但是由于当地相对贫困，平均每人每年收入在 2000～3000 元左右，而周末的交通费用（一位同学介绍说自己回家一趟往返车费需要 100 元左右）对他们来说也是一笔不小的开支。因此很多学生选择几个月才回家一次，不利于孩子们和家长之间感情的培养和孩子们身心的健康发展。

②家长中的一方，通常是母亲在城区租房陪读，而父亲迫于生计外出打工。这样一方面，城区租房费用相对较高，家庭经济负担加剧；另一方面，父母亲长期分居，导致家庭之间产生矛盾的可能性增加，据当地老师介绍，甚至会出现由于双方感情逐渐淡薄最终导致离婚这样的悲剧。

凡此种种，无疑会影响到这些正处于青少年时期的孩子们的成长，给他们造成较大的情感伤害。

缺点 2：学生们对新环境的适应能力参差不齐，可能会制约学生的发展。

新学校，新老师，新同学，面对崭新的一切，被撤并学校的学生难免会感到一些不适应。如果适应能力不强，毫无疑问将会直接影响到学生的学习成绩，进而影响到学生的信心。的确，政策需要考虑到大多数，但是对于这些试图通过读书改变命运的孩子来说，他们本身就背负着家庭的巨大压力，一旦信心受到打击，影响的可能就是他们的一生。

而且，通过我们日常与学生的交流发现，撤点并校后原校学生或多或少地会对新来的同学有一定的歧视。在我们的问卷第 17 题"您认为原校同学是否对新来的同学有歧视现象"中，123 位同学作答，其中 39 位同学认为有一些歧视，5 位同学明确提出存在歧视，而其余同学则选择了没有歧视或不清楚。由此可见，在撤点并校后，的确存在着一定的歧视现象。新来的同学可能无法融入新的集体中去，由于缺乏朋友可能给学生造成极大的心理压力，从而制约孩子的发展。

争议点：撤点并校到底造成了学生家庭教育的缺失还是弥补了家庭教育的缺失。

由于撤点并校是以建立寄宿制中学和寄宿制小学为突破，民间自然会讨论寄宿制学校所面临的家庭教育和学校教育之间的权衡取舍，尤其是如果从小学开始就实施寄宿制的话，无疑对于孩子的家庭教育造成极大影响。

在实践过程中，我们发现当地对这一问题还是有着较大的争议的。

一方面，以白银市实验学校的老师为代表的反对撤点并校的人认为，学生如果从小学就开始寄宿，势必面临着家庭教育的缺失。而学校即使配备生活老师也不可能同家长那样给孩子以最贴心的关爱和教育，况且现阶段学校也没有足够的财力配备足够的生活老师。长此下去，这项政策很可能会对一代人的健康成长产生不利影响。

但另一方面，以白银市教育局蒋老师和王岘镇学区滕校长为代表的支持撤点并校的人认为，当地的留守儿童现象比较严重，即使孩子走读上学，家里照顾他们的也是老人，家庭教育本来就严重缺失，实行寄宿制反而有利于孩子的成长。

我们认为这种争议的出现也与双方考虑问题的方式不同相关。白银实验学校的老师们更多地将现在的家庭教育情况同之前在山区上学的孩子们的家庭教育情况相对比；但随着社会的不断发展，留守儿童不断出现，蒋老师和滕校长们更多地考虑的是将现有家庭教育情况同留守儿童们的家庭教育情况相对比。

由此看来，撤点并校会因孩子的家庭背景等产生截然相反的影响，那么究竟是实施撤点并校对家庭教育更好还是不实施更好呢？在这一点上我们尚不能下定论。

同时，撤点并校也面临家庭教育和学校教育的均衡问题，如何定义留守儿童？外来务工人员子女？农村贫困家庭子女？是否应该帮扶？如何帮扶？这也将是中国教育未来很长一段时间面临的严峻课题。

### 3. 政策影响者之二——学校和老师

优点：教育资源整合可以增强学校师资力量，有助于学校开展第二课堂，有利于教学质量的提高。

在教育资源整合政策出台前，部分学校由于生源锐减实际上已难以为继。实施教育资源整合，学校学生数量的增加，毫无疑问可以增强学校的活力。另外，几所学校的合并，也可以增强学校的师资力量，这点在此也不再赘述。事实上，据王岘镇滕泽斌校长介绍，早在90年代，王岘镇就曾经自发的自下而上推行过一次布局调整，成果也比较明显。而这次教育资源整合政策在王岘镇的实施只不过是上一次的延续。

另外，随着师资力量的增强和学生数量的增加，学校可以开展丰富多彩的课外活动，开展第二课堂，全方位地提升学生的综合能力，有助于教学质量的提高。

缺点1：剥离完全中学可能使学校发展后继乏力，出现争抢生源等恶性竞争。

在白银市教育局下发的相关文件中，我们可以清晰地看到此项政策试图剥离完全中学①，将初中部同高中部剥离开来，分别独立办学。但是据白银实验学校老师介绍说，布局调整后，由于没有了自己的初中部，没有了自己培养出来的"子弟兵"，反而需要到全区四处招生，高中部生源质量有所下降，直接导致近年来学校发展面临瓶颈。事实上，据实验学校的老师介绍说，白银市基本上所有被剥离了初中部的学校近年来的发展都略显乏力。而这对要求升学率的学校来说显然是一个巨大的问题。

为了保证升学率，每到6、7月份，白银各学校便会展开四处争抢生源的恶性竞争。我们去实践的时候，正值生源争夺最激烈的时候。一位老师这样说道："作为一个知识分子，每天被逼着干这种事情，实在是当下教育的一种悲哀。"

缺点2：资金不足可能会限制保留学校的进一步发展。

更多的学生、更多的老师、更先进的设备、更完善的食宿条件，这的确让一所学校更有竞争力，但也让一所学校面临更大的资金压力。在白银市现有的财政条件下，无法保证满足所有学校的资金需求。因此，很多学校的一些合理的资金要求在短时间内可能无法到位。以我们走访到的育才学校为例：育才学校是一所九年一贯制学校，囿于资金和土地的缺口，下至一年级的孩子，上至初三的中学生都要在同一个教学楼里上课，集体活动也要一起参加，但这给学校带来了极大的管理困难，学校不可能用同一套标准要求初三的中学生和一年级的孩子。因此学校只有通过长时间多次向教育局争取，才能争取到学校扩建的资金支持。资金问题无疑制约了学校的发展。

而且，随着"新课改"的推行，合并学校的部分低水平老师已经不适应新

---

① 完全中学是指既包括初中部又包括高中部的中学。

课改的要求，学校需要将其送出去参观培训，帮助这部分老师提高业务水平，这些都需要学校的资金支持。因此资金问题可能也会成为学校的一大负担。

焦点问题聚焦：闲置校舍问题。

自从教育资源整合政策推行以来，原有校舍的安置问题就一直吸引着人们的眼球。根据我们的走访结果，大部分的闲置校舍都得到了较为妥善的安置。根据《白银区中小学结构布局调整工作方案》（征求意见稿），闲置的房屋、土地由教育行政部门统筹安排，对条件较好的校舍，既少用来举办学前三年教育，也可做教师住房、农村职业技术教育培训基地、中小学勤工俭学基地等。确认无利用必要的，可以通过置换、租赁等方式，用于保留学校的建设。这份工作方案能较大限度地发挥闲置校舍的效用，提高土地利用率，还能促进农村文化的发展，为新校舍的建设提供部分资金。

以景泰县调整规划为例。景泰县教育局在考虑学校布局调整后的综合效益时提到，布局调整后富余的校舍可以用来发展学前教育、举办农民夜校、建设农民文化站，还可以利用保留学校的现代信息技术设备举办农业技术培训，促进农村教育、文化、科技事业整体发展，促进农民整体素质的提高。景泰县对于闲置校舍的有效规划将使得学校布局结构调整解放生产力，加快建设新农村步伐。

但是实施过程中会出现这样的情况，由于各方利益博弈，大家都希望自己能够使用该闲置校舍，导致校舍最终反而被闲置，造成了极大的资源浪费。

据王岘镇滕校长介绍说："关于闲置校舍的问题，国家还是缺乏统一的标准（实施细则），导致闲置校舍的再利用可能会出现这样或那样的问题。"少数已闲置的校舍，至今仍未得到很好的利用。在条件允许的情况下，政府应加快闲置校舍的改造，以免在整合教育资源的同时浪费了土地资源。

## 4. 小结

通过对该政策影响到的各利益方利益衡量，我们不难发现，该项政策在推行过程中确实会存在一定不足，但是我们却不可否认，在当下这种情况下，面对农村生源递减的现状，保障城乡教育公平、促进教学效率提高的教育资源整合政策是大势所趋。任何政策都不是无懈可击的，我们切不可因噎废食，因为政策导致的一些小问题而对这项政策产生怀疑。相反，我们应该尽我们所能去完善这项政策，去帮助那些家庭条件相对艰苦，但却仍然渴望改变自己命运的"大眼睛们"。

# 三、布局调整成功范例——武川新村学校

## 1. 学校概况

该校是一所九年一贯制寄宿制学校，初中、小学分开管理。2005 年时学校仍位于武川乡，各项条件较差，生源流失严重。但随着教学质量和知名度的提高，2007 年开始出现生源爆满的现象。由于供水供暖设施不足，学校出于长期考虑，于 2008 年着手布局调整。

武川乡从 2005 年开始进行新农村建设，实施"一村两制①"，整体搬迁至武川新区，作为配套工程，学校搬迁至武川新区，搬迁的 80 万经费由白银区政府承担，并作为布局调整的试点项目。

新校区的建设逐步展开，2008 年开始建小学校舍，2009 年兴建宿舍，9 月份开始建设食堂，2010 年全部落成，并在该年秋整体搬迁至新校址。目前新校区的建设共投入 3200 多万。

布局调整的资金主要来自两部分：一部分是长效机制资金②；另一部分是校安工程资金③。共投入 3800 万，欠款 600 多万。另外，据校长介绍，他通过商界的朋友积极联系热心公益的企业家，通过他们的赞助也极大地解决了学校建设的资金短缺问题。

## 2. 生源结构及住宿条件

据校长介绍，武川新村学校主要服务于育才中学以西的进城寄宿的农村子弟和务工人员子女，以及城市下岗职工子弟。中学生住宿率达 80%。每年申请住宿学生约 1000 人，但学校最大容量为 830 人左右。因此，学校需要对申请者的家庭情况，尤其是住宿环境进行严格审核。考虑到家庭教育对孩子成长的重要性，小学生尤其是低年级小学生不安排住宿。但家庭经济条件确实困难的，或者家庭实在偏远的，学校经实地审核后，也可酌情安排住宿。目前有约 40 个小学生在校住宿。

学校实行住宿制，每周五下午学生需刷卡离校，自行乘车回家。据了解，约 1/5 学生周末回农村家庭，主要依靠城乡公交，但即使离家最远者车程也不超过

---

① 指一所学校同时适用于农村和城市的办学机制，以实现学校的成功转型。
② 指撤点并校过程中的政府分期支持资金。
③ 指校舍安全工程建设资金。

40 分钟。部分学生住在武川新区，上下学自行往返十分便利。

### 3. 师资力量及办学条件的改善

由于学校是整体搬迁，原学校教职员工全部随校搬迁至新校区。为了更加体现布局调整的人性化，同时也方便高效课堂的开展，学校逐步加强了对老师，尤其是随校搬迁老师的培训力度。先后组织老师赴山东杜郎口、山西太谷，及江苏、上海等地考察课改及新型教学模式。特别是走访了一些有特色的外国语学校和课改试点学校。近几年来，学校依靠"三支一扶"政策（支农、支教、支医、扶贫）、"五千名教师工程"，已引进 20 多位年轻教师，其中不乏优秀的大学毕业生，这无疑为学校的发展和新课改的实施注入了新鲜的血液。

布局调整后学校为了学生的全面发展，已动工建设 6600 ㎡实验楼一栋，将配套建设标准的跑道、篮球场、排球场、足球场、浴池等。学校已进行全方位的绿化，环境幽雅、景色宜人；配备了电子白板、计算机教室、多媒体教室、语音室、舞美室，并设置了师生劳动实践基地供师生参与实践。

### 4. 为解决布局调整后的教学质量问题而进行的教学改革情况

学校搬迁至新校区之后开始致力于打造高效课堂，借鉴山东杜郎口、山西太谷教学模式，已经形成完整的"导学案"教学体系、固定的高效课堂模式和全新的学生合作评价激励机制，尝试以此来解决布局调整带来的生源素质参差不齐、影响教学质量的问题。

改革的成效可以从学校的成绩和综合评价中看出。从 2008 年以来，学校的七、八年级在历次质检考试成绩统计分析中，各科均排名前三，期中生物、历史和数学则是连续四年稳居前两名。从 2008 年以来学校总评在农村、城市类排名稳居第一，在总区（白银区）排名稳居第二，总评全市区排名则从第五上升至第三。现已跻身白银区名校行列。

### 5. 学校成功措施简析

武川新村学校是白银市布局调整的成功范例，但是由于其属于随武川乡整体搬迁工程的产物，有些经验的确不可复制。通过同崔校长的简单接触不难发现，崔校长是锐意进取、敢想敢干的改革派，学校取得的成功在很大程度上恰恰是依赖崔校长的个人能力，而不是学校传统的管理体制，比如他利用个人关系筹措资金发展学校之举。但是，不可否认的是，武川新村学校仍然有一些成功经验值得我们去学习、去推广。

（1）中心校位置的选择相对成功

在我们的问卷调查中，很多同学反映希望撤并后中心校的选择能够照顾到家庭较远的学生，上下学时间较长一直是困扰着这些经历过撤点并校的孩子们的难题之一。但是武川新村学校主要服务于育才中学以西的进城寄宿的农村子弟和务工人员子女，以及城市下岗职工子弟。约五分之一学生周末回农村家庭，主要依靠城乡公交，但即使离家最远者车程也不超过 40 分钟。还有部分学生住在武川新区，上下学自行往返十分便利。这种学校定位极大地便利了离家较远的学生，使学生们更容易接受原学校被撤并的现实。

（2）配套措施落实到位

①学校在整体搬迁后，原校区用作武川乡中心小学的校址，实现了闲置校舍的再利用；

②政府的城乡交通系统极大地便利了学生回家，在现阶段校车落实不现实的情况下最大可能地帮助了离家较远的学生；

③"两免一补"政策，营养早餐计划落实到位，学生每学期免收学杂费和书费，补助寄宿学生生活费 1250 元，执行国家对农村学生每天 3 元的营养早餐计划，极大地减轻了学生的家庭经济负担，使得学生上得起学，家长乐意送孩子上学。

（3）踏实教改，执行有力

学校充分利用教育资源整合后的资源优势，积极开展教育改革，创新课堂模式，丰富学生课余活动，成果显著。学校虽然在 2005 年遭遇瓶颈期，但学校大胆地精简与改造，卧薪尝胆、静心踏实地去做教育改革，尤其是小组合作制和教师培训计划的落实，经过了一段沉潜期，终于厚积薄发，学校蒸蒸日上。

另外，最值得学习的一点就是学校能切实贯彻教育理念，执行力强。通过我们走访的几所学校不难发现，其实学校之间的教育理念大同小异，但是武川新村学校真正能够用行动贯彻这些教育理念。正是它强大的执行能力造就了它的成功，为布局调整后的学校建设提供了宝贵的经验。

# 四、政策建议

## 1. 明晰调整学校的标准

政策的制定需要全方位的实地考察以论证其必要性和可实施性；政策的实施则需要一套明晰、可灵活执行的标准，既有规范化的内容同时又可因地制宜、因时而变。

在走访教育局的过程中，在教育局存留的官方文件里，我们始终没有找到撤点并校标准的规范性文件。究竟什么样的学校应该被撤并、什么样的学校应该被保留呢？若是没有制定撤并的明确标准，仅靠地方自觉将无法实现政策的初衷。事实上，我们的确了解到在教育资源整合中出现了盲目裁撤学校的行为。在靖远县，有些黄河沿岸的学校规模较大，但也被并到县城中。

因此，我们认为调整学校的标准应该进一步明晰。一方面要给出细致、可量化的标准，譬如并校后的新校与村落的距离、村村通情况、村民的经济收入、学龄儿童的年龄分布与结构等，并将这些标准纳入衡量机制中，从而避免盲目并校的现象；另一方面要考虑到地方特殊情况，譬如地处大山深处的村小学，即使存在着严重的生源缺失、师资浪费的现象，也不应硬性地撤掉教学点。我们需要在更好的家庭教育和更好的学校教育之间做出取舍，而孰轻孰重则需要考虑该地区的具体情况。

## 2. 建立合理的反馈机制

在实践过程中，我们发现不同的利益群体对该项政策有着不同的意见。甚至有一些意见相对极端的老师，他们完全否定教育资源整合，认为这项政策是一个彻头彻尾的失败。但是也有一批人力挺这项政策，认为这项政策势在必行、优点突出，出现的一些问题是一项政策在实施过程中所必须经受的考验。

但是我们却没有发现一个合理的完善的反馈机制，使得人们能够将自己对该项政策的意见看法进行有效反馈。而在政府层面，他们也意识到政策在实行过程中有一定的问题，但当他们试图做出改进的时候，更多的只是从自己的视角出发，没有完全听取民意，反而可能好心办坏事。

也就是说，现在政策的制定和实施模式仍然是自上至下的，一方面群众无法完全理解政策实施的初衷和原因，另一方面政府也无法根据底层建议对该项政策进行适时的调整。在当下公众对公权力不信任感加剧的情况下，只有撤点并校的过程真正做到公正公开透明，在公众理解这项政策的推行并亲身参与政策建议和修改的情况下，才会选择支持此项政策。

因此我们设想能否建立一个合理的政策反馈机制，使政策上通下达。这样政府能够根据民意对政策做出合适的调整；而群众的反映得到及时的处理后也会更加认可这项政策，政策在执行过程中遇到的阻力也会减少。

### 3. 争取社会资金支持——以当地教育局为平台，使慈善基金会和当地学校直接发生交集

在整个实践过程中，我们发现制约当地教育发展最重要的问题就是资金。有很多政策和很多好的想法譬如校车，免费早餐、午餐等，由于资金的短缺而最终无法付诸实施或中途夭折。虽然政府提出要引入市场机制，但是以我们这几天的所见所闻，当地的学校很难提供有足够吸引力的条件吸引外界的投资。在我们和当地学校的接触过程中，老师们都或多或少地表达了希望我们能够为当地引入一些慈善基金会的资金支持的想法，来满足学校撤并后的建设需要和教育改革需求。

而与此同时，在经管学院中，有一大批的 MBA，他们想要投资慈善事业，但他们很难了解到当地的真实情况，因此不敢轻易地将手中的资金投放出去，他们也希望通过我们的实践活动发现当地一些真正贫困的孩子，希望我们将这些孩子的资料交给他们，由他们进行资助。

但是我们的力量毕竟单薄，一次社会实践的时间毕竟短暂，而在甘肃，教育资金短缺却是一个普遍性的现象。如果当地的教育局或其他政府机关能够搭建一个信息平台，将当地学校的实际情况进行公示。政府可以将相关学校的项目招标情况上传到该平台上，方便相关慈善人士了解资金缺口与资金用途，从而实现资金合理匹配。慈善基金会还可以根据平台上的信息自主选择对其中的贫困学校、贫困学生进行资助，从而形成一种长效机制。打破甘肃地区"经济困窘——教育落后"的恶性循环。

若担心此种信息平台会存在监管问题，我们也可以邀请一些已经在甘肃进行大规模扶助的基金会参与进来，组成一个专门的"甘肃教育支持基金会"，一方面统筹管理甘肃境内教育资助的事宜，将资金分配到最需要的地方，另一方面则可以与外围基金会进行信息对接，吸引更多的基金会加入其中。

这样便可以将民间力量集合起来，去关注那些容易被忽视的角落。

### 4. 完善政策跟进，加大配套政策的支持力度

教育资源整合政策固然保障了教育的效率和公平，但是我们不可忽视它所带来的一些负面影响。

（1）交通问题

撤点并校后，各区大力发展寄宿制学校。校区离学生家庭普遍较远，走读生上学、放学耗时较长，而家庭贫困住校生为了省钱基本上好几个月才舍得回家一

次，和父母交流的时间少之又少。

（2）学生的食宿问题

发展寄宿制学校，越来越多的孩子选择在学校住宿，然而由于资金不够充足，学校的食堂和宿舍等尚不能满足所有的需求；又或有些学校食堂饭菜太贵，很多学生选择从家里带口粮或者用馒头应付。

（3）废旧校舍的再利用问题

很多村小学、村中学被撤并后，废旧校舍并没有得到很好地利用。由于中央没有出台统一的政策来规划废旧校舍，有些地方校舍荒废，有的地方则自行规划，改造成了幼儿园等。

（4）低水平教师的安置问题

学校被撤并，很多老师自然也面临着失业的窘境。这些被撤并学校的老师多数教学水平不高，如何对他们进行合理的安置也是个大问题。

这就需要我们的决策者完善政策跟进，加大配套政策的支持力度。比如，在校车问题并不现实的当下，我们是不是需要进一步完善公共交通系统的建设？学生的营养早餐计划，"两免一补"政策能否真正的落实到位？废旧校舍的再利用是否需要尽快地出台统一的标准使该问题的处理有据可依？低水平教师如何安置，是否对老师进行培训？政策配套的资金问题如何解决？国家能否为当地学校提供自我造血的能力，而不是单纯依靠政府的资金支持？

拥有了良好的初衷和明确的政策实施标准之后，政府还应该完善政策的跟进，对后续政策实施过程中出现的新问题、新情况进行收集和反馈，以保证政策实施的连贯性和流畅性。

需要落实的政策一定要落实到位，需要改善的政策要尽快提出改善的构想。毕竟，政策的落实需要一定的时间，但是对于每一个学生而言，最缺的就是时间，我们不希望由于政策方面的原因导致不利于学生的现象出现。

## 5. 推进教育改革，提高教育质量

教育资源整合后，因生源质量参差不齐导致的教育质量相对低下的问题，必将成为困扰学校的一大难题。对此，我们建议可以尝试推广武川新村学校的成功经验，通过教育改革，尤其是小组合作的捆绑式学习体系提高学生的整体素质，从而带动学校整体教学质量的提高。

（1）控制班级规模，促进小组合作

合适的班级规模可以使老师给予每位学生足够的关爱，帮助学生迅速适应新的环境，有助于学生将精力投入到学习生活中去，促进学生学习成绩的提高以及综合能力的提升。而将学生进行分组合作，使用捆绑式的学习方式，将成绩较好的同学同成绩相对较差的同学分在一组，以小组成绩评定学生的个人成绩，可以有效地提高学生的整体素质，同时也有助于他们团队精神的养成。

（2）加强教师交流，丰富第二课堂

适当选派一些优秀教师到合并后的学校进行挂职交流，介绍教学方法，丰富教学方式，通过增强师资的流动性增加教师队伍的活力，刺激学校教学质量的提高；同时，开展丰富多彩的课余活动，让孩子们全面发展，推动学生整体素质的提高。

（3）关爱留守儿童，传递爱的火炬

可以政策性地扶持当地留守儿童、外来务工人员子女以及贫困家庭的孩子，我们不要求每所学校都做到为了保证一些留守儿童的上学名额甚至拒绝一些城市里的孩子，至少让一些公立学校在招生时能够更多地考虑到这些相对的弱势群体，给予他们适当的资助，帮助他们健康地完成学业，给他们一个改变自身命运的机会。

# 附录：调查问卷

## 关于教育资源整合（撤点并校）政策实施现状的调查问卷

同学们好！我们是来自清华大学的学生，为了了解您所在地方实施教育资源整合的现状，我们设计了如下问卷，下面的问题绝无对错之分，希望您根据个人情况在选项上打√或填写空格。我们将对您填写的个人信息对外保密，请您放心填写。谢谢您的合作。

教育资源整合是甘肃省在《甘肃省中长期教育改革和发展规划纲要》中提出的，即：按照"四个集中"（即高中向城市、初中向城镇、小学向乡镇、教学点向行政村集中）的思路，调整中小学布局，简称"撤点并校"。

基本信息

性别：＿＿＿＿＿＿＿

现就读学校：＿＿＿＿＿＿＿高中＿＿＿＿＿＿＿年级

您来自：A 农村　　　B 城市

您上学期间所在学校是否经历过撤点并校？　　A　是　　　　　B　否

未经历过撤点并校的同学请跳过 1 至 11 题，直接从 12 题以后填写

1. 撤点并校前，您就读于 A ＿＿＿＿＿＿＿＿（请注明是某某高中、初中或小学）

   撤点并校后，您就读于 B ＿＿＿＿＿＿＿＿（请注明是某某高中、初中或小学）

2. 您到了新的学校后，总体来说能否适应新的学习生活？

   难以适应———▸没特殊感觉———▸能很好地适应

   1　　　2　　　3　　　4　　　5　　　6　　　7

3. 与撤点并校前的学校相比，您认为学校的课程设计比原来是否更适合自己？

   A 非常适合　　　B 比较适合　　　C 没有变化　　　D 完全不适合

4. 您到了撤点并校的学校后与新同学关系如何？

   A 很融洽，结识了亲密的伙伴　B 关系一般，没有特别要好的朋友

   C 与新同学交流不多，关系较冷淡孤单　　　　D 矛盾较多

5. 撤点并校后您是否住校？

   A 是　　　　　　　　　B 否

6. （住校学生回答）您认为目前食宿条件、软硬件条件与原来相比如何？

   A 非常优越　　　B 一般　　　C 比较差　　　D 非常差

7. （非住校学生回答）你觉得上学是否更加便利？

   A 是　　　　　　　B 一般　　　　　　　C 否

8. 撤点并校前，您每天上学放学总共花费时长＿＿＿＿＿＿交通方式＿＿＿＿＿＿

   撤点并校后，您每天上学放学总共花费时长＿＿＿＿＿＿交通方式＿＿＿＿＿＿

9. 您觉得自己上学交通的花费是否增加了？

   A 增加　　　　　　　B 变化不大　　　　　　　C 减少

10. 您认为撤点并校是否影响农村家庭的负担？

    A 加重很多　　　B 基本没变　　　C 减轻很多　　　D 不清楚

11. 你赞成撤点并校吗？

    A 赞成　　　　　　　B 无所谓　　　　　　　C 不赞成

经历过撤点并校的同学在完成 1 到 11 题后请跳过 12 到 18 题，从 19 题后继续作答

12. 您认为目前班级人数？

    A 过多　　　　　　　B 刚好　　　　　　　C 过少

13. 作为原校学生，您认为在撤点并校后，您的学习生活总体而言如何变化？

    受到严重负面影响———▸基本没变———▸积极影响

　　1　　　2　　　3　　　4　　　5　　　6　　　7

14. 作为原校学生，您认为周围的学习氛围是否发生改变？

　　A 没有变化　　　　　　　　　B 变好，具体原因 _____

　　C 变差，具体原因 _____

15. 与撤点并校前的学校相比，您认为学校设施质量上升了还是下降了？

　　下降很多——→没变化——→提高很多

　　1　　　2　　　3　　　4　　　5　　　6　　　7

16. 您与撤点并校后转来的新同学关系如何？

　　A 很融洽　　　　　　　　　　B 关系一般

　　C 与新同学关系较冷淡孤单　　D 矛盾较多

17. 您认为原校同学是否对新来的同学有歧视现象？

　　A 有　　　　　B 有一些　　　　C 没有　　　　D 不清楚

18. 您觉得撤点并校对自己的学习成绩是否有影响？

　　A 成绩变差　　B 基本没变　　　C 稍有上升　　D 进步很大

＞＞＞继续作答

19. 您所认识的人当中是否有因为撤点并校而辍学的？

　　A 是　　　　　　　　　　　　B 否

20. 您觉得撤点并校后的师资力量与原来相比如何变化？

　　大幅下降——→基本没变——→大幅提高

　　　　1　　　2　　　3　　　4　　　5　　　6　　　7

21. 您是否了解兴华助学基金？

　　A 很了解　　　B 较了解　　　C 听说过　　　D 不知道

22. 您是否接受了兴华助学基金的资助？（接受者答下两题，未接受者跳过）

　　A 是　　　　　　　　　　　　B 否

23. 您认为兴华助学基金对您的生活有何影响？主要在哪些方面？

　　A 学习成绩帮助较大　　　　　　B 生活状况帮助较大

　　C 精神面貌帮助较大　　　　　　D 帮助有限

24. 撤点并校后，您学习生活中遇到的最大问题是什么？

25. 如果给您一个对"撤点并校"政策提建议的机会，您想提什么建议？

26. 您对兴华助学基金有怎样的建议与意见？

# 甘肃省平凉市庄浪县教育资源整合现状调研报告

近年来，教育事件频发，各种事件的背后，我们看到了一个国家推行了 11 年之久的教育资源整合政策的实施效果。围绕该政策的实施对城乡发展、农村教育和当地人民生活状况带来的影响，本支队赴甘肃省平凉市庄浪县进行了考察。我们发现，实施教育资源整合政策的目的在于提高教学质量和管理效率，促进教育公平。但是在具体的实施过程中，由于各地情况不同，出现了很多问题。

本支队于 2012 年 6 月 18 日奔赴甘肃省平凉市庄浪县，针对当地的教育资源整合现状，在那里开展了为期一周的调研活动。通过调研，八名同学感触万千，收获颇丰。

调研前期，我们做了充分的准备。我们搜集了大量的当地资料，对从国家到庄浪教育局的相关文献进行深入的分析，与当地政府和学校进行了有效沟通，对相关理论进行了学习，并针对性地提出了我们的看法和预期。在庄浪县，队员们运用文献法、访谈法、问卷法进行调研。调研对象涵盖三类人群：①政策制定者：庄浪县教育局领导、南湖学区（庄浪县条件较好的地区）校长、永宁学区（庄浪县条件较差的地区）校长；②政策执行者：6 所小学的校长、2 所中学的校长；③受政策影响的人：学校老师、同学和家长。每天，队员们都及时总结当天的调研情况，并以手记的形式记录下来。调研过程中，我们与当地学生建立了良好的联系。

# 一、背景介绍

## 1. 庄浪简介

庄浪县位于甘肃省东部、六盘山西麓。全县辖 18 个乡镇、293 个村、1521

本文作者："甘沐青春"暨清华大学赴甘肃青海两省六县调研教育资源整合现状联合支队庄浪支队。报告执笔人：刘璐瑶、刘丰年、李慕菲、王梓淇、魏可佳、吴迪亚、于洋、周观平（清华大学经济管理学院 2011 级本科生）。

个社。总面积 1553 平方公里，总户数 9.87 万户，总人口 44 万人，常住人口为 41.69 万人。人多地少，干旱多灾，资源贫乏，是国家扶贫开发工作重点县之一。

初步核算，全县生产总值为 18.07 亿元，人均生产总值为 4344 元。全年城镇居民人均可支配收入为 12194 元，农民人均现金收入为 2375.11 元。全部单位从业人员 16433 人，城镇登记失业率为 3.78%。

## 2. 庄浪教育现状

庄浪县现有各级各类学校 293 所，其中普通高级中学 4 所，完全中学 3 所，独立初中 21 所，九年制一贯制学校 1 所，小学 252 所，职业教育学校 1 所，特殊教育学校 1 所，幼儿园 10 所（其中民办幼儿园 8 所）。全县共有中小学生 88167 人，其中普通中学 38443 人（高中生 12340 人，初中生 26103 人），职业中学 4910 人，小学 40051 人，学前幼儿 4752 人，特教学生 11 人。共有寄宿生 2.9 万人，其中校外寄宿生 2.5 万人。全县共有教职工 5302 人，其中专任教师 4988 人，普通中学 2278 人（高中部 683 人，初中部 1595 人），职业高中 199 人，小学 2436 人，幼儿园 69 人，特殊教育学校 6 人。

自 2001 年以来，全县不断调整布局结构，优化整合教育资源，促进城乡教育均衡发展，促进基础教育质量全面提高。通过不断的努力，各级各类教育质量有了明显提升。全县高考二本以上上线人数从 2006 年的 552 人上升到 2011 年的 1409 人，年增长率保持在 15% 以上；初中毕业生升学率从 2006 年的 67.8% 上升到 2011 年的 82.7%，毕业会考全科合格率达到 74.5%；小学毕业升学率从 2006 年的 96.2% 上升到 2011 年的 95.8%，毕业水平测试全科合格率达到 69.7%。

随着信息时代的到来，庄浪县教育事业迈入新天地。2004 年，全县大专以上上线人数为 1457 名，是 2000 年的 1.7 倍。南湖中学考生梅南翔摘取了全市理科状元，庄浪一中理科考生柳存定取得作文满分的好成绩，填补了全省作文无满分的空白。2005 年，全县本科上线考生 548 人，上线率为 22.06%，居全市第二。庄浪一中应届考生张学义摘取理科状元，南湖中学应届考生王璐取得文科榜眼，全市理科前 20 名考生中庄浪考生占 7 名，全市文科前 20 名考生中庄浪考生占 4 名。

## 3. 庄浪县教育资源整合规划

《庄浪县中长期教育改革和发展规划（2011－2020）》中提出的全县教育资源布局统一规划目标有以下几条："加快普通高中教育发展步伐。统筹发展普通高中，全面建成庄浪四中，改扩建庄浪一中、庄浪二中、紫荆中学，加大配套设施建设，不断扩大普通高中教育规模，提高教育服务功能"，"加强政府统筹、加大教育资源整合力度，进一步优化教育结构布局和资源配置，统筹县域内各级各类教育协调发展"。

《庄浪县中长期教育改革和发展规划》中要求"小学招生、小学升初中免试划片就近入学"。同时提出要深化考试招生制度和教育人事制度的改革，加大财政投入力度，加快基础设施建设。

# 二、现状分析

## 1. 农村教育现状

（1）学区总体情况

学区，亦称教委，是为了便于学生上学和对学校进行业务领导而根据中、小学分布情况所划分的管理区。我们这里所说的学区是县教委下属的一个机构，分管该乡镇的各村学。

我们调研的学区总共有两个，分别为南湖学区和永宁学区。通过对两个学区校长的采访以及对学区不同小学的实地调研，我们对两个学区的情况有了大致的了解。南湖镇是庄浪县教育质量较好的地区，而永宁乡则为庄浪教育质量较差的地区。因此，综合两个学区的情况，我们对整个庄浪县的乡村教育情况有了大致了解。

①南湖学区。南湖学区现下辖 10 所学校，学生总数为 1245 人，老师总数117 人。南湖学区 2011 年至 2012 年学生人数总共减少 269 人，占原人数的17.8%，老师人数减少 7 人，占原有教师数的 5.6%。

在南湖学区，我们实地重点考察了两所村学。

首先是庙岔小学。该校建于 1953 年，60 年代迁至现址。学校现有一个学前班，六个年级，每个班平均人数为 12 人，规模较小。如今全校共有老师 7 人，平均年龄为 50 岁左右，全部为男老师。每位老师同时教授多门课程。庙岔小学的学生有庙岔村当地的，也有附近村落的。最远的学生每天步行 3 公里左右。

其次是曹湾九年制学校。这是全县唯一的九年制学校。学校在 1998 年前后曾经扩建过一次，主要由本村的百姓出力出资。该校现有 21 名老师，平均年龄35 岁，女老师较少。近些年来随着学生人数的减少，老师人数也在不断减少。90 年代末期至 21 世纪初期，学生人数为 570～640 人，然而现在只有 300 多人。

我们注意到，2011 年以前南湖中心小学是高房小学，而现在改为寺门小学。据校长说，以前也有过各种调换。中心小学是一个学区的中坚力量，大多数被撤并学校的孩子会到中心小学就读。中心小学作为一个暂时性的教育机构，它在教育资源分配的过程中却起着很重要的作用，这显然不利于实现教育公平。

②永宁学区。永宁学区现下属学校 9 所，学生总数为 1501 人，教师总数为 124 人（由于学区没有统计 2012 年的情况，暂时以 2011 年代替）。

从 2006 年至 2011 年，学区学生人数减少 821 人，占原学生人数的 35.4%，实在是很大一个数字。与此同时，中心小学学生数增长 48 人，占原有人数的 7.1%。

在永宁学区，我们实地重点考察了两所学校。

首先是永宁乡中心小学。学校大约于 1972 年迁址建立，2001 年曾重修。中心小学现有 40 余名老师，830 名学生，15 个班级，每个班有 40 至 50 名学生。该校现为全乡最大的小学。学校并无宿舍，有两三百名学生在校外租房住，家长陪读，给家庭带来很大的负担。

其次是陈湾初小。学校于 1952 年建校，如今只有学前班和一、二年级各一个班，一共 15 人（二年级 3 人，一年级 3 人，学前班 9 人）。80 年代学生人数最多的时候有 100 多人。学校现在仅有两位 59 岁的老师，教授语文、数学、品德社会、科学及体育几门课。这里的孩子升到 3 年级后去中心小学上课。

（2）撤并学校情况

据南湖学区校长所述，近两年南湖片区仅有一所学校因为生源少被撤。而永宁学区撤并学校较多，因此我们以永宁学区为例，分析当地撤并学校的情况。我们调研发现，自 2007 年该学区开始撤点并校至 2011 年，永宁乡共撤去学校 8 所，生源少和校舍为危房是主要撤并原因。"撤点并校"在永宁乡总共造成 160 名学生上学距离延长。

（3）老师们的反映

永宁乡陈湾小学老师表示，如今学生人数越来越少，留下的孩子一般为家庭条件较差的，他们的家长不能够给他们应有的教育，大多难以管教。稍有能力的家庭，即使是求助于亲戚朋友，都会将孩子送到城镇上学。庆幸的是，义务教育阶段上学不要钱，适龄儿童都能入学。

中心小学的老师告诉我们，现在教学负担越来越重，生源的复杂性让老师难以顾及到每个孩子的情况。从撤掉的村小转学过来的孩子较一直在中心小学念书的孩子而言，心智不太成熟、不够活跃，和老师沟通很少。可能因为对环境不够熟悉，比较胆小。有转学的孩子比较孤僻，交往不够广泛，不过这也可能和学习不够好有关。也有老师向我们反映，现在农村约 40% 的家庭，由于经济条件不够好，孩子比较小，若是家长出来陪读便没人种地。可见，"撤点并校"不完全是好事，它加重了一些经济情况本来就不好的家庭的负担。

（4）情况分析

近年来，随着计划生育政策的推行，农村儿童人数逐渐减少。城市化的不断推进，更使农村儿童人数越来越少。庄浪县干旱多灾，资源贫乏，由于山区的特殊环境，很难发展农业，因而大多数农民背井离乡前往兰州、银川等地打工，同时带走了他们的孩子，因而这里农村孩子少的情况更是严重。许多村学如今正面临着和永宁乡陈湾村小一样的命运，因此"撤点并校"政策在农村的施行是具有一定的必要性的。

但是，"撤点并校"也带来了一些问题：

①一些学生上学路途遥远，不安全因素增加；

②家长陪读，校外租房现象严重，为家庭带去很大的负担；

③村学校舍闲置，造成资源浪费。

## 2. 城镇教育现状

（1）城镇小学现状

我们专程实地考察了位于庄浪县城的庄浪一小和二小两所小学。

①庄浪一小。庄浪一小始建于 1745 年，现有学生 3226 人，教师 152 人，每年级 6~8 个班，每班 70 人左右，老师压力很大。一年级 7 个班，六年级 9 个班。学校人多地少，资源有限。黑板反光，每个学生的课外活动区域不到 2 平方米。近两年学校的危房已经拆除，也新添了乒乓球桌，但是校园的拥挤现象还是无法缓解。

②庄浪二小。庄浪二小创建于 1988 年，占地面积 18439m²，建筑面积 11093m²，学校现有 42 个教学班，2648 名学生，135 名老师。每个班的面积只有 48m²，但平均每个班的学生数达到 60 人以上，早已超过了学校的承受能力。学校现有三幢教学楼，中央的一幢三层小楼是多年前政府通过职工集资建造的。虽然解决了许多同学的校舍问题，但是这样的房屋质量难以保证，没有钢筋，甚至没有混凝土，这座房子在汶川地震的时候甚至沦为危房，很难想象这是一个县最好的小学之一。这里无食堂、无宿舍、无校车，135 名老师共用 19 间办公室，7 名老师挤在一个极其小的办公室办公。一个学校总共有 6 名英语老师，每位老师带 7 个班，每周为每个班上 3 堂课，这样的课程压力便得老师们很是辛苦。然而这已经是比较好的情况了，这个小学总共有 4 名音乐老师，3 名美术老师，这使得同学们的艺术课课程数不得不大大缩水。

（2）老师们的反映

庄浪二小的校长对我们说庄浪县城现有小学 3 所，在校生大约 7200 名，每级约 1200 名学生，每级 20 个班，每班 60 名学生；实际情况是低年级人数少，高年级人数多，四、五、六年级每班都在 60 至 70 人以上，有的班级人数多达 78 人。在发达国家，小学规模绝对不能超过 1000 人。结合我国实际，县城小学的办学规模最好控制在 2000 人以下，每班人数最好控制在 40 人左右。所以当务之急是扩建学校。庄浪一小的老师也表示如今老师上课压力极大，很难做到教育好每个孩子。

（3）情况分析

在城镇，"撤点并校"一方面可以提高管理效率，另一方面也可以提高教学质量，集中资源办好大学校。

然而随着学生人数不断增多，且城镇学校数量以及相关配套设施的跟进不及时，城镇教育现在面临多种问题：

①城镇学校学生人数超标，师生比例失衡，过分的拥挤给老师以及校园环境带来很大的压力；

②农村学生入城造成城镇住房需求陡增，也使得城镇房价和物价增加，不仅仅增大了农村家庭的经济压力，也增大了城镇家庭的经济压力。

## 3. 对家庭的影响

从我们走访的家庭以及与老师的交流来看，庄浪县的家长可以分为两类：一类家长极力支持孩子读书，希望孩子获得最好的教育资源，因而不惜一切代价送孩子到城镇里读书，即使陪读也在所不惜，只愿孩子能够比他们接受更好的教育，将来走出大山；另一类家长对于教育的重视程度明显不如前者，或者是由于家庭经济条件不好，家人有疾病，无法让孩子获取更好的教育资源。

村里财力较好又对教育较为关注的家庭，会选择在城镇开一个门市铺，或者想办法弄到一张营业执照，由此来获得让孩子入城读书的机会。然后在学校附近租一套小房，在县城陪读，或者让爷爷奶奶来照顾孩子。当然也有条件不好的家庭，只能让孩子独自在城里，自己做饭吃。就拿我们采访过的一对姐弟贺兰兰和贺楷楷来说。他们二人住在一间不到 10 平方米的房子里，每年缴纳 1000 元房租，两人一周的生活费不及 80 元。对于小学生，政府每年为每一个在外租房的孩子 500 元左右的补贴费，基本能够满足租房的需要。但是对于初高中生而言，没有了补贴，家庭的压力就大得多了。

老师告诉我们，其实农村家长对孩子的教育关注还是太少，他们把孩子交给学校以后，在家里很少有心思和能力去督促孩子学习。这也是农村孩子和城镇孩子学习成绩有所差异的一大原因。

### 4. 小结

总的来说，"撤点并校"政策是顺应联合教育资源的发展趋势。但是这个过程给农村和城镇都带来了很多问题。在这个过程中分为两个环节：一是"撤并"，二是建设保留下的学校。两个环节要同时进行，否则，教学质量很可能下滑，也有可能造成学生辍学。

# 三、意见和建议

## 1. 对学校和老师的建议[①]

（1）提供机会，平等育人

对于从偏远山区整合到城镇上学的孩子，他们过去的接受到的教育质量较差，底子薄，成绩和见识会和城镇里的孩子相比，存在较大差距。融入一个与过去有着天壤之别的学习环境中，他们的思想和心灵都需要一个过渡和适应的过程，这之中容易陷入自卑和受排挤歧视的困境。老师和学校应该对这些孩子有跟踪观察，定期与他们谈心，了解他们的困难和需要。学校可以在财力允许的范围内提供一些物质上的帮助。同时，创造一些条件让他们更快乐地融入一个新的集体，给他们更多关怀，促进不同教育背景的孩子间的学习和沟通，让贫困孩子不仅双脚迈出大山，而且从心理上消除隔阂和自卑，同在一片阳光下，使他们同样有着用知识改变命运的机会。

当然，农村的孩子身上也有很多难能可贵的精神。他们的吃苦耐劳、坚忍不拔是许多城镇孩子不具有的。如果老师能够给孩子们提供更好的交流平台，相信对于孩子们的成长也是有许多裨益的。

（2）家校共育，增进沟通

孩子的成长需要家长、老师、学校和社会的共同哺育。俗话说，家长是孩子的第一任老师，良好学习习惯的培养需要一个学习型家庭的配合。在走访调研的过程中，我们深切地感受到当地家长对子女教育的重视，访谈中一位大伯表示，只要娃能读，他砸锅卖铁都供娃读书，让我们深受触动。

---

① 张黎、余志君："城镇化进程中县域教育资源整合新探"，《教育发展研究》，2007 年第 12 期。

但问题是，这些家长心有余而力不足，有些父母表示想管孩子，也想在学习上帮帮孩子，但自己没文化，不知道该为孩子做些什么。这个时候，家校共育显得尤为重要，在学校老师教孩子，在家里也需要父母配合。合并后，村里孩子到镇上上学，有很多租房陪读的家长，为孩子做饭，照顾起居，孩子在家里的时候，父母的教育和引导也是极其重要的。

我们认为，合并后有必要建立一个学校与家长有效沟通的平台，让农村家长更加重视子女教育问题，了解孩子在学校的学习情况，配合老师在家里营造良好的学习和民主的氛围，家长和老师多沟通多交流，孩子有什么思想包袱或者学习困难，家校能够劲儿往一处使，帮助孩子更好地解决。

（3）健全奖学金、助学金制度

我们建议对被合并学校的孩子实施后续的跟踪和关注，给家庭特别困难的学生提供补助，支持他完成学业。据我们了解，甘肃省有彩票公益基金、国家助学金及各类社会公益基金，种类很多，而学校层面一定要把这些资金用好用对用在刀刃上。

在选择资助对象时，要参考学生的家庭贫困现状，真实考察，选择真正贫困的学生。我们觉得不应该仅以学生成绩作为筛选标准，同时应该考虑家庭劳动力状况、健康状况、在读学生人数和该生自身的身体状况、心理状态等，综合确定资助对象。

## 2. 对当地政府的建议

（1）先建后撤，稳扎稳打

规范裁撤学校，建议在将要并入的学校扩建完成后，再撤掉被合并的学校。在走访庄浪第二小学的过程中，我们发现在这所整合接收的混编小学里，尽管校方已经尽了最大努力，但依然避免不了班额 60～70 人，所有能使用的房间均用作教室，数位老师挤在一间屋子里办公，厕所等公共设施严重超负荷使用，学校严重超员，师资力量疲软，教育资源和空间拥挤。这里的老师告诉我们，合并过来的学生家里条件好一点的，就在县里租房家长接孩子上下学。但一些家境贫寒的孩子没有这个条件，路途过远，交通困难，不得已只能留在原来乡小学，向乡里剩下来的唯一退休老教师学习，虽然这也是没有办法的办法，但是孩子的受教育质量和水平会大打折扣。

所以，我们建议，在撤点并校的过程中，一定要科学规划，使合并后的学校能够最大限度地照顾村里偏远孩子上学。同时，要先建后撤，稳扎稳打，避免因急躁冒进造成的一时班额过大、教育资源拥挤短缺的问题。对于合并中暂时出现的校舍不够的问题，政府应对在校外租房上学的孩子给予适当补贴，缓解学生上学的后顾之忧。

（2）加大财政投入，完善校舍设施

合并大量中小学后，适龄上学儿童涌入城镇，给城镇教育带来了很大的压力，所以加强整合后学校的配套设施建设是大势所趋。我们希望当地政府能增加财政性教育支出，扩建被合并的学校，新建教学楼，增加教室和办公室，解决现在一个班 70 个学生的拥挤现状；同时，也希望政府能够加大对交通和住宿问题的投入，以解决这些孩子上学不便的问题。

目前来讲，基本的教学楼、操场、宿舍和食堂的建设是当地最必要最亟须的教育基础设施建设，所以在建设顺序上，要先建校舍，首先解决当地农村孩子上学的问题。第二步，考虑如何让孩子们上好学，在条件比较好的学校，推进素质教育的步伐不能放松，尽可能地兴建实验室和图书馆等设施，让山区的孩子接受多元化的教育，实现德智体美全面发展。

（3）改善道路现状，规范校车运行

庄浪县的农村大都分布在山区内部，农村的道路基本上都是仅容一辆车通过的土路。道路崎岖不平、蜿蜒盘旋，很是难走，一般车辆很难开到村里去。而且这里的村学大多数经济条件很差，没有能力配备校车。所以，在村外上学的孩子每天早上都要翻山越岭前往学校。我们在当地村学考察时看到，即使穿越田地走近路，有的孩子还是需要步行五六里，这使得孩子的安全无法保障。中午，孩子们不能回家吃饭，只能在教室里吃完自带的干粮，然后稍事休息。这样还会严重影响他们的上课效果。

因此，我们建议当地政府加强对交通建设的投入，完善基础建设。有条件的学校最好是能够配备规范化运行的校车，便利孩子上学，保障学生安全。

（4）改革住宿制度，提供生活便利

在调研过程中我们看到，一些中心校因学生突然增加，没有供给学生住宿的房间，或是只有很简陋的住宿地方。有的学校将教室改为宿舍，地是泥巴地，窗子没有玻璃，屋子透风漏雨，一张破旧的木板床要睡两三个孩子。如此校舍大多没有洗澡设施，一些孩子在校的半个月时间里无法洗澡。由教室改建的寝室冬天甚至没有取暖设备。据相关资料显示，大部分被"撤点并校"的学校的寄宿部没有专人管理住校生，最多有定点睡觉起床的铃声，至于孩子的生活则全部自理。对于 7、8 岁的孩子来说，能够自理是好，但要在成年人的指导下完成，否则既危险，又易于形成不良的习惯。

由此，我们建议政府部门出台合适的寄宿标准，规范学生的寄宿环境，并为有低年级学生的学校配备心理老师，对寄宿孩子的心理状况进行有效调控，促进学生健康成长，且将"撤点并校"的负面影响降至最低。

(5) 创造工作机会，减轻家庭负担

由于撤点并校，很多原本在村里上学的孩子不得已只能到几十公里以外的镇上读书，而学校食宿条件跟不上，扩建的步伐跟不上源源不断涌来的学生数量，这些孩子只能选择在学校外面租房子住，很多家长也离开村里，到镇里陪读，给孩子做饭，照顾孩子起居生活。这些家长现在不能从事农业生产，失去了很大一部分生活来源，要在城镇里维持生计，必须有其他稳定的收入来源。

所以，我们建议政府拉动文具、餐饮等服务业的发展，出台支持相关产业发展的扶持政策，给陪读的家长融入城镇的机会，创造更多的工作机会，减轻这些贫困家庭的教育和生活负担。同时也可以繁荣城镇经济，创造更多的财富。

### 3. 对国家政策的建议

"撤点并校"政策自2001年在全国范围内正式开始已经有11年的历史，我们综合该政策产生的部分影响及经实际采访后得出的相应结果，提出如下几点建议：

(1) 关注农村教育，改制中心小学

根据此次甘肃省庄浪县实地考察了解到，实施"撤点并校"政策的学校以小学为主。当地山区常出现一所学校一两个老师、十几个学生的情况，相关部门为了减少这种情况，将部分这样的小学撤去。但在山区，撤去一所学校会大大加剧周围的孩子上学路上的交通障碍。这样的孩子大多就近入读别的学校，有条件的则进入乡镇中心小学。当然，就近的学校条件再好也不及中心小学，因为乡镇内的政策多向中心小学偏斜。然而，兴建中心小学并不能保证较为彻底地解决交通不便利的问题，中心小学的兴建位置比较折中，部分同学仍旧不能方便上下学。据相关调查结果显示，有的中心小学甚至是暂时性的教育机构，经常在各个学校之间更改，由此，它们较难得到适当的教育资源分配，导致学生不能得到公平的教育。

因此，我们认为应该在山区集中改建几所条件较好的学校，改变一味倾向中心小学的举措，鼓励孩子就近入读较好的学校，条件不足的可以先恢复一些生源比较集中地区的初小（一至三年级）。虽然这样所需投入较多，但无疑对于提高农村教育质量具有显著作用。

(2) 避免过度集中，鼓励资源交流

首先，撤点并校后，大部分教育资源如教学多媒体、体育基础设施、优秀教师被集中于某一特定区县中的几所重点学校。这样做确实巩固了这些重点学校的前排地位，但无形中拉大了重点学校及普通学校间的差距，导致那些受到分区、经济等原因影响而不能进入重点学校学习的学生无法受到公正的待遇。

其次，由于家长对教育的重视程度愈发提高，教育资源过于集中往往会大大增加部分学生家庭的经济负担，包括家长为方便学生上下学所需支付的租房费及交通费。

第三，教育资源过于集中不利于市场中的竞争机制发挥作用，以推动教育进程，提高教育质量，完善教育体制。在教育资源集中的情况下，整个教育网络往往缺少对现有教育模式的弊端进行改进的活力与创新力，从长远来看，不利于教育的进步。

因此，我们认为要想提高甘肃省的综合教育质量，除了整合教育资源，最便捷和可能性最大的渠道应该是增强乡镇学校和县城优秀学校之间的沟通交流。在政府教育主管部门的统筹下，可以定期轮流派老师到县城一流学校听课，观摩教学模式和班级管理方法，增进备课组老师的交流，学习借鉴高效得力的教育方式。送教育下乡，让一些优秀老师抽出一定的时间在乡下进行指导性的授课，从而缩小差距，从整体上提高甘肃省的教育发展水平。这样做虽然会触犯到个别学校的自身利益，但是共享的结果一定是共同进步。作为补偿，政府教育部门可以承诺把去省城学习听课的机会给城里一流学校，作为交换，城里一流学校要因地制宜地把自身的教学管理成功经验分享给下面的乡镇学校。最后，提高当地学校整体办学质量，满足人民日益增长的优质教育需求。

甘肃是西部经济教育落后地区，如今当地"有学上"的难题基本解决，但是"上好学"的问题依然突出。因此我们建议国家给这样的教育落后省份一定的帮助，通过"大手拉小手"的方式实行一对一帮扶政策，让教育先进省份与教育落后省份的教育资源得以流动。可以通过示范课、教学研讨会，或者多媒体联合教学的方式让先进省份的教育理念流传到落后地区，带动当地发展。

（3）广开源流，支持教育

第一，我们建议鼓励民办教育的发展。政府可以尝试扩大社会资源进入教育领域，吸收社会闲散资金办民营学校，努力形成公办民办相结合的多元化的教育格局。竞争机制的引入有利于各方的发展，也有助于新的教育理念的产生。当然也需要制定合适的条例以规范民营学校的经营。

第二，完善社会捐赠教育的激励机制。鼓励引导社会力量捐资助学、出资办学，设立奖学金、助学金等助学项目。可以邀请公益人士来甘肃体验当地孩子上学的艰难，感受他们的刻苦努力，争取到更多社会力量的援助，发展当地教育事业。

# 甘肃灵台教育资源整合现状调研报告

教育资源布局调整政策带来了显著的正面效果，但存在的负面影响值得关注。我们选取正在实施撤点并校政策的甘肃省平凉市灵台县，通过一周的实地走访调研，经过后期的讨论分析，提出了我们对于灵台县教育资源优化整合工作的意见和建议。

# 一、背景介绍

## 1. 灵台县情况简介及其教育现状

灵台县隶属于甘肃省平凉市，东南与陕西省长武、彬县、麟游、千阳、陇县接壤，西北与本省崇信、泾川县毗邻，位于陇东黄土高原南缘，在泾、渭两河之间，地势西北高、东南低，属于黄土高原沟壑区，下辖 5 镇 8 乡 1 街道办事处，总人口 23 万人。

根据 2011 年统计，灵台县现有 144 所小学（含 2 所九年制学校小学部），学校占地面积 693266m²，校舍面积 134987m²（危房面积 84665m²），在校生共 14634 人，教职工 1289 人，平均师生比 1：11.4；现有 1 所高中、1 所完全中学、14 所初中、2 所九年制学校，学校占地面积 336306m²，校舍面积 140980m²（危房面积 37112m²），在校生共 16948 人（初中生 11311 人，高中生 5637 人），教职工 1249 人，平均师生比 1：13.6；另有 1 所职业技术中学。其中，1 所高中（灵台一中）位于县城中台镇；1 所完全中学（灵台二中）位于什字镇；14 所初中有 12 所位于县政府或乡镇政府所在地，2 所位于人口较多的什字镇、独店镇的中心村庄；2 所九年制学校位于中心村庄；16 所中心小学有 14 所位于县政府

本文作者："甘沐青春"暨清华大学赴甘肃青海两省六县调研教育资源整合现状联合支队灵台支队。报告执笔人：张晓阳、曾馨玥、董世霖、段勇倩、刘晨光、杨舒慧（清华大学经济管理学院 2011 级本科生）；张启迪（清华大学法学院 2010 级本科生）。

或乡镇政府所在地，2 所位于人口较多的什字镇、独店镇的中心村庄，其他农村小学全部分布在各行政村或自然村①。

灵台县的九年义务教育普及情况良好，根据 2011～2012 学年初的统计资料，适龄儿童入学率达到了 100%，完成率达到了 99.9%②。高考成绩方面，灵台一中作为市级示范性高中，教学质量优异，2012 年高考一本上线率为 14.03%，二本上线率为 36.82%，综合上线率居全市第 2 位，其中史博同学以 657 分夺得了甘肃省理科 48 名的好成绩并被北大录取。

### 2. "撤点并校"政策在灵台实施情况综述

（1）政策实施原则

灵台县政府提出"四项基本原则"指导政策的实施，分别是坚持统筹规划、坚持因地制宜、坚持分步实施、坚持先建后撤的原则。

（2）政策实施目标

按照"高中向县城集中，初中向乡镇政府所在地集中，小学向乡镇政府所在地和中心村集中，新增教育资源向城镇集中"的总体思路，从 2009 年开始，集中利用七年时间，采取撤并、扩建、新建等措施，通过调减中小学校数量，建设寄宿制学校，实现教育资源合理配置。在全县建成 1 所寄宿制独立高中，1 所省级重点职业中学，13 所寄宿制独立初中（寄宿率达到 80%）、16 所寄宿制中心小学（寄宿率达到 60%），1 所特殊教育学校，保留 72 所中心村小学，使全县中小学数量减少到 104 所（不含幼儿园）。

（3）政策实施办法

从 2009 年开始，2015 年结束，计划撤并学校 101 所，占原学校总数的 50.5%，其中：完全中学 2 所，初级中学 2 所，九年制学校 2 所，乡镇农村小学 95 所。具体实施过程如下：①高中方面，全县建成灵台一中 1 所寄宿制独立高中，撤销灵台二中、三中高中部；②独立初中方面，全县建成 13 所寄宿制独立初中。撤销北沟中学、新集九年制学校初中部、中庆九年制学校初中部和吊街中学并合并至其他中学；③小学方面，城区的东关小学建成寄宿制小学，撤销中台镇五所小学、并入东关小学；乡镇方面，在中台、独店、什字三镇各建成 2 所、其他 10 乡镇各建成 1 所寄宿制中心小学；保留 72 所中心村小学；④职业学校方面，在县城新建灵台县职教中心，将原校舍划归城关中学使用；⑤特殊教育学校方面，在县城新建特殊教育学校 1 所。

---

①② 以上数据来自《灵台县 2011～2012 学年初教育统计资料汇编》。

（4）政策实施进度

根据2009年《灵台县人民政府关于上报灵台县中小学布局结构调整规划的报告》，灵台县计划从2009年至2015年逐步完成撤并。

目前，学校的整合工作在稳步进行中，其中小学的撤并工作进行较快，已撤并了39所，剩余56所待撤并，而中学的工作进展较慢。

其中什字镇和独店镇由于人口较多（分别为3.9万和3.7万），所以学校数量也相对较多。而我们此次调研的重点就在什字镇和独店镇。

# 二、政策实施必要性

## 1. 生源数量的不断减少

首先，生源的流失是中小型乡镇学校不得不面对的一个常见问题。从对多所中小学校长的采访中我们了解到，近几年，灵台县不少学校的学生数量呈逐年下降的趋势。例如，上文谈到的即将被撤并至什字中小的湾里陶小学在近10年间学生人数发生骤减。2001年学校曾有36人，2011年人数却已减半至18人，今年学生人数为12人，其中一年级学生5人，二年级7人，而2013年预计人数只有9人。这一问题在什字镇面临撤并的庙头初级小学则更为突出。该学校原有学生60多人，最多时学生数量曾达到100人，之后生源逐渐减少，如今学生数量只有4人，教师也由5人减至2人。同样，即将被撤并至灵台二中的北沟中学也被这一问题深深困扰。该校在1998年时曾有学生620多人，而这些年学生数量急剧下降，如今只有473人。

生源减少是由多方面原因造成的。通过走访村委书记、学校校长以及学生家长，我们了解到，由于计划生育政策的严格执行与落实，新生人口的减少已成为一个不争的事实，这也直接造成村内学生数量的大大减少；此外，随着城镇工业化进程的加速，大部分青壮年农民选择前往城市打拼，而这些外出务工人员同时也可能将他们的孩子带离农村，使得村镇学生人数减少。在经济水平与文化水平不断提升以及对于独生子女的关注与关爱倍增的背景下，家长对于子女教育的关注程度也达到了空前高度。为了使孩子获得更优质的教育资源与更公平的教育机会，在条件允许的情况下，家长更愿意将孩子送至位于城镇中的条件更好更大的学校就读。

生源的减少让那些仍然坚守在偏远农村上学的学生缺少了更多与同学接触、与他人沟通交流的机会，缩小了学生的接触面与视野；同时，学生人数的减少使得学习的竞争氛围有所下降，可能会在一定程度上削弱学生的上进心，而主观能动性的下降无疑将极大地影响教学质量。事实证明原先那种散点分布、中小型学校为主的教育布局模式已不再那么适用了。

## 2. 教师资源问题

师资短缺向来就是农村教育发展中的软肋。因为工资低、条件差，现今愿意投身乡镇偏远地区教育事业的接受过高等教育的年轻人越来越少，这也导致了农村学校的师资力量以学历偏低和老龄化为主的尴尬局面的出现。显然，这样的师资配备难以满足新课标、新课改提出的要求，更别提给学生提供和城市一样的素质教育。并且，在之前的学校布局下，学生分散，小班额班级比例大，而每所学校的教师人数又十分有限，这使得一人一班甚至一人一校的现象大有存在。一方面，如此松散的环境很难激发教师的责任意识与竞争意识，很难促进学校教学水平的提升；另一方面，这造成了教师资源的浪费。就以庙头初小为例，该学校的 4 名学生由 2 名教师培养，远远高于 1∶10 的正常师生比。此外，那些生源骤减的学校存在大量被空置的校舍，土地资源得不到充分利用，也造成了一定浪费。

对于灵台县，同样短缺的还有资金。如何将有限的教育经费用在刀刃上，解决教育环节中的关键问题才是重中之重。针对城镇学校具有的辐射面广的天然优势，进行撤点并校、集中优势教育资源重点办好几所中心学校不失为一个明智的选择，才能让更多的学生享受到更好的硬件设施与优质资源，如明亮宽敞的教室、先进的教学设备以及不可缺少的图书室、多媒体设备等教辅设施和资源。而师资力量的集中也有助于学校开设多种多样的优质课程，有助于学生综合素质的提升与个人身心的成长。

## 3. 国家政策的影响

2001 年国务院出台的《关于基础教育改革与发展的决定》指出，应因地制宜调整农村义务教育学校布局。按照小学就近入学、初中相对集中、优化教育资源配置的原则，合理规划和调整学校布局。可以说，撤点并校、进行农村义务教育学校布局调整是城镇化进程加快与追求教育公平背景下的大势所趋，是义务教育必须经历的一次改革和蜕变。

经过实地走访我们了解到，国家政策关于英语教学的要求也是撤并实施的原因之一。2001 年课程改革后，国家规定小学从三年级开始开设英语课程。然而许多村小学没有足够的师资满足这种要求。比如，湾里陶村虽然年人均收入约2300 元，经济并不拮据，但其小学因缺少英语教师，不能开设英语课程，村小学只能进行针对一、二年级的授课，严重影响适龄孩童的正常学习。同样，位于独店学区的张鳌坡初小只有两名教师，即使采用复式教学，也难以保证英语课的开设。相同的情况还出现在大户彭初小，因对英语教学的要求，该校的三、四年级已被并入九年制学校，而在 2015 年学校整体也将被撤并。由于政策和师资力量所限，很多处于偏远地区的学校一般只能以初小的形式存在，而不能招收各年级学生，所以乡村小学的规模很难扩大，被撤并也在所难免。

# 三、存在的问题及解决思路

不可否认，撤点并校政策的实施对于优化整合灵台教育资源、推动灵台教育的长远发展有巨大的意义。但是，任何制度设计不可能是十全十美，所以我们需要站在与此相关的各方立场仔细审视政策本身，包括学生、家长、学校（包括教师）以及政府四个角度。

## 1. 学生角度

我们将学生放在首位，因为我们始终认为学生是撤点并校政策最直接的利害关系主体，维护广大学生的利益是撤点并校政策制定的出发点，也是政策实施的最终落脚点。

（1）被撤并学生对新教育环境的适应问题

①问题表现及分析。被撤并学生对新教育环境的适应情况是我们本次调研的重点之一。在此问题上，小学生和初中生的情况又有所差异，故有必要分别进行论述。

首先，小学生对新环境的适应问题。总体来说，小学生对新环境的适应没有太大问题。第一，从对未经历过撤并的小学生的访谈中，我们发现几乎所有的学生对于班上同学因何原因转来并不知晓，很多学生甚至对"撤点并校"政策一无所知。由此可见不太可能因被撤并而引发被保留学校学生对撤并学校的歧视问题；此外，根据我们的观察，城乡差距在灵台县并不大，农村孩子和城镇孩子之间即便存在差距，也微乎其微，故也不太可能引发城镇学生对农村学生的歧视。第二，在采访中，针对"会不会担心孩子到新学校后跟不上教学节奏"这一问题，大部分家长和孩子表示不担心。一是将要被撤并的学校的教学质量并没有因为人数的逐年减少而变差；二是在三年级之前，孩子们都没有接触过英语课、微机课，因此，农村学生和城镇学生基本在同一起跑线上。第三，由于年龄尚小，孩子和孩子之间本身不存在太多的隔阂，在一起相处一段时间后同学关系自然会好。因此，在环境的适应方面，小学生群体总体来说没有太大问题。但需要特别注意的是留守儿童对新环境的适应问题。

其次，初中生对新环境的适应问题。根据灵台县撤点并校政策①，到目前，撤点并校主要针对小学，初中的撤并尚未全面展开。所以，在对初中的调查中，我们主要是从待撤并学生入手，了解其诉求，并据此提出建议，以期在未来对初中实行全面撤并的进程中有所帮助。

相对小学来说，初中仅有短暂三年，而初中生也正处于青春期最敏感的时段，面临中考的压力，新环境的改变必然会对初中生产生影响。因此我们认为被撤并学校初中生对新环境的适应问题不容忽视。

在与北沟中学的学生代表访谈中我们发现，学生们普遍对未来可能经历的撤并表示不安。按照撤点并校政策，北沟中学未来将被撤并至灵台二中。至于具体何时被撤并以及以何种方式撤并，似乎都还没有一个明确的说法。这种不确定性也加剧了同学们的不安。假设政府决定北沟中学学生一次性全体迁至灵台二中，并在灵台二中原有班级建制基础上将北沟中学学生随机插入每个班级，那么北沟中学的同学不但要和原来熟悉的环境、熟悉的同学与老师分开，更需要再次花费时间去适应新的一切，包括与新同学的人际交往、新老师的教学方式以及新的竞争环境。同学们普遍反映更大的班额容量使得学习竞争更加激烈。此外，进入新学校之后，大部分同学都离家更远了。不能再像以前那样有父母的陪伴与鼓励，同学们可能因此产生失落感。而离开父母也是对一些不曾住校的同学的自主能力的一次巨大挑战。因此，无论是哪一方面的不适应，都有可能伤及学生自信心进而影响学习乃至影响中考发挥。北沟中学的不少同学表示，撤点并校后不能再像以前那样能够有父母的陪伴与鼓励，可能因此产生失落感。

同时，家长对此也较为担心，陪同孩子在学校附近租房的情况也不在少数。正是基于这样的担忧，北沟中学的同学还表示了自己的一些不解。他们认为，自己所在的北沟中学与灵台二中相比，教学水平并无差异，不知为何还要采取这种撤并措施。他们希望北沟中学不要被撤并，如果非要撤并，他们也希望采取包括老师在内的整个班级转移至灵台二中的方法，待该班毕业后重新分配师资力量，以减少备考学生的考前压力。或者是采取"渐进式"撤并方法，即一方面北沟中学停止招收新生，原本应升入北沟中学上学的小学毕业生全部升入灵台二中，另一方面，已有学生不被撤并，继续在北沟中学学习直至毕业。

②可能的解决方案。

第一，以书面方式明确撤并方式。灵政发〔2009〕28 号，《灵台县人民政府

①《灵台县人民政府关于上报灵台县中小学布局结构调整规划的报告》，灵政发〔2009〕28 号，第13 页。

关于上报灵台县中小学布局结构调整规划的报告》第六部分"调整办法"第（二）点对初中做出如下调整："撤销北沟中学，整校并入什字中学，原校舍留归北沟中心小学使用。撤销新集九年制学校初中部，合并到百里中学。撤销中庆九年制学校初中部和吊街中学，合并到独店中学，原吊街中学校舍留归吊街中心小学使用"[1]。此项报告明确了被撤学校相应并入学校，但是并没有具体说明应当以何种方式撤并。这种政策上的不确定性往往会给老师、学生带来担忧与不安。我们认为需要弥补该漏洞。

第二，采取"渐进式"撤并方法。我们注意到，"调整办法"第（一）点对高中的调整方法相对明确："全县建成灵台一中1所寄宿制独立高中，2009年秋季灵台三中高中部停止招生，2011年撤销高中部，学校改制为独立初中；2013年秋季灵台二中高中部停止招生，2015年撤销高中部，学校改制为独立初中"[2]。可以看出，高中的调整方法正是渐进式调整。我们认为，此法对初中应当同样适用。首先，它符合"坚持统筹规划"的原则和"分步实施"的原则。其次，渐进式调整方法既能实现撤并的目的，又能有效减少撤并对学生学习生活的负面影响。最后，相较于整个班转移至新学校的调整方法来说，渐进式调整方法的成本更小。

因此，我们认为需要在《报告》调整办法第二点最后加上"具体调整方式参照前项高中调整方法"。

第三，为全方位减轻学生生理上和心理上的担忧，撤并后存在的学校应大量扩增生活教师数量。根据我们的考察，生活教师在一些学校已经存在且效果尚佳，但普及度远远不够。增加生活教师，一方面给予孩子父母一般的关照与交流，助推素质教育，从根本上缓解当下校园难管理、学生缺乏礼貌等问题，并强化教育水平提高的正作用；另一方面，将扩大教师岗位数量，结合考察中发现的民办教师难以转正等问题，可以考虑将一部分教学水平欠佳的民办教师转为生活教师，既可解决其编制问题，又可满足学生的身心需求。

（2）学生上下学交通问题

①问题表现及分析。一般而言，撤点并校时，倾向于保留服务半径较大的学校，学生将被转移至离家相对较远的学校上学。这对交通提出了更高的要求。

我们走访了庙头小学、湾里陶小学、张鳌坡初小、大户彭初小等4所待撤并乡村小学。在与这些学生的家长座谈时，他们说，并不是他们不想让孩子接受更

---

①② 《灵台县人民政府关于上报灵台县中小学布局结构调整规划的报告》，灵政发〔2009〕28号，第7页。

好的教育，而是他们实在抽不出太多时间接送孩子。而一旦现有学校被撤并，孩子上下学交通问题将成为父母绕不开的问题。

对初高中学生来说，走读生在上下学交通问题上存在学校与家路程过远，上下学时间过长，易引发交通安全问题。另外，自行车上下学的方式也存在很大程度的交通安全隐患。独店中学学生家长表示，之前发生的车祸更让他们难以安心。而在问卷调查中，初高中的走读生与住宿生面临的问题不尽相同。走读生每天上下学路程过远，时间过长，住宿生城乡间公交车过少，存在极端无法回家的案例，如在灵台县龙门乡，因为灵台三中被撤，学生上学只能乘城乡公共汽车前往二中或者一中。以一中为例，每天往返的发车班次截止到下午2点结束，这就导致学生周末不可能回家，而只能依靠父母送必要的物品。给生活带来很大不便。

②可能的解决方案。

第一，结合具体情况，将村与村的初小进行合并，而不一定要将初小直接并到中心小学。选取这样的撤并方式后，学生就读的学校不至于离家太远。如湾里陶小学，原本计划在2012年7月被撤并入什字镇中小，但家长普遍表示，去什字镇上学面临教育成本上涨的压力。在我们参与座谈的12个家长中，只有一位愿意将孩子送到什字中小读书。而什字学区在设计方案时发现该问题后，推荐将学生送到距离本村约300米的仅有12名学生的前进初小上学。该校条件较好，两校合并后可以利用比较好的教育资源。同时，三四年级的学生可进入本村的一所小学就读，可开设英语课，且校舍较新。

第二，可考虑让学生中午在学校就餐。这样一来，父母的接送次数从原本的每天三次减少至两次，接送的压力相对减轻。但让学生在学校吃午饭，也意味着家庭开支的增加与学校压力的加大。从学校来看，根据2012年7月22日中华人民共和国教育部发布的《规范农村义务教育学校布局调整的意见（征求意见稿）》（以下简称《征求意见稿》），"加强农村寄宿制学校建设和管理。对学校撤并后学生需要寄宿的地方，要按照国家或省级标准加强农村寄宿制学校建设，为寄宿制学校配备教室、学生宿舍、食堂、饮用水设备、厕所、澡堂等设施和必要的管理、服务、保安人员，寒冷地区要配备安全的取暖设施"[1]。但其中并未对非寄宿制学校提出要求。衡量食堂建设的成本和收益后，我们建议，对于寄宿学生较少或非寄宿制的学校，可考虑与食品安全过关的餐饮机构签订协议，每日中午供应午餐，学生可直接在教室内就餐。节省了建造食堂的成本，也减轻了家长的后顾之忧。而在我们与家长的交流过程中发现，大部分家长表示还是能够接

---

[1] 《规范农村义务教育学校布局调整的意见（征求意见稿）》，第2页。

受，毕竟义务教育阶段学费的全免本身已减轻了不少家庭负担。因此，我们认为这一点建议在未来具有可行性。

第三，小学生寄宿可行性。据《征求意见稿》，"农村小学1至3年级学生原则上不寄宿，就近走读上学；小学高年级学生以走读为主，确有需要的可以寄宿；初中学生根据实际可以走读或寄宿"①。而通过我们的调研也发现，目前家长普遍不愿让孩子寄宿，毕竟如果让孩子从小离开父母，不利于孩子与父母之间的情感交流。因此我们不推荐小学生寄宿制学校的建立。

第四，初高中走读生上下学交通问题的解决。对于初高中走读生上学交通问题，我们认为：一方面，可通过优化已有的班车路线，优先照顾上学距离较远的走读生；另一方面，由于初中住宿有补贴，可鼓励离家较远的走读生变走读为住宿。可考虑让学生尽量全部在学校吃午饭，减轻父母接送负担。这就需要学校的服务质量、饮食质量可以满足学生的需求，以确保学生不在校外饮食，家长放心食品卫生，从而减轻交通负担。同理于前一点，小学不推荐住宿，初中由于住宿有补贴，可鼓励学生住宿，当然，这需要与高水平的生活管理相结合。这对于培养学生的独立能力也有好处。

第五，寄宿生上下学交通问题的解决。对于寄宿生，目前部分学校（灵台一中、二中）有班车，但存在班次不够、路途较近的问题，因此我们认为可考虑学生放假回家时，利用现有班车接送远途学生。但尽可能增加班车车次、并优化路线。另外，根据国务院颁布的《校车安全管理条例》第三条，"县级以上地方人民政府应当采取措施，发展城市和农村的公共交通，合理规划、设置公共交通线路和站点，为需要乘车上下学的学生提供方便"，"对确实难以保障就近入学，并且公共交通不能满足学生上下学需要的农村地区，县级以上地方人民政府应当采取措施，保障接受义务教育的学生获得校车服务"②。

因此，或可通过县级以上政府与交通部门协商，增加相应区域发车频率及合理化发车时间。同时，可考虑采取多方筹措校车经费的方法，号召社会捐赠、合理利用财政资助等。

（3）留守儿童问题——不可忽视的一大挑战

①问题表现及分析。为了增加家庭收入，灵台县农村青壮年外出打工现象十分普遍，于是留下孩子由老人照看，这种情况在灵台县的农村十分普遍。由于父母常年不在身边，这些留守儿童往往比其他孩子更加敏感、脆弱。而在近几年，

---

① 《规范农村义务教育学校布局调整的意见（征求意见稿）》，第1页。
② 《校车安全管理条例》，中华人民共和国国务院令第617号。

大多数父母为了让孩子接受更好的教育（主要是英语和微机），选择将孩子送到中小上学的大趋势下，这些外出务工人员的孩子由于只有年迈的爷爷奶奶照顾，只能留在就近的学校上学。这是造成如庙头小学这样只有四个学生两名老师的局面的主要原因。未来撤点并校，如何帮助留守儿童适应新环境、如何解决留守儿童上下学问题应当成为我们思考的重点。

②可能的解决方案。

第一，关注留守儿童身心健康发展情况。在对庙头小学杨校长的采访过程中，杨校长告诉我们，庙头小学仅剩的四名学生都是留守儿童，父亲或父母双双常年在外打工。父母之爱的缺失让这些孩子相对比较孤僻、内向。在他与这四个孩子相处的时光里，这些孩子有时会因为太想念父母而伤心地哭泣。下学期，这些孩子就要转至什字中小上学，他最担心的是这些内向、敏感的孩子一时无法适应新的环境。我们认为，这四个孩子并非特例，反映了当前留守儿童存在的普遍心理问题。针对此现象，我们认为，解决该问题的关键在老师。

在撤并实施之前，原有学校的老师连同家长应重视对将要被撤并的留守儿童进行思想上的开导，帮助他们做好被撤并的心理准备。在撤并时，原有学校老师可将孩子的性格特点、家庭情况以及其他需要说明的特殊情况等以书面形式写下交给学生，并由学生转交至新老师手中，这不仅是老师与老师之间的交接，更能帮助新老师在最短的时间内了解这些学生特点，也有利于新老师对这些学生的因材施教。由于目前被撤并的学校学生人数往往较少，因此，为每一个学生写这样一封介绍信对原有老师来说并非难事，相信这些老师也十分愿意为自己的学生做这样一件事情。在撤并后，新老师应密切关注新转入的学生，多与这些孩子交流沟通，帮助他们缓解思念父母之情并早日融入新环境。

第二，关注留守儿童上下学交通与安全问题。未被撤并时，这些学生大多每天早中晚由爷爷奶奶接送上下学，由于学校就在村子里，爷爷奶奶接送相对方便。而被撤并后，孩子们将要去离家相对较远的学校上学，这意味着爷爷奶奶需要花费更多的时间和精力接送孩子，而年迈的他们又能否承受？我们认为有两点可行的对策：首先，结合具体情况，将村与村的初小进行合并，而不一定要将初小直接并到中心小学，这样即使撤并，学生上学的学校也不至于离家太远；其次，由学校组织学生排队上下学，沿途由一位老师护送，对负责老师可进行适当补助。实际上，这样的上下学方式在灵台县多所学校早已实行，例如什字中小、独店中小等。我们认为，这种方法一方面能够有效减轻家长接送压力，另一方面，也能确保学生上下学交通安全，让家长放心。

（4）"撤点并校"或成学生辍学诱因

①问题表现及分析。我们发放的问卷第19题题目为："您所认识的人中是否

有因撤点并校而辍学的？"经统计，结果显示如下：

**表1** 因撤点并校而辍学情况统计

| 选项 | 小计 | 比例 |
| --- | --- | --- |
| A 是 | 132 | 28.63% |
| B 否 | 277 | 60.09% |
| （空） | 52 | 11.28% |
| 本题有效填写人次 | 461 | |

此结果说明撤点并校确实可能引发学生辍学，但至于影响有多大，单单从此问中得不到答案。

而在我们与北沟中学学生访谈中，"撤点并校可能引发辍学"的结论也得到了印证。

在2011年，北沟中学的学生就听说他们的学校将要被并入灵台二中的相关消息，并预计自己的学校最迟将于明年进行撤并。进行撤并之后，大约有80%的学生需要住校，并可能因生活费用（尤其为午餐与晚餐带来的伙食费）的上升而增加家庭的经济负担。针对这一可能的问题，不少在座的同学表示，虽然每个家庭的父母为了孩子的前途都会尽自己最大的努力全力支持，但基本每个班（40人左右）仍有一两个同学因经济原因而萌生退学的想法。

通过以上两个实例，我们似乎能够得出"撤点并校可能引发学生辍学"的结论。但是，对于这一结论，我们尚须谨慎对待。一方面，学生辍学原因有很多，可能是学生成绩比较差，本身不对学习抱有太大希望，早有辍学打算。另一方面，在走访调查过程中，我们毕竟没有找到因撤点并校而辍学的直接当事人了解情况，而更多的是从侧面，即通过辍学者的朋友了解情况。而对于这些调查对象，他们是否知晓辍学学生辍学的真实原因尚有疑问。因此，我们只能说，"撤点并校政策或成学生辍学诱因"。

②可能的解决方案。

学习、教育对一个学生来说毕竟是头等大事，况且，义务教育阶段学生接受教育本身就是一种义务，因此，我们也应尽量避免因为撤点并校引发学生辍学。可行的做法是由政府部门设立专项资金，在撤并前跟学生说明撤并的情况，让学生们如果有经济困难的话向学校反映，再由学校上报教育局通过拨款的方式解决。但由于撤点并校政策的实施本身就需要大量资金投入，因此，单靠教育局拨款可能无法解决问题。因此，我们的建议是向社会尤其是东部沿海发达地区募集专项助学基金，帮助孩子渡过难关。

## 2. 家庭

（1）负担加重：撤点并校导致的家庭费用增长问题

①校外租房问题——暂时性问题。

在与校领导、家长聊天时我们了解到，学生在校外租房的现象十分普遍。为了更好地陪同孩子学习、生活，不少家庭选择一位家长与学生一同在学校附近租房的办法。还有部分学生采取几人合租的方式，更增加了学校学生安全管理的风险。虽然学校（如城关中学、独店中学）每晚会派人到周围巡视，但是效果并不理想，成本颇高。

事实上，校外租房问题在许多教育水平相对较高的学校普遍存在，在不同城市都有不同程度的体现。根据本支队队员的描述，在各自的家乡，出于为上学提供便利的目的，在校园周边租房的现象比较普遍。但结合灵台县的实际情况，校外租房应一分为二的看待。

一方面，有些家庭自愿选择租房而非让孩子住学校，宁愿放弃更低成本的方式供孩子上学，学校寄宿资源也并没有被完全利用。但另一方面不容忽视，即学校不能及时为撤并后的学生提供寄宿条件，存在宿舍等基础设施建设与撤点并校脱节，而许多经历撤点并校的学生家庭困难，面对新学校不是寄宿制学校的情况，便只能校园附近租房，导致担负远程求学的成本过高，家庭负担加重。

后者是我们调研的重点，从对什字中心小学的家长访谈中了解到，校外租房带来的有形成本为每学年 1000～1200 元的租房费用，更为重要的是，家中必须减少至少一名劳动力来照顾学生，无形中使家庭生活困难加剧，教育的无形成本更高。举例说明，当地蔬菜主要由外地运来销售，价格也偏贵，有些时候比平凉县城要贵；房价已经高于 3000 元/㎡，居住租房的价格在 100 元/月以上、商业租房约在 400～500 元/月。但工资水平却一直低于县城，一位护士工资为 2600元/月，一位初中老师工资为 2300 元/月，一位邮局工作人员大约 1000 多元。足见租房支出占家庭收入比重之大，这也是导致学生辍学或留守原校的一大诱因。如被撤并的庙头小学，只有两名老师、三名留守儿童，由于家远实在不方便上学，只能在原校学习。

针对由于寄宿设施未到位而在校外租房、加重家庭负担的问题，我们建议加强学生宿舍建设，并注意政策实施过程中辅助设施交接问题。如果配套设施未能如期建成，可以尝试考虑撤并相应延后。另一方面，可对被撤并的学生实行一定的补助，而针对补助送达家长手中可能达不到预期效果的问题，参见下文中的相关阐述。

②中小学生饮食费用的增长。

第一，问题表现及分析。这是另一增加教育成本之处。撤点并校前，由于学校、家距离较近，大多数中小学生午饭、晚饭均可以在家解决，而政策实施后，由于餐厅、食堂并未在所有学校普及，学生在校外饮食不可避免，从而饮食费用增长，安全隐患凸显。

第二，可能的解决方案。我们建议，重点做好校园的饮食建设，建立足以容纳全部学生的餐厅、食堂，并严抓质量与价格，确保学生校内就餐。根据《灵台县中小学校舍基本信息普查表》，部分学校的食堂建筑面积与危房面积相同，说明这些餐饮建筑设施的质量仍有很大的翻修、提升空间。而在生活负担方面，政府除去只为寄宿生提供住宿补助外，可以另设一些特困生名额，家庭很困难的学生可以申报，经核实后即可获得部分补助用以学生上学。

关于补助，在调研中我们了解到，"两免一补"政策，即"对农村义务教育阶段贫困家庭学生免书本费、免杂费、补助寄宿生生活费"（1250元/年）[1] 的补助可能被家长私吞，用于买化肥、买种子，而非投入教育当中，由此我们建议可逐渐实行"校园一卡通"制度，每生一卡，将补助打入卡里，主要用于学生饮食，家长不能取出。

## 3. 学校

### （1）教学差距问题

①问题表现及分析。"撤点并校"政策实施后，许多撤并后的学校均出现学生素质差异较大、教师管理困难以及学生成绩掉队的现象。"撤点并校"前各校的教学水平、师资力量及课程进度相差较大，部分农村学校由于资金匮乏、教师不足甚至存在不同年级的学生同班上课的情况。因此，撤并后的学校普遍存在同年级学生综合学习能力差异较大的情况。而此时，若未能根据学生自身的情况"因材施教"，而一味地采取随机插班、大班额上课的方法，这必然会给教师的有效管理带来极大的困难，更会为成绩优异和能力偏弱的学生均带来负面影响。

②可能的解决方案。针对"撤点并校"带来的教学差距问题，本小队认为其解决方法关键在于"发现不足"，并"提高能力"。

第一，"发现不足"入学考试法。通过对被撤并的学生进行一次基本的学业测试，找出部分学习成绩较低、学习能力偏差的学生，详细了解其薄弱之处，进

---

[1] 《关于加快国家扶贫开发工作重点县"两免一补"实施步伐有关工作的意见》。

而对症下药弥补不足。此举只是意在挑出少数能力偏差的农村孩子，其他大部分学生无影响。当然，老师在了解每位学生的学习情况后，仍应在公平关照的前提下因材施教。

第二，教师分批外出学习法。参考了"两省六市教育资源整合"暑期实践队中另一支前往白银实践队的经验，关于教学管理的问题，可分批组织教师出外进修、学习、参观和回校交流（如山东杜郎口中学）。

第三，互助小组和评价激励机制法。将同学们结成小组，并给予学习优秀或进步较大的学生或团体高评价或奖励，在培养团队精神的同时激励同学们共同学习、进步。

（2）校园管理问题

①问题表现及分析。"撤点并校"政策实行后，学校学生的大幅度增加及住校生人数的直线上升均为学校的日常管理带来了极大的挑战，主要体现为以下几个方面：第一，学生人数的急剧上升导致的安全隐患不容忽视，以什字中小某班为例，班额由45人变为58人，客观上对秩序管理、统一管理做出挑战。在学生问卷中，有32.75%的同学认为当前班级人数过多，这也从主观上说明了班额扩大后出现了若干问题，日常安全管理及上放学的拥挤问题亟待解决；第二，新增班级的构架制度尚未明确，被撤并的同学是以插班形式还是以先前班级完整平移的形式转入新校尚有待商榷，同时，班级人数过多、所受关注减少是在校学生普遍存在的担忧；第三，部分学校还存在新校舍建设完成前的学生住宿问题，以及如何弥补家长关怀、培养学生道德礼貌的困扰。

②可能的解决方案。虽然"撤点并校"政策带来的校园管理问题纷繁复杂且难以解决，但通过借鉴其他类似学校的成熟管理模式，本小队拟提出如下一些操作简单、推广性高的建议。

第一，就近借鉴学习城关中学的管理经验。在众多访谈中本小队发现，城关中学是一所教育质量上乘、条件优越、规模较大、生源地复杂的学校，与经过"撤点并校"的学校很相似。因此，城关中学的一些成功管理经验便具有极大的借鉴意义：严格控制班级人数，班额不宜过大，50人左右为佳，如果可能，我们建议适当扩大班级数，缩小班额的变动幅度，更有利于学生适应与班级管理；重视教师的职业道德，要求其平等对待每个学生，消除生源地复杂带来的潜在歧视与不公平待遇；学校高度重视对家长的积极教育，关注家庭环境带来的影响，争取从学校和家庭两方面构建和谐、健康的成长环境。

第二，对于人数增长导致的放学期间的安全管理问题，我们认为错开不同年级的放学时间是一个简单易行的解决办法。例如：一二年级最先放学，10分钟后，三四年级放学，再过 10 分钟，五六年级放学。该方法不仅能够提高放学效率，更能减少放学过程中因拥挤造成的安全隐患，简单有效且成本低廉。

第三，设置生活老师，进行德育教育。访谈中，老师提出学生们的道德教育愈发困难，缺乏礼貌的问题经常存在。针对寄宿生在生活独立和道德教育方面的问题，学校可设置生活老师，建议生活教师定期与学生谈心，在负责寄宿生日常生活管理的同时，注重对这些住校生的道德教育及人文关怀，增加德育课或增设相应的心理辅导老师。素质教育、生活关怀双管齐下，道德教育得以顺利推行。同学之间也结成互助对子，促进同学之间友好共同进步。

（3）教师利益问题

①问题表现及分析。通过走访调查，我们得知，由于师资匮乏，农村存在许多没有正式教师执业资格证，但常年担任教师职务的民办教师。这些教师本身工资偏低，而"撤点并校"政策实施后，他们更是由于不在正规教师名单之列而未被重新分配，成为社会失业人员；这些民办教师大多年事已高，不具备另学技能以求谋生的能力。而教育局对此的回应是"谁聘请谁负责"，代课教师是校方聘请，因此也要由校方负责安排，但是，校方正是由于资金不足、能力有限才会聘请代课老师，又怎会有能力妥善安排这些民办教师而不损害他们的利益？因此，我们发现，"撤点并校"实施后，许多民办教师都处于非常尴尬的境地：既失去工作、没有收入来源，又投诉无门，不知向谁求助。

②可能的解决方案。在"撤点并校"过程中，政府不仅要保证授课教师的专业水平及职业素养，也应该充分考虑到民办教师群体的利益。事实上，民办教师涉及深层次的问题，非撤点并校直接导致，但可借助撤点并校政策，以生活老师的名义提高其待遇。因此，我支队认为，首先，考虑到老教师带学生经验更为丰富，可为一部分老师提供适当培训进行转正，同时，建议将另一部分民办教师转为生活老师，这样既解决了民办教师无工作、难以维生的窘境，也保证了校内授课教师的高水平、高素质，更缓解了新校区的人员配备紧张问题，一箭三雕，何乐而不为。

## 4. 政府

（1）现状：资金短缺

在"撤点并校"的过程中，有一个突出的问题是资金不足，这也是导致许多其他问题产生的根本原因：在与教育局领导的访谈中，他们多次谈到，中央的某些措施在当地操作难度很大，撤并后学生的利益受到不同程度的影响，其实都反映了灵台县经济发展水平落后、进行"撤点并校"资金不够充裕的情况。

根据今年 7 月 22 日教育部起草的《规范农村义务教育学校布局调整的意见（征求意见稿）》（以下称"征求意见稿"），政府及相关部门"要通过增设农村客运班线、增加班车班次、缩短发车间隔、设置学生专车等方式，满足学生的乘车需求"，但显然学生的乘车需求并未完全得到满足。如上面谈到，在龙门乡，因为灵台三中被撤，读高中的学生只能去一中或二中就读。以一中为例，每天开往龙门的客运班线发车时间截至下午 2 点，这大大增加了学生周末回家的困难，靠父母送必要的生活物品也给家庭带来很多不便。

而在西屯中学与学生进行经验座谈时，了解到了他们在学习物理、化学时遇到的困难。虽然学校有物理、化学实验室，但条件较差，实验器材不足，不能满足学生的需求。

在实地走访中我们也了解到，有些小学之所以被撤并，师资不足、无法满足在三年级开设英语课的要求也是原因之一。在教育局的访谈中，王书记介绍，灵台县的教师数量基本能满足教学需求，但是存在学科性短缺：英语、体育、音乐、美术等科目的老师数量不足。英语师资的短缺加速了撤并过程的进行，这不完全是个好事情。如果加大财政投入，补充英语老师数量的话，一些村办小学是可以保留的，而且也能解决当地村民对孩子上下学问题的顾虑。

以上问题究其根源还是资金短缺的问题、经济发展落后的问题。客运班车发车太晚就要亏本；学校实验器材不足，说明教育建设资金的投入还不够；而师资力量不足导致撤并的学校，如果当地的教育经费充足的话，完全有可能通过修建新校舍、配备足够的老师来解决，学校也就不会被撤销。

根据 2009 年的《灵台县人民政府关于上报灵台县中小学布局结构调整规划的报告》，2008 年灵台县一年的财政收入不过 3022 万，而完成全县中小学布局调整的规划却需要 6 个亿的资金。即便考虑到财政收入的增长，靠灵台县自身的财政收入在 2015 年完成规划也是不可能的。因而"撤点并校"的资金投入，不得不靠上级财政拨款来完成。这一问题恐怕不是县级政府自身能够解决的，需要市、省乃至国家财政的大力支持。

（2）政府与基层的上下沟通

在"撤点并校"政策的实施过程中，政府和基层之间的沟通交流是非常重要的。因为"撤点并校"政策是一项关系到普通百姓切身利益的工作，群众反映出来的意见与问题，对于撤并工作的合理有效执行很有帮助；而群众了解更多的政策信息，既增进了政府工作的透明度，也使得老百姓能对未来的变化有一些准备。

①群众反馈意见的渠道。在撤并过程中，哪些学校该撤，哪些学校不该撤？这个问题非常重要。我们认为，仅有政府对于学校的硬件设施、师资力量、服务

半径等情况的调研，对于决定是否撤并一所学校是不够的，学生以及家长的意见也很重要。但是，他们该如何向有关部门反映意见呢？

以湾里陶初小为例，参与访谈的家长普遍反映，还是愿意让孩子在村上的小学读书。孩子的上下学交通安全是个问题，住校的话又担心孩子生活的自理。根据教育部最近起草的"征求意见稿"，在工作中政府需要广泛听取学生家长、学校师生、当地乡镇政府和村委会的意见。如果学生家长的反对意见很强烈，那么我们认为应该暂缓当地学校的撤并工作。另外一个例子是北沟中学。在北沟中学与学生们的交流中，在旁听取学生意见的校长表示，学生们反映的问题值得考虑，但此前并未想到过。这也体现了政策实施中上下沟通的脱节。

②可能的解决方案。对于上下沟通困难、政策宣传不足的情况，我们认为，教育局可以考虑成立调研小组，每个小组负责一个乡镇，在撤并工作中专门负责了解当地居民和学校的意见，集中汇报给县教育局；同时小组也负责向学校师生、学生家长等受撤并工作影响的群体做政策的宣传工作。另外，待撤并的学校也可以建立连接师生和政府部门的平台，倾听学生和老师的心声，并将相应情况反映到教育局；同时向学生传达政策信息，提供心理辅导等，帮助学生更好地适应未来的学习生活。

当然，在宣传"撤点并校"的工作中，宣传的力度与时机也很关键。过度宣传会造成人力物力资源的浪费，宣传不够又使得师生家长无法知情；宣传太早了可能会导致人心不稳，宣传太晚了学生、家长和老师又来不及准备。所以把握宣传的力度与时机值得给予一定的重视。

我们认为，在关于某一所学校的具体撤并方案确定之前，应该先行向当地居民征求意见，进行修改后再度公示，各方面均无明显的反对后方可实行。具体的公示及征集意见建议的方式，要因地制宜，例如学校与学生及家长座谈，通过村委会开会、广播等等。

# 甘肃省镇原县三岔镇、崇信县
# 教育资源整合情况调研报告

从整体上说，撤点并校的做法在甘肃省还是取得了比较大的成功，但是任何一项政策都需要因地制宜。我们认为，教育资源的整合一定是未来的大趋势，不仅可以避免教育资源浪费，提升教师素质，还可以缓解教育经费短缺等问题。但是就短期而言，在某些特定的地区，整合的步伐不宜迈得太快。崇信县和三岔县对于四个集中政策的实行和及时调整就给了我们很大的启发。

我们支队的调研地点是甘肃省镇原县三岔镇和崇信县。在 2012 年 7 月 13 日至 7 月 21 日，我们走访了三岔中学、三岔镇的部分学生家庭、崇信县教育局、崇信县的两所中小学以及崇信县四个典型村镇，调研重点地区为崇信县。通过 9 天的调研，我们发现由于一些特殊原因，三岔和崇信教育资源整合的实施步伐并没有那么快，所以我们集中调查了当地教育资源的现状，并了解了各方对于资源整合政策的看法。本次调研通过与教育局座谈、与校长老师座谈、深入学生家庭采访、发放调查问卷等形式，得到了一些珍贵的第一手资料，这将对我们了解西部的教育现状和研究教育资源整合政策的走向提供帮助。

# 一、背景介绍

## 1. 教育资源整合在崇信县的实行情况

随着人口形势和经济社会的发展，崇信县中小学布局出现了新的不合理现象：农村小学布局分散，规模较小，学生人数在 50 人以下的小学有 28 所，100 人以下的 45 所；初级中学设置较多，规模不均，在校学生人数最多的学校有

本文作者："甘沐青春"暨清华大学赴甘肃青海两省六县调研教育资源整合联合支队三岔分队。报告执笔人：冯小莺、宋叶青、王译诺、顾实、刘昶（清华大学经济管理学院 2011 级本科生）；马晓敏（清华大学航空航天学院 2011 级本科生）。

1755 人，最少的仅 389 人；因受地理位置、自然条件、办学规模等因素的影响，形成了较为突出的城乡差异和乡村差异。面对这一现实，崇信县按照"四个集中"的要求和"统筹规划，分步实施"的原则，以寄宿制学校建设为重点，先后撤并初级中学 1 所、农村小学 8 所、教学点 10 个。到目前，乡镇人民政府所在地均建有寄宿制独立初中、完全小学和幼儿园，乡镇学校在校学生数由 2005 年的 3000 余人增加到了 7338 人，农村小学生数由 2005 年的 6000 余人减少到了 3058 人，使县城、乡镇、农村学生数之比达到了 2：2：1①。

但是实际上，从"11·16 甘肃正宁县特大交通事故"（2011 年 11 月 16 日，一辆超载的幼儿园校车发生交通事故，导致累计死亡 21 人，其中 18 名为幼儿）发生之后，撤点并校的步伐有所放缓，在崇信县有 4 所原本准备撤并的初中现被保存下来。许多家庭仍希望保留离家较近的学校，以方便子女上下学。

我们走访了三所小学——枣庄小学、崾岘小学和关村小学，采访了一线教师并家访了学生家庭。我们走访的三所小学都处于城乡结合部，虽然教学资源不如县城小学，但条件比乡村小学好得多。

在学生生活方面，由于同学们的家都离学校不是太远，所以中午饭一般回家吃，质量有保证。一些离家较远、中午不回家的孩子会从家里带些馒头、葱、萝卜当做午餐。同学们上下学一般步行，对于上学路程较远的孩子，徒步需要一个多小时，一般都是孩子们独自走，遇到特殊天气家长也会接送，学校方面也作出相应安排，组织老师送护队，每天由两位老师把学生送下山。目前，学校都没有建食堂，下学期将实行营养餐计划，即为农村孩子每日早餐提供牛奶、鸡蛋。为了配合营养餐计划，学校将新建或者改建食堂。到时候，路远的孩子可以在食堂吃午餐。

在硬件设施方面，学校校舍基本可以满足需求。但是，下学期即将建设的新食堂可能导致一定的资源浪费，因为并没有太多学生在食堂吃饭。学校配有计算机教室、图书室。但是部分学校的教师休息室不足，一些闲置的旧房、危房由于经费短缺，并未进行整修或扩建。

在师资力量方面，教师的学历普遍不高，但是尽职认真。小学青年教师占 60% 左右，40~50 岁的中年教师占 40% 左右。大多数青年教师都进入中学任教，乡村小学的青年教师并不多。中年教师一般都是兰州师专、定西师专、庆阳师专等中师毕业，在职时又考取自考专科学历，青年教师则大多为专科毕业。由于大多数学校学生少，老师少，像英语、音乐、体育、美术等课程并无专门老师，所

---

① 《踏浪扬帆正当时——崇信县全力推进教育协调发展纪实》，未刊稿。

以一名老师身兼多门课程教学任务的现象很普遍。

同时，我们还发现了一个重要的问题——这里对于教育的重视程度不足。这里的年轻人大多外出打工，大部分家庭都是由留守儿童和留守老人组成。一些家长在新疆、江苏、宁夏等外省打工，还有些家长在县城做些小生意，收入在当地来说还是不错的，但是不太管孩子的学业。据一线的老师反映，学生学习没什么压力也不太上心。

### 2. 教育资源整合在镇原县三岔镇的推行情况

由于地形的特殊性，三岔整体上地广人稀，人们在山间分散居住，各所学校规模不大，但覆盖面积一般比较大。因此，三岔并没有进行过任何中小学或教学点的撤并工作，这也给我们的调查带来了一定的困难。在和老师同学的交流时，他们也表示并不了解这一政策，也说不出这一政策会给他们带来什么样的影响。

在镇原县，我们走访了一所山区里的中学——三岔中学。三岔镇位于黄土高原的一条沟壑中间，三岔中学是县北五乡镇唯一的一所完全中学。由于后山山区一带面积广大、地形复杂、人口分布稀疏、学校数量极少，因此三岔中学生源所覆盖的范围极广，除了三岔镇以外，周围几个乡镇的学生也会来此就读。在当地算是比较好的一所中学了。近几年，计划生育政策导致学生数量大幅下降，2005、2006 年开始，每年有 10% 左右的下降，最近几年略有回升，学生数量基本稳定。

学校的硬件设施较为缺乏。学校现有四层教学楼一座，虽然老旧但是基本可以满足上课需求。学生宿舍和教师宿舍相当拥挤：每间学生宿舍有 12 张床位，但是却需要住下 25、26 名学生；而教师暂时只能住在 2008 年搭建的十几间抗震救灾板房中，两个人住一间。学校还建有食堂，但是建筑面积小，排队的人特别多。学校配有多媒体教室，但是多年不曾使用，当我们开展报告会时还是第一次使用，投影的效果极不清晰。学校还配有操场、实验室、图书室，但利用率不高。

学校的师资力量较为不错。专任教师学历达标率达 95%，老师有责任心，教学质量在县里和市里也算得上前几位。2010 年高考本科进线率位居全县第一，综合考核排名全县第二，2011 年高考本科进线率位居全市第二。

## 二、现状分析

走访了这些学校，我们对于甘肃中小学的教育现状有了详细深入的了解。在教学质量、生活条件、学校管理等方面，这些学校的情况各不相同。所以，我们又对这些情况进行了详尽的整理、分析,进行了更加深入的探究。

## 1. 学生生活

### (1) 交通

触目惊心的甘肃校车事故,不仅让我们懂得了敬畏生命的意义,也无情地撕开了"撤点并校"政策背后的伤疤。撤并所造成的最显见的一个问题就是交通。撤并延长了孩子上学的路程,在施行力度还较小的崇信,小学生中家与学校相距最远的已大于10里地,而由于交通的闭塞,超过90%的孩子都只能步行上学①。在访谈中我们了解到,大部分家长忙于工作,几乎不可能每天接送孩子,而彻底的整合只会使孩子的回家之路变得更加漫长。接受我们访谈的小学生及其家长大多对于小学的撤并持有抵触态度,家长首先是担心孩子上放学麻烦,更实在的是担心孩子们在路途中的安全。因为甘肃黄土高原丘陵沟壑交错的地势,公交车通村到户难上加难,勉强通车的后果要么是不切实际的巨额财政投入,要么面临严重的安全事故。正是这些客观条件的制约,撤并成效不佳。

### (2) 食宿

撤并无疑将带来离家较远孩子的寄宿需求,而在目前经济压力本就比较大的甘肃县城,紧缺的校舍根本无法满足孩子们的基本住宿要求。在走访过程中我们了解到,许多学校甚至到目前为止仍存在教室不足的现象。就我们调查的情况来看,崇信全县没有一所小学具备寄宿条件,少数家长为了孩子的成长索性撂下家里的农活到孩子身边租房陪读,家庭经济来源减少的同时还不得不负担额外的租房费用,生活所迫大部分家长还是无奈只能让孩子每天往返相距较远的家与学校之间。

由于离家较远,午休时段很多孩子只能呆在学校。而很多小学几乎不设学生食堂,大部分不能回家的孩子要么捱过午饭,要么只能吃从家里带来的硬邦邦的冷馒头。崇信县明年将要推行小学生的营养加餐计划,这一政策要求小学修建一定规模的食堂。虽然这可能帮助缓解撤并引发的就餐问题,但是食堂修建投入、统一食品安全等固有问题的存在使得营养餐计划的施行之路本就困难重重,撤并对于孩子食宿的挑战不容忽视。

### (3) 心理成长

更值得反思的是撤并村小可能会造成亲情的断裂以及乡土认同的迷失,如果小学生长时间寄宿学校,年纪尚小就感受不到家庭的温暖与家人的温情,那么国

---

① 根据"甘沐青春"调研问卷统计得出。

家通过撤并提高素质教育质量的初衷最终将演变成对于亲情教育的淡化，孩子在人格成长方面的缺陷可能将对社会产生难以预测的负面影响。另外，农村珍贵的文化渠道——"学校"的撤销会进一步割裂农村与文化的距离，走出去的农村孩子容易丧失对于本村本土的认同感，不愿意再回村建设，进一步拉大城乡差距。

## 2. 教学质量

（1）教师资质

在教师资质方面，甘肃农村小学老师学历普遍不高，以大专和本科为主。我们的问卷显示，本科和大专学历老师占80%以上，而学历在本科以上的老师仅占2%左右。在初中学校，几乎所有老师学历都在大专及大专以上，本科以上学历老师占10%以上，中专以下老师仅占1%。这些数据表明，在初中，其实教师的水平已经处于较高水准，再加上平时寒暑假的培训，这些老师完全可以承担初中教学任务。在被访问的甘肃初中学生中，没有人给予老师差评，70%的学生认为老师水平良好，还有10%左右的学生认为老师十分优秀[1]。而且在访问中，更多的学生还称赞教师关心和负责的态度。对于小学生，家长和孩子们都承认老师的学历不高，但却很少有人质疑老师的水平，大多数家长认为老师足够负责。总体上来说，对于未经撤点并校的农村小学、初中，教师资质虽然与省市中学存在明显差距，但教师的能力问题并不像想象中的那么严重，教师基本能胜任自己的工作，学生、家长也基本满意。

（2）教师专业程度

农村地区中小学专业教师缺乏是不容忽视的问题。这些学校专业教师普遍不足，教师兼授科目现象常见。我们的问卷统计结果显示，66.89%的小学生曾经历过教师兼授科目的情况，并且兼授的科目从音体美到思品、劳动，甚至语文、数学都有[2]。我们曾访谈一位教数学的王老师，当问及她是否兼授科目时，她说，都是缺什么老师，就补上什么，"我就兼授音乐，我也不懂音乐，怎么教？就是照着课本教他们唱几首歌，做几个游戏"。王老师说崇信县针对目前存在的音体美教师不足、教师不得不兼授科目的现象，开展了组织基层教师，在寒暑假期间将老师集中到县城，进行专业科目的教师培训。我们在崾岘小学遇到了一名小学数学教师——黄老师。黄老师和我们聊了一些他接受岗位培训的情况。他曾参加过美术、体育的培训。今年暑假，他还要接受一项体育培训。他

---

[1][2] 根据"甘沐青春"调研问卷统计得出。

反映，虽然这在一定程度上能改善授课质量，但是许多老师都对于这种为期仅仅一个月左右的培训持怀疑态度——人家专业的老师读这个专业好几年，我们就培训这么几天，水平能够高到哪里去？

（3）教学规模

我们调研的崇信地区，城市、农村教学规模差异较大。

在崇信县城所进行的调查中，绝大部分学生认为目前师生比例适合。其中小学大部分班级人数在 40 至 60 人之间，每个年级有 3 至 6 个班。初中班级人数同样大多在 40 至 60 人之间，但一个年级通常要十几个班级[①]。很少有学生感觉到教师紧缺。这表明多数城区学生不认为师生比例、教学规模不合理会对整体教学质量产生负面影响。

而在农村地区，学校教学规模不能与城区相提并论。2006 年时，崇信县农村小学布局分散，规模较小，学生人数在 50 人以下的小学有 28 所，100 人以下的 45 所，分别占 36% 和 58%；初级中学设置较多，规模不均，在校学生人数最多的学校有 1755 人，最少的仅 389 人。在"十一五"结束时，即 2010 年，崇信县的农村小学布局分散，规模较小的情况依然较为严重。据统计，全县现有 65 所农村小学和 6 个教学点，在校学生人数为 5494 人，校均只有 77 人。其中 50 人以下的 31 所，100 人以下的 48 所，分别占全县小学数的 42.4% 和 65.8%。规模最大的 446 人，最小的 5 人[②]。不但学校规模小，每个年级的班级人数也很少。这既是劣势，也是优势。从劣势方面来看，班级人数少意味着组织活动困难，优秀学生的带动效应不明显，学习氛围可能不太浓厚。但这也有优势：班级管理相对容易，老师可以把更多的注意力放在教学上，每个学生也能够得到老师更多的关注。

（4）教学设施

在教学硬件设施方面，我们所走访的三岔中学、崾岘小学等学校都修建了机房并配备了电脑，三岔中学甚至还拥有多媒体教室。三岔中学的多媒体教室已经很久没用，校领导表示，目前的中学教学并不是十分依赖于电脑和多媒体，虽然教学设施还有很多不足，但还是足以承担教学任务，关键还是学生的努力。农村小学机房使用率也很低，几乎成为面子工程。因为电费、网费等资金压力，许多学校会选择长期闲置这些专门配置的设备。并且此类硬件设施使用问题也不是学校和学生关注的重点，他们认为这并不会对教学质量产生影响。

---

① 根据"甘沐青春"调研问卷统计得出。

② 崇信县布局结构调整说明文本。

（5）教师交流

崇信县针对"办学水平参差不齐，发展不够均衡"的问题，开展了三大工程："强校带弱校"工程、"名校带新校"工程、"对口帮扶"工程。其中，许多农村教师走进县城，感受县城中小学的教学模式，而县城老师走入乡村，双向互动，交流教学方法。但是，目前的城乡教师交换授课的机制存在一些弊病。例如，县城教师习惯于教授大班课程，而调换到农村学校以后，难以入乡随俗，反而对教授小班课程感到棘手。而适应小班教学的老师，会给予每个学生更多关注，交换进城后，则会觉得难以管理人数多的班级。

## 3. 学校管理

撤点并校使得各种背景不同的教育资源融为一炉，但各校的情况差异也给撤并后中心学校的管理带来了挑战。学生数量增加，住宿压力大，学校班额普遍较多，且每班人数也有所增加。管小局成为管大局，方式自然要随之调整。来自不同学校的老师的教学水准也参差不齐，如何分配师资，加快被撤并学校的融入也是学校管理的首要任务。

# 三、政策建议

从学生生活、教学质量、学校管理三个角度分析，甘肃省三岔、崇信两地的教育隐藏着诸多问题。我们完全肯定撤点并校政策有其优点，但是在我们所调研的地区至少在现阶段不适宜推行，应该因地制宜地进行教学改革。因为有许多基层的问题并没有被考虑进去，比如学生上学路途遥远、需要住宿在学校，但是学校的基础设施条件不能跟上等问题。据崇信县教育局透露，目前，在甘肃省政府和各县政府之间已经达成初步共识：不再硬性实行"四个集中"政策，凡是要进行撤并的都需要根据实际情况来执行。在崇信县目前的标准是：取得70%以上家长的同意才可以实施"撤点并校"计划。我们也希望相关部门能在充分考虑地区实际情况的基础上决定政策的推行范围与力度。

下面我们对三岔以及崇信教育资源现状的改善提出了一些建议。

## 1. 消除安全隐患，谨慎撤并

学生上学交通不便，安全存在诸多隐忧，学校必须肩负安全保障第一道关卡的责任。对老师和学生进行必要的安全教育，与低年级学生家长做好沟通，而对高年级学生可以采取寄宿制，建设标准化宿舍。

撤点并校的施行也要针对实际情况，考虑学生群体和学校服务半径。就调查所见，规范化的校车并不能解决村小撤并所带来的问题。校车运行成本高，而上学路途不便的学生普遍居住分散，且山路也难以达到通车要求，所以对于偏远地区小学的撤并尤其要谨慎，尽量保留小学低年级教学点。

## 2. 大力改善农村学生食宿条件

农村学生食宿条件差是我们此行观察到的突出问题，如何为一贯的问题寻找恰当的解决方法？下学期，崇信县乡村小学将正式实行营养餐计划，但我们发现，对于这个计划老师们却争议颇多：食品安全、食堂建设、施行效果等等。营养餐计划对于农村学生本是好事，又如何引来如此多的质疑？要解决问题，首先政府要给予足够的支持，对于部分学校反映的无空闲校舍改建情况，政府最好能专款支持，新建食堂并聘用专职厨师；而学校老师也应担负起保障学生食品安全的责任，把好质量关，不能因为害怕出问题而畏首畏尾、推卸责任；食堂可以给学生的营养菜单提供更多选项，而非"牛奶＋鸡蛋"的单一选择。若有部分学生上学交通不便，学校应考虑为学生提供寄宿条件的可能性，尤其是对于调查中那些中午无法回家的孩子，要提供午休条件，不能再让孩子们喝冷水、趴在课桌上午休的情况继续存在。

撤点并校后的中心学校因为学校规模大、服务半径大，最好能建立标准化宿舍、食堂。食宿价格是农村家庭普遍关注的问题，在三岔的调研中我们发现学校食堂因为价格过高对于很多学生而言形同虚设，他们只能选择继续啃从家里带来的干馒头而无法吃上热腾腾的饭菜。所以建立食堂一定要保证食品价格在学生群体的接受范围内，上级部门要定期跟踪检查饭菜的价格及质量。住宿条件要规范化、标准化，政府给予资金支持修建或改建宿舍，不能再出现我们在三岔所见的二十多名学生在十平方米宿舍内挤一张十几人通铺的情况。

## 3. 关注学生心理成长

学校不仅是学习知识的沃土，也是学生心理成长的家园。目前大多数学校只是着眼于教学任务的完成，而无暇顾及学生的心理成长。对一些经历撤点并校的学校而言，学生需要适应陌生环境，特别是很多同学离家很远，甚至是第一次离开家这么远。学校应该考虑设置专门的生活老师来管理学生的生活，关注学生心理和生理等各方面的问题，让学生在专注学业的同时也拥有坚定的生活后盾。

## 4. 教师培训力求精、专

针对教师培训泛而不专的现象，我们建议从以下几方面改进：首先，做好培训教师的选拔工作，选择有基础、有兴趣、有热情、有余力的教师参加教师培训。根据我们的了解，目前的选拔有可能是抽签决定的，这样会将宝贵的继续教育资源不合理地分配。第二，政府出资补贴教师培训费用。尽量减轻参加培训教师自己所花费的费用比例，避免一部分教师因为费用过高而放弃培训，也避免讲师培训变成一种自掏腰包找罪受而不得不参加的任务。第三，加强培训内容的深入程度。为了扭转开齐课程但无法上好课程的现状，要尽量在短期内提高教师的基础素养。建议对一部分教师开展长期脱产培训，对一部分教师进行多个假期、分阶段培训，力求每个学校都能"开齐、上好"每门课程。

### 5. 引进先进小班教学方法

据调研所见，该地区农村小学情况特殊，由于生源数量少，这些学校教学规模小、班级人数少。我们建议可以学习东南沿海一些地区小班教学的先进经验，充分发挥小班教学优势，调动每一个学生的个性发展潜能。农村小学应多关注这一方面的信息，积极主动借鉴教育水平发达地区的经验，引进先进小班教学方法。

### 6. 加强教育教学交流

为解决城市、农村小学教师交流中难以融入对方教学环境的问题，可采取进行较长时间交流的办法，以便教师能够适应变化了的班级氛围。同时，加强选派管理人员挂职锻炼。选派中层以上管理人员到帮扶学校任副校长、校长助理或同等岗位任职，对口到帮扶学校担任相应岗位职务。并且不断探索送教下乡和城乡教师交流互动培训模式，增强培训的针对性和实效性。

### 7. 调整学校管理模式

对于撤点并校学生的来源问题，因为学生来自各个不同的市县，之前接受着不同的学校管理模式和教学模式，在重组学校管理时势必要考虑到这一点。学校应该关注自己的规章制度是否适合当前学生群体。在新同学到来的时候就要花上一定时间来让他们了解学校的管理模式，并引导学生适应新的学习生活。

### 8. 合理控制班额

由于学生多造成班级规模庞大是中心学校经常遇到的问题，显然班型过大对于老师和学生都是不利的。所以，学校应该将班级人数控制在合理范围内，45人左右是一个不错的控制额度。换句话说，班级的数量可以比较多，但是人数不应该太多。刚好撤点并校过程中学校会吸收很多来自各个被合并学校的老师，让这些老师分散来教多个班级，将会使每一名学生得到更多的关注，对于学生的成长也更为有利。

## 9. 良性运转师资

教师的问题是学校必须解决的。有关撤点并校政策，由于被撤并学校教师的工作必须得到安排，所以这些教师大多会进入整合后的学校继续教学。但是，各校教师水平参差不齐。为了解决这个问题，学校应该为教师提供更多进修机会，并鼓励教师之间进行良性竞争以及相互学习，这样会使教师更加关注自己的工作，更主动提高自己的文化素质和教学水平。学校也应该定期安排老师到其他优秀学校进行学习，并了解其他学校为提高教师业务水平所采取的方式。教师是学校教学的一线工作者，也直接决定着学校的教学能力，因而教师培训必须要重视。

# 甘肃华池教育资源整合现状调研报告

　　基于甘肃省华池县乡村教育资源整合的实地调研案例，我们发现乡村教育资源整合虽然是一种客观需要，但是在政策实行中存在的诸多问题亟须破解，在此基础上我们试图对相应的完善对策做出讨论。乡村教育资源整合应当充分注意到地区差异和区域特性，应当增加对农村低收入群体子女的就学生活补贴，要扩大并完善乡村教育资源整合的多方参与机制，要加大对乡村教师培训和素质提升的补贴力度，构建一个多渠道立体化的乡村教育发展机制。

## 一、导　言

　　2008 年以来，为响应国家集中优势资源办学促进教育资源优化配置政策的号召，全国多个省市纷纷开始推行乡村教育资源整合。本轮乡村教育资源整合的总体思路是："中学向城区集中、小学向乡镇集中、幼儿园联片集中办园、新增教育资源向城市和乡镇中心集中"，最终实现优势资源集中办学，提高乡村整体教学质量。在这个思路的指引下，在城乡结合部，尤其在乡村，很多学校（村学）被逐渐合并，由原来的"一村一校"转变为"多村一校"，而初中、高中则大多数汇集到中心乡镇上实现集中办学，形成相应的教育集团。和乡村教育资源整合的初衷保持一致的是：一些基础设施较差、师资力量薄弱、管理机制缺乏的村学被撤并，一定程度上确实有利于释放利用率较低甚至闲置的教育资源；与此同时，统一的教育集团化运营和管理，也有利于促进优质教育资源实现规模化经营，有利于进一步发挥优质教育资源的区域辐射溢出效应。

　　然而，随着乡村教育资源整合政策的进一步推进，和乡村教育资源整合初衷不相一致甚至背离的现象也慢慢显露出来。乡村教育资源整合执行过程中没有充

　　本文作者："甘沐青春"暨清华大学赴甘肃青海两省六县调研教育资源整合现状联合支队华池支队。报告执笔人：童卓、程振宇、张璐、赵子博（清华大学经管学院 2011 级本科生）；黄喆晋（清华大学工业工程学院工业工程系 2011 级本科生）；肖正航（清华大学热能学院热能系 2009 级本科生）。

分考虑到地区差异和城乡差距，缺乏充分谋划的教育整合配套设施的建设跟进，未能充分照顾到农村偏远地区就读群体和被整合教师利益，这些负面因素逐渐积攒累积并持续发酵，对下一步乡村教育资源整合的推进构成了不容忽视的挑战。一定程度上，这些挑战甚至还妨碍了公共教育资源和基本教育服务均等化进程的推进，最终拉大城乡教育差距，对城乡统筹发展不利。

为深入调查教育资源整合在实施过程中的具体经验，揭示教育资源整合中存在的益处和弊端。我们选取西部教育资源整合的典型地区甘肃省庆阳市华池县作为主要调研地，深入教育资源整合进程的一线，以访谈、调查问卷、实地考察等多种调研方式，从教育资源整合政策具体实施主体和牵涉到的调整主体两个方面，从政府、老师、学生、家长等多个政策参与者的视角，试图立体地诠释这一政策在农村具体的实施情况、实施效果以及存在的问题，并讨论乡镇教育资源进一步整合亟待完善的相关政策建议。

# 二、调研团队简介以及基本行程

## 1. 调研团队

本次实践活动由清华大学经管学院发起，面向全校立项报名。参与调研的学生群体来自清华各个学院，由经管学院学生担任主要领队职能，每个分队由 6～7 位同学组成。各队成员构成由总队平均分配，包含各专业背景学生。华池支队共 6 名组员：童卓（领队）、程振宇、赵子博、张璐、黄喆晋、肖正航。

## 2. 基本行程

本次调研从 7 月 15 日开始，到 7 月 20 日结束，正式调研历时 5 天。调研支队分别对教育资源整合的主要执行实施主体华池县教育局进行了访谈，并对涉及撤点并校的师生进行访谈。走访撤点并校的典型代表学校，如撤点整改典型华池二中和元城小学，并校整合学校的典型代表华池一中和王咀子村中心小学，并对典型学校的老师进行深入访谈。充分听取了所涉及老师们对撤点并校措施的不同意见，并在华池一中对学生们展开了问卷调查，问卷内容涉及教学质量、学习水平、生活压力等方面，获取了大量一手资料，此外我们还有选择地进行了学生家访，深入学生家庭，对学生家长进行访谈，了解学生家长对教育资源整合的意见。

# 三、甘肃华池的基本县情和教育资源整合的基本情况

## 1. 基本县情

华池县地处甘肃省东部，庆阳市东北部。全县共辖 3 镇 12 乡 11 个行政村，总土地面积达到 3776 平方公里。第五次人口普查的数据显示，华池县的户籍总人口数为 13.1 万，有汉、蒙、回、维、苗、壮、满、侗、土、彝、布依、朝鲜等 13 个民族。华池县是一个典型的西北地区农业县，属于黄土高原丘陵沟壑区，境内山川塬兼有，梁沟峁乡间，耕地面积严重不足。全县海拔在 1100 ~ 1780 米之间，高寒阴湿无霜期短，自然灾害频繁。全年平均降水量仅为 510 毫米。由于缺乏大型成熟的灌溉系统，干旱年份正常的农业生产用水经常无法得到满足。不利的地理环境和恶劣的气候相互交织，导致农业收入长期处于较低水平，于是外出打工机会对当地农民而言尤为具有吸引力，也成为当地农民脱贫增收的重要渠道。农业生产受制于不利的自然地理条件，工商业发展不成气候，华池县的财政收入经年捉襟见肘，很难负担各种经常性的教育资金补助和各种补贴。

## 2. 华池县乡村教育资源整合的原因及需求分析

一是外出务工人口的增加，子女随同家长向城镇迁移，农村学龄儿童数量大幅度下降，村学大幅萎缩，亟须进行整合调整。大量农村居民外出务工，对其子女而言，一方面需要父母的照顾，另一方面家长也希望子女能够进入到更好的乡镇城市教育系统，因而子女多数随同家长从乡镇向城市进行转移，这直接导致传统村学受到冲击，招生规模明显缩小，并经常面临调整变化，不利于在校学生的学习和教育工作的持续开展。撤并政策实施之前在 2005 ~ 2006 年展开的调查数据显示，多数乡村小学人数锐减至 30 人/校，个别学校甚至只剩下几个学生，完全无法正常运行。

二是随着城市化进程的加快，华池县大量的农村人口进入城镇，城镇学校接收外来务工者子女的负担加重，教学资源日益紧张，教学质量和教学管理均有待进一步进行规范化提升。近几年华池县城市化进程加速发展，大量的农村人口进城，在农村的学校越来越萎缩的同时，城镇的学校越来越拥挤，形成严重的两极分化现象。调查数据显示，在重点乡镇，小学中有近 80% 的班级人数超出国家规定的班级规模，初中也有近 50% 的班级超员。其中，教育资源最为紧缺的就是老师。对于已经萎缩但没有撤并的村学，至少要保证有一位老师，而教师的编制名额受到国家政策的严格限制，所以一些重点学校反而出现师资严重不足的现

象。过度拥挤的教学环境加重了老师的教学负担和学校的管理难度，同时也不利于学生的学习生活与自我发展，这种教学环境和教学资源配置模式亟待调整变革。

三是受到自然地理条件限制，华池县的人口居住较为分散，历史上村学发展都是就近入学，缺乏统一规划管理，乡村教育质量很难有保障，因而也亟须通过教育整合手段改变村学落后的办学状况。同时，由于近几年城市化发展，城市交通也有了显著的发展，也利于改善整合教育资源之后农村学生的上学问题。

### 3. 华池县乡村教育资源整合的基本情况

综合以上三个方面的政策需求要素和乡村教育资源整合的宏观背景，2008年以来，华池县组织实施了新一轮的教育资源布局调整，计划用5年的时间，陆续撤并200所不适宜继续办学的学校，集中闲置的教育资源，重点发展一些教育条件较好、管理体制较为完善的学校，以达到提高教育资源利用率，改善全县的教育水平的目标。在具体教育资源整合实施过程中，华池县遵循集中优势资源办学、实现均衡发展的改革思路，提出"以创办寄宿制中心小学为突破，高中向县城集中、初中向乡镇集中，教学点向中心村集中。对重点撤并的农村学校，坚持有保有压的原则：保留、提升教育资源相对集中的中心小学，改善其教学条件；撤掉、压缩不能继续发展的教学点，以及功能弱化的'麻雀学校'"的综合整合实施方案。截至2012年底，经过4年的乡村教育资源整合调整，华池县全县学校数量由原来的347所，下降到了126所，整合关闭了221所教学条件不理想或教学资源不足的小型、微型学校。同时利用闲置的教育资源以及国家后期增加投入的教育经费，集中建设并改善了柔远小学、华池一中等多所重点学校，在教学水平和管理水平上都取得了一定的进步。

# 四、华池县撤点并校过程中存在的问题

教育资源整合不仅是涉及学生的教育问题，更是一个涉及学生家庭、学校老师和教育主管部门各方的系统工程。我们发现，华池县乡村教育资源整合的各项工作都在有条不紊地推进，集中优势资源和集团化办学也取得了不小的进展，教学管理水平和乡村教学质量得到一定的提升。但是，落后的县情、西部地区总体欠发达的农村和区域地理环境约束，还是给华池县乡村教育资源整合提出了不少有别于其他发达地区的新挑战，华池县的乡村教育资源整合主要还存在以下几个方面的问题亟待解决。

### 1. 集中办学配套设施不足，基础建设资金缺口巨大

由于撤点并校后学生的上学距离明显延长，一些路途较远的学生只能选择在学校住宿。于是，相应的乡村教育资源整合实施以后，华池县从小学三年级开始也尝试设立寄宿制学校。然而，大批寄宿制学校的设立意味着，政府在负责扩建中心学校、改良其教学条件的同时，还必须承担大批校舍及相应配套措施的巨额支出，增加相关后勤科室和专业管理人手。对于原本就贫困欠发达的华池县而言，这些中心学校校舍新建改造，宿舍条件改善这些配套设施的支出，无疑是一笔很难承受的巨大负担。所以，虽然现今寄宿制学校已经在实施，但是宿舍质量和配套规模依然很难满足日益增长的学生需求。资金的紧张也往往导致一些配套设施不能及时跟进，对学生正常的学习生活造成影响，如由于学生数量激增，学校食堂等配套设施建设资金不足，造成了一些学生生活不便。这些问题在一定程度上削弱了教育资源整合政策的益处。

### 2. 教师管理较为粗暴，师资力量依然紧缺

虽然撤点并校在一定程度上释放了闲置的教师资源，但是就全县而言，教师数量依然供不应求。一方面许多曾经部分优秀的"村学"老师由于没法按时通过乡镇和县城的限时转化条件，被拒绝在新"优质"学校的大门之外；另一方面由于地理、经济等多方面的原因外来教师又难以大规模地引入补充起来，因而许多学校的优质师资实际上还是相当紧缺。布局调整的过程，同时面临教师集体"断代"的隐患，教育资源整合更是举步维艰。在撤点并校过程中，许多原乡镇教师退出了教师职业。教育局的领导曾表示撤点并校的目的之一即是让教师资源集中到县城学校，并为原乡镇教师提供了转正的考试。但访谈接触到的几位老师基本一致认为，乡学老教师除极个别有机会到集中小学初中就职之外，其他老师均放弃了转正继续从事教师职业。而这些无法继续从事教育事业的原乡学老师有一部分是"优秀的老师"。针对这些被"分流"出教育事业的老师的教学水平，我们特地采访了王咀子乡学区的两位主管教学的老师，他们表示，民办教师（未转正）的态度相当认真，而且与学生关系相当融洽，成绩反而高于科班出身的年轻老师，但这部分老师大多学历不高，很难通过转正考试等硬指标。这就直接导致了原来主要以民办教师为主要师资力量的乡学老师越办越少，甚至面临招不到老师的现状。另外一个值得关注的现象是，乡学的工作环境远差于镇上集中学校，许多年轻老师来乡学教书主要是为了积攒工作经验，一般在乡校工作两三年之后就会争取转到集中学校，因而乡学教师基本三年一换，带不完一届学生就会换人，对乡村学校学生的成长相当不利。

### 3. 农村学生就读成本提高，城乡教育差距或拉大

华池县撤点并校实行乡村教育资源整合后，偏远地区农村群体的就读成本明显被放大，农村贫困人口越来越难享受到质量良好的教育服务，城乡教育差距被进一步拉大。初中、高中及优势教育资源在中心城镇和城市的集中办学，意味着居住在偏远地区的农村上学群体，相比城镇和城市上学群体要多付出更多的综合生活成本，也需要付出更大的就学环境适应代价。并校后，班级人数众多，教师资源不足，学校离家又远，家长时常无法陪在学生左右，所以对于孩子们的精神生活往往无人关心，学习但不快乐，生活总是孤单。对居住更为分散、交通便利度相对较差的西部农村上学群体而言，教育资源在中心城镇集中更是明显提升了他们的上学成本。我们对学生进行家访过程中发现，当地学生为了上学往往要走山路，然后坐车，一趟花费 2～3 个小时的时间。有些家长为了陪同孩子上学，居家迁往集中学校所在城镇，加剧了农村的"空巢"现象。高昂的上学成本，将一部分农村上学群体排除在优质教育体系以外，甚至会引发部分农村贫困家庭适龄儿童少年辍学。这事实上将会进一步拉大城乡教育差距。这一点，在我们对学生进行的问卷调查中也得到了反映。

### 4. 低年级学生寄宿教育的尴尬与困境

低年级小学生由于年龄幼小，没有独立生活的能力，心理和习惯都处于关键的塑造期，他们的健康成长离不开家庭和学校的共同参与，单纯的学校教育不足以提供他们良好的成长环境。采访中有不少老师反映，较小的孩子统一寄宿制管理不合实际，这个问题在一至三年级尤其明显，所以华池县乡学的撤并有很大一部分保留了一至三年级，以王咀子学区为例，从 2008 年开始，17 所小学撤并至只剩下 7 所，有两所是只有两个年级的部分小学。但同时学区的老师也表示，部分小学的学生仍然在逐年减少，甚至很快也将面临无学生可招被迫撤并的境地。家长还是不得不把孩子送到集中制小学。我们发现原因在于由于教育整合，此类学校原有的民办教师只有通过转正考试才能继续担任教学工作，但是许多民办教师往往无法通过转正考试，不得不离开学校。同时，那些大量聘用民办教师的地方恰恰因为条件艰苦，资源有限而无法吸引正规的教师力量。原来的民办教师不得不离开，新的教师又无法补充进来，导致这类学校的教育质量下滑，很多家长也就更不愿意将孩子送到这类学校就读，而选择并不适合的寄宿学校，进一步导致此类学校生源稀少而不得不被裁撤。民办教师离开了，新教师却迟迟招不到，乡学没有老师了，尤其是没有负责的好老师了，家长不得不选择将低年级学生送到集中学校寄宿学习。

### 5. 学校整合的规模化效益有待进一步发挥

尽管教育资源整合政策实施过程中克服了所面临的各乡、村政府等多方面的阻力得以推行，但是目前为止，对于撤并后集中办学的学校的管理还缺乏一个有效的模式。并校后集中办学的学校，班级人数多达70人左右，教师资源不足，学校离家又远，家长时常无法陪在学生左右，所以孩子们的精神生活往往无人关心，学生学习有可能遭遇不快乐，生活远离父母难免孤单。再加上学生食堂等配套生活设施的不完善，寄宿学生生活总面临着种种不便利。而且被撤并学校的孩子们往往都是来自农村，他们来到新的环境，本来就很难适应，在面对城里的孩子时又难免缺乏自信，这个时候没有大人的关心与开导，对于他们的人生发展都有很大的阴影。这些因素导致寄宿学生面临着不利的心理负担。在学校管理方面，资源较少，很难做到分类管理，因材施教，更无法对学生进行积极的心理干预。众多年龄幼小的孩子聚集在一起，面临着不利的心理负担，同时校方又缺乏有效管理，一些缺乏自制力的孩子们很容易养成不良习惯，并相互沾染。调研中，曾经有一份匿名问卷反映到，有些学校为了方便管理学生，直接实行军事化管理，甚至以军服作为校服，所有人统一只能穿军装。300多份问卷中充满学生们对自主学习、发展个人爱好的种种请求。这些情况足以表明，集中办学在缺乏有效管理的情况下，对学生素质教育往往忽略，缺乏对学生个性和心理的有效引导，不利于学生的健康成长。我们对学生进行的问卷调查中也反应了这个问题。

### 6. 学校的撤并对原有文化生态造成破坏

借由在华池一中与学生们的交流，支队随机选择了6个住校生展开家访。调查发现，村里的孩子们想要读书，一般都要走山路并坐车，花费2~3个小时以外的集中学校，有些还无法住校。在寄宿学校上学意味着，学生和父母长时间的分别。当地农民收入普遍不高，有些家庭月收入不过300元，但是对儿女的教育和未来充满让人动容的渴望。文化素质水平较低，根本不足以对政策的对错与否做出任何有力的申诉，大规模的撤点并校顺利进行的背后，是众多沉默的西北寻常农民。一所村学，绝不仅仅是省下了几十个家庭每天两三个小时的上下学路程，尽管这对于西北并不富裕的家庭而言已经是很大的负担。更重要的是，一所学校对于一方土地，象征着那里的文化，老师平时教课与孩子们在一起，闲时种田与大人们在一起，不仅仅孩子们学到了知识，大人们也感受到了什么是知书达理，也得以接近他们一直无法企及的文化，这种社会教化的意义绝不亚于教育。

### 7. 政策推行的具体措施有待于进一步改善

教育资源整合，撤点并校不仅仅是教育主管部门的事情，更是涉及家庭、村镇的一项系统工程，因此撤并选择应该在各方充分沟通协商基础上进行，进而做到真正的科学合理，以人为本。部分撤点并校进行得太突然，没有提前通知在校学生，使相关学校学生、老师以及学生家长没有做好准备，在学校撤并问题上各方沟通不到位，决策出现计划不够清晰明确，有些学校撤并点的选择不够合理。在调研过程中，我们就发现了这样一个案例——华池二中。在华池一中的采访中，我们从老师那里得到数据显示，华池一中农村孩子所占的比例在70%到80%，是全县唯一的高中校，但城镇面积很小，人口比例也只占1/5左右，辐射式的服务范围使得华池一中绝大多数同学住宿。华池一中依山而建，三栋教学楼，两栋宿舍楼的设施已经是最大负荷，现在的每个年级800人左右也是最大配置，不可能再安置更多的学生。

原先华池县的另一所高中——华池二中原先是一所完全高中，但在2008年由于撤点并校的政策被迫撤销了高中部，从此华池一中成为华池县唯一一所高中。二中撤并后，一中在当年扩大了招生人数，从800扩招至1000人，但由于设施无法跟上，无奈之下第二年就改回了原来的招收人数，相当于二中的撤并直接导致了二中原规模的高中学生流失。这一点在我们后来的数据中得到了证实，2008年高中会考人数由2007年的1935人锐减至905人，后来尽管人数有所回升，但高中录取人数却只回升至800人出头，与原来的1200人左右有着显著差别。华池二中位于华池县几个川的交界处，交通反而比一中更便利，校舍数量上也优于一中，撤并后，二中只剩下了初中部，大量校舍闲置，学校不得不把周围的小学也纳入二中的校舍中，导致现在的二中其实是一所初中、几所小学共用校舍的集合体，既不利于管理，也不利于教学。

不只是华池一中的老师，很多老师在采访中都或多或少地提到了华池二中，尽管在采访过程中受到了一定程度的阻力，我们最终还是在7月19日来到了华池二中，并对华池二中校长进行了采访。校长表示，原来二中接收的学生主要是考不上一中的学生，每年大概分流250人到300人，学校规模也在六七百人上下，这部分学生如果没有二中这条出路，大多将会选择失学出外打工，每年200人的数量对于一个县城而言决不可小视。另一方面，由于九年义务教育的硬性收费制度，过去华池二中主要的运营就是依靠高中部的学费，现在只剩下初中与小学，经费上入不敷出，上级拨款明显不能满足需要，由于其他初中的竞争，华池二中的师资力量仍然紧张，更重要的是，高中部撤销后，华池二中只有60%的老师来到了初中部，30%的老师归入了华池一中，而这部分恰恰是华池二中的优秀师资力量。好教师的离去，直接影响到了二中的声誉，在近几年的初中会考统计中，华池二中的排名掉到了全县 12 所初中的第 11 名，学校面临着恶性循环。校长认为，撤点并校非但没有改变华池县高中教育的现状，反而使华池二中的经济负担进一步加重。而这也和"公平、效率"的初衷相左。

西部地区的教育资源依旧非常匮乏，在访谈中，教育局的领导们也坦言，单纯的撤点并校并没有从根本上改变西部地区的教育困境，教育资源整合也并没有从真正意义上提升资源的利用率。由于资金、教师等多个条件的限制，所谓整合更多程度上只是一个资源的加总，将分散的教学集中到了一起，但是却没有产生明显的规模效应。相反，过于集中的教学模式，过于庞大的校园规模，不仅仅给学生家庭带来了更多的教育成本，也给学校的运行和管理带来了更大的负担。华池县教育局杨局长说："要想真正实现教育资源的优化组合，依然需要更多国家政策的导向，更多人力、物力的投入以及更长时间的布局与规划。"

# 五、学生意见反馈

教育资源整合的目的在于提高教学质量，发挥优势教育资源，有利于实现教育的公平化。学生是教育资源整合所导向的最终服务主体，整合的最终目标也是为适龄儿童少年打造一个优良的教育环境。为了了解教育资源整合的实际效果，紧承对教育局的采访重点，7 月 18 日，我们以华池一中等学校学生为调查主体，用问卷调查结合面对面采访的形式对学生进行了调研。主要发现如下几个问题。

## 1. 集中办学提升学生成绩，素质教育有待加强

调查数据显示，撤点并校以后，学校的课程设置难度有所上升，难度评价均值为 6.31。学校的课程设计让学生明显感觉收获更多，统计均值为 7.24。总统教育质量水平上升明显，统计均值为 7.48。学生成绩有所上升，高年级的学生们大多表示，在更激烈的竞争与更大强度的训练下，学习成绩有所提高。统计均值为 6.25。学生们表示，因为集中办学，学校规模增大，竞争变得异常激烈。学校评比老师时，往往只看升学率、成绩等数据，使得老师非常关心可测量数据，重点加大课程难度。这同时也带来一些不良影响，由于老师过于关注成绩、升学率等，对素质教育、学生的人格培养等不易于测量和考核的教育指标有所忽略，甚至存在打骂学生和军事化管理的个别现象。

## 2. 农村学生就学成本增大

学生表示在华池交通问题十分突出，下雨或下雪的时候经常没有车坐，孩子

们只能呆在学校。调查数据显示撤点并校后交通便利指数均值为 - 0.56。政府虽然为孩子们配备了校车，但是没有一辆车在用，因为校车数量实在太少，根本无法满足学生上下学的需要，而且需要坐车的学生大多家住山里，山路不好走，请司机又是一件难事。因为交通不便，往往有学生滞留学校的情况，而学校放假时学生没有生活补贴，孩子们过得很艰苦，有些人因为家太远，只能租房，这又提高了学校附近的房租，使得学生家庭负担增加。调查数据显示撤点并校后学生家庭负担明显上升，统计均值为6.64，根据大多数同学的意见，撤并完的学校最好建设在乡村小镇或一些距离同学们家近的地方（有学生反映，如被撤并的华池二中高中部，交通条件好于一中，校舍也优于一中但现在已被闲置）。此外，由于集中办学学校学生急剧增加，经费不足，配套设施不健全，学生伙食情况堪忧。我们的调查数据显示，学生普遍反映学校食堂质量欠佳，调查均值为3.98。

# 六、华池县乡村教育资源整合进一步完善的建议

从华池县乡村教育资源整合的实践情况来看，单纯的撤点并校并没有从根本上改变西部地区的乡村教育困境，教育资源整合也很难真正有效提升教育资源的利用率。未来，应当从体系化工程的视角审视乡村教育资源的整合，应当从机制、补贴和公众参与等角度进一步完善华池县的乡村教育资源整合。

## 1. 构建多渠道立体化的乡村教育事业发展机制

不论是华池县的财政实际情况还是发达地区的先行经验来看，教育事业的发展都不能只依存单一的政府财政资金投入和补助，事实上更多时候多渠道立体化的教育事业基金发展机制和筹集机制，更有利于促进教育事业的蓬勃发展。从资金运营情况来看，华池县应该尽早构建多渠道立体化的教育事业发展种子基金，鼓励大型民营企业资本和非盈利部门关心、关注并参与华池的乡村教育事业整合，引进市场化的管理制度和管理体系，采取公办民营或联合经营等形式，做好乡村教育资源整合的配套设施建设和相关活动开展。

## 2. 加大教师培训和教学资源投入补贴

优质教师是实现优势资源办学的基础，教学资源投入则是集中办学发挥规模经济效应的基本保障。未来应该在既有教师培训和引入新型优质教师方面下足功夫，双管齐下促进教师人才资源的规模和素质提升。要通过培训补贴等形式，鼓励教师通过多种渠道实现自身人力资本的升级换代，鼓励教师通过在职培训、交流访学等形式，提升自身的业务素养和专业水平，充实优秀师资队伍。要通过人

才引进待遇和高级人才项目合作制等政策，吸引更多的西部学子和高级教育人才来到华池投身教育事业，给华池教育带来更多新的教学理念、新的教学思路和新的教学方法，以此带动教师群体整体素质的提升。

### 3. 加大对农村就读群体的生活补贴力度

持续扩大的收入差距，正在逐渐侵蚀改革共识。许多国内研究都指出改善收入差距的重要突破口在于缩小城乡收入差距，而重要驱动力量则是扭转城乡教育差距日趋拉大的不利局面。所以，从稳定发展和深化改革的大局来看，如何在提升乡村教育质量，整合教育资源的同时，有意识的扩大对农村教育补贴、缩小教育收入差距，显得异常重要。从华池县的乡村教育整合经验来看，虽然初中、高中和优质教学资源向城镇集中，有利于发挥集中优势资源办学的好处，但是直接后果是增加了农村群体就读的综合成本，对广袤的西部农村而言，这种教育资源配置模式下面的交通成本、生活成本和当地社会融入成本负担增加尤为明显。为改变低收入群体无法享受优质教育，进一步扭转城乡教育差距继续扩大的不利局面，未来应该按照农村家庭收入等级分类，加大对农村贫困就读群体的生活补贴力度，通过减免学费、创新补贴形式，通过生活券、食物券和交通券等补助，切实降低农村就读群体的生活成本，增强优质教学资源对贫困学生的可及性。

### 4. 扩大教育资源整合的公众参与和监督

乡村教育资源的整合还应当扩大教育资源整合的公众参与和监督。事实上，只有当事的各方代表（包括被兼并学校的老师、学生代表）对一个整合意见和方案进行充分的征求意见讨论参与，这时候乡村教育资源整合方案的合法性、合理性和科学性才能得到更好的保障，唯有如此也才有望让教育资源整合的不良影响降到最低。目前，由于资金、教师等多个条件的限制，所谓教学资源整合更多程度上只是一个资源的加总，将分散的教学集中到了一起，但是却没有产生明显的规模效应，甚至还出现一些有成长性的教育资源被粗暴整合浪费的情况。另外，过于集中的教学模式，过于庞大的校园规模，不仅仅给学生家庭带来了更多的教育成本，也给学校的运行和管理带来了更大的负担。因而，要想真正实现教育资源的优化组合，依然需要更多国家政策的导向，更多人力、物力的投入以及更长时间的布局与规划，需要创新多种方式的教育资源整合，需要扩大教育资源整合的社会参与广度和力度。

# 附录：调查问卷统计

与撤点并校前的学校相比，您认为学校的课程设计是否难度适中？

| 难度很小 | | | | 没变化 | | | | | 难度很大 |
| --- | --- | --- | --- | --- | --- | --- | --- | --- | --- |
| 1 | 2 | 3 | 4 | 5 | 6 | 7 | 8 | 9 | 10 |

统计均值是 6.31，

与撤点并校前的学校相比，您认为学校的课程设计是否让您收获更大？

| 收获很小 | | | | 没变化 | | | | | 收获很大 |
| --- | --- | --- | --- | --- | --- | --- | --- | --- | --- |
| 1 | 2 | 3 | 4 | 5 | 6 | 7 | 8 | 9 | 10 |

统计均值是 7.24

与撤点并校前的学校相比，您认为学校总体教育质量上升了还是下降了？

| 下降很多 | | | | 没变化 | | | | | 提高很多 |
| --- | --- | --- | --- | --- | --- | --- | --- | --- | --- |
| 1 | 2 | 3 | 4 | 5 | 6 | 7 | 8 | 9 | 10 |

统计均值是 7.48

您觉得撤点并校对自己的学习成绩是否有影响？

| 成绩变差 | | | | 基本没变 | | | | | 进步很大 |
| --- | --- | --- | --- | --- | --- | --- | --- | --- | --- |
| 1 | 2 | 3 | 4 | 5 | 6 | 7 | 8 | 9 | 10 |

如果有影响，请注明原因
统计均值是 6.25

（非住校生回答）您觉得撤点并校后上下学是否交通更加便利？

| A 便利 | B 虽然不是很便利，但影响不大 | C 很不便利（填写您遇到的困难） |
| --- | --- | --- |
| 0 | −0.5 | −1 |

统计均值是 −0.56

您认为撤点并校是否影响您的家庭的负担？

| 减轻很多 | | | | 基本没变 | | | | | 加重很多 |
| --- | --- | --- | --- | --- | --- | --- | --- | --- | --- |
| 1 | 2 | 3 | 4 | 5 | 6 | 7 | 8 | 9 | 10 |

统计均值是 6.64

（住校生回答）您认为目前食宿条件如何？

| 很差 | | | 正常 | | | | 很好 | | |
| --- | --- | --- | --- | --- | --- | --- | --- | --- | --- |
| 1 | 2 | 3 | 4 | 5 | 6 | 7 | 8 | 9 | 10 |

统计均值是 3.98

# 青海乐都教育资源整合现状调研报告

在城镇化加速和计划生育政策的大背景下，教育资源整合政策是大势所趋，但是政策的实施需要解决一系列的衍生问题，因此不宜操之过急。我们在了解了政策的部署、通知和执行后，分析各个方面的利弊，对目前政策的实施效果进行评估，并针对性地提出改进建议。

## 一、调研情况

本次调研我们总共发放并且回收了问卷346份，采访了8个乡镇的9户家庭、山区城镇一共10所学校、乐都教育局副局长、4位正副校长、5位教师。

通过《乐都县中小学布局调整情况介绍》可以看到，为改善全县中小学布局结构，合理优化教育资源配置，改善办学条件，提高办学效益，乐都县一共进行了三轮中小学布局调整。

第一轮布局调整是1997年至2005年，主要是针对当时"学校布点分散、规模普遍过小、教育资源严重不足"的"小而全"的办学格局进行的，重点是撤并学生规模小、办学效益低的初中和高中学校，以及部分小学的高年级，共撤并中小学198所，使学校总数从454所减少为256所。

2008年开始第二轮布局调整，全县以小学三年级以上合班并校为重点，共调整学校142所。通过两轮调整，实现"一个乡（镇）一所中心学校，中心学校辐射管理小学（教学点），高中优质资源相对集中，职业学校规模逐步扩大"的基本目标，义务教育规模效益初步显现，高中教育优质资源进一步得到整合，高中教育的整体发展水平大幅度提升；职业教育规模化发展的空间得到拓展，年招生人数持续增长；农村学前教育发展有了资源保障，得到快速发展。

前两次调整虽然产生了积极的作用，但仍有一些问题没有解决。首先是目前

本文作者："甘沐青春"暨清华大学赴甘肃青海两省六县调研教育资源整合联合支队乐都支队。报告执笔人：廖宁，黄靓（清华大学经济管理学院2011级本科生）；袁斌（清华大学理学院化学系2008级本科生）；吴天浩（清华大学理学院化学系2011级本科生）；姚又友（清华大学机械工程学院精密仪器系2010级本科生）；党竹溪（清华大学化学工程系2011级本科生）。

乐都县山川之间、城乡之间以及同一地区的不同学校之间在办学条件、教学质量、管理水平方面的阶梯式差距比较突出；其次是随着学龄人口的普遍减少，以及城镇化建设步伐的加快、人口流动的日趋频繁，农村学校规模萎缩、县城地区学校规模扩大的趋势越来越明显，大班额现象越来越突出，择校风愈演愈烈；再次是人民群众对优质教育资源的迫切需要仍然得不到满足；最后是高中学校办学条件差、投入不足以及农村学前教育发展滞后等问题仍然比较突出。为此，乐都县又进行了第三轮的中小学布局调整。

新一轮调整的基本思路是：以现有中心学校为基础，乡镇只设完全小学；以辐射半径大、地缘优势明显的川水和县城九年一贯制学校为中心，合并周边初中学校及部分小学；以优质高中为重点，整合资源，集中优势，办好示范性高中，加快教育园区和河谷地区重点学校建设，扩大规模，加大农村地区学校的合并力度，力图通过教育资源的整合，完善保留学校的功能并加强其内部管理、发挥地缘优势，扩充和培植优质教育资源，促进教育均衡发展。

在新一轮调整中，将转移学生 15000 余名，教师 1200 多名，涉及学校 30 多所。所有山区初中学生都将集中到县城或川水地区，所有高中学生都将集中到县城地区，部分小学生将集中到乡镇中心学校或办学条件更好的保留学校。相当一部分学校的办学层次将发生变化；与之相应的老师会进行大范围调配，他们的工作岗位和工作性质也将随之发生变化。

最终调整完成后，乐都县将有高级中学 3 所，职业中学 1 所，特殊教育学校 1 所，九年一贯制学校 7 所（不含规划保留的 2 所），初级中学 2 所，小学（含教学点）193 个。

在我们的调查开始时了解到，乐都县的前两轮布局规划调整已经完成，目前正在进行的是第三轮调整。

# 二、政策实施的利弊分析

要对当地中小学布局规划调整的政策做出评价与分析，首先就要对已执行的政策进行调查，判断其是否得到了有效执行并达到了预期目的。另外还要考察执行中的政策是否按照规划进行。

## 1. 学校角度

（1）利

解决了村级、乡镇级学校在教学资源上的不足。资源整合后，一方面村级学校由于撤离了高年级小学部和初中部，教学负担大大减轻，另一方面乡镇的中心学校可以得到更加集中的资源管理和师资力量。调查中我们参观了合并后的中心学校，典型的如红嘴庙初级中学（共和乡初级中心学校），经与我们同行的余国忠老师（曾在该校工作十年）介绍，与十年前的设施低端情况相比，如今已经盖起五栋楼房，可以容纳的学生数量几乎占到全乡的一半，各种基础设施质量也得到了大幅度提升，同时由于学校规模的扩大，学校对学生及教师的管理更为科学，同时老师不用再留守当地，大部分老师都住在县城，上班时再通过修好的公路来到学校。这些事实一定程度上可以证实一二轮调整的确已经完成，并初步达到了预期目的。

（2）弊

调研过程中我们发现，政策的实施给学校带来了一系列的挑战。

①资金支持以及硬件设施的配套。撤并后，每个村镇会形成一所中心学校，高中部全部撤离，只剩下初中部和小学（或者小学高年级部），学校实行"两免一补"政策，虽然所有的补助都由上级拨款，并没有增加学生集体住宿带来的财政负担，但是这使得学校的运营从原来可以依靠高中部收费支持变到了只能依靠国家的补助，这对学校的资金运营造成了一定的困扰。例如政府补贴实施的"营养餐计划"，在资金的补助上，并没有考虑配套资金，例如食堂师傅的工资、中心学校向各个村里的早教点配送的运输支出，因此这笔开支对于没有其他收入来源的乡镇中心学校，成为一笔比较沉重的负担。

同时，我们在采访达拉乡中心学校时，从校长口中了解到达拉乡中心学校周围并没有医院，又没有足够的资金资源配备校医院或者校医，集体住宿的学生如果有突发病，学校承担的健康风险非常大。

此外，调查过程中我们了解到，在第三轮布局调整中，为了筹集相关资金，合并后的学校以一中分校为名，且已经投资 1.6 亿，可见撤点并校所需资金是有缺口的，而为了建成分校，教育局副局长表示预算还需要后续投资 1 个亿，这对一个贫困县来说，并不是一笔小数目。

在教师采访的过程中，一位教师表达了对新建成的一中分校的担忧。据他了解，分校预期将要容纳学生 3000 人（事后得到教育局证实），教学楼加宿舍楼需要大量的资金投入，而 1.6 亿的资金投入后，学校仍面临宿舍楼不够用的窘境（教育局副局长表示后续资金投入还需 1 个亿）。因此他认为第三轮撤并太过仓促。

但是根据网上查到的资料显示，青海省于 2009 年进行过一次全省范围的教学楼改造工程，其中乐都县的蹚伯镇贾湾中心学校的校舍在 2009 年 9 月前已经改造完成，而 2009 年 11 月乐都县教育局提出的布局调整计划中，贾湾中学的初中部要被撤离，同时，在第三轮调整学校名单中，我们并没有发现贾湾中学的名字，可见已经被撤并过，那么这个过程中是否会有重复工程的现象？调查过程中，我们并没有得到确切答案，但发现了其他学校刚刚改造（但只是"穿衣戴帽工程"，粉刷了外墙，内部并未改造）的校舍在接下来的撤并中面临被拆的现象。

投资建设新教学楼、校舍和投资拆除旧教学楼、校舍都无可非议，但是如果在规划的过程中没有长远布局，重复工程有机可乘，浪费的都是本可以用于更多教育资源建设的钱。

②学生及教师的分配管理。根据教育局副局长的回答，第三轮布局调整后，合并到一中分校的各个班级将打乱顺序重新编制，而合并的各校原高中部生源、教师质量等都参差不齐，不同层次、不同自觉程度、不同学习能力的学生混合在一起，难以管理，同时原校将流失一大批骨干教师。

③被撤学校空闲土地利用问题。调查过程中，我们走访了部分已经在第一、二轮调整中被撤并的小学，例如乐都县共和乡联星村农民田间学校、大庄小学，这些学校的土地大部分归属村集体所有，而作为学校的功能废弃后，村集体大多并不能有效地利用这些土地，荒废闲置的不在少数，相对好一些的地方改为村医药室。

## 2. 学生及家庭角度

（1）利

①低年级儿童教学——乐都特色"走教"。乐都县针对低年级儿童分散的情况，在村内设立早期教育集中点，用村办小学闲置的校舍作为教室，供来自不同村庄、不同年龄的 20 多个小朋友共用。在乐都全县，每个村只要超过 10 个孩子，就设立一个早教点。至 2011 年，早教点达到 140 多个，遍布全县 14 个乡镇，全县学龄前儿童每周都有机会接受免费学前教育。早教点的教学称为"走教"，因为一位山村教师每天要去不同的早教点教学，这种特殊形式保证了学龄前儿童的教育，因此必须保留，这些孩子到了上高年级的年纪，都能够被相应的九年一贯制学校容纳。

前两轮布局调整中，主要撤并了大量学校，但是第三轮布局调整却反而使得学校总数量增加，主要是保留甚至扩建了一大批早教点。事实上，在 2009 年 11 月乐都教育局发布的《关于〈乐都县第三轮中小学布局调整规划（意见征求稿）〉公开征求意见的公告》中，有以下一段话："本规划实施时间为 2010 年至

2015 年。完成后，全县学校总数从目前的 130 所减少到 38 所，其中，完全小学 26 所，九年一贯制学校 6 所，初级中学 2 所，高级中学 2 所，职业学校 1 所，特教学校 1 所。"而最终第三轮布局调整的小学教学点目标数却是 193 所，可见教育局考虑到低年级小学生的生活不能自理，未取消每个村三年级及以下的教学点，这也是民意所向。

②家庭条件艰苦的农村孩子。前两轮教育资源整合后，高年级小学和初中生全部到乡中心中学上学，学校提供统一的住宿和饮食，还根据国家的要求配备了营养餐，这对于孩子成长的积极效应不容小视。一方面孩子的独立生活能力能够得到极强的锻炼；另一方面，农村孩子本有的闭塞性在学校统一管理、集体生活的环境中能够得到有效的改善；第三，很多孩子家庭条件非常艰苦，九年义务教育阶段在学校食宿对这些孩子来说是一种生活条件的改善。

③高中学生。我们的实践时间正值一般学生放假，只有新高三的学生还留在学校统一学习，这批学生平均 1995、1996 年出生。而第一轮撤点并校从 1997 年到 2005 年，这些学生基本在低年级以下，对此印象应该不深。第二轮并校从 2008 年开始，1995、1996 年出生的这批学生平均都在 11、12 岁，一般读四年级，正经历从村级学校搬到乡镇中心学校的撤并过程。但根据调查结果，撤点并校结果明显的时候，他们应该升入初中，因此并没有对比的经历，对此印象也不太深刻。

在经历过撤点并校的同学中，多数同学表示能够适应新环境，学校课程设置更加适合自己，并且在新学校结识了关系亲密的朋友。未经历过撤点并校的同学对自己作为原学校学生生活、学习等的变化反映也比较积极。

但是也有同学反映，存在因为撤点并校而辍学的孩子（但是这个数据的可信度不高，一是因为农村孩子高中辍学现象比较正常，二是辍学原因多样，三是这些孩子生活的交集可能比较大，因此会有重复的可能。这是问卷设计的又一个问题）。而事实上，根据我们的调查，合并后学校的学生容纳量是以需要容纳学生数为根据确定的。

从问卷的结果上看，学生对于撤点并校可能遇到的一些细节问题反映一般比较积极，一方面，经历过的学生并没有在融入新群体时遇到什么困难，另一方面，未经历过的学生多数认为自己的学习、生活等没有发生变化，觉得变差的占少数。

（2）弊

①校车。撤点并校后，山区孩子上学的一大难题就是交通方式，虽然 3 年级以下的孩子都在本村上学，3 年级以上的学生全部在学校免费住宿，但是每周或

者每两周回家一次，总要面临选择交通工具的情况。调研中我们发现山区有一种面包车，挂牌后跑固定的线路，作为城乡的公交车，到了周末学生回家的高峰期，教师和学生反映这些车基本都会超载。

关于城乡公交，乐都县多次增加车辆，但是供不应求，这也是撤点并校带来的一大问题，彻底解决还需要时间。

②不同学校学生融合问题。第三轮布局调整后，一中分校聚集了来自不同学校高中部的学生，他们的学习能力、自律能力有较大的差别，而出于教育资源分配的考虑，学生的班级会被打乱。这样，一则高三学生面临新的境况心理波动可能较大，例如和我保持联系的一名女生，原来是乐都二中（教学、生源质量接近一中）的学生，曾向我表示很担忧新的班级里自己不能享受一个良好的学习环境；二则不同学校背景的同学之间相处需要一个融合的过程，处理不当可能对学生的学习生活造成较大影响（但是对此，教育局副局长表示学生的接受能力比较强，不担心有这方面的问题）。

③亲情教育缺失。过早开始的住宿生活会拉远父母与孩子的距离，必不可少的亲情教育面临严重的考验。在与孩子们聊天时我发现，大多数孩子都表示不怎么跟家里沟通，这当然有"代沟"现象的影响，但也少不了低龄的住宿生活这一因素对孩子造成的影响。孩子们表示父母平时打工赚钱非常忙碌，每周回一次家根本没有与父母交流的机会，父母更多地把教育的责任推给校方。因此对孩子教育方面的责任心缺失，使孩子既得不到亲情的教育又有感受亲情温暖的障碍。

## 3. 教师角度

乐都县的教师资源普遍不足，且老龄化趋势加重。首先，编制办公室按照学生和教师的一定比例（如 $12:1$）来编制教师数量，这种编制方法没有考虑到实际情况的不均衡性，往往造成教师数量的结构型缺编；其次，老教师的退休、新教师的补入管理非常严格，因为每新旧替换一对，都要增加老教师的退休金和新教师的工资两笔支出，会使原本紧张的财政更加捉襟见肘；第三，乐都县的普遍情况是教职员工没有分开，有些事务性岗位，例如文印、寄宿、门卫等员工，都由教师担任，这是一种资源的浪费。

这样的现象带来了一个新的人群——特岗教师，特岗教师是省教育厅针对农村教师不够的现象发展的一批从教人员，有些来自一些师范学校毕业生，一般他们和学校以合同签订的方式合作，教学三年以上，会根据编制是否有空缺、考核是否通过进入编制，成为真正的教师，未进入编制的会中止合同。特岗教师的工资由中央财政拨款，每人 1780 元左右，与当地教师平均收入（3000 元左右）相比偏低。2007 年由于一些自然原因（老教师退休等等），县里解决了 47 名特岗教师的编制，2008 年又通过协调解决了他们的工资问题，平均工资达到 2700 ~ 2800 元/月。

在布局调整的过程中，教师的调配是关键一环，对此，教育局打算对教师分别调配。

①1 ~ 5 年级的教师，都跟着学生一起搬到新的学校，这样的老师数量是不多的。

②初中教师大部分都要以参加招聘考试的形式被合并后的学校择优录取，而这些考试重点考察老师的教学基础知识、案例分析能力、教学思维和理念，同时合并前学校虽然性质发生变化，为了保证教学质量，也会考虑留下一批优秀教师，教师的调配是定向关系，例如原城镇学校、桥北学校、东关中学都并入六中，那么这些学校的教师也都将参加六中的招聘考试。

③高中（二中、六中、八中）教师也按照初中教师调配的方法，定向流向合并后的学校。而且，针对有些已经不适合从事课堂教学工作的老教师，各学校会安排他们其他性质的工作，如生活教师。

# 三、政策建议

我们认为，在城镇化加速和计划生育政策的大背景下，教育资源整合政策是大势所趋，但是政策的实施需要解决一系列的衍生问题，因此不宜操之过急。支队本身结合实践所得，对青海省乐都县的中小学布局规划调整政策提出以下建议。

①针对学校资金缺口的问题。一方面，国家目前对教育的总投资占总 GDP 还不到 4%，远远不如西方国家（目前世界平均水平约为 7% 左右，其中发达国家达到了 9% 左右，经济欠发达的国家也达到了 4.1%），因此国家加大经费投入，加强基础设施建设，改善办学条件是当务之急。同时，针对资金申请利用不规范的现象，教育部门必须落实安排好中小学布局调整的专项经费，规范申请、审批通道。

②针对学生集体住宿问题。各级政府应当加强寄宿制学校的建设与管理，严格制定并执行寄宿制学校的责权划分；予以学校营养餐一定的相关配送费用空间；着力改善中心学校周围的卫生院、医院条件。

③针对教师结构性缺编问题。政府要合理核定农村中小学校编制，做好中小学教职工的总量控制和结构调整工作，在撤并学校之间形成教师资源的合理分配与流动；同时，应当特别注意教师从授课岗位到生活教师岗位的调配，鼓励并安排不适合教学岗位的教师担任生活教师职务，关心孩子的成长。

④针对校车问题。建立相应的学生举报制度，一旦学生发现有城乡公交超载，经查实严厉处置。

⑤针对被撤并学校的空闲土地的利用问题。当地乡级政府或村集体可以考虑土地的重新利用（例如建立村乡级别的图书馆），以免造成资源浪费。

⑥针对高中部分布局调整进程太快的问题。我们认为，应当将调整过程分两到三年执行，在此过程中新入学的高中生都将进入合并后的学校学习，而已经在就读的高中生则不变更其学习环境，留在原学校中直至参加高考。当然在师资力量整体缺乏的现状下，我们的设想也会对当地的调整过程产生压力，因为在两年左右的时间内必须同时维持旧学校的运转以及新学校的建设，但这样的好处就是保证了过渡过程的有序与稳定，同时也不会产生不同学校同学之间相互接纳的问题。

⑦确保信访等反馈渠道的畅通，及时与农户、家庭沟通，掌握最新动态，时时检验政策执行的效果。

# 青藏双语教学的现状、问题与对策：
# 基于比较分析的视角

随着双语教学在少数民族聚居区的广泛推广，近年来相关的研究报告明显增多。然而，这些研究大多停留在对前人文献的总结和官方数据分析当中，缺乏深入基层的田野调查。本次联合支队经过实地的考察，将青海、西藏藏区双语教学的发展现状进行比较，发现两地在个人因素、语言学习资源、语言习得环境、语言媒体环境几个方面存在着一些共性的问题，也存在很大的差异。如何提升两地学生使用汉语的积极性、提高学校图书馆利用率和增加多样化汉语传播的媒体渠道等是以后的调查及研究的关键所在。

我国是一个多民族的国家，很多民族都拥有自己独特的文化，正是由于这种民族文化的多样性才成就了中华民族深厚而斑斓的历史文明积淀。其中，使用人口最多、使用范围最为广泛的汉语逐渐占据了主导地位，几乎成为中华民族的共同语。

如今，伴随着西部大开发战略方针的不断深入贯彻，西部地区少数民族汉语言能力提升，民族语言能力相对降低。要想让西部地区少数民族同胞掌握丰富的科学文化知识，在生产生活等各领域与汉族人民实现顺畅的交流，有更多的机会走出西部、开阔眼界，更好地建设自己的家乡，就需要在民族语和汉语的教学上下功夫。国家制定和实施的双语教学政策，是西部地区少数民族同胞自身发展的需要，是提高当地义务教育入学率的需要，是提升少数民族地区整体文化素养的需要，也是西部地区稳定发展的需要，更是民族团结的需要。

调查和研究青藏地区双语教学的发展状况，对于研究少数民族教育模式、促进民族团结和谐和推动我国社会建设和发展，都有着极其重要的意义。

本文作者：清华大学赴青海海南藏族自治州共和县双语教学情况调查支队；赴西藏拉萨尼木县农牧区初中生双语教学情况考察支队。报告执笔人：杨艾琳、朱昱炫、裴晓微、杨可、张涵影、陈嘉林、施文获、卢樱丹、寇玉丽（清华大学新闻与传播学院 2011 级本科生）。

# 一、青海与西藏的双语教学发展模式

## 1. 青海的双语教学模式

在青海省，双语教学的具体操作模式分为两种。模式一：除藏语文课程用藏语授课外，其他课程都使用汉语授课，此种班级被称为"普通班"；模式二：除汉语文课程用汉语授课外，其他课程都使用藏语授课，此种班级被称为"双语班"。学生可以根据个人语言程度与个人喜好，自愿选择进入普通班或双语班学习。

以青海省海南藏族自治州共和县为例。据县教育局官方数据，全县共有 17 所小学，2 所中学，其中 12 所小学和 2 所中学为民族中小学，实施双语教学。全县共有学生 1.8 万人，其中 80% 都在接受双语教育。在进行双语教学的学校中，双语班数量所占比例约为 60%，普通班数量所占比例约为 40%。

从 2003 年起，全县开始陆续推进建立两种模式并存的双语教学体系。在此之前，双语教学一直使用只有普通班的教学模式。2005 年，两种教学模式并存的双语教育体系已在全县所有民族中小学中全面开展。近几年双语班的数量规模在不断扩大，今年新双语教学模式已处于顶峰时期。

从 2004 年起，全县州属中学的双语教师的招聘开始由州教育局统一命题选拔。从 2005 年起，州县教育局开始组织专家学者进行藏语教材及教辅材料的编写翻译工作。在教师人数方面，双语教师的人数与普通教师的人数基本相当，各占 50%。双语教师与在双语班学生数量比约为 1：12，要高于普通班的这一比值。在薪资待遇方面，双语教师与普通教师的待遇完全相同。在年龄构成方面，双语教师普遍较年轻，平均年龄小于 35 周岁。在教师学历方面，小学初中老师必须为大学专科学历以上，高中老师必须为大学本科学历以上。

## 2. 西藏的双语教学模式

在西藏自治区，2005 年之前，采用的也是青海现在的双语教学模式，而现在拉萨市尼木县中学的教学中，双语教学的模式与青海有比较大的差别，即除了藏语文课之外，其他科目一律要求使用汉语授课。

以西藏自治区拉萨市尼木县为例，全县学生基本为藏族，汉族及其他少数民族学生所占的比例基本为零。全县共有 7 所小学，1 所初中，即尼木县中学，现有 23 个班级，131 名教职工，在校学生 1224 人。

据尼木县中学副校长何政老师介绍，在 2005 年之前，尼木县中学的各个课程（包括物理化学等）都是藏语授课并且使用藏文课本。据 1999 年的统计资料，西藏全区当时除少数城镇小学外，95% 以上用藏语授课。初中阶段藏语授课教学正在稳步推进，目前西藏全区中学有 102 个班的教学用语是使用藏语，另有部分中学的部分课程也用藏语授课。在 102 个藏语授课班中，有初中班 9 个，高中班 9 个。具体分布格局是：拉萨市 35 个初中班，山南地区 35 个初中班、9 个高中班，日喀则地区 15 个初中班，昌都地区 5 个初中班，那曲地区 3 个初中班。全区初中藏语授课班在校生近 4000 人，占少数民族初中在校生总数的 13% 左右；高中藏语授课班在校生 381 人，占少数民族高中在校生总数的 5.7%。但是基于现实情况，根据尼木县中学老教师德庆卓嘎老师介绍，在 2005 年之前一般理科老师在教学中都会加入一些汉语，因为很多专业的概念在藏文中并没有专用的对应。

2005 年，西藏教育部门接到了要求要加强边疆少数民族汉语教学和普通话推广的文件，从此改用汉语授课。

## 二、两地双语教学存在的主要问题

因为上述不尽相同的双语教学模式，青藏两地在实施双语教学过程中存在的问题既有相似、交叉的部分，也有分离、不同的内容。下文将从"同"、"异"两个角度，对两地在双语教学中存在的主要问题进行归纳、比较和分析，并提出相应的解决方案或改进建议，以期能够促进当地教学的进一步发展。

### 1. 两地双语教学存在的相似问题

青藏两地的双语教学存在的问题具有一定的共通性。以青海省海南藏族自治州共和县和西藏自治区拉萨市尼木县为例，这些共同问题主要集中在两地学生学习汉语的环境、积极性等方面。

（1）家庭汉语学习环境欠缺

本次调查选择了居住人口以藏民为主的牧区为调研地点。通过问卷调查和实地走访发现，80% 家庭生活用语为藏语，绝大多数学生的父母都不能使用汉语进行交流。

该调查结果显示，无论是采用何种双语教学模式上课的学生，在生活中使用的仍然是藏语，即自己的母语。

家庭汉语学习环境的欠缺使学生的汉语水平很难得到巩固和提高，这进一步促使学生对课堂讲授的知识难以理解接受（尤其以西藏地区的双语教学模式下的学生为主）。而当难以理解和接受书本上的知识转变为学习成绩的止步不前的时候，学生的学习积极性就被挫伤了。

在现阶段，要解决这一问题比较困难且需要较长一段时间，具体方法仍需进一步探究。

（2）学生使用汉语积极性低

除了在家庭中使用藏语频率绝对高于汉语以外，即使是在学校，学生们课间的交流（包括学生与老师之间的交流）也以藏语为主。学生们只有在与少数由于不是藏民不会使用藏语的教授汉语文课程的老师交流时才会说普通话。

谈及为何选择使用藏语交谈，青海省海南藏族自治州民族高级中学将上高三的学生诺日吉表示，即使是普通班的学生，平时交流使用汉语的频率不会比自己的母语高，因为说母语会比较方便。

而尼木县中学初三的卓玛次仁说："如果平时和同学聊天的时候使用汉语，人家就不太会理你，可能就会被孤立。"

对于这一问题，鉴于汉语学习的重要性正在提升，学校可以通过鼓励教师多使用汉语的方式，再辅以对汉语重要性的解释，来推动学生的汉语学习和使用积极性。

（3）学校图书馆利用率低

根据调查中接触到的学生的描述，青海省共和县民族中学、共和县中学、海南藏族自治州民族中学等学校都设有图书馆，并且定期对学生开放阅览，但书籍不外借。一般来说，图书馆的开放频率较低，海南藏族自治州民族高级中学每周一次的阅读课在当地算是很重视阅读的了。

据统计，共和县各中小学的图书馆藏书中，大约70%为汉语书籍，极少部分为英语书籍，其他均为藏语书籍。按照省级规定，每个学生平均拥有的书籍数量应当大于25册，这一点，在图书馆的藏书数量上是达到了的。

在调查中可以发现，青海省的中小学生用于课外阅读的时间还是比较多的——或者说这一需求是比较大的，但是学校图书馆的不开放和其中的图书资料的更新慢，使学生们的需要不能够很好地得到满足。

在西藏，同样的问题也普遍存在。

尼木县中学图书馆设施建立不久后，就由于存书量较小和管理落后等原因被当地县政府占用，堆积大量杂物，几乎成为县里的后备仓库。现在，图书馆已经形同虚设，利用率低下，学生和教师都无法进入阅读。

在这之后，虽然中学在教室建立图书角，规定每班从图书馆领取15本课外书放在教室的书柜里供同学们传阅，并由班主任定期更换书籍，但事实上，不仅书籍的领取更换经常被老师忘记，图书借阅得不到有效保障，而且同学们本身的阅读热情仍有待提高。

很多同学课外阅读知识面较狭窄，这与学校提供的书籍种类单一关系密切。图书馆里的书几乎是大部分同学能接触到课外书的唯一途径，但这些书只有作文书、百科书几种，名著之类的书几乎没有。这导致当地的很多同学连中国的四大名著都不知道，即使了解也主要来自电视剧。此种现状极不利于学生的各方面素质提高和心智的成长发展。

应该说，学校图书馆的低利用率，不仅闲置了资源，并且相当程度地降低了学生通过课外阅读进行学习的可能。

（4）学生获取信息的媒体渠道单一

由于藏语媒体如电视台、报纸杂志等数量比较少，当地学生获取信息的媒体渠道就比较单一，主要集中在电视媒体。在调查中，学生们对内地一些古装片、穿越剧如《步步惊心》等比较熟悉，也有学校在晚自习之前会集中观看新闻联播，此外就没有特别的信息获取渠道。

在书店中的走访也证实，市面所售藏语类出版物的数量远远不及汉语类，杂志的种类也少，并且主要阅读对象并非为学生，内容与其生活并不很贴近。

有可能预见的是，当地自己的报刊、杂志、电视台在未来能够得到一定的发展和完善，现有的部分从汉语翻译成藏语配音再播出的电视节目将得到延续，因而这有可能是解决学生获取信息的媒体渠道单一的最为行之有效的方式。

## 2. 两地双语教学存在的不同问题

（1）青海地区

青海省双语教学中出现的问题虽然与西藏自治区很多相同或相似，但由于两地双语教学实践中具体的实施模式的差别，青海省双语教学中出现的一些问题与西藏自治区的不尽相同。

①双语班教材问题。由于普通班学生使用的教材是国家统一出版发行使用的汉语教材，而双语班所使用的教材是由同一版本的汉语教材同步翻译成藏语而来，所以在翻译过程中，可能会出现一些问题，导致双语班使用的教材不完善。

从教材内容质量来看，双语班使用的藏语教材存在一系列的问题。首先，由于目前双语班使用的教材是由西藏自治区专家学者翻译而来，所以文本中的用语主要以西藏当地习惯为主，这大大影响了青海的藏族学生对教材内容的理解。其次，教材排版印刷过程中的一些文本错误也不容小觑。以双语班初中思想品德教材为例，平均每本教材的错别字达到200处。再次，从汉语翻译到藏语的过程本身也会产生一些问题。许多字句被完全错误地翻译，导致文本含义与原文大相径庭，这也造成学生使用的不便。

从教材版本更新来看，双语班使用的藏语教材版本往往落后于同时期的汉语教材。以初中思想品德教材为例，现在全县普通班使用的汉语教材为人教版 2007 年修订版，但双语班使用的藏语教材仅是人教版 2003 年试用版的翻译教材。教材版本更新速度的缓慢造成了双语班学生与普通班学生的知识接受差距，从而影响学生学业。

从教辅资料来看，藏语教材配套的课外教辅材料少之甚少。一般双语班学生可以接触到的教辅材料都为联合国亚洲基金会以及亚洲团结基金会两所公益机构发行的慈善教辅，但这远远不够。全县双语教师普遍只能自己利用业余时间，把同步汉语教辅翻译成藏语再拿给学生使用。更有学校组织本校教师进行集体教辅材料的翻译工作，并集体印刷成册，发给学生使用。这大大增加了双语教师的工作量，严重影响了教师们的工作质量。

②双语班学生毕业后的出路问题。双语教学两种模式的学生语言能力及优势有着明显的不同。普通班学生由于接触汉语机会较多，所以其汉语水平较高。而双语班学生由于接触藏语机会较多，所以其藏语水平较高，但较之于普通班，其汉语水平略显低下。这种语言优势的不同造成了两种班级截然不同的升学就业情况。

在升学率方面，由于对于接受双语教育的藏族学生来讲，藏语属于其母语，所以其自身的藏语水平会高于汉语水平，因此双语班的学生通过接受藏语教学，对知识的理解要高于普通班接受汉语授课的学生。因而在义务教育阶段，由于对知识的理解更加清晰，双语班学生的学习成绩要高于普通班。由于本县学生一般都会进入本县高中学习，所以其高中升学率要高于普通班。但在大学升学率上，双语班学生因为汉语能力有限，而不能够在全国普通高校就读，只能选择几所使用藏语的民族大学，因而其大学选择范围大大小于普通班学生。这就造成了双语班学生的大学入学率远远低于普通班。

在就业渠道方面，随着民族地区同外界联系加强，现在越来越多的工作岗位对职工的汉语水平有着硬性要求以便于同汉族合作伙伴及同事交流。所以有着更高汉语水平的普通班学生就能够相对容易地找到工作。而汉语能力不足的双语班学生的就业渠道就非常窄。现阶段，绝大多数双语班学生如果没有考上大学，并且由于语言能力难以找到工作，只好再次回家务农或放牧。如果考上民族大学，就会毕业后回到原籍地，成为双语教师。异常狭窄的就业渠道严重制约了双语班学生的进一步发展。

（2）西藏地区

在西藏自治区，双语教学模式的不同以及国家农牧民子女"三包"政策的背景决定了其特殊性。较之于青海西藏自治区的问题主要体现在师资和学生自身上。

①教师教学问题。

第一，教师体罚问题。直到今天，尼木县中学老师体罚学生的情况普遍存在。考虑到九年义务教育展开之后入学的学生中有很大一部分并非自愿来校接受教育，必然会抱着一些负面情绪，这种情况似乎还能够被理解。由于学生的具体情况比较复杂，不能与内地高质量的家庭教育相提并论，因而教师在征得家长同意的前提下，往往会采取严厉的措施。但建议教师注意方式方法，同时照顾到孩子的自尊心。

第二，课堂教学模式。在课堂调研后我们发现，教师上课的模式趋向于死板、"填鸭式"教育，学生在回答问题时往往以集体回答为主，往往不经过思考，这样的教学模式容易造成学生课堂参与度不高、思维训练不足的问题。有部分老师认为学生素质达不到要求，同时由于学校设备落后的阻碍，在课堂上无法进行小组讨论、小组展示等在内地学校十分受欢迎的教学模式。但事实上，学生普遍对于角色扮演等活泼的教学形式很感兴趣，学习的热情也相对高涨，也会更加喜欢进行教学的教师。因此建议教师在教学过程中不必受到内地教学方式的影响，可以借鉴尼木县中学的做法，因地制宜，创新适宜本地环境、适宜本地学生的教学方法，丰富课堂内容，活跃课堂气氛，激发学生参与热情。

②学生分化及心态问题。

第一，学生分化问题。以尼木县中学为例，尼木县中学生源来自各个地区，学生分化现象非常严重，来自农牧区的学生由于当地小学教学质量不过关，甚至出现学生无法用汉文甚至是藏文写出自己姓名的情况。这类学生往往坐在教室的最后三排，上课很少听讲，作业不会做。而教师也总是对于最后几排的学生持漠然的态度，检查作业、分发试卷时常常忽视他们的存在，这人为地加大了学生分化的程度。

第二，学生的目标感不明确。即使已经接受了一定时间的教育，孩子们对于自己的未来打算仍然普遍地处于一个很模糊的状态，或者甚至没有任何想法，考虑到农牧家庭有限的教育环境，学生的视野狭隘和与内地学生相比心理上的不成熟是情理之中的，因此在一定程度上，教师无法避免地需要充当学生家长的角色，加强对于学生的三观教育，拓宽他们的视野，增强人生的目标感，这对于增强学生的学习动力、提高其学习成绩、减少流失率也是大有裨益的。

第三，学生课堂理解能力差。学生们对于汉语授课的理解并不很好，部分学生上课的时候无法完全听懂，对于老师的教学也不能很好地接受。根据拉萨市尼木县中学副校长何政老师介绍，在 2005 年之前，尼木县中学的各个课程（包括物理化学等）都是藏语授课并且使用藏文课本，而那个时候尼木县中学的成绩比现在略好，之后在 2005 年接到了要求加强边疆少数民族汉语教学和普通话推广的文件，从此改用了汉语授课。

根据尼木县中学老教师德庆卓嘎介绍，在 2005 年之前一般理科老师在教学中都会加入一些汉语，因为很多专业的概念在藏文中并没有专用的对应，所以改用汉语之后老师的教学并没有受到太大的影响，但是学生的接受程度的确有所下降。但根据尼木县中学教研室主任邓主任介绍，自从 2005 年之后，学生们的汉语水平明显相较之前有着很大的进步，以前很多学生连自己的名字都不会写，现在基本上都能够比较流利地说汉语。

然而这仍旧不能改变汉语对于藏族学生来说是第二语言的事实，汉语水平的欠缺直接影响了孩子们上课的理解能力，几乎所有接受访谈的老师都承认，汉语水平几乎决定了所有科目的成绩。根据尼木县中学教务处云丹平措老师介绍，很多学生因为上课无法完全理解汉语，导致学习成绩下滑，上课听讲水平下降，因此对于上学也逐渐失去了信心。再加上家庭对于教育并不是很重视，于是"后进生"们在学习上形成了恶性循环，到最后便成为以一种完成九年制义务教育的心态上学，学生流失严重的情况在根本上难以得到解决。

③教师资源存在问题。

第一，教师资源匮乏。师资匮乏问题中最凸显的问题是教师自身业务水平不过关，尼木县中学教师普遍抱怨尼木县很多小学教师自身水平极低。如尼木县中学曾在小学毕业考试中发现有当地小学老师给学生透露答案，但事后却发现这位老师透露的 5 道题答案全是错误的。这个例子从侧面反映了尼木县合格教师的极度匮乏。此地学生本就基础薄弱，如果学校教师仍误人子弟，那么小学基础教育就更加无从谈起。在西藏没有留级的特殊的教育制度下，任何一阶段的失败都将严重影响孩子的后续教育。作为基础之基础的小学教育也因此承担着极其重要的使命。而同样的问题也出现在初中教育阶段。因此，基础教育阶段教师的水平，承载着西藏教育的全局，是必须尽快解决的关键问题之一。

目前西藏的教师队伍大部分来自区内，西藏大学对区内藏族学生的录取分数线是两三百分，这些学生毕业后，其中水平较差的才去考教师。这其中，优秀的教师留在了拉萨等大城市，差一些的才会分配到尼木县中学等地方。而这些教师中，留下的教师自身水平本就不高，他们教的学生很可能今后再去做老师，这就陷入了人才培养的恶性循环。西藏教师队伍的整体水平难以保障，一代代停滞不前，这也是几十年来西藏教育裹足不前的原因之一。

第二，教师流动性过大。根据尼木县中学教研组邓主任介绍，尼木县中学平均每学期都有好几位老师会调走。根据德庆卓嘎老师介绍，来到尼木县中学的很多老师热情不断削减。尼木县中学何校长这样说："光讲理想，没有物质，是不可能的。"西藏的人才调动很严格，但老师们宁愿去拉萨一个人带四五个班，也不肯留在尼木县。而老师流动性过大无论是对于学生还是对于学校都存在很大的弊端。对学生来说，首先每个老师都有不同的教学方式，在适应期中自然学习成绩会有所下降，不仅失去了信心，更让他们与他们的家庭进一步被学习无用论所侵蚀，一定程度上导致了学生的流失；其次，学生们喜爱的老师一个个地离开，肯定会对学生的心态造成一定的负面影响，尤其当其对于新的教学方式进行对比产生不满之后，必将导致学生对老师甚至对学习的负面情绪，进一步影响成绩。而对于学校，师资的流动会导致师资结构的不合理。

尼木县中学的大部分教师表示，在尼木县工作多年，已经日渐习惯西藏的生活环境，不愿意再回到内地发展，基本上对于自己的生活工作现状持满意或者中立状态，因此自身发展原因对于很多已经来到这里的老师来说并不是他们考虑离开的主要原因，自己孩子的教育问题才是他们最为看重的。尼木县极其缺少教育资源，从幼儿园到高中的教育质量都与拉萨或内地相去甚远，调研发现，县城里甚至没有一家合格的音乐老师或美术老师，没有一家学生课外兴趣培训机构，这使得接受过高等教育的老师们不得不为孩子们的素质教育感到担忧。

教育环境的问题归根结底还是尼木县缺乏优秀的教师资源，这使得教师流动性问题与教师资源匮乏问题在根源上达成了一致。

## 三、发展青藏两地双语教学的对策与建议

### 1. 针对两地双语教学共同问题的建议

（1）针对提高图书馆利用率的建议

针对学校图书馆利用率低的问题，通过实际调研，在提高图书馆利用效率方面予以以下几点建议。

①加强图书馆管理。加强图书馆管理主要通过加大图书馆资金投入、设立图书管理老师、增加图书馆开放时间、专人维护图书馆环境及书籍状况等措施实行。其中，由于各民族中小学都实行寄宿制，并且其课业负担并不太重，学生除了上课和作业以外仍有大量空余时间。学校可以在每天中午、傍晚等时间段开放

图书馆供学生进馆阅览，既能提高图书馆利用率，又能提高学生们时间利用效率。

②扩大图书馆藏书规模。尽管可能存在一定的困难，但学校仍然需要通过购买、接受捐助甚至联系赞助等方式，尽可能地扩大图书馆的藏书规模，并注意及时更新图书资料，使学生能在阅读方面至少与内地有相似的进度和水平。由于两地学校图书馆中的书籍以教学、百科类为主，同时从书籍语言上看来，英语书籍所占比例极小，因此建议学校从书籍内容和书籍语言两个层面增添藏书种类，特别是名著类书籍和英语书籍的添加。

③引导学生选择合适的书籍。在阅读内容方面，学校可以不定期地引导不同年级学生选择适合自己的优秀的书籍，也可以制作优秀新书介绍展板等帮助学生选择。

④增强对学生的入馆引导。根据上文所述的青海省海南藏族自治州民族高级中学设立阅读课的案例中不难看出，阅读课的设立是高效利用图书馆资源的另一有效方式。而除了设立阅读课，学校还可以利用设立读书目标等多种方式引导学生进入图书馆阅读。长此以往，既可以突破现有的书籍难以外借的客观制约，又可以培养学生进馆阅读的习惯，提升学生的阅读水平。

（2）针对学生获取信息媒体渠道单一的建议

根据两地的考察可以看出，两地学生获取信息的媒体渠道以电视为主，渠道比较单一。针对这种情况，提出如下建议。

①加强媒体多渠道建设。根据上文所示的调查数据可以看出，两地广播、网络、报纸杂志等媒介在学生家庭中所占比例较小，开发程度不高。因此建议政府通过报纸订阅、网络入户等行之有效的措施，提高这些用媒体的利用效率，这也是拓宽学生知识层面的基础手段之一。事实上，学校内部也可增加多媒体资源，可以开设校园广播站。

②加大藏文翻译力度。剖析两地媒介发展相对较好的电视的成功原因，我们可以看出，用藏文配音汉语节目是目前电视成为两地学生家庭主要信息获取渠道的主要原因之一。作为生活用语，藏语用于节目的做法克服了原先存在于当地学生家庭的语言困难。而推广至全媒体领域，在今后的发展中，加大藏语翻译力度也是其他媒体得以进入两地学生家庭的首要途径，也是现有的解决学生获取信息的媒体渠道单一的最为行之有效的措施。

③重视学生喜好与需求。由于学生们在调查中表示出对电视剧的浓厚兴趣以及对书籍的特殊偏好，因此在信息传播当中，需要考虑到当地学生的喜好，着眼于学生的需求，引进更多对学生有益且为学生喜闻乐见的优质信息和内容。

## 2. 针对两地双语教学不同问题的建议

（1）青海地区

青海地区双语教学的独有问题主要体现在其教材和学生未来就业流向方面。针对这两个问题，本文提出如下建议。

①针对双语班教材问题的建议。

第一，增加双语班教材的总体质量。针对翻译质量上的问题，可以采取多种措施。在两地翻译团队的组建上，可以考虑加入内地的各科专家进行学术上的指导，并吸收专业学习藏语的专家进行藏语规范化上的指导。同时，在翻译之后，应经过多次订正，保证文本含义的正确性。在印刷上，可以采取责任制等制度的设立和增设订正员等人事手段，减少印刷过程中的失误。

第二，缩短双语班教材的更新周期。针对当地教材版本落后的问题，两地教育部门都需要缩短教材的更新周期。建议两地教育局设立教材信息处负责教材的更新，同时亦可派当地的教研员到外地学校进行学习，了解更新的教材情况。

第三，大力增加教辅材料。建议两地政府在教辅资源上加大投资力度，大力引进教辅材料，从种类和数量上解决学生的教辅匮乏问题。同时，建议两地教育局派专人负责汉语教辅的翻译和订正，以此减轻教师在授课之余的压力。

②针对双语班学生义务教育阶段以后毕业走向问题的建议。

第一，提高双语班学生汉语水平。高等教育和就业上对学生汉语的要求决定了双语班学生若想有更好的人生发展就必须要提高汉语水平。建议两地政府和学校应通过多方渠道和各种方式来使学生增强汉语学习兴趣，提高汉语使用频率，从而提升汉语水平，为今后的个人发展奠定基础，避免大部分劳动力停留在本地从事基础农业的非良性循环。

第二，加强校园人生规划指导。由于学生正处于面临多种人生选择的阶段，因此建议学校开展人生规划指导活动，根据学生的兴趣特长，为他们的未来发展道路进行规划和建议，这样也使学生更好地把握自身优势，增强自信，也为将来更多的学生走向内地开阔视野。

（2）西藏地区

西藏地区双语教学的独有问题主要体现在其教师流动性强和素质低两方面。针对这两个问题，本文提出如下建议。

①针对西藏双语教学中存在的教师流动性过强问题的建议。教师流动性过强，一般来说是因为当地没有能够吸引教师留下来的条件和政策。西藏地区可以参照青海省的教师招聘模式，在自治区内进行统一的双语教学教师招聘工作，着

重培养和发展本地教师资源。由于本地教师的居住地相对固定，并且生活习惯和母语也与当地学生一致，比较容易开展教学工作和与学生进行更为深入的交流。当地教师一般没有太强的换岗愿望，不要求调往其他地区，所以较容易留住人才。

②针对西藏双语教学中存在的教师素质过低问题的建议。需要大力加强西藏自治区各师范院校的教学工作，并且定期对当地教职工进行培训和教育，以保证其教学工作与内地的水平相近甚至持平。引入内地的专家学者也能够在一定程度上改善这一状况。

# 云南寻甸回族彝族自治县早教点
# 及幼儿早期教育调研报告

中国发展研究基金会在云南省昆明市寻甸县设立试点，探索山村幼儿园学前教育新模式，以适应当地的地理社会条件。从在当地招募幼儿教师进行走教，发展到如今村级设点长期早教。本调研关注这种新模式在当地存在的意义、现状和优势，了解对农村学龄前儿童的影响、家庭反馈、早教点现状，探寻其在中西部贫困农村地区的借鉴意义。

# 一、选题背景和意义

## 1. 国家政策

（1）国务院关于当前发展学前教育的若干意见国发〔2010〕41 号

努力扩大农村学前教育资源。各地要把发展学前教育作为社会主义新农村建设的重要内容，将幼儿园作为新农村公共服务设施进行统一规划，优先建设，加快发展。从今年开始，国家实施推进农村学前教育项目，重点支持中西部地区；地方各级政府要安排专门资金，重点建设农村幼儿园。改善农村幼儿园保教条件，配备基本的保教设施、玩教具、幼儿读物等。发展农村学前教育要充分考虑农村人口分布和流动趋势，合理布局，有效使用资源。

（2）《幼儿园教育指导纲要（试行）》

2001 年，该纲要颁布实施，规定了关于幼儿园的 61 条准则，包括创立、管理、教育内容、评价标准等多个方面。这里不细为摘录。此纲要在全国上下掀起了幼儿教育改革的新一轮高潮，农村幼儿园也被卷入了这样的一个热潮中。但是农村幼儿园，尤其是不发达地区的农村幼儿园，由于投入资金少，师资力量弱，教学设备跟不上，政策的强制性差，在这样大规模的教育改革中，显得落后不堪。

本文作者：清华大学赴云南省寻甸县七星乡七星村调研实践支队。报告执笔人：崔恒旭、姜亦乐、姜雯桐、王馨逸、田扶摇、孙梦璠、陈竹君（清华大学新闻与传播学院 2011 级本科生）。

（3）《民办教育法实施条例》

肯定了"实施学前教育的民办学校可以自主开展教育教学活动"，但这种"自由开展"的教育教学活动应以遵循儿童身心发展规律为前提。

## 2. 早教点背景情况、存在的意义、困境

（1）背景情况

中国发展研究基金会于 2010 年 4 月在云南省昆明市寻甸县启动了"贫困地区儿童早期发展"项目，目标是使偏远贫困山区的幼儿早期教育覆盖率达到 80% 以上。基金会通过在山区设立村级"早教点"，从当地招募受过专门训练或有相关经验的"早教志愿者"，以志愿者"走教"的方式，为无法上幼儿园的偏远山村儿童提供方便的早期教育服务。

（2）存在的意义

①发展农村学前教育是经济社会发展的要求。

②接受早教点教育的儿童，语言、动作、认知、记忆、社会规则等五个方面综合能力经过早教教育之后有显著提高，且普通话语言表达、文明礼貌、卫生习惯等方面也有改善，对其终身发展有着关键的影响，且得到家长和社会上的认可。

③新模式试点的存在对于中西部贫困地区早教事业有着相当大的借鉴意义。

（3）困境

①早教点数量少，覆盖面不够广。

②经费不足带来的场地缺乏，设施简陋。

③环境氛围欠佳、科学性不够。

④志愿者素质偏低且待遇较差（月薪 1400 元且没有正式教师编制）。

⑤农村学前教育的观念意识方面存在问题。

⑥农村学前教育管理存在问题。

## 3. 幼儿早教—农村幼儿园背景

在农村生活条件改善后，幼儿教育需求扩大，但教育部门办园相比民办园数量增长缓慢，政府重视不足，也缺乏对民办幼儿园必要的宏观层面上的指导和管理[1]。农村幼儿园作为新农村建设过程中的重要一环，当下显现出多重问题：数

---

[1] 郑丽："我国农村幼儿教育现状及对策"，《考试周刊》，2011 第 29 期。

量庞大、种类复杂、良莠不齐、虽然需求量大但营利性和创立积极性差、政策扶持力度低等。

除此之外，基础设施水平较低。根据 2009 年的一项调研结果：至 2009 年，农村幼儿园 15% 还是土瓦房，80% 只有几张桌子、一块黑板、一盒粉笔，基本上没有安全防护措施，90% 以上缺少起码的卫生设施①。大部分幼儿园基础设施配备仍停留在办园初期的配置水平。2008 年教育统计显示，全国学前三年儿童毛入学率为 47.3%，但是城市和农村相差近 23 个百分点（城市近 60%，农村仅为 37%）② 从教育阶段来说，幼儿园毛入学率也是较低的，2008 年幼儿教育在校生 2475 万人，占各级教育的 9.4%（高等教育 11.1%，高中阶段 17.4%）③ 从教师情况看，2008 年幼儿教师的规模为 90 万人，已经低于高等教育的 131 万，不到高中阶段 324 万的 1/3，幼儿阶段原本需要比其他学段更高的师生比，然而现在却是占教师总数 6.1% 的教师承担了占学生总数 9.4% 的幼儿教育任务，各学段中幼儿教育的平均师生比最低④。截至 2008 年年底，全国幼儿园教师中具有研究生学历的农村仅占 4%（70/1631），本科占 10%，而高中及高中以下农村分别占 34% 和 50%⑤。城市和农村教师配备的巨大差异使得教育质量深深制约着农村幼儿园教育的发展，截至 2008 年，幼儿教育依然存在"双过半"现象，一是全国仍有 52.7% 的 3~6 岁幼儿未能入园接受学前教育，二是未接受幼儿教育的超过一半在农村⑥，农村幼儿教育的上述状况表明，它不仅是教育发展最落后的领域，也是社会公共事业发展的薄弱环节，更为重要的是，它将对和谐社会建设产生长远的不利影响。

### 4. 调研选题意义

本文通过调查云南省寻甸县山村早教点的现状和所遇到的问题，了解幼儿、家长和志愿者三方的情况，得出中西部贫困地区山村幼儿早教点的实际影响和推广中的适用性。

本文通过贴近客观事实的调查而得到真实可靠的资料，当地政府相关文献资料，调查问卷的数据和采访内容，考察山村早教点模式的普遍性和特殊性，推广

---

① 岳云华："农村幼儿园调研和建议"，http：//theory. people. com. cn/GB/40537/10290095. html. 2009-10-30/2012-09-01。

② 冯艳慧，高向东："农村幼儿园发展现状及对策研究"，《安庆师范学院学报》，2011 年第 30 期。

③ 岳云华："农村幼儿园调研和建议"，http：//theory. people. com. cn/GB/40537/10290095. html。

④ 储朝晖："农村幼儿教育是和谐社会建设的短板"，http：//www. hnskedu. org/Article. asp？id＝860。

⑤ 冯艳慧，高向东："农村幼儿园发展现状及对策研究"，《安庆师范学院学报》，2011 年第 30 期。

⑥ 储朝晖："农村幼儿教育是和谐社会建设的短板"，http：//www. hnskedu. org/Article. asp？id＝860。

性，以改善我国数量庞大、需求大但营利性和创立积极性低、政策扶持力度低的农村幼儿园现状，改善农村教育欠发展状态。

## 二、早教点试点发展现状和各方态度
### ——以云南寻甸回族彝族自治县早教点为例

### 1. 早教点发展现状

（1）发展状况

寻甸县早教工作涉及 4 个乡镇，40 个村委会。全县共设置教学点 64 个，早教志愿者共 56 名，3～5 岁幼儿共 1240 人免费到相应的早教点参加活动，早教覆盖率为 48.3%[1]。各早教点在保障幼儿安全的同时，对 3～5 岁的幼儿分三个年龄层次实施早期学前教育，每个年龄层次学生每周到早教点接受 2～3 次、每次不低于 3 个小时的早期教育。早教点考虑当地实际地理状况，不仅设置在行政村，也大量设置在自然村，包括一些交通不便、长期封闭的彝族、苗族村寨，使得少数民族幼儿在村寨里就可以获得双语学前教育。

早教点教育以活动、游戏为载体，培养学生良好的学习、生活习惯，加强农村幼儿社会交往、接触，以提高儿童社会性发展水平为目标。少数民族开展双语教学，有的早教点老师要求学生进行汉语学习，极大提高了少数民族儿童汉语能力，为小学做好衔接。

基金会每年共支出约 90 万元，平均每个孩子 600 元，用于早教志愿者（56人）生活及交通补助 78 万，平均每个孩子一年 520 元；监督管理及其他费用 12万元，平均每个孩子一年 80 元[2]。

（2）早教点描摹

调研中走访寻甸县的四个早教点，由于正在开学初，很多早教点还处在新学期报名阶段。

①七星镇腊味村早教点。当地办学较成功的试点，在村小的一个固定教室内活动，教学工具如图书、画笔、桌椅等较齐全，装饰有自制的图画、手工艺品，基础条件基本完整。早教点进行的活动几乎使用简单自制的玩具。黑板的左侧墙

---

[1] 寻甸县教育局：《寻甸回族彝族自治县教育局早教工作情况报告》，2012 年 8 月 9 日。

[2] 中国发展研究基金会：《"贫困地区儿童早期发展"项目云南寻甸试点工作汇报材料》，2011 年 6月 8 日。

壁上贴着大白纸"成长树",是每个孩子的成长和奖励记录。

志愿者教师在课堂上对每个孩子都细致关照。老师有时会用自己的工资给孩子们买水彩笔、画纸和水果等。老师尽职尽责每天记录每个孩子的成长和自己的工作。还会定期进行家访,劝说家长送孩子进早教点,询问孩子的成长状况或是与家长沟通孩子教育问题。

②江格村早教点。在村小食堂开展教学,条件简陋,没有固定的教学场所,老师表示原来在村委会临时会议室上课,包括自制的手工品和图画教具等都被清理了却未被通知,只能更换地点再重新做。

该早教点还出现大小班混合教学情况,课堂秩序不稳定,志愿者教学多进行游戏,而教学内容多陈旧,老师对每个孩子的关心较少。

③草子地村早教点。早教点的两个班设立在小学的两间普通教室里,分别在小学的两层走廊的最尽头。小班的教室几乎没有电器和教学设施,但两位老师布置得天真温馨,教室上方悬挂着彩色拉花,墙壁四周装饰着孩子们的照片和颜色简单质朴却充满想象力的画作,窗子上粘贴着鸭子、雪花、鱼、纸船等图案的剪纸。走进大班的教室,可以看出是小学教室临时开辟的早教点。其中最引人注目的是一台电子琴,这是老师弹奏和几乎一切教学的中心,而这台琴只是小学举办合唱比赛临时借用的。

老师上课以唱歌跳舞、教授汉语、模仿声音等为主。老师教学以音乐为载体,如在《我的好妈妈》琴声中,孩子们参与度极高,每个人都大声歌唱跳舞。老师和孩子在课堂的互动很深入。

草子地早教点多为苗族儿童,身着少数民族服饰。他们很喜欢这些衣服,也很自豪,因为衣服都是由母亲或家人手工缝制和刺绣而成。孩子们很开朗,愿意与生人交流。当他们放学时会很小心地把衣服脱下并收进书包里。

④河口镇,黑箐村和马石岗村早教点。这几个村条件较差,经济贫穷,基础设施如道路和建筑等不完善,有的早教点因为老师不在就直接关闭。

(3)管理状况

在试点三年期,政府和基金会合作,资金、管理模式主要由基金会提供,具体实施及其他费用都由政府承担。

①广泛宣传,加强管理。县政府到教育局机关与干部职工座谈,对项目的实施操作宣讲动员。严格规范制度管理早教志愿者。每年由基金会组成的考核小组对早教志愿者进行考核,强化对志愿者的跟进培训。根据幼儿的发展制定《寻甸县3~6周岁幼儿教育教学大纲》,分发至每一个早教点。县政府经过争取,基金会于2011年3月进一步提高了早教志愿者的待遇,教育局及时下拨志愿者生活

补助、交通补助，并为志愿者提供宿舍①。但实际情况并非如此，在一些较贫困乡镇教育投资数量有限，志愿者住宿提供、早教点教学点基本条件和教师补助无法保证。

②克服困难，保证开展。早教项目实施之初，面临着突出的困难：没有合适的早教场所，志愿者的住宿难以解决。经过试点乡镇中心学校的协调，村完小、村委会、民间社会组织共同确保早教点按时开展。教育局积极向汇丰银行上海支行联系，争取捐助图书和衣服。

③配合基金会建设标准化早教点。试点县教育局积极配合基金会建设标准化早教点，由基金会拨付专项资金120700元②，为四个乡镇的早教点配备了电视机及DVD；为使各项基础设施达到完善，教育局利用当地中学的多余课桌椅、联系各中心学校，基本解决了早教点上的课桌椅使用情况。而现实中早教点课桌椅等基本设施折损情况严重，多陈旧破损，后续使用没有记录和规划，另外极其缺乏其他教学工具等软件。

④重视早教活动的科学性与规范性。政府对早教工作提出明确合理的目标要求。克服教学环境差、幼儿混龄等困难，采取多种活动方式，按年龄分组，实施分层教学。早教点按幼儿年龄分为小班（3～4岁）、中班（4～5岁）和大班（5～6岁）针对不同年龄段孩子的特点进行教育引导。早教不以知识为目的，而重视儿童的天性共性开发，以活动、游戏为载体实施教育教学。

（4）未来推广

在试点三年期，政府和基金会合作，费用主要由基金会提供，管理及其他潜在费用都由政府负责。县政府表示希望期满后仍与基金会长期合作，但不能将希望全部寄托在基金会。政府的态度是试点期结束后，由政府接管，克服困难，筹集资金，借鉴基金会的理念、专家、管理方法。首先要保证把四个乡镇的试点办下去，"指导思想就是把这项工作推进深入，若今后资金允许，在全县推广，但短期还是比较困难。"

根据政府的规划，在四个乡镇的基础上，早教点将在全县范围内铺开，在统计没有入园的儿童之后，预计建立124个早教点。政府将安排各个乡镇的中心学校做好校舍准备，并联合人力资源和卫生保障招募早教志愿者，预计招募志愿者217名，其中会苗族彝族语言的33名。新一批的早教点计划在2013年和当地中小学同步开学。

①② 寻甸县教育局：《寻甸回族彝族自治县教育局早教工作情况报告》，2012年8月9日。

（5）农户走访

调研中共走访了四个村子（七星镇腊味村、江格村、草子地村和河口镇黑箐村）约合42户人家，对参与早教点的农户家长进行访谈，就家长对早教点的满意度、对志愿者的态度、在自费支持孩子上早教点的意愿、早教点对家庭负担以及家庭教育方式等方面进行调查。

（6）效果

①覆盖率。据官方统计，寻甸试点乡镇共有适龄幼儿3606名，其中早教点服务1480名，占总数的41%[1]，4个试点乡镇早教合计覆盖率达到93.6%[2]。在走访的四个早教点周边农户调查中，早教点几乎覆盖到周边所有适龄儿童，同时这些儿童确实属于幼儿园覆盖不到的区域，例如偏远的山沟、闭塞村庄，保证了它的存在意义。

②幼儿测评。根据中国发展研究基金会对早教点儿童的测评，改编和设计了一系列测查工具对儿童的认知能力、语言能力、社会交往能力、精细动作发展、绘画能力以及测试过程中的情绪状态进行了全面的评估。测试由北京大学心理学系研究生以及当地职校学前教育专业学生组成。

③农户满意度。在被调查的农户中，79.4%的家长表示对早教点满意度很高，对志愿者的教学十分信任。97.1%的家长认为孩子在早教点学到了该年龄段孩子应该学习的内容，普遍反映孩子在上早教点之后发生了很大变化，学会很多本领，比如画画、跳舞、写字等，会回家表演。行为习惯上更加文明，也变懂事了，回家后开始帮助父母做一些简单的家务，并且学会了怎样和陌生人、长辈打招呼。调研中，96.9%的家长认为志愿者老师很耐心，就算基金会撤走，也都希望志愿者老师可以留下继续教学。

调查中提到，如果基金会撤走，97%的家长愿意出资自费支持。50%的家长认为孩子送去早教点上学能减轻负担并更好地从事日常工作，47.1%认为起到一定作用，只有2.9%认为基本没有作用。

（7）短期问题

①早教点办学在宣传上存在缺失。村委会没有定期走访农户，无法保证村里所有学前适龄儿童就近进入早教点学习。在我们采访的农户中，多通过互相打听得知，只有较少数量的家庭是因为村一级走访通知得知早教点办学。

②早教点的教学质量监督工作不足，主要取决于老师个体素质。早教点教师

---

①② 中国发展研究基金会：《西部农村学前教育"走教"模式值得推广》。

工作对外交流较少，教学质量极大依赖教师自身表现和设计，基层教育部门对教师长期教学跟踪不足，缺乏培训实施后的评估，无法了解教师最需要的培训内容。

③早教点场地和设施简陋，部分早教点场地教学环境极不理想。例如覆盖48名幼儿的江格早教点，由于中心学校空不出房舍直到调查近期依然没有固定校舍，早教点只能安排在村委会活动室的临时站点，教学无法保证。

④早教点地点设置不能完全满足乡村分散的特点。江格村委会下属的戈宜、下袜陇等村，原设有早教点，由志愿者走教，但之后早教点一起撤并至江格村小，这里距离较远，接送不便。

⑤早教点从中午到下午教学，没有校车，时间、接送对家长忙农活不便。

⑥大班教学费用难定，教学大纲、方法难保证。早教点多为中小班教学，开展两年儿童到大班年龄，而教学没有跟上，费用名目和质量无法确定。

(8) 农户现状

虽然整体经济发展水平不高，但是对孩子的教育很重视。很多家庭父母只有小学学历，极少数拥有初中水平，但是谈到孩子的教育问题，甚至是幼儿早教，所有家长都认为孩子当然要接受早教。在苗族村寨蚂蝗塘村，很多家庭意识到少数民族经济水平的落后，并且渴望向现代化的生活和教育靠近。

(9) 存在的问题

①普遍表现出对早教点的高度信赖，但是对教学质量和内容的实际了解并不强。

②家庭教育相比老师教育缺失严重，存在某些家庭对老师过度依赖的现象。

③家长虽然在意识上重视早教，但是若早教收费则跟风效应明显，无主见。

④家庭对政府信任度不够高。

(10) 政府工作

基层政府的态度往往决定了早教点的办学质量以及其是否能够顺利延续下去，调研中我们发现政府方面主要出现了如下问题。

①现实中很多决策及政策实施往往过分依赖于在任领导的认识水平和重视程度。

②贫困县资金匮乏。资金主要靠从上而下的拨款，对早教点投资受限。至于市场化，政府目前还没有想到合适的应用方式。

③政府无法解决志愿者教师编制和工资低的问题，甚至无法解决住宿问题。受国家政策障碍，人事制度无法接收志愿者编制入公务员体制。在志愿者的现有编制下，教师月工资只有1400元，生存尚存问题。例如江格早教点的2名志愿

者，只能自费租农舍住宿。另外志愿者教师存在本地化严重、学历较低等现象。

④试点县内早教点村间差异大。早教点的质量在县里的各个村子受村委会重视程度和村小校长能力影响，存在差异。例如腊味村经济水平较高，村小校长早教观念强，早教点条件配备良好。而江格早教点，虽然村小有一定规模，但是村里经济水平平均，村委会支持力度小，甚至一直没有固定的早教场所。经济水平相对较低的河口镇早教点已经荒废。

# 三、早教点和幼儿教育长期问题

虽然归根结底是资金问题，但是在现阶段捉襟见肘的资金问题在分配上很大程度上取决于每个地区特殊情况对于下列问题的回答和认识。

## 1. 办园模式：政府还是市场

从管理和经费上，公营与私营幼儿园长期在市场上处于竞争地位。在乡村，这两种办学模式的竞争成为一个长期难以解决的矛盾。

公营幼儿园具有政府拨款的资金保障，但同时也受政府法律法规的制约，艰难创立后仍需孩子缴纳高额的入园费，无益于乡村早教的普及。而以市场之手建立的幼儿园能够普及到较大的区域，但是市场化也导致了教育资源的相对集中，而且私人幼儿园的教育质量也同样不能保证。

## 2. 幼教理念：教学还是游戏

在多数早教期间的寻甸县家长的观念中，孩子们在早教点应当学到更多的关于写字和算术等对于未来义务教育阶段有益的技能，对于游戏式教学并不十分赞同。然而，在早教点的统一培训和早教及私人幼儿园教师的观念中，幼儿在早教期间不应当学习写字等技能，会影响孩子手部肌肉的发育，也会压抑孩子的天性。

这两种观念作为乡村早教中的一对长期矛盾，在家校之间反复争论，如何做到两种观念的互相理解统一和宣传普及，似乎依旧任重道远。

## 3. 办园标准：单一还是梯度

对于开办幼儿园，我国有《幼儿教育指导纲要》等法规规定了幼儿园的建设标准，以较高标准硬性规定了幼儿园的安全、管理、教学等多个方面。然而，在寻甸县，只有两三所幼儿园能够达到国家标准。在这样的状况下，法律法规是否应当实行梯度的办园标准，以使得更多的幼儿园可以进入体制，将早教覆盖到乡村更广大的地区，成为矛盾的关键所在。

### 4. 投资方向：硬件还是软件

目前早教点的重要支出是教师的工资，即对于软件的支出。目前的校舍借用各地小学，在获得国家营养配餐补助的学校，孩子们的营养和身体状况明显强于草子地等没有统一营养配置的学校。可见对于硬件的支出同样十分重要。在资金匮乏的情况下，资金的分配问题依旧值得我们思考。

### 5. 志愿者编制：设还是不设

受国家政策人事制度制约，2011 年国务院提出幼教纳入义务教育，然而到现在一年时间，国家没有配套政策，如果地方自我尝试则可能在幼儿教育机构引发不稳定因素，办园积极性受影响。但如果放弃解决编制问题，早教老师的工资将无法得到长期稳定的保障，师资力量也必然无法增强。

### 6. 早教义务化：该还是不该

寻甸县政府每年对于教育的投资占全县财政收入的近一半，达 5000 余万元。但在幼教方面的不足 200 万元，政府对于义务教育的投资远大于非义务的早教，只有义务化才能使政府投资更加合理化和规范化。但同时，我们现阶段无法验证早教义务化之后可能带来的在孩子健康成长方面的恶果：是否会引发幼儿入园的恶性竞争，是否会提早让孩子接受统一制式的教育而影响创造力的发展。因而早教是否应成为义务教育，这将是一个长期的两难抉择。

# 四、农村民办幼儿园发展困境
## ——以寻甸县民办幼儿园为例

乡村的学龄前儿童的教育选择通常就在早教点和私人幼儿园之间徘徊，从某种意义上来说，早教点和私人幼儿园形成一种特殊的关系，既有相互补充又有相互竞争。据调查数据显示，被调查农户中有 20.6% 的幼儿接受过私人幼儿园的教育。依据多方观察和实地走访，早教点宣传、教学、环境等各个方面的问题目前并没有获得有效的解决方案。早教点存在的问题，是否在有的地区，可以通过私人幼儿园兼并早教点以完成对幼儿教育的覆盖加以解决，这要考虑到私人幼儿园的办学状况和发展前景。

## 1. 乡村私人幼儿园的现状

在各级政府和教育部门的大力支持下，民办幼儿园得到迅速发展，大量的民办幼儿园如雨后春笋般涌现，这是幼儿教育投入的补充部分，缓解了部分幼儿教育供需不足的矛盾，为国家发展幼儿教育减轻了负担。但是，当今很多的农村民办幼儿园，从根本上达不到办园的资质，缺少资金和管理等方面的资源，现状不尽如人意。

（1）办园条件不达标

在农村民办幼儿园中，大多是家庭式办园①，且多数均不符合办园标准。

一是设备简陋。利用自家房屋或租用居民用房为园舍，建筑及面积不合格，幼儿活动室与寝室不分，通风系统和照明设施欠缺，室外活动场地极为有限。这些硬件设施的落后，严重地影响了幼儿身心健康的发展。

二是卫生条件差。许多幼儿园对幼儿用过的日常用品没有消毒。许多幼儿园教师未组织幼儿去医院做身体检查；有些幼儿园未到卫生防疫部门办理卫生合格证，教职工未取得健康合格证。② 根据在寻甸县当地的实地考察，私人幼儿园食堂与生活区混杂，厨房卫生条件差，缺乏消毒消防等设备。在读幼儿的饮食卫生都存在很大的安全隐患。据寻甸县副县长陈述，有的幼儿园冰箱中储藏已久的已经出现霉斑的番茄竟然是幼儿园孩子的盘中餐。

（2）师资力量薄弱，管理水平较低

由于以盈利为直接目的，为降低办园成本，民办幼儿园通常选择聘用一些不具备幼教资格的人员担任教师或保育员。这类幼教人员往往经验匮乏、水平较低、理念落后，通常以"看住小孩不让其出事"为工作标准，没有能力给幼儿提供良好的、系统的、科学的学前教育。而幼儿园创办人对此也采取"睁一只眼闭一只眼"的态度，纵容这类不够资格的教师。

（3）缺乏最基本的安全意识

从经济效益出发，很多民办幼儿园为了拉生源，往往都会配备校车接送学生。有些校车并没有真正投入使用，而投入使用的部分校车，一没有年检，二车况较差，有的甚至使用报废车辆，更为严重的是，超载现象层出不穷，存在极大的安全隐患。据在云南寻甸县当地的实地考察，北大营幼儿园、金苗幼儿园、向

---

① 胡钟鸣："农村学前教育的现状及对策浅析"，http://wenku.baidu.com/view/95d53618a8114431b90dd8d9.html。

② 高相凯："当前农村幼儿教育存在的问题及思考"，《现代教育科学》，2008 年第 2 期。

阳幼儿园等私人幼儿园，通常一间幼儿园会配备一至两辆能承载7人左右的面包车作为校车，而需要接送服务的幼儿人数通常每间幼儿园达到40～60人不等。依照当地的路况和幼儿园的作息时间，如按正规要求完成所有学生的接送，接送次数竟高达6次以上。

（4）收费不规范

近年来，农村幼儿教育的收费越来越高，使很多困难的家庭承受不起。政府在私人幼儿园上的要求高、扶持少，而民办幼儿园使用校车、聘请人员工资提高等，增加了办园成本，导致幼儿教育收费越来越高。

## 2. 乡村私人幼儿园存在问题的原因分析

（1）政府的支持力度不足

从政府、社会投入来看，目前对民办幼儿园的经费补助政策有限，民办幼儿园用于发展的资金难以保证[①]。由于缺少政府投资支持，办园经费多来源于创办者的和投资学费维持运转。由于办园规模相对小，开办时间较短，加上举办者财力有限，往往造成农村民办幼儿园的基础设施薄弱，难以保证幼儿园的发展壮大。

（2）幼儿教育观念落后

教育教学活动质量是幼儿园生存与发展的重要因素。在乡村民办幼儿教育中，单纯以教授知识为目标、违背儿童身心发展规律的教育教学活动普遍存在。这一方面与教师自身的认识偏差有关；另一方面，孩子朗读、背诵、书写等较为直观的能力也更容易获得家长的认可，迎合家长的需求。

（3）幼儿园管理制度不健全，管理者素质偏低

我国民办园数量在不断增加，但教育管理的职能部门人员却非常少，民办园处于教育管理的盲区。政府对民办园的管理还存在多头管理，责权不清的问题[②]。幼儿园的管理制度大都是直接把小学的相关制度复制过来，没有依照幼儿具体情况和自身的能力局限制定相应的制度。

（4）教师工作压力大，积极性不高

民办幼儿园普遍采用一个教师包一个班级工作的"包班制"教育方式[③]。民

---

① 赵晓尹、王瑞捧："小规模民办幼儿园的现状与发展政策"，《学前教育研究》，2008年第3期。
② 张职辉："我国民办幼儿园存在的问题及对策"，《网络导报·在线教育》，2012年第17期。
③ 赵晓尹、王瑞捧："小规模民办幼儿园的现状与发展政策"，《学前教育研究》，2008年第3期。

办园的教师不仅要承担教学任务，还要做好相关的幼儿生活护理方面的工作，教学时间也比公立的要长。在幼儿园，教师的工资普遍偏低没有社会保险，福利待遇也很低，并且不能像在公立幼儿园那样参加相应的评奖评级。

### 3. 乡村私人幼儿园的发展方向

寻甸县副县长表示，对于这些民办幼儿园，不能采用强行取缔的措施，只能通过市场竞争，引入有实力的教育集团，使不合格的民办幼儿园被改造。然而政府对于民办幼儿园准入门槛的提高，引入大型教育集团办园，学费也将相应提高，难以真正使更广阔乡村家庭受益，其普遍推广的方式仍然有待商榷。乡村的学龄前儿童的教育选择通常就在早教点和私人幼儿园之间徘徊，从某种意义上来说，早教点和私人幼儿园形成一种特殊的关系，既有相互补充又有相互竞争。据调查数据显示，被调查农户中有 20.6% 的幼儿接受过私人幼儿园的教育。依据多方观察和实地走访，早教点宣传、教学、环境等各个方面的问题目前并没有获得有效的解决方案。早教点存在前述问题，是否在有的地区，可以通过私人幼儿园兼并早教点以完成对幼儿教育的覆盖加以解决，这要考虑到私人幼儿园的办学状况和发展前景。

## 五、早教点推广可行性和建议

### 1. 推广性

西部农村地区在我国学前教育事业的发展中主要存在两方面困难。一是承受能力，正规幼儿园的学前教育本身具有高成本的特点，幼儿园所需费用农民家庭难以承受，目前国家也无力包揽。二是覆盖性，西部农村以山区为主，居住分散，交通不便，幼儿园办在乡镇，多数村和村以下的 3～5 岁幼儿难以天天跋涉入园。正因为如此，在西部农村，乡镇及以下 3～5 岁幼儿入园率不足 30%[1]，幼儿园无法覆盖的地区需要早教点弥补。

### 2. 需求及可行性

目前建立一个早教点所需要的资金投入大约为两万元，其中大部分成本来自于老师每月 1400 元的工资。早教点所用的校舍均为当地小学撤点并校后闲置下

---

[1] 《农村早教点：低成本学前教育模式点亮山里娃求知的眼睛》，中央电视台，2011 年 07 月 31 日。

来的房间，或者是村委会闲置的房间。课本、学杂用品等，大多通过政府联系、由汇丰银行捐赠。

在试验中，主要支出包括对志愿者的补助、对早教点教学设施材料的补助，经试点中统计，平均到每名幼儿身上一年约为 400 元，加上其他开支，每名幼儿一年的成本控制在 500 元以内。主要是中国西部农村地区适合并紧缺早教点模式，按照全国未入园适龄幼儿的 1/3 计算，总数约为 800 万人，如果进行覆盖，大概需要财政每年为此多支出 40 亿元[①]。这一投入同时可为地方提供近 30 万个就业岗位[②]，社会效益和未来经济回报均极为可观。待在类似农村地区考察确定选点，将来政府财力资源投入更充裕，可根据地区需要增加志愿者人数，增加早教点上课天数和时数。早教点办园方式为当下学前教育的普及节约了成本和时间，提高了推广效率，也为未来发展留下足够空间。

### 3. 政府未来计划

目前寻甸县政府已经有了推广早教点的计划。在四个乡镇的基础上，早教点将在全县范围内铺开，在统计没有入园的儿童之后，预计将建立 124 个早教点。政府将安排各个乡镇的中心学校做好校舍的准备，并联合人力资源和卫生保障招募早教志愿者，预计招募志愿者 217 名，其中会苗族彝族语言的 33 名。新一批的早教点计划在 2013 年和当地中小学同步开学。

在经费上，政府预计投入费用约 880 万元，其中校舍维修费为 530 万元、教师培训费等正常经费 350 万元。寻甸县一年的政府财政收入约为 2 亿元，这笔投入对于寻甸县这个贫困县来说还是会给其带来较大负担。因此需要上级政府政策推动和转移支付，基层政府从思想到行动上尽力保证计划的推行。

### 4. 建议

在推广早教点的问题上，最主要的问题还是资金来源。由于大多数需要设立早教点的地区都属于贫困地区，而政府的资金相对紧张，教育部分的资金主要需要投入在九年制义务教育上，没有太多资金能够投入到早教。

考虑引入商业化运作模式，但是在了解当地情况过后，我们发现商业化模式几乎不可能实现。因为早教点的规模比较小，每个教学点最多也只有四十个人，不能支撑起一个幼儿园的运作，商家投入后无法得到收益，因此要想引入商业模式运营早教点十分困难。

---

①②　中国发展研究基金会：《西部农村学前教育"走教"模式值得推广》，2010 年 12 月 22 日。

根据寻甸自身的情况，在资金上我们给出以下几种解决方案。

第一，加大社会宣传和本地区工商业反哺，鼓励社会资金投入和国家扶持力度。寻甸县主要经济农作物为烤烟，烤烟种植面积约有 12.8 万亩，产值超过 2 亿元。在加大社会宣传的同时，鼓励当地加工烤烟的企业社会资金的投入，同时加大对烤烟产业和早教的扶持。

第二，争取更广阔的国际 NGO 或者基金会投入。例如，来自青海省平安县的代表与日本驻华大使馆代表在北京签订协议，日本政府将向平安县"山村幼儿园计划"无偿提供 1000 万日元，用于购买平安县山村幼儿园所需要的玩具、书籍等用品。云南省可以通过更广泛的宣传来吸引更多 NGO 组织的关注以提供资金等赞助。

第三，贫困地区政府应向上级争取倡导国家将幼儿的早期教育尽快列入义务教育的一部分，并对幼儿早教进行更多的规范。

# 六、结束语

早教点设在公民办幼儿园无法覆盖到的贫困农村地区，尤以分散山村、少数民族村寨为主要覆盖地区。早教点主要问题就是资金问题，体现在硬件配备和教师工资上。大多数早教点的房屋比较简陋，水电设施不够理想，孩子做游戏的设施比较少。早教点教师每月工资 1400 元包含了交通补贴，也仅仅只是够勉强维持生活。另外，早教点的环境氛围也不够浓厚，教师上课的科学性也有待提高。

虽然早教点存在阶段性问题，但是在需求、存在价值和财政投入方面均具有较强可行性，尤其适合中西部贫困地区。早教点是在农村贫困地区没有足够资金开办正规幼儿园的情况下的权宜之计，对于普及早期教育，促进农村幼儿发展和整体教育水平，提高农村人力竞争力，是值得在贫困地区推广的项目。

# 云南省大理白族自治州洱源县西山乡
# 基础教育现状调查报告

　　云南省大理白族自治州洱源县西山乡是一个典型的边疆少数民族偏远乡镇，基础教育事业的持续健康发展仍面临不少困难，突出表现在：整体教学水平不高，"两基"成果尚需巩固；师资力量日益匮乏，影响教育事业可持续发展；物质条件艰苦，教育投入缺口严重。针对以上情况，本文提出以下主要政策建议：结合当地乡土实际，全面推行素质教育；实行政策倾斜，加大扶持力度；引导创新机制，盘活现有资源等。

## 一、西山乡经济社会发展概况和调研意义

　　西山乡位于云南省大理白族自治州洱源县西南部，是该县罗平山脉以西的三个山区乡镇之一，全乡总面积达512平方公里，辖5个行政村、131个村民小组、181个自然村，截至2011年末全乡总户籍人口13488人[1,2]，每平方公里平均仅有26.3人。在全乡总人口中，白族占人口比例96.5%以上[3]，白族和彝族为世居民族。辖区境内群山连绵、地势崎岖，国土面积的99.5%属于亚高山，河谷面积仅2.5平方公里，无一块坝子（云贵高原上山间盆地、河谷沿岸平地和山麓地带等局部平原的地方名称）地形[4]，境内最低点海拔1600米，最高点海拔3800米，落差超过2200米，全乡三分之二的群众分散居住在海拔2500米以上的中高

　　本文作者：北京师范大学党委研究生工作部"农民之子"云南社会实践队，成员房小捷、廖莹、罗亮菊、任敏、杨换荣、诸葛海锦。报告执笔人：房小捷（北京师范大学历史学院2011级博士研究生）。

　　① 洱源县地方志编纂委员会编，《洱源年鉴2011（总第13期）》，洱源县县志办（内部资料），2011。

　　② 洱源县统计局，《洱源县国民经济和社会发展统计年鉴（2011年度）》，洱源县统计局（内部资料），2012：9。

　　③ 洱源县统计局．总户数、总人口［A］，分民族人口情况［A］//洱源县国民经济和社会发展统计年鉴（2011年度）．洱源县统计局（内部资料），2012年版。

　　④ 洱源县地方志办公室编．《洱源县志·卷二·建置》，洱源县档案馆藏。

山区①。根据1957年至1989年的气象统计资料，该乡5个行政村均属冷凉高山气候类型，多年平均气温低于12℃，多年平均降水量多于1000毫米②，干旱指数（水面蒸发量与降水量之比）1.06，径流系数0.41～0.47③。

西山乡森林覆盖率较高且在近年来呈上升趋势④，2011年达到72%⑤。较高的植被覆盖程度为当地生物多样性的保持和丰富的林下资源提供了良好条件：灯盏细辛、龙胆草等著名医用药材分布广泛，拥有红豆杉等珍稀树种和獐子、野熊等10多种珍稀动物。境内农田、山林、草场交错，可以进行旱作农业、畜牧业、林业和中草药材种植业的发展条件较好⑥。粮食作物以玉米、苦荞、马铃薯为主，农副产品有核桃、大白芸豆、松子、木耳、香菇、鸡枞、松茸、牛肝菌等。另外该乡拥有铜、锑、石灰岩等矿点数处⑦。

相对隔绝的地理环境和白族等少数民族占绝对多数的民族构成，使得西山成为整个大理白族自治州传统白族文化保留最完整的地区之一，共和国成立伊始，便吸引了一批批专家学者来此调查发掘西山文化⑧，2003年，西山乡还建成了全县唯一的乡级民族文化展览馆⑨。西山乡民风淳朴、邻里和睦，刑事案件极少发生，有些年份甚至全年无刑事案件，治安案件也不常见，乡民无用锁习惯，信访率低、社会治安综合治理成果良好⑩。

① 洱源县档案馆藏．洱源县地方志办公室编．《洱源县志·卷十·农业》，洱源县档案馆藏（内部资料）：37～38；综合中国共产党西山乡委员会鲁维民同志、西山乡人民政府郭玉霞同志、西山乡中心校校长武敬瑜同志、西山乡林业组组长孟智同志、西山乡人民政府黎定坤同志、西山乡林业组刘石同志等根据本乡人民武装部和林业组所藏有关材料及日常观察进行的介绍，以及本调研队队员的亲身观察。

② 洱源县地方志办公室编，《洱源县志·卷十·农业》，洱源县档案馆藏。

③ 洱源县地方志办公室编，《洱源县志·卷三·自然地理》，洱源县档案馆藏。

④ 洱源县地方志编纂委员会编，《洱源年鉴1999（总第1期）》，德宏民族出版社，1999年版；洱源县地方志编纂委员会编，《洱源年鉴2004（总第6期）》，德宏民族出版社，2004年版。

⑤ 据西山乡林业组组长孟智同志、西山乡林业组刘石同志口述。

⑥ 农林牧渔业现状由西山乡人民政府提供。

⑦ 洱源县地方志办公室编，《洱源县志·卷三·自然地理》，洱源县档案馆藏。

⑧ 根据中国共产党西山乡委员会鲁维民同志、西山乡人民政府郭玉霞同志、西山乡中心校校长武敬瑜同志、洱源县茈碧湖镇人民政府李正发同志、云南大学洱源籍研究生张藩雄同学、杨浩来同学提供的口述材料，以及本调研队队员在西山乡西山行政村杉树、大光场、盆场三个村民小组进行的访问，综合得出。

⑨ 洱源县地方志编纂委员会编，《洱源年鉴2004（总第6期）》，德宏民族出版社，2004。

⑩ 洱源县地方志编纂委员会编，《洱源年鉴1999（总第1期）》，德宏民族出版社，1999；洱源县地方志编纂委员会编，《洱源年鉴2000（总第2期）》，德宏民族出版社，2000；洱源县地方志编纂委员会编，《洱源年鉴2001（总第3期）》，德宏民族出版社，洱源县地方志编纂委员会编．洱源年鉴2001（总第3期），德宏民族出版社，洱源县地方志编纂委员会编，《洱源年鉴2009（总第11期）》，洱源县县志办（内部资料）；洱源县地方志编纂委员会编，《洱源年鉴2010（总第12期）》，洱源县县志办（内部资料）；洱源县地方志编纂委员会编，《洱源年鉴2011（总第13期）》，洱源县县志办（内部资料）。

但是，由于自然条件和历史因素的制约，西山乡基础设施建设严重滞后、各项经济和社会发展指标普遍落后于云南省和洱源县其他乡镇，人民生活普遍贫困。

截至 2011 年末，131 个村民小组中有 128 个通简易公路，占总数的 97.7%，其中乡政府至四个村委会和邻乡炼铁有弹石路相连，一个村委会境内道路尚未覆盖弹石①，由于多年平均降水量达 1136.0 毫米且 90% 左右的降雨集中在 5 ~ 10 月的雨季②，加之山高沟深坡陡，弹石路建成后 3 年左右路面石子便已在洪水冲刷、泥浆刨蚀中丢失殆尽③。全乡境内和连接外部的所有道路，雨天均不免泥浆纵横、积水淤泥每每盈尺，各类车辆皆难以通行。目前，每天仅有两辆 17 至 19 座小型客运班车出乡，还会因天气和司机个人原因频繁停运，各个行政村之间没有班车往来。从乡政府驻地赴西山中心完小之外各村完全小学和教学点，路程 20 至 50 公里不等，在天气持续晴好、路面干燥的情况下，乘坐汽车需行驶 3 至 6 个小时方能抵达一处，在雨天则只能依靠步行和间断的摩托车运输，时间难以预料，往往超过 10 小时。1999 年 3 月 16 日至 24 日在西山乡开展的垛木房情况调查表明，当年仍有 60.5% 的群众居住在垛木房中，其中建设村委会所属村民居住垛木房的比例高达 90.03%④，近年来，随着扶贫工作"整村推进"战略的实施，绝大部分群众才住上砖瓦房。2001 年，西山至炼铁的电缆程控电话才得以接通⑤。直到 2010 年该乡才实现所有村民小组通电的目标⑥。

西山乡整体农业生产力低下、工业基础十分薄弱且发展缓慢、农民外出务工收入微薄，经济社会发展严重滞后。西山乡农业化学化和机械化程度极低，截至 2011 年末，农用化肥施用量（折吨）仅 518 吨、农药使用量仅 3 吨、农村用电量仅 27 万千瓦时、农业机械总动力仅 3190 千瓦、无一亩机耕地⑦。全乡几乎不产出细粮，人均粮食占有量低且产量不稳定，直到上世纪 90 年代后期良种试种

---

① 综合中国共产党西山乡委员会鲁维民同志、西山乡人民政府郭玉霞同志、西山乡中心校校长武敬瑜同志、西山乡林业组组长孟智同志、西山乡人民政府黎定坤同志、西山乡林业组刘石同志等根据本乡人民武装部和林业组所藏有关材料及日常观察进行的介绍，以及本调研队队员的亲身观察。

② 洱源县档案馆藏，洱源县地方志办公室编，《洱源县志·卷三·自然地理》，洱源县档案馆藏（内部资料）：15 ~ 21；据西山乡林业组组长孟智同志、西山乡林业组刘石同志口述。

③ 综合中国共产党西山乡委员会鲁维民同志、西山乡人民政府郭玉霞同志、西山乡中心校校长武敬瑜同志、西山乡林业组组长孟智同志、西山乡人民政府黎定坤同志、西山乡林业组刘石同志等根据本乡人民武装部和林业组所藏有关材料及日常观察进行的介绍，以及本调研队队员的亲身观察。

④ 洱源县地方志编纂委员会编，《洱源年鉴 2000（总第 2 期）》，德宏民族出版社 2001 年版。

⑤ 洱源县地方志编纂委员会编，《洱源年鉴 2002（总第 4 期）》，德宏民族出版社 2002 年版。

⑥ 洱源县地方志编纂委员会编，洱源年鉴 2011（总第 13 期），洱源县县志办（内部资料）。

⑦ 洱源县统计局，农业机械化、水利化和水产品产量［A］《洱源县国民经济和社会发展统计年鉴（2011 年度）》，洱源县统计局（内部资料）。

成功并大规模推广前，群众口粮尚不能自给①。1995 年农民人均占有粮食（粮豆合计，以下同）164 公斤，尚不及全国平均 1949 年水平；1998 年农民人均占有粮食 341 公斤②；2001 年农民人均占有粮食 339 公斤，人均尚不如 1998 年③；2011 年农民人均占有粮食 513 公斤④。该乡农业商品化率极低，种植业和畜牧业产品几乎全部用于农户自身家庭消费⑤，除了在当地政府的积极扶持和推动下，核桃收获量由 2002 年的 260 吨⑥上升到 2011 年的 2708 吨⑦，为西山打开了一点儿商品化农业的门缝之外，仅有当地老乡在山林中拣拾摘采的食用菌和中草药，以及零星种植的水果偶尔对外出售（水果产量极低，2011 年仅有果园 3 公顷，产水果 5.73 万公斤⑧，种植的主要目的依然是自吃），此外几乎没有经济作物，群众副业收入微薄。近十年来，西山乡非农产业总收入占全乡经济总收入的比重长期徘徊在 20% 上下，农民外出务工总收入占全乡经济总收入的比重很小、且波动较大，在 0.7% 至 3.1% 之间起伏。2011 年，非农产业总收入仅 978 万元，占全乡农村经济总收入 4983 万元的 19.6%，农民外出劳务收入 154 万元，占全乡经济总收入的 3.1%，农民人均 116.7 元⑨。截至 2011 年，全乡仅有初级卫生院 1 所，职工（包括临时工）15 人，其中专业技术人员 9 人，包括主治医师 1 人、医师 1 人、助理医师 3 人、医士 3 人、护士 1 人（现已调走），村级卫生室 5 家，村医 26 人，包括 5 个防疫保健一肩挑的防保人⑩。每百平方公里仅有初级卫

① 西山乡大光场小组、盆场小组、杉树小组村民口述；洱源县地方志办公室编.《洱源县志·卷二·建置》，洱源县档案馆藏（内部资料）。

② 洱源县地方志编纂委员会编，《洱源年鉴 1999（总第 1 期）》，德宏民族出版社 1999 年版。

③ 洱源县地方志编纂委员会编，《洱源年鉴 2002（总第 4 期）》，德宏民族出版社 2002 年版。

④ 洱源县统计局.农村经济收益分配，分乡镇村基本情况（八），分乡（镇）村农作物播种面积和产量（八）[A]《洱源县国民经济和社会发展统计年鉴（2011 年度）》，洱源县统计局（内部资料）。

⑤ 根据本调研队在西山乡西山行政村大光场、盆场、杉树 3 个村民小组对 40 个农户的访问得出。

⑥ 洱源县统计局，林业生产情况（一）；《洱源县国民经济和社会发展统计年鉴（2002 年度）》，洱源县统计局（内部资料）。

⑦ 洱源县统计局，林业生产情况（一）；《洱源县国民经济和社会发展统计年鉴（2011 年度）》，洱源县统计局（内部资料）。

⑧ 洱源县统计局：茶叶、水果生产情况（一）；《洱源县国民经济和社会发展统计年鉴（2011 年度）》，洱源县统计局（内部资料）。

⑨ 洱源县地方志编纂委员会编.《洱源年鉴 1999（总第 1 期）》，德宏民族出版社 1999 年版；洱源县统计局.农村经济收入分配与效益；《洱源县国民经济和社会发展统计年鉴（2002 年度）》，洱源县统计局（内部资料）；洱源县统计局.总人口、总户数 [A]，农村经济收益分配 [A]《洱源县国民经济和社会发展统计年鉴（2004 年度）》，洱源县统计局（内部资料）；洱源县统计局.总人口、总户数，农村经济收益分配 [A]《洱源县国民经济和社会发展统计年鉴（2006 年度）》，洱源县统计局（内部资料）；洱源县统计局.总人口、总户数，农村经济收益分配 [A]《洱源县国民经济和社会发展统计年鉴（2011 年度）》，洱源县统计局（内部资料）。

⑩ 数据由西山乡人民政府提供。

生院 0.20 所、村级卫生室 0.98 家，每万人中仅有主治医师 0.74 人、各类医疗专业技术人员合计 6.67 人、村医 19.3 人，人均医疗资源占有率极低。西山乡于 1996 年被列为云南省 506 个扶贫攻坚乡之一[①]，2001 年 6 月又被列入全省贫特困重点扶持乡镇[②]。从 1995 年到 2011 年，全乡经济总收入从 840 万元[③]增长到 4983 万元[④]、农民人均纯收入从 242 元[⑤]增长到 2175 元[⑥]，同期农民年均纯收入全国平均水平从 1577.74 元[⑦]增长到 6977[⑧] 元、云南省平均水平从 1010.97 元[⑨]增长到 4722 元[⑩]，西山乡农民人均纯收入占全国平均水平的比重由 15.3% 上升到 31.2%，占云南省平均水平的比重由 23.9% 上升到 46.1%，西山乡的经济发展速度明显快于全国和云南省平均水平，但是与全国及省内平均水平相比差距仍然明显。

　　综上所述，云南省大理白族自治州洱源县西山乡是一个典型的边疆少数民族偏远乡镇，地广人稀、交通不便、少数民族贫困人口集中连片分布、生产力水平低下、经济基础薄弱、社会事业发展滞后。我们选取这样一个典型乡镇的基础教育问题进行详细调研，是期望通过联系历史和现实背景来深入剖析问题的症结所在，进而能够为当地的教育事业发展把准脉、诊断出真正的"病因"。一方面，这有利于我们开好"药方"，为当地干部群众解决自身面临的实际问题，更好地建设社会主义新农村提供参考。更重要的是，这一调研可以为我们提供一个认识边疆少数民族地区，特别是刚刚开始卷入商品经济的后进地区基础教育的发展现状及其历史和现实根源的机会，一个理解困难地区群众对教育发展的实际需求的典型实例。

---

① 洱源县地方志编纂委员会编，《洱源年鉴 1999（总第 1 期）》，德宏民族出版社 1999 年版。

② 洱源县地方志编纂委员会编，《洱源年鉴 2002（总第 4 期）》，德宏民族出版社 2002 年版。

③ 洱源县地方志编纂委员会编，《洱源年鉴 1999（总第 1 期）》，德宏民族出版社 1999 年版。

④ 洱源县统计局. 农村经济收益分配，分乡镇村基本情况（八），分乡（镇）村农作物播种面积和产量（八）[A]《洱源县国民经济和社会发展统计年鉴（2011 年度）》，洱源县统计局（内部资料）。

⑤ 洱源县地方志编纂委员会编. 洱源年鉴 1999（总第 1 期），德宏民族出版社 1999 年版。

⑥ 数据由西山乡人民政府提供。

⑦ 《中国统计年鉴 1996》，国家统计局网站：http：//www. stats. gov. cn/ndsj/information/zh1/i161a。

⑧ 国家统计局陕西调查总队网站：http：//www. nbs － sosn. cn/index. aspx？menuid ＝ 3&type ＝ articleinfo&lanmuid ＝ 13&infoid ＝ 590&language ＝ cn。

⑨ 《中国统计年鉴 1996》，国家统计局网站：http：//www. stats. gov. cn/ndsj/information/zh1/i171a。

⑩ 国家统计局陕西调查总队网站：http：//www. nbs － sosn. cn/index. aspx？menuid ＝ 3&type ＝ articleinfo&lanmuid ＝ 13&infoid ＝ 590&language ＝ cn。

# 二、洱源县西山乡基础教育现状

## 1. 洱源县西山乡教育发展的历史基础

西山乡教育基础薄弱，未查到建国以前学校设置的资料。经过新中国成立后三十余年的努力，到上世纪 80 年代中期，逐步建立起了从小学到初中的基础教育体系，确立了扫除青壮年文盲和普及九年义务教育的基本条件。

1950 年至 1956 年本乡属洱源县第四区管辖，区内计有罗炼、濞川两个学区。1950 年下半年，两学区内共有公立中心小学 2 所，均为完小，计 10 个教学班，其中高级班 3 个，初级班 7 个；公立村小 38 个，均为初小，计 39 个教学班①。两区合计有小学在校生 1030 人，其中罗炼学区有 552 人，濞川学区 478 人，其中仅罗炼学区有高小在校生 17 人，两区合计仅有 277 名初小女生，高小无女生。两学区合计有学龄儿童 1442 人，其中罗炼学区 853 人，濞川学区 589 人，罗炼学区有失学儿童 430 名，占学龄儿童总数的 50.4%，濞川学区无统计资料②。两区合计仅有教师 47 名，且文化程度普遍不高，其中师范毕业及高师修业者 3 名、高中 3 名、简师 1 名、初中 19 名、小学 17 名、小学以下 13 名③。今西山乡地界内 1950 年至 1956 年的学校建置、学生就学和师资情况不详。

1965 年，今辖区内有公办小学 16 所，计 21 个教学班，民办全日制学校 1 所，教学班 1 个，另濞川学区团结公社有耕读学校 5 所，教学班 5 个；校内外学龄儿童总计 1018 人，在校学生数 412 人（不计各类耕读学校学生），在校学生中适龄儿童数 328 人，适龄儿童入学率 32.2%；教师 28 人（不计各类耕读学校教师）④。

1978 年，西山公社有小学 41 所，教学班 57 个；学龄儿童总数 1312 人（全

---

① 洱源县人民政府文教科，西南区云南省（市）小学校数班数调查表（1950 年下半年），洱源县档案馆，全宗号 44-1 – 10：32 ~ 33。

② 洱源县人民政府文教科，西南区 xx 省（市）学龄儿童及入学失学儿童调查表（1950 年下半年），洱源县档案馆，全宗号 44-1-10：101。

③ 洱源县人民政府文教科，西南区云南省（市）小学教师调查表（1950 年上半年），洱源县档案馆，全宗号 44-1-10：27。

④ 洱源县人民政府文教科，小学普及情况统计表（西山学区，1965 年 10 月 24 日），小学普及情况统计表（濞川学区，1965 年 10 月 24 日），小学普及情况统计表（濞川学区，1965 年 8 月 23 日），小学普及情况统计表（西山学区），洱源县档案馆，全宗号 44-1-189：8，9，46，47。西山学区教师情况根据 1965 年 10 月 4 日西山学区《小学普及情况统计表》补；团结公社耕读学校情况根据 1965 年 10 月 4 日惠川学区《小学普及情况统计表》补，其余数据来自 44-1-189 卷档案第 46 和 47 页。

部为少数民族），在校生 1057 人（全部为少数民族），其中适龄儿童 794 人，适龄儿童入学率达 60.5%；学龄女童 646 人，小学在读女生 276 人，其中适龄女童 247 人，适龄女童入学率为 38.2%[①]；教师总数 59 名，其中专任教师 48 名，按举办性质分公办教职工 44 名，集体办教师 15 名，另有代课教师 2 名、兼任教师 5 名[②]。

1969 年后，开展"教育革命"，缩短学制，提倡"初中不出大队、高中不出公社"，洱源县各公社纷纷开设小学附设初中班，开始了西山公社兴办初中教育的历史[③]。至 1979 年，西山公社计有两所小学开设初中班共 4 个，当年毕业生数 28 人，招生数 106 人[④]。

1974 年，为方便西片山区学生入学，在炼铁新办洱源三中，招推荐师范生一班 50 人，1976 年改为完全中学，招收高中两班 120 人。至 1984 年洱源三中改为初中（2007～2009 年又恢复三届高中招生[⑤]）前，西山乡学子可以不用远赴县城上高中。1986 年最后一届高中生毕业后，完全改为全寄宿制县属初级中学，面向全县贫特困山区村社和洱源县西部的炼铁、西山、乔后三个乡镇录取民族学生[⑥]。

1984 年调整初中布点，新建社中 10 所[⑦]，今西山初级中学设立。时至今日，西山乡适龄少年儿童，基本在西山初中和洱源三中就读初中。

## 2. 学校建制和学生就学升学情况

截至 2012 年夏，西山乡共有三年制初级中学 1 所 6 个教学班，西山、建设、胜利、团结、立坪 5 所完全小学。随着国家"撤点并校"政策的推进实施，全乡小学教学班已由 2008 年的 52 个缩减至 2012 年的 37 个，农村教学点由 2008 年的 18 个缩减至 2012 年的 4 个。2012 年秋季开学，西山初级中学将与西山完小合并组建西山九年一贯制学校，实现资源互通。2008 年报表数显示，乡初级中学能满足 9 个教学班、431 名学生的学习需要，实际开设 6 个初中教学班、初中在校学生 257 人，小学在校生 838 人。2012 年全乡共有在校学生 1319 人，其中初中

---

① 洱源县人民政府教育局，小学学生基本情况综合表，学龄前儿童及 7～11 周岁学龄儿童情况综合表，洱源县档案馆，全宗号 44-1-319：1，2。

② 洱源县人民政府教育局，小学教职工基本情况情况综合表，洱源县档案馆，全宗号 44-1-319：3。

③ 洱源县地方志办公室编，洱源县志·卷二十一·教育，洱源县档案馆藏（内部资料）。

④ 洱源县人民政府教育局，小学附设初中班基本情况综合表（农村）1979 学年度//洱源县档案馆，全宗号 44-1-343：99。

⑤ 数据由西山乡中心校提供。

⑥⑦ 洱源县地方志办公室编，《洱源县志·卷二十一·教育》，洱源县档案馆藏（内部资料）。

在校学生 233 人，小学 1086 人，学前班 216 人。另外，由于洱源三中每年面向西山乡招收初中学生 50 名，实际接受初中教育的该乡籍在读学生人数大于西山初中在读学生数①。

1999 年，包括西山乡在内的洱源全县通过云南省人民政府"两基"验收②。2001 年，全乡小学适龄儿童入学率为 98.3%，巩固率 98.3%，初中生入学率为 95.4%，辍学率 4.6%，青壮年非文盲率达到 97.7%③。2008 年全乡小学适龄儿童入学率为 100%，初中生入学率为 95.4%④。2012 年，全乡小学适龄儿童入学率为 99.9%，巩固率 99.62%，初中毛入学率为 98.83%，巩固率为 97.2%⑤。

进入 21 世纪以来，西山乡九年义务教育阶段适龄儿童入学率和巩固率良好，基础教育工作成功实现了"两基"目标。但是，与大理白族自治州平均水平相比初中毕业生升学率仍然不高（2012 年为 55%）、升入普通高中（2004 年至 2012 年在 11% 至 19% 之间起伏）并最终接受本科以上高等教育的比例更低，且大中专院校毕业生愿意回乡工作者很少⑥，人才的缺乏严重制约着全乡居民整体文化素质的提高，也为乡镇以下各项基层工作的开展带来了不少困难。

### 3. 师资队伍建设状况

（1）2011～2012 学年师资队伍基本构成

2011～2012 学年全乡有教职工 105 名，其中公办教师 68 名，代课教师 37 名。公办教师中有公办专任教师 38 名（借调外乡 1 名）、特岗教师⑦22 名（借调外乡 2 名）、中心学校行政人员 6 名、病休 2 名。全乡共有公办教师编制 77 名，缺编 9 名、借调外乡 3 名，名义在岗 65 名，病休 2 名，实际在岗工作 63 名。在岗公办教师（含病休 2 名）中外乡教师 32 人，本乡教师 33 人，20 名特岗教师中籍贯外县者 8 名，其余 12 名籍贯全部为本县外乡⑧。

（2）师资缺口问题日趋严重

2002～2003 学年和 2011～2012 学年，全乡中小学校在职教职工总数分别为

① 数据由西山乡中心校提供。

② 洱源县地方志编纂委员会编：《洱源年鉴 2000（总第 2 期）》，德宏民族出版社 2000 年版。

③ 洱源县地方志编纂委员会编：《洱源年鉴 2002（总第 4 期）》，德宏民族出版社 2002 年版。

④ 洱源县地方志编纂委员会编：《洱源年鉴 2009（总第 11 期）》，德宏民族出版社 2009 年版。

⑤⑥ 数据由西山乡中心校提供。

⑦ 所谓"特岗教师"，是中央针对西部地区农村义务教育采取的一项特殊扶持政策，通过中央政府出资公开招聘高校毕业生到西部地区"两基"攻坚县以下农村学校任教的方式，引导和鼓励高校毕业生从事农村义务教育工作，创新农村学校教师补充机制，逐步解决农村学校师资总量不足和结构不合理等问题，提高农村教师队伍的整体素质，促进城乡教育均衡发展。

⑧ 数据由西山乡中心校提供。

106 人和 105 人，其中在职公办教师分别为 83 人和 68 人（实际在岗工作 63 人），在职公办教师占教师队伍的比例由 78.3% 下降至 64.8%，近十年来，中小学教师队伍总量基本稳定，但在职公办教师数量和比例呈逐年下降趋势。目前共计特岗教师 22 人，若无特岗教师扶持政策或政策实施不力，则本乡基础教育在三年前就已经难以正常运转了。

（3）教师队伍结构不合理，影响教育事业长远发展

对在编教师队伍进行考察，中年骨干教师不足现象十分突出。50 岁以上和 45 岁以上教师分别占 46 名稳定在编专聘教师的 21.7% 和 30.4%，明年此时 45 岁以上教师比例将达到 39.1%；30 岁以下的 14 名年轻教师比例为 30.4%。

全乡教师学历和专业技术水平整体不高，初中师资力量尤其薄弱，严重依赖国家特岗教师政策的扶持。2011～2012 学年在西山初级中学从教的 18 名教师中，稳定在编教师仅 8 人，其中 1 人为本科学历、7 人为专科学历，其余 10 名教师全部为特岗教师充实，均为本科学历。现有代课教师大部分只有初中文化程度。部分教师从事非本专业教学工作的现象仍然存在，物理、语文和英语教师尤其匮乏，截至 2011 年末只有一位胜任初中英语教学的教师在岗①。

## 4. 教育物质投入状况

（1）"两免一补"和学生营养餐工程的实施情况

自 2006 年起，洱源县全面落实"两免一补"政策，西山乡义务教育阶段家庭经济困难学生教科书费用和学杂费得到全面免除，并开始享受寄宿制生活费补助。小学生按照每生每月 75 元的标准发放，每年按十个月计，共 750 元；初中生按照每生每月 100 元的标准发放，每年按十个月计，共 1000 元。目前计划调整到小学每人每年 1000 元，初中每人每年 1250 元，但洱源县教育局和西山乡尚未接到文件通知，正在等待落实资金渠道和具体发放办法。自 2012 年 3 月开始，全乡实施"营养餐工程"，对农村义务教育阶段学生按照每人每天 3 元的标准补给，一年按照 200 天计，合每年 600 元。具体发放标准为平日每天牛奶半斤合 1.9 元，鸡蛋一个合 0.55 元，节假日将平日结余的款项全部统一购成牛奶免费发放给学生②。

（2）改造和新建校舍情况

自 2000 年至 2012 年，在各级党委、政府的关怀下，通过陆续实施的"危房

---

①② 数据由西山乡中心校提供。

改造工程"、"校舍维修改造工程"、"农村初中校舍改造工程"、"2009 年中央教育救灾资金"、"校安工程"、"薄弱学校改造工程"、"教师周转宿舍建设"等，除去现已撤并的校点，西山乡累计排除中小学 D 级危房 6872 平方米、规划新建面积 8648 平方米、已完成新建面积 6310.8 平方米，规划投资 993.4 万元、实际到位资金 978.43 万元，其中中央财政投入 536.7 万元、省级财政投入 175 万元、州级财政投入 85 万元、县级财政投入 172.2 万元、其他渠道筹资 9.53 万元。2009 年度及以前实施的项目全部完工，规划投入的 777.6 万元资金实际到位762.63 万元，规划新建的 7159 平方米各类校舍实际建成 6310.8 平方米。2011和 2012 年两年，规划投入资金 215.8 万元，新建校舍 1489 平方米，目前资金已全部到位，工程正在进展之中。

2000 年至 2012 年，大体按照先教学用房、再学生宿舍、再学校食堂、后教师周转宿舍的优先顺序，全乡中小学累计排除各类教学用房中的 D 级危房 4615平方米、新建 3937.97 平方米；累计排除学生宿舍用房中的 D 级危房 1937 平方米、新建 2229.74 平方米；累计排除学校食堂中的 D 级危房 320 平方米、新建143.09 平方米。其中，西山乡初级中学共排除 D 级危房 1915 平方米、实际新建各类校舍面积 1827.83 平方米、实际到位资金 208 万元；西山乡各小学校点共排除 D 级危房 4957 平方米、实际新建各类校舍面积 4482.97 平方米、实际到位资金 770.433 万元。

2009 年校舍排查发现 D 级危房 6360 平方米，目前尚在使用 3660 平方米，包括西山初中食堂及 3 所中心完小食堂，已全部列入拆除重建或改造计划①。

（3）教学设备和教学仪器更新情况

目前师生学习、生活、办公条件仍然很差：实验器材、音、体、美器材仍然紧缺且因师资匮乏而无法充分利用，课桌椅和办公桌破烂不堪，有四所中心完小网络不通；作为当地基础教育教学服务中枢的中心学校办公信息化条件非常差，只有两台老式电脑，配置低且经常损坏，复印机也已老化破损，目前无财力更新，难以适应当前工作的需要。

学校教学先后得到如下项目支持。1999 年云南省人民政府"两基"（普及九年义务教育和扫除青壮年文盲）和"普实"（实验教学普及县）项目；1999 年的"农村义务教育工程"和"世行贷款"帮助；2010 年，由中央发起，云南省教育厅统一组织在本省落实的"云南省农村义务教育薄弱学校改造计划"，该项目计划连续实施四年（2010、2011、2012、2013），由于物质条件十分艰苦，截

---

① 数据由洱源县人民政府教育局提供。

至 2012 年上半年，西山乡才完成了 2010 年度的教学设备更新计划。目前，西山完小已通过该项目获得资金资助总计 26.2 万元，其中中央补助资金 17.6 万元，州财政支持 5.6 万元，县财政配套 3 万元，并因此得以配备科学实验仪器一套、实验配套图书一套、标准篮球架一套、音体美教学器材全套。建设完小的相关全套教学仪器设备将按同样标准于 2013 年配齐。目前西山和建设两所完小，正在落实多媒体设备"班班通"工程，计划两年内配齐。其他三所完小，因非长期保留校，暂不安排教学设备更新。

## 三、西山乡基础教育发展面临的挑战和原因分析

### 1. "两基"成果尚需巩固，教育教学水平有待提高

（1）教育教学的整体水平

进入 21 世纪以来，西山乡九年义务教育阶段适龄儿童入学率和巩固率良好，已成功实现普及九年义务教育和基本扫除青壮年文盲的目标，但是基础教育整体水平仍然不高，与大理白族自治州和云南全省平均水平相比，学生学习成绩和初中毕业升学率均比较低。2012 年西山初中的 73 名毕业生中，升入普高 14 名、升入各类中专和职高 26 名，升学学生总计 40 名，普高升学率 19%，总中考升学率 55%[1]，大致相当于云南全省 2007 年的水平。2010 年云南全省初中毕业生升学率为 72.48%，大理全州初中毕业生升学率达 77.13%[2]，而 2012 年省会昆明市的中考升学率预计将高达 98%[3]，西山的基础教育事业还有很大的上升空间。

（2）影响学生学习成绩和继续深造的主要原因

①部分学生求学意愿不强。虽然本乡入学学生比例很大，但是受交通不便、信息闭塞等原因影响，学生对外部世界发展变化的现状缺乏体验和了解，具有强烈学习愿望的学生不多，部分学生对教育的作用缺乏认识，学习习惯不好，在国家资助完成九年义务教育之后没有继续求学的意愿。

②家长教育意识和社会环境影响。随着国家高等教育的扩招，普通中专、职

---

① 数据由西山乡中心校提供。

② 大理白族自治州教育局将教育作为最大的民生工程——大理白族自治州"十一五"教育改革发展纪实，大理白族自治州教育局网站：http://www.stats.yn.gov.cn/canton_ model44/newsview.aspx? id = 515685。

③ 昆明市今年初中升学率将达 98%，中新网·云南频道：http://www.yn.chinanews.com/pub/2012/yunnan_ 0207/40608_ 2.html。

业高中和大学专科层次的学历在目前就业市场中处于劣势。西山乡学子能够考入重点大学本科的比例微乎其微，继续升学后在大城市劳动力市场上的竞争力有限，原先老乡送子女上学"跳出农门"变身"公家人"的动力已经不存在了。与此同时，初中毕业后的打工机会和打工收入却随着市场经济的发展和国家对劳动者权益保护而逐年增加。

③师资力量薄弱。长期以来，西山乡自有师资力量薄弱，依赖特岗教师和外地公办教师的支援才能勉强维持正常教学，小学还有大量代课教师存在，教师队伍流动性大、专业结构不合理、学历水平低、教学骨干流失严重，严重影响了课程教学目标的实现，制约着教育水平的提高。

④物质条件艰苦。当前实施的"两免一补"和学生营养餐工程只能解决学生就学的基本生活需要，补助标准还需要随着国家财政实力的增强而逐年提高。照目前的"营养餐工程"标准[1]，学校仅能保证学生主食细粮和以土豆为主的单调蔬菜的免费敞开供应，以及平日每天一个鸡蛋、半斤奶，节假日半斤奶的免费供应，肉菜需单另收费。而当地群众收入普遍低下，2011 年全乡农民人均纯收入仅为 2175 元[2]，每餐只有 20% 左右的学生能吃起 2.5 元一份的肉菜，学生的营养状况亟待改善[3]。另外，由于运输成本高、核算价格又不允许提高，为西山乡所属学校提供食品原料的企业均处于亏本经营或无利、微利状态，难以长期持续，这已经成为学校食品安全、足量、稳定供应的一大隐患。

西山乡地广人稀、群众居住分散、交通十分不便，"撤点并校"又在客观上增加了学生上学、教师和教育行政人员履行职责的交通成本。除学校驻地的村民小组外，学龄儿童上学平均路程在 20 公里左右，偏远村落在 50 公里左右，团结村所辖飞地上、下耳母深嵌邻县漾濞，距离团结完小达 70~80 公里，学生到此上学需两日脚程，距离西山初级中学更是超过 100 公里，学生就学需 3 天时间。撤点并校后的"两免一补"虽然解决了路远家庭送子女接受义务教育的后顾之忧，但是客观上减弱了父母与孩子的交流，使必要的家庭教育受到了一定的影响。

受制于各种客观条件，本乡 5 所中心完小食堂只有一所排危改造完毕，4 所正在改造或拆除重建施工当中，西山初中食堂的 D 级危房正等待拆除重建。由于宿舍面积狭小，西山中心完小目前 2~3 名同学挤住在一张床铺上，一张架子床

---

[1] "寄宿制生活费补助"标准为小学生每年每人 750 元，初中生每年每人 1000 元。"营养餐工程"标准为每人每天 3 元，一年按照 200 天计，全年合计 600 元。

[2] 数据由西山乡人民政府提供。

[3] 数据由西山乡中心学校提供。

上下铺一共要住宿 4~5 人，其余 4 所完小住宿情况类似，过于艰苦的食宿条件正严重影响着孩子们的身心健康和学习成绩。

由于教师缺编多且专业不对口现象严重，特别是音乐、美术、信息技术、语文、英语和物理教师长期缺乏，再加上必要的教学场地一直无法满足，虽然初中和两所长期保存完小的基本教学设备和仪器已经配齐或即将配齐，但大都处于闲置状态，在仓库长期堆放，无法投入使用，使得一些教学环节无法开展，影响了教学质量的提高。

### 2. 师资队伍建设面临严重困难，影响教育可持续发展

（1）教师队伍建设面临的现实问题

①教师招聘困难，流失严重，数量严重不足。2009 年核定编制后，全乡中小学现有教师编制合计 77 名，总计目前实际在岗从教人员 100 名中，代课教师占了 37 名。2008 至 2011 连续四年，本乡均有稳定在编教师调出，合计 18 人。2012 年又有 10 名公办教师申请调出本乡，小学教师和初中教师各 5 名，共有 5 人即将获得批准正式调出。若无 2009 至 2011 年先后赴本乡服务的 22 名特岗教师，则本乡教育已经无法维系。总之，近年来本乡教师队伍流失严重，教育事业后继乏人。

②教师队伍流动性大，影响教学稳定性。教师外调频繁导致本乡只能依靠特岗教师和外地公办教师支援进行补救，师资队伍连年大换血，严重影响了教学稳定性。外乡籍教师普遍不愿在西山乡扎根，2012 年申请外调的 10 名公办教师中外乡籍教师占了 9 名；外乡支援来的公办教师普遍有支援期满返回原单位的要求；特岗教师 3 年服务期陆续已到，愿意留在本地的人数不多，2009 年开始服务的 10 名特岗教师正式提出宁可放弃教师工作回原籍待业也不愿留任的已有 3 人。

③教师队伍结构不合理，学历层次较低，影响教学质量。西山乡公办教师队伍中，富有经验的中年骨干教师数量明显不足，教师专业技术水平和学历普遍不高，小学教学大量依靠只有初中学历的代课教师维持。另外，专业技术水平以及专业不对口，严重影响了部分科目教学目标的实现。

### （2）影响师资队伍建设的主要原因

①公办教师生活面临不少实际问题。目前，西山乡公办教师平均月工资为2100 元左右，其中小学高级教师和中学高级教师两类获得中高级职称的人员月工资水平为 3500 元左右，初级职称及以下者平均月工资 1700 元左右，特岗教师每年由中央财政直接支付工资 21500 元，合每月 1792 元，比稳定在编初级职称

及以下人员工资略高。西山乡经济发展滞后，就业机会奇缺，教师家属就业十分困难，教师家庭生活普遍拮据。交通闭塞、人口分散导致的高昂物流成本又致使该地物价明显高于平原地区，这使收入有限的教师家庭的生活雪上加霜。

艰难的客运条件致使外乡籍教师，甚至本乡出生但家属不在单位驻地村落的教师不得不与配偶、子女和父母长期分居，难以照料家人生活。

学校驻地偏僻、人烟稀少的状况，致使适龄青年男女之间的社交机会非常少，导致年轻教师婚恋普遍困难，不少人年近三十仍然找不到合适的结婚对象。

②用招聘代课教师补充师资不足的办法愈发困难。由于待遇过低而任务与责任繁重，导致代课教师的聘任工作日趋困难。代课教师与公办教师工作任务相同，在某些小学还承担着主要的教学任务，2008 年每人每月只有工资 250 元，2012 年也不过 600 元。代课教师中男教师纷纷流失到外地打工，女教师一到婚龄即结婚生子，照顾家庭，不再代课。利用代课教师弥补公办教师不足的办法日益难行。

③教师编制和职称评定工作与山区教育实际存在距离。2012 年有在校学生233 人，根据 2003 核定编制时的规定教师编制 13 人，理论生师比21.2：1，实际有教师 18 人，实际生师比 12.9：1。稳定在编的 8 名教师中有副高职称 2 名、中级职称 3 名、初级及未评 3 名。如果单纯考虑生师比和教师队伍的职称结构，上述编制数量和职称评定比例理论上是合理的。但是，中学开设科目众多，虽然全乡适龄少年儿童人数、班级编制相应也少，但各科教师需求量并不能按照同样比例减少，再加上愿意在高寒分散山区扎根从教的教师奇缺，上述貌似合理的编制数量和职称评定比例远远不能满足当地教育发展的实际需求。

### 3. 教育经费投入缺口较大

（1）当前仍存在的实际困难

小学住宿条件仍然很差，做不到一生一铺，中学食堂危房改造尚未彻底完成。2009 年校舍排查发现 D 级危房 6360 平方米，虽已全部列入改造计划，但限于经济能力，目前仍有 3660 平方米在继续使用。受制于交通条件导致的高昂建设成本和地形地质条件，加上大量教育欠款，2000 至 2009 年计划新建各类校舍面积累计 7159 平方米，实际新建 6310.8 平方米，面积缩水 11.8%。

（2）根源

①受地形条件限制，发展空间有限。西山乡全境位于西罗平山脉，国土面积的 99.5% 属于亚高山，河谷面积仅 2.5 平方公里，海拔落差超过 2200 米，居住地海拔在 2000 米至 2760 米之间。西山初级中学和全乡 5 所中心完小已经占据了

驻在地最大的平整土地面积，而要继续改善办学条件就应当扩大各类校舍面积，但除非征用附近其他单位用地或占用群众耕地，否则学校面积几乎已无扩大可能。

②建设成本高昂，财权与事权划分不尽合理，地方财政困难，累计欠账多。目前中小学校校舍改造和新建工程已经到了"建设一项，拖欠一项"的地步。根据我们掌握的材料，该乡校舍改造和新建资金上级拨款到位情况良好，2005年开始，上级规划投资全部到位，但是由于中央和省级安排的建设改造项目往往需要地方财政配套，而洱源县财政长期吃紧、西山乡财政更是长期亏空，自2006年至今财政收入仅在10.71万元至68.25万元之间，乡财政收入只能占到财政支出的5%~10%，再加上山区基本建设成本因受制于交通状况又是平原地区的两倍以上，一平方米楼房建筑成本达2000~2500元，中小学基建工程款拖欠严重，截至2008年总欠款为47万元左右，截至2012年夏累计已升至138万元[1]。在建的4所中心完小食堂和1所中心完小教师周转宿舍竣工后，可以料想，欠债将会继续增加。

# 四、加快西山乡基础教育发展的对策和建议

## 1. 学生和学生家长工作的政策建议

（1）结合当地乡土实际，全面推行素质教育

首先，要千方百计做好学生和家长的思想工作，让学生和家长充分认识到现代化文明和知识的重要性。其次，结合西山乡的实际进行课程内容的改革，制定乡土教材，开设课外选修模块课程的方式增强基础教育的针对性和实用性。第三，中等职业学校、农业中学等应当针对高寒山区设置相关专业、定向招生。

（2）实行政策倾斜，加大扶持力度

首先，普通高中和高等学校应该继续对高寒山区实施招生优惠，以鼓励更多的学生认真学习，谋求升学。其次，国家、省、州三级的财政转移支付和专项扶持力度，应随着国家经济发展逐年提高"两免一补"和"营养餐工程"的补贴标准，继续提高教育公平程度，稳固现有"两基"成果。第三，合理运用市场机制和财政措施，为在高寒山区参与"营养餐工程"供给的企业提供适当财政补贴。

---

① 综合西山乡人民政府和西山乡中心学校提供的数据。

（3）创新机制，盘活资源，进一步扩大教育扶贫成果

首先，利用各地中心校和下属学校的资源开展成人业余教育，提高劳动者外出务工的能力和农业生产技术；第二，妥善解决学龄儿童入学问题，保证公正、平等的受教育权的落实。

## 2. 加强师资队伍建设的政策建议

（1）促进城乡和区域协调发展

只有牢牢抓住国家实施西部大开发战略、开展兴边富民行动的历史机遇，深入发掘、积极保护、有序开发西山乡及类似少民族贫困地区当地特有的生态、农业、文化、旅游等资源，走出一条符合当地实际的和谐发展道路，才能从根本上解决教育发展的滞后问题。

（2）坚持和改进特岗教师政策

特岗教师政策的具体实施措施仍需加强和改善。近年来，特岗教师在保证这些地区基础教育的正常运转，已经起到了不可替代的作用。对于中央财政负担的特岗教师要区别对待，对来高寒山区从教者，地方财政要给予适当补贴奖励，在职称评定和服务期满留用问题上可以灵活处理，尽量鼓励人才前往山区一线服务。

（3）努力提高教师的政治荣誉和社会地位

加大思想政治工作的力度，提高教师对自身身份的认同、对教育价值的认同。让全社会普遍了解人民教师对整个中国和人类的文明进步事业作出的巨大贡献，树立全社会尊师重教的氛围。要切实保障人民教师，特别是基层一线教师的各项合法权益，维护教师及其家属的社会地位和尊严。

（4）合理调整政策，提高一线教师待遇，帮助教师家庭解决现实困难

要切实提高基层一线特别是贫困地区教师的待遇，由中央和地方政府合理负担教育人员工资支出，广泛发放山区、牧区、民族区域补助；对高寒山区教师编制适当放宽；帮助教师和基层教育行政人员家属拓宽就业渠道；改善交通通勤条件，广泛发放通勤补助或给予通勤服务，试行一定程度和一定范围的教师轮休制度。

（5）采取切实可行的对策性措施，解决贫困地区基层一线教师紧缺的燃眉之急

坚持外地公办教师支援政策。地方师范院校可以向民族地区、贫困地区、边

远地区实行定向招生、定向就业，国家对这些人员在当地的就业要予以保障，以建设一支稳定的边远地区一线教师队伍。规范代课教师聘任，在公办教师确实不能满足基层教学需要的情况下，地方财政应安排出一部分专门资金用于适当提高代课教师待遇，以招聘合格人才补充教师队伍。加大边疆少数民族地区和贫困地区基层一线教师（包括代课教师）的岗前和在职培训力度。

### 3. 改善教育投入状况的政策建议

（1）各级政府要保证必要的财政投入

针对当地县、乡两级财政捉襟见肘的现实，一方面当地政府要克服困难，优先投入，为教育发展尽量提供财政保证，一方面国家、省、州三级财政应当根据当地实际给予适当财政补贴和实物赠送。

（2）动员各方力量改善基础设施

首先，要千方百计筹措资金和技术力量，尽快改善当地交通状况。其次，在道路通行状况得到根本改善的基础上，要尽量争取资金支持，购置校车，保证学生上学的安全性。第三，对撤点并校工作进行合理调整，统筹安排方便学生就学、提高教育资源利用率和减轻学生家庭负担三项任务，力求达到学生方便、家长放心、社会满意。第四，深入推进各种形式的扶贫工程和慈善事业，汇集各方力量支援少数民族贫困地区的教育事业。第五，充分发挥当地群众的积极性，以实际行动支援教育事业发展，对于先进集体和个人给予适当的精神和物质奖励。

注：①应被访者要求，被访人员姓名均为化名；②如无特殊说明，数据截止到 2012 年 6 月，"当前"指 2012 年 6 月。

# 贫困地区民办初中发展之调研：
## 以河南省兰考县为例[①]

不同于一般的对于民办学校的认识逻辑，在豫东一带经济欠发达地区，民办学校反而整体呈现出相对于公办学校的繁荣发展之态。2012 年暑假，清华大学新闻与传播学院赴河南兰考支队去往位于豫东的兰考当地，就其民办教育发展情况展开了具体调研。通过 11 天的田野调查，结合访谈、问卷分析、参与式课堂观察，深入了解了当地经济社会状况以及民办初中发展的具体现实。本文拟通过分析证明，当地落后的经济社会发展情况以及民办学校"体制之外"的优势，是当地民办教育得以相对繁荣的主因。

# 一、背景介绍

## 1. 研究主题

本次实践调研的主题，是了解贫困地区民办初中的生存发展原因及其影响。研究以此展开，从多方面探究为何在一个贫困地区，民办初中相对于公办初中得以繁荣发展及其在该地区的发展是否遇到困境，并试图解决；民办初中的发展壮大对当地尤其是当地教育产生了怎样的影响，这种影响又可否升发至更高层面的教育改革、教育公平之上；而从贫困地区的民办初中成长之路中又可否得到经验乃至总结模式，为他处所借鉴。

---

本文作者：清华大学赴河南省开封市兰考县民办学校现状调研支队。报告执笔人：孙宇萱（清华大学法学院 2011 级本科生）；陈天，黄斐（清华大学新闻与传播学院 2011 级本科生）。

① 本研究之所以定位于"民办初中"而不是一整个"民办教育"，主要在于研究能力与研究时间的局限；同时，初中属于中学教育阶段，但本研究选择"民办初中"而非"民办高中"为主体，在于本次实地调研发现包括兰考在内的很多贫困地区，民办初中的发展往往好于当地公办初中，但民办高中的发展却往往不如当地公办高中（具体原因会在本文第三部分"原因探析"和第四部分"意义探析"中得到阐述），故出于可借鉴性、可推广性角度考虑，选择民办初中为探究主体对象。此外，初中教育属于义务教育的最高阶段，其义务教育性质也颇有值得探究之处。

## 2. 研究的意义

80 年代以后民办教育在中国的发展，被普遍认为具有弥补政府教育投入之不足而满足增长的教育需求、培养人才以及拉动经济与内需之作用。但对民办教育发展的研究，却多数聚焦于经济发达地区以及大城市之上，这也符合一般的常识与逻辑，即作为通过私人与社会经济投入而得以产生并运作的民办学校，其生存发展繁荣应当与该地经济发展状况息息相关。故有学者指出民办学校之繁荣与地区经济发展之正比关系，贫困地区民办教育方式的难以推行[1]。

但经验现象却观测到，在中国许多经济欠发达乃至贫困地区，民办学校也出现繁荣发展态势。这里的民办学校中，相当一部分呈现出普惠性特征，面向普通的中国民众，承担起当地教育尤其是义务教育之责任。它们的出现，在一定程度上缓和了当地因经济落后而导致的教育落后。一位相关领域的学者即指出，"民办教育对增加教育资源供给的贡献已成为社会共识，但民办教育对教育公平和社会公平的贡献常常被人们忽视"[2]。

故本次研究贫困地区民办教育之发展，一方面可以从一定程度上弥补当今民办教育研究领域在该方面研究之不足；另一方面也是通过实证调研，试图通过对兰考民办教育发展的分析，总结出贫困地区民办教育发展之经验模式及其可推广价值，希望能对贫困地区教育落后情况的改善有所帮助，并尝试探索出一条通往教育公平的可能路径。

本次研究的核心主题：地方经济的落后与民办教育[3]的发展是否有某种潜在的必然联系，或者说地方经济的落后是否反而为民办教育的发展提供了某种契机，而这种联系与契机超越了一般的常识与逻辑。

而如果的确具有我们所设想的联系，那在这种联系之上民办学校与当地政府应该具体采取怎样的措施，地方教育才能打破经济对其的不利束缚而蓬勃发展，从而真正实现教育所许的"改变人命运"乃至"改变当地命运"之承诺。最后，在这种联系、这些措施已被探明确认的情况之下，其是否遇有可推广的社会意义与价值？

这些问题乃本次研究的主体脉络，我们希望能通过本次实践调研、通过实地的观测与考察，尝试找出答案，从而为该领域的研究出一己之力。

---

[1] 陈国定："民办教育领域中自由、效率与公平之我见"，《教育学术月刊》，2008 年 1 月。

[2] Wu Hua: Prospects of Private Education in China, from Chinese Education and Society, vol. 42, no. 6, November – December 2009。

[3] 这里所说的"民办教育"，指普惠性民办教育；本次调研的研究主体，则是这种普惠性民办教育中的民办初中。

# 二、案例的选择：何以选择兰考

兰考至今仍为河南省二十八个"国家级贫困县"之一。当地 2011 年城镇居民人均可支配收入为 13030 元，农村居民纯收入为 5236 元；同年全国与河南省城镇居民人均可支配收入分别为 21810 元与 18195 元，农村居民人均纯收入分别为 6977 元与 6604 元；从人均标准衡量，其低于全国与河南省平均水平。

2011 年县全年预算收入 5.136 亿元，截至 2011 年 8 月支出累计已达 8.15 亿元，显然入不敷出，需要上级政府提供财政补贴才能维持运行。

2011 年兰考国民生产总值 150.89 亿元，其中一二三产比重分别为 19.6%、46.6%、33.8%，可见农业生产在经济活动中所占比重已经明显下降；同许多地区一样，这里正在发生着工业化和城市化的变革，流动人口较之过去增多。

2008 年兰考当地总人口 81.7 万，农业户口比重约占当地总人口 88.37%，可见大部分人口依然集聚在乡村[1]。其中外出务工人员约占 22% ~ 24.5%[2]，其中又以青壮年居多。

从上述可以看出，兰考满足本次调研所针对的"贫困地区"之标准；同时，正是在此地，在一个经济困难、发展落后于全国水平乃至河南省平均水平的县城之内，民办教育却出人意料地呈现出繁荣发展之态。

从数量上看，截至 2011 年，兰考全县共有初中 38 所，其中公办初中 26 所，民办初中 12 所；兰考县城之内共有初中 5 所，其中公办 2 所，民办 3 所。初中学生之中，民办学校学生依年份不同，约占到 1/2 ~ 2/3 不等。

从质量上看，兰考最好的高中——县一高的平价生（即按正常分数线录取的学生）中，来自民办初中的比重占到 2/3，高价生中（即降分录取但收高额择校费的学生）占到 1/2。可见民办初中在兰考当地，尤其是兰考当地的教育中心——兰考县城之内呈现出一种强于公办学校之势态。

本次研究定位于兰考，在于兰考县之贫困与兰考当地民办初中之繁荣发展的同时出现。同时，兰考县情并不具备特殊性，不论从其经济发展状况，还是从其产业构成状况、人口构成状况抑或人口流动状况里，我们都可以看到中国许许多多其他地区的影子。故在兰考探索出的民办教育发展模式，极有可能具备推广至其他地区的价值。

---

① 见河南统计网 www. ha. stats. gov. cn。

② 见开封政府网 www. kaifeng. gov. cn。

# 三、民办初中发展相对繁荣的原因分析
## ——以河南省兰考县为例

### 1. 微观因素：民办初中与公办初中的比较分析——体制之外的优势

（1）民办初中：其基本状况——以兰苑学校为例

通过对兰考县当地民办初中实地观察调研、与当地政府部门的座谈以及街头走访调查，我们总结出当地民办初中有如下几个特征。

①教学方面。

第一，招生。采取考试招生，择优录取。以当地最好的民办初中之一——兰苑中学为例，除本校小学部直升500多人外，校外报考人数1400人，录取600人，实际报到400余人。同时这些学校劝退机制明显，兰苑七年级一个班60~70人，到九年级几次大考之后按成绩劝退20人左右，最后参加中考的仅剩40多人。

第二，教师聘用与奖励。民办初中与教师签订合同，采取基本工资加奖励机制，奖励程度与老师带班成绩直接相关。同时采取末位淘汰制，若某个老师连续带出考试成绩居于末位的班级，则学校终止与该老师的合同。此外，民办教师基本工资高于当地公办教师。

②生活管理方面。

当地民办初中均采取严格寄宿制管理，绝大多数学生在学习期间住校；同时配备有相关的生活老师以负责照顾与监护学生寝室生活。校规奖惩明确，以兰苑中学为例，其每一条校规均转化为分数，当所扣分数达到一定标准，则该学生会被劝退。

③资金状况方面。

当地民办初中收费均相对低廉。县城中民办初中一学期收费900元，包括学费与住宿生活费，但不包括伙食费。根据我们对当地民办初中校长与相关家长的访谈以及学生问卷调查，民办初中的这一费用当地大部分家庭均可以承担并且感觉压力不大。

民办初中的财政状况并不好。在如此低廉的包含了学费与住宿费的收费状况之下，县城内的三所民办中学均存在不同程度的亏损状况。我们访谈的兰苑中学属于其中情况最好者，其建校至今累计投资2800万元，属于三所学校中投资最少的；同时由于建校早，建校之初收费较高，达1100元，直到2008年创新中学出现后收费才降至800元。其教学成果也属当地最好的学校之一，故生源数量一直较为可观。建校至今，其投资成本已基本收回，但不存在乐观盈利的情况。其在去年与前年亏损120多万与80多万，今年较好，略有盈利，如此一来，大体持平。而创新中学则没有那么乐观，它建校投资达4000万元，且建校之初采取"价格战"，一度将学费压至700元，"亏本买吆喝"。但价格战未能将其他民办学校打败，各校纷纷压低学费，后县城内三校（创新、兰苑、实验）自己协商，一致将价格提升至900元，但依然属于低廉收费。据创新校长表示，如果学费能够升至1200元，那学校才可以达到不亏本状态。

经营学校不同于一般商业行为，它的确承担着很大的社会责任与社会舆论压力，正因因此，才出现了兰考种民办初中虽然亏本仍在努力维持的状况。兰苑校董就是当地有名的建筑商人，随意撤校这种会引起恶劣社会影响的行为，他不会轻易去做。此外，民办学校毕竟属于公益事业性质，纯粹将之当作营利事业难以得到当地政府与社会的许可。可以看出，这些校董们虽然投资之初均有营利目的，但在经营过程中却不完全根据营利与否来做出判断抉择。

（2）公办初中之不济——以城关镇一中为例

①资金方面：资金匮乏。前文述及，兰考当地经济发展的落后、政府的入不敷出使得其缺乏大量资金支持当地公立中学的发展，虽然我们没有直接的数据表明政府每年向公立学校投入多少，但是这一点从民办学校出现前公立学校在当地口碑之差、公立学校教师工资之低、公立学校内部缺少修缮管理以及从民办校长口中可以得到验证。

②教学方面：体制性限制。公立学校作为"政府体制内的产物"，需要比较严格地遵守政府制定的政策和规定[1]。首先，在近年国家倡导克服应试教育的弊端、开展素质教育的政治形势下，县公立学校——即便不愿意——也只能进行各种素质教育的改革试点。我们在兰考当地最好的公立学校——城关镇一中的实地走访中发现，镇一中的学生有着正常的周末与法定假期以及寒暑假，大约推算每一年他们比民办学校学生在校时间少100天[2]，这还没有算上每一天在校时间长度的比较。其次，在招生问题上，公立学校承担着责无旁贷的实现国家义务教育目标的任务，故其处于一个"被学生选择"的位置上，无条件地接纳了大部分适龄学生[3]。就我们实地调查而言，镇一中以及其他公立初中，只要是符合条件

---

① 阎凤桥："我国农村民办教育发展的政治逻辑——基于北方某县的调查"，《北京大学教育评论》，2012年第2期。

② 包括法定假期（取其中去掉春节的20天）、双休日共50天以及暑假中的一个月30天。

③ 阎凤桥："我国农村民办教育发展的政治逻辑——基于北方某县的调查"，《北京大学教育评论》，2012年2月。

的学生报了名就必须要录取。第三点，在教师聘用上，公立学校的教师权益受到较好的保护，不能轻易解聘，同时其工资收入较为稳定，并不与成绩直接挂钩。

③教育改革。改革主要在于两方面——教师工资的发放与学生减负。教改之前，全国尤其是贫困地区普遍存在着学校拖欠教师工资情况，而教改带来的教师工资制度改革之后，教师工资直接由政府拨放，越过了学校一级。这固然在很大程度上保障了教师权益，但由于教师工资不再与教学成绩直接挂钩，学校也就缺失了一个很好的激励机制，由此公立学校教师的积极性不再能由校方有效调动。而学生减负则使得应试教育体制之下那些严格要求学生的老师热情受挫①。像兰考这样的"政治大县"，它对教改的执行力度越强，对公立学校教师的积极性压抑也就越大。

关键问题在于，越是在贫困的、教育资源稀缺的地区，其尝试素质教育的试错成本越高②，应试教育在这里有着显著强于发达城市的社会根基，在这种背景之下，民办学校紧抓应试教育而让公办学校进行素质教育的尝试，在短时间内导致二者的差别会相当明显。

④学校管理问题。兰考当地公立学校本就经费不足，更难以有多余资金建立充足校舍供学生住宿，同时加之教师编制问题，也难以有教师24小时监护、照料学生生活。此外，作为国家事业单位，公立学校的存续不依赖于学生与家长，换句话说，公立学校不如民办学校对学生来得负责与关心。在一个有大量青壮年外出务工、留下孩子在当地接受教育的县城，这些都成为公立学校在择校时不被家长看好的重要因素。

（3）总结：民办初中优势何在

当地民办学校相比于公办初中，其优势主要体现在上述的教学、管理与财政资金三方面。

教学问题上。民办学校可以通过考试选拔优秀学生，并根据考试劝退成绩上后进的学生以保持自己的教学成绩，而公立学校却必须招收所有符合报名条件的学生并不得随意劝退；民办学校可以将教师工资与教学成绩直接挂钩，并实行末位淘汰制，以激励教师抓好学生课业，而公立学校教师的权益——不论从基本工资还是从聘用上都受到较好的保护；民办学校可以大规模压缩学生假期与休息日，从而增加学习时长，在应试体制之下以数量换质量，而公立学校学生则拥有着双休日与国家法定假期。在教学问题上的这些差异，就是阎凤桥老师所指出

---

① 主要是中老年教师，他们习惯了传统严格的教学方式，一时或永远都难以适应新的教学模式；校长也肯定了如今也有一些年轻老师采用新模式教学，减轻学生负担又保证课业成绩。

② 在这些经济落后的小县城，并不像大城市，除考试之外还有着各种各样的机会进入一流的大学。

的，公立学校处于"体制之内"，需要严格遵守国家相关规定，而这些"体制性"缝隙则成为民办学校蓬勃发展的重要契机①。

管理问题上。由于民办初中的存续依赖于学生及其家长的认可，故其对于学生的问责显著强于依靠国家力量维持的公办学校。这表现在民办学校的教师相比公办学校会更为关心学生，包括学生的学习与生活。同时，由于当地民办初中均采用了严格寄宿制管理，使得大量外出务工的家长可以放心孩子的教育抚养问题；而当地公办学校则因为缺乏充足的建造宿舍资金以及难以安排相关负责教师的编制而难以迎合当地的教育要求。

资金问题上。民办初中动用的是社会资本，故在一个经济落后、政府财政入不敷出的县城内，相对于依靠政府财政而捉襟见肘的公办初中，拥有更多的资源进行自我建设。此外，当地民办初中的经营思路不同于一般的商业投资思路，出于社会影响考虑或种种其他原因，学校可以在不盈利乃至部分亏损的状况下得以维持，故适应当地经济水平的低廉收费得以实现，也由此，"当地家庭如何负担得起私立学校的学费"这一问题得到了回答。

## 2. 宏观因素

(1) 社会环境：机遇所在

①适龄学生数量。兰考县位于河南省内，若以河南省平均比例计算，兰考总人口约82万，则其义务教育阶段学生大体有13.6万。初中阶段占义务教育总时段1/3，故兰考县初中就读生源大致有4.54万。如果按当地36所初中平均地招收生源计算（而事实上当地民办初中生源数量往往为公办初中的五六倍），则每所初中至少有学生1261人。事实上，通过在兰考实地走访调研的两所民办初中——兰苑学校与创新中学来看，两所学校初中生规模均在2000～3000人之间，几乎每个班都容纳了70多个学生。相对充足的适龄学生数量无疑为当地民办初中的发展提供了一个比较庞大的市场。

②经济发展水平。作为河南省最后四个实现九年制义务教育的县之一，兰考的经济发展一直较为不力。其2011年政府预算收入5.136亿，而仅至8月份支出已达8.15亿，显然政府财政入不敷出，需要依靠上级政府拨款维持。在这种情况下，当地政府很难有充足资金支持当地公办学校的发展。当地公办初中教师工资在每月1500元到2500元之间，低于当地民办初中教师工资，在当地属于较

---

① 阎凤桥："我国农村民办教育发展的政治逻辑——基于北方某县的调查"，《北京大学教育评论》，2012年第2期。

低水平。在当地民办学校发展起来之前，因当地公办教育之不力，曾有达1/3的学生赴外县求学。民办学校在当地的出现，可以说是应运而生。

③外出务工人员比重。兰考县外出务工人口约占总人口的20%，其中青壮年占主体。家长在外打工，寄宿制并采取严格管理形式的民办初中便容易得到这类家长的青睐。而当地公办学校，则往往因为经费不足以及编制问题难以筹建足够宿舍并配置相关老师以严格管制。根据我们在创新所发的调查问卷显示，在其初中就读的学生中，父母在外务工者占39.9%；而"家长工作类型"中，外出务工占最多数。兰考留守儿童数量之多，帮当地民办初中相比与公办初中确立了一个明显的优势。

④农业非农业人口比重。兰考农业人口约占总人口84%，庞大的农村人口产生了庞大的来自农村的教育需求。根据我们在创新与兰苑所发的调查问卷显示，两所学校中农业户口学生比例分别为87.5%与89%，而根据创新的问卷调查，居住于农村的学生占到80.9%。而由于当今城乡之间资源配置的差距，使得农村公办学校难以满足如此之多的农村教育需求，而公办学校"就近入学"的原则又阻碍了农村学生大量进入教学质量相对较好的县城公办学校。于是摆脱招生范围限制的民办学校成为满足这些需求的优良选择。

**表4　　　　　　　创新中学学生家庭收入主要来源问卷统计结果**

| 家庭收入主要来源 | | Frequency（频率） | Percent（百分比） | Valid Percent（有效百分比） | Cumulative Percent（累积百分比） |
|---|---|---|---|---|---|
| Valid（有效问卷） | 务农收入 | 38 | 19.6 | 20.2 | 20.2 |
| | 经商收入 | 50 | 25.8 | 26.6 | 46.8 |
| | 外出务工 | 75 | 38.7 | 39.9 | 86.7 |
| | 国家事业单位工作收入 | 11 | 5.7 | 5.9 | 92.6 |
| | 其他 | 14 | 7.2 | 7.4 | 100.0 |
| | Total（合计） | 188 | 96.9 | 100.0 | |
| Missing（非有效） | System（系统） | 6 | 3.1 | | |
| Total（合计） | | 194 | 100.0 | | |

（2）政府："无为之为"

通过将我们在兰考地区的调研与其他学者的调研相对比，我们认为，兰考当地政府并没有在促进民办学校发展这个方面做出特别的努力，比如制定特殊的优惠政策、分配给民办学校以教师事业编制等。但兰考当地民办初中依然有着一个较为有利于其发展的良好的政策环境，这主要表现在政府对民办学校办学行为的不干预与不抑制。

### 3. 总结：民办学校何以繁荣

总体而言，兰考当地民办初中相对公办初中之繁荣发展在于两个重要因素：地方经济的落后与民办学校处于"体制之外"的身份。

经济的落后导致政府财政的短缺，从而缺少足够资金支持当地公立初中发展；经济的落后导致大量拥有孩子的青壮年人口外出务工，从而为拥有严格寄宿管理制度的民办学校赢得务工在外、担心孩子教育与监护问题的家长的青睐；经济的落后还导致城市化、工业化程度不足，大量人口依旧积聚于农村，而城乡之间资源分配的差距使得农村公立学校难以满足农村产生的巨大教育需求，而"就近入学"原则又阻挡了城镇公立中学满足这些需求的路径，从而把这一庞大市场拱手相让于城镇里的民办初中。

而民办初中"体制之外"的身份，则使得其规避了许多政府对公立初中的限制管理。而这些管理与限制，在教育资源匮乏、应试考试为主要人才筛选方式的地区，往往不利于学校的发展。

## 四、民办初中相对繁荣的意义分析

### 1. 对经济与财政的意义

本次调研并没有得到直接的数据以证明当地民办初中的发展为政府节省了多少资金，以及对当地的经济的发展作出了多少贡献。但下述两点分析，从常理与逻辑而言，我们觉得大体可信：首先，民办初中创造了一定的工作岗位，从而缓解了本来就缺乏工作机会的兰考地区的就业问题。其次，民办初中为政府节省了一笔教育资金。民办初中出现后，政府在不需要对这些学校投入资金的情况下卸下了至少三分之一的义务教育的责任，同时也至少节省了三分之一的资金。此外，就"两免一补"的落实情况而言，创新中学校长表示，政府实际补助给该校每个学生60元，而应当分配给每个学生的有200元，如此一来，又是一大笔资金节省。

### 2. 对教育的意义

对于教育的意义，是一所学校发展最为重要的意义。我们总结其意义如下。

（1）生源回流

如前文所述，在兰考当地民办初中出现以前，由于当地公办初中之不济，曾一度有三分之一的学生去外地求学，其中尤以去附近民办教育发展得较好的杞县求学者为多。而在盖亚、固阳、兰苑、开元、创新、实验等民办学校一所所建立发展以后，当地初中阶段生源外流情况基本结束，大部分学生选择在本地接受初中教育。那么多适龄儿童不必再负笈去异地求学，对于兰考初中教育而言无疑是一件好事。

（2）农村地区教育需求的满足

对于兰考这样一个农业人口占主体的地区而言，摆脱了招生地域限制的民办学校的发展，填补了农村教育市场的一块巨大空白，使得来自农村的孩子得以与县城的孩子接受同等的教育。这在很大程度上也是城乡之间教育公平的一种体现。

（3）留守儿童教养问题的解决

这里用"教养"而非"教育"，在于民办学校承担的绝不仅仅是教育教学这个责任，它还肩负着监护、照管其学生生活与成长的重要职责。这一点对于一个拥有大量外出务工人员因而也就拥有大量留守儿童的地区而言至关重要。在留守儿童问题已经成为社会突出议题的今天，兰考地区民办初中——虽不足以替代家庭教养的作用，但对于这些缺少父母照顾与引导的孩子而言无疑是一个较优的选择。

（4）初中教育质量的提升

我们没有直接的数据证明兰考地区初中教育质量随着民办学校的出现而提升，因为目前检验其初中教育水平的最好标准是中招成绩，而由于其中招成绩的衡量属于其内部自身的比较，包括分数、县一高的录取等，故无法得出客观结论。但从民办学校出现以前三分之一的学生赴外地求学到如今大部分学生选择在本地就学而言，有理由相信如今的初中教育质量应该较之过去为优。

（5）竞争机制与教育机构内部改革

民办学校出现将竞争机制引入教育领域，从而有利于当地整体的初中教育发展。此外，民办学校的许多管理机制也为当地公办学校所借鉴。最鲜明的例证是当地最好的高中——县一高，其于去年开始采取全封闭住宿制，以满足当地以农村人口占主体并有着大量外出务工人员的社会性要求。

（6）教育公平的改进

兰考地区的民办初中体现出一种普惠性特征，其承担着当地义务教育的责任，适合于当地所有适龄学生与几乎处于各个经济与社会水平的家庭。也由此，其对教育公平的意义主要体现在两点：促进城乡之间的教育公平和促进区域之间的教育公平。在兰考的孩子可以不再去外地求学，民办初中的出现提升了兰考整个地区的初中教育水准。

### 3. 困惑与担忧

兰考地区民办初中的发展固然有其深刻的社会原因及诸多积极影响，但这10天的调研也给我们留下了一些困惑与担忧。

第一，对其教学模式与学生管理方式的担忧。民办初中采取极为严格的教学模式，学生除学习外鲜有其他课外活动。据我们在兰苑与创新两校所发调查问卷显示，有许多学生认为学校的教学方式让其感到压抑，渴望能有一个"快乐的童年"。此外，每天的教学时间长与休息少，对于处于生长发育时期、急需睡眠的初中生来说是一个很大的挑战。

第二，正如前文所述，兰考当地的民办初中普遍实行劝退机制，初三最后约达1/4的学生被劝退，这是一个相当高的比例。如果这些因为成绩相对较差而被劝退的学生未能被公办学校吸收，就意味着他们未能完整接受义务教育阶段的学业，对于被动退学的学生是一种打击，对其人生会带来严重的负面影响。这也极易造成其他孩子的焦虑与压力。

第三，对其维持能力的担忧。如前所述，兰考县内的民办学校几乎没有一所乐观盈利，最好状态不过是收回成本，许多依然处于亏本状态。民办学校的存续发展会是一个很大的难题，民办初中最终是能实现优胜劣汰、适者生存，还是最终集体消失，依然有许多的不确定性。

第四，对其教育成果存续的担忧。初中阶段的教学成果并不是孤立的，它需要转移至高中阶段来得以存续与发展。鉴于民办初中的大部分学生选择继续读高中，故高中阶段的教育成果无疑是初中的一个外延。但就我们实地调研情况而言，当地高中发展令人担忧。

当地唯一的民办高中——创新高中近年来处于持续亏本状态，且亏本数额很大，校董会甚至想过撤销高中部。究其原因，无非在两点——教师来源与教师工资。高中要求老师达到大学本科学历，不像初中的专科学历即可；而现实情况却是，拥有本科学历的许多年轻人并不愿意来贫穷的兰考工作。因而合格教师的吸收成为创新高中一个很大的难题。此外，高中教师的工资比之初中教师的工资要高，但高中在兰考并不属于义务教育阶段，国家没有给民办高中任何补助，而当地落后的经济又使得高收费难以实现，高中部的财政状况早已捉襟见肘。没有好老师以及难以用工资调动老师积极性，使得其教学成果受到很大影响。

而当地最好的公立高中，也是当地最好的高中——县一高，近几年也处于低谷状态。其副校长表示，其发展不力的最重要因素在于财政紧张。国家给高中的拨款属于教育系统中最少的，低于义务教育阶段的初中、小学以及高等教育阶段的大学，高中拨款主要由地方政府负责。而兰考的财政情况使得地方政府不可能有过多资金支持县一高的发展。学校目前已负债7000万。

这的确是一个奇怪的逻辑：民办初中的发展得益于地方经济之落后，但在地方经济难以支持公立高中健康发展，也难以为私立高中提供繁荣发展之土壤的情况之下，民办初中对地方教育辛苦做出的一点成果会不会在高中时期被蚕食？实在让人担忧。

# 五、政府之职

那么，针对前面描述的兰考当地的教育现状，政府应该做什么？

基层贫困地区以义务教育为主，政府有义务保障所有适龄儿童都获得教育。所以，在诸如兰考等基层地区义务教育领域内，担负主要教育责任的应当是国家。

那么，对于目前兰考义务教育领域内以民办学校为主的情况，可否看做是国家责任在该领域内的缺失？基于这一前提，本文认为政府可考虑采取如下措施。

## 1. 针对社会经济条件

首先，地方政府应加大教育投入比重，并保证财政转移支付中投入教育的资金到位；中央政府应加强对于贫困地区的教育扶持力度，并进行对教育项目实施情况的验收。

其次，政府建立寄宿制公立学校并编制相应教师，以应对当地留守儿童问题；同时，把好公办学校教学质量关，引入有效的考核机制。

最后，在农村人口占绝对多数的地区，政府应向农村地区教育倾斜，同时允许县城公立学校招收农村户口学生。

## 2. 针对体制之外因素

就民办学校体制之外的因素而言，政府可考虑在明确与社会的责任分割后，在财力确实不足的情况之下，暂时委托民办学校承担部分义务教育任务，但须规范民办学校的办学行为。

第一，在劝退问题上，政府须出面规范制止，因义务教育乃所有适龄学生都有权利完整接受；民办学校受托承担义务教育责任，就必须保证它所吸纳的孩子有学可上。

第二，在招生问题、教师聘用奖励问题上，可给予民办学校一定自由度。

第三，在学生学习时间的长度与学习的强度上，政府可灵活处理。本文认为"素质教育"在一个教育资源与教育机会十分稀缺的地区是一种较为奢侈的概念，若该地区仅有应试这一种单一选拔方式则应试教育在当地就具有现实合理性；但政府仍须处理好应试教育与学生健康全面发展之间的微妙关系。此外，我们还通过访谈特别了解到，有一部分从民办初中进入公办高中的孩子，由于其管理环境一下子变得宽松、个人自由选择度增大而极易迷失方向，而这些孩子中又以双亲均不在身边、缺少引导者为多。民办初中与公办高中应当认真考虑二者的衔接问题，在高中最初阶段给予这些孩子以管理调整，引导这些在"制度中穿梭"的孩子们顺利度过艰难的转型期。

# 农村小学的现状与出路：
## 以河南嵩县饭坡乡田庄、赵庄、时平小学为例

在撤点并校饱受诟病的同时，依然存在的村小并非这一浪潮的幸存者，更没有幸运与优势可言。此次饭坡之行笔者走访的几个村落都有自己的小学，但这些小学的状况堪忧，面临着资金、师资严重不足，资源配置、社会支援不合理等困境。如何在有限的资源下最大程度改变农村学生的受教育状况和乡村教师的生存状况是此次调研试图了解和剖析的问题；而志愿者、公益机构如何才能确保自己对农村的介入不会带来"恶果"亦是笔者所忧虑的。

"现在已经很难找到那种每个村都有小学的地方了"，这是在去饭坡乡做中小学调查之前大多数人对于现在农村中小学状况的判断。主要原因不外乎两方面：一是学生绝对数量的下降，如果继续维持原来的农村小学规模则教学很难正常进行；二是饱受争议的"撤点并校"政策的推行，将各个村组的教学点撤掉然后在乡、镇等人口集中地建立中心小学。而本次调研的饭坡乡每个村仍然保留了一所小学，也许这对于不需要长途跋涉去中心校念书的小朋友而言是一件幸事。但我们调研队看到的更多是这些村小的困境。本文试图用有限的数据和资料对这三个小学的状况做一些分析，不求以小见大，因为就教育问题而言每个孩子都应该得到同等的重视，他们理应是关注的焦点。

## 一、三所小学概况

这三所小学给人的第一印象与其说是想象中的破败倒不如说是奇怪。因为就远观校舍而言，三所小学并不显得破旧（其中两所小学是今年刚粉刷过，另外一

本文作者：北京师范大学赴河南嵩县田庄村调研实践支队。报告执笔人：张兵（北京师范大学哲学与社会学学院 2010 级本科生）；资料与协助：陈红领（北京师范大学历史学院 2011 级本科生）；任嘉莉，向婧，张玺（北京师范大学教育学部教育技术学院 2011 级本科生）；王扬，苏华丹（北京师范大学数学科学学院 2010 级本科生）；王晶（北京师范大学励耘学院人文科学试验班 2010 级本科生）；张立国（北京师范大学哲学与社会学学院 2010 级本科生）。

所小学近两年才修建校舍），但进入校园首先发现三所小学都没有平整的操场却又都能看见体育器材。而教室里面的情况却完全不同于外面的光鲜，桌椅损坏严重，墙壁漏雨等现象都或多或少的存在，而在这种背景下却有一个高配置的学前班教室（后文将详细说明）。这三所小学中一所是完全小学（能提供小学 1～6 年级的教学），而另外两所则是只能提供 1～4 年级教学的村小。就学生来源而言，两所村小的学生几乎全部来自本村，而完全小学的学生则来自周围的至少四个村庄，并有大量的住校学生。

# 二、农村小学面临的主要问题

通过本次调研和志愿者的走访，从老师、学生和旁观者三方来看，此类村小主要面临学生人数少、资金缺乏、师资不足、并校压力等主要问题。

## 1. 学生人数少

这是目前仍然存在的农村小学甚至是部分中心小学面临的一个共同问题，这也是撤点并校得以推行的主要原因。由于计划生育和生育观念变化的影响，也迫于现代社会生存的压力，农村新生人口正在逐年减少。就这三个学校而言，义务教育阶段在校学生人数分别为 111 人、57 人、36 人。其中 111 人分为六个教学班（1～6 年级），另外两个学校则为 4 个教学班（1～4 年级）。虽然学生总数并不多却分布在各个年龄段，这使得每个学校都必须开设各个年级的教学班。这与其说是学校面临的问题还不如说是客观现实，因为这个问题是无解的，不可能通过政策鼓励人们生育。而学生人数少与师资不足、并校压力等问题又是息息相关的。

## 2. 资金缺乏

农村小学的资金来源是什么？义务教育阶段的所有学杂费都已经免除，这里的村民并不富裕，而提供义务教育是政府的公共服务内容，所以上级拨划的教育经费便成了这些学校经费的唯一来源。在调查中我们发现这些学校的经费是固定的按人头划分的，大概是 300 元/人的水平，以学生人数为 111 人的学校为例，这 3 万元是这所学校除了教师工资外所有经费的预算上限，用当地老师的话说，这些钱在没有重大事件的前提下勉强能够维持学校的运转，但每逢校舍需要更新、桌椅需要更换时则显得力不从心。而今年正是碰上了重大事件的一年——各村小修建统一标准化的学前班教室。这源于今年某志愿服务机构将该地某小学一名代课的学前班老师抱着孩子午睡的照片发到了网上，该地教育部门认为"学前教育理应受到重视"，"这一事件对当地相关部门和当地形象造成了极其恶劣的影响"，所以要进行学前班改造。进入学前班的教室，你完全不能把和它只有一墙之隔的小学教室联系在一起，崭新的校舍，统一的桌椅，空调、饮水机应有尽有。暂且不说修建、购置这些东西的实用性如何，但这里面的每一件物品都来自每个学校那有限的教育经费。事实上，就这些东西能发挥多大的作用，我们也向学校的负责人员了解了情况，两个主要的原因使得这些教室成为形象工程的可能性极大，一是学生人数少，因为每个村的适龄儿童本来就不多，处于学前教育阶段的就更少。但随着学前班教室的改善，也可能走向另一个极端，大量不到年龄的孩子报名上学前班，这样学前班就成了跟托儿所差不多的机构，而过大的年龄差距则会进一步加大老师的管理难度，迫使老师成为"全职保姆"。另一个重要原因是并没有专业的学前教育老师，在我们走访的三个学校中只有一个学校有一名村聘的学前班老师，正式教师的生活尚且困难，更何况由村委出资的村聘教师，迫于待遇和人才的压力即使这样的教师也很难找到。用一名老师的话说，本来通过两三年的准备可以更新桌椅了，但学前班教室的改造修建使得其他教室的更新再一次被拖延了。

### 3. 师资缺乏

在城镇，很多学校也会称自己学校师资力量薄弱，而他们衡量一个学校老师是否饱和的标准是师生比，而现在这套标准也被用于乡村教师的配置，就这三所学校而言，师生比分别是 1∶18、1∶20、1∶22.2，甚至要远远超出某些中心小学。但就农村教育而言，我们不得不考虑学校的特殊性，以 1∶18 的这所学校为例，该校共有 2 名教师，学生 36 名，但学生分布在 4 个年级换言之两名教师承担了四个年级的教学任务，撇开老师的辛苦仍然不得不面对的一个问题是两名教师如何能够满足四个年级的教学任务？所以这个学校采用了复式教学（1、2 年级在一个教室，3、4 年级在一个教室），即使这样两个老师也得保持从上学到放学不停地讲课，来满足学生实际上课时间只有理论时间一半的要求。

这就陷入了一个困境。一方面，按照现代教学的观点，这些学校的师生比是达标的甚至是高于标准的，而很多城镇、中心小学尚未达到这个标准，所以不可能继续给这些学校增加教师；另一方面，师资缺乏是各个乡镇普遍面临的问题，如果都增加教师则总量巨大，财政无力承担。这使得现状难以改变，一所学校的两三名教师已经任教了好几年甚至好几十年，一旦有老师生病之类的特殊情况都会给学校的教学秩序带来巨大的冲击，同时留在农村的多是一些老教师，且多是男教师（在走访的三个学校中，只有一个学校有一名村聘女教师，其他有编制的均为男教师），而规模较小的乡村小学没有也不可能配备相应的服务人员，所以例如门卫、修理工、后勤等都被一两个老师义务地承担下来了，我们曾在某学校办公室的墙壁上看到该校多个工作组的名单，但最多是把仅有的几名教师重新排序写上去而已。这极大地加重了老师的负担，一名教师坦言如果按照小时算工资，当地小学教师的工资不及外出干建筑工收入的一半。维持学校的运行已成困难，更别说开设音、体、美等致力于学生全面发展的课程了，老师没有专业知识，更没有时间和精力去从事相关的教学工作。

### 4. 并校的压力

其实经过以上几点分析，并校似乎成了这些问题的唯一解，但对于这片位于中原地区的山村来说，撤点并校更有深层的原因。

就现实情况而言，并校似乎能解决问题但不具有现实性。受访的三所学校位于相邻的行政村，两所村级小学的学生完全来自本村，最远的学生距离学校约有三公里，而学校没有寄宿条件（人员、资金、校舍等多方面的原因）。而其中任何一所小学都不具备接纳其他两所小学的学生和教师的能力，同时各校老师基本都是教授语文、数学而无力承担其他学科的教学任务特别是音、体、美的教学任务，所以并校后老师上课的课时也许会减少，但学生受到的教育却很难有根本的改善。试想让孩子从小学一年级开始住校，而享受的教育却和在家门口享受的教育是一样，有谁会愿意呢？

同时这个地方的文化氛围使得并校很难实施，这个地方的村民将学校视为村落完整的象征。就下乡走访的情况来看大部分人尤其是中老年人认为让自家的孩子到别的村子去上学是寄人篱下，这是每所小学都很破旧却能一直存在的一个重要原因。

通过在当地走访，对于并校我们调查团队并没有共识，因为就是否应该并校而言我们发生了分歧，一方认为并校能够集中教学资源，增加学校的资金，提高办学的质量，同时学生的集中也更有可能争取到紧缺的教师，有利于学生的发展。但另一方认为这是一种难能的村落文化，应该得到保护而不是破坏，教育并不是产业并不能仅从短期的收益来衡量，村庄的小学即使再小也得办好，而维持农村小学的小规模高质量才是对农村教育真正的重视。争论并没有得到答案，不知当地相关部门是否也有过这样的考量，但从走访的结果而言，当地最近不会并校也没有相关的规划，最终并校与否还得经过更深的考虑。

# 三、出路与思考

上文对通过调研反映最突出的问题做了大致的阐释，对于其中的师资、资金和并校的问题，我也有一些自己的思考和看法。

就师资问题而言，如文首所言，教育并非产业不能用量化的指标来衡量一切，而应该注重对每一个个体的关注，用师生比的方式配置教师对于城市是合适的，但对于农村应该有属于农村的方式，在经过与乡村教师的讨论和自己的思考之后，对解决乡村教师缺乏的问题有以下几点建议。

①农村小学配备教师在满足师生比的前提下，一个年级至少应该配备一名教师，这样才能维持教学秩序的正常进行。

②可以多校共同配备音、体、美教师。出于教师资源有限的考虑，加之当地学校间距离并不太远，可以两到三所学校共同配置两到三名音、体、美教师，让这些教师在各校轮流上课并给予交通补贴，就整体而言这样的成本是远低于各校均配备老师的，因为这些课程虽然对学生而言很必须，但需要的课程节数并不很多，所以具有一定的可行性和可操作性。

③就每个年级人很少而不得不采用复式教学的问题，一种看似荒诞却实际可行的办法是隔年甚至有时隔两年招生，而把入学的年龄在农村由 7 岁改为 6～8 岁，因为即使设置了 7 岁为入学年龄，但每个班级中的学生年龄总是会有差异的，且每个孩子的生理和智力发展水平并不总是一致的，家长可以选择在合适的时间让孩子入学，这样能在教师资源有限的情况下满足学生充足的课程需求。同时减少班级会在一定程度上扩大班级的规模，能够减轻教师的负担。

资金问题受制于教育经费和地方财政等多方面的影响，所以短期内通过拨划改变的可能性并不大，但这并不代表学校没有出路，可以着重从两个方面加以解决。一是在财政上加大对农村教育的支持力度，在资金不能增加的情况下加大对农村教育投资的评估，如前文提到的高配置的学前班教室是否值得斥资，多和乡村教师讨论资金的使用方式，评估之后再做决定使资金能够优化配置。二是放开并引导公益组织，无论是官方还是民间公益组织对于教育的热情都是很大的，但很多公益组织现在对教育支持的模式是以捐献给某校价值多少钱的物资来评定的，而在物资置办之前少有跟学校商讨，这就使得有些学校并没有平整的操场却有大量无力使用的体育器材。将这些公益组织的支持合理引导成为有利于学校发展的补充，一方面促进公益事业的发展，另一方面使学校的资金紧缺问题得到缓解。

并校问题虽然目前在当地尚未被正式提出来，但并非不具有可行性，在走访的过程中我们发现当地的交通网络比较完备，很少有农户远离公路，由于学校的接收能力有限，如果真要整合教育资源可以选择扩大其中某校的规模，完备接受能力，同时为该校配备校车，这样能更多地得到家长的许可，而校车使得很多学生仍能每天回家。

通过调查我们发现当地村小的现状堪忧，但并非给人以绝望的感觉，若真正静下心来思考面对这些问题，当地相关部门和关注着农村教育的我们并非无计可施，需要的只是认真的思考、大胆的决策、谨慎的行动。

# 赴湖北省宜昌市远安县留守儿童
# 教育考察支队实践报告

近年来，随着农村青壮年劳动力大量涌入城市，留守儿童越来越多，而儿童在家庭和学校教育方面所受到的影响尤为突出。为了更深入了解留守儿童的教育问题，实践支队走进湖北远安县，通过街头采访、入户访谈等方式进行调研，运用统计分析，从多角度了解当地留守家庭基本情况以及政府相应的"阳光家园"政策，并提出一些相应的思考、分析与建议。

## 一、绪　论

近年来，随着社会经济的快速发展，大量的农村青壮年劳动力涌入城市，留守儿童群体逐渐形成。这些勤劳的人们通过辛苦的努力促进了社会的进步，但是他们的孩子却留在了家里，由长辈或亲友照顾。亲情的缺失使留守儿童在成长的过程中遇到了一定的障碍。对这个问题的深入探索刻不容缓[①]。

一般而言，留守儿童可以分为单亲留守与双亲留守，但是不管是哪一种留守都存在局限。单亲留守家庭容易使孩子偏执，而占绝大部分的双亲留守则影响更加严重。

在家庭方面，留守儿童家庭的经济条件决定了外出打工的家长不能够经常回家看孩子；另外，父母因在城市没有立足之地或教育等问题无法将孩子带到城市。这两个原因使这些家庭陷入"带不出与回不去的双重矛盾"[②]。双留守家庭中，爷爷奶奶由于教育水平不高、年龄大、溺爱等因素而容易使孩子产生思想道德、心里方面的问题[③]。

在教育方面，留守儿童常表现出厌学等状况，具体表现为对学习抱有负面情绪。孩子因为关爱缺失、学校教育对留守儿童关注的缺失、留守儿童年龄阶段本

---

本文作者：清华大学赴湖北省宜昌市远安县留守儿童教育考察支队。报告执笔人：胡才益（清华大学土水学院土木工程系 2011 级本科生）。

① 陈倩："社会工作视角关注留守儿童问题探究"，《企业导报》，2012 年第 13 期。

②③ 杜环欢："农村留守儿童道德成长偏差之思考"，《科教导刊》，2012 年第 7 期。

身的敏感性等因素①而产生厌学情绪，严重影响孩子的教育问题。

现存有很多对留守儿童问题的解决提出的意见与建议，有的提出完善家庭道德监护机制，充分发挥家长的教育引导作用，也有的提出转变学校道德教育模式、发挥政府之力，从根本上结束留守等②的问题，还有的学者提出保护学生好奇心、自信心、自尊③，也有的提出将留守儿童团结起来，大家相互激励④。虽然提出了一些解决的办法，也有很多人进行了实验并收到了一定的成效，但是这些措施的实际效用有多大？这些措施是否通用、易于推广？还有，这些公益活动必然会消耗一部分社会的慈善基金，这些负面影响是否值得？为了探明这个问题，我们本次暑期实践打算调研一些留守儿童试点，调研这些方式的有效性，并且讨论推广性。

资料显示，湖北宜昌留守儿童约 3.56 万人，地处鄂西山区的远安县约有3400 余名留守儿童。这是一个非常庞大的数字。教育工作者对于这些孩子的未来都充满了担忧⑤。远安县非常重视留守儿童关爱工作，针对留守儿童建立了一些体系来管理，并创造性地开展了像"阳光家园"等的关爱留守儿童的活动⑥。这些活动收效如何？这些措施是否值得推广？民间对于这些活动的了解如何？家长是否支持？这些活动的运行机制怎么样？能不能保证安全？带着这些问题，调研队确定赴湖北省宜昌市远安县进行调研工作。

## 二、阳光家园简述

"阳光家园"项目是以宜昌市各乡镇团委为主导、由村级团支部具体负责、以村会议室和村"农家书屋"为主要阵地、由大学生村官、青年干部及志愿者为主体对留守儿童开展涵盖暑期作业辅导、功课补习、兴趣培养、素质拓展和心理咨询等内容的培训。

"阳光家园"属于纯公益性项目，依靠村级组织自主招生、自主管理，不向村民收取任何费用。阳光家园项目按照构建和谐社会的要求，整合各方力量，共同解

① 徐丽华："农村留守儿童的厌学问题分析探讨"，《科教导刊》，2012 年第 7 期。
② 杜环欢："农村留守儿童道德成长偏差之思考"，《科教导刊》，2012 年第 7 期。
③ 徐丽华："农村留守儿童的厌学问题分析探讨"，《科教导刊》，2012 年第 7 期。
④ 陈倩："社会工作视角关注留守儿童问题探究"，《企业导报》，2012 年第 13 期。
⑤ 何凡："宜昌留守儿童 3.56 万人今年或建 300 个阳光家园"，http://hb.qq.com/a/20120408/000255.htm。
⑥ 佘承家："'阳光家园'：留守儿童的暑期乐园"，http://news.e21.cn/html/article/2012/07/20120727112307_ n8v9t8vd6m.html。

决宜昌市留守儿童成长过程中的各种问题，争取把农村留守儿童"阳光家园"建成"留守儿童的乐园、亲情教育的基地、爱心互动的平台"，努力为留守儿童健康成长营造环境，创造条件，提升留守儿童"幸福感"，促进农村社会和谐稳定。

根据实地调研了解，目前的基本概况如下：县镇政府提供资金、教学设施与教学场地；村委会专设人负责寻找联系志愿者，部分村已经建立起与长江大学的长期合作项目；村委会组织村中绝大多数的留守儿童统一报名；在暑期开课期间，每天由志愿者教授兴趣开发与学习指导方面的课程。

# 三、数据分析及讨论思考

数据的采集过程主要分为三个方面：第一，背景资料搜集，主要包括初步的入村调研（村级干部访谈）和街头采访；第二，具体资料收集，主要是入村调研（农户访谈）；第三，政策案例了解，主要走访阳光家园点和与阳光家园创始人简曼丽访谈。

其中，街头采访对数据的量化做得比较充分，采用了较多的数据分析手段；入村调研（村干部访谈和农户访谈）主要为访谈，信息标准化比较困难，因此较多使用个体案例与整体状况相结合的分析方法；阳光家园政策主要采用访谈与现场考察形式，因此采用的是事件重现的方法分析。

## 1. 街头采访

街头采访的目的主要是了解县城居民中对留守儿童了解的情况，以及居民对政府关爱留守措施尤其是教育措施的了解情况。采访问题较为简单，但比较有针对性。

问卷设计主要针对以下几点。对"留守儿童"这一概念的了解情况；留守儿童父母外出务工对孩子教育产生的影响（以下简称"影响"）；政府关爱留守儿童的宣传力度以及效果；如何帮助留守儿童。由此衍生出了几个猜想：不同年龄不同职业对"影响"的想法不同，对政府颁布的措施了解程度也不同。

（1）街访数据

整体而言，采访中问卷完成率约为50%（即样本信息完整的占总抽样的比例），样本数90，其中男性39人，女性51人，平均年龄38.2岁，其中18.9%的人不知道留守儿童这一概念。

至于"影响"，大多数人回答的比较笼统，所有涵盖的项目总结如下表。超过三分之一的被采访者明确提到会影响留守儿童的"教育"，约四分之一明确提到

"关爱缺失"，另有约四分之一明确提到"心理影响"。特别的是，有极少被采访者提到暑期安全问题。有趣的是，竟然有 10 人明确提到"过分溺爱"。将这一项与 23 人提到的"关爱缺失"结合起来，可以推测有超过三分之一的人认为父母外出打工容易带来亲情关爱的极端化。如果这是事实，无疑是对儿童的成长很不利的。

表1　　　　　　　被采访人明确提到的影响关键字、对应人数及比例

| 项目 | 人数 | 比例（％） |
|---|---|---|
| 成长 | 7 | 7.8 |
| 教育 | 33 | 36.7 |
| 关爱缺失 | 23 | 25.6 |
| 过分溺爱 | 10 | 11.1 |
| 暑期安全 | 2 | 2.2 |
| 心理影响 | 22 | 24.4 |
| 性格孤僻 | 8 | 8.9 |
| 没影响 | 2 | 2.2 |
| 不知道有什么影响 | 10 | 11.1 |

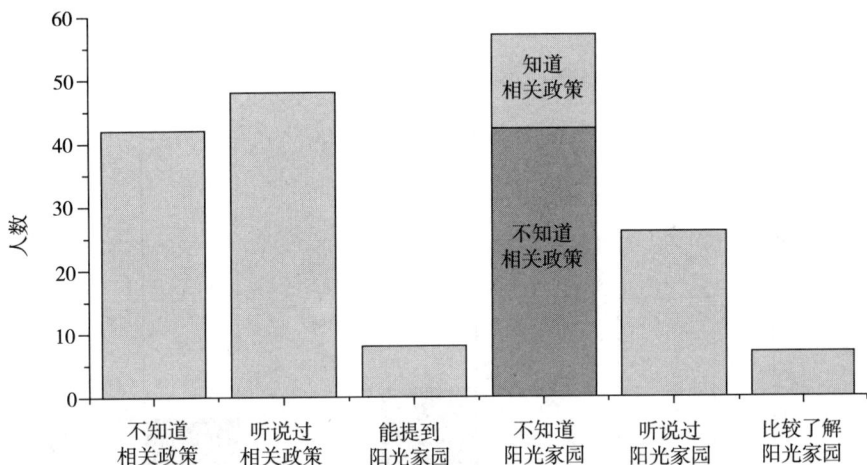

图1　被采访人对政府关爱留守儿童针对性政策的了解情况

关于关爱留守儿童政策的宣传情况，从街坊市民的情况来看，宣传有一定成效但总体还不够好。有46.7%的市民明确表示不清楚政府有任何这方面的举动，53.3%的听说过相关政策，但其中含有在街坊队员的提示之下才回想起相关政策的情况，而其中仅有8人明确提到"阳光家园"。当专门询问是否知道阳光家园这一政策时，却又有26人表示听说过这一计划，7人表示比较了解。大多数听过阳光家园的市民都明确提到这一政策的"效果不错"，极个别认为"是政府的

形象工程、形式主义"。

在问到作为市民怎样做才能更好地帮助留守儿童时，回答的多样和答案的内容与预期有一定差距，甚至在某些方面一开始很令我们吃惊。主要的想法分成3大类8小类。出乎意料的是，其中有11.1%人认为需要留守儿童家庭自己解决这一问题；而没想过怎么帮和不清楚怎么帮的更是占到了总人数的62.2%，接近2/3。而有一点想法且比较明确具体的仅占总人数的14.4%。

**表2** 作为市民应该如何帮助留守儿童的回答情况

| 项目 | 人数 | 比例（%） |
|------|------|---------|
| 作为市民不清楚怎么帮 | 35 | 38.9 |
| 主要靠政府 | 5 | 5.6 |
| 家庭自己解决 | 10 | 11.1 |
| 有一些想法 | 32 | 35.6 |
| 单位里组织定点帮扶 | 3 | 3.3 |
| 参加志愿活动当志愿者 | 9 | 10.0 |
| 当爱心父母 | 1 | 1.1 |
| 没想过 | 21 | 23.3 |

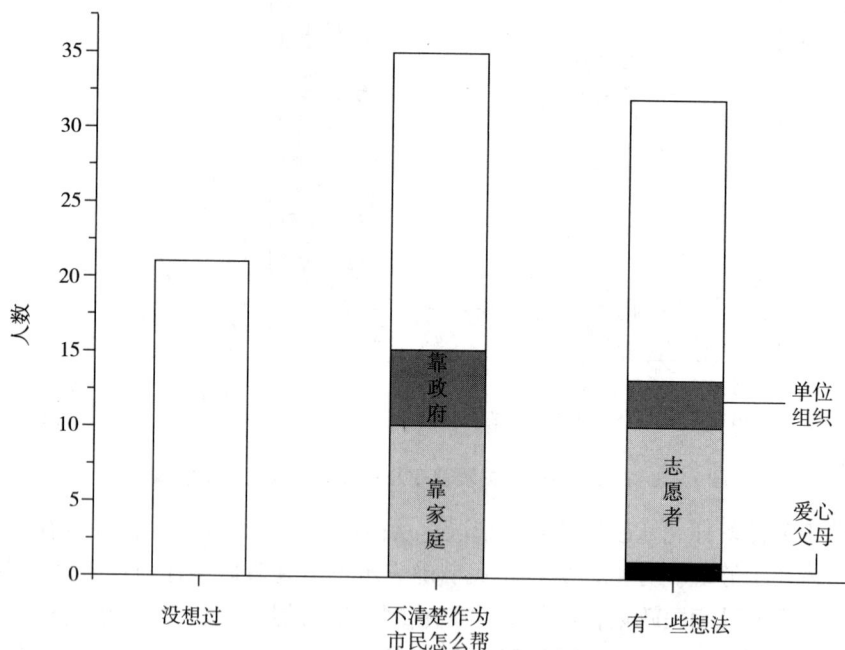

**图2 作为市民应该如何帮助留守儿童的回答情况**

另外，被采访人中已知职业的：有从商的27人，务农4人，学生12人，政府工作人员、国企人员、教育机构人员、医疗机构人员16人，其他职业10人。由于县城较小，主要为乡镇提供较集中的公共服务，商人、政府人员等比例会较一般人群中稍多。

（2）街访分析

在大众对留守儿童概念的了解方面。大多数人都知道留守儿童这一概念，但真正意识到这是一个社会问题的人不多，关心这一问题的人更少。大部分对这一问题有想法、有思考的市民都是国企工作人员、教育医疗机构成员和政府工作人员，或者说是教育水平较高的知识分子。而在县城中这一比例是相当少的。这就意味着，希望县城通过自身努力解决这一问题的可能性虽然存在，但就其社会推动力而言效果很可能不佳。县城应更注重寻求更多的外部资源，以助于留守儿童相关问题尤其是教育问题的解决；同时加强宣传，树立"品牌形象"。

在留守家庭对儿童的"影响"的方面。大部分被访人可以比较明确地说出父母外出务工留孩子在家交由爷爷奶奶照看对留守儿童的影响主要集中在心理和教育。甚至有很多人第一句就是"这肯定不好"。一部分人还对留守儿童的性格做出了推断。应该说这是基于传统文化观念"子不教，父之过"等的推测，没有家长直接教育的场合，不利于孩子的健康成长。这一观点在社会学中也有体现，主要观点为"家庭是社会组成的基本单位"。因此可以推测，留守家庭是不利于孩子的社会化的。

最直接的影响应当非"暑期安全"莫属。父母不在、爷爷奶奶管不住都是该问题产生的原因。在农村，由于各类文化活动较城市中的都偏少，安全观念较弱，安全事故较易发生。与之并行的另一问题是青少年犯罪。根据后来调研时镇级领导的说法，这种无意识或非社会仇视性的犯罪多发原因中的两个：一个就是教育缺失，另一个就是家庭管理缺失。

在帮助留守儿童方面。从街头采访结果来看，几乎是不可能在县城中推广爱心帮扶。第一，大多数人经济实力较弱，顾己还来不及，顾人更困难。第二，以自己发展为中心的思想还比较盛行，自然经济观念还比较重。第三，即使他们有想法、有资本，却不一定有能力；当地教育水平虽然在不断提升，但是水平还是不高的，有高学历的知识分子相当稀少。因此有近2/3的人对留守现象没有帮助的想法也是可以理解的。

被访者中，只有少部分（10%）的人愿意主动参加志愿活动帮扶，缺少平台和资源成为他们参加志愿活动的主要障碍。因此，政府整合资源、创建平台的作用就显得相当重要。

## 2. 入村调研（农户访谈）

入户调研主要采用农村基本经济情况问卷（百村调查问卷）和留守儿童家庭访谈问卷相结合的形式进行访谈收集数据。主要针对留守家庭的基本经济情况、留守儿童的教育情况和留守儿童的生活情况几方面进行访谈。

（1）概述

在洋坪镇与茅坪场镇，我们进行了下乡入户访问。我们的采访有一定程度侧重于对留守儿童家庭的采访，但没有刻意寻找留守儿童家庭。被采访的有孩子的家庭共有28户，其中15户（53.6%）是留守家庭。从结果上看，可推测留守家庭占的比重比较大。在已知"由谁照顾"的26户人家中，有15户留守家庭。其中有12户的儿童是由爷爷奶奶或外公外婆照顾，占留守家庭的80.0%；3户为单亲照顾，占留守家庭的20.0%，没有遇到父母的兄弟姐妹（叔伯姨姑）照顾留守儿童的个案。可以推测，大部分留守儿童由爷爷奶奶照顾。

表3 入户调研样本基本概况

| | 项目 | 比例（%） |
|---|---|---|
| | 非留守家庭 | 46.4 |
| 留守家庭 | 由爷爷奶奶外公外婆照顾 | 42.9 |
| | 由父亲或母亲照顾 | 10.7 |

（2）单项数据及简要分析

联系频率方面，在大部分的留守儿童家庭中，父母每年回家的时间不长，多则三四次，少则一年一次，但是父母还是会经常通过电话和孩子们联系的。有每天都打电话的，也有隔天打一次，每周打一次的。大部分年龄较小的孩子都会经常和父母通话。这样的频率是很好的，孩子能够及时与父母交流自己近期的情况，父母也可以借此鼓励孩子，或者纠正孩子的不是。这对留守儿童的成长有积极的作用。

在调查中，我们还发现几乎所有的留守儿童的父母都会告诉孩子要好好学习。这个细节反映的是父母对孩子的期待。中国人对孩子的期望都很高，这些家长也不例外。但是，目前，所有调查到的农户都告诉我们，在家种田是无法赚钱的。为了孩子上学，家长也只能背井离乡。父母不在孩子身边所造成的影响是很大的，留下来和走出去的矛盾由此产生。

就具体的"阳光家园"暑期班而言，留守儿童参加阳光家园的比例并不高。有的家庭是不知道有阳光家园在，而有的则是因为路程太远，不好安排。另一方面，在为数不多的参加阳光家园的留守儿童中，我们了解到孩子们在阳光家园中还是学到了很多诸如画画、跳舞等的才艺。孩子和家长都比较支持阳光家园。很多家长都认为孩子变得更加开朗了。

（3）留守儿童与非留守儿童对比

在性格方面，我们通过与家长的沟通了解到了孩子的性格。总体而言性格内向的孩子所占比例大概为四分之一。而在留守儿童的孩子中，该比例则为 42.9%。

在学习方面，留守儿童中有 66.7% 的孩子喜欢学习，而非留守儿童则为 58.3%，这方面的差别不大。同样，在孩子的成绩、班上的排名、学习时间以及课外读物拓展阅读等方面都没有出现明显的差异。

在家务方面，非留守儿童家庭中孩子要做家务的比例为 46.2%，而留守儿童中该比例却只有 38.4%。

在眼光与视野方面，在问及孩子喜欢什么样的职业的时候，留守儿童的回答都比较笼统，他们的回答往往是"干大事"、"不种田就行"和更多的"没想过"。非留守儿童的梦想则相对丰富："跳舞"、"弹琴"、"医生"、"老师"、"画画"等等。在问到孩子的兴趣的时候，也出现了这样的情况。普通孩子的兴趣包罗了很多诸如"踢球"、"游泳"等方面，而留守儿童则出现了很多"看电视"等选项。

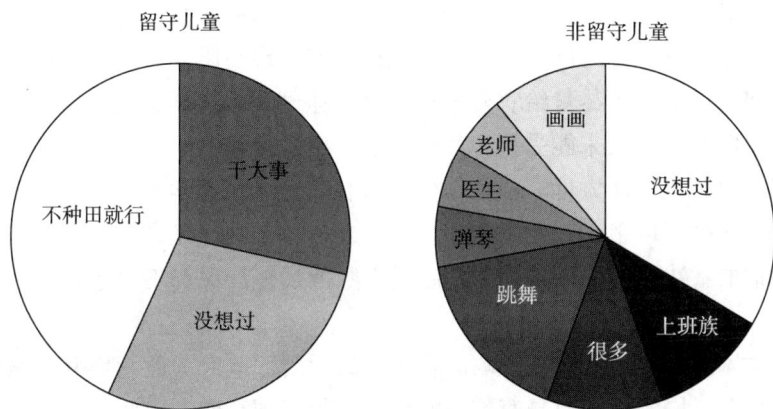

图3　留守儿童与非留守儿童的愿望对比

在采访到的非留守儿童家庭中，超过半数的家长都没有听说过阳光家园培训班这个活动。即使在留守儿童家庭中，也有一部分家庭不知道阳光家园是什么。

根据调查数据可以看出留守儿童内向的频率明显地高于普通孩子。失去父母的关爱的确可能使孩子更加自闭内向。孩子做家务方面，留守儿童做家务的时间比普通孩子的少。这也是在意料之中的：留守儿童一般都是由爷爷奶奶照顾，老一辈都十分疼爱孙子和孙女，只不过有时候这种爱过了火，就容易变成一种溺爱。

孩子还小，他们现在的梦想并不能反映他们以后在更高的一个阶段是否能够做到有目标、有追求，但是至少有一点可以肯定，留守儿童目前的视野比普通的孩子要窄。这可能是受制于监护人（爷爷奶奶）的教育水平。孩子如果不能看到自己的未来，就很容易陷入对明天的迷茫。这些都是我们应该关注的。

根据调查数据，我们发现部分村里面对阳光家园的宣传还不够。具体表现在家长及孩子对其形式、内容的不了解，尤其是非留守家庭。这样对于争取村中资源开展阳光家园活动是没有正面作用的。

（4）综合分析

通过调查，我们发现了一些好的方面。

①留守儿童家庭中，在外打工的父母与孩子联系的频率不低。

②对参加阳光家园的孩子来说，孩子的收获很多，活动收到了很好的效果，孩子在活动中变得更加开朗，也学会了画画、唱歌、跳舞，开阔了视野。

③阳光家园得到了家长的支持和孩子的喜爱，得到了社会的肯定。

但同时也反映出了一些问题。

①家庭方面：当地经济状况不佳与孩子教育等家庭开销之间的矛盾，导致了大量的外出务工。而外出务工反过来产生了留守儿童的教育问题。

②阳光家园的宣传力度虽然较强，但还不够。现在阳光家园的发展方向是在经济条件允许的前提下尽量给农村孩子一个兴趣班式的暑期课堂，但有些孩子因为没有听说阳光家园而未能受到和其他孩子一样的待遇。

③家庭离阳光家园太远。不是每个村都有阳光家园办学点，办学点到多数家庭的距离在 2 公里以上。因此队里提出了让外村孩子到阳光家园办学点的村庄村民家里住宿的解决方案。而调查显示超过半数的当地居民都不愿意接受留守儿童的寄宿。

④阳光家园是一个高度依赖政府积极性的活动。政府为此无偿开设教室，购买桌椅器具等，同时还需要身兼数职的村官进行管理。同时这些活动对政府没有直接的好处。政府的积极性会受到很大的打击，这就会导致工作的松散。具体体现在宣传工作不全面、留守儿童统计不完全等方面。

（5）思考与建议

①家庭方面，如果条件允许，家长可以就近选择打工地点，可以赚钱补贴家用，同时也不会落下孩子。虽然对于农民工大潮而言只是杯水车薪，但当地有正

在兴起的煤矿产业。这样的行为对于当地的部分家庭状况的改善还是有帮助的。

②上级政府（远安县政府）加大对阳光家园的支持力度，提高乡镇政府的积极性，保证阳光家园的良好运行。

③大力发展当地特色经济，如香菇种植等，使农户能够在家里挣到足够的钱。也可以开展饲养业方面的培训，让农户有进行大规模养殖的技术，同时在贷款上给予支持，保证有本钱。从根本上、源头上解决矛盾。

④在经济允许的条件下，可以专门由上级政府开展阳光家园活动，并指派专人而不是村干部进行管理，与村委脱离。减轻村委的压力，同时保证阳光家园更好地进行。

进一步思考发现，留守儿童问题其实是一种经济需求和情感纽带之间的矛盾。现在务农已经不能获得很好的收入，而且年轻人都不愿意再从事农业工作，当身边有人进城务工并且衣锦还乡时，自然心中会萌生出不平衡和对高收入的一种渴望，于是触发大量的年轻人忍痛离开自己的孩子涌入城市寻找着自己的机会。大量劳动力外流，乡村经济止步不前，这贫富差距的沟壑，更加推动年轻人外流。所以，经济问题是一道坎。如何在乡村提供更多的工作机会吸引劳动力回来成为从根本上解决留守儿童问题的关键一环。

### 3. 阳光家园

2008 年 11 月，简曼丽通过远安县大学生村官招考来到茅坪场村，担任村支部副书记、团支部书记，把汗水洒在了新农村的建设上。一直以来，她工作勤恳热心，深受好评。2010 年，她萌生了创立阳光家园的想法。于是，"阳光家园"就这样办起来了。

第一年，是一个试探性的实验。志愿者是她通过向亲朋好友求助解决的，孩子们是挨家挨户找来的，从小学一年级到初中三年级不等。由于孩子们的年龄跨度较大，教学计划基本上是：低年级温故，高年级知新。一个暑假下来，辅导课的成效比较好，据反馈，参加了阳光家园的学生在接下来的学习中成绩都有不同程度的提高。除了辅导课外，还有一些拓展的活动，如唱歌、看电影等，以让孩子们拓宽知识、丰富视野。

第二年，华中师范大学圣兵爱心社开始支持阳光家园活动并派出了一些同学来到茅坪场村担任志愿者。

第三年，也就是今年，西安交通大学的一支支教支队来到了茅坪场村作为阳光家园的志愿者。她也与三峡大学签订了长期的志愿者计划。这样，志愿者缺少的问题已基本解决。

资金方面，由于这个项目得到了上级领导的支持，政府拨出了一笔专项资金。另外，一些企业听说了以后，也纷纷踊跃捐款。如今，教学条件改善了很多。教室里有了投影仪、空调、电脑、粉刷等。室外也铺上了水泥，放上了几张乒乓球台。

制度方面，"致家长的一封信"就是相关的安全方面的制度和文件保证。这个制度需要家长和孩子签订一个安全责任保证书，遵守签到的制度，规定必须是有家长接送的孩子阳光家园才接收，包括早、中、晚的接送。这样可以保证孩子们在路上的安全，也便于更好地管理。

发展到现在，远安县已经有四个村镇开展了阳光家园活动，对当地的留守儿童在暑假提供一个学习娱乐的平台。而且阳光家园已经拥有固定的志愿者来源，也支持大学生暑假的支教项目。现在阳光家园基本活动有：手工、绘画、围棋、体育多种兴趣活动课，还有诗朗诵比赛、播放科教动画片、图文结合训练英语、辅导暑假作业等特殊活动。既丰富了孩子的课余生活，也方便大学生进行支教。

通过我们的调研，我们对阳光家园的优缺点进行了一定的思考与分析。

优势有如下几点。

①针对性强。不同于其他志愿者支教项目，阳光家园针对留守儿童群体，可以做到"儿童暑假开心，大学生支教开心，爷爷奶奶省心，学生家长放心，政府得民心"，而且没有固定的教育内容，志愿者自由发挥的空间更大。

②宣传力度强。对村内宣传强，前期以逐户走访摸底的形式宣传，第一期阳光家园开设前的留守家庭基本都了解阳光家园。对外宣传力度也强，以留守儿童为主题的项目，目前全国还较少。

③对留守儿童帮助教育意义大。因在暑期，有效地减少了无所事事留守青少年犯罪率。另外，还很好地帮助留守儿童拓宽视野，受到较好的教育。

④对留守儿童在兴趣拓展、眼界拓宽方面有很好的帮助作用。这也正是阳光家园成立的出发点之一。

存在问题有如下几点。

①资金。来源基本靠财政支出，给政府财政带来压力。目前是每个点需要投入四万元钱左右。

②教学场地选取。仅仅选取留守儿童较多的村作为试点，较远的村庄中的留守儿童根本无法享受的这样的福利待遇。

③志愿者。完全靠村中联系，或者志愿者联系，没有固定的长久持续的项目，志愿者人数、工作量、工作内容、工作时间都不确定，项目能否成功的随机性较大。未能成体制，志愿者没有受过针对性培训。

④新建立的阳光家园点的村，留守儿童统计不完全。由于家中务工人员时有变动，部分留守儿童没能归纳到名单中。

⑤村政府管理者。一般由村里其他干部兼任，任务繁重。

⑥交流。村际交流匮乏，没有经验借鉴各村之间相对独立，发展速度慢，而且没有开展阳光家园的村并不了解阳光家园计划。

⑦重复性。因为每年的志愿者不固定，所以可能会出现今年与前年的内容出现重复的情况。

# 四、结束语

当我们看到留守的孩子们那一尘不染的大眼睛，真的很想去帮助他们。但是几个人的力量总是有限的，希望这一个特殊的群体能引起社会的关注，希望更多的大学生能给孩子们带去新鲜，希望有更多的资金用于关爱留守。让我们给更多的孩子一个梦想！

告别远安，在回来的火车上，我们又一次陷入沉思，我们的社会还存在很多的不足，还有很多问题需要我们去改善。此次的远安之旅不仅仅是一次活动，它让我们慢慢明白了责任与担当，而这些东西，将会让我们受益终生。

# 对农村职业教育现状和未来发展的思考：
# 以陕西省南郑县职教中心为例

改革开放以来，我国制造业持续蓬勃发展。然而应当看到，由于人口红利逐渐消失，农村劳动力资源在产业转型进程中不堪负荷，原本依靠丰富廉价的劳动力赚取机会成本的"代工"模式亟待调整。在当前战略转型时期，提高劳动力职业素质，培养高技术型工人的重任自然落在职业教育上。近几年来，随着国家对职业教育的重视和政策扶持，我国职业教育显示出发展迅速、活力增强、办学规模不断扩大、办学效益日益提高的良好态势，培养出一大批社会各界所需要的技能型人才，为经济社会发展作出了重要贡献。同时，职业教育仍存在发展相对滞后、规模小、效益低、缺乏活力等问题，仍处于一种艰难探索与发展的过程之中，存在诸如招生难、生源质量差、团队专业化建设难、经费不足等亟待解决的困难和问题。

# 一、引　言

我国是一个制造业大国。长期以来，依靠农村丰富廉价的转移劳动力和巨大的消费市场，工业化、城镇化进程加快，经济总量不断攀升。面对国内外庞大的代工需求，以培养各种复合型和实用型的技术工人、帮助农村剩余劳动力转移就业、满足企业对专业技能人才的需求为目标的职业教育应运而生。近年来，职业教育受到中央政府重视，在办学规模、教学条件、培养模式和深造就业等方面都有不少创新举措，取得了总体较好的发展态势。然而，随着企业对务工人员需求的不断扩大以及各类普通高等院校的招生规模扩大，农村职业教育的发展也面临着严峻的考验，集中体现在四大方面：一是"学历至上，仕途风光"传统观念造成的招生难；二是学生基础差、品德低使得教育教学质量提高困难；三是投入经费少，教师待遇低造成的专业化团队建设困难；四是企业就业准入门槛低，存

本文作者：中国农业大学"农村教育"主题实践调查小队。报告执笔人：李怡萌（中国农业大学人文与发展学院发展管理系 2011 级本科生）。

在校企联合欺诈学生，不能为在职学生提供权益保障。这些问题如果得不到充分解决，势必阻碍职业教育的可持续发展，进而对我国产业转型升级的人才储备造成不利影响。

针对这些问题，本次调查小组的六名同学深入陕西省南郑县职业教育中心，以深入访谈、参与式评估等方法收集资料，通过查阅资料、案例分析，对当地职业教育现状、存在的问题以及原因进行分析，并且提出了一些针对未来发展的积极建议和措施。我们认为，当前应当摒弃传统的"以市场需求培养人才"的教学观念，而应该以生为本，为学生制定个性化职业发展综合规划，通过扩大财政投入和广泛宣传教育，转变农村家庭"大学风光，离农就业"的教育价值观，逐渐提高生源质量；通过改善教师职称评定机制、提高福利待遇等奖励措施，鼓励专业化高技能"双师型"人才从事职业教育，同时加大在职教工培训力度，增添实操设备，真正提高教学质量，逐渐缩小职业教育与普高教育差别；通过完善后勤服务和德育工作，建立一套针对职高学生的综合素质培育计划，以人性化管理取代针尖对麦芒式的强硬措施；通过完善立法体系，加强监督管理来规范毕业生就业中的"顶岗实习、带薪实习"制度，严惩校企合谋欺诈哄骗学生作免费劳力的事件，切实保障毕业生对口就业和劳动力合法权益。

## 二、职业教育发展现状

### 1. 我国职业教育总体发展情况

十七大提出，要"加快普及高中阶段教育，大力发展职业教育"，这为发展农村职业教育，培养高素质技能型人才提供了大好时机，同时也提出了巨大的挑战。更进一步提出，"三农"问题的核心是人的问题，是农村居民发展和素质的提高，而农民本身的发展与提高又依赖于教育特别是农村职业教育①。

近年来，中央政府应时代要求，逐渐重视职业教育，我国农村职业教育取得突飞猛进的发展。体现在逐步建立和完善了以教育部、农业部为龙头，以地方各级职业教育培训中心为骨干，以民间高等和中等职业技术院校为依托，以企业和民间服务组织为补充，以村镇职业技术推广体系和各类培训机构为基础的农村职业教育培训体系②。国家相继颁布了《职业教育法》和《劳动法》来规范职业教

---

① 韦文鹏："对农村职业教育现状及未来发展的思考"，《陕西综合经济》，2009 第 5 期。
② 陈遇春、朱宏斌、刘彬让："当前我国农民职业教育供给的基本特征及存在问题"，《中国农业教育》，2004 年第 5 期。

育体系。据统计，2005 年全国仅有中等职业学校 11611 所，当年招生 537. 29 万人，在校学生 1324. 74 万人。经过 3 年发展，2008 年全国中等职业学校共有 14767 所，招生规模达 810 万人，在校生达 2056 万人。中等职业教育与普通高中教育招生规模已大体相当。"工学结合、校企合作、顶岗实习"的模式，成了我国职业学校，尤其是中职学校毕业生高就业率的秘诀。

教育部公布的统计数据显示，自 2005 年起，全国中等职业学校毕业生平均就业率连续 5 年保持在 95% 以上。2008 年及 2009 年，尽管国际金融风暴使许多人就业困难，但是全国中等职业学校毕业生的平均就业率仍没有回落，分别高达 95. 77% 和 95. 99%。

2012 年 6 月 11 日，国务院新闻办公室发布《国家人权行动计划》（2012 ～ 2015 年），计划表明"十二五"期间我国将大力发展职业教育，保持中等职业教育和普通高中招生规模大体相当，扶持建设紧贴产业需求、校企深度融合的专业，建设既有基础理论知识和教学能力，又有实践经验的师资队伍。逐步实行免费中等职业教育。同时，目前仍存在一些主要问题，比如管理体制松散，国家优惠政策覆盖面小、落实度低；当地政府对职业教育重视和投入严重不足；职教办学模式落后，仍然与普教高考等挂钩，办学目的不明确；专业师资力量稀缺，教师专业化水平低、培训力度不足；社会和家庭对职业教育的传统偏见根深蒂固，严重制约其吸纳人才和持续发展。

## 2. 陕西省南郑县职教中心基本情况

陕西省南郑县职教中心始建于 1984 年，是一所以职业教育、教师继续教育、在职干部、职工专业技术培训、下岗工人再就业培训、农村劳动力转移培训和未升学的初高毕业生技能培训为一体的职教中心。学校占地面积 92500 平方米，建筑面积为 25000 平方米。有学历在校生 2454 人，年培训教育人数 4000 人（次），有专任教师 120 多人。主要开设课程有：计算机应用、电子电工、数控技术、汽车运用与维修、服装设计与工艺、焊接技术、幼儿教育、金融会计、保安武术等专业。其中数控和汽修为热门专业。

（1）师资情况

学校师资力量居全县首位。有专任教师 120 人，其中基础课教师 53 人，专业课教师 49 人，实习指导教师 18 人，基础课、专业课教师本科学历为 84 人，占专任教师总数的 82.4%，理论课教师高级职称为 20%。专业理论课"双师型"教师 38 人，比例为 8%。中教高级教师 40%，中教一级教师 50%，还有 10% 左右为函授研究生。专任教师中掌握办公软件操作技术，如能够独立制作、运用课件的达 78%，师生比为 1：20。

老师平均年龄 44 岁，中青年居多，但男女比例严重失调，男性教职工居多。

（2）国家投资

各级主管部门建立了省市争、政府投、学校筹、建设单位垫、社会融资的经费来源渠道。自 2008 年以来，共筹集资金 1310.8219 万元，其中：省、市专项经费 185.9863 万元，县财政拨款 427.8706 万元，学校自筹资金 22.885 万元，学费收入 495.2 万元，社会融资 178.88 万元。投入教师工资 403.1481 万元，教职工福利 13.3031 万元，学生助学金 34.1415 万元，公务费 81.5019 万元，业务费 294.4604 万元，修缮费 209.3966 万元，实习设备购置费 109.9912 万元，其他（集资利息）63.1657 万元。实现了职业教育经费逐年增长。其中：2005 年比 2004 年增长 8.5%，2006 年比 2005 年增长 14%，2007 年（1～6 月）比 2006 年同期增长 27%。经费来源渠道较多，稳中有升，基本能满足办学发展的需要。学校办学条件近几年有明显改善①。

（3）学生奖励资助

每生每学期学费 800 元，住宿费 150 元，代办费 110 元，合计 1060 元。2012 年享受国家免除学费优惠的学生为 1080 人，占 42%。国家每年每生发放助学金 1500 元，物价补贴 100 元，直接打入学生账户不发现金。

学校以技术课为主，不便于考核，因此不发放奖学金，但鼓励学生参加省市级职业技能大赛，二等奖以上可以面试前往对应的职业技术大专院校深造。但是也存在为了学校面子工程，而选拔尖子学生参赛，阻止其上文化课的现象。学校推行"3＋m"特色办学模式，办有三个高考补习班，本校三年中专读完后可继续前往有合作的大专类院校读书。

（4）教师福利待遇

160 名教师中有 40 名外聘教师，他们的工资由学费出资，每年花费大约 30 多万，这给学校经济造成极大困难。其余 120 名专职教师课时工资由国家财政出资和绩效职称挂钩，一节课 3 元津贴，没有补课费，大大低于普高教师待遇。班主任津贴、招生提成和参与学生工作的提成从学生学费、住宿费中拨款，能享受这些"额外补助"的教师占 45%。由于教师基本工资低，因此大多数教师十分热心参加这些额外工作。

职业高中与企业合作开创的"顶岗实习"模式也给老师们带来了不少特别收入，每位带生进厂实习的老师不仅能得到学校奖励的 1500 元，有的还能得到

---

① 学校概况，南郑县职教中心，http：//www.nzzj.com/。

企业的大量不定额补贴，而这部分收入大多是企业出资，少量从学生的实习工资中扣除。

（5）毕业生出路

每年1500名毕业生中20%前往陕西职业技术学院、陕西航空技术学校、汉中卫校等大专类院校继续深造。其余80%学生在完成两年学业后，第三年即由专职老师带领，前往东南沿海代工企业实习，实习期一般为3个月~1年，工资1500~2000元，转正后工资为2000~3000元，留厂长期工作的学生约为70%。校企联合办学形式主要有三种：一是富士康模式——计划招聘，接受就业；二是深圳新名婚纱公司模式——书面协议，订单培养，由公司提供委培计划（含专业课程、素质教育企业文化课程、行为训练目标），批准学校以企业名称命名班级，确认双方责任人，公司提供专业教材、部分设备和教学资料；三是江苏华硕电脑公司模式——工学交替，顶岗实习。近三年来，共有1818名毕业生在这些企业长期就业或顶岗实习。

当地工业化基础薄弱，难以为职业学校毕业生提供金融、人才和物资等创业资源，因此在当地创业的毕业生少之又少，他们绝大多数随波逐流，成为沿海代工企业的工作机器，学校里掌握的熟练技术很难有充分的发挥机会。

# 三、职教中心发展面临困难

## 1. 固守传统观念，招生面临极大挑战

以培养实用技术人才为目标的职业教育一向受到人们的轻视。社会上人们的普遍观点是"职业学校毕业生的社会地位低，收入也低"，认为"只有成绩不好品行低劣的学生才去上职业学校"[①]。一方面，这些观念道出了职高生源质量差的事实；另一方面我们要看到，中优等学生之所以不愿意选择职高，很大部分原因是当前"学历文凭至上，工人阶级地位低"的就业观作祟，一般来说，普高乃至大学毕业生比职业学校毕业生起点工资要高。另外，社会长期以来形成的畸形人才观也添油加醋，认为学历越高越有文化，面子上越风光，社会认可度越高，所以即使学生本身不适宜普高学习，依然一意孤行坚持逼其读下去。

近几年，全国扩大普通高等教育的招生规模，许多人认为只要能想办法上高中，考上大学就不再是难事，而大学教育教学水平良莠不齐，极度缺乏行业规

---

① 李恒立："农村职业教育面临的困惑"，《科学创新导报》，2012年第9期。

范。在家长一味要求孩子读书的背景下，生源大量涌向公办或私立高中，直接造成农村职业学校的招生困难。

总之，人们普遍认为，学生受教育的目的是为了考大学、跃农门，而不是为了掌握某些特定职业技能适应社会需要而进行训练、学习；家庭中长期受"学历为本，仕途风光"的传统观念影响①。当前兴起的公务员考试制度，以及社会对于"本本主义"的追捧，也无形中助长了此类思想，使得教育工具化思想根深蒂固，衡量人才素质高低的首要标准是工资高低，尤其在广大农村地区，教育在人力资源社会化过程中发挥的深层作用被忽略，多数人对中等职业教育——培养技术型劳动者的教育，存在蔑视的心态，潜意识把职业学校当成了"差生集中营"。

现在大学毕业生找工作这么难，职高学校包分配，招生还是困难。家长认为上职高没面子，开家长会都不愿意来。高台中学（南郑县一所较差普高）一年毕业1000人，有700人都流入社会了，这都是潜在的不稳定因素啊，可家长还说"能上就让娃上……"（南郑县职教中心学生工作部黄老师如是说）。

普遍而言，招生方式还仅限于传统的说服教育或者经济利诱，以南郑县职教中心为例，全县32所初中，在秋季招生前就会把"差生或经济贫困生"名单交给职高招生老师，职教中心针对每份学校名单再安排一名主管和两名负责老师，老师们直接利用寒暑假前往"差生"的家庭对口说服。

我们都说娃成绩差，上了普高也念不了好大学，而且考得上考不上高中还是问题。不如趁早学门技术出去打工，现在技工工资比有些公务员还高，就给家长举别人的例子嘛，当个公务员1000个人里招100个，面试走后门至少得20万，还不一定搞成，我们这上职高期间就已经给家里赚钱了！有10%经济条件差的家庭，就宣传学生助学金额高，学费比普高低好多，一般这种家庭最容易找到生源（南郑县职教中心一位老师如是说）。

除了家庭和社会对职业学校的固有偏见，有关部门发展职高的政策也存在片面化、刻板化、功利化的缺陷，只会机械地片面地执行上级任务，不断给下级下达硬性指标，使得基层职高教师招生压力倍增。而下级为了从上级拨付的职高发展经费中牟取"油水"，也不惜在招生时采取一些非常手段，比如给初中班主任老师发回扣，让其协助劝服学生放弃初中学业，尤其在一些教学质量偏低的学校，许多老师从初二就开始劝说成绩较差或者调皮贪玩的学生退学上职高，有时甚至威逼恐吓，诸如"你这样子混下去也上不了好高中，还不如学门技术出来好

---

① 李恒立："农村职业教育面临的困惑"，《科学创新导报》，2012年第9期。

找工作，又能给家里省很多钱"。导致一些本性并不坏且有潜力读普高的学生混进职高，反而因为学习环境差管理松散而愈加颓废，荒废大好青春。

职教中心黄主任介绍说，今年秋季学校下达的招生指标是每个小队（3 名老师）至少招 14 人，他透露自己所在职教中心与各县各初中均有合作，初中教师享受招生回扣，总共能拿 200 ~ 500 元，帮助说服班里的差生上职高。学校每年给每支招生小队拨发 2000 元招生经费，用以交通、住宿和针对家长和初高中老师的饭局应酬等开销，但是基本上都"入不敷出"，特别在一些私立职业技术学校，不仅没有上级拨款还面临着严重亏损的困境。

## 2. 生源质量差，学校管理遭遇瓶颈

农村职业学校存在招生困惑，造成农村职业学校的招生入学门槛越来越低，特别在资金困难的民办学校情况更甚。目前，该教育行业管理混乱，准入门槛低，学校办学资格审核不规范，缺乏细致成熟的法律制度规范和行业监管办法。在我们调查的南郑县，全县只有一所县级公办职教中心，其余 9 所都是民办学校。学校要生存，生源就是这些私立学校得以生存的前提条件，所以选择生源的余地很小，只要学生愿意读职业学校，家里经济状况允许就照单全收，更别提根据学生个性为其做个人生涯规划了。为了多招生，学校挖空心思想尽办法，每所职业学校都把招生工作作为学校工作的重中之重，这也是行业无奈之举①。

众所周知，如何让在校学生掌握一技之长，不仅能找到理想的工作还要成为一个人格健全、明辨是非的社会青年，不辜负三年的青春时光，才是一所学校的首要职责。农村职业学校的学生大多学习基础差、自律意识差、社会反响差，有些学生本来对职高学校就存有偏见，甚至觉得自己是被放弃的，不敢和那些读高中、大学的同学竞争，于是自甘堕落自暴自弃，有的会故意违反校规，反抗老师、欺负同学，学生的不配合造成了提高教学质量工作中的最大"难点"。就县职教中心而言，每周至少都有两起大的打架事件，基本每天晚上都有学生翻墙出门通宵上网。对此，学校也制定了不少管理办法，比如：禁止谈恋爱（实则屡禁不止）；寄宿生周一至周五不得出校门；使用进出门一卡通；在校园各个区域布置保安 24 小时巡视，严查打架翻墙外出上网事件；班主任有权在任何时间进入任何宿舍进行巡查……这些硬性措施力度不小，但缺乏社会工作中所说的"优势视角"，而仅仅把他们当作"问题学生"处理，没有从个体优点出发，帮助他们发掘自身隐藏的价值。虽然起到一定的防范安全事故的效果，但不尊重学生人

---

① 李恒立："农村职业教育面临的困惑"，《科学创新导报》，2012 年第 9 期。

格、不理解学生心理的手段极容易激化师生矛盾，结果适得其反。当然，县职教中心在德育工作上投入也不小，比如：每周举办一次主题班会；不定期安排全校学生思想动员大会；成立了学生工作中心，由兼职教师和学生会部门干部主管，定期向班主任汇报班里同学的思想动向，一旦发现有表现异常的学生会及时对其进行心理疏导等等。相比那些硬碰硬的措施，针对不同学生的不同想法采取的人性化教导，学校与家庭紧密配合，教育效果显然更理想些。

后勤服务也是保证学生健康成长的关键环节。由于经费紧张，学校管理层宁可把钱花到招生、教师待遇和校企合作项目等与学校声誉前途紧密相关的地方，几乎没有主动往学生权益保障方面的投入。以南郑县职教中心为例，宿舍为6～8人间，架子床，无暖气无空调无公共浴室，学生们大多反映食堂伙食恶劣，"打份肉菜很少看到油花的，菜不好吃，我们只好溜到外面买"，"夏天实验车间没冷气跟加工厂一样，能闷死人"，"学校没法洗澡，出门要开假条，夏天忍得很难受"，甚至有的民办学校竟然认为给这些"差生"投入修缮宿舍、改善伙食不值得，根本不考虑除了宣传招生使劲赚钱外的义务和职责。毫无疑问，糟糕的食宿环境外加严格的管理制度，使得学生的生活热情早已荡然无存。

### 3. 经费投入不足，教育专业化建设难

职业学校由于专项经费不足，社会认可度低，教师基本待遇低于普高水平，造成专业教师严重缺乏，专业化水平不高。由于受人事管理体制的制约，职业学校缺乏灵活的上下流动用人机制，需要的人进不来，不需要的人大量调入。经过调查，农村职业学校教师队伍中百分之八、九十都是文化课教师，他们除了文化知识传授以外，无一技之长，严重制约专业的发展[1]。而从国营工厂或者私营个体户等机构外聘来的职业技师又只懂得教授实际操作经验，缺乏系统化的理论知识和授课技巧，很难让学生深刻理解以致熟练掌握，并且占教工总数30%的外聘教师也给学校经济造成了不小困难，使得学校更加无力担负本该用在科研和设备更新上的投入。另一方面，对口应届大学生条件虽具备，但又招不来、留不住，岗位培训由于名额有限、经费制约，难以满足教学实践的需要，对教师再教育作用不大，造成职高迫切需要的专业课教师、"双师"型教师少之又少。

调查中发现，一些地区办学条件严重不足，校舍破旧、设施奇缺、办学活力不足，因为缺乏资金投入，错过了发展的大好机遇期[2]。南郑县职教中心尤其缺乏实践操作硬件设备和电子网络操作系统，目前只有6个机房，机床年久失修，

①② 韦文鹏："对农村职业教育现状及未来发展的思考"，《陕西综合经济》，2009年第5期。

数控专业选购的钢材学校更无力承担，根本无法满足 1500 多名在读生需求，这些教学必备材料和生活服务资源的匮乏必然不利于提升学校教育教学质量，给学校造成了更大的困扰和社会负面印象。为此，有些资质低盈利性强的学校不惜借钱搞建设，结果负债累累，办学更加步履维艰。现在上级对基层职教中心的扶持政策是：以"奖"代"助"、扶"富"不扶"贫"，这样不均衡的政策将会导致各地职业教育发展差距越来越大①。

硬件设备在实际演练中特别重要，对学习效果提高大有帮助。光靠学校经费肯定无法负担，必须要有政府的大投资，但是现在申请买台机床手续都非常复杂，买钢材就更难了（职教中心副主任黄自清如是说）。

### 4. 企业就业准入门槛低，学生权益缺乏保障

我国经过几十年的发展，各项法规及政策都很完善，近年来特别出台了《职业教育法》，对职业教育做了系统化的规范指导，但是迄今仍多数停留在表面，缺乏对实际落实的监管和更加明确细化的条文②。我国《劳动法》明确要求建立从业人员岗位培训机制，并严格实施劳动力市场准入制，但是由于缺乏操作层面和政策的支撑，我国企业对劳动力就业准入制度执行普遍乏力，企业就业准入门槛低，用人单位招聘时第一个考虑的是企业用人成本，造成很多从未接受职业教育的廉价劳动力大量涌入第二、三产业，职业学校的学生就业受到很大的冲击，职业教育发展也受到挑战③。同时我国劳动力资源丰富，企业迫于成本压力，也愿意选择雇佣未受过职业教育的廉价劳动力，进而获取较高的利润空间。尤为严重的是，近年来多家媒体报道，职业学校学生由老师带领在企业实践工作中，在毫不知情的情况下俨然沦为了免费劳力，其实习工资大半都进了老师腰包，劳动效益则给了企业，即使发现后想要离开，由于人生地不熟，缺乏经济支持和维权手段，最后都不得不向校企妥协。

在市场经济条件下，用人单位和企业有着自主的选择权力，必然对职业教育的投入缺乏动力，更不愿意分担职业教育成本④。当前我国的代工企业正处于转型升级、自主创新的关键时期，企业急需技能型和管理型人才，刚从职业学校毕业的学生的专业能力很少能满足企业需求的，因此他们大多只能加入到老一代打工大军中。随着金融危机后企业在人力资源上的投入减少，他们也面临随时被裁工的风险。另外，企业就业门槛低使大批从业人员失去了接受深造教育获得职业

---

① 韦文鹏："对农村职业教育现状及未来发展的思考"，《陕西综合经济》，2009 年第 5 期。

② 钱鹤仙："浅析'三农'问题背景下农村职业教育"，《教育教学研究期刊》，2012 年第 11 期。

③④ 李恒立："农村职业教育面临的困惑"，《科学创新导报》，2012 年第 9 期。

资格证书、技能等级证书的紧迫感①。学生们在流水线上被科学管理成为劳动机器，如果自己不能及时调整，只会变得越来越消沉堕落，不仅自身价值无法实现，严重者便沦为和"富士康"跳楼案的主角们一样的牺牲品。最后，没有职业资格证就业人员与接受过职业教育的毕业生达到同工同酬，也使许多农村家长和职业学校的学生认为送子女上职业学校没有必要，加重了职业学校的招生困难②。

## 四、职业教育需要全社会的关注和投入

综上所述，面对当前职业教育中长期存在的问题，有关部门需要积极制定相关政策，完善行业规范，更重要的是，需要全社会的关注和投入。我认为可以从以下几个方面加以改进。

①应当由传统的"以市场需求培养人才"的功利主义教学观念转变为以生为本，强调职业教育的重要地位，树立全社会对职业教育工作者和学生的平等观念，政府教育主管部门要制定有地方特色的职业发展战略规划，根据现实存在的问题，不断细化职业教育法律法规，甚至可以成立职业教育内置资金和牵头部门，专款专用，接受社会广泛监督。

②通过扩大财政投入和广泛宣传教育，转变农村家庭"大学风光，离农就业"的教育价值观，在方式方法上可以灵活些，比如带领学生家长参观校园，利用报纸电视等媒体采访报道，定期下乡举办宣讲会，不要把招生作为各方既得利益者牟利的工具，目光长远些，让职业教育真正面向所有学生群体，才能逐步提高生源质量。

③通过改善教师职称评定机制、提高福利待遇等奖励措施，鼓励专业化高技能"双师型"人才从事职业教育，同时加大在职教工培训力度，引进一些普高教育中的教育理念和方法，比如学分制、学生会竞选制，增加拓展学生综合素质的一些活动，例如支持人大赛、才艺竞赛和专业技能竞赛等，让各具特色的学生在学校里都能激发出不同的潜能，实现自己的梦想，丰富他们的生活，增强他们的自信。

④在学校建设资金来源上，一方面，可以定期向有关部门申报项目，表达学校的真实诉求；另一方面，可以面向社会组织融资，吸引公益资金和商业投资，扩大经费来源；与此同时也要开源节流，在托关系摆场面等不正当交易方面，减

---

① ② 李恒立："农村职业教育面临的困惑"，《科学创新导报》，2012 年第 9 期。

少花费。简化增添实验操作设备和原材料的手续，建立较为完善的计算机操作系统，逐渐缩小职业教育与普高教育差别。

⑤通过完善后勤服务和德育工作，学校应该建立一套针对职高学生的综合素质培育的计划，发挥学校德育和心理教育部门实效，以人性化的管理取代针尖对麦芒式的强硬措施，本着对每个学生负责的态度，家校沟通，理解他们、关爱他们、尊重他们的权利诉求。

⑥通过完善立法体系，加强部门监督管理规范毕业生就业中的"顶岗实习、带薪实习"制度，在校园和企业长期驻派机构和人员，专门负责惩治校企合谋利诱学生作免费劳力的事件，切实保障毕业生对口就业和劳动力合法权益。学生家庭可以与社会舆论合作，曝光披露代工内幕，既利用公共武器维权，也有助于避免更多悲剧发生。

⑦要实现普通高中教育和职业技术教育这两类教育学制的相互沟通，真正形成人才成长的"立交桥"，比较可行的办法是架起"引桥"，即在高中阶段教育和高等教育之间设置一个过渡层次（高中后非高等教育阶段）。这个层次的教育课程也分为两类：一是普通教育课程，供中等职高学校毕业生补习文化课程，为报考普通高等学校作准备；二是职业教育课程，供普通高中毕业生补习专业理论知识，训练职业技能，为报考高等职业学校作准备。这样，两类高校都可以根据自己的入学标准招生，而不必降格以求。学生也可真正根据自己的意愿选择学习、成才的途径①。

### 致谢

首先，我要感谢我的父母对这次暑期实践的热情支持，为我和队友提供了良好的食宿和有益的生活指导。其次，我要感谢被访的 20 户村民和南郑县职教中心的黄自清主任，他们极为认真耐心地配合我们访谈，不仅反映了真实情况更提供了一些新颖的考察角度。最后，我要感谢我的两位指导老师，在课题选择、研究方法和调研技巧上给予了无微不至的指导和关怀，还有我的五位队友，与我一起度过了美好而难忘的七天！谢谢所有支持我们的人！

---

① 朱新生："试论职业教育与普通教育的相互沟通"，《教育发展研究》，2002 年第 11 期。

# 盐池县麻黄山乡农村子女教育问题暑期调研报告

通过暑期前往麻黄山乡进行社会调研，我们了解到麻黄山乡的农村子女教育还比较薄弱，学校基础设施、教师的数量和质量等教学资源还很欠缺。"两免一补"政策执行较为良好，但是也存在一些问题，如怎么才能将补助准确地送到需要这笔钱的同学手上。"两免一补"的宣传力度还需要加强，使得更多人对这个政策及其落实情况有较为清楚的了解。基于这些问题我们提出了相关的政策建议。

## 一、调研背景

在全面建设小康社会、加快推进社会主义现代化建设的过程中，最艰巨最繁重的任务在农村。党中央提出要把"三农"问题作为全党工作的重中之重，在工业化、城镇化深入发展中同步推进农业现代化。为了引导大学生关注"三农"问题，鼓励大学生深入农村调研，关注家乡发展，清华大学中国农村研究院将开展 2012 年"百村调查"暑期实践活动。

宁夏回族自治区位于我国西北地区东部，黄河中上游地带，是全国五个以省建制的少数民族自治区之一，也是全国最大的回族聚居区，和全国其他省份相比，宁夏的整体教育水平还是比较薄弱的。盐池县位于自治区东部长城沿线，是全区面积最大的县，占全区总面积的 16.7%。境内地势南高北低，南部为黄土丘陵区，中北部为鄂尔多斯缓坡丘陵区，常年干旱少雨，风大沙多，属于典型的大陆性季风气候，教育水平相比于其他县市来讲也处于劣势地位。全县目前有各级各类学校 104 所，其中高级中学 1 所，初级中学 8 所，高中学校 3 所，九年制学校 3 所，在校学生 2.7 万人。

本文作者：清华大学赴宁夏盐池县调研实践支队。报告执笔人：李明明、冯子妍、罗园、尚睿克、李子健、阿蕾、艾丽丝（清华大学环境学院 2011 级硕士研究生）；廖珍妮（清华大学环境学院 2011 级本科生）；谢军（清华大学土木水利学院土木工程系 2011 级硕士研究生）；姚湘杰（清华大学土木系建材所 2011 级研究生）；文森（加拿大麦吉尔大学 2011 级本科生）。

# 二、调研内容

由于我们前往盐池麻黄山是在暑假期间，到达后发现学校已经放假，因此没有能直接向老师和学校领导询问农村子女教育的相关情况，后来我们采用了与乡领导座谈的形式来了解那里农村子女的教育情况。

7月26上午，我们和麻黄山乡政府领导在乡政府会议室进行了座谈，乡党委书记和有关领导出席了座谈。座谈会上，我们就麻黄山的发展情况询问了各位领导，特别是农村子女教育情况。

陈志良书记首先介绍了麻黄山的基本情况和面临的主要问题。麻黄山由于其地理位置和环境气候等因素的约束，使得本乡的发展面临了许多困难。如农村饮用水方面，时至今日广大农民还是饮用天然雨水；招商引资方面，由于种种限制，造成招商引资困难重重。还有教育方面，目前麻黄山乡的教育与附近几个兄弟县区中相比不是特别出众。陈书记也深知"百年大计，教育为本"的思想，因此在实际的政府工作中，尽管经费不是很充足，但总是尽量照顾乡教育的发展需求。

党委副书记也提到了一些教育方面的现状，由于现在学生比以前减少很多，因此造成的一个问题就是，一些小规模的学校要被关闭，并由几所小规模的学校合并成为一所学校，以前是每个行政村有一所学校，现在的情况可能就是两三个行政村才有一所学校，在麻黄山这个地方，每个行政村下面有七八个自然村，每个自然村之间的距离平均都要5公里，更不要说是每个行政村之间的距离了，因此合并之后学生们的交通问题是一个亟待解决的问题，由于条件不允许，没有足够的经费购买校车，况且乡里面的公路条件也不是特别好，因此目前只能采取住校的方式来解决这个问题。年龄小的也就六七岁，也得住校。

负责乡宣传工作的周顺奉干事也谈了自己的看法。他说其实在农村有许多孩子非常勤奋好学，非常优秀，就是我们无法给他们提供足够好的条件去帮助他们，自己有时候就感觉到很心痛。他说乡里之前有一个女孩，名叫李秀，家住宁夏盐池县麻黄山的一个小村，从家到学校，需要一个多小时的山路车程。从小家境就不好，妈妈因为先天性心脏病很早就去世了，现在家里和她相依为命的只有弟弟和半身不遂的爸爸。就这样李秀一边上学一边照顾爸爸和弟弟。虽然面对种种生活的艰辛，可是这个女孩很乐观，我们希望可以帮助她，但是帮助的能力毕竟有限。

之后其他相关负责人也谈了自己的感受，我们也针对部分问题进行了提问，总体来说这次座谈会进行得很顺利，我们收获了许多。

# 三、调研分析

通过这次和乡领导的座谈与部分农户的沟通交流，我们发现了麻黄山乡在农村子女教育方面的若干问题。

## 1. 文化程度普遍不高

麻黄山由于其地理位置因素和历史文化因素，这里的人们普遍文化程度不高，特别是家长的文化程度，大多是小学或者初中教育程度，高中文化程度比较少见。近年来由于实行义务教育以及教育的宣传作用，再加上各种上学的实惠政策，现在的上学率得到了较大的提高，但是父母受教育程度偏低会在某些方面影响对孩子的教育，如许多家长还抱有上学没有作用的思想，小孩子上学成绩不好就让其出去打工等等。

## 2. 人口居住分散，学校布点分散

麻黄山乡地处丘陵地带，该地方的居住相对来说比较分散，每户之间的距离平均在 1 公里左右，每个自然村之间的距离平均要在 5 公里左右，行政村与行政村之间的距离则更远。如此分散的居住情况，给孩子们上学也造成了一定程度的困扰。在学生数量比较多的时候，各个自然村还可以平均分到一所小学，上学顶多也就是半个小时左右时间就可以到校，而现在由于生源数目在减少，一些规模较小的学校不得不合并成为一所学校，这样一来学校的数目急剧下降，小学生们上学不得不面临更难的交通问题，学生寄宿成为一种解决该问题的方法。

## 3. 教师编制紧张

由于麻黄山地处比较偏僻，生活环境比较艰难，许多老师不愿意在这样的环境下工作，久而久之，学校的老师数量不断减少。一所学校如果老师数量得不到保证，那就会严重影响学校的日常教学活动。目前，会有一些学生前来做支教工作，但大多都持续时间不长，也会偶尔有部分学生前来做实习讲师，可是他们毕业后一般不会选择这些地方工作。如何吸引老师成为一个十分棘手的问题。

## 4. "两免一补"落实情况存在些许问题

"两免一补"是指农村义务教育阶段，免教科书费、免杂费、补助寄宿生生活费。实行"两免一补"是解决好农村义务教育阶段贫困学生上学难，让每一个适龄儿童都能够接受义务教育的客观要求；是贯彻落实科学发展观，促进城乡、区域统筹协调发展的根本要求；是维护广大人民群众根本利益的德政之举，也是公共财政的内在要求。麻黄山乡在这方面积极响应党的号召，积极贯彻落实这项惠民政策，有效地帮助了贫困的学生，许多贫困的小孩子再也不用担心上学费用问题了，他们可以坐在教室里面学习科学文化知识，增长才干。然而我们也清楚地看到在这项措施实施过程中所存在的的一些问题，如是否这个补助真正送到了真正贫困的学生手上。我们在进行选拔评价的时候，基本上是以村里面开具的证明信为主，村里面推荐，虽然也对学生的贫困情况做了调研，但是这个工作还没有做到位，会出现某些村干部或者亲属家中家境还可以的学生拿到这部分钱，而其他学生拿不到这份钱的情况。因此我们还要想办法去解决这个问题，以后除了在村里面出具证明信之外，还应该一个个核实证明信的真实情况。

### 5. "两免一补"执行情况不公开透明

在和乡领导进行座谈后我们还在做调研问卷的时候向农户积极地询问子女教育问题，当我们问及到你知道什么是"两免一补"，他们很多人不能较为清楚地说明是什么，什么费用免除了，补助的又是什么。而是只能轮廓地说免费上学了，可能还会发点钱，从这一点可以看出来部分农民对于"两免一补"政策还不是很清楚，需要加大宣传力度，采取更有效的宣传手段。而当我们问及你对"两免一补"是怎么执行的，他们绝大多数表示不知情，这都是政府的事情。他们也希望可以做到公开透明，比如可以在村里面做一个展板，把两免一补政策和落实情况公布一下，让农民心中也有一个数，这样也可以化解他们心中的种种疑惑。

### 6. 农村留守儿童较多

由于麻黄山较为恶劣的生活环境，尤其是吃水问题，他们只能收集雨水来食用，庄稼地里面更是如此，真正的是靠天吃饭。在这种情况下，许多农户选择出去打工，而孩子就只能和爷爷奶奶住在一起，他们有的年龄很小，只有 2 到 3 岁，长时间看不到父母，缺乏父爱和母爱，这样势必会对孩子的心理造成一定的伤害，也不利于他们的学习教育。教育学生是老师和家长共同才能完成的事情，少了一方都不可以，家里面不能把孩子推给学校就完事了，还应该在平时多关心孩子的学习情况，这样才能为孩子的健康成长营造一个良好的氛围。

# 四、调研结论与建议

在这次暑期调研实践当中，通过与麻黄山乡的部分领导以及与当地农户的沟通交流，我们了解到麻黄山乡的农村子女教育还比较薄弱，学校基础设施、教师的数量和质量等教学资源上面还很欠缺，需要投入较大精力；"两免一补"政策执行较为良好，但是也存在一些问题，如怎么才能将补助准确地送到需要这笔钱的同学手上；"两免一补"的宣传力度还需要加强，使得更多的人对于这个政策和落实情况有较为清楚的了解。希望乡有关部门充分认识到这个问题的重要性，采取措施做好这项让人民受益的实事。

# 五、调研感受

调研结束后，我们一行 11 人感触良多。在调研的过程中我们深刻感受到做工作要有信心、有计划。很多时候，工作任务初看上去很简单，但实行起来会遇到一些困难，这时要有条理，制定出合理的计划并严格地按计划实行。只要有精确的实行计划，不松懈、不泄气，难题不能阻碍我们的工作。工作都是一点一点做出来的，事在人为。

通过这次调研我们也看到了一个不一样的中国，在这里我们体会到了生活的艰辛，体会到了上学的不易，体会到了在中国还有许多人需要我们的帮助，相信在我们回去之后一定会更加珍惜来之不易的学习机会，刻苦钻研、奋发图强，将来为社会贡献一己之力。

# 基于四所农村小学走访及支教后的调研报告

　　我们从学生、学生家长、学校领导三个维度调查普洱市农村的教育状况。这里义务教育推行情况良好，但仍然有很多问题存在，学校方面学生来源和留守儿童问题为学校的管理和学生接受系统化教育带来了很大麻烦；非义务教育阶段高额的费用是想要深造的孩子的巨大阻碍，为了整体改善普洱市的教育状况，学校宿舍、食堂等硬件条件需要改进，教师素质等软件条件也得提高，同时为了孩子们的受教育环境与未来的发展，教育资源的整合势在必行。

　　我们注意到我国西部地区的教育水平普遍落后，于是在调研选题中着重关注了农村子女教育问题，但我们对于学校的调研基于三个维度：学生、学校老师和领导、学生家长，只有真正做到对三个方面的了解，才能集中反映农村教育问题，我们的农户问卷满足了对家长的了解，结构性问卷满足了学校老师领导方面的调研，而我们所缺的是对学生的直接了解，于是我们小队还结合了别的项目，对普洱市第六小学（一所处于城市郊区的农村小学，有大量农民工和农民的孩子）进行了支教，我们此份调研报告正是基于农户调查问卷"子女、老人和家庭生活服务情况"的相关问题，结构性问卷的小学的访谈提纲，还有自身的支教经验，力求从三个维度更好地了解农村教育状况。

## 一、从小范围来看普洱市农村教育状况

表1　　　　　　　　　　四所调查小学的基本情况

| 学校名称 | 学校性质 | 学校在职教职工人数 | 学校学生人数 | 学校是否可以寄宿 | 学校是否有食堂 |
|---|---|---|---|---|---|
| 普洱市思茅第五小学 | 公办 | 49 | 889 | 是 | 是 |

　　本文作者：中国农业大学赴云南普洱周边农村调研实践支队。报告执笔人：杨晗（中国农业大学信息与电气工程学院2011级本科生）。

| 学校名称 | 学校性质 | 学校在职教职工人数 | 学校学生人数 | 学校是否可以寄宿 | 学校是否有食堂 |
|---|---|---|---|---|---|
| 普洱市思茅区倚象镇中心小学 | 公办 | 41 | 751 | 是 | 是 |
| 宁洱县温泉宝钢希望小学 | 公办 | 20 | 184 | 是 | 是 |
| 思茅第六小学附属南岛河小学 | 公办 | 33 | 858 | 是 | 是 |

从表1中的一些基础数据可以看出，普洱农村小学的规模都很小，基本上仅仅满足本村适龄孩子的上学条件，但值得欣慰的是我们访问的每个村子都有小学，并且每个小学都具备住宿条件也拥有食堂，在师生比例上都大于1∶30，学校教育应该说处于良性发展态势，特别是我们在对包括学校领导和学生家长的访谈中，了解到处于义务教育阶段的孩子100%享受到了"两免"，很多贫困学生享受到了"一补"，较之于很多地区，普洱的农村教育还是很令人满意的。

## 二、学生来源和留守儿童的教育问题

前面提到几个村子的小学基本上是满足本村适龄儿童，但也有一些孩子是来自别的村子甚至乡镇，还有的就是流动人口子女。大部分村子里的农民的孩子上学方便，都选择在家住，但也有的学生家离学校有9公里左右，而这些孩子多住校，根据几所学校的反映，学校的宿舍不太紧张，也就是说学校基本能保证流动人口、外来人口和留守儿童的住宿问题。

但是基本的硬件条件保证了，一些软件方面的东西对留守儿童和流动人口子女也会造成伤害。以前普洱市内并不是大城市，因此并没有北京上海等大城市所出现的大量农民工，留守儿童现象并不严重，这点我们也从村级调查问卷数据中得到证实。但随着近几年城市急速扩张，出现了很多进城务工人员，他们大多是城市附近农村的农民，经常进城打工，一个星期可能回家一两次。虽然他们不是常年在外，但也对他们的子女造成了不少影响，这些务工人员很多是夫妻双方都出去，然后把孩子留在学校，这些孩子虽然不是真正意义上的留守儿童，但他们严重缺乏父母关爱和教育。在我们支教的第六小学就有老师向我们反映：很多家长极不负责任，把孩子丢到学校，全让老师负责，而自己到外面打工赚钱，孩子们的养成习惯也极差，很多毛病老师说也不听，改也改不掉，这与他们缺少父母的管教是分不开的。

流动人口子女的教育问题也令人担忧。在倚象镇中心小学调研时，校长就对我们说了学校一些流动人口子女的问题。普洱农村城市之间存在着一些流动人口，他们经常迁徙，导致他们的子女时常转学，这对于孩子本身和学校都是很不利的。对于孩子，时常的奔波造成了他们学习环境的改变，无论老师的讲课风格还是课程的进度，对于一个还处于迷茫期的孩子来说都是不利的。对于学校，农村学校的很多方面本来就不完善，学生的随意转出更造成了他们管理的不方便，校长对我们说孩子们有时走了连个招呼都不打，有时让我们到处找，好不容易联系到家长才知道孩子转走了。

农村孩子们包括留守儿童等都是我国在快速发展中必须解决的问题，这些孩子缺乏关爱，需要我们付出很多。在支教时，我们为300多孩子举办了一场"理想点亮人生"的读书会，从这次会中我们对留守儿童们有了更深的了解，当我们给孩子们看故宫、埃菲尔铁塔、迪士尼乐园的图片，孩子们的眼中充满了遐想与希望，当我们为孩子们介绍拿破仑、爱因斯坦时他们是一种兴奋激动的状态，孩子们纷纷说出了自己的梦想，会场一片热烈。记得当时有一个孩子对我说她想像我们一样去北京，去那里读大学，去找我们，但她现在连普洱也没出去过，父母也经常不在身边，心里很自卑……听完后我们的心里一阵感动与酸楚。的确，农村儿童也好，留守儿童也好，他们和我们当年一样拥有远大的梦想，他们已没有我们那样的条件，我们绝不能再因为社会发展而产生的问题而让他们失去追逐梦想的权利，我们在此呼吁社会更加关注农村孩子、留守儿童，我们的关心不能仅仅是物质的帮助，更应该有心灵的关注，让她们身心健康地成长，让他们能够找到自己的理想并为之奋斗。

# 三、农村教育对家庭的负担

过去义务教育难以在农村推行的主要原因就是教育性价比太低，在付出了很多金钱和时间的情况下，义务教育所能带来的回报又是极其有限的，而现在推行了"两免一补"政策有效地改变了这一格局，农民明白知识改变命运的道理，因此在不造成过重家庭负担的情况下自然愿意将孩子送入学校。我们对四个村子的教育费用做了扇形图分析，结果如下。

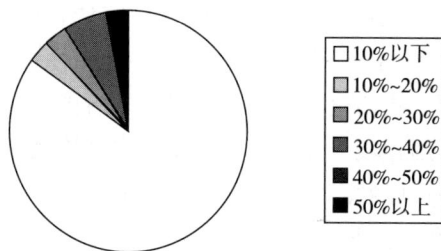

**图1　大寨村子女教育费用所占家庭收入比例**

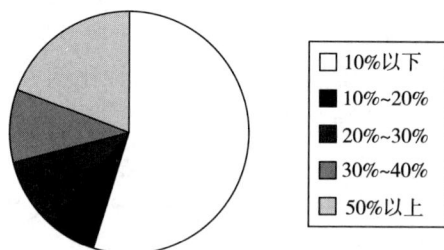

**图2　温泉村子女教育所占家庭纯收入比例**

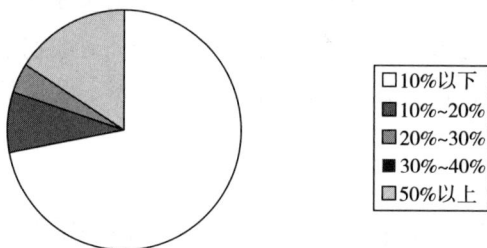

**图3　三家村子女教育所占家庭收入比例**

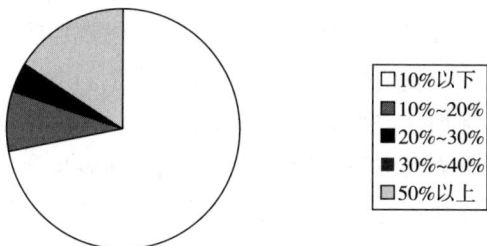

**图4　南岛河村子女教育所占家庭收入比例**

从图中的统计可以看出，无论哪个村子，教育所占收入比例在20%以下的占绝大多数，而经过询问才知道，他们的子女多数是处于义务教育阶段，可以说义务教育的费用已不会对农民造成很大经济负担，但是图表表明仍有不少村民教

育费用所占比例超 50%，我们了解到那些农户家的孩子多数处于非义务教育
阶段。

由此带来一个问题：我们很好地解决了义务教育的费用问题，却没有很好的
过渡，非义务教育的费用相较于义务教育高出很多，因此，这也严重制约了一些
农民子女想继续深造的可能性。举一个例子：在北京许多大学的学费和住宿费超
6000 元，加上课本生活交通费，一个学生一年的开销少说 2 万，算上一些打工补
助，1 万是要花的，这笔费用可能超过农户全家收入。农民大都是一个大家庭一
起生活，家中可能不止有一个孩子，可能有老人生病要花钱，高额的非义务教育
费用确实令很多家庭望而却步，我们是否应在这一块多加关注，我们不能只把义
务教育当做一个指标来看，不是说受义务教育人数比例大了，我们教育就好了，
我们更应该关注的是教育对农民的影响，对他们生活的改变，并以此为基础做相
应的扶助，比如一个农民完成义务教育，但这些基础教育可能对他的生活没有改
变，而另一个农民通过义务教育考进了好高中、读了好大学，回去后用科学的办
法管理生产，创造了很多财富。

我们比较两者，前者是指标，把义务教育任务化，后者是效果，通过教育致
富。很多时候我们都有一种急功近利的思想，想把教育快速抓起来，可是教育本
身是一个需要积淀的过程，不能操之过急，相较于前者我们是否应该加大对后者
的扶助，因为只有教育真正深入人心，改变人们生活，我国的教育才能更好地在
农村地区推行。

# 四、乡村学校的一些问题和隐患

(1) 学校的住宿条件有待改善

我们在第六小学支教时，参观了学生的宿舍，发现那些宿舍都是由教学楼改
装而成的，其实这所学校就两栋教学楼，一栋给学生们上课，另一栋给学生们住
宿，因此学生们基本都把教室当宿舍，很多孩子在一个房间略显拥挤。还有就是
厕所问题，宿舍楼没有厕所，很多学生晚上想去厕所就得穿过学校操场去学校公
用厕所，农村学校的安保不健全，这无疑会带来一些安全隐患。

(2) 学校食堂饭菜品类单一不利于孩子健康成长

支教时，我们在学校食堂吃过饭，发现学校食堂的饭菜实在太过单一，只有
6 个菜左右，而且菜的营养搭配很不合理，有 2 种腌制的食物做的菜，缺少新鲜
的蔬菜，而且很多天菜的种类都没改变，我们在和孩子们一同吃饭时注意到很多
孩子喜欢吃方便面，这点对于成长中的孩子是很不健康的，所以我们希望学校食

堂建设能进一步加强。

（3）学校教师待遇有待提高

农村教师的工作量很大，他们不但要教书，还得负责学生们的饮食起居，但他们得到的却与付出不成正比，因此学校很难留住优秀的老师，我们在关注孩子们成长的同时也希望有关部门能够体恤这些和孩子们一同奋斗的老师。

（4）学校老师素质需要加强

很多农村学校的老师对知识的了解仅停留在课本层面，知识面很窄，我们在听一些老师讲课时就有所察觉，这样不利于打开孩子们的思路。再者，学校老师对计算机的了解和使用能力有限，我们调查发现，很多老师都不会使用计算机多媒体，会的几个也仅仅停留在做个表格之类，我们来到学校给一些老师教授了基本的 word、excel、ppt 的制作，老师们也对此深有感触，觉得自己确实有很多东西需要学。其实人无完人，农村学校的老师一些知识的缺乏也是非常正常的，但发现了他们的欠缺后，我们应该为这些老师提供相应的培训，让他们能掌握先进的教学方法，拓宽知识面，更好地教书育人。

# 五、教育资源整合势在必行

从普洱农村学校的教育资源入手，我们对学校领导、老师、学生家长进行了访问，很多受访者都认为有必要整合教育资源。从学校领导和老师方面考虑，资源的整合有利于学校硬件条件方面的改善，老师的待遇也会有提高，老师工作的积极性也会提高。而大部分的学生家长认为，把孩子送进学校就是为了接受更好的教育，教育条件当然是越高越好，现在很多农村的家长含辛茹苦把孩子送到城里读书，就是为了能接受更好的教育，所以很支持教育资源的整合。

我们认为，教育资源的整合势在必行但不能一概而论。现在人才的竞争越来越激烈而学校担负着培养学生的重任，学校教学如逆水行舟不进则退，如果不做改变，很可能耽误学生的前程，而学校的整合必然会促成教学水平的提高和教学环境的改善，可以给学生更多的机会，更广阔的视野，很大程度上可以提升农村孩子的竞争力。但是，它也会造成一些如学校离家远、就读不便、宿舍供不应求的情况，因此，教育资源整合必须实施，但要充分考虑当地条件和群众意见，要做好学校整合应考虑以下几点。

①应对农村的每一个片区有详细规划，把各个村子进行归类，再把整合后的学校服务的村子进行划定。

②充分考虑学校的承受力，把所服务的村子的适龄儿童人数做精准统计，并

对未来几年做预期，考虑村子可能的流动儿童数，以此来确定学校规模。

③初期做大量的调研工作，深入每一户人家，询问该学校的地点是否可以接受，并根据反馈做出区域划定调整。

④妥善安置调整所带来的人员变动和职务变动。

⑤针对一些孤立和交通不便的村落，应着重改善学校条件而不能盲目整合。

# 农村卫生

# 河南省内黄县"赤脚医生"规范化情况调查

自 2003 年"非典"以来，国家在总结反思后认识到了基层医疗的重要性，认清了其在传染病预防等方面的基础性地位，不断加大基层医疗建设的投入。为响应国家号召，做好基层卫生工作，"赤脚医生"逐渐转型为乡村医生，逐步走向规范化。本次实践主要围绕四方面的主题，即标准化卫生室建设、公共卫生服务、乡村医生队伍建设、基本药物制度展开，通过对相关政策在河南省安阳市内黄县的落实情况以及乡村医生现状的调查，陈述所见，找出问题，对其原因进行分析、探究，并提出建议。

## 一、选题背景及意义

2003 年"非典"病魔的侵袭显示出基层医疗体制的薄弱，增加了国家对农村医疗改革的紧迫感。随着一系列文件的颁布执行，乡村医生重新由"私"转"公"，走进了村卫生室。

2009 年下发的《中共中央国务院关于深化医药卫生体制改革的意见》指出，"要采取多种形式支持村卫生室建设，使每个行政村都有一所村卫生室，大力改善农村医疗卫生条件，提高服务质量。"2011 年 7 月 14 日，国务院办公厅发布了《关于进一步加强乡村医生队伍建设的指导意见》，要求合理配置乡村医生，鼓励采取多种方式引导乡村医生到村卫生室就业。

在政策背景下，河南省安阳市内黄县自 2009 年起启动标准化卫生室建设，将每村的乡村医生合并到一所标准化卫生室行医，实行"一村一室"体制，同时严格村卫生室人员准入制度，加强乡村医生队伍建设。

2011 年 5 月，《国家基本公共卫生服务规范》出台，随后内黄县卫生局制定出具体实施方案，乡村医生配合、辅助基本公共卫生服务项目的开展，并从中获得补贴。

2009 年，卫生部等九部委下发《关于建立国家基本药物制度的实施意见的

本文作者：清华大学赴河南内黄县"赤脚医生"规范化情况调查支队。报告执笔人：王静、倪慧柳倩（清华大学新闻与传播学院 2011 级本科生）。

通知》，对基本药物生产、流通、使用、定价、报销等各个环节实施管理创新。2010 年 3 月 1 日，国家基本药物制度在内黄县正式启动。乡村医生统一从华润集团购入药品，实行零差价销售，并获得 10% 的药品补贴。公共卫生服务的补贴和药品补贴构成乡村医生的主要收入。

总体而言，在标准化卫生室建设、基本公共卫生服务项目规范、乡村医生队伍建设、基本药物制度这四方面为主的相关政策出台和落实过程中，内黄县乡村医生进入集体卫生室，工作、体系、队伍逐步走向规范化，透过现状探究其中的利弊得失并思考解决方法显得尤为重要。

内黄县作为人口大省河南的一个典型平原农业县，在河南 108 个县中经济水平排名 97 位，能够较好地代表普通农村的政策落实状况。乡村医生逐步走向规范化是在国家的一系列政策的要求和支持下进行的，调查内黄县基层医疗问题有助于我们对基层医疗形成立体的认识，更有助于了解宏观政策在基层的实施状况，具有广泛的意义。

# 二、乡村医生规范化情况分析

## 1. 标准化卫生室建设

（1）政策规定

2009 年 3 月 17 日，中共中央、国务院下发《中共中央国务院关于深化医药卫生体制改革的意见》，《意见》指出，"要采取多种形式支持村卫生室建设，使每个行政村都有一所村卫生室，大力改善农村医疗卫生条件，提高服务质量"。

2010 年，内黄县人民政府根据《安阳市人民政府关于印发〈安阳市 2009～2011 年医药卫生体制改革实施方案〉的通知》以及《安阳市人民政府关于加强标准化村卫生室建设的实施方案》的工作部署和要求，出台了《关于加强 2010 年标准化村卫生室建设的实施意见》（以下简称《意见》），明确规定了村卫生室建设的相关标准，包括选址、规模、职能、组织形式等，并提出了保障措施。

内黄县标准化卫生室建设于 2009 年开始启动，初期建成的卫生室标准化较低，大多在原有卫生室基础上改建。从 2010 年开始，内黄县开始按照"统一规划、统一设计、统一图纸、统一标准"的规范建立"六室分开"的标准化卫生室。

每所村卫生室的建筑面积为 80～120 平方米，占地面积为 200～300 平方米。卫生室实行六室分开，分别是诊断室、健康教育室、药房、治疗室、观察室、值班室。卫生室由省、市、县三级财政出资，下发 4 万元经费补助，1 万元医疗器材补助，由村集体提供地皮。

（2）内黄县"一村一室"建设基本情况

我们依照政策规定的相关内容在内黄县 6 个乡镇 10 余所村卫生室进行了调研。从调研结果看，房屋建设方面，14 名乡村医生中有 2 名仍在自家行医；卫生室建设方面，14 所村卫生室中有 12 所由乡村医生个人解决用地问题，其中 3 所仍是乡村医生个人的住房，4 所于自家地皮上新建，2 所由自家住房改建，2 所由个人出资购买新址所建，1 所位于乡村医生个人租赁的房屋中。

补助落实情况中的部分信息缺失均是由于乡村医生对于收入问题有所保留，不愿详谈。我们了解到的信息显示，几乎全部村卫生室都收到了卫生室建设的相关补助，数额及内容根据建设时间不同而有所差别。

从六室的分开使用情况来看，14 所卫生室中有 7 所有包括诊断室、治疗室、免疫规划室、观察室、健康教育室和药房在内的标准化的六室，有 2 所存在卫生室兼做家用的现象。

除了卫生室建设用地、用房以及使用情况这一方面内容，"一村一室"还要求各个村的乡村医生合并到一所卫生室工作，共同为村民提供基本医疗及公共卫生服务。然而，从我们调研的 14 所村卫生室来看，没有任何一所卫生室是真正合并的。

（3）标准化卫生室建设取得的成效

①村卫生室的就医环境得到很大改善。从我们的对比观察以及对村民的采访中都可以看出，标准化卫生室的建立改善了居民的就医环境。以东庄镇铺上村和城关镇杨刘庄村两所村卫生室为例，前者仍在家中行医，整个屋子比较阴暗，物品凌乱，药物、治疗器械、床、杂物堆在一室；而后者为建成之后的标准化卫生室，六室分开，室内整洁明亮，就医人数明显多于前者。

②村卫生室的设备有所完善。大部分新建成的卫生室都有 1 万元设备补助。在我们走访的卫生室中，全部卫生室都配发了用于基本公共卫生服务的电脑，另外，承担疫苗定点接种的卫生室还配发了用于贮存疫苗的冰箱，个别卫生室还配有外科箱、激光灯等设备。除此之外，还有一些必要的诊断床等。

③有利于基本公共卫生服务的落实，推动乡村一体化建设。"一村一室"的落实使得村卫生室的上一级医疗单位，即乡镇卫生院有了直属的下级机构。我们了解到，村卫生室的乡村医生每月要去乡镇卫生院开 3 次例会，这就使得乡村卫生一体化建设有了一个直接的途径，确保政策信息的下达以及农村居民健康状况的上报，进而为基本公共卫生服务的落实找到了一个稳定的突破口。

（4）"一村一室"政策落实过程中出现的问题及原因分析

①个别卫生室仍未建成，村医仍在家中行医。虽然内黄县全部531个行政村各有一所名义上的村卫生室，但在我们走访过程中，发现其中仍有部分村医在家中行医。一个重要的原因就是乡村医生收入普遍偏低，即使上级政府下发一定数额的补助，自己仍然支付不起卫生室建设所需的剩余费用。以东庄镇铺上村卫生室为例，村医仍在条件简陋的家中行医，但有关领导表示该村标准化卫生室已经建成，只是尚未搬迁。我们之后采访得知，新建的标准化卫生室原为该村某村民的家庭用房，因该户人家常年在外，房屋闲置，于2010年被改建为卫生室，但现在原居民已经回到家中居住，因而乡村医生无法将卫生室搬迁至新址，没有条件建设新房的他只能继续在家中行医。

②标准化卫生室使用不规范。从前面的统计可以看出，即使是新建成的标准化卫生室，其建设标准也是参差不齐。原因之一是建设时间不同，建设标准也存在差异。就六室完备的几所卫生室来看，仍然存在卫生室兼做家用的现象。多所卫生室中都摆放着床、炊具及其他生活设施，如马上乡南善村卫生室，仅有一室作医疗服务使用，还存在堆放农具的现象。而《意见》明确指出，"村室建成后，不得出租、转让、买卖，不能挪作他用。"造成上述现象的原因之一是地皮紧缺。由于大多数村卫生室由乡村医生在自家原址新建或由原住房改建，而自家用地原本有限，这就使得乡村医生不得不将卫生室同时做住房使用。另一原因是政府没有完善相应监管体制，没有清查卫生室挪作家用的情况。

③卫生室房屋产权不明。按照政策要求，村卫生室应该归村集体所有。每所卫生室的建设费用中都有一部分由乡村医生自己掏腰包，许多村卫生室在乡村医生自家地皮上改建，由于资金构成的复杂性，卫生室房屋存在产权不明晰的问题。在我们所采访的乡村医生中，半数以上年龄偏高，即将面临退休问题，今后卫生室的使用权应由谁继承，如何交接，乡村医生的钱如何返还，已成为迫在眉睫的问题。

④同村的多名村医在合并过程中存在矛盾。《意见》指出，"一村只允许建一所公益性标准化卫生室"，而在此之前，一个村子往往有多名医生同时行医，规定下发后，各村医生原则上要按规定进行合并，同时在标准化卫生室内为村民提供基本医疗及基本公共卫生服务，并设有所长、会计等职务。然而，就我们采访到的情况而言，村医合并的过程并不顺利，有个别存在在合并过程中甚至出现了矛盾，如城关镇司杨庄村卫生室出现因医生不合导致药品被水浸泡，东庄镇董村卫生室出现村医之间相互压制、挤兑等现象。

原因主要有以下四点。第一，村医的医术存在差异，合并之后导致患者的流向单一，使得原本医术高明的医生优势得不到体现，进而会影响自己的收入，正所谓"同行是冤家"的道理，让原来的竞争者转变成合作者，这一转变是一些村医无法接受的；第二，无论村卫生室有几名村医，政府的补贴仅有固定的数额，几名村医只能平均分配这一补贴，使得每人得到的数额很少；第三，目前乡村医生多数仍处于半农半医的状态，自己单干的时候，农忙时节或者临时有事可以短时间关闭卫生室，暂时停止行医，但合并之后需要按照规定的排班表定时定点上班，一改之前的自由状态，许多村医会觉得不适应，受拘束；第四，从村民的角度看，许多村民有自己信得过的医生或者习惯寻找的医生，"一村一室"使得村医合并之后，患者不便专门找到自己的固定医生来就医。以上种种原因，导致了村医合并的实施无法按照设想顺利进行。

## 2. 基本公共卫生服务

### (1) 政策规定

为进一步规范国家基本公共卫生服务项目管理，卫生部在《国家基本公共卫生服务规范（2009 年版）》基础上，组织专家对服务规范内容进行了修订和完善，形成了《国家基本公共卫生服务规范（2011 年版）》（以下简称《规范》）。

2012 年 2 月，内黄县下发《内黄县卫生局关于成立乡镇卫生院公共卫生服务管理办公室的通知》（以下简称《成立"公卫办"通知》），根据省卫生厅和市卫生局要求，为整合资源、提高效率，进一步加强全县基本卫生公共服务工作，决定在全县 17 个乡（镇）卫生院成立"公共卫生服务管理办公室"，撤销各乡（镇）在上世纪 90 年代中期为适应当时预防保健工作的需要成立的预防保健站，并且规定各"办公室"要设置"3 科 2 室"（保健科、疾控科、卫生监督协管科、健康教育室、居民健康档案管理室），便于开展不同项目的基本公共卫生服务工作。

2012 年 3 月，内黄县卫生局根据卫生部、财政部《关于加强基本公共卫生服务项目绩效考核的指导意见》、《国家基本公共卫生服务规范》（2011），及安阳市 2012 年卫生工作会议精神，结合该县实际，制定了《内黄县 2012 年基本公共卫生服务项目实施方案》。

2012 年 6 月，内黄县将《安阳市卫生局安阳市财政局关于明确安阳市乡村两级基本公共卫生服务项目职责分工的通知》（以下简称《职责分工通知》）转发给各乡（镇）卫生院、县直各医疗卫生单位。

### (2) 内黄县乡村医生基本公共卫生服务完成情况

通过走访 6 个乡（镇）卫生院，11 所村卫生室，对话 5 位县卫生局领导与 8

位卫生院院长、副院长，采访分布 11 个村的 148 名村民，11 位乡村医生，我们认为从整体上看，基本公共卫生服务项目在基层的实施情况符合预期，"赤脚医生"基本按时按要求完成工作任务。

内黄县各乡镇每月上交 8 张基本公共卫生服务完成情况月报表至县卫生局，其中包括每个乡镇各村的各项基本公共卫生服务项目完成情况统计数据，重点基本公共卫生服务数据完整详细，工作进度快。县卫生局每月召开 3 次例会，每年组织多次培训，使基层工作人员熟悉基本公共卫生服务的内容，熟练掌握相关的专业知识、工作方法、工作技能。基本公共卫生服务正有条不紊地推进。

（3）政策实施后取得阶段性进步与成果

①"公卫办"人员配备符合基本要求。《内黄县卫生局关于成立乡镇卫生院公共卫生服务管理办公室的通知》中规定，按辖区常住人口配备工作人员，标准为每万人配备专业人员 3～4 名，最少要保证每个乡（镇）卫生院"公共卫生服务管理办公室"（即"公卫办"）有 10～15 名工作人员。6 个乡镇的公共卫生服务管理工作人员人数都大于等于 10，符合内黄县具体文件中提出的最低要求。结合各乡镇人口，6 个乡镇中宋村乡、城关镇、梁庄镇每万人配备专业人员超过3 名，马上乡、高堤乡、东庄镇每万人配备专业人员 2.34～2.69 名，还未全部达到每个乡（镇）每万人配备专业人员 3～4 名的要求。

②村民体检率上升，为疾病预防作出贡献。我们随机询问了居住于城关镇、高堤乡、东庄镇的 8 个村民，全部村民都表示参与了建档时的体检，其中有 5 位65 岁以上的老人，也都表示通过村卫生室的通知去乡（镇）卫生院参与了一年一次的体检。随机抽取的 6 个村中 5 个村达到了"65 岁以上老年人健康体检率达 85% 以上"的标准。通过查阅各村的体检时间我们发现，体检率较低的董村的体检时间为 4 月 27 日至 5 月 2 日，体检率较高的铺上的体检时间为 7 月 17 日至 7 月 18 日。董村因体检时间较早，新增加的老年人中部分未被纳入体检范围，所以体检率较低。因各村体检时间不同，仍有大部分村庄没有接受体检，所以体检率只有 22.1%。通过表格中的数据我们可以发现，在健康档案提供的村民信息的基础上，老年人管理已经形成了一套比较完整、清晰、规范的模式，村民现状与工作进度都能够在报表中得到直接体现。

③监督与考核机制确立。《成立"公卫办"通知》在工作职责一项中规定，"公卫办"承担指导、检查、考核村卫生室基本公共卫生服务项目的职能。《实施方案》中规定，乡村医生承担的公共卫生服务按服务人口和工作量给予合理补助。"公卫办"对"赤脚医生"的监督与考核主要分为两方面，一是通过抽查健康档案与随访记录、下乡随访检查健康档案信息准确率和村卫生室随访工作的完

成情况，二是通过电子版健康档案数量的统计检查其完成进度并将其与"赤脚医生"的公共卫生服务补助挂钩，这两项工作统称为督导。

我们随机选取了一乡一镇——高堤乡与城关镇，通过询问、座谈等形式了解乡村医生随访工作与卫生院督导工作的落实情况。调查发现，卫生院的督导工作以及村卫生室的随访工作得到了具体实施。关于公共卫生服务补贴，我们所采访的11位村卫生室的"赤脚医生"都表示拿到了服务人口每人5块钱的补助。因未存在实际情况与档案严重不符或者工作进度明显落后的状况，所以没有发现扣减补助的情况。

④乡村医生从"亲力亲为"到"通知上报"，使村民更放心。在基本公共卫生服务项目出台以前，"赤脚医生"不仅看病、卖药，也同时承担检查、防疫，甚至做手术等工作。2009年以来，"赤脚医生"为村民打疫苗、做手术的情况逐渐消失，从"操刀者"转变为"通知者"。由于乡（镇）卫生院提供免费接种1类疫苗的服务、"新农合"大比例报销医药费的政策，村民都愿意去卫生院接种、做手术，医疗环境得到了改善。根据《实施方案》，国家免疫规划疫苗接种率应达95%以上。随机抽取的6个村庄疫苗接种率都为100%，马上乡全乡疫苗接种率为99.9%，较好地完成了国家对"预防接种"这一基本公共卫生服务项目的要求。

⑤例会与培训制度增加"赤脚医生"工作规范度。《实施方案》规定，各单位要采取多种形式，加强培训和宣传，要对卫生院"公卫办"全体人员、包片医生和乡村医生进行培训，使基层工作人员提高对实施基本公共卫生服务的认识，主动参与，积极工作。我们随机询问了城关镇、高堤乡和东庄镇的3位村卫生室乡村医生，他们反映每月9号、19号、29号乡（镇）卫生院要召开例会，全乡（镇）乡村医生无特殊情况都要到会。每年县卫生局组织多次培训，根据是否有特殊疫情来增加或减少培训次数。内黄县卫生局、防保股相关工作人员在正式实践开始前的第一次座谈会上也向我们介绍了主要目标为使乡村医生工作规范化的例会与培训制度，6个乡（镇）卫生院的院长、副院长也都对这一制度有所提及，反映例会可能延期或改期，但次数不变。

（4）政策落实过程中存在问题与成因解析

①"赤脚医生"心态消极，国家公共卫生服务补贴力度仍然不够。6所乡（镇）卫生院的院长、副院长与县卫生局领导几乎都提及了"赤脚医生"积极性差的问题，而这一问题的原因就是"赤脚医生"实际收到的来自国家的公共卫生服务补贴，即每人每年5块钱这一数目仍然很少。东庄镇卫生院院长举了个例子，一个只有400多人的村子，按照国家规定下拨给村卫生室的补助为每年2000

多元，如果这一卫生室中有 3 名挂职的乡村医生，则需要 3 个人来分 2000 多元，每个乡村医生一年收到的补助其实微乎其微。微薄的补贴、较大的工作量，使"赤脚医生"们觉得生活没有盼头，付出与收益的不对等是他们情绪消极的主要原因。

②电子健康档案由他人代劳，素质差异折射"青黄不接"现象。在我们采访的 11 位村卫生室乡村医生中，有 4 位超过 60 岁的乡村医生，因不会操作电脑，电子健康档案都由他人代劳。村中的老龄"赤脚医生"已不能适应新技术，年轻人又因门槛太高不能成为名正言顺的乡村医生，这直接影响到电子健康档案在建立过程中的规范程度。

③部分村民未收到体检结果，导致其对政策的不理解加剧。我们了解到，除高堤乡卫生院曾一度以电话形式告知村民体检结果外，另外 5 所乡（镇）卫生院院长、副院长都未曾提及是否告知、如何告知村民体检结果。究其源头，体检结果没有交到村民手中是因为具体文件中没有说明是否应该将体检结果告知村民以及具体告知形式。

《职责分工通知》规定，村卫生室负责协助乡（镇）卫生院进行健康体检，乡镇卫生院负责组织开展建立城乡居民健康档案工作。体检是包含于"居民健康档案"这一项目的内容，但《职责分工通知》、《实施方案》、《建立"公卫办"通知》三份文件中都没有提及"体检结果"的发放问题。体检的目的是为了村民对自身体格状况有大致了解，做到"早预防，早治疗"，如果体检结果不发放到村民手中，也就失去了体检的意义。

### 3. 乡村医生队伍建设

（1）政策规定

2011 年 7 月 14 日，国务院办公厅发布了《关于进一步加强乡村医生队伍建设的指导意见》（下简称《意见》）。其中，《意见》就明确乡村医生职责、加强乡村医生队伍和村卫生室的管理、完善乡村医生补偿制度和养老等 8 个方面做了详细的说明。《意见》要求合理配置乡村医生，鼓励采取多种方式引导乡村医生到村卫生室就业。

2009 年内黄县开始启动农村标准卫生室的建设，实行严格的村卫生室人员准入制度，规定乡村医生要经过考试培训，取得相应资质后方能进村卫生室执业。卫生局每年组织相关专家定期对乡村医生进行培训，进一步提高乡村医生的业务水平。

（2）乡村医生队伍现状

①乡村医生整体收入偏低。在采访到的乡村医生中，几乎所有人都表示目前

收入偏低。在未对乡村医生实行规范化管理之前，乡村医生的收入很大程度来源于药品的差价——乡村医生由于不要发票可以省下 17% 的税费，从而降低了药品的进价；而新政策实施后，乡村医生卖药的收入降低。

②年龄结构偏老龄化。在本支队此次采访整理的 11 个村庄，13 所村卫生室（包括 3 家私人卫生室）中，13 名乡村医生中没有在 30 岁以下的；年龄 30～40 岁有 2 人，仅占 15%；50 岁以上占 50% 以上；而 60 岁以上的医生 4 人，占 30.8%。内黄县乡村医生的结构出现了明显的老龄化问题，这个问题直接关系到农村医生队伍在将来一段时间内数量上的稳定，也影响到了乡村医生的日常工作。

③乡村医生学历较低，技术力量薄弱。在采访到的乡村医生中，约 2/3 是从卫校毕业，1/3 则从未接受过系统的卫生教育。特别是年龄偏大的医生，相当一部分是当年向老医生学习或继承父辈的事业。虽然可以肯定，大部分乡村医生从医多年具有丰富的经验，但他们在某些方面还是不够规范。在调研中我们发现，很多废弃的药品随意摆放，一些医生在看病时对消毒卫生也很随意。由于年龄偏大和学历较低，一些乡村医生也透露，对县乡卫生院组织业务培训的部分内容接受不了。

（3）乡村医生队伍建设的阻碍

①标准化卫生室建设中存在的问题妨碍人才引进。村卫生室不能真正合并，并且产权归属存在争议，这在一定程度上导致人才引进的困难。合并产生的纠纷使得部分人才流失，新建卫生室的产权不明晰，一些医生认为卫生室属于自己是天经地义的事，这就给后续医生的接班带来很大困难。在目前村医年龄结构偏大的情况下，这一问题就显得更为突出。

②新农合政策带来了一定的冲击。新农合政策较大的报销比例实惠了农民，也给乡镇卫生院增加了大量患者。但同时，乡镇卫生院患者增多，一定程度导致在村卫生室就医的人数减少。患者的减少使乡村医生收入减少，从而影响了他们的从业积极性。

③当前的就业观念使得年轻人不愿投身基层医疗工作。通过调查了解到，从第一学历来看，目前内黄县乡镇卫生院的工作人员中没有本科生，以中专为主。而条件更艰苦、待遇更低的乡村医生，更不会成为年轻人的就业选择，乡村医生队伍缺乏后备力量。

④外地医生进入工作可能遇到困难。在走访到的所有乡村医生中，他们都有着本地人的背景。一旦外地医生进入工作，他们面临的可能是较少的患者群，甚至可能是当地人的排挤。他们来自家庭方面的压力也使得他们很难在农村长期

行医。

### 4. 基本药物制度

（1）政策规定

2009 年，卫生部等九部委下发《关于建立国家基本药物制度的实施意见的通知》，对基本药物生产、流通、使用、定价、报销等各个环节实施管理创新。2010 年 2 月，内黄县下发《内黄县人民政府办公室关于转发河南省建立国家基本药物制度实施办法（暂行）的通知》，国家基本药物制度自 2010 年 3 月 1 日起在内黄县正式启动。

《河南省建立国家基本药物制度实施办法（暂行）》第二章第六条中标明："2010 年 3 月 1 日起河南省包括安阳等 47 个县（市、区）政府举办的城市社区卫生服务中心（站）和乡镇卫生院实施国家基本药物制度，包括省级集中网上公开招标采购，统一配送，全部配备使用基本药物并实行零差率销售。"

（2）对基本药物制度的抽样调查

基本药物制度在村卫生室最直观的体现是实行药品零差价制度。内黄县中标配送药品的企业是华润河南医药有限公司，村卫生室从华润公司进药，使用基本药物目录中的药品可获得 10% 的补贴，同时也必须按照进价出售药品。但在实际中，药品零差价制度并没有得到贯彻落实。

通过对三种药品在不同卫生室售价的对比，除去一些信息明显不可靠（如售价低于进价）的卫生室，可以发现乡村医生在按河南省招标价格进药之后有提价出售的现象。通过计算可以发现，卫生室出售药品的利润一般在 20% 以上，有些药物的利润甚至在 80% 以上，说明药品零差价政策在村卫生室的范围内并未真正得到实施。

（3）药品提价出售的原因分析

①药品零差价政策补贴力度不够。10% 的药品零差价补贴与原先村医卖药的收入相比有所降低，并且有时补贴不能在原定下发日期之内到达村医手中。在乡村医生收入较低的情况下，他们仅靠看诊和基本公共卫生服务的补贴难以满足生活需求。

②监管存在漏洞。根据一些乡镇卫生院的领导反映，目前对药品零差价的监管和整治存在很多困难，有的时候即便知道存在违规现象也无法对其进行处罚。村医的进药渠道广泛，可能通过华润公司之外的企业进药，可以省去 17% 的税，因而药品进价更低，提价出售后可以获得更高的利润。这些是目前的监管措施中无法控制的。

③村民对政策的不了解使提价销售有可乘之机。对于乡村医生提高药品价格进行出售的现象，我们随机询问了25位村民关于药品价格的问题，15人表示对药品价格一无所知，2人表示近年来药品价格有所下降，1人表示药品价格未上涨，5人表示药品价格上涨，2人表示乡卫生院的药品价格下降但是村卫生室并未下降。

村民由于不经常吃药、文化水平有限等原因，并不太留心药品的价格，这样的现状给村医提价销售药品提供了机会。

④农村特殊的就医习惯导致药品计价困难。村医在给农民开药的时候，经常会将整盒、整包的药零散销售，有时还会将不同种类的药混合起来研磨成粉。由于这样的整入散出使得计价产生余数，很多时候为了算账方便会凑整数，也相当于变相提价。

# 三、思考及建议

农村医疗改革的成效是明显的，但在乡村医生逐步走向规范化的过程中存在一些问题，提出以下建议。

## 1. 加大对基层医疗的财政补贴力度

从内黄县的情况来看，国家对公共卫生服务、标准化卫生室建设等方面的资金投入存在不足，使乡村医生不能获得与劳动付出成正比的收入，也在标准化卫生室建设过程中留下了产权不明晰的问题。国家应加强对这一部分的财政补贴力度，合理提高公共卫生服务、药品零差价的补贴力度；全部由集体出资建设卫生室，彻底明确产权归属。

## 2. 提高乡村医生的待遇，多途径吸引人才

建议可以对乡村医生进行编制认定，如编制在相应的乡镇卫生院，逐渐将村卫生室建成乡镇卫生院的派出机构。同时，乡村医生采取与乡镇卫生院职工相同的工资发放制度，并落实相应的管理及奖惩办法。这样可以在很大程度上提高乡村医生的待遇，解决其后顾之忧。

同时可以探索更为灵活、多样的方式吸引人才投身农村的医疗工作，如与卫校的学生签订合同，以资助学生学费等优惠条件吸引其到农村工作一定年限；与相关学院合作，争取成为其实习基地；吸引医学院学生义务行医；由乡镇卫生院定期向村卫生室派驻医生，鼓励医生下乡短期工作，同时给予晋升评奖等优待。

### 3. 转变村医职能，强化疾病预防

建议加快乡村一体化建设，促进乡村医生部分职能的转化，将一部分看病职能转接到乡镇卫生院，强化村医在公共卫生服务方面的作用，从传统的"治病"为主转变为"防病"为主。同时，需要将公共卫生服务的工作具体落实到人，提高规范度。

### 4. 注重政策的灵活性，不搞"一刀切"

在进行乡村卫生室建设时，应当更多地考虑农村现状，合理规划。如果按照各乡镇各村实际情况灵活规划，使卫生室的各个房间能够充分利用起来，不仅避免了卫生室挪作他用的现象，还能节省部分建设资金。

在将乡村医生集中到一所卫生室行医的过程中，需要考虑这一政策是否的确需要、能否真正实施。对于无法推行这一政策的地区，也无需强制实行，可以在加强对私立诊所监管力度的前提下，允许其存在，相互之间的竞争某种程度上也可以为村医提高自身素质提供动力。同时，也可以尝试同村的医生分别行医、一同承担公共服务工作等模式。

### 5. 加强政策宣传及监管力度

建议印发关于健康档案与体检的宣传资料、基本药物制度的介绍材料，解释制度的实施方法和益处，体检结果及时反馈给村民，药价以适当方式进行公示。同时尽快实现电子处方的应用，通过电子出单的方式实现药品零差率的监督管理，并且在出单时精确到片、粒、包等单位，避免粗糙地成盒、成瓶出单。

# 河南南阳西峡丁河农村医疗卫生建设调研

新型农村合作医疗制度的实施为改善农村医疗卫生条件起到了重要作用。但调查发现，当前新型农村合作医疗仍然存在政府投入资金不足、专业技术人才缺乏、乡村保健网络体系不健全以及农民对新型农村合作医疗认识程度不高等问题。为此，政府应当进一步加大对农村医疗事业的资金投入、规范农村医疗秩序、加强农村医疗人才培养、提高农村医疗制度的透明度，从而确实保护农民的医疗权益。

## 一、导　言

在过去的几十年里，农民看病难的问题日益严重，农村三级合作医疗网事实上处于"网散、线断、点破"的状况。农村医疗最为突出的问题是医疗费用昂贵，这致使一些贫穷农民小病扛着、大病拖着。生病治病是一些农民脱贫以后重新返贫的重要因素。针对这种情况，2011 年国家出台了《中共中央国务院关于进一步加强农村卫生工作的决定》，在全国范围整治和完善农村新型医疗制度。渗透有全国上下对其付出的心血，如今的新型农村医疗制度运行得怎样？是否给农民雪中送炭？带着疑问与憧憬，我对河南省南阳市西峡县丁河镇进行了调查。

这次调查分析，发现了农村医疗卫生制度上在发展中的不足，针对存在的问题提出建设性的建议，以使医疗卫生制度更全面、更优质地为农民服务。

## 二、调查说明

①调查区域：丁河镇丁河村，宣沟村，丰山村。
②被调查对象：20～60 岁的村民。
③研究类型：描述性研究、横剖研究、综合研究。
④调查方法：随机抽样调查、统计调查为主，结合个别访谈和实地考察。

---

本文作者：胡晓旭，中国农业大学理学院数学与应用数学系 2011 级本科生。

我实地走访了五十户人家，单独与六十户人家进行了深入访谈。为获悉各方面情况，还走访了镇医院、镇卫生诊所，向村委、党员干部咨询了相关情况。在此基础上，我对采集的调查资料进行整理与分析。

# 三、调查结果及分析

## 1. 政府对医疗卫生的资金投入少

据村医疗点，村级医院人员反映，这两年，政府开始对医疗机构放宽经营，让医疗机构自负盈亏，于是，设备更新的问题由医院内部自行解决。据调查，医疗机构的设备比较陈旧和简陋，乡镇医院缺少心电图机和 X 光机，村级的连常规设备都不齐全。

## 2. 村镇卫生医疗机构体系的现状分析

（1）卫生技术人才匮乏

一是在职人员学历水平较低。根据国家对卫生人员学历最低要求，本科及以上学历应达到 10% 以上，大专学历应占 30% 以上，中专学历应达到 60% 以上。调查显示，我县没有一个医生第一学历为本科，取得大专学历的仅占 18.6%，中专学历占 50%，无医学学历只有高中及以下文化程度的占 31.3%。

二是专业技术人员年龄结构老化，后备力量不仅不足，而且出现脱节。从被调查的乡镇卫生人员年龄看，30 岁以下的人员占 21%，30 至 40 岁之间的人员占 33%，40 岁以上的人员占 43%。丁河中心卫生院在全县乡镇卫生院中，属于效益较好的医院，主要靠较高的医疗技术水平吸引周边各乡镇的患者，而目前有 15% 的主要业务骨干医生临近退休。第一梯队的中青年专业技术人员业务水平参差不齐，造成农村医疗卫生工作后继乏人。

三是缺乏高、尖、专的专业技术学科带头人才。从专业人员技术职称上看，有高级职称的仅占 2.5%，与达到或超过 10% 的要求还有很大的差距，而初级职称却占了 69.5%，工勤人员太多，占总人数的 15.6%，超过国家规定 10% 的要求。从业人员结构比例失调，专业人员技术水平与职称不对应。

四是人才培养机制不到位[①]。由于医疗机构的改革，卫生人员靠自奔自吃，经营较好的医院只能维持现状，差的糊口都成问题。卫生系统既没有人才培养计

---

① 邓征宇："实行新型合作医疗的实践与思考"，《今日中国论坛》，2011 年第 1 期。

划，也无经济投入，想出去学习深造的人员，不发工资，无经济收入，无法维持正常生活，从而造成医疗技术队伍学历和技术水平整体不高。近几年全县外出学习培训的只占2%，进修深造的人只占3%，绝大多数卫生人员仍是原来从学校毕业时的学历水平。医院花血本培养的极少数人才留不住，有些技术骨干也先后都跳槽进入条件好的医院和乡镇计生服务站。正规医学院校毕业的大、中专生又派不进去，分进去的学生又待不住。

（2）乡镇、村预防保健网络体系不健全

一是防保人员配备不足。根据国家标准，防保人员不得低于卫生专业技术人员总数的20%。而我县、乡镇两级防保人员只占专业技术人员总数的14.1%。村级只有防疫人员，而普遍没有妇幼保健员，防保队伍非但不健全，且网底漏洞很大。

二是干部群众认识不足①。许多群众甚至是干部，思想认识上存在重防疫、轻妇幼、重治疗、轻预防的观念，使之村级新法接生、妇女病普查普治，儿童及孕产妇系统管理难以得到应有的落实。村级虽配备了防疫人员，但这些人员年龄偏大，知识老化，对新的计划免疫、预防接种方法接受较慢，知识需要更新，业务需要轮训。

三是报酬落实不到位。乡镇级防保员工资太低，不管大、小乡镇，工作多少年，工作成效如何，每月只能领到固定的300元的工资，而且没有办公经费。村级防保员报酬更难落实，在调查的六乡镇中，只有一个乡镇村级防疫员落实了报酬，仅占16%，妇幼保健工作，一无人员，二无经费，三无报酬，也无业务收入。儿童及孕产妇系统化管理无法实施，防疫工作仅仅停留在每年六次的疫苗冷链运转上。

（3）卫生院经营举步维艰

乡镇卫生院基础薄弱，设备简陋，技术力量低下，服务质量不高，业务收入逐年萎缩，运转艰难。被调查的乡镇卫生院，由于村镇所的竞争挤兑及中等的威信，小病进诊所，大病去县城，所以营业额急剧下降，运行难以为继，严重削弱了公共卫生服务。因缺少业务经费，使健康教育、卫生人员培训、卫生知识宣传普及等大量的公共卫生工作无法完成。

### 3. 农民对新型农村医疗认知及报销情况分析②

所有农户都知道新型合作医疗在农村的开展，有98.3%的农户参加了合作医

---

① 卫生部：《关于加快推行新型农村合作医疗试点工作的通知》，2006年1月。

② 陈伟诚、胡宏伟："我国农村合作医疗制度变迁与评析"，《农村观察》，2012年第1期。

疗，知道国家为每位参加新农合的农民出资的有50.5%，但是知道国家出多少钱的有15%。在被调查人群中，知道门诊和住院费用怎样报销的只占49.8%，知晓率不是很高，表明还有相当一部分农民对新农合医疗不了解，新型农村的合作医疗宣传工作有待加强，尤其要详细告知农民疑惑的地方。试想农民去看病，花了钱却不知道具体的报销额度，医院报多少就领多少，即使有监督措施，长久下去，也不能保证没有人从中作弊，获取钱财。这样，农民合作医疗的钱就没有保障了。对此，监督机构应该在报销机构处提供相应的文件资料，让农民知道报销额度，而不至于盲目领了钱就感觉满足，损了自身利益还蒙在鼓里。

# 四、思路及建议

## 1. 政府应加大对医疗事业的投入力度

农村的医疗卫生事业的建设关乎农民的身体健康，这是解决农民问题的基础。调查显示，近几年政府对医疗卫生事业的投入力度，农民表示不满意。医疗机构人员也称政府近两年的投入在下降。政府对医疗机构提出市场经营的理念，有利于医疗机构在市场竞争中成长，但在医疗管理制度的改革上应进行更合理的分析和更科学的调整。而在医疗人员的投入上，一方面应注重医疗人才的引进与培养，从根本解决医疗人员的素质问题，从而提高医疗质量为患者更好服务；另一方面医院应该适量增加竞争机制和激励机制，激发他们的工作热情，从根本上提高服务质量。在医疗服务和信息的宣传上也要加大投入，政府应给予医疗机构一定的协助，进而更好地提高医疗机构的医疗水平与服务质量，最终让农民看到与感受到医疗服务的改善，相信并更好地配合新型医疗制度的开展。

## 2. 适度提高农村医疗卫生机构和医疗人员进入门槛，规范农村医疗的市场秩序[①]

调查显示，虽然村里医生素质不高，但他们的医疗机构都通过卫生部门认证，具有营业执照，自身也持有行医资格证，这会使他们的行医合法合理化，但医疗实际水平很多都没有达到应有的水平。所以，农村卫生医疗机构的进入门槛要适度控制。门槛过高会形成垄断经营，不能满足农民的需求；门槛过低会影响医疗质量，造成医疗市场秩序混乱，政府适度调整进入门槛，有利于医疗市场的

---

① 宋娟："构建新型合作医疗应注意的问题"，《东北财经大学学报》，2011年第5期。

竞争与发展，既可以鼓励社会各界投入医疗卫生建设，缓解政府对医疗卫生的资金投入压力，又可以使乡村卫生机构不断提高医疗水平和服务质量，满足广大农民的需求。与此同时，政府要在医疗人员的考核、验证上把关，坚决打击，取消"无照行医"。

### 3. 加大新型农村合作医疗制度的透明度，切实保护农民利益

虽然新型农村合作医疗制度在农村家喻户晓，但它究竟是如何运行，怎样报销医疗费用，这些在农民看来仍是模糊的概念。因此，有必要使新型合作医疗制度明晰化，这需要政府的大力宣传，如张贴标语、悬挂横幅组装宣传车、印发宣传资料、开辟电视专题栏目、组织宣讲团、设立咨询点等多种形式把新型农村合作医疗制度宣传到位，新型农村合作医疗制度执行处更应做好这些宣传工作。只有这样，才能将党的惠民政策落实到位，切实为农民服务。

# 基于对普洱市 4 所医疗卫生机构调研的报告

普洱市农村的医疗条件较差，特别是村级医疗条件有限，很多卫生室只有一两名医生，卫生室运营状况令人担忧，进货渠道也不够规范，在新农合政策下农村医疗的宣传普及工作很不到位，很多村民对医疗费用报销比例知之甚少，加之步骤繁琐，很多人小病不治成大病，农村医疗室需要在未来承担更多的宣传救治责任，这就需要加强医疗机构的扶持，让更多的人愿意到农村。

农村医疗问题一直伴随着我国农村发展，从文化大革命期间的赤脚医生到后来的村子卫生所的瓦解，再到现在农村公共医疗机制的再次建立、新型农村合作医疗保险的推行。我国的农村医疗发展真是一波三折，曾经无论是医疗条件和医疗费用都困扰过我们很长时间，此次我们来到普洱，着重观察了农村医疗状况，奈何我们走访的卫生院数量有限，可能对整个农村的医疗状况难有一个宏观的把握，但我们尽量从有限的样本里总结信息，并提出一些自己的看法。

## 一、从样本来看普洱市农村卫生室的状况

几所医疗机构的性质与规模不尽相同，有的是民办有的是公办，有的有40多名医生，已初具规模，有的只有一两个人，而从数据中看出有较大规模的医疗机构属于镇级别的，而村级的医疗机构的规模十分有限，虽然样本有限，但它也反映出普洱市农村的医疗卫生机构实力确实比较薄弱，从调查中我们发现这些医疗卫生机构只要是公办的，其资金来源都是政府出钱，但政府在这一块的支持力度明显不够，我们看到很多卫生室的房屋破旧，设施老化，医生的收入也太低。综合各方面看，村级卫生室确实难以令人满意。

本文作者：中国农业大学赴云南普洱周边农村调研实践支队。报告执笔人：杨晗（中国农业大学信息与电气工程学院 2011 级本科生）。

表1　　　　　　　　　　四所医疗卫生机构基本情况

| 受访医疗机构名称 | 医疗机构性质 | 医疗机构举办主体 | 医疗机构医务人员 |
|---|---|---|---|
| 普洱市思茅区倚象镇中心卫生院 | 公办 | 政府举办 | 46 |
| 普洱市思茅区思茅镇三家村卫生室 | 民办 | 乡村医生联办 | 2 |
| 普洱市思茅区南屏镇南岛河村定点医疗机构 | 公办 | 政府举办 | 1 |
| 普洱市宁洱县宁洱镇温泉村卫生室 | 公办 | 政府举办 | 2 |

# 二、农村医疗卫生机构运营状况

问卷显示，不同医疗机构的进货渠道不同，他们有的是通过投标的方式上网统一采购，有的通过医药公司采购，有的通过定点机构采购，渠道并不是很规范。而在药品的销售过程中基本是由物价局的规定销售，或者按原价销售，按村或国家标准收取诊费，公办机构都没有盈利的状况，而医务人员也由政府出资补助，有一定基本工资和绩效工资，可以说这些公办医疗卫生室都是由政府财政维持其基本运营，生存能力有限。而出资这一块又涉及乡镇县各级政府的出资比例，虽然我们不是很清楚，但是这种出资比例如若不合理的话，会造成很多基层政府的财政紧张，而这些卫生机构的发展也不能得到保证，甚至连能否生存都令人担忧。

# 三、结合新农合来看农村的医疗状况

这么多天的调查下来，我们走访的村子每户农家的每一个人都参加了新农合，这点是非常值得欣慰的，我们看到政策落实的效果很好，访谈中也发现农户们确实因为这个政策减轻了不少负担，特别是大病方面，以前很多农民是不敢去县级以上的大医院去看病的，现在好了，特别是一些大病，报销比例非常高，很好地解决了农民大病不敢看的现象。但是很多农民的观念没有转变，就是小病不看、大病花钱，农民们经常下地干体力活，生病受伤是常有的事，因此在很多年的经验积累中他们对这些小伤小病有了一套自己的处理办法，他们可能就按自己的经验来处理甚至置之不理，而他们的方法和经验有一部分是很不科学的，他们不能及时去医院，导致小病不治成了大病，即使我们有了新农合也很难改变他们小病不去医院的思想。

这就给我们带来了一个问题，就是如何处理好卫生室与大医院的关系。调查显示，卫生室主要治疗的是一些常见病，比如感冒、肠炎、风湿等，前面以提到这些病农民是不大愿意去医疗机构看的，而对于相较于农村的卫生室，农民们更加信任县城里的大医院，绝大多数农民表示真有病了会直接到城里去看，那样更利于治疗，但是这就会让村卫生室处于一个相对尴尬的境地，农民们都不愿来这看病，我们根据每日看病人和村子情况做了统计，如表2。

**表 2**　　　　　　　　　　　**农村医疗状况统计**

| 村子名称 | 村子人数 | 卫生室医务人员人数 | 机构日均就诊人数 | 就诊人数占总人数比例 | 每个医务人员每日服务人数 |
|---|---|---|---|---|---|
| 思茅区思茅镇三家村 | 6201 | 2 | 13 | 0.21% | 6.5 |
| 思茅区倚象镇大寨村 | 44i6 | 46 | 110 | 2.49% | 2.93 |
| 宁洱县宁洱乡温泉村 | 2508 | 2 | 20 | 0.79% | 10 |
| 思茅区南屏镇南岛河村 | 2535 | 1 | 10 | 0.39% | 10 |

# 四、对农村医疗状况的几点建议

## 1. 加大政府对农村医疗机构的支持力度、管理规范

普洱市很多卫生室的硬件设备很落后，包括房屋破旧，医疗设施陈旧，所有医务工作者都向我们表达了希望政府加大投资力度的愿望，农村医疗是我国农村发展一大组成部分，它是农民们生存的最基本前提，提高农村卫生室的水平能很好地改善农村的医疗，所以加大财政补贴力度很有必要，当然，政府部门的财政预算也应规范化，如省市级财政补贴比例各是多少才不会对地方财政造成太大的压力，还有就是多少钱用以买药品，多少是用以进医疗设备，多少是用于房屋建设，这些都需要有详细的预算，规范的管理才能使农村医疗机构更加健康地成长。

## 2. 提高村医的待遇，加大培训力度，吸引人才下乡

不同村子的村医补助的标准不同，但总的来说补助是很低的。村医们的生活

水平都很低，难以吸引甚至留住医生，这才造成了很多卫生室才有一两个人。由于人太少，很多村医都需要家里的人来帮忙。我们在南岛河村时遇到的就是医生的父亲，他是帮孩子来看着卫生室，他自己也会帮看病，但不是正式的医生。其实这也反映出了卫生室管理不够规范，医疗机构需要加大人员投入的问题。

还有就是村医大部分时间都在农村，很少接触最新的医疗技术，很多村医的医疗水平不是很高，因此，政府或城镇卫生局应该定期给这些医务工作者定期的培训，或和城市医生交流，尽量提高他们的职业水平。

我们还应该号召很多优秀有经验的医生下乡交流，因为只有深入基层才能解决最实际的问题，但同时更要注意不能走形式主义路线。我们在温泉村就有老人向我们反映很多下乡的义务医疗活动就是走走形式，他们来给老人体检，可体检的内容一年比一年少，而且什么病都查不出来。我们认为下基层就要踏踏实实，而且时间不能太短，只有在一定的时间基础上才能真正发现问题，解决问题。

### 3. 强化村卫生室的功能，承担医疗知识普及的任务

前面提到的很多农民小病不治拖成大病的问题，很大程度上就是因为农民们的医疗卫生知识不高，而且现阶段这方面知识的普及也不到位。我们走访的医疗机构多是功能单一的医疗机构，它们仅是负责看病。如果能让这些卫生室参与到医疗知识的普及上来，将会对农民们的医疗知识提升有很大帮助，比如我们让卫生室制作一些医疗卫生的小册子，在村头张贴一些相关海报，或者定期为农民们开一个常见病防治的普及会议。这些看似很小的举动，可能会对农民们产生潜移默化的影响，比如一个农民感到胃疼，以往他可能休息休息就好，但通过医疗宣传，他的脑海中可能就会有一些概念，"这是不是那天看到的慢性胃炎呀？那天医生说这个可能恶化，有人就是因为这个死了的，还是去看看吧"。类似的想法就可能改变他们的就医习惯，而卫生室作为农民最直接接触的医疗部门，如果能直接参与普及咨询，那对农村医疗的改变将会成倍数形式增长。

### 4. 加大政策宣传力度，简化执行步骤，让农民最大化享受国家政策

新农合的大力推广确实让农民们减少了不少压力，但就普洱市而言，它的推广还有一定的问题，从以下几点可以看出：①农民对政府配套的资金不清楚；②同一个村子的农民生病的报销比例说法不一；③很多农民认为小病不可以报销。

除了政策宣传方面，有的农民认为报销的过程太过繁琐，有的要向镇一级报，

有的要向县市报，也有存在因为步骤太繁琐而导致不能报销的现象。

其实无论是政策的宣传力度还是执行层面，任何的不到位受害的只有我们的农民，我们反思这么多年来国家政策，内容永远是好的，很多问题就出在宣传和执行层面，以前毛主席就说过他的政策出不了北京，现在民间也有"政策不出中南海"的说法。新农合的问题是一个基于大环境的问题，我们提出几点小小的建议：①减少利益上的挂钩；②明确有关部门的职能；③拥有更好的监督；④让社会有更大的关注。

农村"三留守"

# "百村调查"赴江西省唐江镇支队调查报告

改革开放后，随着中国经济飞速崛起、城市化进程不断加速、资金和非农业劳动力高密度聚集，许多关乎广大欠发达农村地区的民生、社会问题也愈发突出。本调研支队通过深入我国中部乡村，以社会学、心理学知识为基础，采用多种调研方法考察了农村"三留守"人员的生活情况和国家与此有关的政策落实情况，并自主探求了城市化和人口流动对于农村"三留守"人员幸福感的影响以及农村儿童的社会化困境。支队以感知"幸福感"为切入口的调研结果对于帮助当地优化和落实相关民生政策、研究三农问题具有建设性意义。

## 一、研究简介

随着我国经济的调整增长、人民生活水平的不断提高，社会的关注中心正在经历着由物质条件向精神富足转移的自然过程。于是，"幸福感"一词逐渐走进了人们的视野。但作为一个主观的指标，幸福不是一个常量，而是一个受多种因素影响的变量。国务院总理温家宝曾以"四心"来概括幸福："民众生活得舒心、安心、放心，对未来有信心"[1]。

"三农"问题一直是党中央工作的重中之重，也是我国全面建设小康社会、加快推进社会主义现代化建设的核心问题。随着中国城市化进程不断推进，乡村青壮年劳动力大量向城市及城镇流动，"谁在农村"、"他们过得怎么样"、"怎样使他们的生活更好"正逐渐成为社会和党中央、国务院工作关注的焦点。可以说，以留守老人、留守妇女和留守儿童为主体的"三留守"人员问题已然成为有关"三农"建设和民生研究的重要问题，值得当代学者和大学生的关注和研究。

本文作者：清华大学赴宋江村调研家庭结构变化对农村居民幸福感影响实践支队。报告执笔人：叶紫祎、黄馨蝶、夏津京、钟瑞洁、梁梦爽、王喻晓、吕想（清华大学社会科学学院社会科学实验班 2011 级本科生）；刘畅（清华大学建筑学院建筑技术科学系 2011 级本科生）；肖遥（清华大学土木水利学院土木工程系 2011 级研究生）。

[1] 温家宝："让民众生活得舒心安心放心、对未来有信心"，中央政府门户网站，www. gov. cn。

为了帮助广大农村民众过上更好、更有尊严的日子，我们支队决定前往江西省一个留守人员密集的客家小镇，通过此次实践为农民朋友们打开一扇窗，号召社会加强对该人群的重视。通过感知普通农村居民的幸福感和幸福观，我们将不仅寻找到一个衡量当地农民幸福感的"标尺"，同时也会为当地政府民生导向、幸福导向的施政提供依据和参考。

# 二、基本状况

## 1. 家庭人口结构

表1　　　　　　　　家庭人口结构数据

| 村名 | 调研户数 | 家庭总人口 | 外出人口 | 外出人口占家庭人口百分比 | 常年外出劳动力人口 | 常年外出劳动力人口占家庭总人口百分比 |
|---|---|---|---|---|---|---|
| 中田 | 20 | 172 | 73 | 42.44% | 30 | 17.44% |
| 白石 | 40 | 223 | 90 | 40.36% | 84 | 37.67% |
| 磨形 | 20 | 130 | 48 | 36.92% | 15 | 11.54% |
| 上坑 | 20 | 114 | 44 | 38.60% | 22 | 19.30% |

表2　　　　　　各自然村人口结构的村级问卷统计数据

| 村名 | 总户数 | 家庭总人口 | 劳动力人口 | 劳动力人口占总人口百分比 | 常年外出劳动力人口 | 常年外出劳动力人口占家庭总人口百分比 |
|---|---|---|---|---|---|---|
| 中田 | 471 | 1786 | 900 | 50.39% | 600 | 33.59% |
| 白石 | 458 | 1815 | 826 | 45.51% | 200 | 11.02% |
| 磨形 | 836 | 3248 | 2000 | 61.58% | 1193 | 36.73% |
| 上坑 | 302 | 1302 | 703 | 53.99% | 200 | 15.36% |

上表显示，如今农村外出人口的比例相对较大（均接近或超过40%）。这里的外出人口主要有这样几个方面，一部分是外出从事非农产业的劳动力对象，而剩余部分则是劳动力的妇女、儿童甚至老人，还有一部分是出去求学的学生等。但就外出劳动力占家庭总人口的百分比来看，各个村的情况却出现了较为显著的差别。这可能与不同村的经济情况和发展结构有关，也可能与我们在不同村选择调研对象的差异有关。

就村内数据统计情况来看，各村的劳动力人口比例相差并不大，但仍出现各个村外出劳动力比例相差较大的情况，而且村级数据与问卷数据关于外出劳动力的比例也出现了较大的误差。总体而言，如今农村劳动力外出已然成为一种趋势，而且在部分村已成为了主流的选择方向。

## 2. 农业生产

### （1）耕地情况

唐江镇农村平均每户的耕地面积为 3.01 亩，平均每人的耕地面积为 0.37 亩。

表3  各村问卷统计和村级数据

| 村名 | 户平均耕地（问卷） | 人平均耕地（问卷） | 户平均耕地（村级） | 人平均耕地 |
|------|------|------|------|------|
| 中田 | 5.30 | 0.62 | 2.42 | 0.64 |
| 白石 | 2.37 | 0.43 | 1.80 | 0.46 |
| 磨形 | \ | \ | 2.80 | 0.72 |
| 上坑 | 2.02 | 0.35 | 1.81 | 0.42 |

### （2）耕种劳动力人群分布

在我们的问卷调查中，耕地耕种的劳动力分布如下：在调查的100户中，有59%的家中有老人（50~60岁以上）参与耕种；有20%的家中有妇女参与耕种；有20%的家中有青壮年参与耕种；其中还有10户的耕地流转给他人或直接撂荒，无人耕种。

据国家统计局的数据，目前我国人均耕地面积约为1.38亩，仅为世界平均水平的40%，而唐江镇农村的调查结果显示，当地人均耕地面积仅为0.37亩，还不到全国平均水平的1/3，可见当地农村耕地资源十分匮乏。在调研中我们也发现，当地的耕地生产作物主要用于家庭消费，甚至有连家庭消费都不够的情况。同时我们调查的户平均耕地均略高于村中总体的户平均耕地，这可能是由所选择的调研对象较为偏向于农业生产、拥有耕地相对较多造成的。

耕地劳动力的人群分布也是我们重点关注的一个指标。对一百份问卷进行统计后，我们可以很明显发现，目前农村大部分的耕地都由老人耕种（59%），而由妇女耕种和青壮年耕种的耕地面积则相对较少（20%）。更有少数耕地由于家中缺乏劳动力（老人年龄过大）直接撂荒或送给他人耕种。这是农村劳动人口外流、外出务工人员增多的一个直接结果。

（3）医疗

在调查的 100 户家庭中，2011 年有看病花费的家庭为 63 户，统计他们的平均花费以及报销费用如下表。

**表 4**　　　　　　　　　　　农村家庭医疗费用　　　　　　　　　　　单元：元

| 有看病花费的家庭数 | 看病平均花费 | 平均报销 |
|---|---|---|
| 63 | 6131 | 2644 |

有医疗费用的家庭平均花费 6131 元，平均报销达到 2644 元，为 43.1%。其中，有医疗费用的 63 户家庭，实际上只有 29 户的费用有部分报销，比例为 46%。

**表 5**　　　　　　　　　　　农村家庭看病地点分布

| 看病地点 | 本村 | 乡镇 | 县城 | 县以上 |
|---|---|---|---|---|
| 户数（有重复） | 65 | 33 | 11 | 6 |

统计结果表明，高达 65% 的农村家庭都在本村看病，17% 的家庭会到县城及以上看病。需要注意的是，某些家庭会同时到不同的地方看病，因此在统计中会多次计数。

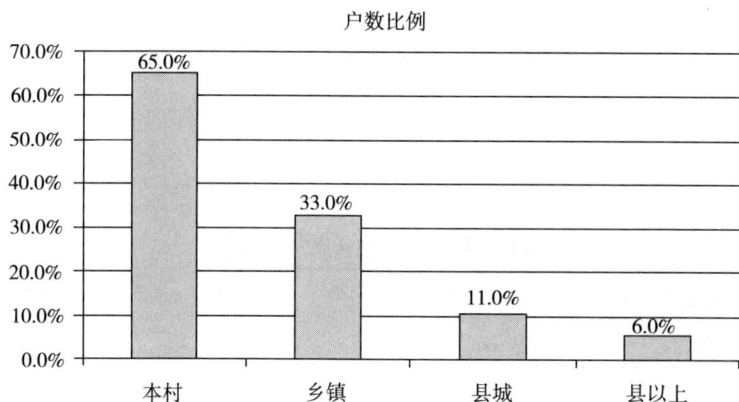

**图 1　农村家庭医疗地点分布情况**

（4）教育

| 表6 | 教育费用构成情况/年 | | 单位：元 |
|---|---|---|---|
| | 年总教育花费 | 学费 | 生活费 |
| 义务教育阶段 | 6757 | 837 | 5920 |
| 非义务教育阶段 | 10160 | 3785 | 6375 |

义务教育阶段平均每年费用为6757元，其中主要是生活费，平均费用5920元，约占孩子教育总费用的87.6%。非义务教育阶段平均每年花费10160元，其中学费3785元，占教育总费用的37.7%，生活费6375元，占教育总费用的62.7%。可以看出，从义务教育到非义务教育，生活费略有增加，增幅为7.7%，而学费则有大幅度提高，为原来的4.5倍。

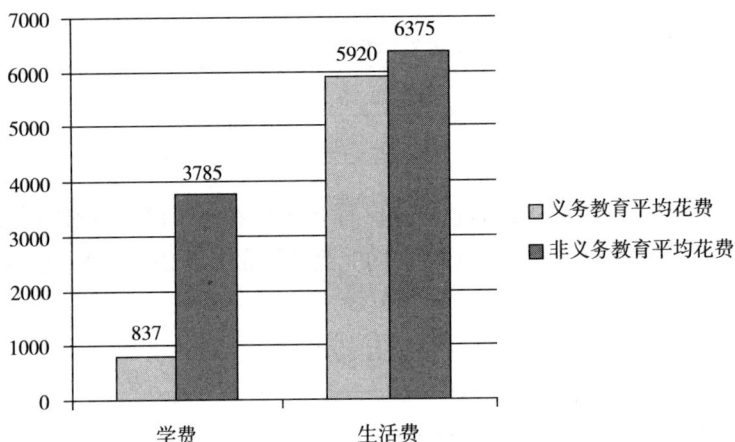

图2　不同教育阶段费用情况

同时，我们统计了教育费用占家庭年收入比例的情况，如表7。

| 表7 | 教育费用占家庭收入比例情况表 | | | | | |
|---|---|---|---|---|---|---|
| 子女教育占家庭收入比例 | 10%以下 | 10%~20% | 20%~30% | 30%~40% | 40%~50% | 50%以上 |
| 家庭数 | 19 | 18 | 12 | 10 | 6 | 9 |

子女教育平均占到家庭收入的20%左右，有约一半的家庭教育费用只占到家庭收入的20%以内，有20%的家庭的教育费用占到家庭收入的40%以上，教育费用成为最大的家庭支出负担。需要特别注意的是，教育费用占家庭收入比例超过50%的家庭仍然占有12%的比例，这些家庭承担的主要是非义务教育阶段的费用，也说明非义务教育阶段的教育支出对于农村家庭是很大的一个负担。

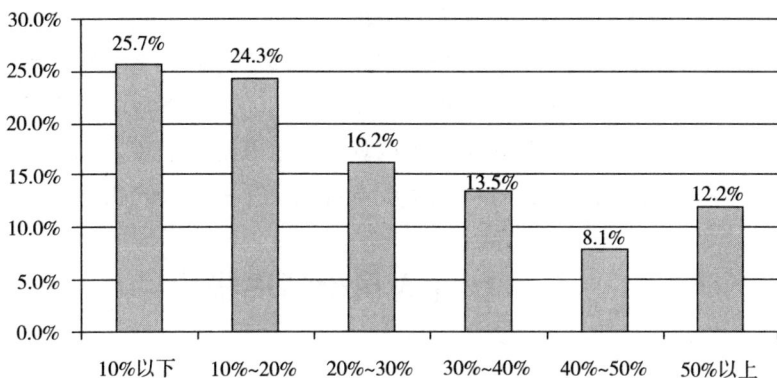

**图3　教育费用占用不同比例的家庭分布**

（5）农保农合政策落实情况

在本次调研中，我们还将目光投向了农村社保相关政策的落实情况。在农村研究院提供的问卷中有多个问题涉及该方面的调查，以调查新型农村社会养老保险（简称"新农保"）和新型农村合作医疗（简称"新农合"）的参与程度为主。同时我们还在与村干部、村民的访谈中对这方面有所侧重，并得到了一定的反馈结果。

从问卷上获得的数据结果来看，我们所调查的四个村的新农保和新农合政策落实的情况基本良好。52.27%的家庭都在这两年参与了新农保，参加人员比重在1/4左右，并且每年缴纳费用。而60周岁以上的老人也能够按照标准领取新农保。新农合的完成程度更高，绝大多数家庭（94.84%）的所有成员都参加了新农合并按规定标准缴费。但是根据村民提供的信息，新农合中政府配套的部分并没有完成，但是也存在村民不了解政府是否筹资的可能。而村与村之间的情况也有所差异，白石村的政策完成度更高于另外三个村。

在与村民的访谈中我们感受到，村民对于新农保和新农合这样的新兴政策的认知程度还是比较高的，当我们问及相关问题的时候都能很快给出答案。村干部在这些政策的落实上也比较扎实，跟随我们进行调查的一些村干部甚至可以清楚地提供各个家庭参加新农保和新农合的人数。可见这些新的三农政策的宣传和落实情况都比较良好。虽然农村的生活水平有限，能够筹资来抵抗人身财产风险的能力也有限，但是在我们走访的过程中，的确有很多村民告诉我们，他们切实得到过这些政策的帮助。

然而，他们还有更多的期待。他们期待有更多的种地补贴，这些保障终究无法补偿他们微薄的收入；他们期待村里的交通情况可以得到改善——就算有了医保，有些家庭也很难出去看病；他们期待除了住院费之外的费用也可以有一定比例的报销；他们期待白发苍苍的老人不用再疲惫而无效地种地。很多被访的村民会说让我们给上面汇报这个情况十分困难，希望国家可以有更多的政策帮助老苏区。对于这些非老即弱的留守人员来说，他们自己的力量很薄弱，家里外出的一代不愿意再回到农村，他们的村干部再认真负责也只是一个政策执行者而不能够拓荒，所以他们安居的同时，心中期待政府可以实行更有效的政策。

# 三、留守人员生活现状

## 1. 留守老人生活现状

在我们的整个调研过程中，留守老人的生活情况始终是我们关注的重点，特别是由于农村青壮年的大量外流，我们调研对象的很大一部分都是留守老人。就以上的数据和我们调研的实际情况来看，留守老人的生活现状主要有以下几个特点：

①亲情缺失。随着农村青壮年人口的不断外流，在农村造成了越来越多的空巢家庭，或者隔代家庭。不少老人在农村无人直接照顾，老人常年不能见到自己的子女，造成家庭亲情的缺失。我们在调研中也了解到，不少老人对儿女离家太远抱有怨言，而且孤独感也相对较强。可以说，亲情缺失直接造成了留守老人在心理健康方面的困境。

②老人劳作压力较大。由耕种人群分布的数据可以发现，大部分的耕地都由老人直接参与耕种。在实际调查中更是了解到，有不少上了70甚至80周岁的老人由于生活压力所迫，仍坚持下地耕种。而且，由于老人子女外出打工，不少老人还要负责照顾自己的孙辈，这可以说更增加了老人劳作的负担。

③新农村政策难以保障。虽然如今新农村政策已较为普及，特别是新农合（医疗保险）政策，在留守老人群体中基本实现了整体覆盖。但是就我们实际调研的情况来看，这些政策事实上仍难以实现老人生活的保障。首先，老人每月55元的养老保险补贴远未达到低保要求，一旦老人儿女在赡养上出现问题，老人的生活将直接无法保障。其次，老人看病的报销比例在农村仍然较低，如果不出现需要住院的较大的病症，基本很难实现报销。这一结果导致老人日常的医疗花费大部分仍为个人负担，直接增加了老人的生活压力。

## 2. 留守儿童生活现状

由于大量的农村青壮年外出务工，我们调查到大多数农户家庭都是孩子和爷爷奶奶共同生活的隔代家庭。这些儿童的生活状况现状大致如下。

①生活安排。我们调查到的留守儿童饮食上靠自家种的粮食，衣着和零花钱由父母提供，基本生活都得到了保障，经济条件方面比纯务农的家庭还要更好一点。但由于父母在外打工，他们的日常起居一般是由爷爷奶奶照顾。很多家庭的爷爷奶奶岁数比较大，行动不便，有些已经丧偶，料理自身生活就已十分艰难，打理家务的能力更是有限，家里往往比较脏乱，孩子也得不到细致的照料。比较大的孩子必须要帮助爷爷奶奶分担家务、照顾弟弟妹妹。可以说很多留守儿童在生活上并不是被监护、照料，而是处于与老人相依为命、相互扶持的状态。

②心理状况。在调查中我们发现很多留守儿童表现出对外界的排斥和不信任，有些孩子在与人相处时显得比较霸道、暴躁，有些孩子则不愿与他人交流，有自卑、忧郁和自闭的倾向。相比之下，父母工作地近、回家时间多的或是家中兄弟姐妹多的儿童心理会健康阳光一些。由于父母长期不在身边，与爷爷奶奶的沟通又存在代沟和障碍，留守儿童的内心世界很少得到关心。他们在成长的重要阶段缺少父母的参与，存在着父爱、母爱的缺失，内心很容易产生孤独感和忧郁感。而在农村，学校和社区也几乎没有针对孩子心理健康方面的教育和扶助，导致很多孩子内心的情绪无处倾诉，长期积蓄成为留守儿童越轨行为的深层原因。

③家庭教育。由于爷爷奶奶大多没有文化，留守儿童几乎得不到良好的家庭教育。在外的父母往往只保证孩子到学校上了学，至于其课外的人格塑造、个人教养和爱好培养很少关注，导致很多孩子在与人交往时没有礼貌。在我们调查的过程中，典型留守家庭的情况就是爷爷奶奶和孩子一起对着电视看动画片或者连续剧，这种家庭氛围决定了孩子几乎不会去接触课外书或是其他对其素质提高有帮助的事物。

④学校教育。我们所调查的这个地区义务教育落实得很好，四个村都有自己的小学，初中也基本能保证至少在邻村，学费都实现了"两免一补"，没有遇到辍学或上不起学的案例。在中田初中，我们看到老师大部分来自城镇或外地，文化水平较高。可以说当地孩子大多数接受到了合格的义务教育。

但在观察过程中我们发现，学校教育对村里儿童的影响效果其实非常有限，孩子们的知识水平和城里的学生还是有很大差距。很多高年级的小学生甚至还不会九九乘法表。我们认为原因一方面在于农村学校的师资和学校条件还有待提高，另一方面则在于农村闭塞的环境本身决定了儿童视野相对狭窄，家庭教育的缺失导致留守儿童缺乏课外学习的氛围，同时，由于学习上的问题无法得到及时解答以及缺乏关爱造成厌学心理。

# 四、留守儿童的社会化困境

## 1. 家庭结构破坏

本次实践调查中，在白石村的小组在村内举办了一次夏令营活动，主要内容为一些适合 10 岁左右小学生的团队游戏和益智游戏，希望可以帮助他们认识到生活中团结、分享、专注的重要性，同样也希望能在这个过程中观察这些留守儿童各方面的状态。在村主任的召集下来了 9 个 10 岁左右的孩子和 1 个年龄较小的孩子（后来没有参与活动），并且他们的家长（大部分是母亲或祖母、外祖母）也来到了村主任家中。夏令营的进行过程和我们想象的有较大的差距，有很多我们预期之外的情况出现，这些情况也让我们对于这些孩子的生存状态有了更多的了解和更深的担忧。

首先是沟通和理解问题。他们都在村或者镇上的小学读书，接受了应有的义务教育，但是他们的普通话都说的并不好。同样的要求、同一句话，往往需要我们以很慢的语速重复很多遍之后他们才会有反应，才会表示理解或者认同。当遇到问题的时候，他们很少主动提出来，而是等待着我们猜测"是不是不理解"之后他们再来确认。

其次是这些孩子的性格问题。我们在设计游戏环节等夏令营活动内容的时候，原以为这些孩子的性格会比较安静羞涩、朴实单纯，但实际情况远非如此。他们中有些孩子的安静羞涩已经到了沉默甚至有点封闭的程度。这种情况以女孩子为主。她们在整个过程中只会直直地看着我们，很少说话，更多的用点头和摇头来表达他们的意思，也很少笑，没有这个年龄的孩子应该有的那种活力和好奇心。而男孩子的性格问题更加严重。在夏令营中一共出现了两次比较大的"事故"，都是由男孩子引起的。一个 11 岁的男孩子，因为座位安排的问题而突然暴怒，一开始我们都不知道他为何气呼呼地开始流泪，然后对着其他孩子发怒，表情一直很凶狠，就像随时准备攻击的小兽。我们听不懂他的话，很着急但是又不知如何解决，一遍一遍地问他为什么生气，但得到的回应是同样凶狠的目光和表情。而在局面很僵的时候，坐在一边的孩子的外婆祖母们一直在用方言高声讨论这件事却没有人出来劝解或者帮忙，任由这个孩子一直发怒。还有一次"事故"是在最后合影的阶段，一个 8 岁的孩子不愿意让他 6 岁的弟弟（就是年龄较小没有参与游戏的那个孩子）和大家一起合影。局面又僵持了，这个孩子在之前的表现都比较好，而这时无论如何都不愿意妥协，而且对自己的亲弟弟也是很凶的态度。最终在我们和众家长的劝说之下勉强算是完成了合影，但也是不欢而散。而在分发礼物的时候，这些孩子为了争抢礼物也是完全不肯让步，女孩子紧紧握着自己的东西不说话，男孩子会来跟我们说自己一定要这个或者要那个。后来我们才知道，有些互相争抢的孩子其实就是亲兄弟或者堂兄弟，而其实我们已经强调了很多遍，军棋和象棋这样的东西自己一个人是玩不了的，要和家人和其他小朋友一起分享。这些情况和我们原先的设想实在差距太大了。

除了性格上的问题之外，还有家庭关系上的问题。在夏令营结束之后，我们和村主任的妻子坐着聊天，我们向她表达对夏令营出现的情况的抱歉，因为如果当时真的有孩子打架了或者出了什么意外对我们来说是有很大责任的。她告诉我们这些很正常，这里的很多孩子，特别是男孩子都很好斗、脾气暴躁。更让我们吃惊的是，他们和家人的关系也并不是很好。父母常年在外打工，都是家里的老人带大他们，从小就是一味的纵容。他们对自己的爷爷奶奶都很凶，那个11岁的孩子甚至会打自己的母亲。他们对家里的老人、父母和其他长辈都缺乏应有的尊重和爱戴。

农村留守儿童的父母常年离家，家里只剩老的小的。的确，村里有小学，他们还可以去中田村上初中，去南康上高中，他们可以拥有完整的学校教育。但是对所有同龄孩子来说最重要的家庭教育他们却没有办法完整的拥有。在他们的成长中，最应该教育他们尊老爱幼、团结友爱的父母始终缺席，老人除了可以给他们提供生活和物质上的保障之外，只有一味的宠，一味的纵容。再加上农村"重男轻女"的观念，那些孩子的性格上出现这些缺陷也就在所难免。一个孩子成长中应该学习的礼貌、教养、好的习惯、与他人沟通的方式等等这些非知识的东西在他们身上都看不到。"根据美国社会学家帕森斯的观点，家庭的两项主要功能就是初级社会化和人格稳定化，所谓初级社会化，就是儿童学习诞生其中的那个社会之文化规范的过程。因为这发生在孩童时期的早期，所以家庭是人格发展最重要的领域"[①]（吉登斯，2009）。因为家庭结构中父母这一代人的缺席，这些孩子的社会化缺少了最初也是最重要的一步。这让我们忍不住为他们忧心，他们终会长大，他们也会像自己的父母一样离开白石村出来工作，那这些孩子到了更大的社会环境的时候，他们能够与社会相容吗？他们会闯祸吗？他们会被欺负吗？这一代留守儿童集体成长为下一代农民工的时候，如果他们中的多数都是我们看到的这个情况，那么他们会造成怎样的社会隐患？

## 2. 社区生态

农村青壮年劳动力大量外流不仅使原先的家庭结构不再完整，也带来了他们

---

[①] 吉登斯著、李康译：《社会学概论》，北京大学出版社2009年版。

所处的农村社区的生态改变和社会结构变化。周围大环境的改变也对农村儿童社会化的过程产生了影响，而这种影响最突出的原因就是青壮年一代大量外出打工，造成农村传统观念、风俗、习惯传承的隔代。农村儿童的社会化更多依靠学校、大众传媒等方式，从长辈、社会环境中获得的引导越来越少，使其身上的乡土特征进一步弱化。这些改变表现在以下几个方面。

第一，农村传统的宗法关系瓦解，同一宗族的孩子们关系疏远。费孝通先生曾在《乡土中国》①（1935）中提出，中国农村是一个"熟人的社会"，村民间互相认识，没有陌生人。这种社会特征在青壮年一辈中仍然存在。本支队调查的几个乡村都是典型的自然起源村，村中大部分人家都是同一个姓氏，且沿用同一个字辈。在近距离观察中，协助调查的几位村干部能熟知自己负责的每户家庭的人员姓名、外出打工人数和承包地亩数，并能与农户亲切交涉。然而在队员们进行的夏令营中，尽管参与的小学生们都是有亲缘关系的堂兄弟姐妹，家庭住址也比较近，但呈现出明显疏远、不愿意互相沟通的特点。宗法关系是靠血缘代代维系的，因此，中间青壮年一代的缺失很大程度上导致了现今农村宗法关系的瓦解，新生一代之间相互生疏。

第二，传统礼俗的缺失对孩子们产生不利影响。传统的乡村社区注重文化传承和教化关系，长幼之序和相应的礼节十分重要（费孝通，1935）②。然而在观察中，队员们发现农村儿童普遍不尊重长辈，显得缺乏家庭教养。他们不仅对自己的祖辈不尊重，对不太熟悉的叔伯长辈也没有应有的礼节。笔者认为这同上一点一样，都是因为传统的沿袭是代代相承的，由于周边环境中缺乏大量能作出示范的成年人，再加上祖辈对儿孙的纵容，传统礼俗在新一代失落了。

第三，农村儿童普遍缺乏对乡土的认同，向往外界又缺少实际努力。在队员的观察中，农村少年儿童普遍更向往城市现代化的生活，认为继续留在农村没有出息，渴望长大后在城市工作。这与青壮年人外出、整个农村社区文化受外界影响改变关系密切，传统中安土重迁的思想受到严重冲击。城市化是现代化的必然结果，但在队员们的观察中，大部分农村留守儿童只是向往外界，并没有太多实质努力。在镇上读书的高中生大多认为自己学习没前途，放弃努力；农民在现实中较低的经济社会地位又让他们不想回家务农。缺少青壮年的农村社区对儿童缺乏吸引力，使他们对自己生存的乡土没有归属感，而现实限制又使他们难以真正融入城市，因而出现大量空有幻想却缺少脚踏实地的努力的情况。

第四，家长过分注重学校教育，缺少成人示范作用和社会引导。外来观念对

---

①② 费孝通：《乡土中国》，三联书店 1935 年版。

农民最大的影响之一就是许多农村家长更注重教育。然而，自身认识的局限和身在外地的现状让他们难以关注孩子的全面发展。农村中形成了只注重成绩，缺乏社会学习交流的现象，"村里不如以前热闹"①（杜鹏，2007）。在队员组织的夏令营中，观察到留守儿童的性格显得更暴躁易怒或过分内向的情况。这可能与一代人的缺失造成农村社区整体的社会失范、孩子之间缺乏应有的人际交流有关。

### 3. 大众传媒

大众传媒对儿童社会化也有重要影响。随着电视等大众传媒的普及，我国儿童的生活结构发生了深刻的变化，使用大众传播媒介成为儿童生活的一个重要组成部分。根据 CSM 的全国调查，我国城乡家庭户的电视机拥有率都超过 98%②，电视机已经成为日常必需品，电视收看机会已经实现了"城乡无差异"。城乡儿童人均收视量约为每日 120 分钟，乡村儿童用看电视的时间略高于城市儿童。这与乡村地区缺少其他娱乐方式，儿童选择范围窄有关。

作为留守儿童接触最多的大众传媒，电视对儿童社会化进程产生了多方面的影响。对于身处社会经济落后农村地区的留守儿童而言，电视为他们接触感知更广阔的物理空间与地域文化提供了便利，产生了很大的正向作用。本文主要讨论其负面作用、分析其作用于留守儿童社会化的过程，并以队员观察到的现象来印证消极影响的存在。

唐江周边的农村地区在广播、报纸、期刊等大众传播媒介并不发达，对留守儿童的影响甚微。但是几乎每家每户都拥有至少一台电视机，儿童每日的大部分娱乐活动是看电视。

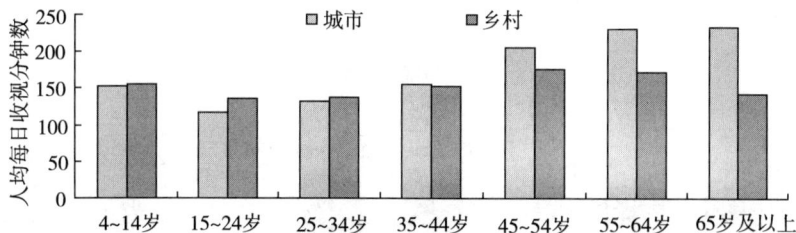

**图4　城乡各年龄段观众人均收视量（2009 年下半年，24 省网）**

根据队员在当地村民家庭寄宿时的观察，电视至少从两大方面影响到留守儿

---

① 杜鹏、李一男、王澎湖、林伟："流动人口外出对其家庭的影响"，《人口学刊》，2007 年第 1 期。

② 本节数据及图表均转引自陈晓洲"城乡观众电视收视特征比较"，《收视中国》2010 年 7 月月刊，http：//www.csm.com.cn/index.php/knowledge/showArticle/kaid/155。

童的社会化过程。

　　首先，由于收看电视节目，儿童与家人、同龄群体互动的时间被大量挤压，从事其他需要高度集中力与积极思维的活动如阅读、游戏的时间也大幅缩水。一方面，儿童的社会融入度受到消极影响。根据队员在寄宿人家的观察，该户人家儿童每晚的活动就是在晚餐后和做完家务的父母与祖母一起看电视。看电视期间，家庭成员之间极少有语言交流，而是全部都安静地盯着屏幕。观察期间，队员发现村内儿童很少一起做游戏，也很少与成年人进行交流。这些儿童遇到陌生人经常掉头就跑、不敢上前对话，明显缺乏基本社会互动能力。另一方面，儿童的认知能力发展也受到一定程度的负面影响。相较于阅读、游戏等活动，看电视要求参与者思维活动的自主性与复杂程度都非常低。队员在进行夏令营的过程中发现，乡村留守儿童的思维发展程度与同龄城市儿童相比更低，小学五年级的学生甚至对十位数的加减法都不熟练。

　　其次，从对电视节目的选择来看，农村留守儿童看得最多的是动画片与电视剧。收看的电视剧类型以古装、神话、偶像题材为主。

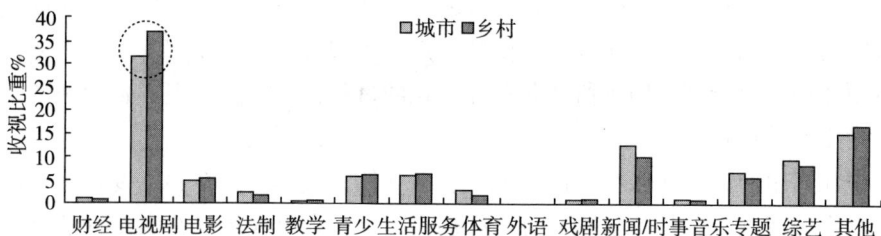

**图 5　城乡电视节目类型收视差异**

数据来源：GSM 媒介研究。

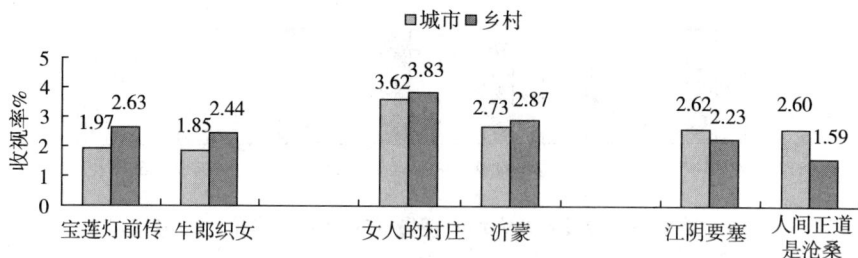

**图 6　中央台八套 2009 年晚间部分电视剧城乡收视差异**

数据来源：GSM 媒介研究。

　　队员连续三天观察了寄宿农户家三名儿童的收视偏好，发现他们的收视规律是优先看动画片，遇到广告时就调到电视剧。与大众对动画片的印象不同，儿童收看的动画片中包含最多最激烈的暴力镜头。主人公常常以维护正义为名义，采取暴力手段解决各种矛盾。这种情节长期大量反复地出现，会对儿童产生不良的暗示作用，让他们以为暴力是解决冲突或达到目的的一般手段，在日常生活中较容易采取攻击行为。此外，在大部分动画片与电视剧中，角色性别差距非常大。男性角色常常充满攻击性、自我中心主义，而女性角色则多具有温顺服从的特点。长期受到这种刻意夸大性别差异画面的渲染，认知能力、判断能力有限的儿童很容易被误导，错误理解性别角色等社会规范。前文对夏令营描述中小男孩们的一些暴力行为以及小女孩们的表现都可以体现这一点。最后，商业社会崇尚的消费主义、物质主义价值观会通过商业广告、部分偶像剧对儿童的价值取向产生巨大影响。在儿童智力发育、认知能力都不成熟的情况下，他们容易忽略家庭的实际经济条件，提出超过必要需求的物质要求。外出的父母出于补偿心理很少拒绝孩子的要求，从而促进了这种消极价值取向的形成。唐江中学的学生多来自附近农村，支教过程中进行的观察支持了这一论点。消费主义倾向确实已经渗透到农村青少年身上。支教时队员们留下了 QQ、邮箱等联系方式，但是所有的学生都通过手机 QQ 来与离开的队员联系，并且有些学生更多的是与队员聊一些"用什么样的手机比较好"等话题。

# 四、结　语

虽然农村青壮年集体外出务工一定程度上提升了农户的家庭收入，但付出的代价也是巨大的。留守人员日益沉重的生活负担以及儿童的不健康发展都是对农村家庭稳定的巨大威胁。留守人员需要政府更多的关注，如果当前的种种严峻问题得不到解决，本地未来的农村社会可能会面临严重后果。

# 小山村里的异样童年

改革开放以来，中国的城镇化已从最初的 17.9% 发展到 2012 年的 52.6%，城市快速发展给我们带来各种物质精神文化成果的同时，城镇化带来的问题也层出不穷。农村子女教育问题是最为突出的问题之一，已经受到了国家和社会的高度重视。无论从制度层面、政策层面，还是从社会、家庭、学校层面分析，我们都需要给予留守儿童这个特殊群体以关爱与帮助。

## 一、引  言

改革开放以来，农民陆续选择进入城市从事非农业相关工作，在给城市注入新的活力、推动城市发展的同时，他们的子女不得不留守在农村，形成庞大的留守儿童群体。留守儿童心理孤独，学习无人问津，生活缺乏有效的照顾，安全得不到很好的保障。在人口密集、外出务工人员日益增多的中西部地区，留守儿童问题颇为严重。

本次调查选取四川省会东县姜州乡为样本，就我国中西部地区留守儿童问题进行分析。四川省属于人口大省和劳务输出大省，留守问题长期存在着。本次调研通过问卷调查，并与当地留守儿童进行深入接触，走进他们的内心，发现他们的内心世界；同时也通过对留守儿童周边生活的观察，了解他们的生活状态，从而寻求问题的解决途径。从留守儿童家庭结构及其生活状况，探寻留守儿童人群形成的原因，并从教育学和心理学角度分析当前留守儿童存在的问题，最后从家庭、学校和社会层面探讨问题的解决办法。并且通过一系列的读书活动和趣味运动等，与当地儿童共同交流，希望为小山村里的留守儿童打开一片蓝天。

---

本文作者：中国农业大学赴四川省会东县姜州乡实践小分队。报告执笔人：康婧璇（中国农业大学人文与发展学院农村区域发展系 2011 级本科生）。

# 二、留守儿童问题从哪里来

随着我国社会经济的持续发展，一方面留守儿童群体的人数正在不断扩大，成为一种比较普遍的社会现象；另一方面留守儿童又面临生活得不到很好照顾、教育无人问津、心智得不到全面发展等问题。到底是什么原因导致留守儿童问题？

## 1. 农民家庭经济水平不高

改革开放以来，国家推行家庭联产承包责任制，农民收入相对提高。但由于随后几年，国家采取农业支持工业的政策导向，使得农村经济的发展越来越缓慢。另一方面城市工业的蓬勃发展让越来越多的农民看到了致富的希望，他们走出农村，在城市里从事二、三产业的相关工作。但由于农村家庭经济基础、教育制度和户籍制度等因素的限制，他们的子女只能被留在农村，逐渐形成了现在庞大的留守儿童群体。

## 2. 农村基层人民政府部门的考虑不周以及城乡教育资源的不均衡

由于我国城乡二元结构的长期存在，致使城市和农村的发展极度不平衡。我国农村的基础教育缺少必要的教育资源，特别是中西部农村地区，因为缺少师资和必要的经费，不仅基础教育的高中阶段远远落后于城市地区，而且基础教育的义务教育阶段问题也不少。

为了整合教育资源，国家进行了 10 多年的撤点并校，使得已经脆弱的农村子女教育问题雪上加霜。从实际层面来说，地方政府片面追求校舍数量的减少，学校向交通中心集中分布，以致农村辍学率不降反升，农村边远地区教育普及难上加难；并校后，不断延长的求学路上，各种安全事故频发；低龄学生较差的自理能力、幼小心智，面对骤然改变的自立生活，极易为社会中的不良风气所戕害，直接导致青少年犯罪等社会问题加剧。简陋的住宿条件，更是埋下一系列安全隐患。被保留下来的乡镇学校教育质量的下降显而易见。而在应试教育的当下，学校对农村孩子的排斥，不仅造成孩子幼小心灵的伤痛，也与破除城乡二元结构的大潮相违背。

农村教育发展滞后、教育质量不高、教学环境差、教育资源匮乏等因素，都使留守儿童的受教育权得不到应有的保障，严重影响了留守儿童的学习兴趣和积极性，致使留守儿童辍学、失学、退学现象不断出现。

### 3. 以老人为主的监护人的文化素质不高，无力监管

从家庭来说，以爷爷奶奶或姥姥姥爷为主体的留守儿童监护人，往往因为文化素质不高，缺乏教育方法和教育经验，不能满足留守儿童成长过程中心理和学习上的需要。更有可能出现"隔辈亲"的溺爱，不利于儿童的心智成长。此外，会东县处于大凉山山区，留守孩子自己上学、放学，安全问题得不到保障。

## 三、留守儿童的基本状况

### 1. 留守儿童的教育

农村学校受办学条件、师资力量、教学理念的局限与制约，针对留守儿童的需求提供特殊有效的教育和关爱不足，学校与家庭之间缺乏沟通。家庭和学校监护不力，导致相当数量的留守儿童产生厌学、逃学、辍学现象。留守儿童学习成绩及初中教育的在学率都低于正常家庭儿童，中国人民大学人口与发展研究中心的研究显示，进入初中阶段以后，留守儿童在校率大幅度下降，14周岁留守儿童的在校率仅为88%。

另一方面，受农村传统思想的禁锢，农民普遍认为女孩子上学也没有用，所以出现了女生的辍学率更高的现象。因为农民关于教育问题的思想认识较为淡薄，少数父母直接鼓励孩子放弃学业，跟随自己来到城市打工，成为第二代农民工。

### 2. 留守儿童的心理状况

留守儿童缺乏抚慰，身心健康也令人担忧。在走访调查中，有很大一部分的父母每年回家不足3次，有的甚至几年才回家1次；近30%的留守儿童与父母通话、通信频率月均不足1次。由于父母长期外出，留守儿童的情感需求得不到满足，遇到心理问题得不到正常疏导，极大地影响其身心健康成长，并埋下人格扭曲的隐患，导致一部分儿童行为习惯较差，从而极易产生心理失衡、道德失范、行为失控甚至犯罪的倾向。南方沿海某省一项调查显示，19.6%的留守儿童觉得自己不如人，11.4%觉得自己受歧视，9.5%有过被遗弃的感觉。由于得不到父母的引导与帮助，留守儿童极易产生价值观的偏离和性格发展的异常。由于父母常年离家，性格孤僻、脆弱、渴望亲情，容易成为留守儿童最大的心理问题。

# 四、思考与建议

## 1. 家庭层面

留守家庭无疑是留守儿童失去关爱的地方，因此家庭同样是留守儿童拾回关爱的地方。首先监护人需要改变教育方式方法，以鼓励、关注和关爱为主，通过各式各样的形式与留守儿童交流；其次监护人或者是留守儿童的家长应该与孩子所在学校的老师进行定期的有效沟通，随时了解孩子的学习生活动态。只有家庭和老师的积极配合，才能让学生教育达到理想的效果①。

## 2. 学校层面

依靠政府资金的注入，由政府和地方投资建立留守儿童的宿舍。除了寄希望于社会捐助以外，学校的资金主要还应由国家和地方政府来共同承担。解决农村教师的基本生活需求，改善老师住宿条件，提高老师的福利待遇，以一种激励机制吸引老师扎根农村，献身农村教育。对老师进行一定的生活补助，鼓励老师和留守儿童形成"一对一"或"一对多"的帮扶关系。在建立留守儿童档案的同时，形成留守儿童的跟踪调查机制，反馈政策实施成果，发现漏洞，及时应对。此外，学校也可以设置与留守儿童成长紧密相关的课程。但是在开展关爱活动的同时，注意不能给留守儿童贴标签，而应该慢慢渗透，不能造成留守儿童的心理压力和负担。

另外，整顿学校周边的环境，如网吧游戏厅等。引导校园同学内部良好的学习交往风气也是至关重要，这关系到一个学校的文化，也会进一步影响教育质量，需要得到学校相关方的重视。

## 3. 社会和国家层面

①首先应承担起解决留守儿童问题的公共责任，应将着眼点从理论研究转移到具体实践当中来，在留守儿童解决策略的具体实施过程中，发现政策的缺陷与不足，并做出及时调整。

②设立留守儿童专项资金，对贫困地区的学校、老师以及留守儿童家庭进行经济补助。

---

① 叶敬忠：《关爱留守儿童——行动与对策》，社会科学文献出版社 2008 年版。

③加强对留守儿童问题的宣传，不仅应唤起社会的关注，更应该深入农村，向留守儿童监护人和学校老师宣传留守儿童问题，本着具体问题具体分析的原则，以多元化的视角解决留守儿童问题，使之明白自己是受关注群体。在制定留守儿童相关政策的同时，深入农村，倾听留守儿童监护人、学校老师、社区管理者在留守儿童问题方面的见解及政策实施的可行性。

④设立监督考核机制，将留守儿童问题纳入政府官员，农村社区管理者以及学校老师的工作考核体系。目前，虽然国家对留守儿童问题比较关注，但是，各级机关在响应政府的号召的过程中，又存在着弄虚作假的状况，或者部分官员为取得政绩，在留守儿童问题方面遮遮掩掩，粉饰当地留守儿童现状。建立留守儿童的监督机制，使政策的实施更有力度。

⑤农村社区应完善其管理职能，在进行村务管理过程中应重视留守儿童的社区监管责任。

⑥组织留守儿童监护人学习留守儿童家庭教育和补习文化知识，督促监护人关注留守儿童的思想道德建设。

⑦除了国家、家庭、学校以外，其他相关组织和机构也应该发挥积极主动的作用。特别是媒体和一些非政府组织等。

# 七、结 语

留守儿童近年来一直是一个较为热门的话题，也是一个问题层出不穷的话题。虽然社会一直关注着留守儿童，国家也有相关的政策帮扶。但是持久关注、实事求是、脚踏实地、有耐性依旧是我们需要的。

离开了父母，孩子仿佛一群被潮水抛到岸上的小鱼，无助孤独、处境危险。父母的离去对这些孩子的伤害不能用金钱来估算和弥补。这些生活在小山村里的孩子们，这些在异样童年里面逐渐长大的孩子们，需要我们更多的关注与爱。让我们一起来努力，守护住这些孩子们头顶上的那一片蓝天吧！

# 小"山窝"里的异样年华

　　留守儿童是指父母双方外出务工或经商而留在原籍的少年儿童。留守儿童已经引起社会的普遍关注。近年来，随着外出务工人员的增多，越来越多的未成年人被留在家里，跟着自己的爷爷奶奶等生活。在这些留守儿童的身上存在着一些问题值得我们去关注。这些留守儿童的心理状况令人担忧，他们所受的教育也是有限的，这些对他们的性格造成了影响。

## 一、调查研究背景及意义

　　随着我国工业化和城镇化进程的加快，20世纪90年代以来，以农村劳动力为主的跨区域流。无论在流动速度和流动规模上都呈现出快速增长的趋势。到2003年，我国农村流动人口已达到1.139亿，并且这个数字还在上升。伴随着大批青壮年劳动力离开家乡，中国农村出现了一个特殊群体：因父母双亲或单亲外出务工，一大批未成年子女留守在家，其中有大量的儿童因父母离开而被托付给爷爷奶奶、外公外婆或远亲近邻，更甚至有独守门户的"留守儿童"。据调查显示，在一些农村劳动力输出大省，"留守儿童"在当地儿童总数中所占比例高达18%～22%。父母双方都外出打工，儿童不能与父母在一起生活的情况在全部留守儿童中超过了半数，比例竟高达56.17%[1]。

　　根据一则资料显示，全国留守儿童现状调查结论如下[2]。

　　生活现状：本次调查的11个省（市、区）中，农村留守率平均为26.1%。农村留守率最高为51.3%。城区留守儿童问题也同样存在，城区平均留守率为11.3%，低于农村平均留守率。

---

　　本文作者：中国农业大学赴四川省青神县安家坝村村调研实践支队。报告执笔人：马一纹（中国农业大学人文与发展学院社会学系2010级本科生）。感谢中国农业大学本科生杨伟阳、罗焰、潘孝贺、梁洁、赵芳玉为撰写本文提供的建议和帮助。

　　①　邓子庆："儿童节，多关注留守儿童"，三秦都市报，2010年6月1日。

　　②　人民网："全国贫困地区留守儿童现状调查与实践研究报告摘要"，http://finance.people.com.cn/stock/GB/217390/220323/14534601.html.2011-05-03/2012-08-20。

学习情况：在学习主动性、学习兴趣和学习效能三方面，城区学生的状况好于农村学生；农村学生中，留守儿童的学习兴趣高于非留守儿童，学习主动性和学习兴趣的情况相似。

课外活动：体育运动方面，城乡学生的体育兴趣与体育态度十分相似。农村学生中，留守儿童的体育态度略比非留守儿童积极，而体育兴趣则无明显差异。

心理状况：城区学生的心理状况整体好于农村学生，在班级感受、自我认知和生活满意度方面表现明显。农村学生中，留守儿童的班级感受方面好于非留守儿童，家庭认同意识则弱于非留守儿童，其他方面两者均较为接近。

四川省青神县河坝子镇安家坝村坐落于四川省眉山市，与玉蟾寺村、火地坡村同乡。当地天蓝水清、物产丰富，其主要农产品有小包菜、谷子、玉米、美国香瓜和番茄等。该村现有农户 610 户，人口 1914 人。在村中 447 名儿童当中就有 120 名是留守儿童，留守儿童、留守妇女及留守老人所占比例较大。

安家坝村的留守人口问题已经成为了当地发展经济和文化的道路中迫切需要解决的问题之一。尽管他们在物质上和精神上的需求不能被满足这一问题已经引起当地政府及社会各界人士的广泛关注，尽管在双方的共同努力下留守人口问题已经取得了初步成效，但是这一问题并没有得到彻底的解决。

基于对上述社会现象的关注，这个暑假我组织一个实践小队前往四川省眉山市青神县进行了关于农村留守儿童心理健康与教育基本状况的参与式调查研究，走访当地农户，通过问卷调查、访谈等途径与当地居民进行沟通交流，深入了解当地留守儿童的心理成长和受教育情况。本文通过分析总结统计数据和访谈稿，从留守儿童基本情况、心理和教育状况三个方面解析留守儿童的生活，力图客观而真实地展示出当地留守儿童的生活全景。

# 二、留守儿童的基本状况

本次调查共发放 30 份问卷，回收 30 份问卷，26 份有效。本调查以问卷和访谈的形式进行，并用 spss 和 excel 进行分析。在这 26 个家庭中有 76.9% 的家庭的收入来源中包括外出打工，其中，家庭收入完全依靠外出打工的家庭过半数。有 92.3% 的受调查者认为留守儿童在当地很普遍，且是由爷爷奶奶或外公外婆监护的。

对监护人按文化程度进行划分，没上过学的占 61.5%，上过小学的占 30.8%，上过初中的占 7.7%。平均受教育水平偏低，主要原因是祖辈那个时代很难受到教育。而在对监护人平时责任的统计中，能对小孩儿进行辅导的只占到 23.1%。由于是监护人，一些基本责任还是都能做到的，例如照顾其日常生活、负责其人身安全和进行思想品德教育等。

（外）祖父母在监护过程中易形成"隔辈儿亲"，导致对孙辈的学习督促辅导效果不理想，主要是因为他们对孩子过于宠爱。甚至有老人反映：小孩儿竟然打电话向爸爸妈妈告他们的状。除此之外，我们在调研过程中也发现过有几个大一些的留守儿童在小店里打游戏机，这些情况均反映出这群留守儿童的生活与心理状况。祖辈的文化程度低，对孩子的学习起不了督促作用。

## 三、留守儿童的心理至关重要

据统计，绝大部分受调查群众认为当地政府或教育专门建立有留守儿童档案，大多数受调查群众认为当地政府或教育部门有专门建立类似留守儿童工作委员会机构。当问及留守儿童这个现象是否应该重视时，基本上所有的受调查群众都认为应该重视。目前地方政府更关注的是劳动力的转移和土地财政，并把它视为带动地方经济发展的重要途径，而对伴随而生的留守儿童问题缺乏重视，更谈不上相应的政策和措施。由此可见，受经费和意识的限制，他们既没有设立专项资金，也没有指定专门负责人对留守儿童进行教育管理，从而使留守儿童的社会教育和管理处于真空状态。

由于我国城乡二元结构的长期存在，城市和农村的发展极度不平衡。农村家庭经济水平不高，青壮年劳动力外出打工。调查显示，留守儿童的父母外出打工时间大都在3年以上，而一周内能和孩子联系上一次的极少，父母双方常年在外或者回家频率仅为一年一次，而直接监护人的文化程度普遍低下，仅有7%的监护人能够较好履行教育职能，这7%的监护人是在上世纪五六十年代上过初中的，当时可算作小知识分子了。暑假生活到父母务工所在地与爷爷奶奶在一起生活比例大致相当，平分秋色，在老一辈人眼中的孩子暑假生活很好很充实，和其他孩子没什么样，实际上已落伍很多了。农村学校受办学条件、师资力量、教学理念的局限与制约，针对留守儿童的需求提供有效的教育和关爱力不从心，学校与家庭之间缺乏沟通。学校和家庭监管不力，对留守儿童的教育与可持续发展产生了潜移默化和深远持久的影响。大部分受访者认为，父母外出打工对孩子的生活状况和性格影响较大抑或有影响，但由于受访者是留守儿童的直接监护人，受个人情绪与情感价值影响，这个数据有一定的局限性。留守儿童的生活习惯、生活质量、独立生活能力、情绪控制能力、人际交往能力等多方面的表现明显差于其他孩子，身心健康令人担忧。

有人说，"男人是乡村的脊梁，女人是乡村的乳汁，当男人和女人离开，留下了什么？留下了是没有脊梁和乳汁的农村，是一个受伤、虚弱的农村"。留守儿童问题是个需要社会综合协调的问题，需要全社会、家长、学校来共同关注，共同解决。

# 四、大多数孩子业余时间都在玩

我们走访农户的时候，发现很多十六岁以上的孩子基本上都是初中没上完就辍学出外打工或在家种地。而且这或许成为一种风气，对当地的儿童也造成一定的影响。同时爷爷奶奶的文化水平不高甚至都没有上过学，因此他们不能对孩子进行很好的监护，这也导致了孩子难以受到九年义务教育。

祖父母基本上没有能力辅导和监督孩子学习；农村学校又受办学条件、师资力量、教学理念的局限与制约，针对留守儿童的需求提供特殊有效的教育和关爱力不从心，学校与家庭之间缺乏沟通。这些情况也都导致孩子成绩较其他孩子差一些。

留守儿童由于没有父母在身边管教，对爷爷奶奶的话又不太听。即便祖辈督促他们学习，他们也是"身在曹营心在汉"。如图1所示，有近38.5%的学生每天都会看电视在2个小时以上，30.7%的学生看电视每天在一到两个小时。但是经过我们的询问，还得知这些孩子即便不看电视也不是在学习，而是在和其他的玩伴玩，甚至到很晚才回家。

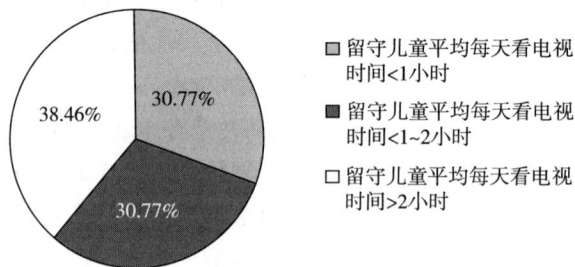

图中数据：38.46%、30.77%、30.77%

图例：
- 留守儿童平均每天看电视时间<1小时
- 留守儿童平均每天看电视时间<1~2小时
- 留守儿童平均每天看电视时间>2小时

**图1　留守儿童看电视情况调查**

当然，放暑假的时候，会有一部分孩子去外地找自己的父母，和自己的父母一起生活。一般情况下，这个时候城市中的孩子都在忙着补习功课，但是这些留守儿童来到父母的身边也不会去补习功课。他们好不容易才能和父母在一起一段时间，来到一座陌生的城市，他们也想好好玩。而这些孩子的父母也是想着让自己的孩子好好放松一下，所以也不会催着这些孩子去学习或者让他们也去补习等。刚见到孩子也就是问问孩子考多少分，考得好了就鼓励一下，考得差了就说下次再努力学学，然后就过去了。这也对孩子的教育方面产生一定的影响。

父母外出，由于缺乏有效的家庭教育这个重要环节，留守儿童对学习缺乏热情，进取心不强，作业不能按时完成或应付了事，学习成绩普遍较差。家庭教育的缺失，使学校教育处于一种尴尬境地。留守儿童一旦在某个学习环节跟不上，往往破罐子破摔，厌倦学习、不求上进。这种情况已影响到学校的教学质量。

在我们的调查中，有近 77% 的学生以及监护人都认为父母在外打工对孩子的教育产生影响，其中有近一半的人认为影响较大。这从上面的分析中也不难看出，留守儿童的教育存在严重问题。

# 五、思考与建议

## 1. 家庭方面

父母是孩子最早的老师，父母的一言一行都影响着孩子。但是在距孩子很远的地方如何对孩子产生影响呢？这也就需要父母多与孩子联系，抽出时间多陪一下孩子，对他们进行教导。父母在外，孩子的临时监护人就相当于孩子当时的父母，他们的言行以及对孩子的教导非常重要。这对孩子性格的塑成很是重要，因此需要监护人多关注儿童的心理以及行为。如果发现问题就要及时地进行有效地疏导。

## 2. 学校方面

学校教育与留守儿童的心理养成具有非常重要的影响。因此，对于留守儿童的教育，尤其是留守儿童的心理健康教育都要从学校着手。每所学校应该有专职心理辅导老师对留守儿童及其他学生进行教导，发现心理问题时也能够及时解决。

## 3. 国家方面

"少年智则国智，少年富则国富，少年强则国强"。在中国所有的少年当中，留守儿童占据了较大的一部分。因此，国家应引起更多的关注。对于留守儿童的教育，国家应该建立更为全面的政策体系，如教育局请专门的心理老师对他们进行辅导，或者派发资金组织留守儿童进行夏令营活动等等。社会上的好心人也可以帮助组织夏令营等。

## 4. 社会方面

媒体应进一步扩大关于留守儿童的宣传力度，调动社会对留守儿童关注的积极性；政府应根据当地实际情况提供行之有效的改善、改进留守儿童问题的方法。城乡同级学校可以与留守儿童较多的学校组织学校联谊活动，充分利用本地和对方资源来教育引导未成年人的发展方向。社会应积极发挥有效的能动性，关注留守儿童群体，积极鼓励企事业单位尤其是龙头企业多做"报答家乡，报答社会"等形式的活动，组织下乡支教，开展一些有益于留守儿童身心健康发展的活动，对留守儿童父母以及监护人施行不定期的教育和指导，从客观上来解决留守儿童的教育问题。

# 附录：农村留守儿童心理健康与教育基本状况调查问卷

问卷编号

您好：

留守儿童是指父母双方外出务工或经商而留在原籍的青少年儿童。留守儿童已经引起社会普遍关注。为了进行农村留守儿童心理与教育调查研究，我们就留守儿童的心理与教育状况作出问卷调查，本调查采用匿名形式。在四个选项中选择答案（A、B、C、D）中，请您从中选择一个，并将答案填在括号内。如无特别说明，问题回答为单选。谢谢您的合作！

调查时间　　　　　　　调查地点　　　　　　　访问员

被访者姓名　　　　　　被访者联系方式

一、基本情况

1. 您的性别（　　　）

　　A、男　　　　　　　　　　B、女

2. 家庭主要收入来源（　　　）

　　A、农业　　　　B、经商　　　　C、外出打工　　　　D、其他

3. 您认为留守儿童在当地是不是较普遍（　　　）

　　A、是　　　　　B、不确定　　　　C、不是

4. 监护类别（　　　）

　　A、父母直接监护　　　　　　B、有爷爷奶奶监护

　　C、独立生活　　　　　　　　D、其他

5. 监护人文化程度（　　　）

　　A、没上过学　　　B、小学文化　　　C、初中文化　　　D、高中及以上

6. 监护人责任（　　　）（可多选）

　　A、照顾日常生活　　　　　　B、督促辅导学习

C、负责人身安全　　　　　　　D、进行思想品德教育　　　E 其他

## 二、留守儿童心理状况

1. 留守儿童的性格（　　　）

　　A、开朗　　B、内向　　C、任性　　D、暴躁　　E、柔弱　　F、其他

2. 父母在外务工时间

3. 您认为父母外出打工对孩子生活状况（　　　）

　　A、影响较大　　　　B、有影响　　　　C、影响较小　　　　D、没有影响

4. 您认为父母外出打工对孩子性格（　　　）

　　A、影响较大　　　　B、有影响　　　　C、影响较小　　　　D、没有影响

5. 通常和父母隔多久联系一次（　　　）

　　A、一周以内　　　　　　　　B、一周到一个月

　　C、不固定　　　　　　　　　D、不联系或很少联系

| 题目 | A、很好 | B、好 | C、一般 | D、差 |
|---|---|---|---|---|
| 6. 您认为留守儿童的生活习惯 | | | | |
| 7. 您认为留守儿童的独立生活能力 | | | | |
| 8. 你认为留守儿童的生活质量 | | | | |
| 9. 您认为留守儿童的情绪控制能力 | | | | |
| 10. 您认为留守儿童的思想道德品质 | | | | |
| 11. 您认为留守儿童的人际交往能力 | | | | |

12. 您认为留守儿童暑假期间多和谁生活在一起（　　　）

　　A、父母其中一方　　　　　　B、爷爷奶奶

　　C、外公外婆　　　　　　　　D、寄养在其他人家里

13. 您认为留守儿童父母回家的频率（　　　）

　　A、常年在外　　　　　　　　B、一年一次

　　C、半年一次　　　　　　　　D、每月一次或几次

14. 您认为留守儿童暑期生活过得怎么样（　　　）

　　A、很好很充实　　　　　　　B、和其他孩子一样，没有什么特别

　　C、很糟糕、没人管　　　　　D、不知道

15. 您认为留守儿童的临时监护人是否很好地履行了其教育职责（　　　）

　　A、能够很好履行　　　　　　B、能够履行

　　C、不能履行　　　　　　　　D、不确定

16. 您认为留守儿童现象是否应该重视 （　　　）

    A、应该　　　　　　B、不应该　　　　　C、不确定

17. 据您所知，当地政府部门或教育部门是否专门建立有留守儿童档案 （　　　）

    A、有　　　　　　　B、没有　　　　　　C、不确定

18. 据您所知，当地政府部门或教育部门是否建立有类似"留守儿童工作委员会"等机构 （　　　）

    A、有　　　　　　　B、没有　　　　　　C、不确定

三、留守儿童教育

1. 留守儿童的学习成绩 （　　　）

    A、优　　　　　　　B、良　　　　　　　C、一般　　　　　　D、差

2. 您在家辅导孩子学习吗 （　　　）

    A、经常辅导　　　　B、偶尔辅导　　　　C、从未辅导

3. 您认为留守儿童与其他儿童的教育相比较 （　　　）

    A、更难　　　　　　B、没有差别　　　　C、更容易

4. 您认为父母外出打工对孩子的教育状况 （　　　）

    A、影响较大　　　　B、有影响　　　　　C、影响较小　　　　D、没有影响

5. 留守儿童平均每天看电视时间 （　　　）

    A、1 小时以内　　　B、1 到 2 小时　　　C、2 小时以上

6. 对孩子平常在学校的表现了解程度 （　　　）

    A、很清楚　　　　　B、较清楚　　　　　C、不清楚

7. 家中有人督促孩子学习吗 （　　　）

    A、有　　　　　　　　　　　　　　B、没有

8. 监护人监督孩子学习情况 （　　　）

    A、要就严格　　　　B、有时过问　　　　C、基本不管

9. 监护人对孩子迟到、旷课甚至逃学所持态度 （　　　）

    A、坚决反对　　　　B、放任自流　　　　C、包容支持

10. 学校有没有留守儿童心理疏导老师 （　　　）

    A、有　　　　　　　B、没有　　　　　　C、不知道

# 是什么让农民坚守农村：
# 以河南省嵩县饭坡乡赵庄村为例

近年来，中国社会的现代化进程正以前所未有的速度向前行进着，而社会这一个大的平面出现了倾斜甚至断裂。城市的"高楼"正拔地而起，便捷生活以及高收入使许多农村人趋之若鹜，然而背井离乡也并未获得他们为之努力建设的城市的一张"门票"；相较之下，农村虽有改观，但发展远不及城市。于是，农民在高收入但并无法获得身份认同的城市与生活贫瘠但邻里和睦的农村之间进退维谷，一般农民家庭最终选择成年男子外出打工和老幼妇留守农村这样的"双保险"。利用暑期，笔者前往洛阳市嵩县饭坡乡，就这个问题展开了深入调研，特以赵庄村为例，试图了解农民们在现代化进程中的处境和忧虑。

2012 年暑假，笔者与一群单纯的年轻人赶往洛阳饭坡乡田庄小学，进行了为期近十天的社会实践。时间虽然不是很长，但在心中留下了无法磨灭的记忆与触动灵魂的生命体验。

每天傍晚，笔者与一名队友在当地人的带领下，前往赵庄村进行调研。赵庄村位于饭坡乡的北部，处在地势较高的坡地，各个自然村比较分散，组内农户集中居住，主要依靠盘山公路保持与外界的交通，而徒步时，当地人更愿意抄山坡近路，地势相对更加陡峭，即使是近路，想要从一个组到另一个组也非常不易。在调研路上，细心的队友发现这里的农作物长势不是很好，矮小、稀疏，且随着海拔的升高，该问题也越来越突出；笔者也发觉，沿路有很多高大的岩石，即使是耕地的地基也很多都是碎岩块，这与家乡到处黄土地甚为不同。于是，我们在心底里对该村的农业状况也有了自己大概的猜测。而更令我们惊讶的是，在村子里看到的青壮年男性很少，大多是老人、妇女和孩子。到了农户家里，在做问卷的过程中，也特意就这些疑惑询问了一些农民。

本文作者：北京师范大学赴河南嵩县田庄村调研实践支队。报告执笔人：王晶（北京师范大学励耘学院人文科学试验班 2010 级本科生）；资料与协助：陈红领（北京师范大学历史学院 2011 级本科生）；任嘉莉，向婧，张玺（北京师范大学教育学部教育技术学院 2011 级本科生）；王扬，苏华丹（北京师范大学数学科学学院 2010 级本科生）；张兵，张立国（北京师范大学哲学与社会学学院 2010 级本科生）。

得到的答案是这样的，这里的土地很贫瘠，因地势高，水源很难找，人畜用水都很困难，基本上不灌溉耕地，只是靠雨水，也就是农民们口中的"靠天吃饭"。收成不稳定，遇到长期旱、涝更是颗粒无收。但一大家子终归要生活，一般农村家庭都是三代同堂，也有四代同堂，家庭的重担由中年人、青年人所担负，老人医药费、子女教育费、农业费用、家庭日常开销等，本就是一笔较大的数目，有的家庭还要盖房子，或者业已盖好房子但留下了不少债务。虽然现今农村的社会保障制度、农业补贴制度等不断完善，但是各类补贴包括种子、化肥等许多村民表示并没有受到优惠，而养老金、医疗保险等对于家庭负担特别重大的家庭来说不过是杯水车薪。一般家庭是夫妻二人，一个外出打工，另一个留守，照顾田地、老人和孩子。也有夫妻双方或者整个家庭都出去的，也因此我们在调研过程中吃了几次闭门羹。看着厚重的大门，不禁去想，门后面是一个家吗，那些外出人员想念这里吗？

我们从村支书那里了解到，该村去年常年外出务工人员多达 1/5，有四户家庭整户外出，仅在农忙的时候回家帮忙，一年回不了几次家，有的甚至只有过年才回来，而每次回家待的时间也就只有几天。这样就导致家庭长期分离，不利于家庭和谐，也对子女的成长极为不利。我们在那里曾见过一个很内向的小女孩，父母都外出了，她跟着奶奶生活，奶奶年龄快 70 岁，无法满足她的许多需求，两人沟通起来也似乎不是很顺畅。在跟小女孩的相处过程中也感受到了这一点，她不喜说话，偶尔一个人发呆，有时问她好久才支支吾吾说发生什么事情，而大多数时候并不明白她的心里想的是什么。

在与村民沟通时，他们也间接地表达了自己这方面的担忧，而许多村民们也表示自己很无奈，都希望一家人住在一起，可是，很多现实的原因不得不考虑。各种消费开支和需求，使得他们无法过纯粹的田园生活，且不说其他，收成的不稳定就无法保障一家人的生存需求。到城里打工也是为了贴补家用。村民们也告诉我们，没有文化到城里打工大多只能做体力劳动者，一般是在建筑工地上干活，觉得收入还行，但是很苦很累。其实体力劳动者基本上就是处于社会最底层的人员，干着最脏最累的活，却得到最少的回报。笔者本身对现行的产业结构及资源分配制度持怀疑态度，整个社会奉行工商业至上，农业在我们这个以农业为传统的大国不断地被边缘化，而整个社会大蛋糕的分配，也受产业结构影响，体力劳动者的收入远低于脑力劳动者。中国古话讲"人不分贵贱"，可是这样的经济社会无疑给人贴上了标签。但村民对于打工所得的收入还是较为开心和自豪的，也有拖欠工资等侵犯农民工权益的事情发生，但即使如此，许多家庭还是表示，无论如何，打工都是需要的。从谈话中，不难听出农民对生活的许多无奈。

家人总要生活在一起才像个家，无法一起生活在村子里，一起生活在城里也是一个选择。但大多村民对此表示，城市生活虽然很便利，但一家人的生活哪里那么容易维持，而且肯定没有在农村生活的自在。确实，城市生活节奏快，许多事情都是量化的，包括工作时间、内容及成果等等，压力会比农村大很多。在问到"愿不愿意放弃土地，在城里定居？"的问题时。许多村民的第一反应是，那要怎么生活？然后我们给出假设，说如果有了固定工作可以定居呢，大部分村民表示不愿意放弃土地，但还是对城里的固定收入怀有较大的疑虑。他们似乎并不相信自己能够在现在的社会里，加入到高收入人群中。

而在农民进城定居这个问题上，洛阳市政府其实也给出了具体的政策，其核心内容是："放弃土地承包权或宅基地使用权，农民可以直接转变为城里人。市政府鼓励农民进城定居，只要做到'双放弃'，即放弃承包地和宅基地，农民不仅可以拿到最高 1 万元的政府补贴，还可以和城里人一样，在医疗保险、子女入学等方面享受同等的待遇"[①]。

政府给出的政策多少有些诚意不够。在笔者看来，仅"双放弃"一项，就会把大多数对城市怀有期待的农民工挡在门外，宅基地和承包地是农民立足的根本，把"双放弃"作为进城落户的先决条件，无疑是斩断了他们最后的退路。一方面，农民对于进城心存疑虑，他们还有后顾之忧，特别是进城之初，他们还要走走看看，万一在城里待不住，失掉了工作或住宅不稳定了，还可以回乡下继续种田。承包田和宅基地还在，这才能安心进城。另一方面，城里的生活成本也让农民感到畏惧，高价房尤其让农民无法承受。

现阶段对广大农民来说，住进城里只是他们的美好梦想。农民因自身文化素质较低只能从事一些基础性行业，他们所从事的工作，条件普遍较差、劳动强度大、社会保障差、工资水平低，无法维持一家人日常生活。虽然有数据表明，2011 年年底我国城镇人口首次超过了农村人口，意味着有农民住进了城里，但是拥有城市户籍并不意味着能与市民享受相同的待遇，社会福利、保障等距离这些"新市民"还很遥远。现今占比例极小的"新市民"，想要完成华丽的转身是需要极大的勇气和积极的心态的，"投资"会有收入但也有很大风险。

基于种种考虑，大多数村民选择两地分居的生活，在笔者看来，村民们一方面不愿放弃外出打工，另一方面又想要留住土地，无非是想要在经济主导的社会里，获得更多的生活安全感。坚实的土地能够提供最基本的生活保障，而打工的目的也是为了增加收入，以备不时之需。农村带给农民的是城市远远不能给予的，走在家乡的土地上，永远是最踏实的，或许城市里的高楼太过耀眼，虽然许

---

① 资料来源：网易新闻：http://news.163.com/09/0718/11/5EGHMKEL0001124J.html。

多是出自他们的汗水，但他们知道自己并不属于那里。城市的繁华令人向往，但那里对于农民工而言人情冷漠，讨要工资无果、受工伤被辞退等，不知道还有多少农民工会对城市怀有好感？建筑工地的小地铺，永远只是用来休息，只有农村才是自己的家，也只有在那里，才能够得到自己和其他人的认同，自己不再是机器上的一个零件一样，除了提高生产效率别无他用，村民之间有着相互认可的乡规民俗，可随意嬉笑怒骂；也只有在那里，才能获得更多的归属感。

国家为破除城乡二元结构做了很多努力，不得不说在二元结构下农民们饱受歧视，但是二者本身不属于一个范畴且不相冲突，何以为城？何以为乡？农民们心底里的呼喊，外界是否可以听到？他们对于便捷生活的向往无疑符合人类的欲望需求，但是他们对于农村生活的心理依赖，又有多少人真切地感受到了。农民作为现今中国社会的弱势群体，缺少表达自己的途径和方式，而外界常常以同情的眼光看待他们，却似乎未曾真正理解农村，也无法理解。

中国社会正处在迅速发展的现代化过程中，农民工发挥了基础性作用，但是农民工及其家庭却因此"深受其害"。限于笔者的眼界，无法给出实质性建议，但是农村社会保障制度的亟待完善和提高应该是毋庸置疑的。面对诱惑，既然大多数农民选择坚守农村，就应该有让他们坚守下去的理由。前路漫漫，要做的还有很多。

# 农村承包地经营与流转

# 江苏省常州市嘉泽镇南庄村土地承包经营权流转调查

中国农业大学赴常州市嘉泽镇南庄村实践小队经过为期七天的调研走访，对南庄村 29 个自然村的土地承包经营权流转问题有了大体的了解，并对其中 4 个具有典型代表性的自然村进行全面系统的调查，了解当地土地承包经营权流转状况，下面将从该村基本情况、土地承包和流转情况、存在的问题以及相关的解决措施等方面做报告。

## 一、南庄村基本情况

南庄村处于嘉泽镇西北部，与金坛、丹阳两市接壤，金武路贯穿全村。该村总面积 4.6 平方公里，共有 29 个自然村，农户 1012 户，总人口 3075 人。该村现有耕地、宅基地均为上个世纪 80 年代初划分，而且土地（包含耕地、除住房外的宅基地）100% 种植花卉苗木。由于地理位置差异以及有无苗木经纪人、苗木企业等因素，各自然村的发展状况千差万别。以金武路为分界线，公路以北的自然村（公路沿线的汪家头、袁家村、后项村除外）由于处于嘉泽的最外缘而且交通运输相比于其他自然村属于欠发达地区，所以经济发展较落后；公路以南的自然村由于离夏溪花木市场较近，交通运输发达，经济发展良好；位于公路沿线的自然村由于交通便利并且拥有多个花木产业园，所以经济最为发达。

在对多个自然村村民的调查走访中，我小队成员了解到今年全国的花木市场趋于饱和，很多村民的花卉苗木销量不好，尤以矮小灌木及花卉显著。即便卖出的花卉苗木，价格与去年相比也有大幅的降低，以市场上常见的矮灌木小叶黄杨为例，去年的每株平均收购价格在 2 元左右，而今年村民每株只能卖到 6 角左右。在这种情况下，一些没有固定经纪人的村民开始到村里企业或外地打工，家中的土地改为多家联合种植或租给他人种植。

---

本文作者：中国农业大学赴常州市嘉泽镇南庄村实践小队。报告执笔人：刘辉、李卉梓、刘晨、刘亚丽、刘永虎、马志强、李文娟、戴明珠（中国农业大学烟台研究院 2010 级本科生）。

# 二、调查方法及调查情况说明

本次实践，我小队将调研与支农活动相结合，采取入户问卷调查，对村委领导、村小队队长、企业负责人、花木经纪人等进行专访，以及与在校大学生、大学生村官等举行座谈会等方法。本次调研共收到有效问卷 124 份，其中村级问卷 4 份，全部内容由村小队队长提供，村民问卷 120 份，涉及四个村，每村 30 份，多数问卷为小队成员代填。问卷内容以土地承包经营权流转为主，涉及家庭基本情况、土地经营情况、土地流转情况、农田水利情况、子女老人和家庭生活服务情况等。本次调研对南庄村村党支部副书记、村妇联主任、2 家花木公司的负责人、3 位花木经纪人进行了专访，内容涉及该村近年的发展情况、土地的承包和利用情况、花木市场的发展情况等。除此之外，小队成员还与当地在校大学生、大学生村官举行了两次座谈会，通过他们了解该村的基本情况，听取他们对自己村庄土地利用以及花木产业发展的意见，并与他们交流今后的个人发展方向等。

本次调研涉及范围涵盖了南庄村 29 个自然村，经过对这些自然村基本情况的调查了解，小队决定选择其中四个具有典型代表的自然村进行全面系统的调查研究，分别是袁家村、板门埝村、塘北村（即小汪塘北村）、下陶村，这四个自然村的经济发展状况涵盖了南庄村富裕地区、较富裕地区、贫困地区、较贫困地区，能够比较完全地反映南庄村的经济发展状况。由于每个自然村只有 30 个问卷，剩余未填写问卷的农户以访谈的形式进行调查，故调研结果能完整地反映上述四村的实际情况。

# 三、土地承包和流转情况

## 1. 土地承包与流转面积

对四个自然村调查得知：四个自然村共有耕地 414 亩（不含宅基地，含 50 亩池塘，由于在嘉泽地区池塘较多，村民也把池塘当成耕地来流转），其中发生土地承包经营权流转的耕地大约有 93.7 亩，约占耕地总面积的 22.6%。袁家村共有耕地 30 亩，发生流转的耕地有 12 亩，约占耕地总面积的 40%；板门埝村共有耕地 117 亩，发生流转的耕地有 15 亩，约占耕地总面积的 12.8%；塘北村共有耕地 170 亩，发生流转的耕地有 56.7 亩，约占耕地总面积的 33.4%；下陶村共有耕地 97 亩，发生流转的耕地有 10 亩，约占耕地总面积的 10.3%。

## 2. 土地承包经营权流转形式

（1）出租型

①公司—农户型。该形式多发生在建设小型花木产业园时，即花木经纪人或花木公司为放置一些高大乔木，而直接向村民租地，一般租地规模在5～10亩左右，以袁家村花木经纪人徐某向该村村民租用7亩耕地建设花木产业园为例，徐某经过与多户村民协商，通过现金或土地入股的方式租用了五户村民的耕地建设花木产业园。

②公司—镇政府—农户型。该形式主要发生在建设较大型工厂或大型花木产业园时，即由镇政府出面，先由镇政府向农户租地，再将土地承包经营权出租给公司。以位于板门埝与罗家村之间的三鑫集团为例，该公司于多年前委托当时的夏溪镇（现在的夏溪村）政府向当地村民一次性租用200多亩耕地，并将承包经营权出租给三鑫集团。

③公司—村委会—农户型。该形式多发生在当地较富有商人向自己所在自然村或周围自然村租用土地时，该形式与公司—镇政府—农户型基本相同。以南庄村首富钱某在南庄村村委办公楼对面的大型花木产业园为例，钱某不仅要一次性支付村民的租金，每年还要向村委缴纳一定数额的管理费。

④公司—村小组型。该形式主要发生在村共有地的流转时，即公司向村小队缴纳一定费用，从而获得土地承包经营权。以塘北村50亩池塘出租为例，公司每年向村小队缴纳租金，这些租金将用于支付村民的养老保险等。

⑤合作社—农户型。由于南庄村耕地100%种植花木，故只有少量的宅基地发生该种形式的土地承包经营权流转，主要是蔡女士的常州市春燕蔬菜专业合作社。

（2）互换型

为方便耕作或各自需要，农户间对同一村组织的承包地块进行交换，同时交换相应的土地承包经营权，这种类型多发生在村组内部。其中，在徐某租用袁家村部分耕地建设花木产业园时，由于部分村民不愿将自己的耕地租出，但碍于与徐某的关系，便与同村（自然村）村民互换耕地。

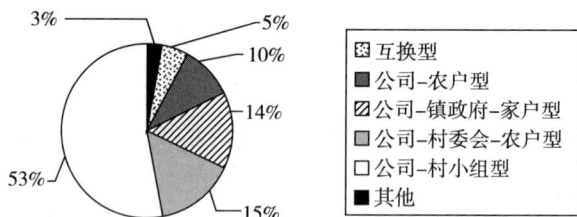

**图1 南庄村四个村民小队土地承包流转类型**

### 3. 土地承包经营权流转金额

由于四个自然村的地理位置不同，耕地的租金或股份也不同。价格从每亩每年 500 元到 5000 元不等。其中袁家村的平均租金最贵，多达每亩每年 2000 元，而徐某租用的耕地最多时每亩每年获得的分红 5000 元。而下陶村的平均租金只是每亩每年 700 元左右，最少的租金每亩每年只有 500 元。塘北村的平均租金（含池塘）约每亩每年 800 元，板门埝村的平均租金在每亩每年 1200 元左右。

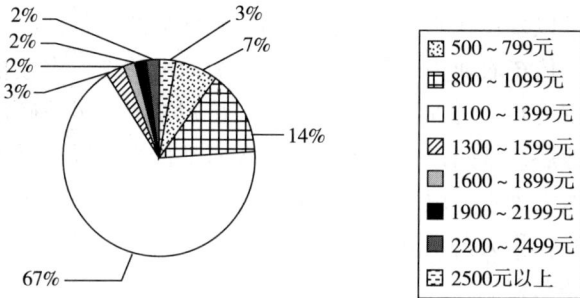

| | |
|---|---|
| ▨ | 500～799元 |
| ⊞ | 800～1099元 |
| □ | 1100～1399元 |
| ▨ | 1300～1599元 |
| ▧ | 1600～1899元 |
| ■ | 1900～2199元 |
| ▦ | 2200～2499元 |
| ▩ | 2500元以上 |

图 2　南庄村四个村民小队土地承包流转金额

### 4. 土地承包经营权流转期限

土地承包经营权流转的使用期限因用途、合同不同而不同，期限从 1 年到 30 年均有。一般来说由政府参与的土地承包经营权流转期限较长，其中三鑫集团对租用土地的使用年限是 30 年，而村民之间签订的土地承包经营权流转合同期限相对较短，一般为 1～5 年。

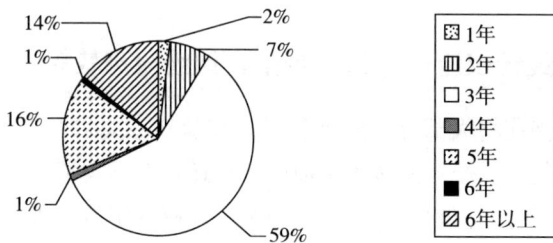

| | |
|---|---|
| ▨ | 1年 |
| ⊞ | 2年 |
| □ | 3年 |
| ■ | 4年 |
| ▨ | 5年 |
| ■ | 6年 |
| ▨ | 6年以上 |

图 3　南庄村四个村民小队土地承包流转期限图

### 5. 土地承包经营权流转的原因

（1）农村劳动力转移，诱发土地承包经营权流转

一些农转非、婚丧嫁娶家庭和长期外出务工村民，迫切将承包地转包或出租出去。特别是今年花卉苗木较往年的销售价格有明显下降，许多村民辛苦一年赚的钱还不如外出打工多，在这种情况下，许多村民选择将土地承包给他人，自己到村里镇上的工厂或外地打工。

（2）各级政府政策扶持，促进土地承包经营权流转

市、区确立了以发展花卉苗木为主导的特色优势产业带动战略，形成了特色优势产业为主导，传统农业为基础，其他产业为辅助的现代农业格局，促进了农村土地承包经营权流转，增加了农业的效益。特别是嘉泽镇被确定为第八届全国花卉博览会举办地后，常州市、武进区两级政府都特别重视嘉泽镇的花木产业发展，为使该产业做大做强，政府有选择地扶持一批大型的花木公司。这些公司业务不断拓展的同时，扩大公司规模尤其是花木产业园的规模显得尤为重要，这也促进了土地承包经营权流转。

（3）农业产业化及规模效益，推动土地承包经营权流转

农业规模化发展、产业化经营所形成的显著效益，农业产业链条对各专业进行细化和分工，已经被越来越多的农民群众认同，更多的农业企业、种植大户通过流转土地，实现较高的农业规模效益，推动了农村土地承包经营权流转[①]。

# 四、存在的问题

## 1. 土地承包经营权流转行为不规范，纠纷隐患较多

据调查了解，南庄村大部分土地承包经营权流转参与者只有土地的租用双方，而村委会没有参与其中。今年流转的土地中，也还存在不规范的地方，有的合同标的不明、四至不清；有的权利义务关系不明确，没有约定流转收益增长后的补偿办法；有的村队个别农户认识不到位，在大部分土地实现流转的情况下以租金低、要求自主生产为由反对流转，与村队干部发生分歧，出现矛盾。这些土地流转不规范

---

① 包宗顺、徐志明、高珊："农村土地流转的区域差异与影响因素"，《中国农村经济》，2009 年第4 期。

的行为，势必成为土地流转的纠纷和隐患①。

## 2. 部分群众对土地承包经营权流转的认识不足

农民群众恋土情结浓，不愿意轻易进行土地流转。在塘北村，有一户人家，家中的老太太今年已经72岁，儿子在石家庄有一家房地产公司，每年收入数千万，房屋装修豪华，尽管如此，老人还是自己种着5亩半地。有些农户由于对土地流转认识上有偏差，虽已具备流转条件，但仍不情愿转出自己的承包地，影响了乡镇村队组织的土地流转进程，使土地流转成为农业产业结构调整的"瓶颈"；有些群众对土地承包经营权流转政策不放心，产生一些疑虑，认为土地流转后一旦政策变动失去承包经营权，怕失去了土地没有依靠不安全；另有部分群众小农经济思想严重，满足于守土经营，小富即安。

## 3. 土地流转机制不健全，影响了土地合理流转

目前，我国土地流转机制不健全，出台政策不具有普遍适用性，影响了土地合理流转。流转机制不健全、农村土地承包流转尚处于初始阶段，还没有形成市场化运行的流转机制，缺乏土地承包流转中介服务组织，流转信息传播渠道不畅，流转形式单一。有些农户有流转土地的意向，却一时找不到受让方，而需要土地的人又找不到流转的土地，影响了土地承包经营权的合理流转②。

## 4. 流转监管机构不健全，纠纷查处较难

《土地承包法》颁布实施后，区、镇土地流转仲裁机构不健全，农村土地流转放任自流，缺乏监管，流转纠纷无处受理，给土地流转留下诸多弊病和隐患，有的成为农村不稳定、不和谐的因素。区农村土地承包纠纷仲裁委员会由于人员、经费等问题落实不到位，使得调解、查处土地纠纷案件力度不够，造成矛盾纠纷，农民群众反复上访。

## 5. 土地流转后的担忧

一是流转农户的就业问题有待进一步考察；二是老弱势群体的生活问题成为流转后的"老大难"；三是土地流转合同期内租金不变，尤其是租期长达10年以上的，会造成其他矛盾和问题；四是土地流转中，政府出面担保的资金安全合理

---

① 杨银萍："关于永宁县土地承包经营权流转情况的调查报告"，http：//www.caein.com/index.asp?xAction＝xReadNews&NewsID＝37231。

② 黄延信、张海阳、李伟毅："农村土地流转状况调查与思考"，《农村经济问题》，2011年第5期。

运行机制有待于进一步完善；五是合同期满，经营权收回和土地恢复、灌排体系等相关事宜需要明确；六是土地流转后，村队义务工的分级使用问题亟待解决；七是对绝大多数发展花木产业的土地流转农户来说，还存在资金短缺、技术力量薄弱、销售市场等现实问题需要解决。

### 6. 土地流转后与周围土地关系存在矛盾

塘北村50亩池塘承包后，经营方经常到村委会反映周围有村民肆意向池塘排放污水、在池塘边倾倒垃圾等，在村委协调无效后，经营方甚至以拒交租金的方式来警告村民，使双方矛盾不断深化。

# 五、建议及措施

土地承包经营权合理流转是解决农业发展、农民增收、农村稳定的有效途径。为了科学、合理、有序地推进土地承包经营权流转，大力发展花木产业，经小队成员多方查询，特提出以下建议和措施。

### 1. 加大宣传教育力度，正确认识土地承包经营权流转

农村土地流转是农业生产力发展和农村人口流动的客观要求。合理规范的土地流转可以有效地解决农村人口变化引发的土地调整，更为重要的是，用市场机制取代行政手段不断调整土地的做法，从根本上解决农村人地矛盾，是实现农村土地适度规模经营的有效途径。通过对有关法律法规的宣传教育，使广大农户认识到，土地流转有利于土地生产要素的优化组合；有利于农民分工分业，拓宽农民增收渠道；有利于农业产业化经营，发展现代农业[1]。镇、村级干部更要充分重视土地流转工作，积极探索有效的土地流转机制，提高土地生产效率。

### 2. 坚定基础遵循原则，积极稳妥推进农村土地流转

在坚持农户家庭承包经营制度和稳定农村土地承包关系的基础上，遵循"平等协商、依法、自愿、有偿"的原则，走先建设、后规范、再提高、大发展的路子，积极稳妥推进农村土地流转，加快实施特色优势产业带动战略，推进现代农业发展。

---

① 《龙潭乡农村土地承包经营权流转情况调查报告》，http://www.doc88.com/p-278833577989.html。

### 3. 加强指导与管理，规范流转行为

一是各级干部应该认真学习《土地承包经营权流转管理办法》并将其应用到指导当地农村土地流转工作；二是各乡镇、村队及农户要按照县农经站提供的标准合同文本，签订土地承包经营权流转合同，以切实保护农户自身和集体权益。双方必须签订土地流转合同，合同必须经村委会备案，乡镇合同管理部门鉴证；三是土地流转期应依照种植作物的生长期及相关灌溉设施的使用年限来确定，期限不宜过长，一般以 5~10 年为宜[①]；四是土地流转发生的租赁费等相关费用应随粮价、物价上涨、花木逐步增收和有关政策的调整而作适度的调整，一般应采取每 2 年一测算的方式确定，确保广大农民实实在在地受益。

### 4. 实行各项有力举措，建立健全农村土地流转服务体系

一是抓主体培育，不断拓展土地流转渠道。大力倡导各类经济组织和个人参与农村土地流转，促进流转主体多元化。引导农业企业以"公司＋基地＋农户"的形式流转土地投资效益农业，达到规模化发展、产业化经营的示范带头和引领作用。二是发展中介组织，由中介组织统一流转农户的承包地。三是解决流转后"50~60"（女 50 周岁、男 60 周岁以上）人员的社保、养老等问题。四各乡镇建立健全土地承包经营权流转服务中心，为农户开展流转前后的各项服务，强化农村土地承包纠纷仲裁职能，积极开展仲裁工作，依法调处农村土地流转纠纷。五是加大对流转农户发展花木产业的资金、技术扶持力度，建立健全销售市场。推进农村科技人才培养，为发展花木产业提供技术保障，确保土地承包经营权流转农户增收。六是引导、支持、鼓励花木产业大户和企业不断发展壮大，稳定农村土地承包经营权流转关系，实现企业、农户双赢的目的。七是保险公司应对农村土地承包经营权流转的花木产业给予投保，以此提高土地流转抗风险能力。

---

① 黄祖辉、王朋："农村土地流转：现状、问题及对策"，《浙江大学学报（人文社会科版）》，2008年第 2 期。

# 宅基地置换流转实验下的农民生存状态调研：
# 以成都市锦江区大安村农村产权制度改革为背景

2008 年初，四川省成都市作为国家统筹城乡综合配套改革试验区，在统筹城乡发展组织模式和运行机制方面进行了积极探索。锦江区在成都市中心城区启动的农村产权制度改革即是整个试验改革中的重要一步。经过广泛征求群众意见，锦江区创新提出了"大统筹、大集中、大流转"的理念，即在农村产权制度改革中，将全区农户就近集中引导到新型社区居住，把经过确权、登记、颁证后的集体建设用地，和经过土地综合整理，置换出来的集体建设用地指标集中起来，统一对外流转交易。经过几年时间，试验初步完成，我们选取了锦江区大安村"锦水花乡"社区的农民作为样本，对他们的生存状态进行调研，发现了整个土地流转置换和农民搬迁安置工作中的一些成果和问题。

# 一、背景介绍

## 1. 惠普民生——成都市锦江区的改革措施

2003 年以来，成都市在全国率先实行了工业向开发区集中、农民向城镇集中、土地向规模化经营集中"三个集中"的城乡一体化发展方略，在统筹城乡发展组织模式和运行机制方面进行了积极探索。从 2008 年初开始，成都市锦江区率先在成都市中心城区启动农村产权制度改革，引起了各方面关注。经过广泛征求群众意见，锦江区创新提出了"大统筹、大集中、大流转"的理念，即在农村产权制度改革中，将全区"198"区域视为一个整体来统筹推进，把除三圣乡"五朵金花"[①]以外的所有农户，全都就近集中引导到两个新建的新型社区去

---

本文作者：清华大学赴成都市锦江区大安村调研支队。报告执笔人：陈安琪，李莹（清华大学法学院 2009 级本科生）。

① "五朵金花"是指锦江区三圣乡"花香农居"、"幸福梅林"、"江家菜地"、"荷塘月色"和"东篱菊园"五个以田园风光和体验式农村休闲度假为特色的农家乐所组成的国家 4A 级旅游景区，与大安桥社区建设同步进行。

居住，把经过确权、登记、颁证后的集体建设用地，和经过土地综合整理，置换出来的集体建设用地指标，扣除农民新居用地剩余部分，全部集中起来，统一对外流转交易。

锦江区在农村产权制度改革中，以农村集体土地产权制度改革创新为核心，按照"确权是基础，流转是关键"的原则，将改革分为确权颁证、土地整理、流转交易三个环节。自 2008 年 4 月 15 日改革工作全面开展，至今已全面完成了确权颁证、土地整理和流转交易。

在此基础上，锦江区随之进行了一系列全面深入的综合配套改革，主要包括"三改"和"五化"。

（1）三改

①改革了过去农村产权不清晰的状况。通过确权、登记、颁证，使集体经济组织成员拥有了明晰完整的集体资产产权，农民变成了股东，从制度上最大限度地维护了广大农民的利益。

②改革了过去农村资源要素难以流转的状况，引导农民打破原村组土地的界限，大力推进土地流转。

③改革了过去农村基层组织职责不清、职能错位、越位、缺位的状况，构建起以社区党组织为核心、社区居委会为自治主体、新型集体经济组织为发展平台的基层组织运行新机制。

（2）五化

①土地利用集约化。在对土地制度的创新改革中，无论对于农用地还是集体建设用地，锦江区都十分注重土地的集约节约高效利用。

②农村经济集体化。在改革中，锦江区按照现代农业制度要求，成立了 11 个农民新型集体经济组织，并联合注册组建了成都市农锦资产管理有限责任公司（简称农锦公司）。

③农民居住社区化。在改革中，锦江区大力推进农民集中居住，引导农民就近集中居住。

④农民收入多元化。一是农用地租金固定收入，二是房屋出租固定收入，三是集体经济组织分配收入，四是产业转移工资性收入。

⑤城乡管理一体化。锦江区在改革中加大城乡统筹力度，全面推进了城乡建设规划、产业布局、基础设施、公共服务、劳动就业的一体化。还构建起培训、就业、维权"三位一体"的工作模式。

## 2. 我们的调查

我们以成都市锦江区较为典型的大安桥村村民集中安置聚居社区——"锦水

花乡"为主要调查地点。锦江区三圣乡办事处所辖的大安桥社区位于成都市东南部，紧邻双流县中和镇。面积2.62平方公里（农村耕地3745亩，集体建设用地567.37亩、临征土地250亩），辖7个村民小组，现有居民（持房产证）644户，人口2813人。"锦水花乡"小区是多层与电梯公寓相结合的现代公寓式聚落，一期有居民楼9栋，面积100400平方米，已入住安置户373户1472人，二期规划修建居民楼8栋98000平方米，预计2012年竣工并投入安置使用。

我们希望通过调研了解大安桥村村民在土地流转、宅基地置换等环节和搬入新居"锦水花乡"社区之后的生存状态，包括：村民们在土地集中和宅基地置换中的测绘和补偿程序；村民将土地交给集体集中利用以后的自身就业问题；交出宅基地之后搬入新社区的拆迁安置问题；目前的生活水平、收入情况以及社会保险等。

我们的调研方法主要包括资料收集、个案访谈以及参与观察。在前期的资料收集中，我们收集了能够找到的所有与成都市统筹城乡综合改革实验的相关文件，以及"中国城市民生建设网"、"成都市人民政府门户网站"、"中国国土资源网"等网站的相关介绍与报道，并查阅参考了北京大学经济研究中心主任、国家发展研究院院长周其仁教授及其团队撰写的《还权赋能：奠定长期发展的可靠基础——成都城乡统筹综合改革经验的调查研究》一书，通过整理和筛选，从中提取了和锦江区以及我们的主题相关的资料，作为前期准备。随后，我们实地走访了"锦水花乡"社区，对小区内的公共设施和居住环境有了一定的观察和了解，对若干居住在小区的村民进行了个案访谈，从他们口中了解情况，开拓了新的视野和角度。再后来，我们联系了成都市委统筹办社会处的刘处长，获得了他的帮助和指导，并在锦江区三圣乡街道办事处相关领导和工作人员的协助下，对大安桥集体组织朱书记和邹书记进行了采访，针对我们准备的资料提出了一些问题，并听取了他们的意见。最后总结整个调研过程，开始撰写我们的寒假实践报告。

# 二、调研过程

## 1. 第一次调研——村民访谈

我们于2月10日初访大安桥"锦水花乡"社区，对"锦水花乡"社区及周边生活环境做一个观察和评估。

交通方面。"锦水花乡"社区被原大安桥村所有的集体建筑用地包围，与外界联通的路有两条：一条小路（2月10日调研经过），旧且窄，穿过农民的住宅和乡镇企业，指向"中和镇→双流县"方向。另一条是大路（2 月 14 日调研经过），新建成不久，路面和绿化做得很好，指向"'五朵金花'→三圣乡→成都"方向。有三辆公交车经过，班次很少，等车所需时间很长（20 分钟以上，可能是春节假刚过的原因），且收车时间很早（均为 7：00 至 7：30）。居民去中和镇甚至双流县均较方便，但去成都办事若要当天返回则比较困难。未来地铁 6 号线经过附近，到达市区将变得便利，但尚需不少时日。

社区环境、绿化方面。"锦水花乡"曾获成都市五星级社区的荣誉称号，其社区环境比起成都市内的很多小区来说都是有过之而无不及的。楼间距宽，采光很好，绿化面积大。小区中心有花园，设有文化活动中心、社区宣传栏、篮球场和健身器材区。每单元一楼有很大的平台，集体小组将其中大多数作为麻将棋牌的户外活动地点。在社区北面的沿河地带建有小广场，供居民茶余饭后活动和休闲。

生活消费方面。小区内有超市、五金店、理发店、小饭馆等，小区外也有类似的小型店铺，并无商场、大型超市等进驻。因此，虽然可以满足日常生活所需，但不能满足进一步的消费需要。如需购置衣物、大件生活用品等，居民必须到中和镇上才能进行，但碍于交通等原因，居民普遍不常去镇上。

饮食娱乐方面。附近除街边小饭馆、棋牌室之外，并无其他饮食娱乐场所。居民的娱乐大部分依赖于社区的文化活动中心。虽然"五朵金花"近在咫尺，但居民均认为其（农家乐）并无吸引力。而由于交通、价格等原因，去镇上、县上甚至市里饮食娱乐，对于居民来说是一种奢侈性的消费。

医疗方面。居民依赖于社区卫生服务站。卫生服务站就位于小区外，专为服务大安桥社区而修建。卫生服务站新而卫生，且便宜，有上门医疗服务等项目，且承担着集体计生、医疗卫生宣传的功能。但规模太小，仅分为全科和口腔科，有 8 名专业医务人员。且由于并未发现小区内外有其他私人诊所，因此推测卫生服务站所担任的使命仅仅是对最一般疾病提供治疗，可能并无法满足居民医疗需求。离社区最近的医院中和镇医院和省第六人民医院无直达公交车，省石油总局医院需转车两次才能到达。

综上所述，我们认为"锦水花乡"作为一个居民社区有其他商业小区不可比拟的优点——依赖集体组织。集体组织兴建的公共服务、文化娱乐设施再加上社区内现有的商业设施，足以支撑起其中居民向"城市人"过渡的基本生活架构。然而，仅仅只看"锦水花乡"所处的位置（城乡结合地带）、周边的环境（被待开发的集体建设用地包围）和交通现状就可以得出，短期内居民要普遍追求更高的生活质量恐有困难。然而就这三方面来说，随着时间向前推进，集体土地进入市场被开发利用、新的企业进驻，工业区和居住区的结合部必然会诞生新的商业区。另一方面，地铁和公共交通环境的改善也会使居民的衣食住行、教育医疗进一步变得方便。

在我们对锦水花乡社区内 5 位不同年龄的居民进行的个例访谈中，居民家庭人数都在 4~6 人，可见是两代人同住的情况居多，且均为原大安桥村村民，因为宅基地置换而搬入锦水花乡社区聚居。

关于确权和产改部分，居民们了解的普遍不多，年轻人在外打工，对土地确权的政策和家里土地的情况并不是很清楚，退休的老年人对自家土地比较清楚，但是很难明白政策到底是怎么回事。今年 45 岁的刘先生是我们的访谈对象中对确权和产改过程比较了解的居民，他说，地权改革的政策下来之后，村里进行了很多宣传活动，张贴海报、发放宣传小册子之类的，居民小组当时组织讨论了此种流转方式。将土地入股之后，他拿到了股票的凭证，"每个人入股 240 元钱，分红的话，我们家去年分了 100，今年分了 150。"在我们问到农民同意将土地流转的决定性因素时，刘先生说其实农民们都很老实，对政策并不是很清楚，一听要搬进新房子，还能分到钱，都很期待。政策颁布下来之后变了很多，有很多人都不清楚，有的农民会觉得受骗了，感觉是被引诱的。如果村里领导不解释清楚，就容易产生误会。对此，68 岁的周婆婆说："听到政策的第一感觉就是有新房子住了嘛，觉得还是安逸，投票的时候基本上都同意了的，再说了，看别人家里都举手（表决赞成）了，你一家不同意又算啥子。"我们问及是否有不同意流转的农户时，57 岁的赵大姐有些不满意地说："不同意的话，只剩你一家人在那里，路也挖断了，电线也挖断了，那还怎么生活？现在也有几家钉子户坚决不搬的，都还在那里。"（她用手指了指小区对面不远处的田地）。刘先生告诉我们村委会会对不同意流转的农户做思想工作，跟他们介绍政策，尽量不因为他们阻碍了全村的整体土地流转工作。

但是对土地入股以及红利分配方面，居民们表示基本不是很清楚情况，还有居民将此项收入与后来的店铺租金混淆了。

在确权和产改工作完成之后，大安桥社区的全体居民进行了迁居工作，集体搬入"锦水花乡"社区，宅基地置换成了楼房的居住面积，每个人分到 35 平方米，兑换成锦水花乡社区的各个户型的房子。迁居补偿金是按租金形式支付给居民的，我们的访谈中，居民均表示迁居补偿金每年在 1500~1800 元左右，青苗费也是一次付清，每一户房前屋后的附属物补偿了 2.8 万元。总共赔偿大概在五六万元左右。

搬迁前，每户的宅基地面积基本在 120~200 平方米左右，而置换之后在锦水花乡社区分到的住房和自家的房屋面积基本相当，只是每一户人家的户型和房屋套数不同，26 岁的李小姐是我们的访谈对象中最年轻的一名，她说自己家的房子以前是 128 平方米，现在分到的也是 120 平方米左右的住房面积，对这样的结果还是比较满意。至于集体统一经营的商业用房 10.5 平方米，居民们基本都知道，他们说每年能分到一百多一点，还有一些交了物管费。也有居民表示了不满，认为一年一个人只分一百多太少了，还不如自己把这些面积租出去。刘先生则表示知道代缴物管费，但是对铺面的收入的具体情况却不了解，希望村里能公开。

就业问题是我们较为好奇的，既然让农民脱离了赖以生存的土地，那么他们又以何职业为生计呢？在我们的访谈之中，李小姐是我们在小区楼下的"大安桥社区金鑫家政服务部"见到的。她告诉我们说，这个家政介绍服务中心是私人老板租的集体的铺面，她作为雇员来工作，她是通过自己应聘得到了这个工作。她告诉我们说小区里经常会有职业培训会，社区里也在帮着大家找工作。刘先生在小区的物业管理中心上班，而李伯伯通过自主创业，目前在做家装生意，赵大姐和周婆婆则在家里养老。周婆婆忙着带年轻人的孩子，而赵大姐却觉得现在的生活有些不习惯，没有了农活儿有些闲散。

在被问及对目前的生活水平的总体评价上，居民们普遍表示还是比较满意的，他们说与过去相比，现在的生活和城里人差不多了，住上了楼房，用上了自来水，购物有超市，小区内还配备了娱乐中心、图书阅览室，卫生站也离得很近。因为地址偏僻，邮寄东西还不是很方便，但是比以前好多了。我们在锦水花乡社区里也的确见到了很多普通小区都没有的活动中心，养老助残中心等等。可以说小区内的设施的确很齐全，比起以往在农村的住房条件和生活设施，聚居之后的确要文明、现代得多了。我们还问了一个问题：现在立体式的住宅，和以前平面的居住环境相比，对邻里关系有影响吗？对此居民李小姐笑着说："我觉得其实还比以前好了，以前村子里大家经常因为地（田地边界之类）而争吵，现在不存在这个问题了。"

至于养老保险和医疗保险，老人们都表示已经投保，政府有补贴。

最后，我们问及了居民们对整个土地流转和宅基地置换的政策评价。刘先生说，政策是好的，但是现在存在着集中起来的土地被闲置的情形，希望政府和企业能够及时、合理地开发利用，不要把土地浪费了。而周婆婆和赵大姐则觉得有些不习惯，赵大姐说："感觉现在人都变懒散了，不种地了还是有些不习惯。"较为年轻的李小姐则比较习惯，她说现在的政策很好，对年轻人来说很快就习惯了，感觉生活很方便。

## 2. 第二次调研——社区干部访谈

我们于 2 月 14 日到大安桥村居民委员会进行访谈。大安桥社区的朱书记从生产和生活方面为我们做了如下介绍。

第一，生产方面。以前，大安桥村民与其他村民一样世代从事农业生产。农村产权制度改革彻底改变甚至可以说消灭了农耕的生产方式，使农民从生产活动上变为了城市人。这是城市化的一个重要的目标，在大安桥，这个目标可以说是很好地完成了。大安桥的适龄劳动力脱离农业生产后从事什么职业？据朱书记介绍，主要有以下四方面的去向：①入驻"198"园区的企业主动吸纳和依据政策提供一定就业岗位；②政府和社会工作岗位，如小区物业、环卫等；③"五朵金花"景区或其他农家乐打工；④市区打工。社区集体鼓励居民自己寻找满意的职业或者自主创业，而集体组织在就业方面的工作方向在于组织职业培训和尽可能为居民就近工作提供便利。如朱书记提出，新一年的工作重点在于开辟更多的小区公共设施（如菜市场、商铺等），并将这些设施所能提供的就业岗位优先向居民开放。

而面对广大农村村民老中青三代都从事农业生产活动的状况，大安桥社区集体提出了"老人养老，农民上班，学生上学"的口号，引导老年人放弃生产活动、舒舒服服地颐养天年；中青年农民们从事工作；适龄儿童和少年必须进学校学习，接受教育。此举可以使大安桥社区三代居民的生活结构慢慢向城市居民过渡。

在说到老人养老的问题时，另一位书记周书记向我们介绍了大安桥社区的创举"三站一中心"——社区卫生服务站、社区公共服务站、社区养老助残关爱站、社区综合体育文化中心。据介绍，这些公共服务机构在老人养老和丰富社区居民生活方面都起到了重要的作用。

第二，生活方面。朱书记主要介绍了居民收入、开支、文化活动、居民自治等方面的措施和现状。

在谈到居民收入时，书记向我们介绍了居民收入的组成部分：

①流转费：1600 元、1800 元、2000 元/年·亩，五年增加一次。平均每人有1.5～1.6 亩（高于锦江区平均水平），因此 2000～3000 元/年·人。

②房屋租金：安置房每户一般不止一套，一套用于居住，其他用于出租。租金收入 400～500 元/月。

③入股分红：（包含集体配给每人 10.5 平方米的商铺）150～200 元/年·人，以及物业费每平方米代缴 0.75 元。

④外出务工：（平均每户有 2 人在外务工）锦江区今年最低工资 800 元/月，每年工作 7～8 个月，10200～12800 元/年·户。

⑤耕地保护金：270 元/年·亩。

⑥社会保障收入："5060"人员已全部入养老保险，600 元/年·人。

下来之后，我们算了一笔账。以我们调研中常出现的五口之家为例，一个五口之家，一双老人、一双儿女、再加一个孙辈（孙辈一般出生时不再属于村集体组织成员，因此不能分到土地）。每年家庭总收入约35420元，平均每人最低年收入7084元。而据周书记介绍，大安桥社区统计显示，居民人均收入可达到12000～13000元/年。

社区文化生活是朱书记为我们重点介绍的，在介绍过程中，朱书记所显露出的自豪感是无与伦比的。在这里要说的是大安桥的创举之一——文化活动中心。文化活动中心里占地1000余平方米，内设电子阅览室、图示阅览室、亲子室、棋牌室、器乐室、市民教室、舞蹈排练厅等，定期免费向居民开放。周书记说，文化活动中心改变了传统农业生活中那种"天黑了就各回各家，看会儿电视就睡觉"的单调面目。居民的生活丰富了，知识也得到增长，以往陈旧的农民意识逐渐注入开放的观念而渐趋城市化。最后，朱书记强调了文化活动中心的另一个重要作用——在干部与群众的各种互动中增进干群关系。

具体的文化措施包括：集体组织宣传各类活动、免费开放文化活动设施等。各类文体活动包括社区春晚，周月季各类体育比赛和文艺展示活动、"坝坝"电影（每月2次）等。居民在集体组织的帮助下还组建了几支居民文艺表演队。

关于大安桥社区集体居民自治制度，简单地说，其采取的就是"居民议事会"制度。居民议事会制度由过去的村民代表会议制度演化而来，以代表会议为形式，代表由具体的几户协商推选而出（朱书记称之为"户代表委托授权制度"）组成居民议事会，每名居民代表具体代表几户居民的诉求（称之为"居民议事会成员分片包户"制度）。议事会的性质为居民自治组织，票决社区内重大事宜，如决定每年区政府划拨的20多万工程金的（每年20%递增）用途等。通过议事会，集体组织以座谈的形式解决了居民80%至90%的历史遗留问题。

# 三、结 论

## 1. 访谈结果分析

根据个案访谈所得出的反馈信息，我们可以总结出大安桥社区居民对改革、迁居及目前的生活状况感到满意的地方以及不满和疑惑的地方。

居民对改革、迁居及之后生活满意的部分在于：第一，改革和迁居使大安桥居民脱离了传统的农村生活方式，住上了新房，基础设施、环境建设等各方面达到了他们所向往的"城市人"的标准，生活更加便利。第二，居民收入较之以往普遍有明显提高，收入渠道拓宽。第三，居民普遍对社区管理和服务，例如卫生医疗、养老助残等表示满意。它们大大提高了居民的生活质量。第四，居民的精神文化生活较之以往更加丰富多彩，居民的个人修养和素质有了显著提高。

至于部分居民表示出来的不满和疑惑，主要有以下几方面：第一，对于居民来说，整个流转和聚居过程不是很清晰，误会也并未得到很好的解释而存在至今。大部分农民其实并不是很清楚赔偿款的明细以及日后土地收入的性质和金额。例如，在访谈中赵大姐认为自己的土地和宅基地交出去了，一次性一共只拿了五万多的赔偿款，但是她不清楚土地收入并非一次性补偿款，而是按年支付的流转费。第二，政策的稳定性是个值得注意的问题，如居民刘先生所说，政策一变再变，让本来就难以开展的宣传工作面临更多的困难。第三，有居民认为，每年每人150元的分红和商铺出租收入偏少。且此项集体收入的明细并未公示，因此居民对此项收入往往并不清楚，也很希望知道此项集体收入的具体数额。第四，关于农民的就业安置，据有的居民反映，居民的工作更多是通过自己应聘或是自主创业而解决的，政府的培训会以及其他帮助的利用率并不是很高，且有一部分工作并不能使农民满意。第五，居民的生活习惯和生活方式发生了巨大改变，使很多居民难以适应。城市化并不只是外观和产业的改变，还包括农村居民的思想观念以及生活方式的城市化，但是对于世世代代安土重迁、春耕秋收的农民来说，土地才是他们最亲密的伙伴，劳动是他们毕生的习惯。尤其是对农村老人们来说，要适应颐养天年的晚年安逸生活，其实伴随着很多不适应的过程。第六，集中之后的土地利用问题。我们并不是很清楚具体的利用规划，但是据个别居民反映，土地荒置了很久却没有得到开发，已经有居民又回去种上了农作物。究其原因，可能是利用规划的具体落实还跟不上聚居的步伐，两个环节的衔接并不能很及时进行。

对于上述问题，我们认为主要可以从两方面查找原因：第一，政府和村级组织的相关工作还存在有待改进的地方；第二，村民自身的局限性。关于第一个问题，首先，大安桥村土地流转和聚居的政策宣传工作其实是比较到位的。之前书记所介绍的村民大会、礼品的发放（伞、环保袋、年画等）、宣传资料的发放和张贴、宣讲组、区文艺宣传队等措施，在访谈村民中也得到了印证。然而其效果如何，我们并不能简单评价。关于第二个问题，由于整个土地改革和新型社区的建设都是一个探索的过程，强求政策的稳定性是不明智的态度。但政策变动的宣传工作必须要积极配合，否则长此以往，政府的公信力将遭到质疑和冲击。这两个问题的解决归根结底都在于宣传工作。我们知道，居民权利意识普遍比较淡薄，对宣传内容的关注态度并不非常积极，且由于居民自身文化水平的局限性，要理解政策的大背景和具体把握政策的方向并不容易。在此背景下，出现各种疑虑几乎是不可避免的，这也给集体组织的宣传动员工作提出了更高的要求。集体组织方面，若采取大规模有针对性的答疑，则效果可能会较为理想。具体为，前期以组为单位组织走访，以了解具体每户的疑问和困惑。后期以逐户走访为形式答疑，过程中不仅要解决每户的具体疑惑，还要将集体居民前期走访所探知的、大部分居民共有的疑惑进行统一讲解。以上只是我们简单的建议，乡政府和集体可以探索和借鉴更多更有实际效果的宣传形式。无论采取何种形式，让居民了解和把握流转和聚居的相关问题是必要的，这几乎是土地改革和新型社区建设的民主监督得以开展的基础，集体组织在此问题上应更加重视。

关于第三个问题，居民反映得较多且较为棘手。在与集体组织干部访谈的过程中我们了解到一个重要情况：关于商铺（人均10.5平方米的商用面积），小区内现有已出租的铺面只是安置补偿的很小的一部分，还有更多的商铺在其他社区中并未出租（甚至并未建好）。这或许可以解释目前居民每户所分到的钱较少的问题，而这部分收入可以随着其他商铺的出租而获得提高。另一方面，新型集体经济组织的收入状况明细公开与政府信息公开一样，是一个操作起来有许多顾虑和阻碍的工作。在此我们认为，若集体组织有心做到真正的透明和公开，可以以此为契机，先做一些商铺出租收入明细公开的探索和尝试，解决现实存在的居民的心头困惑，也为此后进一步的信息公开工作做一个很好的铺垫。

关于第四个问题，我们认可集体组织的下一步工作计划——开辟更多的小区公共设施（如菜市场、商铺等），并优先向居民开放这些设施所能提供的就业岗位。关于就业培训和其他的帮助的利用率问题，由于调研样本不足，我们无法确认村民所反映的情况是否具有普遍性。但由于此问题涉及用于就业工作公共资金的利用率问题，希望集体组织引起重视，若有条件可以组织关于此问题的大规模调研，了解此问题的详细情况并谋求合理解决。

关于第五个问题，我们认为社区和村里可以进行过渡和引导。老年人赋闲在家除了为年青一代照顾小孩之外，大多无所事事。在小区内开展多种文体艺术活动要保证参与面，注意宣传，使更多老人加入这些活动中。另外，既然对农事活动的依赖不容易改变，可以在小区中或周边开辟一小块菜园给老人，供其适当种一些蔬菜瓜果，当作一种消遣方式。

关于第六个问题，我们对此疑惑的产生和未得到解决均表示理解。安置和新社区的建设毕竟是服务于锦江区"集体土地招拍挂"的探索，我们期待的是最佳的土地利用形式，而被闲置的土地恰好是此次试验的材料。探索还在摸索中逐渐推进，土地投入使用的日期仍然不能预知。农民对土地的关切是质朴而深情的，这令我们感动。然而，这是大安桥社区集体组织，甚至可能是乡政府、区政府都无能为力的事。但我们在这里仍要强调的是，长期闲置土地是对国家资源的浪费，就算以改革的神圣名义也不能改变这个事实，作为改革的领导者的政府部门应该引起注意，加快土地的规划和开发利用。

## 2. 经验总结

　　大安桥社区作为锦江区土地改革和新型农民聚居社区建设实验的一部分，具有非常重大的研究价值。社区集体的一些创新性的举措对于以后农村土地流转中的农民集中安置和新社区的建设管理方面都具有借鉴意义。在打造"示范典型社区"，构建"现代化新型城乡形态"方面，大安桥社区理顺了社区组织关系，切实加强社会管理和公共服务水平，初步形成了以社区党组织为领导核心，以社区居民议事会及其工作委员会和社区居民委员会为主体、以社区公共服务站为公共服务平台、以社会组织参与服务为补充的新型基层治理机制新格局。这就意味着，大安桥社区不同于一般的城市普通社区，它将以往的大安桥村村委会与现在新型的大安桥社区的管理结合起来，除了发展"锦水花乡"业主委员会之外，还建立了居民议事会组织，负责联系居民的工作，每一个议事会组织联系不少于5户居民，这样一来，可以做到通过议事会覆盖全体居民，以保证居民对社区信息的知晓、参与、监督。更富有特色的是它进一步优化了党组织，强化了党员服务站的建设，使党与群众的关系进一步加强。

　　其次，大安桥村的村级公共服务和社会管理取得了很大的成效，如我们在锦水花乡社区内看到的"三站一中心"，其中"成都锦江大安桥社区卫生服务站"就在小区门口，面积约220平方米，让社区的居民能够享受到经济便捷、安全有效的基本医疗服务；社区公共服务站是全面为大安桥居民提供就业、社保、民政、计生等信息和服务；"养老助残关爱站"则是为辖区内的老年人、残疾人提供照料理疗以及其他关怀服务，它也吸引了许多社会组织以及志愿者的参与，受到社区居民的好评；"综合体育文化活动中心"包含的内容更为丰富多彩，有电子阅览室、图书阅览室、亲子室、器乐室、市民教室等，相比起其他的公共设施，这个中心为居民提供了种类较多的精神文化生活，使"城市化"不仅仅是在物质外观上得到改善，更是让以往的农村村民了解城市、扩展视野，从内心更加贴近城市居民，这并不意味着改变他们身上的那种质朴色彩和亲厚气息，而是一种促进城乡居民互动、逐渐消除两者隔阂和鸿沟的做法。

　　综上所述，锦江区大安桥社区宅基地置换的初步成果是显著的，它顺利地完成了土地确权和产改，促进土地二次流转，将土地集中起来，为以后的集中开发和利用做好了铺垫，"宅基地置换"模式配合农民新型社区的创新管理，又为居民生活、城乡综合环境整治作出了贡献，改善了民生。同时，我们也必须看到其中的一些细节问题，如信息的公开化程度和手段、官民互动以及土地的后续有效利用等。大安桥的实验带给我们的启示是真实又深刻的，它作为成都市统筹城乡综合改革实验的一小部分,能够为以后的土地流转和宅基地置换工作提供指导。

# 四、结 语

最后,我们需要强调的是,我们的调研仅限于成都市锦江区大安桥村在土地产权改革中的农民生存状态。然而,它虽然并不能完整反映整个土地流转的情况,但是至少能反映出其中的部分成果和问题。另外,如成都市委统筹办社会处的刘处长所说:"有些问题和现象可能是集中的方式带来的,但有些现象可能并不是这种方式带来的,要去厘清现象和本质的关系。"总的来说,此项政策取得的巨大成效是有目共睹的,但是在实验中有很多细节和程序问题并没有得到很好的解决。这些问题的产生也许并不是处在探索中的政策本身所带来的,它源于政府和集体所做工作的某些不足,村民自身的配合和努力程度不够以及我国国情和农村现状的复杂性。这是一个漫长而又辛苦的过程,但是我们相信,随着综合配套改革实验的深入,以及锦江区政府和人民的共同探索和奋斗,这一片充满了生机的土地会带给我们一个值得期许和托付的明天。

# 见微知著：安徽萧县农民征地后收入调查研究

萧县历史悠久，地理位置优越，但是经济却不发达。为了当地的发展，政府引进工厂从而要向农民征地。而在征地过程中政策的落实引发了很多争端。本次调研主要围绕征地后农村的发展情况及农民的生存状况进行，认为政府应该从引导农民创新收入方式，解决农村灌溉问题、水源问题、子女教育问题以及完善农村合作医疗等方面推进农村改革，进而从根本上改善农业农村农民的发展面貌。

"两耳不闻窗外事，一心只读圣贤书"不应是当代大学生的标准，更不应该是清华学生的作风。"工物实践，心怀天下"，我们怀着"纸上得来终觉浅，绝知此事要躬行"的心开始了我们的实践征程。也许我们的实践很短暂，也许我们并没有调查到很深入的东西，也许我们的来到和思考并不能给当地带来什么变化，但是我们亲身去感受当地农民的生活，亲自去调查问题，认真地思考，相信我们在其中收获的是从书本上很难得到的，这一段难忘的经历也会使我们终生受益。

关于萧县的发展历史，在去调研之前我们也查过很多资料。大体来说，萧县位于安徽省最北部，苏、鲁、豫、皖四省交界处，总面积 1871 平方公里，大部分为平原，东南部为海拔 100～300 米的低山矮岭，人口 130 万，辖 18 镇 5 乡708 个行政村。开放的萧县日益显现出其特有的发展优势和巨大的发展潜力。区位优势明显，交通便捷。萧县紧靠徐州都市经济圈中心城市徐州市，县城距京杭运河 30 公里、徐州观音机场 50 公里、连云港出海口 260 公里，素有"徐州的西大门"之称。东临京沪铁路，陇海、徐阜铁路纵横穿过，连霍、合徐两条高速公路在境内交汇，310、311 两条国道和三条省道及星罗棋布的县乡道路形成的交通网络与周边地区紧紧相连，承东启西，南引北联，是重要的交通枢纽。

萧县自然地理条件优越，名优农产品基地众多。萧县属暖温带季风气候区，四季分明，光照充足，雨量适中，雨热同期。年日照时数为 2220 至 2480 小时，年均气温 14.4℃，年均无霜期 208.3 天，年均降雨量 811.2 毫米。萧县植被保存

本文作者：清华大学"乡约·寻梦"赴安徽省萧县调研农民征地后收入来源支队。报告执笔人：卢肖勇（清华大学工程物理系 2011 级本科生）。

完好，工业污染程度低，具有生产加工绿色食品的自然条件。耕地面积 10 万公顷，农作物主要有小麦、棉花、大豆、玉米、山芋及花生、芝麻等。全县水果挂果面积 50 万亩，主要有葡萄、苹果、梨、黄白桃、巴斗杏、柿子、樱桃、山楂等。孙圩子胡萝卜、闫集黑皮冬瓜、马井韭青韭黄、圣泉萧国圣桃、黄河故道水晶梨、龙城石榴、新庄黄牛、黄口三元杂交猪、丁里华英鸭等名优农产品种养基地闻名全国。

萧县历史悠久，文化底蕴深厚。萧县春秋时期为萧国地，秦置萧县。自古有"文献之邦"之美誉，风骚人物荟萃，春秋三贤（闵子骞、颛孙子张、颜子柳）皆孔门高足；今为文化部命名的"中国书画艺术之乡"，全县擅长丹青者 2 万余人，其中刘开渠、朱德群、王肇民、萧龙士、卓然、吴燃等为国内外著名的艺术大师，各种风格的书画作品犹如繁星璀璨，县城书画艺术一条街集书画创作、装裱、展览、交易、鉴赏于一体，成为一道独特的人文景观，吸引国内外书画爱好者纷至沓来，投资近亿元的书画艺术博览城已完成规划设计。突出的人文优势同时孕育了美食的醇厚和芳香，萧县饮食文化闻名大江南北，"萧县羊肉汤"、"皇藏峪蘑菇鸡"、"圣泉寺烧全羊"等各种风味小吃成了黄淮地区城乡人民的美味佳肴。因此萧县的旅游资源丰富，独具特色。萧县古迹遍布，千年古刹天门寺、天一角地下溶洞、永固水库、汉墓群、宋朝的古窖群遗迹、闵子骞鞭打芦花处、三让徐州的贤人陶谦墓、南朝宋国开国皇帝刘裕故里、苏轼发现煤炭处等自然和人文景观众多，交相辉映；皇藏峪自然保护区于 1992 年被国家林业部审定为国家级森林公园，2000 年被国家文物保护委员会授予"中国历史文化遗产"称号，是皖北地区正在崛起的旅游热点，每年接待国内外游客 10 万余人次。景区内有地球同纬度保存最完好的落叶阔叶林带，动植物种类繁多，总面积 20 平方公里，山、水、泉、洞等自然景观浑然一体，小气候明显，素有"幽谷圣地"、"淮海佳境"之称。名胜古迹和人文景观有汉高祖刘邦称帝前为躲避秦追兵藏身的皇藏洞，以及美人洞、果老洞、仙人床、拔剑泉、苏轼祈雪处、闵子祠等，山中瑞云寺于 1998 年被安徽省人民政府确定为佛教重点寺院；淮海战役总前委指挥部遗址蔡洼、"萧泗铜灵"抗日战争纪念馆是省级爱国主义教育基地。

在我们查过的资料中，都比较侧重萧县优越的地理位置。我们明白网上的一些资料都会夸大其词，但是萧县的地理位置如此之好，应该还是比较发达的，至少不会很贫穷。但是到达萧县后我们还是大吃一惊，我们所住的地方是白土镇的卢村。在这里农民的年收入并不高，并且明显可以感觉到这里的百姓思想比较落后，受教育水平也不高，成年人基本只是上过小学或是初中。尤其是道路。俗话说"要致富，先修路"，但是这里交通很不便利，道路多有损坏。如果想从卢村去县城的话，至少要先走上半个小时才能到达坐车的地点。县城也并没有好多少。县城的道路很窄，街道卫生也不好，在我们去县政府调查的途中经过县城的菜市场，感觉卫生很是差劲。而县城里的娱乐设施也是少之又少。从中可以看出这里的经济水平并不是很好。

这仅仅是我们对当地经济的印象，下面言归正传，主要说说我们调研过程中的感受。

首先是关于土地政策的落实情况。政府对土地征用的政策是一亩地给31080元的补贴。经过我们的调查得知，这一政策得到了贯彻落实。在我们调查的家庭中，凡是家里被征过地的，都表示一亩地给了31080块钱，并且也没有拖欠。可见在这种大方向上并没有出现问题，但是政府还是在一些细节方面做足了"文章"，比如在土地的范围方面。众所周知，在土地与土地之间会出现一些道路，或是为灌溉方便修建的一些沟渠，以及其他一些不属于农田范围的土地。对于这些土地，按道理来说，是属于周围拥有农田的农民的，可是政府并没有将这些钱发放给农民，而是采取模糊概念，愚弄农民。据村民说，后来他们了解到这些土地国家也是有补贴的，为此，他们曾一起去政府闹事，讨说法。最后经过多方协商，达成妥协，这些不属于农田的土地给补贴2万多元。当我们去政府了解这一块的政策时，也并没有得到明确回答。所以对于这些土地国家给的补贴到底是跟正常土地一样的31080元还是现在政府所给的2万多元，我们并没有调查出真相，但是据我们看来国家补贴的应该也是31080元，所以剩下的钱去了哪里，也就不言而喻了。

然后是征地后农民的收入来源。不管对于征过地的家来说，还是没有征过的家庭，土地的收入来源是远远不够的。所以除了土地收入之外，家家基本都是打工，而打工一般分为两种：一种是在本村打工；一种是在外地打工。

在本村打工的基本都是在工地干活。根据我们调查了解的情况，在工地干活的人分为大工和小工两种。大工主要是负责砌砖和其他的一些需要技术的工作，而小工要主是负责搬砖、抬水泥和其他一些不需要技术只需要体力劳动的工作，而这两种工作的报酬也是不一样的。在农村，工资基本上是以天计算的，大工一天的工资是120~140元之间，而小工的工资是80~100元之间，当然这个工资指的都是男性的工资，女性的会比之少20元左右。其实从中我们也可以看出，有技术才能挣比较多的钱，而没有技术只靠体力的会比别人辛苦，但是却没有比别人挣得多。当然这样算起来，一月一个大工的工资是4000元左右，这对于农村来说是比较高的收入，完全可以支付家庭的支出，还可以存下不少的钱。当然做大工的毕竟是少数，大部分在工地打工的还是小工，他们一个月的工资只有2000左右，对于既有孩子上学又有老人的家庭来说可能就会有很大的困难。

另外一种就是在外打工，在我们调查的范围内，去远地方的还是很少的，大部分都是去离萧县很近的徐州打工。当然在外打工的工资就有很大的差距，挣的可能比在家的小工还要少，也可能会挣的很多。对于在外打工的农民来说，没有什么特殊的，但是有一个工作是令我们比较吃惊的，那就是在煤矿工作。据我们调查，他们每天的工资只有100元，按道理来说在煤矿工作的，工作量又大又有危险，工资会很高，但是他们的工资却偏低，并且他们每年要工作大概350天，很少有可以休息的时间。在我们调查的那一家中，他在家休息是因为老板拖欠了他们半年的工资，所以他们罢工来讨要工资。

总体来说，萧县卢村农村居民的整体的生活水平还是比较低的。在我们调查的家庭里，有被征过地的，有没有被征过地的，两者之间倒没有什么明显的分别，但是也会对一些特殊的家庭，比如家里如果是以老人为主，这样是否征地就会有很大的差距。如果家里有地，那么老人可以依托种地获得一些收入，老人的花销都不算大，所以完全可以作为家用。但是如果家里的地被征走后，外面打工是不会招老人的，那么他们的生活来源就没有了保障。在城市，老年人退休后会有退休工资，可是在农村，老人是没有的，他们的收入来源除了农保每月的50元就没有其他收入，那么他们的生活就只能靠孩子的补贴，这可以算是征地没有考虑好的一个问题。

对于我们调查的问题，通过对百姓的了解以及自己的一些思考，我们也有一些自己的看法和建议。

首先对于征地政策，卢村以及周围村庄采取的是一次性买断，每亩地补贴31080元，这样有好处也有坏处。俗话说，土地是农民的铁饭碗，有土地每年都会有固定的收入，一次性买断以后农民就再也没有固定收入了。据我们了解，在有些地方采用的政策是每亩地先给2万多元，然后每年再补贴1000～2000元，补贴上几十年。对于这个政策我们也向当地的农民询问了他们的看法，几乎所有人都比较赞同后者，认为这样每年也会有一些固定收入。我们认为也是后者比较好。首先算了一下最后政府的支出，可以看出如果连续给农民10年补贴，后者并不比前者多花费多少，对于政府来说损失的并不多，但是这样一来，给农民的感觉是不一样的，他们认为自己以后还是每年都会有固定的收入，这样才会消除农民对征地的反感。并且这个政策已经在其他地方实施过，并不是纸上谈兵。我们认为政府在以后的征地过程中可以仔细权衡这两个政策之间的利弊，从而达到最好的效果。

而在征地过程中，根据《萧县征地补偿安置方案公告》的第六条：被征地农村集体经济组织、农村村民或其他权利人对本公告内容要求举行听证的，请于5个工作日内按征地听证有关规定提出书面申请，送达萧县国土资源局耕地保护股。逾期未提出的，视作放弃听证。由于当地百姓受教育程度低，而政府也没有对此进行必要的宣传，所以当地百姓都表示不知道这件事情。我们认为这是政府工作的疏忽或是偷懒。当地政府在做工作的时候应该把工作都做到位。本来征地就是让农民抵触的一件事情，如果工作做不到位，就更会引起农民的不信任。

关于征地后农民的收入来源以及生活水平，我们对以下几个问题有自己的思考。

首先是征地用来建造工厂的问题。农民普遍担心的是环境污染问题。由于卢村属于水资源贫苦区，人们的用水都是自家打井供水。一般自家打的井都是浅层水，如果工厂处理污水的设施不完备，那么农民赖以生存的浅水井是最容易被污染的。如果被污染以后，这个地方没有其他饮水渠道，百姓不得不饮用被污染的水，长此以往，百姓的健康会受到很大的威胁。这是我们调查过程中农民最担心的一个问题，我们希望当地政府在招商引资过程中，充分考虑企业对当地的污染程度，同时对引进的企业进行严格的监督，这是对当地人负责，也是对子孙后代负责的行为。

然后是对于引进的企业，农民希望企业在招人的时候以当地人优先，因为家中土地被征，人们必须去打工，那么招当地人为当地人提供了很好的条件和方便。我们认为招商引资无非是为了促进当地的发展，而只有以当地人优先才能达到初衷，这样才能很好地促进当地的发展，所以这个建议当地政府应该认真考虑。

对于当地的建设和发展，我们也有一些建议和思考。

首先是灌溉问题。在萧县，并不是所有的村子都被征地，征过地的村子也不是征走了所有的地。对于种地方面，我们发现大队以及相关政府在这一方面做的远远不够。这里大部分的人还是靠天吃饭，在现在中国大部分的农村，一般都会凿渠，或是打井，但是这里大部分的家庭没有任何灌溉措施（这一点从我们百村调查的问卷中也可以体现，其中灌溉一部分均为空），而大队和相关部门也并没有相应的作为。而萧县属于中国比较缺水的城市，所以这里的土地尤其是山上的土地，如果遇到比较干旱的年份，收成往往不好。我们认为对于土地种植，灌溉是重中之重，政府真正造福百姓的话应该从灌溉做起，这样做并不是费钱之举，而是真真正正的造福于百姓。

其次就是水源问题。前面已经说过在卢村以及周边的村庄，都是家家户户自己打井吃水。这是有很大的潜在危险的。由于自家打的一般都为浅水井，而浅水井里的水含有大量的矿物质，这对农民的健康有很大的威胁，饮用水中如果含有太多的矿物质，容易引起胆结石。在我们调查的家庭中，超过 50 岁的人普遍患这种病。在我们看来，如果要求必须能吃上自来水公司供应的自来水也许不可能，但是大队完全有能力一起打井（一般一起打就会是深层井），然后给各家各户供水，这样不仅解决了浅水井矿物质多的问题，而且也更有利于水井的维护和保护。在我们看来这完全是大队的工作没有做到位的缘故。

然后是上学问题。众所周知，上学的学费是农村家庭的一项很大的指出，国家为了提高家庭的生活水平，减轻百姓的负担，更为了让更多的孩子上得起学，实行九年义务教育，减免学杂费。但是能够减免学杂费的仅仅是公立学校，而私立学校是不给予减免的。而正是因为公立学校不收学费，所以学校老师的工资是固定的，也就是说与学生的成绩没有任何联系。这样一来，公立学校的教学质量远远低于私立学校。并且据我们了解，不管学生的成绩如何，都可以上公立学校，在公立学校学生没有什么压力，老师的教学质量也不好，所以更多的家长会选择把孩子送入私立学校。而质量较好的私立学校学费普遍较贵，这样就会给家里造成很大的负担，并且较好的私立学校都离家较远，孩子不得不从小就离家住校，本来处于这个阶段的孩子就比较难管束，而远离家长就更缺少管束，有些家长因为孩子的学习等一些其他问题会选择在学校周围租房子陪读，进一步加重家庭的负担。所以我们认为国家仅仅实行义务教育是远远不够的，还要加强公立学校的管理，提高公立学校的教学质量，这样才能真正为百姓造福。

还有就是农村合作医疗。在我们调查的过程中，几乎所有人对这一政策都是表示很满意、很支持。因为这的确给农民带来了很大的实惠。但是也有人对此提出了不满。实行农村合作医疗，对医药费报销要求必须去某些特定医院，不是去哪看病都可以报销。所以有人就反映了一个现象，即政府指定的医院里的药物都比其他的药店贵，甚至有些药去掉报销的钱后依然比普通药房同样的药要贵很多。针对这一现象，我们认为国家要求必须去某些指定的药房是有考虑的，避免了有人开假药单而去骗取国家的钱财，但是其中还是有漏洞的，要想真正地达到惠民的目的，还要加强对指定医院管理，不能让他们从中牟取暴利。

以上是我们调研过程中对当地的一些印象和对当地发展的一些思考，希望可以对当地发展有一定的作用。

# 黄土地上的中国梦：山东省齐河县油坊村调研报告

本文借鉴了曹锦清先生《黄河边的中国》一书的写作手法，以日记的形式记录了工物系"乡约·寻梦"赴山东省齐河县油房村寻梦支队在 2012 年暑期前往山东省齐河县油房村进行实践过程中的所见所感。整个实践围绕"我的中国梦"这个大主题，主要采取了体验和访谈的形式，采访了油房村村支书张延道和种田大户张济庆。四天的时间给所有队员留下了深刻的印象，更真切地感受到了"中国梦"这三个字背后所蕴含的力量与信念。

## 2012 年 7 月 16 日星期一 晴

最后一次检查了自己的行李，早上 8 点在紫荆 10 号楼门前合影后，我们正式从清华出发。D335 次动车载我们驶往这次实践的目的地——山东。

我不禁对即将展开的实践之旅充满了向往，同时，我也明白这次山东之行并非那么轻松愉快。要在短短 4 天的时间里，对村子的基本情况有一个整体的把握，并从重点采访对象相关的广泛走访中归整提炼出农民身上的中国梦，确实有些仓促。能否顺利完成这次实践的任务，说实在的我并没有太大把握。曹锦清先生在《黄河边的中国》中指出，观察、访谈式调查的关键在于进入调查现场的方式[①]。看来到了山东，克服语言和心理障碍、尽快融入当地是这次实践的关键。

下午 1 点，车到济南，我们继而换乘汽车前往德州市马集镇。在上下颠簸中迷迷糊糊坐了 2 个小时的车，终于见到来加油站路口"接站"的张琪父亲。张琪父亲用他的农用三轮车载了我们 7 个人回油坊村——7 个行李箱并排在车斗后端，3 个人背对着驾驶坐在车斗前端边沿上，另外 4 个人坐在排成两排的 4 个马扎上。这是我平生第一次坐农用三轮车，尽管大家挤成了一团，而且一个抓不稳就有"人仰马翻"的危险，但我的心情却是无比的兴奋。路两边是大片大片的

---

本文作者：清华大学"乡约·寻梦"赴山东省齐河县油房村寻梦支队。报告执笔人：汪嘉悦（清华大学工程物理系 2011 级本科生）。

① 曹锦清：黄河边的中国：一个学者对乡村社会的观察与思考，上海文艺出版社 2000 年版。

玉米地、棉花地，伴着发动机"突突突"的轰鸣声，微风吹拂、阳光闪耀，路边有吃草的牛羊，田里有耕作的人们，场景相当美好，令人难忘。

油坊村里每家每户自成一院，基本构造都差不多，12间瓦房围成一个小院落，通常有5间北屋，其中西侧的三间为正屋，东侧为仓房，2间西屋，2间东屋，3间南屋，其中西屋为厨房，东屋用来储放农用器具，厕所在院子的东南角，另外由于家家户户都有农用三轮车或拖拉机一类，院子里还建有车棚。院子的大门上通常有类似匾额的题头大字，内容多数是"家兴财源旺"、"家和万事兴"之类，而张琪家则题的是"清雅闲居"。有些外墙上写着一些小广告，主要是关于扒屋的，张琪解释说前几年常有拆屋修路或者旧屋翻盖工程，扒屋也就随之成了一个"专项技术活儿"。村子里面家家户户养狗，所以我们路过的时候屋内总会传出几声狗吠，一路上吠声各异，也算有趣。

到张琪家里安置好了行李，我们一行人便和张琪一起到村子里转转，熟悉一下环境。一圈走下来发现张琪在村子里是个"名人"，走到哪里都有人认识，所以基本上走几步就得停下来让张琪寒暄一番。我发现张琪见到别人基本上喊得都是"大爷"、"大娘"、"大哥"之类的，我问张琪他们都是亲戚么？张琪解释说这个村子基本上都姓张，全村有家谱、有辈分之分。这也许就是梁鸿在《中国在梁庄》里所说的那种"熟人式的"、"家园式的"乡土文化模式①。我们随张琪行走，一路上看到了不少放养的羊，牛也见了几头，还有一两头驴。经过村西头的池塘时，张琪给我们讲他小时候经常在这里摸鱼，一乍多长的鲫鱼很常见，但是近几年放了许多渔网，这里基本上已经见不到什么大鱼了。

村子不大，不到40分钟，我们便基本上绕了一周。

晚上张琪的父母热情地招待了我们，饭菜十分丰盛。我第一次吃到了咸鸡蛋，色香味上感觉和咸鸭蛋差不多，就是个头小了一号。还有一系列我叫不出名字的山东家常菜，但是味道很不错。特别值得一提的是他们这里的馒头，样子很有特色，不是我们平时印象中的圆馒头，而是一种长条状的馒头。更为有趣的是，他们这里把水饺叫做"包子"，把包子叫做"菜馍馍"，而肉包子和菜包子则区分成"荤菜馍馍"和"素菜馍馍"。

饭后先跟张琪父亲了解了一下我们这次的重点采访对象——种田大户张济庆的一些情况。在张琪父亲看来，张济庆本人能力并不是特别强，家里承包了近300亩地（这个数字在事后采访张济庆中纠正为250多亩）用于耕种小麦、玉米。而最初承包土地是因为过去做生意时被骗亏本，欠了几十万的债务，承包土

---

① 梁鸿：《中国在梁庄》，江苏人民出版社2011年版。

地后每年的收益中很大一部分用于偿还债务，因此家中条件并不如我们想象的那么好。反而张济庆的父亲曾经在村子里面是个不折不扣的风云人物，经历过几次大起大落，很有能力，却因为种种原因被村干部打压，始终没有入党，也就一辈子没有出头。

整个谈话过程因为事先没有准备，气氛有点冷，问的一些问题也显得有些稚嫩理想化。了解到的情况也跟我们之前的想象不太一致——张济庆并不是高大全，甚至都不一定是个能力出众的人物。感觉我们可能需要变换一个角度，或者说找到一个与我们之前所想不同的张济庆与我的中国梦的契合点。很多东西是和想象中不一样的，这也是我第一天实践最大的一个收获。

之后我又和张琪一起去拜访了村支书，简单介绍了一下来意之后，约定第二天早上 7 点左右去支书家里访谈。

晚上回到住处已经很晚了，特别注意看了看农村的夜晚，可能是因为天气的原因，并没有想象中的漫天繁星。洗漱之后上床，大家都比较疲惫，不一会就睡着了。

## 2012 年 7 月 17 日星期二　晴

今天是实践的第二天，山东的蚊子似乎对于从外地来的我分外热情，让我不到 5 点就醒了。6 点 20 的闹铃响过后，我稍微清醒了一下就下床出了屋。此时张琪的母亲已然在外面劳作了，见我出来了，热情地和我打招呼，惊讶我起得如此之早。洗漱完毕看大家都还没有起床就自己一个人出门稍稍走了一下，路上很安静，几乎没有什么人。返程的途中遇到了张琪家的狗，它先是远远地看着我，待我走近却又跑开，看来它还没有完全熟悉我的气味。

7 点钟，谢导、华宇、张琪和我出发前往村支书家。根据张琪的介绍，村支书叫张延道，已经在支书的位子上干了 20 年，资格很老。村支书家的房子跟村里其他住户没有太大差别，只是家门口停了一辆小车。

村支书热情地接待了我们，并很耐心地回答了我们关于油坊村的采访问题。支书家里的两个小双胞胎外孙尤其可爱，在访谈的过程中这两个小家伙不断进出房间，也算给我们的访谈增色不少。以下是访谈内容的整理。

油坊村约有 240 户，1036 人，80 岁以上的有 30 人，60 岁以上的 100 多人，干活的劳动力有 300 多人。其中姓张的人家占了 99%，1000 多口人里，有姓赵的 1 户，姓白的 3 户，姓刘的 3 户。村里土地有 1860 多亩，分成 6 个生产小组。

目前村里有 5、6 台联合收割机，基本每家都有拖拉机或三轮车，实现了机械化种地，过麦（割麦）一般不超过 3 天就结束。

村里的水源条件很好，前后有两条渡槽，有自然沟，也有集体挖的水槽，引八公河的水来灌溉，水费平均每人每年 60 元左右，每户每年大约交 200 ~ 300 元。

村里设有社保，60 岁以上的每人每月 55 元。低保户分 5 个等级，按困难程度由高到低每人每月有 100 元、80 元、70 元、60 元、40 元。目前油坊村有 3 个人在敬老院，每人每年交 400 块钱。新农合每人每年交 60 元，在县里就医可以报销 80%，在济南就医报销 40%，村民看病"得到了实惠，参加都很积极"。

改革开放以来，群众生活条件比以前要好多了，"都很满意"。过去吃大锅饭算公分吃不饱，改革开放以后群众积极性变高，基本上种地每亩地一年能产1000 斤麦子、1000 斤玉米，有打工挣钱的，有干买卖的，发挥各人特长，都富起来了。

谈到土地，张书记介绍说除了东洼坝附近的地之外，村里的地全都按人头分到每家每户，人均 1.6 亩地。10 年分一次，由各个生产小组自己分配，一般一天就能分完，农户之间也没有什么冲突。马集镇上其他村的土地流转已经达到1000元/亩，而油坊村的地属于砂土地，土质不太好，一般外面人不会来租。

通过访谈我们还了解到，以前农户的收入主要靠种小麦和玉米，没有什么副业。过去有养牛、养羊的，现在很少见了，因为太累，而且赚钱不多，没有外出打工效益高。近年来外出打工的人越来越多，去到东营、淄博、济南、青岛或外省的都有，其中年纪最大的有超过 60 岁的。他们或者把家里的地包给别人种，或者平时在外打工，农忙时候回家种地。现在种地的收益，小麦是 1.1 元/斤，玉米 1.08 ~ 1.09/斤，一亩地每年产 2000 斤粮食（1000 斤麦子 + 1000 斤玉米），去掉成本净收入 1500 元/亩，平均下来每人每年 2000 多块钱。在外打工的大约每人每年 10000 ~ 20000 元。

访谈的最后我们请村支书介绍了一下张济庆的情况。据支书介绍，张济庆承包了 200 多亩地，都是 14 年前（1998 年）承包的。当时承包的价格为 170 ~ 180元/亩（这个数据在后面采访张济庆的时候纠正为 200 元一亩），承包了 15 年，明年土地就要到期，若再继续承包一亩地承包价要到 700 块钱左右。现在政府给张济庆提供了很多补助，因为收入比较多，很多人觉得比较眼红。张家现有 1 辆三轮车、1 辆面包车和 3 台拖拉机，浇地灌溉、打药的机械化设施也都有，在承包地附近盖了 5 间屋。地里除了小麦、玉米，还种了些树和苗木，估计有 30 万。因为承包地面积大，需要雇工，种地管理不是很好，亩产量比一般农户要低一些，但因为种的是育种小麦，比一般小麦要贵一些，所以年收入在 20 万左右。

采访过程中最大的问题在于语言不通，他们的方言确实有些让人摸不着头脑，要反应一阵子。整个采访过程中张琪发挥了巨大的作用，不辞辛苦地给我们充当了双向翻译。

告别了村支书，张琪和我又去了村主任家里，咨询了一些村子里面的情况，完成了村级调查问卷。主任的儿子和张琪很熟，今年23岁，中专学历，没有工作，也没有务农。我没有与他深入聊天，但是通过问卷我发现他对农村的基本情况尤其是土地情况并不是很了解，"这个你等会去问我爸吧"是在我们填问卷中经常出现的一句话。

辽宁日报上一篇名为《十年之后谁来种地？"农民荒"更甚"民工荒"》的文章讲到，现在二代"农民工"不会种地，农村的"空巢化"呈现出了恶性循环的趋势。现在农村的家长也大都不愿意孩子回来种地。"种地太苦了，农忙时每天4、5点就要起床干活，中午回家吃口饭又回地里，一直要干到天黑。"我们后来和张济庆访谈的时候，张济庆也说到孩子们学得好也与压力有关，他们都想走出去。现在的农村，年轻人走后，谁来种地？"承包出去"是我听到的最多的话。但问题是如果年轻人都走了，这些土地承包给谁呢？

采访完村主任后我们回到住处，早饭还是一如既往的丰盛。

饭后，华宇、智超、叶青和我在村子里随便走走。华宇忙着他的摄影，智超如数家珍地对比着这里的植物和他自己家乡植物的异同，而叶青似乎兴奋于村子里面看到的一切：棚子里的牛，隔壁妇女怀中的孩子，村里的狗甚至道旁大大的蜘蛛网。我很享受这宁静的节奏，漫步在这村庄的泥土地上，时光似乎放慢了脚步。

村里的人都十分热情，看见我们过来体验生活，都主动邀请我们到自己家里面去坐坐，介绍自己的生活。有一户人家主动让我们看一看他们家里面养的牛，给我们介绍了一下他们养牛的情况，说他们养的牛都是肉牛，养殖周期在半年左右，一头牛可以卖到12000多元。

大家中午都很累，一个午觉谢导和叶青从中午12点睡到了下午2点45。午休后我们乘坐张琪父亲的三轮车去了种田大户张济庆的家里。

种田大户的女儿张亚萍是个漂亮的姑娘，年龄和张琪一样，与张琪从幼儿园开始就是同学。见我们去了，她热情地把我们邀进屋内，给我们切西瓜、讲泰山的故事。张济庆非常配合我们的采访，访谈进行得非常顺利，我们从和他的谈话中又收获了很多有价值的信息。以下是访谈内容整理。

张济庆高中毕业正赶上文革后期（1976、1977年），就跟着大队一起干活去了。1980年开始给大队开拖拉机，1982年就买了自己的拖拉机，1985年又买了一个大的，主要在煤矿工地上拉沙子和在村子里修民房，这样一直到1998年包地。

据张济庆介绍，承包土地主要是他而非他父亲的主意。张济庆在跑运输的时候看到了化肥厂的管理，很有感触，觉得自己也可以试一下。当时他的父亲曾建议说承包个几十亩地就好了，但是张济庆认为自己不是种地出身，所以觉得只承包几十亩地极有可能赚得没有亏得多，所以就准备一次多承包一些，这样可以"拿出100亩的收入来请人帮忙，自己也可以少干一点"。当时承包了300多亩地，但是因为招标的问题，只有现在的200多亩地。

现在每亩平均年产量为1000斤小麦、1000斤玉米，其中小麦是麦种，直接上交给县里面的农业局，玉米则拿到市场上去卖。农忙的时候自己忙过不来就请雇工，每人每天35元，一般招的雇工都是熟人。

就张济庆自己说，承包的头10年"没有效益"，主要是因为自己"是开车出身，接触的时候没有准备"。而且土地质量不是很好，一开始还得自己打井、挖沟、买肥料等，前后一共投了5万多块钱。

10年之后开始有盈利，他认为原因主要有3个：一是自己逐渐积累了经验，摸索出了一套行之有效的方法；二是近年来物价上涨，但是承包土地是15年前签的合同，仍然是200元/亩·年；三是国家惠农政策的出台，确实对自己帮助很大（注：每亩小麦补助120元。张济庆因为是种田大户（土地承包100亩以上），特别多补助10元，即每亩补助130元）。

访谈完后的感受又与昨天不同，感觉张济庆是个敢闯敢干的人，在经济债务的压力下承包了村里的土地，在完全没有种田经验的情况下相当于从零干起，肥料要钱、灌溉机井要自己挖、电源要用蓄电池、父母身体不好相继去世、雇工出现意外事故，土地承包后的前8年持续处于亏损状态，但就是在这样的情况下，没有退路地熬了过来。整个访谈过程中他的语言表达非常质朴，向我们反复强调的是要好好学习、孝敬父母、报效国家。我们听了之后心里还是很震撼的。

我在后来的支队会议上戏称张济庆的形象是先高大再普通复而高大的一个过程。通过三个不同的渠道我看到了三个不同的张济庆，由此我深深了解到看问题要多角度的道理，每个人看待同一个事物会有不同的观点，只有站在他的立场，和他直接交流，才能真正了解他的想法；而只有与不同的人交流，听到不同的声音，才能得到比较全面的理解。

访谈后亚萍带我们去参观农田，我们在大片的玉米地中行走，我也第一次背起了装除草剂的农药喷雾器。我兴奋地望着周围的一切，感觉它们是那么陌生而又亲切。唯一比较遗憾的是现在玉米都还没有长成，听着他们讲的玉米"比人还高"的场景，我幻想着自己在玉米地里面掰苞谷的场景。

回程路上去村附近的邱集小学，也就是张琪爸爸任教的小学参观了一下。学校很简陋，里面没有一个像样的平地可以用作操场。看到教室前面那根飘扬着五星红旗的有些许倾斜的旗杆，心头不知为何有一丝莫名的感动，就是在这样的一个学校里，走出了一批又一批的孩子，他们对未来充满了希望，而同时他们也承载着周边四个村子未来的希望，我祝福他们。

晚饭后我和张琪一起去发问卷，村子里面没有路灯，一到晚上就一片漆黑，行走需要手电。沿着村里的小道走，零星地可以看到几处灯光，那一定是棋牌点。张琪他们家门口就有一处，每到晚上，便会有三五乡亲聚集到一起，男人们打麻将打牌，女人们闲话家常，这也是他们农闲时主要的娱乐方式。

我们一户户地走，一户户地聊。这里的村民都非常热情，当我们离开时，不管我们如何推辞，他们一定会把我们送出大门。他们在你身后默默打开通向大门的每一盏灯，然后陪你一起走到大门，打开大门上的大灯，然后看着你离开。我曾经抱怨过晚上这里没有路灯，整个村子一到晚上除了几个棋牌点一片漆黑。但是这一盏一盏依次打开的灯光却令我无比感动，它们映照出和留存下的是一张张真诚朴实的笑脸。

## 2012 年 7 月 18 日星期三　晴

昨天晚上听从华宇的建议，抹了一身"圣水"——花露水，果然免去了蚊子的烦扰。虽然晚上还是醒了几次，但是当早上 7 点起床的时候，仍然感觉浑身充满了活力。

实践的进度比我预想的要快，我们的计划也在不断调整，这是我一开始没有想到的，这也算是所谓的"计划赶不上变化"吧。在跟谢导和其他人商量之后，我们决定提前一天离开张琪的家。

早饭张琪的妈妈给我们准备了煎饼和油条，相当的贴心。8 点半我们和张琪一起去赶集，我们沿着公路一路走过去，周围是一望无际的玉米地，偶尔有运货的卡车从我们身边经过。我问张琪有没有爬过车，他笑说我真的是铁道游击队看多了。他说小时候骑车有时候会拉一下车借个力，但是一般司机不一会就发现了，所以拉的时间不会很长。集市的规模不大，是我印象中的传统农村集市的模样。走马观花地看完了市集，感觉和农贸市场没有太大的差别，卖的东西也是五花八门，从衣服到食品，从五金到碟片，什么都有。由于无东西可以采买，直行不过 10 分钟就穿过了整个集市，比从村子来回的路程要短得多。

赶集结束后我们从另一条路回去，途中经过了一大片杨树林，我们临时决定进去乘凉。据张琪介绍，他自己家原来也有这样一片林子，是张琪上初中时县里号召全民种树的结果，齐河县也因此评为了全国绿化先进县。但过了 3 年政府又开始号召砍树，因为遭遇了美国白蛾物种入侵，本地没有天敌和灭虫剂，只能全部砍掉，而且号召全民找虫卵，按每斤多少价格回收，甚至于摊派到每家每户每个中小学学生和老师身上。

张琪又指了指地上的一个个小洞，说这是蝉幼虫爬出的痕迹，他说每年 6 月底、7 月初，就会有不少人来这里找蝉幼虫，晚上一群人拿着手电在树上抓正在蜕皮的蝉。如果树上找不到，还可以往树下的小洞里面找，"你可以把树根附近表皮的土挖开，就会看见一个个小洞，这个小洞越挖越大，最后就会发现蝉幼虫。你还可以往小洞里面插一个小树枝，往里面灌一点水，过一会儿它就会顺着树枝爬上来。逮着后烤着吃相当好吃！"张琪还意犹未尽地拿起地上的一个空蝉壳，跟我们说这是个不折不扣的幸运儿，在现在这种环境下能脱壳的蝉太少了。之后张琪又给我们表演了蜈蚣拉车，就是把蜈蚣的屁股去掉，在屁股的位置插一根小木条，就看着蜈蚣拉着这个木条往前走，然后比赛哪只蜈蚣爬的快。张琪还指着旁边的杨树条说这个可以用来做口哨，但是这个不如柳树枝柔软做得好……我惊奇地听着他讲述这一切，仿佛在讲一个个美好的故事，张琪表现得像一个森林王子，这里的一切都是他的财富。

仿佛看出了我的惊异，谢导问我：你小时候不玩这个玩些什么呢？我一时哑然。我的脑子里飞快扫过的是小时候一幕幕的跳跃片段。小时候每天必做的娱乐活动就是爬土坡，每周还会有爬坡比赛；楼下卖冰棍的大妈特别较真，每次去买"菠萝王"都说"没有"，要说"菠萝大帝"才会收钱交货；跟着一群比我大的孩子去打水枪，我从来就是负责灌水的那个……但是随着年纪的长大，能给我留下深刻印象的却越来越少了，我仿佛玩了很多，又好像什么都没有玩过，童年也许是城市孩子永远的痛。

到了农村还有一个感触，就是城乡差距。在和张济庆访谈的时候，我们最后一个问题问他：对国家的政策还有没有什么要求。他想了一下，说出了城乡差距。

真正走进村庄，才意识到这里还是一片贫瘠的土地。这里的电视能收 50 多个频道，效果不错，比较清晰；村子里面的网络是拨号上网，速度可以达到每秒 150 ~ 200k，只是在晚上 8 点以后的高峰期上网很困难，基本上挤不上去。虽然电视、网络、各种信息都以同步的速度抵达了这里，但是在精神上，乡土与现代之间的关系依然很远。还是有很多人不识字，村民的娱乐方式还是很有限，基本上晚上就是在家里看电视或者出门聊天打牌。正如梁鸿在《中国在梁庄》所说，"虽然生活全球化了，但是在精神上，这里依然贫困。"

国家近年来一直在努力缩小城乡差距，但是生活方式的差异、生活环境的不同、经济水平的高低决定了这个差距必然存在。那么缩小城乡差距从何处入手呢？什么是缩小城乡差距？是让农村整体都变得跟城市一样么？还是经济上缩小差距呢？通过改造农村面貌来实现城乡一体化我是不完全赞同的，将城市复刻到农村是很生硬的甚至可能是不切实际的做法，城市里可能永远不会有像我们这几天见到的田野里劳作的农民自然亲切的感情流露，不会有街头巷尾房前屋后邻里闲话家常的轻松愉悦。城乡差异和缩小城乡差距，我感觉这是一个值得思考的问题，尽管现在的我更多的是抛出了问题而得不到解答。

每当我坐在张琪父亲的三轮车上，看着周围大片大片的玉米地，内心深处都会产生一种难以言说的愉悦感。谢导说她特别喜欢这种大片大片的农田，在她的家乡这种地都被用来盖房了，她说这才是真正的农村。我尤其喜欢看村子里的人，每当我们的三轮车从他们身边经过时，他们都会停下手中的活，看着我们。他们有时候会微笑着向我们招手，那种朴实的、纯洁的笑容实在令人难忘。那是一种怎样的纯净，一种城市少见的、真诚的、温暖的笑容。也有的时候他们并不笑，村口的大妈、路边抱着孩子的妇人、地里干活的大爷，听见我们过来了他们会停下脚步，抬起头，就那样看着我们，眼神是那样的宁静和温柔。每当这个时候我的目光都会不由自主地被吸引过去，我感觉每一个村子里的人的面庞都是那么美好，尽管他们本身也许并不美。我逐渐明白为什么那些关于农民的组照会如此震撼人心，那是一种源于内心的纯净与力量。

也许，现代的并非都是好的，都是适应这一片土地的。

## 2012 年 7 月 19 日星期四　晴

今天是实践的最后一天了。早上我一如既往地 7 点起床，反常的是大家都起得非常早。华宇和智超早早爬上了屋顶去拍摄村景，我也跟他们一块爬上了屋顶。在屋顶上，邻家大叔的活动看得清清楚楚，一条街对面的大妈正在自家院子里侍弄豆角。这一切都是那么自然，无所谓隐私，无所谓防备，晚上这里都可以不锁门，也许这里人和人的距离只有一堵土墙，一条街道，仅此而已。

早饭后，我们和张琪的父亲一起去地里面干活。内容很简单，就是去玉米地里拔草。张琪在走前很细心地提醒我们换上运动鞋和长裤。据张琪说他们家里的地是村子里面距离自家最近的一个，他自豪地跟我说 10 年前分土地的时候是他抓的阄，一下就抓到了这个一等地。最近再次分地，是他父亲抓的，又抓了一个一等地。我们约定好了以后班里面抽签就让张琪去。

没走多远就到了玉米地，张琪父亲说叶子上的露水还没下，建议我们等一下再下地，因为露水容易打湿裤脚。可是猴急的我们让张琪给我们演示了一下就直接开干了。

在干之前就听张琪的父亲说过拔草其实是件"可干可不干"的事情，因为现在的地里都是打了除草剂的。但是今年的除草剂效果不是很好，在玉米间还是有不少杂草，所以从地南头到地北头拔了两三垄，收获还是不小的。可就是这"可干可不干"的拔草却把我们累得够呛。

张琪说小草不用拔，大草要连根拔起，不然下了雨还要长。就是这个连根拔起最为恼火，地里的草一丛接着一丛，草长得很深，拔起一株得费不少力气。周围都是玉米，很是闷热，在里面拔了没有多久就浑身都是汗了。大概坚持了30分钟，我们个个就基本感觉虚脱了，大口喘着气。我更是悲剧，在快拔完要从地里面走出来的时候，踢断了一根玉米苗。我当时就感觉自己辛辛苦苦这么久基本上算是白干了，说不定还产生了负效应。最后我特地在被我折断的玉米前合了一张影，以表愧疚。

随着实践的进行，我逐渐意识到我们访谈的对象是一群淳朴的农民，我不知道该以什么样的方式表达我们对他们的关心。村里人每天面朝黄土背朝天地做着农活，总觉得我的笨手笨脚反倒是给他们添乱了。

下午的时候我们全体跟张琪的父母合了一张影，跟张琪父母好好道了谢。然后每个人录了一段视频，智超完成了他的街拍，叶青也取好了她特稿的素材，实践到此也算是圆满结束了。

最后一次坐上张琪父亲的三轮车，看着那熟悉的玉米地，地上劳作的人们，我已经没有刚来时候的那份兴奋，取而代之的是一种亲切和幸福。三轮车按照第一天的路线逆向行驶着，我也在心里倒带着几天来的实践进程，周围的景色已经不再陌生，田地、树林、甚至田间劳作的人、路边的动物都承载了我们这几天美好的回忆。实践的过程中一个想法总不时在我脑海中出现：是不是田野里面长大的孩子心胸都特别宽广？我不知道。我确是第一次这样真真实实地感受到脚下这片土地是养育亿万中国人的根之所在。我想无论何时都应当对土地怀有一种谦虚的、崇敬的、感恩的心情，只有先立于地方能成人。

回首这几天的实践，感觉收获很多，也有很多地方需要总结。我始终对这次"乡约·寻梦"实践心怀感激。感谢张琪的父母，他们忙里忙外为我们收拾出两间房间供我们住宿，每天辛苦为我们做7人份的饭菜，没有他们的帮助，我们的实践不可能进行得这么顺利。但是由于自己对于农村的了解不够，第一次当队长经验上不足，日程的设置上有很大的不合理性，希望可以在日后的生活中改进。但令我欣喜的是，通过这几天的实践，感觉支队每一个同学之间彼此了解得更多，也更深入了。每顿饭后的闲聊是我们最欢乐的时候，话题很多很杂，无所不谈，感觉这种时候大家的感情是最好的。

在来之前我给这个支队定位的第一条就是体验农村生活，我希望通过这次实践可以看到一个非媒体的、真实可感的农村，现在看来这个目标基本上是完成了。尽管这次的实践行程现实情况与计划有一定出入，但仍然让我体验到了当前中国最真实的农村生活，虽然可能仅仅是"冰山一角"——不一样的生活习惯，不一样的气候特点，不一样的方言民俗，但有一样的一群可爱的人。简单、善良、勇敢，甚至有时有些木讷的他们，是中国人民最重要的组成部分——勤勤恳恳踏踏实实种地生存的基层农民。

　　此行另外一个很重要的目的是寻找农民的中国梦。短短的几天接触给我们的印象是：他们不善言辞，不知道如何去表达自己的愿望，哪怕是下一年的打算。在他们看来，守着自己的土地，盼着政策能更好些，每天踏踏实实地侍候好田里的庄稼，是每天都做的理所当然的事。对他们而言，他们一直就是这么简简单单地想要去过好自己的生活，努力让日子过得更加红火。很显然，这并不伟大，不能用梦想这么光芒四射的字眼去命名。但是他们自食其力，勤劳勇敢，光明磊落，钱挣得踏实，对生活有追求。我不敢妄加评论地把这种看似平凡普通的农民生存法则上升到勤劳致富的中国梦的高度，但我确确实实地感受到在中国广袤深厚的农耕土地上，始终扎根着一种精气神千百年来屹立不倒，而在我看来，这种精气神便归结于坚忍不拔的韧劲。而如果一定要搭建出中国梦的构造，那么农民们的中国梦中，每一砖每一瓦都与家庭、与社会息息相关。与鼓励成就英雄的美国梦不同，他们希望自己的生活过得好，希望孩子们受到良好的教育，过得比他们更好，希望社会稳定和平。就是这样的想法，简单却温暖人心；就是这样的群体，质朴却以他们积极踏实的作风推动着社会进步；也就是这样的小追求，平凡却在万千凝聚中铸成了中国梦的大舞台！

# 河北省阜城县前宋村土地承包经营权流转情况调研报告

　　河北省衡水市阜城县是传统的产粮大县，前宋村是典型的产粮大村。通过调查，了解当地的农业生产和土地经营情况，对小麦玉米的投资效益进行分析，围绕国家政策探讨当地的土地承包问题，提出了关于家庭承包耕地流转的几点建议。

## 一、前宋村基本情况

　　前宋村距离衡水市阜城县城 15 公里，为"非城郊型"农村。村内地势平坦，土质肥沃，田间地块规整。土地总面积 3500 亩，其中耕地 3400 亩。

　　村集体在当地具有较强的经济实力，有一定的资产积累，2011 年村集体收入为 10 万元。村内原有 40 多处明胶作坊或工厂，村集体可获得一定的税收收入，这部分收入是村集体的主要收入来源。2012 年 4 月份，因"毒胶囊事件"，40 多处明胶作坊或工厂尽被推平或停产整顿，村集体失去了其重要收入来源。

　　2011 年底，农民人均纯收入为 4000 元，其中务农收入约 2000 元。该村共有 360 户，户籍人口为 1900 多人，实际人口为 2400 人左右；劳动力为 1260 人，其中有 540 个常年在外打工，涉及 300 户家庭，举家外出打工 3 户；15 岁以下 400 人，60 岁以上老人 310 人；男性 1400 人，女性 1000 人。

## 二、土地承包经营情况

### 1. 土地承包情况

　　前宋村土地承包第一轮始于 1984 年，承包期为 15 年；第二轮始于 1999 年，

　　本文作者：前宋村调研实践支队。报告执笔人：李祥、李兴隆、范淋佳、李浩（中国农业大学水利与土木工程学院 2011 级硕士研究生）；侯梦石（清华大学环境学院 2011 级硕士研究生）。

承包期为30年，2029年到期。1999年，顺利完成第二轮土地承包工作，原则上每口人2亩地，与农户签订了家庭承包合同，向农户颁发了农村土地承包经营权证。实行"增人不增地、减人不减地"政策，1999年以后未再进行承包地调整。至2012年，有150亩左右耕地，因土地质量问题未承包到户，尚有未利用的盐碱地。

### 2. 农业经营情况

（1）作物种类

农户家庭承包耕地主要进行小麦、玉米换茬种植，周年生产；部分农户以承包耕地的一部分种植棉花；农户利用自己开垦的小块荒地、庭院及周边空地，种植花生、大豆、蔬菜，满足自身需求。

（2）土地经营的情况

①农业生产处于半机械化及小型机械化水平。所有农户实现了小麦的机耕、机播、机收，玉米机播；极少数农户实现了玉米机收；所有农户进行玉米秸秆的机械化还田。这些农业机械都为本村村民所有，为本村农民进行农业生产提供了很多便利。

②雇工劳动的现象比较普遍。村内出现了一支以中年妇女为主的打工队伍，约100人，共分为4个小队，每个小队有1个带头人，带头人与需要雇工的农户协商，进行人员调配与劳动安排，每人每个工日50元。

③目前尚未成立农民专业合作社，也没有外来资本或公司在村内进行农业生产经营活动。

④不存在土地搁荒现象。

### 3. 土地流转情况

至2011年底，家庭承包耕地流转面积130亩，占耕地总面积的3.8%，土地流转方式以转包为主，土地流转后用于晒明胶，价格为500元/亩/年，年初进行货币支付，约30户转出土地，占本村农户8.3%，约30户转入土地，占本村农户8.3%。土地流转发生在农户间，以口头协议流转为主，未签订土地流转合同。村集体将村内因质量差而未承包出去的150亩地，以30元/亩/年的价格转包给农户，签订了土地转包合同，每10年支付一次。

### 4. 小麦、玉米生产的投资效益分析

调查数据以2011年为准，周期1年。

①国家补贴 162 元，如表 1。

**表 1** 　　　　　　　　　　　　　　　　**国家补贴**

| 补贴项目 | 金额（元/亩） |
|---|---|
| 种粮直补 | 80 |
| 农资综合补贴 | 58 |
| 干旱补贴 | 24 |
| 合计 | 162 |

②生产投入 1480 元。其中生产资料费用 495 元，如表 2；服务费用 485 元，如表 3；雇工费用 500 元。

**表 2** 　　　　　　　　　　　　　　**生产资料费用**

| 生产资料 | | 费用（元/亩） | 备注 |
|---|---|---|---|
| 小麦 | 种子 | 取 100 | 40~50 斤/亩，2~2.5 元/斤 |
| | 化肥 | 185 | |
| | 农药 | 10 | |
| 玉米 | 种子 | 取 45 | 4~5 斤/亩，10 元/斤；或 4500 粒，1 元/100 粒 |
| | 化肥 | 145 | |
| | 农药 | 10 | |
| 合计 | | 495 | |

**表 3** 　　　　　　　　　　　　　　**服务费用**

| 服务 | 价格（元/亩） | 费用（元/亩） |
|---|---|---|
| 小麦、玉米播种 | 20 | 40（各一次） |
| 小麦耕地 | 30 | 30 |
| 玉米秸秆还田 | 40 | 40 |
| 小麦机收 | 50 | 50 |
| 小麦、玉米运输 | 10 | 20（各一次） |
| 小麦灌溉 | 50 | 125（2~3 次，取 2.5 次） |
| 玉米灌溉 | 60 | 180（2~4 次，取 3 次） |
| 合计 | | 485 |

雇工费用：每亩地全年平均需要投入 10 个工日，主要雇用女劳动力，50 元/工日，合计 500 元。

③亩产值 2540 元，如表 4 所示。

表 4                                    亩产值

|  | 产量（斤/亩） | 价格（元/斤） | 毛收入（元） |
|---|---|---|---|
| 小麦 | 800 ~ 1100，取 900 | 1.1 | 990 |
| 玉米 | 1000 ~ 1300，取 1100 | 1.2 | 1320 |
| 合计 |  |  | 2310 |

④效益分析。

纯利润 = 亩产值 − 生产投入 = 2310 − 1480 = 830 元；

加上国家补贴，可收入：830 + 162 = 992 元；

若农户自己管理可以省去雇工费用，可收入：992 + 500 = 1492 元。

2011 年是我国玉米单产最高年份，但全国玉米平均单产也只有 383 公斤/亩，河北省玉米平均单产 334 公斤/亩；2012 年根据国家统计局的数据显示小麦单产为 314.2 公斤/亩。

通过分析可知，前宋村粮食生产的机械化程度、产量、收入水平都处于较高水平。

# 三、土地承包问题

## 1. "增人不增地，减人不减地" 政策

前宋村认真落实国家土地承包政策，1999 年完成土地承包工作，与农户签订家庭承包合同和颁发农村土地承包经营权证，每口人 2 亩地。从此，村内按 "增人不增地，减人不减地" 的政策，未再进行承包地调整。这一政策虽然稳定了土地承包关系，却带来了一些问题。一些农户因分家析产，家庭的土地经营规模变小；村内有 400 多新生人口没有承包地。

## 2. 国家补贴政策

1999 年二轮承包时，前宋村部分村民书面或口头协议放弃土地承包经营权，或减少土地承包面积。按照当事人的意愿，二轮承包进行了调整，并颁发了土地承包经营权证。2006 年国家全面取消农业税后，开始发放种粮补贴、农资综合补贴等，主要是根据家庭承包耕地数进行补贴，放弃承包地的村民陆续回村要

地，承包地未满额的农户要求增加承包地①。

### 3. 长久不变政策

2008 年党的十七届三中全会《中共中央关于推进农村改革发展若干重大问题的决定》提出，"赋予农民更加充分而有保障的土地承包经营权，现有土地承包关系要保持稳定并长久不变"，这是国家首次从政策层面将土地承包期由"30 年不变"改为"长久不变"。所谓"长久不变"，就是在 30 年不变的基础上继续延长，包括作为农村基本制度最重要组成部分的家庭承包经营制度长久不变，也应该包括广大农民在第二轮承包以后对承包地（包括面积和具体地块）的权利和义务长久不变，所承包的地块不应该再有所调整。调查中，多数农户对于这一政策存在疑虑，因为政策中没有明确"长久不变"的起点和期限，农户将家中的《土地承包经营权证》当作过去的地契，更愿意相信政策规定的 30 年承包期。这告诉我们，现在的农民是比较理性的。在国家出台正式法律法规，正式确权登记办证工作前，我们只能将"长久不变"作为一种信号向农民进行宣传，不可过分强调其实际意义②。

## 四、关于家庭承包耕地流转的几点认识

### 1. 土地流转中存在的问题

土地流转中存在着一定的非粮化、非农化现象。十七届三中全会《决定》中规定的三个"不得"，即"不得改变土地集体所有性质，不得改变土地用途，不得损害农民土地承包权益"。调查中了解到，村中有的农户转入土地建"养殖厂"，租赁给明胶作坊的土地被用作明胶晒场，实际上已经改变了土地的农业用途，但却得到了当地政府、村委会的默许。这对于确保国家的粮食安全是不利的③。

土地流转以"农户间流转、口头协议流转"为主，土地流转纠纷时有发生。前宋村土地流转发生在村集体经济组织内部，流转农户间未签订土地流转合同。

---

① 乔立娟、张润清、刘晓东："河北农地承包经营权流转问题与对策"，《商业研究》，2009 年第 12 期。

② 扈红英、白炳琴："河北省农村土地承包经营权流转问题的调查与思考"，《农业经济》，2008 年第 5 期。

③ 马晓丽、智素平："关于河北省农村土地承包经营权流转健康发展的思考"，《河北学刊》，2010 年第 4 期。

大多数村民认同这种土地流转方式，认为土地租给自己的亲戚朋友可以保证自己的承包权益。随着种粮收入增加，有的农户要求收回转包或委托代耕的土地，而与土地转入方发生纠纷，这些纠纷最终通过打官司的方式解决。当地土地承包经营管理部门应规范土地流转行为。

## 2. 农民为什么不愿转出土地

（1）种粮收入增加。国家从2004年开始逐步取消农业税，到2006年完全取消，农户不"交提留"，国家同时出台了各种补贴政策，使得种粮成本降低。种植技术的改进与优良品种的引入，使得小麦玉米的产量提升，加上粮食收购保护价不断提高，使得种粮毛收入增加。虽然近年农资价格也有上涨，但整体而言，农户种植小麦玉米的纯收入仍不断增长。

（2）种粮劳动强度降低、劳动效率提高。随着农业机械化技术的推广应用，加上雇工队伍的出现，使得种粮劳动强度降低，妇女和老人可以完成小麦玉米的生产，家中男劳动力可以放心外出打工。现在种植小麦玉米变成了一种"省时省力又可获得稳定可观收入"的农事活动，农民转出土地的意愿降低，转入土地的意愿增强，只是因为村内土地资源都已承包到户，各户都不愿转出而无法实现。

（3）土地流转价格偏低。村内流转土地，进行粮食生产的价格为200～300元/亩/年，租给明胶厂500元/亩/年，而现在1亩地不算国家补贴，全部雇工劳动，1年也可获得1000元左右的纯利润。可见，现在的土地流转价格明显过低。

（4）土地的就业与生活保障功能。老人不便于外出打工，妇女要在家照顾孩子，保留土地，可以使他们在家不至于闲着；土地产出的粮食、蔬菜基本上可以满足农户的需求，使农户规避农产品价格波动带来的风险①。

因此，前宋村土地流转规模小、进展缓慢。

---

① 唐欣、王震："城乡土地流转的制约因素及制度创新——以河北省唐山市为例"，《湖北农业科学》，2012年第12期。

# 农村土地经营流转对农民增收的作用：
# 宁夏固原市三个行政村的调研报告

本文从调研和分析三个具有对比性的村庄的土地经营流转现状着手，发现土地经营流转对农民增收具有一定作用，但作用极其有限；而在一些农民自发经营土地的情况中，来自土地的收入相对更可观。这说明，不应机械执行政策而逾越客观制约，应科学灵活地执行政策为农民真正造福。

党的十七届三中全会指出要建立健全土地承包经营权流转市场，允许农民依法以转包、出租、互换、转让、股份合作等形式流转土地承包经营权，发展多种形式的适度规模经营，并且坚持依法自愿有偿原则。其主要目的之一就是希望使农民获得土地租金，增加农民的资产收入，从而使农民的生活水平得到提高。本次调研按照对比研究的原则选取了宁夏固原市所辖地域内的三个行政村（中河村、团结村、硝河村）作为调研对象，针对农村土地经营流转对农民增收的作用进行了初步探索。

## 一、村庄选取原则

①大规模土地经营流转开展程度具有区分性。中河村是固原市开展土地承包经营权流转最早的试点村之一，因此土地流转的规模较大。团结村也有一定的土地流转量，同时作为一个生态移民新村，政府无偿为每个农户修建了一栋约1亩的拱棚及约0.8亩的保温大棚（注：绝大部分温棚还未投产）。硝河村是未经政府引导农户自发进行土地承包经营权流转的村庄，没有形成规模。

②土地类型相同或相近。三个村子的土地主要都是旱地。其中两个村子（原州区的中河村、团结村）的土地类型为川地，另一个村（西吉县的硝河村）的土地类型以川地为主，兼有一些山地。

③与城市距离较近。中河村距离固原市区约6公里，团结村距固原市区约36

---

本文作者：杨亚光，清华大学医学院生物医学工程系2010级硕士研究生。

公里，距海原县（属中卫市）新城约 16 公里，硝河村距西吉县城 17 公里。

# 二、调研数据分析

## 1. 三个村的土地流转概况

中河村属于原州区管辖，是固原市大规模开展土地承包经营权流转的试点村，于 2008 年开始土地流转。所有流转的土地以出租的方式租给固原六盘山薯业有限公司，租期为 6 年，2008 年到 2011 年每亩土地的租金是 220 元，2012 年调整为每亩 260 元。全村出租土地总面积 2320 亩，占全村土地的 21%，涉及 360 多家农户，占全村所有农户的 64%，流转的土地主要用于种植马铃薯。土地承包经营权流转是在原州区政府主导、村里统一组织下农民自发进行的土地流转。每亩地每年的租金是：沙土地 30 元，旱地 50 元。最高的土地出租价格为 260 元/亩/年。参与本次调查的农户有 30 户。

团结村也属于原州区管辖，是一个生态移民新村，807 户村民由当地居民和从 8 个干旱、贫困乡镇搬迁来的居民组成，土地流转面积为 1200 亩，占全村土地的 17%，牵涉到 206 家农户，占全村总农户的 25%。土地的受让方是宁夏现代农业公司，所有土地用来种植马铃薯，每亩租金 2011 年为 220 元，2012 年调整到 260 元。为了实现"搬得出、稳得住、逐步能致富"的目标，切实解决移民的生活保障问题，由政府无偿投资统一为每户移民修建保温大棚一栋和拱棚一栋，并且根据"一村一品"的布局原则，团结村的温棚主要种植辣椒。从调查的情况来看，有部分农民将自家拱棚自发出租，且每亩地每年的租金只有 200 元，而公司的土地出租价格为每年每亩 260 元。参与本次调查的农户有 29 户。

硝河村属于西吉县管辖，全村总人口 406 户 1667 人，有耕地 4130 亩，暂时未开展大规模的土地流转。目前全村只有 100 亩左右的土地在村民之间自发进行流转，占全村土地的 2.4%，涉及的农户有 10 户左右，占全村农户的 2.4%，每亩土地每年的租金也不一样：山旱地 30～50 元，川水地（可用机井灌溉）为 100～500 元，但每亩土地出租价格 500 元为数较少。参与本次调查的农户有 30 户。

## 2. 三个村在 2011 年度农民人均收入情况

表1　　　　　　　　　　　　　　农民人均收入情况统计

| | 统计人均收入（元） | 统计农业收入（元） | 农业收入占比（%） | 调查人均收入（元） | 调查人均收入（元） | 农业收入占比（%） | 备注 |
|---|---|---|---|---|---|---|---|
| 中河村 | 2800 | 200 | 7.1 | 4411 | 385 | 8.7 | 该村相关负责人认为本村居民收入在本县属于中等水平 |
| 团结村 | 2106 | 210 | 10.0 | 2315 | 478 | 20.6 | ①该本村去年开展生态移民安置工作，新居民普遍负债；②该村相关负责人认为本村居民收入在本县属于中等水平 |
| 硝河村 | 3210 | 1600 | 49.8 | 4291 | 879 | 20.5 | 该村相关负责人认为本村居民收入在本县属于中等水平 |

注：①表中"统计"指的是由该村庄负责人所提供的 2011 年度的统计数据；②表中"调查"是指本次调研所得到的数据。

另外，来自宁夏固原市人民政府网站的数据，2011 年原州区农民人均纯收入为 4138 元，部分贫困乡村的人均纯收入为 3155 元；西吉县的农民人均纯收入为 4050 元。

## 3. 农民对于土地流转的意愿

团结村是一个移民村，目前耕地流转方面的情况较为复杂，而硝河村属于没有大规模土地流转的村庄，因此仅列出中河村的调查情况。

在中河村被调查的农户中有 17 户存在土地流转情况，其中有 9 户声称出租土地违背自己的意愿，非自愿转出土地的农户比例为 52.9%，1 户认为只要政府有需要就愿意配合，7 户因为"缺少劳力"、"外出打工"、"种地不挣钱"等原因而愿意将耕地转出。没有人选择"不会种地"和"对方给的租金高"这两方面原因。

### 4. 接受调查的农民的年龄构成及文化程度

本次接受调查的共有 89 人，他们的年龄构成如下：

| | |
|---|---|
| 20~40 岁：27 人 | 占 30.3% |
| 40~60 岁：40 人 | 占 44.9% |
| 60 岁以上：22 人 | 占 24.8% |

文化程度构成如下：

| | |
|---|---|
| 未上过学：38 人 | 占 42.7% |
| 小学：29 人 | 占 32.6% |
| 初中：20 人 | 占 22.5% |
| 高中或中专：2 人 | 占 2.2% |
| 大专及以上：0 人 | |

### 5. 灌溉对农民收入的影响

对于灌溉对农民收入与生活的影响一项，以下为调查统计结果：

| | |
|---|---|
| 认为影响很大的人数有 56 人 | 占 62.9% |
| 认为影响比较小或很小的有 3 个 | 占 3.4% |
| 未对此项进行选择的人有 30 个 | 占 33.7% |

值得注意的有三点：

①团结村接受调查的人仅有一人未对此问作出回答，其余 28 个受访者都认为影响很大。原因是该村每户农民现仅有一个大棚和一个温棚作为耕种的土地和收入来源，所以灌溉对他们的生活与收入影响非常大。

②在调查过程中，除了团结村的农民外，其他认为影响很大的受访者主要是从灌溉对作物收成的关系的角度来回答此题，实际上农业收入在其家庭收入中的占比都较小。

③对此项未进行选择的 30 人中，有一人因做生意而将所有土地转出，其他人主要是因为土地为旱地且常年种植的是旱作物，本身处于靠天吃饭的状态，但他们普遍认为如果雨水不好对作物收成会有很大的影响。

## 6. 土地转入情况

表2　　　　　　　　　　　　土地转入情况调查

| | 有土地转入的农户数 | 在被调查农户中的占比（%） | 租金（元/亩/年） | 平均租金（元/亩/年） | 备注 |
|---|---|---|---|---|---|
| 中河村 | 6 | 20 | 20~50 | 44.7 | |
| 团结村 | 3 | 10.3 | 0~200 | 28.6 | 200元/亩/年为大棚租金 |
| 硝河村 | 9 | 30 | 30~100 | 43.2 | |

## 7. 土地转出所得租金收入在总收入中所占的比重

表3　　　　　　　　　　土地流转租金收入情况统计

| | 总收入（元） | 土地租金收入（元） | 土地租金收入在总收入中的占比（%） |
|---|---|---|---|
| 中河村 | 734060 | 24150 | 3.29 |
| 团结村 | 226270 | 1240 | 0.47 |
| 硝河村 | 609342 | 4600 | 0.75 |

# 三、调研数据分析与建议

## 1. 调研数据分析

①灌溉影响土地产出，进而影响土地租金。水是生命之源，水对农作物的生长起着不可或缺的作用。调查的三个村庄绝大部分土地都是旱地，这部分土地仍然处于靠天吃饭的状态，耕作价值极低，其租金相应的也非常低，最低的为20元/亩/年，最高的也只有50元/亩/年；比较而言，距离机井较近，能够保证灌溉的土地的租金最低为80元/亩/年，最高为500元/亩/年。租金的差距为4~10倍。

②经过经营且有可观产出的土地租金高。以硝河村为例，当地少数农户在可浇灌的土地上建大棚，种植西芹等蔬菜，一亩地一年的纯收入至少达到8000元，同村同等条件的土地的租金为500元/亩/年。据称在部分土地条件更优良的其他村庄，土地租金甚至达到1500元/亩/年。相比仍然种植传统农作物的土地的租金，经过经营且产出可观的土地的租金明显高。

③养殖收入较为可观。本次调查的中河村曾经是一个养殖村，根据对该村农民进行的深度访谈得知，养殖的产出较为可观，在一般情况下一年的收入超过在

外打工的收入。经估算可得，养一只母羊一年至少会有 1000 元的纯收入，养一头牛每年至少有 3000 元纯收入。一家按两个劳力算，一年至少可以负担 20 只羊和 5 头牛，这样一年得到的纯收入最少也有 35000 元。另外，本次调查到的硝河村，有 8 户农民养鸡，最少的一户大概喂养 2000 只鸡，每年的纯收入为 4 万～5 万元。

④目前土地流转对农民增收的作用十分有限。大多数情况下，农民自发进行的土地流转，每亩土地每年的租金为 20～50 元，由政府主导的大规模的土地流转的租金为每亩每年 220 元，从表 3 可以看到由政府主导的大规模的土地流转对于提高农民的土地租金收入有一定的积极作用。尽管土地租金提高了 340% 以上，但农民仍对由政府主导并强制转出土地的政策普遍持反对态度，非自愿转出的比例为 52.9%。目前土地租金整体过低，土地租金在农民收入构成中所占的比重最高仅为 3.29%，对农民增收的作用极其有限，完全不能构成转出土地的吸引力。

⑤农民文化程度偏低，很难利用科学技术与知识来提高农业收入。在接受调查的农民中，未上过学的人数比例高达 42.7%，上过小学的 32.6% 的人中没有完成小学学业的占绝大多数，而大专及以上学历的则无一人。在从事农业生产的过程中，大部分农民对于农业知识、技术以及农业政策都处于被动接收和学习的状态，对于农产品市场更是毫无概念。于是，利用科学技术及商业知识来主动地提高农业收入是一项十分难以推进的事情。

## 2. 建议

①抓住机遇，兴修水利。紧紧抓住实施《中共中央、国务院关于加快水利改革发展的决定》的机遇期，并且宁夏固原作为革命老区、民族地区、贫困地区，能够享受到一些照顾政策，因此政府应该争取资金，在水土资源条件具备的地区，新建一批灌区，增加农田有效灌溉面积，提高土地产出的经济效益。同时要教育引导农民掌握科学、合理、节约的灌溉技术与管理方法，改变传统的漫灌，使水资源得到充分有效的利用，节省农民的灌溉成本。

②尊重农民的农业生产意愿，激发参与农业生产的积极性。政府应该减少对农业生产的直接、强制性干预，逐步变主导为引导，不要伤害农民爱土地的心。政府应该顺应农民合理的意愿和市场需求，积极招商引资或培育当地农产品加工企业，来加强农产品上下游产业的建设，从而一方面带动当地就业，一方面促进农民收入稳定增长。同时政府官员应该彻底摒弃政绩工程、形象工程、"父母官"的思维惯性，转变政府职能，问计于民，真正为保障农民的利益不受损害和收入稳定增长而服务。

③政府应该鼓励和引导农民进行土地经营。良好的土地经营能够提高土地的单位产出，并因此提升土地租金。政府应该在土地经营方面给予农民政策上的扶持、资金上的支持、技术上的帮持。当前的公司经营，由于多是"外来人"，引发的伤农、坑农、土地侵权等纠纷较多，鼓励本地、本村农民经营土地，减少公司经营，可减少摩擦，直接增加农民收入，进而增进社会和谐，使土地真正发挥出增加农民收入的功能，使土地经营的效益最终和农民增收紧密联系起来。

④成立规范的土地流转中介和服务组织。对于农村土地的流转，应该通过成立如土地合作社、土地银行、土地流转服务中心等中介或组织的方式，引导农民进行流转，并最终使土地流转进入有序的市场化轨道，而不应该采取强制手段。

新中国在建国初期和改革开放初期进行了两次大规模的土地改革，历史一再告诉我们，和土地相关的改革需要和当时当地的生产力发展水平、产业结构等一系列因素相适应，超前的或滞后的改革都会有损土地的经营、影响土地的产出，进而影响农民的收入，再而可能危及社会的和谐与稳定。自中央政府提倡和鼓励农村土地流转以来，大规模的土地流转工作在全国各地拉开序幕，许多地方都出现了违背当地生产水平和产业结构等客观因素而一味引导甚至强制要求农民进行土地流转的情况，这不仅引起了一些农民的不满，而且对增加农民收入的作用也并不明显。因此这要求地方政府的工作不仅仅在于被动落实中央的政策，更要着眼于立足当地，积极深入地了解当地农村的具体情况，最终达到真正增加农民收入的目标。

# 耕地为什么在减少：一个来自远郊农村的观察

调查样本远离城市，没有大规模城市化和非农化的压力，但该村仍然有耕地大量流失的情况。从村民放弃耕地的原因来看，主要是由于农村内部的工业化和住宅需求加大，应当将农村划分为近郊和远郊农村区别对待。除了建立完善的产权制度和土地市场外，通过制度设计引导农民合理满足自身的住房需求同样非常重要。

## 一、调研背景

我国最近20年来经济高速发展，工业化（更准确地说是"非农化"）和城市化进程不断加快，最近一次人口普查结果表明，我国常住人口中已有51%居住在城市。

因此有人提出农村耕地面积减少的主要原因是经济发展过程中的城市化、非农化进程吸收了大量的土地，使得耕地面积减少[①]。由此，他们提出应当从保护粮食安全的角度出发，逐步取消征地制度，提高土地价格，运用市场的手段遏制耕地被随意占用的现象，以保障我国的粮食安全。

笔者对部分学者将耕地面积减少简单地归因于城市化和非农化——外因主导的土地资源重新配置的过程持怀疑态度。原因主要在于，我国的城市化、非农化进程是非常不平衡的。在东部沿海地区，城市化和工业化的水平非常高，但是他们所占有的耕地占全国的比重并没有达到相应的水平，而且他们从工业化之初一直到现在都不是我国重要的粮食产区；相反对于我国粮食安全具有重要意义的产粮大省，长期以来并没有经历东部地区那样高速的工业化和城镇化过程。换言之，笔者认为城市化和非农化进程能够相当程度上解释耕地减少的原因，但不是唯一的重要原因。

此次湖南调研之行就是为了通过对农村地区耕地状况的研究和分析，了解目

---

本文作者：詹洛菲，中国农业大学经济管理学院农业经济系2009级本科生。

① 曲福田、冯淑怡、诸培新、陈志刚："制度安排、价格机制与农地非农化研究"，《经济学（季刊）》，2004年第4期。

前我国农村地区耕地流失的主要原因是什么，并提出相应的对策。

调查研究发现，该村远离城市，没有大规模城市化和非农化的压力，但该村仍然有耕地大量流失的情况，从对村民放弃耕地的原因的调查统计结果来看，农村内部的工业化和住宅需求加大是主要原因，应当将农村划分为近郊和远郊农村区别对待。除了建立完善的产权制度和土地市场外，引导农民合理满足自身的住房需求同样非常重要。

## 二、调研实施

此次调研主要在 2012 年 8 月 4 日至 8 月 7 日进行。调研地点是位于湖南省益阳市桃江县鲊埠回族自治乡的筑基仑村。调研对象主要是随机选取的村内居民以及村支书、信用社主任等干部。调研方式以入户问卷调查为主，同时对部分村民以及村干部进行深入访谈，还有通过搜集相关资料，填写村级问卷。

## 三、基本情况

### 1. 自然环境

筑基仑村位于湖南省益阳市桃江县鲊埠回族自治乡境内，离最近的县城（桃江县）也有 100 多公里。

当地属亚热带季风性湿润气候，降水丰沛，四季分明。境内地形以丘陵和河流冲积平原为主，地势由丘陵向河流两岸逐渐降低，丘陵和过渡地带地势起伏较大。丘陵地区多为竹林和松林所覆盖，森林覆盖率高，但大多数为人工林，天然林已不复存在。

筑基仑村南临资江（发源于广西，注入洞庭湖），有多条支流汇入资江，灌溉条件较好。据村民介绍近二十年来村庄没有发生过洪水，可谓旱涝保收。

### 2. 人口、社会情况

筑基仑村总户数 258 户，总人口 2580 人，外出人口约为 400 人，15 岁以下305 人，60 岁以上老人 412 人，男性 1200 人，女性 1380 人，居民多为汉族。

村庄总面积为 3000 亩，其中耕地面积为 1900 亩。2011 年农民人均纯收入为7900 元，来自农业的纯收入 1500 元。

村庄目前以竹胶板生产为主要支柱产业。从受访的 30 户居民来看，居民就业取向多为竹胶板相关产业和服务行业（餐饮、超市），外出就业者与周边其他地区相比较少。

本村目前不存在外来经济力量大规模承包土地的现象，土地使用权的流动主要在村民之间进行，并以土地租赁方式为主，租金普遍以实物方式给付，为每亩800斤稻谷，但实际上将稻谷以当年粮食价格折算成现金支付，因此从货币价值上看，地租每年都会上下波动。

# 四、调研结果

本调研主要关注目前我国农村土地使用状况。

## 1. 从种植面积上看，目前筑基仑村粮食面积已经大幅缩小

据村长介绍，在筑基仑村3000亩土地中有1900亩为耕地，但是从调研问卷的实际情况来看，30户受访农户平均承包耕地面积约为3.2亩，用于粮食种植的耕地面积平均仅为承包面积的1/2，即1.6亩。如果这个30户农户（占总户数的11.6%）能够较为准确地反映村庄整体情况，那么可以推算筑基仑村的实际粮食种植面积约为950亩。村庄近三年来共有50户居民撂荒150亩。在这剩下的800亩土地中，用于蔬菜种植、养殖业和退耕还林等农业、林业的面积约为200亩，余下的土地用于竹胶板厂厂房建设和农村居民自建房屋建设。

## 2. 从农户的意识和农业生产积极性来看，筑基仑村农户普遍有较强烈的将土地流转出的意愿，耕地保护意识薄弱

30户受访农户中，有17户不同程度地将自己的土地出租给村内企业或者个人，8户在自己的耕地上兴建房屋，仅有五户没有出租土地或者兴建房屋，但是这些居民中，仅有三户没有撂荒。农户普遍表示，粮食种植效益低，成本高，种粮食的主要目的是了获得口粮或者防止撂荒，而不是增加纯收入；有相当一部分农民表示在目前的地租水平下（800斤稻谷每亩），他们愿意租出更多的土地而苦于无人问津。这反映出筑基仑村居民的种粮积极性是相当低的。

## 3. 从耕地使用结构来看，筑基仑村目前有一半左右的耕地被用于粮食种植

在受访的30户居民中，表示仍在耕种而且种植双季稻的居民有11户，种植单季稻的有17户，完全没有种植的有两户，按目前双季稻产量1500斤每亩，单季稻800斤每亩计算，这使得筑基仑村的粮食总产量大幅下降；非农用地面积占

到耕地面积的 2/5 左右，主要用于工业建设和村民房屋建设。

### 4. 从耕地制度供给上看，筑基仑村目前在土地制度建设和土地产权确权颁证方面严重缺失

一方面，由于经济的发展和居民就业结构的变化，村内出现了大量的土地流转和承包的需求；另一方面，完整的合法的土地流转市场没有建立起来，土地交易成本高、不合法，而且不能真实地反映出土地的资源稀缺性和要素回报水平。村民们表示目前村内土地租金价格（800 斤稻谷每亩）是 2003、2004 年兴办竹胶板厂时确定下来的，村内其他类型的土地出租价格也参照这个价格确定，已经持续了近 10 年而没有作相应的调整；更重要的是土地产权的确权颁证工作缺位，土地承包权证只送到村小组一级，没有到达村民手中，村民不知道自己手中到底握有多少土地权利，也就不能清楚地向在村内租用自己土地的一方主张权利和收益。

### 5. 从农村金融机构放贷的条件来看，目前筑基仑村的土地流转制度的缺失直接导致竹胶板厂的进一步发展受到限制

在本次调研中，笔者特地采访了鲊埠回族自治乡信用社的夏主任。他告诉我，筑基仑村地区的竹胶板厂最近几年发展很快，老板们很想贷款扩大生产规模，但是由于这些厂建在农民的耕地上面，没有相关产权，"名不正而言不顺"，无法为贷款提供相应的抵押，金融机构也是无能为力。

# 五、两个土地故事

## 1. 熊先生的故事

住在筑基仑村颜家山组的熊先生今年 63 岁，他家承包了 4 亩耕地，自己亲自上阵，耕种了全部耕地，既没有流转入也没有流转出耕地，这在本村所有受访农户中算是最"特殊"的。

熊先生家共有 6 口人，上次土地承包时分配了 4 亩耕地，家里儿子女儿都在外工作，孙子也在外读书，只有自己和老伴儿在家。熊先生的房子在山脚下，是 2 层小楼，外墙贴着瓷砖，里面有很新的电视机、电冰箱等家用电器，门前有石质的栅栏圈起来的小花园，这暗示这他家的收入水平是不低的。

不过熊先生穿得很随意，是一位普通的准备下地干活的农民的装扮，在他填

写问卷时我对他进行了访谈。

我感兴趣的问题是，为什么他没有像村里其他居民那样将土地转租给别的村民。熊先生是个健谈的人，他兴致勃勃地回答：家里有两个孩子在外工作，孙子也随着儿子在外上学，家庭收入是不用担心的，他和老伴儿是完全可以在家颐养天年的。前两年他一直都只种两亩地，剩下的两亩都送给旁边的邻居耕种，没有收租，他说这边都是乡里乡亲，收租怪不好意思的。但是后来连送出去的土地也没有人种了，撂荒，自己看着可惜，于是干脆亲自上阵，一口气种上四亩水稻（单季稻），一方面自己是个农民，"农民种地天经地义"，另一方面在家闲着无聊，种地需要不时照料禾苗，可以打发时间；此外，熊先生是个种田能手，他的水稻比旁边的都要长得好，他很有成就感。熊先生说明年还要向别人再要两亩地，自己种六亩，但是后年就一亩都不种，要休息一年恢复体力，第四年再接着干。

那么为什么熊先生的土地没有转租出去？他说这里的竹胶板厂喜欢交通便利的地方，最好是平原地区的乡村公路两旁，他的地大多数在山脚下，位置太偏，没人看得上，不然也早就被别人要走了。

熊先生的情况代表了当地相当一部分农户的现状。家里只有老人留守，农业生产对于这些家庭来说意义越来越小，将土地无偿赠送或低价出租不失为现实而无奈之举。农民纷纷表示只有每户承包土地达到 60 至 100 亩才能考虑放弃非农工作，而这一点在目前的农村无法实现，这就使得农业生产的比较效益更加低下。剩下的老年农民仍然坚持耕种的原因一方面是获取口粮，但更重要的是想努力维持传统的生产方式，而不是经济利益的考量。这不禁让我们担忧，即使是在粮食补贴的条件下，市场经济的运行还会使多少人对粮食生产感兴趣，像熊先生这样不担心家庭收入而又对种田保持高度兴趣的人可是很少的。

## 2. 蒋先生的故事

家住筑基仑村李家巷的蒋先生则有着截然相反的土地故事。蒋先生家里有 5口人，共承包了 2 亩耕地，家里两个劳动力——自己和儿子早就不在地里干活，自己在村里帮人砌墙，儿子在外打工，两亩耕地紧邻着村里的公路，地理位置很好，旁边的人都想要，于是蒋先生索性把地以 20 万元一亩的价格"转让"给了想要盖房子的人，这个结果让我大感意外：第一，这个 20 万元一亩的土地价格是如何计算得到的；第二，蒋先生为什么认为他有权利将耕地卖给旁边的住户。蒋先生没有明确地回答这两个问题，看起来他似乎从来都没有想过这个问题，只是在村里大家都是这么干的，这就自动赋予了他同样的权利。

像蒋先生这样将土地全部卖给别人，自己纯粹依靠务工或经商为主要收入来源的人也只是极少数，多数居民即使事实上放弃了农业生产，也至少要持有土地的权利。但是这个极端的案例反映出一个事实，那就是农民对于土地权利的归属的认识还十分模糊：一方面，他们一致认为土地是国家的，不是自己的，政府想拿走那就应该给政府；但是另一方面农民自行处置土地乃至任意处理耕地的行为又时有发生，这导致了在筑基仓村大量的高产耕地被用作建房和盖厂。

更加令人担心的是，由于这种现象没有得到有效地遏制，类似的案例大量发生，使人产生了法不责众的心理，为日后的执法和监管埋下了隐患。

# 六、调研结论

之所以会出现上述问题，是因为以下几点原因。

①粮食种植的比较效益低下。据几位仍然从事粮食种植的村民介绍，在过去十年里，当地农民种植水稻每亩获得的纯收益为300元左右，这其中还包括了国家的种粮补贴，相比于从事工业劳动，收益过于微小；将土地租给竹胶板厂，还能够获得800斤稻谷的收益（而投入的劳动力和生产资料的成本为零）。按照刘易斯、费景汉的经典发展经济学观点，随着农业人口的流出，农民的农业报酬应当逐年上升，直至与工业工资水平相当[1]。但是，在筑基仓村，粮食种植的纯收益在过去的十年里并没有显著增加，可能有以下几点原因：筑基仓村是一个"开放小型经济体"，粮食收购价格取决于湖南省乃至全国的供需情况，粮食收购价格长期维持低位水平，普通农民没有任何办法；近年来随着筑基仓村农村内部工业化、部分农户进厂打工和部分农户的迁出，户均耕地面积有所扩大（4.2亩），但是远没有达到实现规模经营的程度，仍然停留在小农经营的水平，在农户问卷25题"你认为有多少亩耕地进行耕种不外出打工也可以了"中，大多数农户回答必须至少有20亩耕地才能达到与外出打工相当的收入，因此户均耕地面积过小仍然是农业经济效益低下的重要原因；筑基仓村化肥、农药等农资价格年年上涨，而农民对于国家种粮补贴几乎没有概念，湖南省实行的是按照原农业税计税面积，而不是实际耕种面积对农民进行粮食补贴，在调查中发现农民更多的是将这种补贴当做是上级的"生活补贴"，是为了照顾农民的生活，而不是对粮食生产的激励方式，这使得农民几乎不能因此增加粮食种植的兴趣，也没有意识到种粮补贴对于缓和农资价格上涨的作用。

②农民的收入水平提高，房屋建设需求增加。由于竹胶板厂的兴起，筑基仓

---

[1] 齐良书：《发展经济学》，高等教育出版社2007年版。

村居民的人均纯收入水平显著提高，收入来源也丰富了不少，既有粮食种植的收入，又有进厂打工的工资性收入和土地出租收入，越来越多的居民还进入股竹胶板厂获取分红，或者开设饭店和超市获得更多的收入。收入的增长使得农民希望改善住房条件，新建房屋的需求大增。多数居民选择突破宅基地的限制，在自家的耕地上建设新房，这使得耕地被占用的问题非常严重。从调查情况来看，新建房屋多半建筑在平原地区，沿着村级公路两旁而设，而且占用的一般是高产的耕地。按照一位妇女的话说，在毛泽东时代是"房让田"，现在是"田让房"。集体经济时代将个人的房屋建在山脚，为的是不占用耕地，现在是大家将房屋建筑在平原地带，占用的是最好的耕地。更令人担忧的是，建造房屋的过程中向土壤注入大量的水泥和其他建材，严重破坏了土壤的肥力，即使进行复垦，也很难在短期内恢复高产的水稻土，这种破坏性是持久的。

③地方政府的监管不力。在调查中发现，乡镇一级政府几乎没有对农村地区普遍存在的乱占耕地的现象采取任何措施，对于他们而言，像筑基仑村这样的远郊农村，不存在大规模的土地征购兼并，土地流转和使用主要是在村民内部之间进行，似乎不会引发严重的社会问题，因而采取放任的态度；村民则在一边倒的认为土地是国家的同时，任意处置自己的耕地；长期这样下去，就会形成"法不责众"的心态，等到政府部门希望严格土地使用纪律时，因为违法者太多而被迫放弃，这带来的是更多的耕地被占用。

④长期以来，学术界和政府都将建设土地流转制度的重心放在东部发达省份和近郊农村，较少关注到中西部地区和远郊农村同样存在土地流转的需要，对于当地已经大量存在的土地流转行为不能很好地引导和规范，使得当地的土地流转市场发育程度低而且不能起到有效的市场调节作用。

针对上述原因，笔者认为要解决筑基仑村大量耕地被占用的现象，应当采取系统的政策措施。

①完善土地制度安排，落实向农民颁发土地承包所有权证政策（而不是只下放到村民小组），宣传讲解农民享有的各项土地产权，向农民强调土地产权的重要性和限制性。

②由县级政府出面，组织规划筑基仑村的工业用地，严格控制竹胶板厂的用地面积和占用耕地的质量；在充分保证土地租金能够反映市场要素价格和农民权益的基础上，可以由村集体协调，将村内部分耕地租给厂商，溢出市场价格部分应当用于乡村公路建设（在筑基仑村存在的实际情况是，村民集体出资兴建的乡村公路由于长期受到竹胶板厂的大货车的碾压，破碎不堪，这是典型的"负外部性"，最新一次的道路维修工程将于今年8月15日开始）以及其他村内公共事务投资。

③在基本的宅基地制度已经废弛的情况下，重新整理和规划村内的宅基地分配和布局，由村集体邀请省级规划部门统一规划设计多套住宅方案和布局方案，供未来有建房需要的村民选择；新建住房不得占用任何人包括自己的耕地，必须坚持节约用地的原则，不得超出该住户的宅基地面积；向村民颁发宅基地所有权证，允许和鼓励有需要的农民之间交换和交易宅基地，充分利用因为人口外出闲置的宅基地。

④针对筑基仑村的特殊情况，应当设计和实施适合当地需求的土地流转制度，规范村民内部的土地交易行为。在满足保护基本农田要求的前提下，通过制度设计引导有多余土地的农户将土地集中起来，供给当地的竹胶板厂，并通过协商谈判的方式使土地租金适时调整，真正反映市场要素价格水平。

# 农村合作经济组织

# 发展契机与发展瓶颈的博弈：
# 以福建省前亭镇文山村杨梅专业合作社为例

很多偏远农村因缺乏资源而面临发展窘境，成立专业合作社是一个很好的愿景，因为在实际操作过程中很难落到实处。本文以福建省漳浦县一个偏远的农村为例，试图分析具有巨大发展契机却为何没能更好地利用专业合作社这个良好载体，给村庄带来更多盈利空间，即探究该合作社发展存在的瓶颈，并提出相关建议。

杨梅是一种营养价值高，生长在远离大城市的山区，极少或没有被大气污染，栽培管理粗放，病虫危害较少，具有"绿色无公害水果"之美誉的天然绿色保健食品。杨梅原产我国温带、亚热带湿润气候的山区，是我国南方地区的特色水果之一。2000年以来，革命老区福建省漳浦县前亭镇文山村由于具备较好的杨梅种植条件，加上之前杨梅销售前景较为乐观，农户种植杨梅的热情高涨，近10年来投入了较多的人力、物力和财力在杨梅种植业中。然而，随着市场价格的波动，杨梅销售渠道不畅，杨梅种植并没有将文山村的大部分村民带入致富的快车道，文山村的杨梅种植反而陷入"规模大、品质不高、专业化链条短小"的发展困局。本文试图探讨为什么会出现这样的反常现象，并探索一条适合该村杨梅种植和销售的新模式。

# 一、文山村杨梅从生产到销售的瓶颈

## 1. 营养和病虫害防治——技术难题缺乏指导

文山村每年3月初进入杨梅的生产环节，即疏果——管理（营养、病虫害防治等）——采收环节，如果采收季节天气晴朗，没有阴雨天气造成烂果的情况

---

本文作者：中国农业大学赴福建省漳浦县文山村小队。报告执笔人：许惠娇、樊静东、赵静（中国农业大学人文与发展学院发展管理系2010级本科生）。

下，管理过程便是决定杨梅质量好坏的重要一环。其中，使用农药和营养素的浓度最难把握。由于该村没有专门的技术员，农户必须依靠自己的经验或者向其他农户取经来管理杨梅，因此不同农户的杨梅质量往往参差不齐。

### 2. 采收遭遇高峰期——价格跌落幅度大

该村采收时节，正是杨梅供大于求的时候。在这之前，长泰等地的杨梅早已成熟，市场价格基本保持 30 元/斤左右。而该村往往错过销售的最佳时机。杨梅的价格一降再降，很不稳定，例如，15 元/斤的价格在隔天立马降成 8 元/斤，最后甚至是以 1.2 元/斤的价格收尾。文山村错过销售黄金时期部分原因与杨梅生长生物学特性有关。杨梅喜温暖、湿润、多云雾的气候，不耐强光、不耐寒，以土层深厚、疏松肥沃、排水良好的酸性黄壤栽种为宜。而该村地势较高，群山环绕，导致该村在杨梅成熟季节的平均气温偏低，不利于杨梅的成熟，因而错过了最佳销售季节。但是，由于海拔较高导致多云雾的小气候则给该村带来了较高的杨梅产量。

另外，杨梅成熟期气温高、湿度大，成熟期集中。果实柔软多汁缺少保护组织，在采收装运和销售等各环节上造成果品挤压，碰撞受伤，极易腐烂。由于文山村缺乏冷冻保鲜措施，采收的杨梅一般是当天售卖，否则只能接受较低的收购价格。

### 3. 散户销售——集约化生产理念缺失

文山村的杨梅销售主要有两种模式：一是个体农户将当天采收的杨梅卖给杨梅贩子，由杨梅贩子运到水果批发市场销售；二是个体农户依靠中转运输到水果批发市场自己销售。总体上，第二种销售方式虽然耗费较大的人力、物力，但是增大了盈利空间，但是无形中增加了不少风险。

### 4. 产品结构单一，销售渠道有限——无深度加工产品

10 多年以来，该村杨梅一直是将鲜果销售到就近的水果市场——厦门、泉州、晋江，远一点的也无非是浙江温州、宁波。另外，杨梅果实除鲜食外，还可加工成糖水杨梅罐头、果酱、蜜饯、果汁、果干、果酒等食品，其产品附加值成倍提高。因此该村可以建立杨梅加工中心，如加工成杨梅蜜饯或者杨梅酒不失为一种好的尝试。

总而言之，与其他县市相比，种植杨梅给该村带来的经济效益和生态效益仍然略为逊色。究其原因，一是小农经营，小农经营使该村无法适应现代市场经济的要求；二是农户作为独立的个体在市场经济面前显得较为被动和脆弱，缺乏一

种风险共担的机制来降低其在市场面前的不确定性。

# 二、经营模式的探索——合作社作为一种新的发展契机

虽然该村经常错过杨梅最佳销售时机，但是也有不少农户因为杨梅收入而改善了现状，杨梅大户一年增收 20 万 ~30 万元的不在少数，即使是普通农户一年的杨梅收入也有 2 万 ~3 万元，可以说杨梅增收是该村的重要经济增长点，也是改善当地民生的重要途径。接下来本文试图探索一个新的生产和经营模式，改善目前杨梅销售的被动局面。

## 1. 个体经营模式

个体户成功案例：一个个体户进行大规模资本投资，修建一个规模庞大的冷冻库和购买装载量巨大的保鲜中转车。他将收购的杨梅在价格低廉的时节藏入冷冻库，而在市场上杨梅数量锐减且供不应求的时候，将保鲜的杨梅装入中转车，运到黑龙江等市场空白的地方，并从中获得巨大的利润。

值得注意的是，能够在市场上获得一席之地的个体户往往是农户中的精英，也就是拥有较多资本积累的农户。案例中该个体户是通过在冷冻库和保鲜中转车上的大规模投入，并最终获取高额利润。普通农户并不具备这样的资金优势，也不具备足够的人脉、胆识和谋略，这种销售模式能在小范围内得到复制和推广，不具备大规模推广的可操作性。

## 2. 杨梅专业合作社经营模式

合作社作为一种新兴的农民组织弥补了公共治理的缺失，是适应农业社会化大生产和社会主义市场经济发展的客观要求而产生的一种新型的经济组织形式，对于推动农业生产的专业化、商品化、市场化，增加规模效益，以及加快城乡一体化进程都发挥着关键的作用。对于散户经营、小农经营的该村，不妨尝试合作社的经营模式，通过村庄农户的合力，共同应对市场的风险，创造更多盈利契机。

杨梅合作社成功案例：

①梅老大杨梅专业合作社：位于浙江省余姚市，该合作社共种植杨梅面积 500 多亩，6 月中旬开始采收，7 月上旬采完，不同海拔高度（20 ~500 米）成熟果实的采收时间可以延续 20 天，是当地山区农民致富的首选品种，也是广大梅农的"摇钱树"。梅老大杨梅专业合作社与农科院合作，配备大型杨梅专业冷库，并采用先进的杨梅气调保鲜技术，使杨梅的保质期延长至 5 ~7 天。鲜销和

空运杨梅数百吨，并通过和顺丰速运公司合作，大量发往北京、哈尔滨、乌鲁木齐、成都、青岛、广州等全国各大城市，部分空运到新加坡和港澳等地区。同时，该合作社发展杨梅采摘观光旅游，5 年来共接待游客上万人，成为余姚市政府定点采购点和上海市众多旅行社定点杨梅观光采摘基地。经过数十年发展，已成为一家集杨梅苗木栽培供应、农家乐观光旅游、真空保鲜、速递全国的大型专业化杨梅种植基地。在当地具有一定的影响力，成为每年杨梅节期间宣传"余姚杨梅"的重要窗口。

②始兴县太平镇乌石粤山牌杨梅专业合作社：始兴 1 号杨梅采用本地野生杨梅为砧木，福建优质杨梅为接穗嫁接而成。经多年培育，果大、肉厚、具有本地杨梅风味，是目前最适合该县发展有机农业的项目之一。该合作社发展有机杨梅示范基地，并邀请领导莅临参观指导。经镇、村、组干部会议讨论，决定在该村发展有机杨梅产业示范基地 3500 亩，第一期 1500 亩（2002 年至 2008 年），第二期 1000 亩（2008 年至 2010 年），第三期 1000 亩（2010 年至 2011 年），种植规模不断扩大。始兴 1 号杨梅也已经顺利通过有机认证，带动农民增收致富。

通过对以上成功案例的分析，我们发现合作社具有不少优点，主要体现在合作社的风险共担机制帮助普通农户更好地抵御市场风险，通过规模经营带来规模效益；同时，合作社可以办成小农办不成的事情，如配备大型专业冷库，引进先进的杨梅保鲜技术；小农也往往无法找到更多的销售渠道，合作社作为一个销售实体，可以广泛和各种形式的买家开展长期合作，稳定销售渠道，拓展新的客户来源；合作社也可以作为一个实体争取金融机构的支持，以确保资金供给；合作社更是可以作为带领农民走上小康之路的经济增长点，争取当地政府多方面的支持，与此同时，扩大当地杨梅的品牌价值和影响力。

对比之后，发现该村也很有潜力成立一个农民专业合作社。经过了解，该村确实成立了一个农民专业合作社，也得到了政府巨额的财政支持，同时还申请了"杨梅——绿色食品"的品牌，只可惜该合作社止步于此。该品牌申请后也没有大规模的宣传，政府给予的资金也不知行踪。有趣的是，该村还在中新网上向外宣扬自己的杨梅合作社发挥了极好的带头作用："据村委会介绍，在杨梅专业合作社的指导下，文山杨梅已初步确立了自己的品牌，完善了销售渠道。"①

---

① 中国新闻网："福建漳浦文山村沧桑巨变换新颜"，http://www.chinanews.com/qxcz/2011/04 - 08/2959996. shtml. 2011 - 01 - 08/2012 - 08 - 20。

# 三、该村合作社的缺陷和发展的主要障碍

与办得较为成功的杨梅专业合作社相比，该村合作社还存在较多不足，主要体现在以下方面。

（1）地理位置偏僻，信息闭塞不通畅

该村是漳浦县最偏僻的山村，正如一位农户所说："我们村是被县城遗忘的角落，也可以说是被历史遗忘的角落，再好的政策也落实不到我们普通农民身上。"地理位置的偏僻，导致信息的闭塞，思想普遍保守和观念落后。

（2）农民平均受教育水平较低，接受新事物的能力差

该村"70后"这一代受教育水平普遍不高，全村妇女几乎都是文盲，男性受教育水平最高的无非是高中，初中和小学的占大多数。而"80后"或者"90后"几乎全部外出务工或者正在上学，这部分受教育水平较高且接触较多新事物的年青一代对土地没有太多的感情，种地不挣钱、种地太辛苦、农村没有娱乐设施等。因此目前参与村庄建设的是70后甚至60后这代人，平均受教育水平较低，接受新事物的能力也较差。

（3）人才的缺失，尤其是模范带头者的稀缺

该村大部分农户土地有限，一个家庭一年的农业纯收入往往不足5000元，"种地太辛苦且种地不挣钱"在人们思想中根深蒂固，因此年轻人几乎全部外出打工，留在村里种地的多数是40岁甚至是50岁以上的农民。当然，在现代化知识较为缺乏的劣势下，我们不得不看到他们经验丰富这一事实。然而截至目前，该村尚未出现真正的精英人物带领全村携手共进，主要体现在：一是尚未出现精英人物愿意为集体的创收献策献力，为集体的利益牺牲个人的人力、财力、物力；二是村里村外人脉不足，人才引进的可能性极小，招商引资存在困难；三是普遍缺乏先进的技术和知识，尤其是管理方面的相关知识。

（4）农民独善其身——集体参与度不高

当地农民往往独善其身，集体参与度一直不高。他们的理念是"多一事不如少一事"、"少惹事才能平安"、"平安是福"。因此普通农户在个人利益受损时往往保持沉默，怒而不争，大部分情况下不会发出自己的声音。同时，村民对历届村长选举热情不高，村民竞争意识很弱。

（5）政治精英的精力不在于农民的创收

截至目前，政治精英的主要精力没有放在为当地的老百姓改善经济条件，提

高生活水平。因此，即使在政府扶植下成立了专业合作社，村民的经济条件也不会有大的改善。

在外出务工的潮流中，一部分年轻人通过考试进入政府部门，另一部分则迁居他处。人才流失现象非常严重。正如一位当地农民所说："农民家里的几分薄地不挣钱，就算有再多的土地也留不住这些知识青年。"地理位置偏僻等客观因素造成信息闭塞不畅通；农民保守、接受新事物能力较差、集体参与度不高等主观因素则导致了人们小农经营的意识根深蒂固；人才的缺失加重了模范人物带头者的稀缺，政治精英的"不作为"更是雪上加霜。这些因素都是该村合作社发展路途中的绊脚石，且跨越这些障碍的难度相当大。

# 四、对未来该村杨梅专业合作社的展望

从以上分析可知，政治精英人物缺位、模范人物缺失，信息闭塞、思想保守，农户不愿卷入是非的传统都是该村合作社发展的障碍。尽管如此，随着时代的发展和农民专业合作社成功范式在全国范围内的有效推广，如果该合作社能够成功抓住契机，做一些相应的调整，便将促成新的改变和实现经济发展新突破。本文也为此提出一些粗浅建议。

①吸引人才回乡参与合作社建设。通过合作社聘请部分管理人员，较高薪资待遇可以吸引部分年轻人回乡。同时若能够通过招商引资方式让企业家到村落户，那么将吸引部分年轻人回乡。这些新生力量给村子带来劳动力的同时，也带回新思想和知识，给村子注入新的活力。

②加强宣传。寻求有机认证，借助电视、报刊、网络等媒介，打响"文山杨梅"的品牌，扩大文山杨梅在省内外的影响力；不妨建立文山杨梅信息网，为宣传产业和产品提供良好的网络平台。同时借鉴其他杨梅种植地区的做法，举办杨梅节，邀请领导出席，进一步扩大宣传。

③开展杨梅种植培训，提供技术指导。合作社可以派人前往学习其他地区合作社管理模式，引进新品种和先进技术。同时，邀请杨梅种植方面的专家或者是杨梅大户进行定期或者不定期培训。另外，可以考虑接种较为早熟、晚熟以及较好的品种以错过杨梅采收的高峰期。

④冷冻库保鲜适时规避销售高峰期。杨梅保鲜技术成为远途销售和大面积发展的瓶颈。政府提供的巨额财政将有助于当地保鲜库的建立，杨梅贱价售卖的时候，合作社可以把杨梅暂时适量储存在保鲜库里，在市场度过饱和期之后投放到市场。这样就规避了杨梅销售的高峰期，带来了更大的利润空间。

⑤集约化经营降低风险，拓展销售渠道。合作社集约化经营的特点降低个体

经营风险，同时以合作社的名义和其他的杨梅供销社等开展广泛的合作，拓展销售渠道和销售市场，尽可能找到长期的合作伙伴并开发新的合作伙伴。如果资金足够，该合作社可以拥有自己的冷冻车代替对中转车的需求，从而省去接近一半的中转费用。

⑥开发深度加工产品，完善产品结构——寻找从事杨梅加工的民营企业，开展长期合作。合作社不妨招商引资建立杨梅加工厂，将杨梅加工成杨梅罐头或者杨梅干等，从而可以实现杨梅部分内部消化，提高其附加值，同时也能提供一定数量的就业岗位，吸引部分外出务工年轻人回乡参与家乡建设。另外，也可以建立伙伴关系作为该企业的杨梅长期供应商。

⑦争取金融支持。与本地金融服务机构建立良好的信贷服务关系，以便缓解生产、收购等临时性资金不足困难，这个过程中可以争取得到县一级政府农业局等的支持。

⑧整顿村容村貌，开展农家乐观光旅游、采摘杨梅。同时注意完善配套服务设施，发展旅游的同时也带动了乡村经济。

# 安徽省农民专业合作社发展的
# 现状、问题及对策

农民专业合作组织是中国特色农业合作组织的新形式，是新时期农民群众的创造和选择。文章介绍了农民专业合作社在推动农村经济发展中的重要作用，指出农民合作经济组织发展过程中存在的问题并提出针对性的政策建议。

农民专业合作社是广大农民在实行家庭承包经营的基础上，为增加收入、提高农产品竞争力而自愿联合组织起来的经济组织，它是农村经营体制中组织和制度的创新，是实现农村经济增长方式转变的有效形式。农村合作经济组织的形成，为农村经济再次腾飞打下了坚实基础，特别是自 2007 年 7 月 1 日《中华人民共和国农民专业合作社法》实施以来，各地的各种农民专业合作社如雨后春笋般快速发展。这些农民合作经济组织有力地推进了农业产业化经营、农村经济发展和农民收入的增加，为加快我国新农村建设、构建和谐社会，为农村经济再次腾飞，贡献了积极的力量。

## 一、安徽省农民专业合作社的发展现状

安徽省位于华东腹地，是我国东部襟江近海的内陆省份，全省辖 16 个地级市，总面积 13.96 万平方公里。2010 年末，全省总人口为 5950.05 万人。安徽省是中国重要的农业生产基地之一。粮食作物以水稻、小麦为主，豆类、玉米、甘薯等次之；经济作物主要有棉花、油菜籽、烤烟、茶叶、蚕茧等。安徽省是全国建立农民专业合作组织较早的省份之一。近年来，在各相关部门的密切协作、合力推进和大力扶持下，农民合作组织呈现出良好的发展势头。

（1）发展步伐加快

1982 年，天长县界牌镇 17 户农民联合创办了农村改革后安徽省第一个农民专业合作组织——水产研究会。此后 30 年来，安徽省农民合作组织稳步发展，

---

本文作者：胡皓，中国农业大学经济管理学院金融学专业 2010 级本科生。

不断壮大。截至 2011 年 9 月底，全省农民专业合作组织已发展到 21000 多个，其中在工商部门登记的专业合作社达到 18500 个，合作组织实际成员数达到 260 万户，合作社成员户与当地同类型非合作社成员户相比，一般收入可以增加 23% 左右。

（2）合作形式多样

安徽省农民专业合作组织形式多种多样，既有基层专业合作社、专业协会、资金互助合作社，也有市县级资金互助合作社联合会等。在合作机制上，一些地方出现了资金互助、土地流转、产品加工、产品营销、农机作业、技术承包等多种形式的合作组织。在利益分配上，从促进农民增收、维护农民利益出发，采取了服务让利、最低保护价保利，以及按交易量返利、按股分红等多种分配形式。在一些比较规范的专业合作社中，还积极探索实行了按交易量返还和按股分红相结合的分配机制。合作地域由过去的以村组为主向更大范围发展，出现了一大批跨村、跨乡（镇）、跨县合作组织，甚至有的地方把农民合作组织办到了外省。创办主体由过去的以农民为主，向多主体创办扩展。合作内容由过去以种养业为主，向农业产业的全方位覆盖，生产经营基本覆盖了全省 10 大主导产业、21 个优势产业带（群）和具有地方特色的名优农产品。

（3）合作领域广泛

专业合作社已将传统的合作领域不断扩大，从传统农业生产，发展到种植、养殖、运销、加工、贮藏、资源开发、农田水利建设、金融服务等多方面多领域。组织职能不断扩大，由单一的提供信息服务和技术培训，已经向产业示范、引导带动、资金扶助、与龙头企业进行联合以及组织农产品打入超市等。管理方式进一步规范，已经打破过去的粗放式小农管理模式，正逐步实行"五统一"，即：统一供应种苗、统一田间管理、统一测土配方施肥、统一病虫害防治、统一订单销售。农民专业合作社已基本覆盖了畜牧养殖、粮油食品加工、小麦、水稻、蔬菜种植、葡萄、双孢菇、水产等农业主导产业。

## 二、农民专业合作社在推动农村经济发展中的重要作用

农民专业合作组织的不断发展，有力地推动了农业市场化、标准化、外向化进程，为农业和农村经济发展注入了新的生机和活力，在促进农业农村经济发展和农民增收等方面发挥了积极作用。

（1）提高农业生产的组织化程度

由传统农业转为现代农业，一方面要扩大经营规模，提高劳动生产率；另一

方面要延长产业链，增加农业附加值①。农民专业合作社以合作命名，合作的目的就是为了发挥规模效应的积极作用。专业合作社把一家一户的农民组织起来，进行专业化、标准化、规模化生产。在生产经营过程中，专业合作社通过统一购买生产投入品、统一技术培训、统一对外销售等服务，上联农产品生产、加工企业，下联上千家农户，有组织地引导农民进入市场，实现了由分散经营向规模经营的转变，小生产与大市场的对接，形成了产、供、销一条龙的社会化服务体系，既增强了农民的组织化水平，又提高了农业的生产效率。

（2）促进农业产业结构调整

农民专业合作组织在农业产业化龙头企业和农民之间架起了一座联系的桥梁。休宁县新安源有机茶开发公司于2004年成立新安源茶叶合作社，入社成员546户，每个成员带动1个村，基本覆盖了全县11万户茶农。成员户按企业规定的标准生产，公司优先收购，一般情况下同品质茶叶价格比市场高出近20%，解决了茶农卖茶难和效益差的问题。

（3）促进农业科技成果的转化和应用

农民专业合作组织是农业科技成果推广应用的主要载体。如芜湖良金优质稻米专业合作社与中国农科院水稻研究所建立了紧密的合作关系，重点开发了"富硒米、长粒粳米、七彩米"三个优质系列营养保健稻米。合作社为农户免费供种，统一技术指导、统一产品收购，价格高于其他水稻品种最低保护价30%左右。目前合作社已推广种植10万亩，使拥有8.3万亩耕地的芜湖县六郎镇基本实现了"一镇一品"专业化发展，同时带动了相邻乡镇实现"一村一品"的专业化发展。

（4）提高农产品的市场竞争力

通过专业合作社打造的品牌农产品，大大提高了农产品的市场竞争力。农村传统的单门独户生产，不仅规模小，产品质量也难以保证，注册品牌商标更是成本高、难度大。而成立合作社后，使统一生产标准、统一注册商标成为可能。特色农产品注册商标后，能有效地传递商品的独特性、质量保证等信息，不仅有利于扩大农产品的市场影响，而且为扩大生产经营规模奠定了基础。

（5）促进农民减负增收

合作社是重构表达和保护农民利益的基层组织载体②。专业合作社通过专业化、规模化、集约化经营，不仅提高了农民抵御市场风险、经营风险和自然风险

---

① 苑鹏："现代西方生产合作社理论的演进"，《中国农村发展报告》，社会科学文献出版社2000年版。

② 李战彪："中国农民专业合作社的发展建议——2009东亚合作社高层论坛资深专家发言摘录"，《科技致富向导》，2009年第12期。

的能力，而且大幅度地增加了农民的收入。合作社在农产品的种植、加工、运输、销售以及农业生产资料的购买和质量保障等诸多环节，根据利益最大化原则，通过统一服务，为农民最大限度地减少了中间环节，节约了成本，减少了浪费。以安庆市怀宁县七彩水稻专业合作社为例，据测算，仅购买种子、化肥、农药等生产资料，每亩即可节约成本 80 元左右，合作社水稻种植户预计每亩年增收 300 元左右。通过合作社，农民除了能够得到种植业、养殖业的直接利润外，还可以通过劳动力转移获得工资收入，或者直接分享加工、销售、服务等环节的部分利润，增加收入。

# 三、农民专业合作社发展中存在的主要问题

尽管近几年我国农民专业合作社得到快速发展、取得了一定的成效，但目前合作社发展中存在的问题，尤其是严重制约或影响合作社发展的问题，必须引起高度重视。

（1）总体规模偏小，制约着合作社作用的发挥

虽然我国农民专业合作社已初具规模，但与国外农业合作社相比，存在着较大差距，仅从平均成员数上看，远低于美国（2005 年为 887.8 人）[1]。如果考虑美国农民人数远少于我国农民人数、美国几乎所有的农民都加入了农民合作社等因素，我国农民专业合作社在吸收新成员、扩大辐射面等方面还任重道远。即使与国内其他类型的市场主体相比，农民专业合作社也存在着一定的差距。偏小的规模使得农民专业合作社在与其他市场主体竞争中处于弱势地位，更是使合作社在形成人的联合、规模的联合等方面的作用大大降低，制约着农民专业合作社的长久发展。

（2）部分合作社对龙头企业的依赖程度过高，成为企业的附属物

任何组织的发展，都必须有组织者，合作社也是如此。作为组织者，必须能够为农民解决实际问题，才能够获得农民的支持。在市场经济条件下，要获得农民的支持，必须具有带领农民适应大市场的能力。就此而言，关键有两条：一是要能够帮助农民找到市场需求所在，帮助农民解决产品销路问题；二是要获得农民的信任，具有足够的号召力[2]。而一部分龙头企业具备这种能力，成为合作社最为重要的发起人之一，与合作社有着比较稳定的购销关系。依托他们建立的合

---

① 陈明星："国外农民专业合作社发展的经验及其对中国的启示"，《世界农业》，2009 年第 9 期。

② 张开华、张清林："农民专业合作社成长的困惑与思考"，《农业经济问题》，2007 年第 5 期。

作社大部分农产品都销往这些龙头企业。从资金构成看，这些龙头企业投入了合作社成立所需的大部分资金并承担了主要义务，是合作社绝对意义上的优势股东，直接影响着合作社的发展①。此时的合作社则失去了存在的意义，不再是"人与人的合作"，实际上变为"人与资本的合作"，成为企业的附属物。

（3）合作社的民主机制不健全

目前，安徽省农民合作社整体处于初级发展阶段，组织比较松散、机构不健全。在产权结构上，一方面，资本集中化的现象十分严重。接受调查的合作社中，出资最多的前三位成员的出资平均占到总出资50%以上，这与合作社聚集众多农户力量的初衷不符。同时，也还存在了"内部人控制"的隐患②。另一方面，合作社中人数占绝大多数的普通成员的出资，却占据很小的比例。调查显示，34.4%的合作社中，农户不出资就可以加入合作社，这种低门槛有利于吸引更多的农户参加合作社，但结果是普通成员对合作社经营根本不关心、缺乏参与民主管理的动力，普通成员的权益得不到有效保障。由于龙头企业和生产大户对理事会成员的影响较大，这对合作社的民主决策产生了重要影响。

（4）治理结构形同虚设，缺乏有效的内外部监督

作为一种企业形式，合作社与公司制企业有着类似的治理结构，即成员大会（或成员代表大会）—理事会—监事会相互之间职责的划分和相互的制衡③。但在我国目前的农民专业合作社制度设计上，出于尽快发展合作社、吸引更多农户参加的考虑，《农民专业合作社法》并未对合作社中理事会、监事会（监事）的设立做出硬性要求，也未对成员的最低出资做出要求，加上资本"集中化"、负责人"干部化"等现象的存在，目前大多数农民专业合作社的治理机构或者不完善或者形同虚设，缺乏对合作社理事长、经营管理人员的内部监督。同时，从外部来看，目前没有对合作社进行外部监督的法规、制度要求，包括外部审计、工商年检、主管部门的检查等等，外部监督缺失。

（5）绝大多数成员对合作社的归属感不强，参与热情不高

市场中的经济合作是依据市场利润形成的价值原理来确定资源组合的内容、方向与相互关系的，经济合作必然以经济利益的互补为基础④。然而，合作社的

---

① 赵鲲、门炜："关于合作社基本特征的分析和思考——从合作社与有限责任公司对比的角度"，《中国农村观察》，2006年第3期。

② 娄锋："农民专业合作社内部治理机制研究"，《云南电大学报》，2008年第10期。

③ 晋入勤："合作社治理结构研究——公司治理结构理论的演绎"，《天津市政法管理干部学院学报》，2008年第4期。

④ 张维迎："所有制、治理结构与委托—代理关系"，《经济研究》，1996年第9期。

合作关系是建立在人与人之间相互扶助的价值观上。许多合作社的章程中规定，凡是对互助合作感兴趣、承认章程、按时缴纳会费的农户便可申请入会，合作社以相互扶助、共同富裕的精神为成员关系的连接点。而实际生活中，促成并维系农民合作的纽带可能更多的是几千年来围绕着农民世世代代的亲缘关系和乡土信任关系。也正是因为合作社成员的合作关系不以经济利益作为基础，合作社与成员之间、成员与成员之间也就难以产生相互依赖、相互制约的机制和休戚与共的凝聚力。合作社组织结构松散，确保组织功效的章程和原则也不易得到严格遵守，成员的权利和义务也往往变得十分随意和不对称。成员享受了合作社提供的各项服务的权利，但不能承担相应义务的情况比比皆是。

## 四、推动农民专业合作社进一步发展的政策建议

总体来看，我国农民专业合作社尚处于发展初期。在这一阶段，各种政策、法规应以支持、扶持农民专业合作社的发展为主。同时，要根据农民专业合作社发展过程中出现的问题，积极调整或制定新的法律法规、政策，推动农民专业合作社的进一步发展。

（1）形成政策合力，推动合作社做大做强

在目前的农民专业合作社宏观管理、政策制定和实施上，由于政出多门和体制中的条块分割，众多的政策或措施大多成为"撒芝麻盐"的操作，不能集中发挥效力；一些政策在具体实施过程中缺乏透明度，往往成了少数人瓜分的蛋糕；在一些地区，合作社扶持资金被层层截留，最后真正用于合作社发展建设的只占很少一部分；相关的扶持资金或支持政策缺乏对实际运用效果的评价和考核，等等。

针对这些问题，在安徽省农民专业合作社的数量已达到2万多家、面临着更大发展空间的背景下，应该考虑从宏观层面确立合作社的主管部门，负责合作社扶持或支持政策的制定、实施和引导，避免出现政出多门的现象。同时，在未来制定政策的过程中，应该考虑逐步实现三个转变：从大面上的"撒芝麻盐"支持，向对重点合作社进行支持的转变；从对合作社发展数量的支持，向对合作社发展的内在质量支持、鼓励合作社做大做强转变；从单纯的资金扶持、税收减免等"硬性"支持，向加大技术指导、知识指导、营销指导等"软性"支持的方向转变。

（2）正确处理龙头企业、能人等与合作社之间的关系

合作社与其他企业联营，形成集团化经营是国外合作社发展的普遍现象。但

在合作社发展历史较长的国家，一般都比较强调合作社的独立性，避免其成为企业的附属物①。调研表明，农民专业合作社目前对龙头企业和农村能人的依赖程度非常高，龙头企业负责人和农村能人往往最富于创造性和最具有经营能力，也最可能拥有相对稀缺的资本，他们通常是合作社的发起者、领导者或者大股东。无论在最初的产权分配、制度订立还是日常的管理决策中都拥有突出的影响力，这就使得合作社难免出现一股独大或者成为企业的附属物现象。而农民也很清楚，参加合作社并不是为了纯粹的公平，而是关心合作社能给自身带来什么利益，并不十分在意合作社出现一股独大或者变成企业的附属物的问题。当龙头企业、农村能人与合作社的利益一致时，一般不会出现大的问题。但当合作社的利益与其存在矛盾时，企业和个人就可能利用自己对合作社的影响力和控制力为自己谋利，甚至可能损害合作社的利益。有的合作社的领导人之所以热衷于担任重要职务，主要目的就在于控制购销渠道，为自己个人经商创造条件②。因此，一定要加强对合作社的规范与引导，保持合作社的独立性，维护合作社为社员服务的宗旨。在龙头企业、农村能人单独发挥作用的合作组织中，可以考虑将合作社的资本化倾向控制在适当的程度内；在合作组织单独发挥作用的地方，如果有条件，可以适当地引导它们接受龙头企业一些比较好的辐射③。

（3）建立和完善监督制度，充分保障普通成员权益

针对目前农民专业合作社缺乏内外部监督的情况，国家相关部门应该考虑从如下几方面建立完善合作社的内外部监督制度。

在内部监督方面。强化监事会在合作社治理机制中的作用，规范审计结果大会报告制度，并保证成员对经营情况的知情权。同时，针对内部人控制的现象，应规定合作社监事会中至少有一位或一定比例普通成员出任监事，从制度和机制上保证普通社员对合作社经营的知情权和监督权。

在外部监督方面。首先，应考虑在合作社立法中加入外部审计的强制性条款，对合作社的外部审计和具体实施方法进行明确的规定；其次，要从多方面保证外部审计的实施效果，除了正常的年度审计外，应规定县级或以上各级政府的主管部门对所管辖范围内的合作社根据需要可以提出启动外部审计监督程序，超

① 李成刚："'新农村'里最缺什么？——访中国农学会副会长、中国农业专家咨询团副主任委员李特里"，《中国报道》，2006 年第 3 期。

② 邵科、徐旭初："成员异质性对农民专业合作社治理结构的影响——基于浙江省 88 家合作社的分析"，《西北农林科技大学学报（社会科学版）》，2008 年第 3 期。

③ 战明华、吴小刚："市场导向下农村专业合作组织的制度创新——以浙江台州上盘镇西兰花合作社为例"，《中国农村经济》，2004 年第 5 期。

过一定数量的合作社成员或者债权人可以提出外部审计的申请①；第三，应当引入良性竞争机制，及时淘汰那些不合法、不规范、没有生命力的合作社，让国家的优惠政策和扶持资金更多地向发展规范、潜力较大的合作社倾斜，促进发展规范的合作社进一步做大做强。

（4）明确成员责任，建立成员参与机制

合作社要正常运行，一个基本的条件就是成员与合作社之间要有紧密的经济利益关系②。只有这样，合作社成员才会积极参与管理，并承担相应的责任。要建立这样一种成员参与机制，有几个条件：一是成员必须承担一定的生产成本，严格执行生产规定；二是要创造成员积极参与管理的环境，群策群力，集体行动；三是成员有参与分配的权利，能够获得二次返利和股金分红，并承担相应的损失。这方面可以借鉴浙江省江山市养蜂产业化协会的做法，为了使协会内从事蜂产品产、加、销不同环节的行业经济主体之间形成一种良好的互动机制，协会经常召开会员代表大会，为会员之间的沟通创造条件，并且鼓励龙头企业与合作组织、蜂农之间形成产销联合体或产销集团。与此同时，协会对会员实行严格的管理，对不讲信誉、不顾产品质量以及有违法乱纪、弄虚作假、掺杂使假行为的会员进行处罚并予以除名，通过严格的管理大大提高了会员的责任感和参与管理的意识。

---

① 郑丹、王伟："我国农民专业合作社发展现状、问题及政策建议"，《中国科技论坛》，2011 年第 2 期。

② 徐旭初："农民专业合作社——基于组织能力的产权安排"，《浙江学刊》，2006 年第 3 期。

# 福建茶叶专业合作社调研报告

建立合作社是解决"三农"问题，建设新农村的有效手段。本文根据前往福建省尾洋村金畲合作社的调研经历，讨论农村合作社发展至今还存在哪些问题以及可能的解决方案。目前，合作社问题主要集中在利益分配和运行成本方面。这些问题可以通过明晰合作社产权和提高政府公信力得到有效解决。

## 一、研究目的及意义

合作社源于我国农村长期以来插锹换工时的传统互助合作形式。新中国成立初期，合作社与统购统销是农村经济制度的主体，不过后来在合作社改为人民公社时，出现了一波退社风潮。农民退社的原因有两个：一方面是因为人民公社化时只是对合作社进行简单的合并，把农民土地收为集体所有，这导致了对生产力的破坏；另一方面是因为有些人在合作社的帮助下取得了成功，有资金后退社自己单干。在当时，合作社取得成功的原因有两个：第一，合作社解决了当时农具短缺的问题；第二，在统购统销的政策下，合作社大大降低了政府与农民的交易成本。然而，合作社没有给农村经济带来长远的发展。在工业化的大背景下，合作社只是简单地为城市工业化提供原材料，帮助完成原始积累，农村的基础建设、生活状况、教育等等没有较大的改善。

改革开放以后，"三农"问题的重要性日益凸显。合作社被不少人认为是解决"三农"问题的重要出路。为此，我国于2006年10月31日颁布了《中华人民共和国农民专业合作社法》，为合作社的建立和运行提供了法律依据。然而，合作社的发展现状如何，在运营和管理方面有哪些问题，在未来的发展中应该注意哪些事项？我们带着这样一些问题调研了福建省尾洋村的金畲合作社。在案例调查研究的基础上，我们对合作社中存在的问题进行了讨论，得出了一些结论，并且对合作社的发展提出相关对策建议。

---

作者：宋少鹏，清华大学热能系2010级本科生。

## 二、金嵛合作社的基本情况

福建省尾洋村的金嵛合作社是由当地的茶农、茶叶经营者以自愿的原则组织起来的松散型的组织。该合作社的基本宗旨是：通过技术交流、优势互补、相互帮助、技术引进等方式，提高茶叶初制水平，制作卫生质量符合标准的产品，适应市场准入需要。金嵛合作社的性质属于农民专业合作社，其基本情况如下：

金嵛合作社成立于2008年初，基本还是一个刚刚起步的合作社。成立之初，合作社并没有获得农民的支持。原因主要有两方面：一是农民对合作社的需要不是很迫切。在当时茶叶的销售不是问题，农民收入都还不错，所以合作社基本可有可无。然而，2010年以后，茶叶市场开始进入低迷，合作社的好处逐渐被人们认识到。二是合作社对农民的茶叶质量有一定的要求，而且采用质量联保模式①，农民不能使用大量的农药，合作社对茶树的质量也有一定的要求，这些就增加了农民种茶的成本。经过两年的运营，合作社的普及率逐渐提高。合作社在政府的帮助下，指导农民科学种植茶树，为农民更换茶树提供补贴。合作社还指导农民进行套种，提高了农民收入。

金嵛合作社是采用股份制经营，在成立之初出资总额为10万元。出资人共有26人，最高的出资额为1万元，最低的出资额为3000元，全是货币形式。合作社主要负责帮助农民联系茶叶买家，帮助农民购买农药化肥等。合作社收入的主要来源是农民通过合作社卖出茶叶所交的费用。合作社没有固定的办公地点，只是借村委会的几间办公室作为办公地点。合作社对未来发展也有一定的规划。合作社准备将旅游与种茶相结合，发展DIY种茶。

## 三、金嵛合作社的主要问题

### 1. 政商结合

根据《中华人民共和国农民专业合作社法》，农民专业合作社应该是一个经济组织。但是调查过程中我们发现，金嵛合作社更像一个政府组织。合作社的建立首先是政府牵头，让当地种茶大户带头成立，所以在成立之初就带有很强的政

---

① 质量联保，简要来说就是将成员分成小组，小组的成员出问题，全组的成员受罚。

府色彩。在后来的发展过程中，政府也承担了一个协办者的角色，这样合作社的服务目的就不明确了。一方面，合作社应当只是服务于参加合作社的社员，尽力为他们谋取利益；另一方面，作为一个政府协办组织，合作社也承担了一定的社会职能，也在努力解决农业、农村、农民问题。这两种目的在一定程度上是冲突的：承担社会职能可能使合作社成员蒙受一定的利益损失；而如果合作社承担了社会职能，那么有些村民就会有搭便车心理，只去享受合作社带来的好处，而不承担相应的义务。

这样一个背景下，金崙合作社的基本定位也就有两面性了。作为经济组织，它不像政府政策手段那样专注于社会目标，但也不能法人那样尽力将自己利益最大化。这种左右摇摆过程中就出现了一些不能调和的矛盾：它作为政府解决"三农"问题的重要措施，必然要扩大规模，将低收入的茶农包含进来。但是它也要保证合作社社员的利益，合作社需要在这两个方面做出权衡。如果注重社员的利益，那么就会排斥低收入的农户加入合作社，而且政府对合作社的支持也会减少。如果合作社努力将全部村民加入，那么合作社中优秀的农户就会有自己单干的冲动，进而削弱合作社的竞争力。

## 2. 合作社管理比较混乱

管理比较混乱、随意性很强是合作和发展过程中存在的比较突出的问题。正如上面所说，合作社是经济组织和政府组织的统一体，这就导致在具体管理过程中并不能完全的独立，要受到政府影响。这样就打击了社员参与管理的积极性和有效性。为了方便管理，合作社采取了质量联保的办法。但我个人认为这不是一个好的办法。首先它规定成员必须使用合作社统一采购的农资产品，不得私自采购。另外还要求各组成员相互监督。虽然可以在一定程度上提高茶叶的质量，但这不是一个真正提升质量的好方法。茶叶卖得好不好取决于多方面，并不是只有农资方面的问题。而且在销售的过程中，还是按照个人进行买卖，仍然是原本质量好的质量好，原本质量不好的也没有多大程度上的改观。

在我们看来，以上这些问题，根本上来说是生产资料所有制的矛盾造成的。合作社作为一个经济组织应当保护社员私有财产的权利。合作社强调社员股金的数量，使得社员个人利益与合作社整体利益相关联，从而追求两个利益同步增长。但是在社会主义体制下，尤其是在农村经济还没有充分发展的情况下，合作社强调的是带动农村经济的发展，强调的是集体利益。虽然说个人利益与集体利益有一致性，但更多的是不一致性。政府利益、合作社利益和社员的利益交织在一起，导致现在合作社出现了这些问题。政府可能通过这种关系侵吞合作社财产，社员也可能通过合作社争取政府支持，从而谋取不正当利益。如果处理不好这个问题的话，合作社将是一个利益瓜分场，最终受害的还是农民。一言以蔽之，就是利益分配和合作社运行成本的问题。

# 四、解决方案

基于以上案例分析，我们认为解决当下合作社发展困境需要从以下两个方面着手。

## 1. 明确产权，确定利益分配

以上提到的问题主要是因为产权不清晰造成的。农民对于合作社的产权主要是分为财产的所有权和剩余的索取权。虽然《中华人民共和国农民专业合作社法》规定了个人产权和公共产权，但是一般来说合作社成立之初产权清晰并没有得到重视。这就限制了合作社的发展壮大，因为随着发展产权变得越来越难以确定。由于产权不能确定，导致农民对于合作社持观望态度。另外由于合作社的产权不清晰，而且由于进出社自由且可以带走自己的份额，导致农民选择在合作社发展好的时候加入，在经营不善的时候退出，这不利于合作社的长期发展。另外，由于合作社是开放的会员制度，每个新加入的成员都对共有产权有一定的所有权，而且不区分加入的先后顺序，这也会导致农民对合作社持一个观望态度，直到合作社经营合理才会加入合作社。

然而，产权的界定会产生费用。但是，据我们调查，这种费用已经没有想象中的那么大。首先，现在合作社的出资一般都是货币形式，很少采用实物入股、技术入股，所以衡量每个人的产权大小并不需要昂贵费用。其次是共有产权的问题，由于国家颁布了《中华人民共和国农民专业合作社法》，对共有产权也做了相应的规定，对这些产权处理可以按照相应的规定进行。在界定产权的过程中，也可以向农民普及相应的法律知识，增强农民的法制意识。在界定产权的过程中，一定要做到有法必依，这样才能做到真正的产权归属。从历史经验来看，合作社本身就带有产权不明晰的特征，因而不适合大规模做大。合作社一旦做大，就需要将合作社进行合并，但是由于产权不清晰，那么只能是简单的机构相加，并不能做到组织结构的升级。因而，合作社的目标应该是小而精，做到真正的帮助农民销售、采购和提供技术培训。

## 2. 创新发展思路，建立政府公信力

合作社需要继续发展不容置疑，但发展方向却有分歧。一种方向是将合作社逐步发展为一个政府部门，承担起更多的农村建设，农民脱困问题成为政府调控

农村的一个依附。我们并不认同这个发展方向。原因是：中国国情复杂，农村更是如此，如果将合作社发展成为政府机构，不免会有条条框框，使得合作社的灵活性特征逐渐丧失。

另外一个方向是逐步引导合作社发展成为一个企业，一个承担一定社会责任的企业。这个方向的优点在于：一方面它能够督促实现产权明晰，另一方面能够调动农民的生产积极性，而且依托合作社，还能够解决农村金融、农业规划、农产品质量等问题。

# 四川会东县烤烟种植业的发展状况

　　四川省会东县是我国第三大烟草县，烤烟产业是当地的支柱产业，烤烟是当地重要的经济作物。基于会东县姜州乡烤烟种植业发展现状的调查，我们获得了当地烟农所提供的烤烟种植、收入、成本等信息，了解了会东县烤烟产业的总体发展情况，并在此基础上探讨国际禁烟背景下我国烟草产业的发展思路。

## 一、调研背景

　　烟草是重要的经济作物，烟草产业是国家和地方财税的重要经济来源，受到有关部门的高度重视。1984 年我国成立国家烟草专卖局，统一领导、全面管理烟草行业的生产和销售业务。由于烟叶生产坚持"计划种植、优质适产、主攻质量、坚持改革、提高效益"的方针，并大力推行"区域化、良种化、规范化"科学种烟措施，80 年代以来我国烟草生产有了长足的发展。20 世纪 80 年代，我国烟草种植面积年均约 2000 万亩，总产约 4000 多万担。1990 年到 1997 年年均种植面积达到 2500 万亩，总产约 6000 万担。良种化面积达 95% 以上，烟叶质量有明显提高，上中等烟由 60% 提高到 80%，上等烟达 20%。烟草是高效益作物，我国烟区多在经济较落后的贫困地区，有 200 万农户约 1 亿人口靠种烟维系生活。种 1 亩烟当年可收现金 1000～2000 元，为粮食作物的 3～5 倍，是山区农民脱贫致富、提高生活水平的有效途径。烟草又是高税利商品，农业税利为 30% 左右，工业税利达 60% 以上。2000 年烟草行业工商税利达到 1000 亿元，2005 年烟草税利达到 2494.56 亿元，2010 年更是增长到了 6045.52 亿元，年均增长率在 10% 以上，而烟草税利占国家财政收入的 10% 左右，高居各行业首位。

　　我国烟草栽培分布很广，东至黄海之滨，西至伊犁谷地，南到海南岛，北至黑龙江之间，从低于海平面的盆地至海拔 2000 米的高原山区，都有烟草种植。80 年代以后，国家烟草专卖局（总公司）对全国烟草生产布局不断进行调整，

---

本文作者：中国农业大学赴四川省会东县姜州乡实践小队。报告执笔人：静发冲（中国农业大学经济管理学院农林经济系 2009 级本科生）。

形成了 5 大烤烟产区，即黄淮烟区、东北烟区、西南烟区、华中烟区和华南烟区。此外，在内蒙古、山西、河北、甘肃等地也种植少量烤烟。2008 年，全国有 111 个地市、541 个县 224 万农户种植烟草，比 1979 年减少了 314 个种烟县，种烟面积 1729.7 万亩，收购烤烟 4718 万担，平均单产达到 120.82 公斤，其中上等烟比例 53.39%，中等烟 35.11%，下等烟 11.27%，次等烟 0.24%，烟叶生产水平和烟叶品质不断提高。

目前，烟草行业面临着新的形势和挑战。随着人们生活水平的提高，吸烟影响健康的观念越来越受到关注。尽管尚有不同说法，但大多数国家都在宣传戒烟。世界上规定每年 5 月 31 日为"世界无烟日"，限制在公共场所吸烟，甚至有些国家通过法律禁烟，向烟草公司索赔吸烟造成的巨大损失。连世界上最大的烟草公司美国菲莫烟草公司也承认吸烟造成的危害。美国和英国烟民每年减少 20% 以上，新加坡正争取成为不吸烟国家。2003 年 11 月 10 日，中国政府正式签署了世界卫生组织推动制定的关于烟草的第一个世界性公约——《烟草控制框架公约》①。公约认为烟草的广泛流行对健康、社会、经济会造成破坏性后果，提出要严重关注全世界，特别是在发展中国家烟草制品的消费和生产的增加对家庭、穷人和国家卫生系统造成的负担。自 2011 年 1 月起，中国内地在所有室内公共场所、室内工作场所、公共交通工具和其他可能的室外工作场所完全禁止吸烟。

在全球禁烟措施不断推行的大环境下，烟草产业尤其是烟草种植业在当前以及未来会怎样发展成为人们关注的焦点。本次实践调研的地点为四川省会东县姜州乡，本地区是国家烟草种植示范区，会东县是四川省第二大烟草县、全国第三大烟草县。会东县自 1976 年种植烤烟以来，经历了 20 世纪 70 年代引种试验、80 年代推广发展、90 年代快速发展、2000 年后提质增效四个阶段。会东烟叶成熟度好，颜色橘黄，色泽光亮、饱和、色度强、油分足；内在化学成分协调，香气质好量足，烟叶可用性高、配伍性强，被烟草专家誉为"金沙江畔一枝花"、"四川的云烟"。烟叶销售到省内外 20 多家大型烟草企业，已进入"中华"、"芙蓉王"等名烟配方。2010 年全县共种植烤烟 15.0 万亩，产量达 46.65 万担，其中：中上等烟比例占 88.56%，橘色烟比例占 78.04%，烟农收入达 3.43 亿。在这样一个大背景下，会东县姜州乡烤烟产业不断壮大，大力推广漂浮育苗，全面推进规模化种植、集约化经营、专业化分工、信息化管理，推进传统烟草农业向现代烟草农业跨越。2009 年，全乡种植烤烟 8000 亩，产烟 1210000 公斤，烟农收入 1805 万元，上等烟比例达到 61.83%，橘色

---

① 魏雅华："世界《烟草控制框架公约》与中国烟草业"，《中国外资》，2005 年第 5 期。

烟比例达到 60.66%。烤烟是姜州乡的主要经济作物，烤烟种植也成为农民收入的重要来源。

# 二、调研说明

调研时间：2012 年 7 月 10 日至 2012 年 7 月 14 日。

调研地点：四川省会东县姜州乡。

调研人员：中国农业大学赴四川省会东县社会实践小分队。

调研对象：烤烟种植农民、烟草办公室工作人员。

调研目的：了解当地烤烟种植业的发展状况与烟农的生活状况，了解烤烟种植区对于禁烟背景下烟草种植业未来发展的看法。

调研方法：①问卷调查：向烤烟种植户发放调查问卷，与农民就烤烟种植与生活情况进行交流获取信息；②座谈访问：与会东县烟草办公室工作人员进行座谈会，了解会东县总体的烤烟种植业信息并进行讨论交流。

# 三、调研内容与分析

## 1. 对烟农的调查分析

本次对烟农的调查，共走访调查了会东县姜州乡的民权村、姜州村、弯德村、中和村四个村，通过与烟农进行交流，共完成有效调查问卷 36 份。

（1）调查问卷结果部分总结

| 项目 | 结果 |
| --- | --- |
| 烤烟种植规模的变化 | 增加（13）持平（16）减少（5）其他（2） |
| 近几年烤烟收购价变化 | 上升（34）稳定（ ）下降（ ）其他（2） |
| 对目前收购价的看法 | 偏高（ ）合理（31）偏低（5）其他（ ） |
| 近几年育苗及化肥等成本的变化 | 上升（30）稳定（5）下降（ ）其他（1） |
| 烤烟收入占总收入比例 | 0~20%（2）20%~40%（9）40%~60%（16）60%~80%（6）80%~100%（3） |
| 对当地烤烟产业的发展现状看法 | 良好（31）一般（3）欠佳（2） |
| 种植烤烟对家庭基本生活保障程度 | 完全可以（8）基本可以（25）有些困难（3）很难实现（ ） |
| 种植烤烟对家庭生活水平提高的作用 | 有很大帮助（9）有部分帮助（23）基本没有（4） |
| 对政府促进烤烟发展政策的了解 | 很了解（10）部分了解（19）不了解（7） |
| 对今后烤烟种植规模的规划 | 增加（12）持平（21）减少（2）其他（1） |

（2）调查问卷结果分析

①家庭烤烟的种植规模。被调查烟农中，家庭种植规模最大为 30 亩，最小为 2 亩，平均为 9.25 亩，有 58.8% 的家庭种植规模在 5～10 亩。人均种植规模最大为 3.33 亩，最小为 0.5 亩，平均为 1.61 亩。

与往年的种植规模相比，36.1% 的烟农增加了种植规模，44.4% 的烟农种植规模与往年持平。增加种植规模的原因主要是由于烤烟收购价格的提高，烟农为了增加收入而选择种植烤烟，部分烟农是由于总经营土地面积的增加。减少种植规模的原因主要为农作物的轮作。两户选择"其他"的农民是由于今年刚开始种植烤烟。

从调查了解到的村总体种植情况来说，民权村为"现代农业烟草项目"的试验区，烤烟种植比较集中，绝大部分农户有种植烤烟，弯德村、中和村种植烤烟的农户在半数以上，姜州村由于靠近乡社区，烤烟种植较为分散。

②烤烟收购价格。烤烟的收购同其他作物收购有较大差异，根据烤烟的质量不同可以分到 42 个等级，不同等级的收购价是不同的，上等烤烟的收购价在 20 元/公斤左右或者更高，而下等烟的收购价在 10 元/公斤以下，还有不足 5 元/公斤的。因此在烟农这里，难以得出比较准确的收购均价。根据会东县烟草办公室提供的数据，今年烤烟收购的均价为 17.95 元/公斤，近几年及以后收购价格年均增长为 20%。从对烟农的调查看，烟农普遍表示近年来烤烟收购价格呈逐年增长趋势。对于目前的收购价，86.1% 的被调查者表示目前的价格比较合理，同时烟农也希望增长趋势能够不断延续下去。

③烤烟种植成本。烤烟生产的成本主要包括物资成本、人工成本和烘烤成本，物资成本包括了育苗费用、化肥、农药等物质投入，人工成本主要是农忙时对雇工的工资支付，烘烤成本包括了烘烤的基础设备、用电、燃煤等的费用①。近年来，化肥、农药、燃煤的价格持续上涨，雇工的费用随着经济发展也不断上涨，总的烤烟种植生产成本必然呈上升趋势。部分烟农其种植成本并未明显上升主要是由于一部分烤烟品种有专项的种植补贴，会提供化肥等生产投入品，但是，这种模式目前并未推广开来。

④烤烟种植收入。从被调查者提供的数据来看，每亩的平均收入最高在 3300 元，最低在 2000 元左右，总体平均为每亩 2200 元左右，与乡政府所提供的平均每亩 2252 元的收入基本一致。

由于烤烟是本地区主要的经济作物，其比较效益相对粮食作物和其他普通经

---

① 吴亚臣、李树华："烤烟种植成本分析"，《内蒙古农业科技》，2012 年第 3 期。

济作物又较高，因此种植烤烟的收入在烟农的家庭总收入中占的比重较高。烤烟收入在家庭总收入中的比例，在40%～60%的占44.4%，在60%以上的占25%，从被调查者总的计算来看，平均比重为52%左右。

由于烤烟收入较为稳定且比较效益相对较高，因此对于烟农来讲，种植烤烟基本上可以保证其基本的家庭生活，而对于更高水平的消费生活，依靠目前的烤烟种植收入还是难以达到的。

⑤对相关政策的了解。现阶段从许多方面来讲，农民是一个信息缺乏的群体。对于农业生产的相关政策的了解，有比较丰富且准确了解的不到30%，大部分被调查者的反映是说过一些，还有一部分基本不知道。这一方面是由于农民自身的素质以及生活习惯造成的，他们很少主动去了解这些相关政策。另一方面也是政府部门的宣传工作不到位，有的村虽然有了远程教育活动室，但实际上利用率很低，基本上发挥不了其应有的作用。

⑥对未来种植的规划。对与未来的种植规模的规划，被调查的烟农中有1/3表示有意增加烤烟种植规模，其余大部分会保持现有水平。影响因素中，主要还是由于收购价格的不断提高增加了烟农种植烤烟的积极性。由于耕地面积的限制，这种增加并不会呈现很大幅度，也使很多人不会再继续增加种植面积。

⑦种植中遇到的问题。虽然种植烤烟带来了不小的经济收益，但烟农们还是会遇到不少问题。在技术方面，有不少烟农提出烤烟的花叶病比较难以防治，对产量的影响比较大。本地区农业生产的基础设施比较薄弱，近几年西南地区的干旱情况比较严重，烟农们普遍反映缺水的情况经常出现。烤烟种植与生产中需要投入的劳动力较多，劳动强度比较大，一些劳动力比较少的家庭还需要雇工来帮忙，而雇工费用也在不断增高，这就减少了其所获得的收益。

## 2. 烤烟产业发展存在的问题

①基础设施依然薄弱。虽然政府加大了投入修建蓄水池、水窖、烤房等基础设施，但目前的设施远没有达到现代烟草生产的发展要求，尤其是近几年旱情的频发，使得水利建设越来越迫切。

②技术服务相对落后。高品质的烤烟品种的种植与烘烤，对技术的要求是比较高的，在技术服务体系不健全，支持力度不够的情况下，农民自已难以种植烘烤出高品质的烟叶，也就无法提高自己的经济收益。

③观念相对跟不上时代步伐。在对烟农的走访调查中发现，烟农对于国际国内禁烟形势下烟草种植业的发展很少有过思考，他们对未来的规划中也并未考虑这一因素。在他们的生活中，并未看到多少禁烟的趋势，并且他们吸烟与否与自已种植烤烟并无直接联系，因此，烤烟种植对他们来说仅仅是一种种植业。

# 四、思考建议

烤烟长期以来并将在未来一段时间之内成为地区经济发展及农民增收的重要的经济作物。发展现代化的烟草产业，应该以保障烟农的利益，提高烟农的收益为根本出发点。"三农"问题的中心在于农民的增收问题，而对于一个烤烟大县来说，烟农的增收问题是重中之重。针对调研过程中发现的问题，提出以下几点建议。

（1）尽快完善基础设施

对于本地区的烟农以及其他种植户，农业生产用水的问题是一个普遍需要解决的问题。农民们交了水费，却经常因为水库没有水往下放而被迫自己想办法来灌溉，这在很大程度上影响了烤烟以及其他农作物的生长进而影响了产量。因此，水利建设应成为重点工作。与此同时，其他配套设施也应该逐步加快建设步伐。

（2）加大科技投入

今年的"一号文件"强调了推进科技创新，在"科技兴农"的潮流下，对于烤烟生产区来说，建成现代化的烟草基地，"科技兴烟"是一条必经之路[①]。没有科技，难以在整体上提高烟叶的生产质量，没有完善的科技服务体系，也不能让农民生产出高品质的烤烟。一方面要壮大农村的科技工作队伍，另一方面要通过培训等方式来提高农民的科学素质，最终达到提高农业整体实力的根本目的。

（3）健全生产组织

烟农生产的组织化程度还比较低，部分地区建立了烟叶生产合作社，但实际上这些合作社组织松散，只是名义上的合作社，并不能发挥将烟农组织起来的作用。因此需要促进烟农们的联合，建立实际意义上的生产合作组织，从而实现降低成本、提高质量、增加效益的目标。

---

① 雷杰、李雯静："农村支柱产业对当地经济的影响"，《云南财经大学学报》，2011年第5期。

# 河北省邢台县前南峪村集体经济下农业发展模式研究

河北邢台前南峪村改革开放后坚持走集体经济道路，通过专业承包、兴建集体企业等方式实现了较高的集体收入。村民部分收入来源于按照工分比例分配的集体收入，享有较高的村民福利。但是前南峪村农业发展依然有不足之处，反映出一定的经济和政治问题。

## 一、选题背景

十一届三中全会后，农村开始实行家庭联产承包责任制。家庭联产承包责任制是指农户以家庭为单位向集体组织承包土地等生产资料和生产任务的农业生产责任制形式。基本特点是在保留集体经济必要统一经营的同时，集体将土地和其他生产资料承包给农户。"大包干"作为其主要形式，基本做法是"交够国家的，留足集体的，剩下都是自己的"。

但是，前南峪村并没有照搬"大包干"，而是从实际情况出发，实行专业承包责任制，确立了集体经营、专业承包，统分结合的经营管理体制。前南峪村也是在邢台县 613 个村中唯一保留此模式的村子。位于邢台市邢台县浆水镇境内的前南峪村，坐落于太行山区，现耕地面积为 746 亩，山场面积为 8300 亩。1963年前南峪村遭遇特大洪灾，党支部带领群众治山治滩治水，使一片不毛之地变成太行山最绿的地方。面对 80 年代农村土地改革新形势，村集体决定将分给大家占总土地面积比例较小的责任田和自留地，保留大面积的山场，统一开发治理，以壮大集体经济。

近年来，前南峪村一直作为集体经济的典范，被多家媒体报道。多位国家级、省市级领导人也亲自到此地视察，均给予很高评价。但在市场经济迅猛发展的大环境下，前南峪村农业发展模式在外人看来，依旧落后于时代的潮流，似乎不能让百姓得到更多的实惠。我们通过九天的调研，走访了约 70 户农民（全村

本文作者：清华大学赴河北邢台前南峪村调研集体经济下农业发展模式支队。报告执笔人：郑小艺、王媛媛（清华大学新闻与传播学院 2011 级本科生）；李昊晗（清华大学人文学院 2011 级本科生）。

共 386 户村民），采访了 21 位村内专业承包参与者，了解了集体经济背景下的农业发展模式，看到了当地的农业发展成果，也发现了其中存在的问题，并结合当地实际情况进行思考，提出了我们的建议。

# 二、前南峪村农业发展模式分析

集体经济下的农业发展模式是指在村集体统一管理下，专业承包土地与个人耕作相结合，农业与旅游相结合，以村办企业带动农业产业化的农业发展模式。具体表现为以下几个方面。

## 1. 专业承包土地与个人耕作相结合

（1）专业承包责任制

①六个专业承包小组。前南峪村共有大约 4400 亩经济林，统一走集体化道路，实行专业承包。全村共分为 6 个承包组，分别为 2 个采摘园组、1 个药材组、1 个日本甜柿组、1 个大棚组和 1 个苹果园组。

②承包人员由村民自愿和村委会任命共同确定。每个承包组设一名负责人。村民可自愿报名，村委会根据报名者的个人能力和工作经验来确定合适人选。之后负责人招募在管理此种农作物有长期经验和特长的村民，组成承包小组，之后将小组名单交给村委会统一备份，以便于管理。

③评工记分的利益分配制度。在利益分配方面，前南峪村实行评工记分①的方法，即用一个劳动日作为社员投入劳动的计量单位，一个劳动日表明一个中等劳动力一天完成的劳动量，一个劳动日的劳动量一般可以折换为 10 个工分。每日，承包组长负责记录组员出勤及劳动情况，工分累加计算。每月上交村委会。当农产品成熟时，专业承包组收获并全部上交村委会入库，由其统一进行外销和其他活动。村委会在产品入库时根据市场价进行估价，扣除承包费和生产过程支出，再根据工分记录表，统一发放工资。

④每年需要向村集体交纳一定承包费用。承包组长与村委会签订合同，合同期限与作物生长周期大体相同。比如，西洋参 5 年成熟一茬，药材组承包周期为 5 年；其他作物大多为一年一茬，承包周期通常为一年。各承包组每年需要向村委会交纳从 1 万元到 11 万元不等的承包费用，依据农作物品种不同而有所差别，

---

① "评工记分"起源于新中国成立后的农业生产互助组。上个世纪五六十年代，在农业生产合作社和农村人民公社中被普遍使用。十一届三中全会后，随着家庭联产承包责任制的推行，"评工记分"的方法逐渐被废止。而前南峪村一直保留了这种相对传统的利益分配制度。

也会根据预估产量和收入变化调整。生产过程中的农药、化肥等必要支出，由村委会垫付，年终从承包费用中扣除。

⑤承包项目由村委会决定，不得擅自更改。承包项目是由村委会统一讨论决定，承包人只负责管理田地，不能擅自更改作物品种。如果想要进行项目改造，需要向村委会提出申请，获得村委会批准后方可更改种植的作物品种。

⑥村委会定期邀请农业专家，与农民进行交流，提升农业管理水平。前南峪村与24所科研院校合作，共培养出214名农民技术人员。他们进行科学治山，修筑沟状梯田，加强果树的科学管理，提高农业活动的科技含量和经济效益。治山初期，村党支部书记郭成志三请全国科技大师、优秀农民技师王金章，改造板栗树，制定出了"五改一加强"方案，三年时间板栗产量得到极大提高。

（2）个人耕作

除专业承包土地外，责任田和自留地按户分配，拥有本村农业户口的人均可得到约0.5亩地，主要为一定数量的板栗树和极少量的口粮地（旱地），生长花生、玉米等。口粮一般全部用于自我消费，板栗一部分用于自我消费，多余板栗卖给大收购商。

1981年，村内统一规划，由于太行山区地理条件适宜，有种植板栗传统，且板栗市场相对繁荣，所以要求个人耕作的土地上只能种植板栗。每家农户板栗年收入约为5000~6000元。目前，村集体已允许并提倡种植收益更高的苹果树，村民如想更换作物品种，可自愿到村委会领取苹果苗。

## 2. 农业与旅游相结合

农业与旅游相结合主要体现在蔬菜水果采摘业的发展。水果采摘园是前南峪生态旅游的重要项目之一。目前有乌克兰大樱桃、葡萄、桃子、栗子、薄皮核桃、桑葚、黄金梨、苹果、美国大杏仁、凯特杏等多个品种，一年三季有鲜果成熟。游客可自行采摘果实，然后称量计价。采摘的价格一般高于超市等地的出售价格。水果采摘率达90%。由于专业承包组采用大棚及其他技术进行管理，蔬菜水果一般具有反季节性，比应季价格高，给农民带来可观收益。

## 3. 以村办企业带动农业产业化

前南峪村自上世纪80年代以来，兴办村办企业。2004~2005年，志成板栗加工厂成立，集体投资2600万元，工人800~900人。板栗一般在8~9月份收购，进行一个月的晾晒以促进板栗的糖分转化，当年11月至次年4月为加工时间，一般本村工人约有300人，其他工人从周边村招聘。邢台志成食品有限公司

（以下简称为志成公司）是前南峪村规模最大的村办企业，主要业务是板栗的生产、加工与储藏。该公司每年 8 月底进行定点板栗收购，给本村普通村民每斤高于市场价 0.15 元的价格，给大收购商每斤高于市场价 0.2 元的价格。据了解，前南峪村农户 95% 以上选择将板栗直接卖给志成公司，原因是：一方面价格实惠，另一方面节省运输费用。

采购环节，志成公司与大收购商签订收购合同，大收购商直接从前南峪及周边农村的农户手中收购板栗，志成从大收购商处收购板栗。之后，志成公司将板栗进行加工，形成小包装即食产品，销往河北、山东、河南、广州等地的超市、商店。销售环节，公司有较为稳定的客户。这样，形成板栗"生产—加工—销售"的产业链，避免出现产品积压现象，使农民与市场间接联系，也获得丰富的经济效益。

### 4. 村集体统一管理

前南峪村对 4400 亩经济林①进行统一规划。农业用地分为专业承包地和个人耕作自留地。村内规定专业承包项目，不允许随意变更。1995 年，邢台县委决定将前南峪村设为经济试验区，实行乡镇建制，将村里的党支部变为党委，在村委之上设立管理委员会，管理委员会下面除了村委之外还有各企业，实行政企分开，村委与管理各企业的机构平级。村党委下设农业支部，村党委副书记王小棠负责指导农业生产发展。同时下设龙头企业支部，村党委副书记郭双平负责监督指导志成食品有限公司发展，切实提高农业产业化水平。

## 三、前南峪村农业发展模式评价

### 1. 优点

（1）实行专业承包责任制，有利于增加集体收益，集中力量办大事

专业承包项目的产品归集体所有，村集体可以通过村办企业（如志成公司）或直接与市场联系，将产品销售，组成集体收入。从而，村集体可以统筹规划，开展社会主义新农村建设。目前，前南峪村文化、通信、教育、医疗等都有很大发展。村内已投资 200 万元，新建文化广场、文化大院、图书室、文

---

① 山场总面积为 8300 亩，4400 亩经济林，3900 亩用材林，其中 90 年代国家将 3900 亩用材林划为公益林，4400 亩经济林用作专业承包地和自留地。

化娱乐室。全村统一修建二层住宅楼，建设经费由村集体和农户各出资50%。全村网络、有线电视、电话户户通。村内所有适龄儿童已享受免费的9年义务教育。同时，村中凡是考入大专及以上学校的，享受2000～8000元不等的奖励。全村65岁以上老人实行退休养老制度，每人每月发放养老金300～500元。村民看病就医，费用的75%由村内报销。

(2) 农业与旅游相结合，推进绿色农业发展，符合可持续发展理念

前南峪村坚持"既要金山银山，也要绿水青山"的方针，走绿色环保发展的道路，实现了从传统温饱型农业向高效农业和生态旅游观光农业的转变。1982～1985年，前南峪村投资120万先后创办了化工厂、金属硅厂和金属镁厂，年效益1800万元。2003年，由于重度污染，村委会决定彻底取消化工厂，将金属镁厂、金属硅厂分别迁往贵州省和广西壮族自治区，以保证生态农业的良好环境。目前，前南峪村已先后建成了高新技术示范园区、果树国外引种示范园区、优种苗繁育园区、有机食品生产园区、干鲜果品加工园区和生活休闲娱乐园区，大力发展生态高效农业，符合可持续发展的理念。

(3) 村集体统一领导，有利于缩小收入差距，实现共同富裕

前南峪村对农业进行统一规划指导，并结合当地实际情况，规划承包项目和个人种植作物。集体共同发展，有利于增强凝聚力和向心力。利益分配相对平均，不容易引起利益纠纷。专业承包方面，实行评工记分原则，年终由村委会统一按时发放工资，避免拖欠或不发工资的行为，减少人为因素对利益分配的干扰，村民收入相对稳定；一个承包组内有多名成员，可以相互监督，内部利益矛盾少。村委会统一分配土地资源。村民可持本地户口领取3分地，面积固定，质量相当，避免任意占用土地和争夺土地资源的情况。同时，土地归集体所有，承包给个人的土地不能流转，避免土地纠纷。村集体统一领导，实现了利益分配和资源分配的相对公平，有利于社会和谐稳定。

(4) 加快科技农业发展步伐，促进农业产业化进程

前南峪村重视农业科技，根据当地自然环境，引进国外先进技术和高产品种，如美国凯特杏、乌克兰大樱桃、美国红提葡萄等，生产出高产优质的产品。以志成公司为代表的村办企业与专业承包基地、农户的合作，使各条农业产业链逐步完善，加强与市场联系，增强农产品市场竞争力，有力地推动了当地农业产业化发展。

## 2. 存在的问题

（1）村民缺乏市场意识和市场知识，对外界关注极少，思想观念落后

前南峪村曾经依靠集体力量治理荒山，摆脱了穷困境地。村委会和专业承包者直接与市场联系，导致村民不需要主动了解外界信息，从而对外界知之甚少。同时，由于前南峪村地处山区，距市区有2个小时车程，相对闭塞，村民思想相对封闭落后，没有关注外界的意识。走访农户过程中我们也发现，虽然电脑网络普及率很高，但多数是供家中年龄较小的孩子使用，主要功能为玩游戏、看娱乐节目等。网络、电视等高科技产品并没有成为村民获取外界信息的重要渠道。

（2）农业整体效益较低，村民收入较少、收入来源单一、生活水平较低

未参加专业承包的村民日常以种植板栗为主，人均年收入（纯利润）5000～10000元。同时，板栗容易受到天气、土壤、水源等自然因素的影响，具有不稳定性。农业整体效益低，直接导致村民收入偏少，难以满足除温饱之外的更多的生活学习娱乐需求。在采访农户时，我们发现，虽然每家每户都按照村内统一规划，将房屋翻新为二层小楼，但内部陈设依然陈旧。由此可见，村民生活水平依然相对较低。

（3）土地流转受限制，农民生产自主性差，不利于资源优化配置

对于专业承包土地，村民不得擅自将其转让，也不能随意变更承包项目。这样导致村民只按部就班管理承包地，不去关注市场需求信息，不了解市场竞争态势。对于个人耕作地，村民大多种植板栗。村委会近两年也改变政策，同意村民申请种植效益较高的苹果树。但由于村内信息传达存在一定问题，加上板栗种植传统，大部分受访者并不了解此情况。同时，管理苹果树需要较多的时间精力和较高难度的技术。高收入苹果树的推广目前尚处于初级阶段。村集体统一领导农业发展，固然有助于生产社会稳定，但也限制了农民生产自主性，阻碍了土地资源、人力资源的优化配置。

（4）地少人多，劳动力闲置

按照前南峪村规定，每人可领取三分地。按一家五口人计算，每户大约有1.5亩地，人多地少，就导致出现劳动力闲置的现象。村党委农业支部负责人王小棠介绍，村里不定期有工程建设，招募村民进行承包。但是由于此类工程建设具有不定期性，不能从根本上解决问题。

前南峪村大约有50～60名外出务工者，所占比例极小。外出务工者年龄约为20～25岁，大多原来为村办工业企业中的技术人员。从1984年至2005年，

村内先后创办了金属硅厂、金属镁厂、合金厂、树脂厂、海绵铁厂、志成食品有限公司等多家村办企业。打工者正是在这些企业中接受了一定的专业技能培训，拥有相关的专业知识和管理才能，从而转向邢台县、邢台市区，或是其他更大的城市，寻求更多的就业机会和经济收入。

# 四、结论、建议及思考

前南峪村农业发展模式，具有鲜明的集体经济特色。坚持实行专业承包责任制，充分结合集体力量与个人智慧。村办企业促进农业产业化发展。村集体统一领导，保障农业发展环境稳定。但同时，需要解决以下问题：农民市场意识弱、生产自主性差，部分劳动力闲置，土地资源不能流转，农民收入较低，资源尚未得到优化配置。前南峪村农业发展模式，具有推广价值，可以为实行集体经济的农村提供经验，也为不走集体经济道路的农村在集体设施建设或者村民福利方面提供借鉴。结合实地调研，我们认为前南峪村未来发展应该从以下几个方面进行努力和完善。

（1）引导村民关注市场信息，培养市场意识

前南峪村村民知识结构存在较大差距。村内管理者、专业承包者以及村办企业的管理者具备一定的市场知识，能够及时捕捉市场信息，根据市场变化而调整产品生产。然而普通村民知识水平低，不能觉察到市场的重要性。所以，具备知识优势的人群应积极引导普通村民关注市场变化信息，树立市场意识。可以开展电脑使用技能普及培训，使村民了解外界农产品生产及销售信息，掌握国家农业发展政策。同时，村民可以利用远程教育平台或者与农业相关的教学视频，提升农业知识水平。

（2）增加村内信息沟通渠道，保障信息流通顺畅

一方面，要加强村委会与村民的沟通。目前前南峪村每月15日召开村民代表大会，汇报一个月的工作情况，并就一些重大事项进行讨论决议。但在我们入户采访中发现，大部分村民把村代会当做一种形式，并没有真正发挥监督和集体决策的作用。村代会参与者只是一部分村民，他们也没有向其他村民传达会议精神。所以村委会应当改变死板的上传下达形式，增添信息沟通渠道，例如设置意见箱、定期举办干部群众座谈会、表彰先进组织或者优秀个人等。另一方面，要加强村民之间的交流与沟通。由于实行集体经济，村民更应加强沟通，群策群力，共同致富。村内可定期举办茶话会、经验交流会、农民小型讲座会等活动，让村民有时间交流种植心得，互相学习先进种植方法。

（3）提升农民知识水平，推进农业科技发展

首先，可以定期举办农业科技培训讲座，邀请农业专家进行现场指导。其次，到外地参观学习，与当地农民交流种植经验和农业发展理念，拓展农民视野，使其更具有市场化意识。最后，利用网络远程教育，提升农民知识水平；利用网络信息平台，实现农业信息资源共享。

# 重庆市巫溪县"乐和家园"的社会管理创新实践

本次调研从重庆市巫溪县上磺镇羊桥村切入，通过入户访谈、政府座谈的方式，调查"乐和家园"这一创新社会管理模式的建设情况，探究作为社会第三部门的非政府组织参与农村社会管理的成效与问题。"乐和家园"起到了化解社会矛盾、改善农村治理等作用，对农村的社会管理有借鉴意义，但也存在着村民认知、自身制度性等问题影响它的可持续性与可推广性。

## 一、选题背景及意义

重庆市巫溪县是国家扶贫开发工作重点县，近年来经济发展迅速，开始探索从党政"包办"式管理向党政主导下的"包容"式治理转变，构建以"党组织为核心、自治组织负责、社会组织协同、公益组织助推、网格单位支持"的"乐和"治理格局[①]。2010 年 7 月，巫溪县政府聘请公益组织北京地球村环境教育中心主任廖晓义作为政府顾问，将"乐和"理念引入其故乡巫溪县，并协助县委、县政府进行"乐和家园"建设的政策设计。2010 年下半年，巫溪县在一些社区和乡村进行"乐和"理念的宣讲，随即在羊桥等 3 个村和县城 6 个社区启动"乐和家园"建设试点。"乐和家园"以"乐和治理、乐和人居、乐和生计、乐和礼仪、乐和养生"为主要内容，总体目标是"社会公平正义、百姓共同富裕、人人快乐和谐"。

"乐和家园"建设是一场仍在进行中的社会试验，综观近年关于"乐和家园"的调研和报道，以宏观的政策论述居多。本次实践旨在通过实地调研，发现并分析"乐和家园"建设的实际成效和存在的问题，提出我们的思考和建议，并探讨其可持续性和对全国其他地区的借鉴意义。

---

本文作者：清华大学重庆巫溪县"乐和家园"农村社会管理模式创新探究支队。报告执笔人：李璨岑、郭木容、孔令全、徐菱珮（清华大学新闻与传播学院 2011 级本科生）。

① 中共巫溪县委群众工作部，《乐和家园建设专题调查报告》，2012 年 5 月 10 日。

# 二、建设主要思路和措施

巫溪县"乐和家园"建设在创新社会管理、拓展乡村社会公共空间方面采取了一系列措施，建立"以自治为基础、共治为平台、法治为保障"的社会管理机制，在全市率先成立群众工作部，推行"五三三"大群众工作体系①、网格化管理方式②。

（1）成立民间组织乐和互助会③

各村、社区成立乐和互助会，由群众推选管理人员（乐和互助会代表）进行自治。乐和互助会"集服务性、公益性、互助性于一体"，并与太极拳协会、舞蹈协会、红白喜事协会等社会组织相互融合④，把矛盾化解在基层，并对村支两委实行监督。

（2）形成群众话语系统传播乐和理念

"乐和家园"在试点和建设过程中，进行了较为广泛的宣传和动员，"乐和家园"建设在巫溪县县内的知晓率极高，也受到国内较为广泛的关注，已经形成了社会舆论，是全县广大干部群众的共同话语。

（3）培育民间精英

培育民间精英在"乐和家园"建设中是一个重要的部分。群众通过间接选举的方式⑤，推选地方德高望重的党员、离退休干部、乡村教师、地方知名人士和素质较高的村居民⑥，作为乐和协会代表，负责乐和互助会的各项事务。

---

① "五三三"大群众工作体系：行使"整合群众工作资源、联系和管理社会组织、解决热点难点问题、督查群众工作落实和调研政策方法"五项职能；纵向组建县级群众工作部、乡镇群众工作站（县级部门群众工作科）、村（社区）群众工作室三级网络；横向整合"民政救济、法律援助、人民调解、检法机关、城乡建委、国土房管、人力社保、纪检监察"等部门职能，建立民众联络中心、民意调查中心、民众服务中心三个中心。

② 网格化管理方式：将城乡划分为108个网格，一个网格明确一名县级领导统筹、一个县属单位部门帮扶，同村（居）两委、乐和协会一道共同来组织发动群众。

③ 乐和互助会：村民自治组织的产物，秉承自愿（自愿参与）、自治（自我管理）、互帮（互相帮助）、互惠（互相受益）的原则，在村党支部的领导下开展工作，承担"矛盾化解、生产协同、环境保护、文化道德"四项职责。

④ 中共巫溪县委群众工作部，《乐和家园建设专题调查报告》，2012年5月10日。

⑤ 与巫溪县政府座谈会会议记录，2012年8月22日。

⑥ 中共巫溪县委群众工作部，《乐和家园建设专题调查报告》，2012年5月10日。

# 三、建设效果

经过调研，我们发现"乐和家园"建设是以"乐和治理"为核心的社会管理模式，它在农村社会、经济、政治、文化各方面都发挥了一定的作用。其中，促进农村社会和谐、文化繁荣，是其最主要的建设效果。

## 1. 促进农村的社会和谐

### （1）和谐邻里关系，化解社会矛盾

"乐和治理"的首要内容是组建乐和互助会，协调化解村民矛盾，在化解农村社会矛盾、营造农村社会和谐方面发挥了多重作用，为农民交流意见、发泄情绪、诉说委屈、提出建议提供了平台，并引导农民理性解决纠纷和问题，避免农民内部的矛盾激化[1]。政府通过与乐和互助会的沟通与对话，了解农民利益诉求，为政府决策提供参考，营造和谐的政群关系。根据中共巫溪县委群众工作部2012 年 5 月的《乐和家园建设专题调查报告》，在专项民调共发放的 232 份调查问卷中，72.20% 的人认为"乐和家园""和谐了邻里关系，有效化解了社会矛盾，唤醒了群众集体观念，环保意识和互帮互助意识越来越浓"[2]。

### （2）改善农村社会治理

农村治理既包括乡镇人民政府对乡村社会的管理，也包括村民自治。乡镇政府、村支两委的作用主要集中在行政和政治领域，乐和互助会在一定程度上弥补了政府在社会领域的不足。它促进村民与政府的有效沟通，承接国家和社会的资源输入，有利于基层政权对乡村社会的管理；它为培养和训练村民的民主法制意识提供了良好的平台，对村民自治的健康发展意义重大。

### （3）改善民风

开展文体活动，如跳"坝坝舞"，村民们热情很高，在唱歌跳舞中，凝聚了村民间的感情，既有益于身心，又帮助了村民远离赌博和邪教组织，促进家庭和睦、邻里团结。"乐和"宣讲的理念在村里引起的民风变化较大，各家各户变得更加团结，有了更多互助的意识。

### （4）改善居住与生态环境，倡导养生

在乐和互助会的带领下，羊桥村的人居环境有了较大的改善。村民曾清理硬

---

[1] 与巫溪县政府座谈会会议记录，2012 年 8 月 22 日。

[2] 中共巫溪县委群众工作部，《乐和家园建设专题调查报告》，2012 年 5 月 10 日。

化道路两侧杂草,打捞羊桥河杂草、淤泥、垃圾,使羊桥河从污水河变成清水河,在道路两侧进行绿化。村里实施的垃圾分类处理方法,按可回收、不可回收对垃圾进行分类,垃圾车定时上门回收。这在一定程度上改掉了村民以前不讲卫生的习惯,利于垃圾的合理、环保的回收利用。

### 2. 促进农村的文化繁荣

#### (1) 丰富农村的文化生活

"坝坝舞"、"乐和故事会"等活动以村民喜闻乐见的形式倡导传统美德,丰富了农村的文化生活。乐和大院的农家书屋丰富了村民们的精神生活。书屋为村民提供涉及农业、医疗、生活、经营、文学、科普、历史各种种类的图书以供借阅。我们从图书借还记录上推知,农家书屋每月能借出 30~50 本[1],但由于村中有一部分村民不识字,农家书屋对他们的帮助不大。

#### (2) 提高农村的道德水平

现在村民之间见面都会互相问候,村民间关系有了较大的改善。开展"十星级文明户"评比[2]的方式有助于村内良好道德风尚的形成。每家每户的门上都挂着"十星级文明户"评选结果的牌子,获得星多的家庭会成为各家各户效仿的对象[3]。据我们的访谈和观察,在关爱留守儿童方面,羊桥村有其值得借鉴的做法。乐和大院为留守儿童提供了一个学习、娱乐和交流的场所,课余时间,他们比较愿意前往[4]。"爱心妈妈"与村里的留守儿童结成对子,辅导他们的学习,关心他们的生活,在一定程度上利于留守儿童身心的健康发展。

#### (3) 提高农民的科学文化素质

"乐和家园"不定期组织乐和代表培训,并会由乐和代表将培训结果汇报给村民,提高村民的科学文化素质。这种方式得到较多村民的欢迎,效果也较好。

### 3. 促进农村的政治文明

#### (1) 拓展农村的自治

乐和互助会的发展扩大了基层民主,拓展了治理空间。互助会带头从事农业

---

① 《暑期实践支队例会会议记录》,2012 年 8 月 17 日。

② "十星级文明户"评比:"按照巫溪县"十星级文明户"评比标准开展。包括"五爱星"、"卫生星"、"绿化星"、"法纪星"、"新风星"、"文教星"、"计生星"、"和睦星"、"诚信星"、"致富星",实行一年一评的动态管理。

③ 《暑期实践支队例会会议记录》,2012 年 8 月 19 日。

④ 《暑期实践支队例会会议记录》,2012 年 8 月 17 日。

产业发展，带头致富，体现了村民对村中公共事务的积极参与，对乐和理念的认同和对自愿、自治、互帮、互惠原则的维护。

（2）改善政群干群关系

乐和互助会在政府与村民之间进行沟通，促进了政府与村民的互动。一方面，乐和互助会通过定期列席村支两委会议，将村民的意见反映给村支两委，对村支两委的工作进行监督和建议；另一方面，乐和互助会将党和政府的政策方针传达给村民，促进村民对政府决策的理解和支持。这一利益表达和利益协调的过程中，乐和互助会缓解了政府和村民的关系，也推动民主政治的发展。此外，在羊桥村"乐和家园"试点后，县政府、镇政府和村里的干部经常到村里走访调研，与村民接触交流，改善了干群关系，有助于政策的实施与开展。据羊桥村现任大学生村官李洁介绍，镇里面的主要领导、分管领导，一周至少有三四天待在羊桥村[①]。

（3）培育农民的民主法制意识

乐和互助会代表是村民推选出来的、自愿加入乐和互助会并自觉履行会员义务的，而乐和互助会会长等职是由乐和互助会代表民主投票产生，这一选举过程本身就是农民民主意识、参与意识觉醒的产物。乐和代表们在乐和互助会中的实践参与，特别是定期召开会员会议，讨论决定乐和互助会重大事项，对村支两委的工作进行监督与建议，不仅增长了自身的民主法制意识，更为全村人树立了榜样。

## 4. 促进农村的经济发展

（1）发展生态农业，促进农业的产业化和品牌化

廖晓义给羊桥村带来了许多新的理念，包括发展生态农业。她引进新的水稻种子，让村民种植有机大米，成熟后统一收购，再包装卖到外面去，利于羊桥村形成自己的品牌。

（2）发展旅游接待，增加农民收入

作为巫溪县"乐和家园"建设的门户，羊桥村的接待任务较多，接待也成为羊桥村一些家庭的重要收入来源。但与其他乡村旅游不同，大部分农户接待的费用是由政府来承担的，虽然村民增收了，但这并不可持续。

---

[①] 村官李洁访谈影像资料。

# 四、存在的问题及分析

## 1. 村民认知存在偏差，对政策依赖或误读

"乐和家园"建设在巫溪县家喻户晓。虽然大多数干部群众都对其持认同态度，但他们对"乐和家园"包含内容的认知与政府存在较大的偏差。

政府认为五个"乐和"的核心内容是"乐和治理"①。而在我们的调查中，多数知晓且认同"乐和家园"建设的群众更加侧重乐和建设的精神层面，认为"乐和家园"建设和谐了邻里关系，建设内容是组织会议、讲座、歌舞活动，以及打太极拳、做养生操②。这种偏差的产生既与群众的文化水平有关，也与政府在宣传时许诺过多有关。

部分基层干部群众对政策存在依赖或误读，以为只要当地试点"乐和家园"，政府必然会投入很多人力物力，甚至罗列账目要求政府解决。而政府出于宏观规划，同时也限于自身的承载能力，资金的投入是有限的。群众的希望没有实现，对政府产生不信任，要把他们再次组织、发动起来就很难③。

## 2. 任务重而权利少，互助会代表逐渐淡出

除了规定的任务，互助会往往还要协助村支两委解决村里其他问题，甚至成为村支两委的助手。这不仅加重了代表的任务，也使得互助会成员没有真正参与到村（社区）社会事务管理。部分村社干部为维护自己的地位不愿公开村务，多方共治联席会议的召开次数较少等，都给互助会代表工作的开展造成了一定困难。

除了职权履行受阻，互助会活动经费无保障是一个突出的问题。由于没有固定的活动经费，许多代表个人垫付。对于一个经济不发达的乡村地区而言，有政治出路（突出个人作为村支两委的后备干部培养）但无个人经济待遇的现状，使得许多代表迫于生计而很难在乐和互助会持续工作，从而逐渐淡出"乐和家园"建设。

---

① 与巫溪县政府座谈会记录，2012 年 8 月 22 日。
② 《暑期实践支队例会会议记录》，2012 年 8 月 16 日~8 月 20 日。
③ 与巫溪县政府座谈会记录，2012 年 8 月 22 日。

### 3. 疲于应付冲淡实际工作，持续性受影响

（1）考察参观频繁，接待任务多

2011 年，全县共接待来自国内外党政、社会团体 70 批次，1200 余人次；仅羊桥村 2011 年接待了几百起客人，最多的一天接待达 4 次[①]。过多的接待任务一方面耽误时间，冲淡了实际工作，另一方面使得干部、群众疲于应付，给不少群众带来"'乐和家园'建设走形式"的感觉。

（2）活动重数量轻质量，群众热情下降

接待参观考察的社会团体时，拱手礼等活动的表演成分太浓，乐和互助会或群众自发组织的文体活动数量多、频率高、质量不高，参与面窄（参加者多为中老年妇女），观赏度低。长此以往，致使群众对于活动的热情度大大降低。同时给群众以误导——建设"乐和家园"就是唱歌跳舞、打太极、做养生操。

（3）活动具有季节性，人力财力难以持续

每逢农忙时节，乡村地区群众自发组织的活动大大减少，给部分群众"'乐和家园'三天打鱼两天晒网"的感受，从而降低了热情。部分村社缺乏骨干人才，拥有人才的村社也由于乐和代表迫于生计逐渐淡出而出现人力难以持续的情况。政府的承载能力有限，村社的基础设施建设跟不上，活动场所和文体用品有限。这些都使得"乐和家园"建设的持续性大受影响。

### 4. 乐和互助会功能平衡问题及分析

（1）乐和互助会的功能规范

在农村中，村支两委发挥着自治组织的自我管理、自我治理的功能。但是在自治过程中，由于村支两委有自裁权，同时缺乏相应的监督，导致一些问题的出现。如村民的低保、补偿落实不到位，有时还要通过私下的关系走后门才能领取；在利益面前的优亲厚友，不按规矩办事等。

（2）乐和互助会运行中的问题

①自身性质的限制。如何处理好乐和互助会和村支两委之间的关系是一个重要的问题。互助会在参与村支两委的决策和实行时，不能超越自身性质和权限，对村支两委的限制和监督有限。如果乐和互助会的权利过大，对村支两委的工作制约过大，又会直接影响到村支两委工作正常有序地开展。

---

① 中共巫溪县委群众工作部，《乐和家园建设专题调查报告》，2012 年 5 月 10 日。

②资金短缺和建设人才流失。目前乐和互助会面临的主要困难之一是缺乏资金的长期支持，使得村里的乐和活动缺乏必要的资金保障，乐和互助会的运行和工作人员的工作也缺少相应的资金投入和奖惩激励。村民难以看到近期的收益，减少了对"乐和家园"建设的资金和精力投入。由于乐和互助会代表的权利和义务不平衡，承担的任务较多，造成互助会代表和骨干的淡出和流失，后继建设人才难以保证。

③村干部的问题和村民文化水平较低。在互助会代表和村干部之间，虽然村干部不能兼任互助会代表，但由于家族亲戚等关系，在进行公务决策，特别是牵涉到个人利益时，很难保证乐和互助会在对村支两委监督、化解村民矛盾时会坚持公平公正。由于羊桥村村民的文化水平普遍偏低，村民们缺少基本的文化知识了解，这也给乐和互助会维护村民利益、化解矛盾带来了困难，导致村务民不知，一切事情由村里的几个人裁决，这也造成了村民与村干部之间的矛盾。

## 5. 乐和建设具体运行中的问题及分析

（1）村民为生计所迫，参与受阻

巫溪境内村民主要以外出务工和种田为生，为生计所迫成为村民难以持续性地投入到"乐和家园"建设、参与乐和活动的主要原因之一。因此，资金上的投入和保障是"乐和治理"持续进行的关键因素。

（2）村民文化水平低，参与程度有限

在"乐和治理"理念的宣传中，绝大多数的羊桥村村民文化水平偏低，到农家书屋看书、借书的村民也相对较少，即使是关乎切身利益的村务公开栏也少有人看。这些都使得"乐和治理"的宣传普及率受到较大的限制。

（3）资金投入和村民收益

政府对村级公共事务的经费、后勤保障不够，使得一些村干部产生顾虑，难以调动他们为村民服务的积极性。

现在政府在"乐和家园"建设中主要注重"乐和治理"，没有及时给村民带来明显而普遍的利益，这也引起了一些村民对乐和建设的不理解。

村民之间、村民与村干部之间也产生了新的经济上的矛盾。一些村民在接待游客或考察者时对村里的住宿安排产生不满，认为村干部做事不公正，顾及私利。由于政府参与干涉，村民在接待客人时缺少市场经济中的自由性和竞争性意识，直接影响了村民发展农家旅游的积极性和村民收益。

# 五、思考和建议

巫溪县"乐和家园"建设是在社会管理创新的大背景下，巫溪县人民结合本地实际进行的社会管理模式的一次探索和创新，在取得丰富经验的同时也存在诸多需要进一步完善的方面。

## 1. 借鉴意义

（1）建设经验

在巫溪县，"自治＋共治＋法治"的创新社会管理机制、群众工作部的设立、"五三三"群众工作体系的建设等为社会管理中村民、居民发挥主观能动性，管好自己的、大家的事情创造了条件和机制。

在羊桥村，乐和互助会、乐和联席会议制度、乐和代表、村支两委以及村民会议等使羊桥村的日常管理更加有序、有效，村民们自我管理的认可度也在提高。

（2）借鉴要谨慎

巫溪县认为乐和建设当下的主要重心是乐和治理[①]，羊桥村作为"乐和家园"建设的试点村，确实表现出了和谐、整洁的村风村貌，根据政府提供的数据，村民的上访率大大降低，满意度不断提升，村民之间的矛盾少了，村社呈现出一派"乐和"的景象[②]。

但"乐和"景象的背后，村民中的矛盾是因为被压着而变少，还是因为有渠道解决而减少了；政府的乐和治理是为了给村民们带来收益和幸福，还是为了自己的工作更加方便、自己的功绩更加突出等问题，也是在乐和治理中当地政府和村民需要考虑的。

应该清楚地看到，巫溪的"乐和家园"建设仍处于起步阶段，还没有探索出成功的社会管理方式的道路，探索中出现问题和挫折也在所难免，尤其是经费投入的受限严重制约了"乐和家园"建设的持续发展。

每个地区有不同的实际情况，在借鉴"乐和家园"建设经验时，要根据地方特点和群众的需要，让他们真正扮演主人翁的角色，从社会管理中受益。

---

① 与巫溪县政府座谈会会议记录，2012 年 8 月 22 日。
② 中共巫溪县委群众工作部，《乐和家园建设专题调查报告》，2012 年 5 月 10 日。

### 2. 对解决现存问题的建议

（1）加强教育引导，统一干群思想认识

从某种意义上说，社会管理是做"人"的工作，思想观念的转变和更新在这场社会实践中是一项重要的工作。

针对在建设过程中政府与群众对"乐和家园"的认知偏差问题，政府应加强对干部的培训和指导，把组织讲座和群众学习活动常态化，并增加干部和群众的交流，提高已有的乐和书院、乐和讲习所等公共空间的利用率。

（2）建立长效机制，促进持续发展

"乐和家园"建设要持续下去，就必须建立、完善运行机制。乐和互助会是其基层的自治组织，但目前在运行方面还存在较多问题。

互助会缺乏必要的活动资金是其工作开展过程中直接而重大的阻碍因素，县政府可适当提供资金或活动用品等资助，向社会动员慈善捐款、向基金会申请基金也是募集资金的重要方式，此外，也可参考国外自治组织的资金保障方式，根据自身情况加以吸收借鉴。此外，基层干部群众组织的活动应在一定时段后更新形式、内容，向群众征集喜闻乐见的形式和活动创意，不贪图数量，要办就办出质量，吸引周边群众共同参与。

（3）放慢建设步伐，分步实施，明确工作重点

在"乐和家园"建设过程中出现"先外宣后补课"的现象，一方面造成工作质量降低，另一方面容易给外界和干部群众造成急功近利的印象。宣传工作要把握好度，适度、适量的宣传方能有效助推社会建设。在建设的初期，可适当减少工作内容，突出政府构想的"乐和治理"系列工作，明确工作重点，制定分步推进的近期和中长期规划。

（4）发展经济，发展特色产业

对"乐和家园"建设持不认同态度的干部群众都认为，"乐和家园"没能为他们带来生产、生活上的实际的改变，换言之就是没有带来经济上的效益。要在一个国家贫困县推进社会管理的新模式，经济基础是必不可少的。巫溪县应整合当前已有的资源，使其承载的功能最大化，逐步增加新的投入。针对本县的地理位置特点、自然人文资源，发展特色产业，让生态农业走向市场，增加乡村观光带来的收益，整合分散的旅游资源，逐步提高经济收益，使百姓更加"乐和"。

# 河北省顺平县四个行政村合作社
# 发展停滞问题案例分析

合作社在中国的发展可谓是有起有伏，各界对合作社的看法可谓是有褒有贬。实地调研让我们对合作社的发展现状有了客观全面的了解，同时它更让我们反思，让我们不断去寻找答案。

中国是一个拥有13亿人口的大国，民以食为天，保证粮食安全始终是国家工作的重中之重。同时，中国有8亿多人口生活在农村，中国的城市化、现代化依赖于"三农"问题的解决。但是如何解决"三农"问题？当代学术界众说纷纭，其中吸收了上世纪二三十年代梁漱溟、晏阳初等乡村建设派主要思想的温铁军提出农村合作社道路，认为中国农村经济发展的必然趋势依靠"内生性变量"[1]，并在全国大范围内开展试点实验。事实上，合作社在中国并非新事物，它的历史可以追溯到上世纪20年代。

我们的暑期实践支队调研的柴各庄、小水、北康关和史家沟四个村庄的合作社都在工商部门注册，却在不同的部门备案，包括农业部门、技术监督部门、公安局。柴各庄的合作社是由村级老年协会转化而来，而村级老年协会是在乡建中心[2]和下乡大学生的推动下由村级上访组织转化而来。小水、史家沟和北康关合作社都是在乡建中心和大学生的帮助下，由普通农户主导建立。实际上，普通农户也有特别之处才能成为合作社的负责人，其中柴各庄合作社负责人是老年协会的骨干，史家沟和北康关合作社负责人是文艺队骨干，而小水村的负责人是一个对农村合作事业抱有无限热情和希望的普通农民。

本文作者：清华大学赴河北省保定市梁漱溟乡村建设中心合作社调研合作社发展模式支队。报告执笔人：孙小雨、黄叔琳、宋碧玮、李雨婷（清华大学社会科学学院本科生）；邓纬地、李秋红（清华大学美术学院本科生）；王伟华（清华大学电机系博士研究生）；代超（清华大学水利系2009级本科生）；孟凡东（中国科技大学2011级本科生）。

① 温铁军：《中国基本经济制度研究》，中国经济出版社2000年版。

② 乡建中心指梁漱溟乡村建设中心，是以新农村建设为目标的民间组织。

# 一、四个村庄的基本概况①

柴各庄全村 466 户，1312 人。耕地面积 1682 亩，果园 580 亩，其中桃子 540 亩。存在土地转出和流入的情况，但并不普遍，在调研的 31 户农户中，有 5 户存在土地流转。柴各庄是外商收购桃子、柿子、红薯的基地，附近小水、葛庄子、先锋、柴各庄都在柴各庄出售。柴各庄村的小学是美禾公司捐赠的，只有小学一年级到三年级，四年级到六年级需到邻村，初中设在安阳乡，高中设在顺平县。村里实行新农保和新农合政策，在调研的 31 户农户中，有 13 个农户加入了新农保，有 23 户参加了新农合。村庄里有卫生室但是没有图书馆。村民饮水主要依靠井水，灌溉用水很紧张。

北康关全村 430 户，1800 口人。村土地总面积 3000 亩，其中耕地 1700 多亩。土地基本没有流转，调研的 21 户农户中，没有一户土地转入或转出。村里有小学，村里同样实行新农保和新农合政策。调研的 21 户农户，有 6 户加入了新农保，21 户全部参加新农合。村里有卫生所和图书馆。村民饮水主要依靠井水，灌溉用水很紧张。

小水村全村 80 多户，380 多人。土地流转情况和北康关村相似，在调研的 21 户农户中，除了一户没有信息外，其余农户都没有土地流入或转出情况。村里没有小学，最近的小学在邻村，初中距村 6 公里，高中在县市。村里实行新农保和新农合政策，在调研的 21 户农户中，有 10 户加入了新农保，有 20 户参加新农合。村里没有卫生所和图书馆，村民看病要到乡镇卫生院。村民饮水主要依靠井水，饮水不符合安全标准。

史家沟村全村 260 多户，1000 多口人，耕地 1200 多亩。在调研的 30 份问卷中，只有两户的土地有流转。村里有小学，村里实行新农保与新农合政策，在调研的 30 个农户中，有 7 个农户加入了新农保，有 16 个农户参加新农合。村里有卫生室和图书馆，村民饮水主要依靠井水。

# 二、普通农户主导建立的合作社发展现状

柴各庄合作社建立以后，首先成立了文艺队，由原来一些老人的吹拉弹唱到后来年轻人的盘鼓队，发展还算良好。接着，合作社进行农资购销的尝试，由于

---

① 柴各庄村的问卷是随机抽取，其余三村是在合作社负责人协助下完成，并非随机抽样。

进货的农药存在质量问题，所以以失败告终。后来与其他村庄一起运营农资店，也因为收入不理想而失败。后来进行信用合作的尝试，但由于总资金有限发展缓慢，而且农村中一般农户需要大笔资金时会在亲戚邻里之间周转，而没有借贷的习惯。最后进行的生态农业只是处于试验阶段，还难以展开。而且合作社副理事长对自家桃园进行了不施农药化肥的实验，但是长出来的桃子不如别家农户好看，所以只能被商家以较低的价格收购。预计这种模式很难被其他农户接受。就调研的31个农户来看，只有三人是合作社社员，他们对合作社的评价不高。其余农户少数不知道合作社，大多数知道合作社但不愿加入合作社，因为加入合作社与否没有差别。

谈及信用合作，不禁让人想起20世纪20年代以章元善和于树德为首创办的中国华洋义赈救灾总会。它是一个民间组织，该组织的贷款来源于结余的赈灾资金，资金的使用效率高，城市的商业银行都通过它给农村的信用合作社放贷①。这种资本由城市流入农村、由商业流入农业的局面现在是难以想象的。随着我国工业反哺农业、由城市支持农村进程的不断推进，相信资本回归农村也在不久的将来。

小水村合作社建立了自己的养殖场，目前有35只羊，养殖场的工作主要也是由葛和平、葛和全两人来做的。此外还有农资店，合作社帮助社员统购农药化肥等，不过持续时间不长。其他的活动就很少了，即使有也是昙花一现，并不长久。就调研的21个农户而言，有4人是合作社社员，有两个农户缺乏信息，其余农户都知道合作社但不愿加入。

北康关村农资统购统销只进行了一年。因为市场行情比较复杂，经销商太多，基本没有什么利润，所以后期活动没有继续。同时面对村民进行过几次培训。此外，合作社大小事情都会通过召开社员大会协商解决，以此来增强社员的凝聚力。就调研的21个农户而言，有6人是合作社社员，其余农户都知道合作社但不愿加入。

史家沟合作社在2007～2009年曾经和该地区其他合作社联办农资店，但因为竞争激烈，农资价格波动大等原因而无法为继。合作社骨干崔占乐曾经尝试带领村民开展养殖业（鸡和羊），但因为资金不足、技术不过关以及村干部的阻挠而失败，赔了很多钱。自此之后，合作社基本没有进行过任何成功活动。史家沟村的社员比例较高，就调研的29个农户而言，有11人是合作社社员，其余农户都知道合作社但不愿加入。

---

① 唐宗焜：《合作社真谛》，知识产权出版社2012年版。

所以从总体来看，四个合作社都进行过农资统购统销的实践，但都以失败告终。柴各庄进行的信用合作虽然在开展，但是影响和获益甚微。小水村、北康关和史家沟村的农场发展规模有限，缺乏社员参与。四个合作社没有开展对社员和村民有吸引力的活动，所以合作社自身缺乏积累基金，生存困难，未来渺茫。黄宗智认为正是中国过密化的小农经济使得发展趋势不是社会化大生产的工业经济，而是不断分化的小农经济①。看来合作社想要改变农村的分化现状是异常艰难的。

# 三、合作社发展的停滞分析

现实中成功的合作社各有特色，但失败的合作社却有很多共同点。

## 1. 合作社的合法性问题

在与合作社负责人交流的过程中发现，合作社的发展困难有诸多原因，但是我们认为最重要的是合作社的合法性问题，也就是合作社的定位问题，而且合作社的其他问题也都有赖于这个问题的解决。直至目前，中国关于合作社的立法只有 2007 年 7 月 1 日实施的《农民专业合作社法》。这部法律并没有对合作社与基层政府、村委会之间的关系进行阐释。所以合作社在现实的运营过程中，很容易受到村委会的猜忌和排挤，难以享受到国家给予合作社的政策以及资金支持，也难以获得大多数村民的真心拥护和支持。同时，很多合作社负责人和学者都认为资金是制约合作社发展的瓶颈②，实际这也与合作社的合法地位有关。由于金融机构对于合作社的法律地位不明确甚至怀疑，所以合作社难以获得贷款，而依靠社员的会费筹集资金对于合作社来说是杯水车薪。所以，解决合作社的合法性问题是合作社生存和发展的关键。

## 2. 合作社与村委会的利益冲突问题

在我们访谈的四个村庄中，柴各庄合作社的主要骨干是由老年协会的成员组成的。首先，老年协会的成员曾就村干部挪用公款问题进行上访，这引起了当地村委会对于合作社的不满，所以合作社和村委的关系芥蒂已深。其次，该村不仅有老年协会，也有文艺队，文艺队的很多骨干是村干部。在商议二者合并成立合作社的过程中，文艺队坚决反对。后来，文艺队的骨干另起炉灶，建立了柴各庄

---

① 黄宗智：《华北的小农经济与社会变迁》，中华书局 1986 年版。
② 胡振华：《中国农村合作组织分析：回顾与创新》，知识产权出版社 2010 年版。

第二个合作社，但是有名无实，实际没有开展任何活动，使得柴各庄合作社和村委的关系雪上加霜。为此，现任柴各庄合作社理事在积极向上级政府请示建立合作社党支部，增强合作社的合法性，减少村委会对于合作社发展的制约。虽然国家出台了相关政策支持，但是据负责人介绍，申请进程非常不顺利，乡政府是不支持的。

北康关的合作社监事长表示，一些假的合作社通过贿赂等不正当方式拿走了国家给予合作社的资金补助，而真正的合作社由于要做到财务公开，没有办法进行不正当活动。

小水村的调研结果也显示合作社与村委会存在利益冲突。

可见，四个合作社与当地村委会的关系因为村委会侵犯合作社的利益以及合作社的不适当反应变得非常紧张，这为合作社的发展提供了不利的外部环境。而且在农村这样的熟人社会，这种关系对于合作社发展的阻碍是不容忽视的。

### 3. 合作社负责人缺乏长远规划和整体构思，且整体呈现年龄老化

合作社发展滞后的原因之一是合作社负责人缺乏合作社发展的长远规划和整体构思。四个村庄的合作社负责人无一例外都提到了合作社缺乏办公场地，但是没有开展实质活动的合作社即使拥有开会场地又能如何利用？农村几乎家家户户都有院子，如果真的需要空间，社员家里也可以利用，所以办公场所的问题并非主要问题。此外，合作社负责人都曾抱怨合作社缺乏资金，但却没有人提到拿到资金后具体要开展哪些活动。由于大多数社员平常都忙于农活或者出外打工，合作社负责人的角色显得异常重要。他是合作社的灵魂，是合作社的领头羊，应该有敏锐的判断力和长远的眼光。

在我们访谈的四个村中，柴各庄的合作社理事长是前任副村委书记，将近60岁，性格耿直，曾就村干部贪污公款一事领头上访，非常正直但是缺乏谋略。副理事长是一位70多岁的奶奶，身体硬朗，待人热情，做事麻利，但是缺乏冲劲。康关合作社理事长50岁左右，为了经营合作社农场已经放弃自家生意，但是农场事务繁杂，明显力不从心。小水村理事长知识渊博，能说会道，史家沟村理事长冷静理智，但是缺乏助手，难以找到有效解决问题的方法。

### 4. 社员对合作社认同感和归属感不强

最后，合作社发展滞后的一个原因是缺乏社员参与。实际上，合作社发展停滞与社员对合作社缺乏信任感和归属感这两个问题是相互影响的。一个组织运行的好坏取决于它内部的活力，而不是外界的干预。外界再强大的支持如果没有社员的积极回应，也难以有持续的效果。我们的访谈发现合作社社员更关心的是合

作社能否帮助他们销售桃子，能否提供信息和技术服务，对于合作社如何运作管理和社员的权利义务问题基本不过问。

在我们访谈的四个村庄中，四个村庄的合作社社员对于合作社没有很高的评价，也没有太大的希望。他们抱怨合作社没有开展农民需要的活动，抱怨合作社没有资金、没有人脉，而没有提出任何解决方法。

## 四、与乡政府工作人员访谈后的反思

在与柴各庄村长访谈的过程中，发现他对村里的很多情况并不了解，比如村里有多少土地，有多少60岁以上老人。他建议我们去找乡政府负责村庄的干部谈谈，乡政府的人武部长和宣传部长接待了我们，他并没有给我们想要的答案，但是和他的聊天却让我和我的队友久久不能平静。

我们问及他对村里合作社的看法，他说不是太了解（虽然我们已经听合作社负责人介绍过他对合作社的活动有所接触），但是合作社没有发挥它应有的作用，考虑在不久的将来将其取缔转而学习桃专业协会的成功经验。他这样说我一点都不惊讶，因为基本符合现实。联合国社会发展研究所在20世纪70年代的一份研究报告也指出：在发展中地区，农村合作社几乎没有给该地区比较穷苦的农民和居民带来任何利益，因而不能被普遍视为这些集团变迁和发展的代理人[①]。

接下来，他饶有热情的介绍桃专业协会的发展情况。协会成立初期采用公司加农户模式，公司有完善的包装车间、冷冻车间，以相对稳定的价格收购农户的桃子后，包装冷冻再运到市场。由于该公司收购的价格不随市场大起大落，相对商贩收购较高给农户带来一定实惠，所以发展状况良好。他评价这种模式与村里的合作社相比，更有前景。加拿大合作学者保罗·卡斯尔曼认为国家对待合作社有四种态度：对立；无差别；过度热情；恰如其分。而这位乡干部对于合作社的态度就是无差别。

这位干部就目前合作社和专业协会的发展情况的评价比较合理，但是二者的性质是不一样的。很多人说模仿美国的公司加农户的农业发展方式，但是那里的公司实际指的就是合作社。合作社虽然发展情况不好，但是它是农民自发形成的维护社员利益的组织。由公司主导的专业协会虽然运行情况良好，但是资本的逐利性极有可能使它在未来打着合作社的招牌控制原料市场，再加上当地乡政府的支持享受国家的各种优惠政策，可能迟早会和农民的利益发生冲突，而且它的强

---

① Charles G. Enriquez. Cooperatives in Third World Development——Workshops on Basic Issues and Case Studies. Antigonish, 1986 http：//news. cntv. cn/20110409/105886. shtml。

势地位和谈判权力必然使农民的利益受到损害。

# 五、对合作社发展出路的思考与担忧

从宏观角度而言，针对合作社的合法性问题，尤其是合作社与村委和基层政府的关系必须有国家出台相关法律才能解决。合作社的地位只有受到国家的承认和重视，其后续发展才能更加顺畅。否则基层政府对于合作社的发展心有余悸，害怕合作社的壮大会威胁自己的权力，遑论对于合作社的支持了。所以在中国这样的国家，合作社的起步阶段离不开国家干预，但是国家的干预要立足于培养合作社的自我生长能力，通过政策、法律法规、制度建设和舆论宣传等方式改善合作社的外部环境，增强合作社自身竞争力，而非干预合作社的内部事务。具体而言，可以由乡政府在村庄的代表、村委会和合作社举行定期会面，一方面，乡政府和村委会可以了解到合作社的日常活动，进行必要的监督，不用猜忌和过度担心；另一方面合作社也可以利用乡政府和村委会提供的信任、信息和建议实现更好的发展。但是一旦合作社走上正常运营轨道，国家的任务完成就应该退出，让合作社更多地行使决策权。

其次对于合作社发展的资金问题。虽然上文中我们分析资金并非合作社发展停滞的根本原因，但是不能否认合作社的发展必须解决资金问题。为了解决这个问题，合作社可以建立自己的合作基金组织，开展互助金融的尝试，也可以将外界的金融因素引入，建立合作银行和村镇银行。但就目前来看，合作社自己的合作基金组织难以筹集大量资金，所以合作社与金融机构的合作是必然趋势。国家对合作社的资金补助并不是长久之计，但也是合作社发展初期必不可少的支持。所以为了使国家的资金补助能够落实到位，应该转变发放方式，或者建立更加严格的审批程序，保证资金到位，而不被村委会或其他冒充合作社的组织领走。甚至可以考虑将专款资金拨给关注合作社发展的民间组织，由他们对各个合作社进行发放。

最后关于合作社的人才问题。在我们调研的四个合作社中，合作社的管理者都是在自身工作外，利用晚间及业余时间为合作社的整体发展提供免费服务，他们的奉献精神令人钦佩，但是他们没有专业的管理知识和现代技术，无法满足合作社发展的客观要求。我们认为大学生村官政策和合作社的发展可以结合起来，国家可以出台相关政策鼓励大学生参与到合作社的组织发展过程中。一方面可以为有志于服务农村的大学生提供更广阔的平台和更多的机会，尽情展示他们的才能；另一方面合作社可以借助大学生的知识、信息优势开展更多的潜力项目。在我们调研的四个合作社中，我们发现乡建中心组织的下乡大学生对于合作社的初期建立发挥了巨大作用。他们帮助村民组织文艺队，组织老年协会，传播国家的法律政策，提供技术培训，合作社需要这样的年轻人帮助合作社和外界沟通交流，为合作社出谋划策。

从微观角度而言，我们调研的四个村庄中，合作社虽然发展停滞，但是都有可以挽回的可能。

柴各庄村以桃园闻名。在调研的过程中，我们了解到一亩桃园收入在一万元左右，远远高于种植粮食的收入，所以有劳动力的农户都会以种植桃树为主。而村民卖桃的渠道只有通过商贩收购，价格由商贩决定，一斤桃子大概在 2 元左右，和大城市的价格相差几倍。所以合作社可以从事桃子的收购、运输。但这需要前期资金运作，需要联系市场，也面临着与村长承包的桃市场的竞争。但是这个项目一旦成功，那么合作社的发展就指日可待。而合作社面临的其他问题如缺乏资金、办公场地、会员积极性不高、村民不愿加入等问题也就会迎刃而解。此外，当地比较缺水，如果遇上干旱天气，就必须为果树浇水才能保证收成。据村民讲，灌溉是用井水，而机井已由村委会承包给个人，村民使用一个小时三十元到五十元不等。合作社可以组织社员成立用水者协会，对水价进行监督，这也是一个使合作社起死回生的机会。

史家沟村、小水村和北康关村都可以发展农场。由于缺乏资金，缺少技术人才和相关培训，史家沟的农场试验失败，而小水村和北康关村的农场现在规模有限，缺乏劳动力和社员入股参与。所以通过融资来扩大农场规模从而振兴农场是这两个村庄合作社蓬勃发展的一个机会。

# 小　结

我们在河北保定市顺平县调研的四个合作社是农民组织起来，通过合作的方式解决资金短缺、生产资料成本高以及单纯农业收入低等多种问题的尝试。虽然合作社开展的一些项目无果而终或者规模较小，但是农户在组织和参与的过程中更加明确市场规则，更加熟悉国家的支农惠农政策，更加明确未来的发展方向。更加可贵的是，在合作社成立发展的过程中，原来靠农村社会乡里乡情联系的松散的农户学会了建立一套完善的自我管理制度，发展金融合作的同时建立起相关运行章程，这种科学的管理模式使得他们在通往现代农民的道路上前进了一大步。

对于合作社发展较慢的问题，我们从合作社的合法性、合作社与村委会的利益冲突、合作社负责人以及合作社社员四个方面分析原因，并且从宏观和微观层面给出了我们的建议。想起世界上第一个成功的合作社——罗契戴尔先锋社的发展也并非一蹴而就，它经历了三年的经营困难期才最终羽化成蝶。正如林毅夫所言，在中国市场化改革的过程中，将会出现更多的诱致创新型制度变迁①。所以相信在国家的不断重视下，在合作社自身不断反思改革下，在社会民间组织以及有识之士的共同推动下，合作社这一新兴事物的未来是充满希望的。因为合作社的眼光流连在最低处，梦想却在最高处，所以合作社运动在历史上注定会成为一项伟大的事业，而我们曾经为它洒下青春的汗水。

---

① 林毅夫：《再论制度、技术与中国农业发展》，北京大学出版社 2000 年版。

# 农村金融服务

# 广西环江毛南族自治县农村金融
# 发展情况及出路

该调研报告基于 2012 年 8 月对广西河池市环江毛南族自治县乡镇的农村进行田野调查而得出，本调研报告首先针对调查过程中发现的农村金融存在的问题及后果进行概括总结，并针对特定问题提出相应切实可行的政策建议。

## 一、农村金融现状分析

### 1. 农村金融需求—供给状态分析

①农民对资金的需求迫切。根据调研得知，当地因地处少数民族聚集的偏远山区，人均土地不到 1 亩，土地基本上都是种粮食（水稻和玉米）作为生活保障，经济作物占全部土地不到 6%。而仅有 8% 的用户转出过土地，并且租金都相对较低，水稻用地租金为 200 元/亩·年，玉米用地租金为 100 元/亩·年。相对恶劣的自然环境造成当地的农民经济收入普遍偏低，家庭年收入都在万元以下居多，只有不到 5% 的家庭年收入上万，家庭人均收入不到 1000 元/年。而教育和医疗支出占据了整个家庭收入 50% 以上。教育和医疗的大规模支出以及农民对突发支付性需求的低应对能力，造成农民对资金的需求强烈。有超过 75% 的家庭有贷款需求。

②农户贷款非农化用途倾向明显。由于农村初中以上的孩子都寄宿学校，导致教育支出费用巨大，而农民的收入渠道过少，这就造成农民贷款大多用于子女教育、医疗和建设新房（主要是红砖水泥房）。当地土地人均拥有量不到 1 亩，农业无法规模化生产，导致农民对改进农业技术和生产方式兴趣不足。

③农村金融供给严重不足，农民贷款需求从正规渠道无法满足。农民收入低

本文作者：赴长美乡调研实践支队。报告执笔人：廖幸谬（清华大学社会科学学院政治学系 2012 级博士研究生）；廖灵夫（北京化工大学理学院信息与计算科学系 2009 级本科生）；何成员（北京印刷学院印刷与包装工程学院印刷工程 2009 级本科生）。

和抵押品缺乏导致农民的贷款需求不能得到满足。当地乡（镇）只有广西农村信用社的分支办公地点，没有其他商业银行的分支点，当地本身又没有自己的村镇合作社。农民收入偏低导致偿还能力不足而不能够获得贷款。农村中只有比较富裕的农户才有可能成为县城里商业银行贷款的客户群，而低收入农户则被排斥。

### 2. 农村金融需求—供给严重失衡导致的后果

农村正规金融机构数量少，而且贷款数额和方式远远不能满足农民生产和生活对资金的需要，这就造成民间借贷的兴起和赌博、地下六合彩的泛滥。

①民间借贷的高利率加重了农民的负担。民间借贷的贷款利率水平明显高于正规金融机构，但低收入农户看重的主要是资金的可得性，利率在一定的限度内，只要能拿到资金解决问题，再高的利率他们也接受。而低收入农户经济收入来源有限，高利率加重了他们的负担。在调查中我们发现，一些农户因为借贷利率高而在子女初中刚毕业就催促他们外出打工，这使得子女们失去了进一步学习深造而改变命运的机会。

②赌博、地下六合彩的泛滥。调查发现，农村的赌博、地下六合彩非常泛滥，而六合彩的庄主也往往是当地民间借贷的庄主。农民无法从正规渠道获得需要的资金，又没有其他收入来源，便会想通过赌博和买六合彩来迅速致富。当地赌博、地下六合彩已经泛滥到无以复加的程度，甚至70岁以上的老人和上小学前的小孩都买六合彩，而当地六合彩的庄主不仅卖六合彩，更是当地民间借贷的庄主，贫困农户向庄主借贷，不仅是为了解决自己急需的资金短缺问题，更是拿这个借贷得来的钱去赌博或买六合彩，梦想着迅速致富。这早已是影响农村社会稳定的一个重要因素，应当给予高度重视。

## 二、解决问题的构想

### 1. 土地集中承包进行规模化经营

由乡（镇）政府出面，村委会协调组织，把土地集中承包进行规模化经营。当地人均土地所有不到1亩，仅有8%的用户转出过土地，土地基本上都是种粮食作为生活保障，经济作物占全部土地不到6%。这种零散化的生产方式不利于机械设备的普及和推广，因为一个家庭仅有三四亩地而买机械设备来耕作是不经济的，这就造成当地农业生产方式原始落后，效率极为低下。调查了解，当地村干部都曾经有意让农户转让出土地，并引进外资进行规模化承包经营，然而大多数农民都不愿意转让自己的土地。这一方面可能是因为农民对自己的一亩三分地有特殊的感情，另一方面是因为转让租金过低，但更重要的原因是村政府在当地民众中缺乏应有的权威，虽然村干部是民众选举出来的，但是当地的村干部选举大多流于形式，村委会成员基本上由当地的大户把持，大多数农民对村委会的建议和决策持怀疑和不配合态度，村委会的政策和建议缺乏应有的权威，无法调动农民参与和配合。而当地乡（镇）政府在农民心中还是拥有足够的权威，如果由乡（镇）政府出面，引导农民进行转让，并由村委会具体组织协调，则比较容易让农户转让土地，并进行承包规模化经营。把土地进行规模化经营，不仅可以提高效率，更是为农民提供就业机会，让农民有更多的收入来源。

### 2. 主动引导农村非正规金融的适度发展

当地农户能从正规的金融机构贷款的只有农村信用社，这远远无法满足农民对资金的需求。因此一方面要正视和承认非正规金融在农村经济生活中的作用，改变对其持有的漠视和敌视的态度，在其建立和登记上提供便利，在税收上采取必要的优惠政策，并加大财政上的支持力度，引导民间借贷向健康的方向发展，使之成为农村正规金融活动的补充，为农村的发展发挥作用；另一方面，可由乡（镇）政府出面，组织成立自己的合作社，并由县政府制定相关规章制度为非正规金融提供一个合法的活动平台，规范其行为，保护借贷双方的正当权益。

### 3. 对农民进行切实有效的农业技术培训

调查发现，在县城有专门免费为农民培训农业科技的讲座，但效果非常不理想。农民对农业科技知识非常渴望，但是参加过农业培训班的农民非常少。对农民进行深度访谈后发现，很多农民文化水平很低，基本是文盲或半文盲状态，对书本上写的字基本看不懂。而这个培训班是在县城举办，授课都是农校毕业的老师，授课内容基本上照书上写的讲，农民看不懂，也理解不了，感觉没有实用价值，因而不太愿意花费几十元钱的车费从乡下赶来县城参加农业科技培训。因此建议对农民进行农业技术培训，要深入到农村举行，要到田间举行，进行现场操作示范，这样农民才愿意参加，也才能理解，如此对农民进行科技培训才是切实有效的农业技术培训。

# 三、结束语

金融是现代经济的核心。解决"三农"问题，归根结底靠发展，发展农村经济是必由之路，发挥金融财政的作用是关键。因此，政府应该推行切实可行的金融政策支持农村金融的发展，促进农村经济的发展。

# 关于新疆阜康市小额信贷供求现状的调研报告

通过文献研究我们发现，新疆的农牧业现代化进程较为缓慢，而技术和资金的缺乏是两大原因。目前，新疆尚未形成大规模的产业化农业，各地主要以家庭为单位经营传统种养殖业。而小额信贷是一种以个人或家庭为核心的经营类贷款，它产生的最初目的是消除贫困和发展农业生产。发展农村小额信贷，改善农村金融服务，对于促进农民增收、农业发展和推进新农村建设具有重要意义。基于以上想法，本调研小组考察新疆阜康市的小额信贷供求现状，根据当地农牧业现状及发展规划分析小贷需求情况，调研当地经营小贷项目的两家单位（农信社和邮储银行）进行供给情况的分析。对比供求现状，并提出建议。

# 一、引　言

我国经济正处于战略性结构调整时期，东部地区由于受制于资源环境条件制约，一些产业不断向中西部转移，承接这些产业的转移为新疆发展提供了良好机遇。同时继西部大开发之后，中央将进一步对新疆采取更大力度的政策扶持，实施更有效的援疆战略，以实现新疆跨越式发展和长治久安。阜康市位于新疆经济发展核心区——乌鲁木齐城市经济圈，又是新疆天山北坡经济带经济较为发达的重要城市之一，具备得天独厚的地理位置优势和稳固的发展基础。多年来，党和政府把解决"三农"问题作为各项工作的重中之重，继取消农业税后，又实行对农业农村的多种补贴和扶持政策，有力地推动了新农村建设步伐，为传统农业向现代农业发展奠定了基础。"十二五"期间，是我国全面建设小康社会重要时期，国家以统筹城乡发展为目标，必将更进一步加大对农业农村发展的支持力度，这是难得的历史机遇。

然而农业经营效益低，农民收入水平不高，是当前新疆农业面临的普遍现象。现代农业是资本集约型农业，对资本的依赖程度高。在当前农村经济薄弱、

本文作者：清华大学赴新疆阜康市考察小额信贷供求现状支队。报告执笔人：张梦润（清华大学经济管理学院 2011 级本科生）；张梦泽（清华大学电子工程系 2011 级本科生）。

农民收入水平低的情况下，靠农户个人家庭解决大规模的资金投入显然无法实现。在诸如发展设施农业、设施林果、设施畜牧业、节水灌溉设施过程中，相关部门往往尽力争取国家或自治区项目资金，申请多少项目干多少事，与农民的实际需求相差甚远。加之农村信贷市场的不发达，目前农户的农业发展资金只能依靠自身及家庭的积累，或者进行私人民间借贷，利率高风险大，小规模资金投入不能满足现代农业发展的需要①。在新疆经济发展的关键阶段，我们希望以暑期实践为契机更深入地了解家乡的经济发展情况，选择新疆阜康市进行小额信贷供求现状的调研。

小额信贷是一种以个人或家庭为核心的经营类贷款，其主要的服务对象为广大工商个体户、小作坊、小业主，它产生的最初目的是消除贫困和发展农业生产。发展农村小额信贷，改善农村金融服务，对于促进农民增收、农业发展和推进新农村建设具有重要意义。

# 二、新疆阜康市简介

## 1. 地理位置

阜康市位于天山东段博格达峰北麓，准噶尔盆地南缘，紧邻自治区首府乌鲁木齐市，是新疆阜康重化工园区和天山天池风景区所在地。距离乌鲁木齐市 57 千米，距离自治州首府所在地昌吉市 93 千米，总面积 11726 平方千米，216 国道、303 省道、吐—乌—大高等级公路以及乌准铁路横贯全境，是乌鲁木齐向东沿北疆通往内地及蒙古国的必经之地。阜康地势南高北低，由东南向西北方向倾斜，海拔 450～5445 米。其南部为天山山区，中部为绿洲平原，北部为沙漠盆地。

## 2. 区域资源

阜康地处中温带大陆性干旱气候区，冬季时间长，四季分明，光照热量充足，昼夜温差大，年均气温 6.7℃，同时具有多样化的自然地理气候条件，日照时间自南向北、自西向东逐渐增多，平原地区每月日照时数均超过 300 小时，平均每天 10 小时以上，最长的可达 14 小时，年日照时数 2931.3 小时，丰富的日照为作物生长提供了良好环境。

---

① 阜康市"十二五"国民经济与社会发展规划前期研究课题之三，阜康市"十二五"农业农村发展研究，http://www.fk.gov.cn/10097/10097/00008/2011/107363.htm。

阜康市境内各条河流发源于天山山脉，河水水源主要来自冰雪融水和地下水，分布较广。境内有高山冰川 54 条，冰储量 18.4 亿 m³，折合水量 16.4 亿 m³；市域内有河流 7 条，年均径流量 1.94 亿 m³，引水工程实际供水能力 0.95 亿 m³，其中主要用于农业灌溉供水量，约为 0.873 亿 m³，地下水可开采量 10033 万 m³/年，对阜康市的水资源起到重要的调剂作用，"500" 水库的建成也可在一定程度上缓解水资源压力。

阜康市 2009 年拥有耕地 57.96 万亩，其中基本农田 39.62 万亩，基本上为水浇地，总体质量相对较好；草场资源相对丰富，现有牧草地 1020.71 万亩，有利于发展畜牧业。

### 3. 行政概况及民族构成

阜康市下辖滋泥泉子、甘河子、九运街和城关 4 镇，三工河、水磨沟和上户沟 3 个乡以及博峰街、阜新街、准东 3 个街道办事处，有 105 个村民居委会、10 个城市社区居委会和 3 个乡镇居委会。截至 2010 年底，阜康市共有民族 43 个，其中人口较多的是汉族、维吾尔族、哈萨克族和回族，占人口总数 98.66%。

### 4. 经济基本情况

2010 年，阜康市实现地区生产总值 80.72 亿元，比上年增加 15.24 亿元，首次突破 80 亿元大关。按可比价格计算，比上年增长 16.1%。其中，第一产业增加值 14.15 亿元，增长 7.2%；第二产业增加值 50.27 亿元，增长 19%，其中工业增加值 45.54 亿元，增长 19.6%；第三产业增加值 16.3 亿元，增长 13.8%。三次产业比例为 15.9：62.3：21.8。三次产业分别拉动经济增长 1.04、11.72 和 3.34 个百分点，其中工业拉动 10.79 个百分点。人均地区生产总值 49251 元，按可比价格计算，增长 14.3%。

## 三、小额信贷需求现状分析

### 1. 阜康市农业农村发展存在的突出问题

基地规模化、集约化生产程度低，标准化、规模化种养殖基地的产品数量少，各类农产品产量总体规模小。养殖规模小，养殖方式落后，生产能力不高。由于散养户挤奶条件简陋、无机械挤奶设备，大部分达不到企业的质量要求而被拒收。特色林果业发展规模尚小，产量偏低、品种单一，使得品牌效益、果品市场竞争力不能得以充分显现，林果产业化的整体优势没有得到充分发挥。

农业经营效益低，农民收入水平不高，是当前新疆农业面临的普遍现象。而现代农业是资本集约型农业，对资本的依赖程度高。在当前农村经济薄弱、农民收入水平低的情况下，靠农户个人家庭解决大规模的资金投入显然无法实现。加之农村信贷市场的不发达，目前农户的农业发展资金只能依靠自身及家庭的积累，或者进行私人民间借贷，利率高风险大，小规模资金投入不能满足现代农业发展的需要。土地能够给农民带来的收入非常有限，单单依靠农业内部增长增加农民收入无法在短时期内解决"三农"问题，加快发展农村第二、第三次产业是增加农民收入，实现农村经济跨越式发展的必由之路。

### 2. "十二五"阜康市农业发展总体目标[①]

2015 年，城郊高效农业、生态旅游农业、特色高效农牧业的"复合型现代农业"战略格局初步形成，以龙头企业为主体、以市场为导向、以农民合作经济组织为纽带、以农户为基础的产供销一体化现代农业产业体系基本形成，绿色农产品生产的基地化、标准化和规模化生产，现代化畜牧养殖基地，产业化经营基本格局形成，初步实现农牧业现代化。农业劳动生产率、土地生产率、产品质量安全和农业综合生产能力提高，农牧民生活环境得到明显改善，农业保障体系初步健全，为建设全面小康社会奠定坚实的基础。

功能分区建设方面主要体现为以下几方面。

①城市郊区城关镇及九运街镇近城郊区部分村重点发展现代高效农业，以发展规模化设施奶牛养殖、设施蔬菜、瓜果种植为主，中远期逐步演变为农副产品物流园区、农业科技创业园、高科技精品农业示范区。重点建设东部各县市的蔬菜、瓜果、畜产品集散地，主要面向乌鲁木齐市场，集加工、储藏、保鲜、运输、销售、配送、监管、服务于一体的现代农产品物流体系。

②滋泥泉子镇大部及上户沟乡北部加强畜禽、饲草料优良品种引进推广，完善畜牧业服务技术体系，加强现代化设施养殖示范小区（场）建设为主。中远期形成优质禽蛋（肉）、肉羊牛养殖、屠宰加工产业链，成为北疆地区畜禽优良品种繁育、牛羊育肥、畜产品生产、加工、销售重要基地之一。

③九运街镇东部部分村、滋泥泉子西部部分村及三工河下游部分村通过土地流转集中，推广应用测土配方施肥、膜下滴灌节水等常规技术，实行规模化、标准化种植，建设完善加工番茄等新品种研发、良繁、质检和种子加工处理等基础设施，重点推广优质高产多抗新良种；巩固提高优质玉米制种产业带，积极推广

---

① 《阜康市国民经济和社会发展第十二个五年规划纲要》，http://www.fk.gov.cn/10097/10097/00008/2011/110064.htm。

优质蛋白玉米新品种；积极开展主要特色作物引种的试验示范，实现节本增效。

④南部河谷景区内的水磨沟乡、三工河乡上游、上户沟乡南部及城关镇部分村在保证生态建设和水土保持的基础上，重点发展以蟠桃、葡萄等林果为主的生态旅游环保型农业，并集聚各种以为游客综合服务的、以开发农牧业多种潜在功能和民族特色为特点的生态旅游农牧项目，保护草原生态景观，适当发展低山草地生态畜牧业。

### 3. 深化农业发展，激活农村金融

不仅要进一步挖掘农业经济的内在潜力：以增加单产、提高品质、节约成本、增大效益为出发点调整种植业结构；促进畜禽养殖设施化、规模化、标准化，把发展基地养殖作为农牧民增收的增长点来扶持；积极培育农民经济合作社，更大限度地发挥其在无公害、绿色、有机农产品生产基地建设和农业技术示范基地建设中的作用，以提升农产品生产环节的质量和效益。还应该通过信贷扶持、税收优惠政策鼓励农民从事第三产业，扩展就业渠道，以非农就业增长促进农民收入结构优化。

第一，争取国家扶贫资金和国家农业项目支持资金，整合财政资金，调整财政农业支出结构，努力增加农民政策性收入。第二，激发龙头企业和农民投资积极性，动员全社会的力量，引导全社会资本投向农业领域，多方筹集农业发展资金，鼓励和引导大中型企业投资农业领域。第三，拓展农村金融信贷业务，鼓励支持各类金融机构在农村发展小额信用贷款和联保贷款业务，鼓励金融机构拓展农业投资领域，创新农村融资方式，进一步加大支持"三农"的力度。开展村镇银行、小额贷款公司试点。放活民间借贷，引导民间资金互助合作组织加快发展，积极开展农民专业合作社信用合作试点，允许条件较成熟的农民专业合作社开展信用合作。

根据阜康市农业现状及发展规划可知，当地农业农村发展正处在转型期，传统的以家庭为单位的种养殖业将逐步向集约化、标准化、规模化农业过渡，最终形成产业化经营格局。鉴于当地种养殖业生产率不高的现状，过渡阶段的首要任务是先进技术和设备的引进，提高单产，并且这一阶段将持续较长时间。在农业家庭投资生产设备、扩大生产规模的过程中，小额信贷的需求呈现增加趋势。另一方面，在农村发展的关键阶段，鼓励发展农村第二、第三产业，优化农民收入结构对于提高农民生活水平具有重要意义。例如，阜康市南部河谷景区将开发生态旅游环保型农牧业项目，这将进一步促进小额信贷需求的增加。

# 四、小额信贷供给现状分析

阜康市目前经营小额信贷业务的金融机构有两家：阜康市农村信用合作联社和中国邮政储蓄银行阜康市支行。

## 1. 阜康市农村信用合作联社

阜康市农村信用合作联社自 2006 年 12 月统一法人以来，"三会一层"（社员代表大会、理事会、监事会、经营层）已建立健全，均能按照各自职责发挥作用。

截至 2012 年 6 月末，阜康市联社共有营业网点 9 个，分别为联社营业部（10 人）、天池街信用社（6 人）、瑶池信用社（7 人）、博峰街信用社（12 人）、城关信用社（14 人）、九运街信用社（13 人）、上户沟信用社（4 人）、滋泥泉子信用社（14 人）、二二二团信用社（5 人）；职能部室有"7 部 1 室 1 中心"，分别为财务信息部、信贷管理部、审计监察保卫部、资产风险管理部、人力资源部、个人业务部、企业业务部、综合办公室、人力资源部。

针对农户，阜康市农信社经营以下贷款业务：

①农村小额信用贷款：以农户为主体，以农户诚实守信评价为依据，以个人信誉为保证，在核定的授信额度内发放的不需抵（质）押、担保的小额生产和生活费用贷款。

②农户联保贷款：指农户组成联保小组，信用社对联保小组成员发放的，并由联保小组成员相互承担连带保证责任的贷款。

③农户其他贷款（保证担保、抵押担保、质押担保）：指信用社以保证担保、抵押担保、质押担保方式向农户发放的生产和生活费用贷款。

自然人一般农户基本信贷条件如下：

①居住在经营社的服务区域之内，且具有固定住所。

②具有完全民事行为能力，资信良好。

③在居住地从事土地耕作或者其他符合国家产业政策的生产经营活动，并有合法、可靠的经济来源。

④具备清偿贷款本息的能力。

⑤遵纪守法，诚实正直，无不良信用记录。

农信社为每一位农户建立个人经济档案，农户需要办理小额信贷时凭身份证调用档案即可。流程简洁，能够快速满足那些申请资料齐全且信用状况良好的借款人的资金需求。故详尽掌握农户资料和科学的信用评级成为小额贷款安全、快捷发放的保证。

农信社风险管控措施主要有三种：

①建立农户经济档案：档案中需要包含户主姓名、身份证件号码、住址、联系方式等；从事生产经营活动的主要内容、收入状况、家庭实有资产状况、家庭负债情况等；还款的历史记录和信用报告；家庭成员及其他情况。

②信用评级：指农村信用社按统一标准，以偿债能力和还款意愿为核心，从家庭人口结构、财务状况、信用履约、评级小组综合评价等方面，对辖内农户进行信用状况的综合评价。

③动态管理：农户信用等级年审。及时更新信贷管理系统和经济档案管理系统的数据以及贷款收、放记录；及时更新贷款利息清偿情况；及时更新农户生产经营状况、收入水平和家庭财产变化情况。根据动态或审查情况对农户的信用等级及额度进行相应的调整。

农信社在阜康市经营时间长、规模相对较大、群众基础好。它最大的优势就在于给每一位农户建立了个人经济档案，一旦农户需要办理小额信贷，只需调用个人经济档案即可，办理流程十分简便。农信社的农户信用评级制度为不同信用等级的农户提供不同的农户授信，在一定程度上激励了借款人按时还贷，以拥有良好的信用评级，同时也降低了农信社放贷的风险。通过采访两位农户了解到，小额信贷已经为广大农户提供了很多便利，贷款金额基本能满足农户进行生产生活，农户可随贷随还，一般情况下无论是牧民还是农户都能在一年之内还清贷款。

## 2. 中国邮政储蓄银行阜康市支行

中国邮政储蓄银行阜康市支行成立于 2008 年，全行有职工 24 人，其中信贷部门有 9 名员工，目前乡镇中没有办理贷款业务的网点。

邮储银行实施的农户联保制度是指 3～5 个需要贷款的家庭互相担保。这几个家庭必须在同一个村，他们之间不能有亲属关系或债务关系，并且每家的贷款额度也有限制，如果一家违约不偿还贷款，那么其他家庭必须承担还贷责任。贷款人必须是在当地居住一年以上且无不良信用记录的已婚人士。

小额贷款操作流程如下。

①营销与受理/调查与复审。由于邮储银行在当地成立时间短，信贷员一般通过乡镇村干部的宣传在基层进行贷款业务的介绍。在贷款申请受理时农户需要提交的基本信息有：贷款类型、姓名、联系电话、门点名或厂名、经营/居住地址、是否有营业执照、从事生产经营项目、贷款用途和信息来源。除此之外，联保小组必须签订声明承诺，即保证人及其家人承诺为借款人提供连带责任担保，

借款人不能偿还全部本息时保证人应当替其偿还，借款人必须与保证人/联保人家庭之间经济相互独立且无其他债务债权关系，贷款只由借款人用于申请时指定的用途，不在小组成员间转接或集中使用。

对于符合申请条件的客户，客户经理需要在申请时了解客户的业务经营状况，财务状况及家庭基本情况，并依此进行初步的信用评定和对偿还能力的判断。营业部主任对客户经理提交的材料进行复核。复核通过后，小额信贷营业部主任将及时合理安排信贷员对借款人和保证人进行调查。实地调查时，每笔贷款必须实行双人调查。调查结束后，信贷员需整理和分析相关信息并完成《小额贷款客户及家庭经济情况调查表》和《农户信用评级表》。文档资料审查后，审查员应通过电话就贷款申请和调查基本信息与借款人、保证人进行核实。

②审查与审批。小额贷款审批机构分为两级，分别是受理贷款的小额贷款营业部和一级支行信贷业务部。根据贷款额度的不同，确定不同的贷款审批机构。审贷会审批实行一票否决制。

③放款。

④贷后管理。

贷后检查是及时发现和防范信贷风险的有效途径。贷款发放后，管护信贷员必须对其负责的客户进行及时的检查，定期或不定期进行贷后跟踪检查，发现问题及时向上级部门汇报，并采取有效措施避免和减少贷款资金的损失。做好贷后检查记录并填写检查表。贷后业务监督是小额贷款业务风险防范的重要手段。各级小额贷款经办机构必须加强贷款的日常监督工作，定期或不定期对贷款的内部操作情况进行现场和非现场的检查。

由于农业生产具有周期性，所以农户小额贷款期限为一年。为降低逾期还贷的比率，邮储银行规定贷款到期时小额信贷系统自动对提供手机号码的借款人发送还款提示短信，系统还会自动比对客户还款账户可用余额和应扣款金额，做到对每一笔贷款的全程监督。

小额信贷的风险相对较高。由于当地的贷款户均为开展种养殖业的农户，其贷款抵押物价值并不高，而且种植业更多的是"靠天吃饭"，这又增加了贷款返还的不确定性。从邮储银行小额贷款的一系列规定中我们可以看出，不论是农户联保制度的设定，还是办理业务的全过程，都在极力降低风险。一方面，联保小组制度使得农户之间互相牵制，为贷款的按时收回增添了一份保障；另一方面，对借贷人和借贷用途的限制（借贷人必须已婚，借贷用途必须是农业种植、养殖）很好地保证了邮储银行的资金流向正常，杜绝了农户借贷用于不良目的。严格的风险管控控制了坏账率，却使得整个业务流程略显繁琐。信贷员针对每一笔贷款都要进行实地调查和信用评级，重复劳动较多。为了节约人力、物力，信贷员一般将近期申请的一批小贷项目集中起来进行实地调查，但是这样就无法及时满足农户的用贷需求。邮储银行虽然严格规定放贷流程，控制坏账率，保障了放贷方的利益，但其代价是农户资金需求受损，这很不利于业务的开展。而农信社利用其时间优势掌握了当地农户的第一手资料，并利用授信制度激励农户提高信用度，有效地控制了坏账率。与农信社相比，邮储银行在小贷业务的覆盖范围上呈现劣势。

# 五、结　论

目前阜康市小额贷款的主要供给方为农信社和邮储银行（其中农信社接近于垄断地位），基本能够满足当地农民生产生活的资金需求。其主要原因是当地农户生产规模小，农业潜力尚待挖掘，农民的资金需求不大。但是，伴随着农业生产转型和农民收入结构的调整，小额信贷的需求在未来较长的过渡期内有增加趋势，而当地现存的信贷模式缺乏多样性与灵活性，恐怕难以满足资金需求。不仅要继续拓宽农信社和邮储银行的小额信贷覆盖面，在控制风险的前提下简化贷款流程，还应积极开展村镇银行、小额贷款公司试点，放活民间借贷，引导民间资金互助合作组织加快发展，开展农民专业合作社信用合作试点，允许条件较成熟的农民专业合作社开展信用合作，以多种形式激活农村金融。

此次调研仍然存在不足之处。基于已有的文献和实际调查获得的一手资料，我们尚不能判断那些没有选择小额信贷的农户的资金需求状况以及他们没有选择小额信贷的原因。这一信息对于完善小额信贷制度和切实满足更多农户的生产资金需求具有重要意义。

# 农民增收及其他

# 怎样进一步提高山区农民收入：
# 福建省长汀县陈莲、东庄村调查报告

传统的农业是相对静态的，在给定的技术和制度条件下，农民在最大化自己利益的努力下达到某种均衡，然后世代作为农民不断重复着特定的生产生活方式。笔者调查的陈莲村和东庄村，虽然使用了不少现代文明成果，但不少农户仍在均衡圈中打转。改革开放以来，党和政府经过多年的努力，大幅度地提高了农民生活的均衡水平，并逐渐向城市收敛。农村的年青一代通过读书成才和外出经商务工，努力想打破世代为农民的境地，在城市立足。而留在农村继续从事农业生产活动的农户收入并不高。怎样进一步提高这部分农民的收入水平并改善他们的生活状况？笔者在调研中发现，资产存量过低、缺乏资产的相关权属表达和缺乏现代要素的投入成为制约农民进一步增收的主要原因。笔者认为，通过多种政策，地方政府在提高农村务农的山区农民的收入方面，仍然大有可为。

## 一、引  言

陈莲村和东庄村位于福建西部，辖于福建省长汀县馆前镇，地貌以山地为主、丘陵为辅，是客家人世代聚居的村落。两个村相互毗邻，曾经共同属于一个行政村，直到1973年7月才重新划为两个行政村。截止到2011年年底，陈莲村的村土地总面积133666亩，其中耕地1949亩、林地11417亩，共有287户、1326口人。东庄村的村土地总面积约为27000亩，其中耕地960亩、林地24000亩，共186户、806口人。这两个村庄分别是笔者父母出生的地方，是笔者的老家。

清华大学百村调查预设了很多题目，从农村承包地经营与流转、农民子女教育问题、"三留守"问题、农村金融问题、农村看病问题到农民合作社的问题。笔者原本也有一些设想，按照预设的题目进行调查。对这些相关问题半个多月的调查，却让笔者头脑中产生了一个挥之不去的问题——怎样进一步提高山区农民

本文作者：陈思丞，清华大学公共管理学院2012级博士研究生。

的收入？

老家农民的收入有多少？老家农民承包地流转、机械化和配套服务情况怎样？山区农民的基本公共服务的情况如何？提高农民的收入，改变世代作为农民的命运有哪些途径？山区农民收入进一步提高的潜力何在？笔者最后认为农研院预设的一些题目，可以在一个较大的框架下进行描述。笔者斟酌再三决定，将这些日子围绕提高农民收入的所思所想写成这篇调查报告，希望能够引起读者们的一些思考。

# 二、陈莲村和东庄村——均衡水平大幅提高的传统农业

## 1. 当地农民的收入现状

从陈莲村和东庄村村支书处得到的数据为：2011 年，陈莲村年人均纯收入为 4150 元，东庄村的年人均纯收入为 7400 元。整个长汀县的农民人均纯收入也在 7000 左右。两位村支书的数据都是他们各自计算调研所得。

当地农业生产种植两季作物，一季种植水稻，另一季种植经济作物烟草。种水稻平均亩产 600 斤，按照 100 斤水稻 130 元计算，一亩水稻可获得 780 元收入。2011 年国家对农民实行多项补贴，其中每亩田可获得 110 元的收入。每亩田的物质投入平均为 220 元。当地机械化程度很低，因此基本没有服务费用。整个水稻的生产过程，从播种、耕种、灌溉、除虫、收割等田间管理，每亩田需要花费 10 个工日。当地的雇工价格是 70 元/日（不管饭），如果将家庭用工折价算进去，种植水稻是亏本的生意。只有考虑国家对于每亩耕地 110 元的补贴，种植水稻才略微达到盈亏平衡。

烤烟是当地最重要的经济作物。种植烤烟的收入要看年景，因当年的天气和病虫害的不同，烟叶质量不同，烟草公司收购的价格也不同。今年烟叶是非常好的年景，每亩收入可以达到 3000 元以上。种植烤烟的物质投入远高于水稻，农户间对于化肥应用的娴熟程度的不同会使得投入费用不同，平均每亩需要 1000 元的投入。种植烤烟也比种植水稻辛苦，除了田间作业，收完烟叶之后还要经过烘烤、分等级等一系列环节再卖给烟草公司。农户间平均下来，每亩田大概需要投入 30 个工日。当然即使是如此好的年景，如果将家庭用工折价算在内，种植烟草也是亏本的。

准确度量农民的纯收入是一件困难的工作，一方面农民收入和成本项涉及颇为复杂，农民自己计算都较为困难，另一方面农民有低报自己收入的倾向。但直观地讲，农民的收入并不高。拿当地最勤奋最精通田间管理的种田能手的收入来

说，种植 15 亩的土地，一季水稻一季烟，再养几头猪，一年下来两口子的纯收入最多可以达到三万多元。如果每户家庭每年存下三万元，那么就要非常勤俭持家才能做到。而种田能手付出的代价，除了物质投入以外，一年 365 天（除了春节那段短暂的休息时间）几乎天天都在劳作。农忙时节甚至从凌晨 4 点忙到晚上 11 点。农民每年的收入，实质就是家庭用工折价，赚一些辛苦钱。

### 2. 承包地流转、机械化和配套服务情况

承包地的流转在当地普遍存在，外出务工的农户将土地流转给亲戚或者本村农户经营。土地租金是在农村青壮年劳动力人数的一个因变量。在家种田的人多，土地不够种，土地租金即会上涨。在家种田的人少，土地租金少。现在在家务农的人少，一亩好田一年为 200 斤谷子的租金，基本处于土地租金历史最低水平。现在很多交通不便的田都被抛荒了，农户不愿意种植。还有很多外出务工的农民怕自己的田荒掉，将田地白送给其他村民种植。而流入土地的种田能手和种田大户，一年最多只能耕种 16 亩土地。之所以流入的土地最多为 16 亩，一方面，因为当地最大的烤烟房一次仅能够容纳 16 亩烤烟，另一方面，对于家中劳动力而言，如此大面积的土地经营任务，已经让家中仅有的劳动力捉襟见肘。

福建山区耕地零碎，地势起伏不定，并不适合大规模机械化生产。当地机械化水平最高的是耕种环节，说到底就是从以前养牛，变成现在养"小型拖拉机"，用以耕田。养"小型拖拉机"，不用再将牛拉去吃草，节省了一些劳力。当地还是有专业户提供耕种和收割的服务的，耕地为 80 元/亩，收割为 100 元/亩，不过农民仅仅将机械化服务作为家庭经营的补充。只有在收割或者耕种时间紧，家中劳动力不够的时候，才会请专业户来帮忙。一个农民说道："种田的人赚的其实就是做工的辛苦钱，请机器来，就是工资被机器赚走了。"

当地不仅机械化水平低，而且没有农民专业合作社。农业技术培训主要由烟草公司负责，但是农民反映种烟的技术早已为农民所掌握，并不需要进一步的技术培训。每年参加烟草公司的培训，最后变成为了完成任务达到上级指标的一种形式。当地农民还是有比较高的贷款需求的，农民在"建房子，为孩子娶媳妇，供孩子上学"这三件事上往往需要借钱，但是都是亲戚之间的拆解，一般没有期限不算利率，很少向农信社或者其他经营机构贷款。除了那三件大事，农民也基本再没有借款需求。

### 3. 农村的基本公共服务和农民的生活状况

当地农民自己说，平心而论，现在农村居民的生活水平与改革开放前相比，那真是有天壤之别。"现在的农村家庭，只要身体没问题，自己再勤劳一点，要

过得很差是不会"。当地通路通电通有线电视，农民每天都有肉吃。大多数农户建起了新房，而且一般都装了电话。"楼上楼下，电灯电话"——早年所谓共产主义的状况——早就不再是奢望了。

现在农村的新农合以及新农保政策，广受农民好评，参合率和参保率都极高。参加新农合的比例基本达到100%，参加新农保的比例达到85%以上，并逐年提高。参加新农合的农民，每人每年缴纳50元，政府配套补贴150元。有位农民说得好，"这个钱我再穷也要交，这是花钱保平安"。当地新农保已经推行三年，每人每年缴纳100元的保费。当地60岁以上的农民，不用缴纳新农保的保费，已经开始领取"工资"，每月领取55元。当地农村根据农户困难情况的不同，评定不同的低保等级，给予不同程度的补贴。对于被评为五保户的农户，每月给予200元的补助，同时医保不用缴费还能够享受全报销的待遇。馆前镇还成立了养老院，初步开始用以集中供养辖区内部分孤寡老人。通过调研观察，笔者认为"使老有所终，壮有所用，幼有所长，鳏、寡、孤、独、废、疾者，皆有所养"，《礼记·礼运篇》关于"大同"这一美好社会愿景的描述，在老家农村正逐渐变为现实。

### 4. 如何打破"饿不着，也富不起"这较低水平的均衡

传统农业下农民的生活是相对静态的，一个农民一生的积蓄，主要就是年轻的时候，建新房子花一笔钱，娶媳妇花一笔钱，娶妻生子之后再存钱为孩子建新房子，然后孩子再重复这一循环。这是一种量增质不变，人口不断增长，人均水平不变的"低水平均衡"增长模式。直到人口达到一定程度，人地关系紧张，原来的人口再迁往新的地方，重新开垦，再次重复着原来的生产生活方式。自客家先祖入闽以来即沿着这样的逻辑扩张，这或许就是黄宗智所说的中国经济发展"内卷化"的微观表现。

笔者感觉，现在老家农民的生产生活状态，还有一点这样的味道。虽然现在耕牛变成了小型拖拉机，很多家庭都是"楼上楼下，电灯电话"，各种现代化的电器都出现在了农民的家中，但是不少农民的追求还是"建房、娶妻生子"的循环。农业生产活动的商品化、专业化和机械化程度并不高。现代化以及党和政府的各项支农惠农政策所做的工作，就是将农民世代循环的均衡状态提高到了一个更高水平，而不少农民仍然在这个均衡的圈子里面打转。老家的生活情况，仅仅能用均衡水平大幅度提高的传统农业来概括。有一个农民用"饿不着，也富不起"来形容自己现在的生活。以现在农民的收入状况而言，如果子孙后代世代都为农民的话，这些收入足矣。然而，如果农民想改变自己的生活状况，想改变自己的户籍身份，在城市定居成为市民；或者供孩子在城里读书，为孩子在城市里

买房子，农民的这些收入则显得有些微薄。

进一步提高农民的收入，打破"饿不着，也富不起"这较低水平的均衡，改变世代作为农民的命运有哪些途径？

在传统的农业社会，农民家的孩子想改变自身的命运，努力读书通过科举得到功名，基本上是一条最重要也是唯一的途径。时至今日，虽然科举变成了高考，但是这条道路只是换了一个名字存在着。改革开放以来，在1984年中央"一号文件"出现"允许务工、经商、办服务业的农民自理口粮到集镇落户"的表述之后，那些"农民中最不甘心永远当农民"的活跃分子，从此多了一个改变自己和家人命运的合法机会。经过上世纪90年代初期关于农民进城务工的政策辩论以后，农民进城务工的潮流开始加速。至今外出务工收入已经是农民收入构成中重要的一部分，而一些精明能干的农民借此机会在城市买房定居，改变世代为农民的命运。

然而通过上述两种途径，打破较低水平均衡的农户并不多。现在仍然居住农村从事农业生产的农民，大部分是无法通过这两种途径改善自己境遇的。正如由世界银行出版的《2009年世界发展报告——重塑世界经济地理》所说，"经济上取得成功的国家一方面促进生产活动的集中化，另一方面通过实行各种政策来使各地区人民生活水平（包括营养、教育、健康、卫生）平等化"。大规模生产活动向城市集中是不可阻挡的趋势。随着未来中国城市化的加速，农村人口必将进一步减少，更多农民的下一代在城市定居，这个趋势将持续到农村居民的生活水平与城市居民的生活水平相差无几为止，此时农民的生活将会达到一个较高水平的均衡。

农民的生活水平不仅包括农民在农村享受的公共服务情况，还包括农民的收入水平。新世纪以来党的支农惠农政策，为城乡公共服务的均等化即改善农村公共服务做了大量的工作，从上文的调研看也取得了可喜的成绩。笔者认为还需考虑的问题是，怎么进一步提高农民收入，尤其是怎样提高仍然在家从事农业生产经营活动的农民的收入？下文将讨论可能的途径。

## 三、制约家乡农民进一步提高收入的因素

在思考怎样进一步提高仍然在家从事农业生产经营活动的农民的收入时，求学期间学习过的三个相关理论浮现眼前。笔者通过将相关理论与家乡实际情况进行比较认为，资产存量过低、缺乏资产的相关权属表达和缺乏现代要素的投入成为制约农民进一步增收的主要原因。

一是耶鲁大学的费雪教授的《利息理论》。费雪教授用"收入是一连串事

件"来概括影响收入因素的复杂性，即收入的多少，与资产的财产和产权状况，当时的生产与投资机会，市场定价过程和未来收入的折现情况相关。"收入则是资产提供的服务"，"资产是一切带来未来收入的资源"。费雪教授的整套理论对笔者研究农民收入问题的启示在于两点。第一，不能离开农民拥有的资产存量来讨论农民的收入。第二，农民拥有的资产的产权状况，尤其是能够参与转手交易，将会影响收入的市值，从而影响资产本身的价值。

该理论让笔者明白，关注农民收入问题，离不开对农民拥有的资产的关注。资产既包括物质资产又包括人力资产。老家农民受教育程度不够高，同时大多数农民不会除了务农之外的其他技艺，这是农民人力资产存量低的重要表现。而就物质资产而言，虽然老家农民实际占有不少的农田、宅基地和山林，却由于无法转手交易而影响收入的市值，从而影响资产本身的价值。缺乏足够多的资产，提高收入即成了无源之水无本之木。

二是秘鲁经济学家德·索托的《资本的秘密》。德·索托通过研究发展中国家人民的生活状况发现，这些贫穷的人并不缺乏资产，他们占有大量的资源，包括土地、山林和房屋等等，然而他们却一贫如洗。德·索托将这些资源称为"僵化的资本"。因为这些资源与发达国家相关资源相比，最重要的差别在于这些资源没有合法的权属表达，穷人只能占有，不能转让、交易更不能抵押贷款。德·索托认为在实物资产里蕴藏着经济能量，但要释放出来，才能成为资本，这好比"砖头里的原子能"。而将"砖头里的原子能"释放出来，需要完善和正规的权属表达。

该理论让笔者意识到，老家农民并不是没有资产，他们同样有承包地、宅基地和大片的山林，然而这些资产不少没有正规的权属表达。因此这些资产无法参加更大范围的分工和专业化的过程，从而无法将蕴藏在资产中的经济势能释放出来。农民增收的渠道也因此受到限制。

三是芝加哥大学教授舒尔茨的《改造传统农业》。舒尔茨以前的发展经济学家普遍认为，农业是停滞的，农民是愚昧的，农业不能对经济发展作出贡献。舒尔茨反对轻视农业的看法，他认为"并不存在使任何一个国家的农业部门不能对经济增长作出重大贡献的基本原因"。同时，舒尔茨教授还强调，作为传统农民同样是理性的，因为他们也是在给定的约束条件下争取最高利益。农民既不迟钝、更不愚昧，他们和城里人一样追求个人和家庭的幸福，愿意为此付出努力。传统农业之所以长期处于低水平均衡，问题出在约束条件，即传统的农业技术条件长期停滞。

该理论对笔者的启示在于，在给定的技术条件下，老家的村民也已经最大化自己的利益。不过需要指出的是，虽然老家部分使用了小型拖拉机，但老家的农业生产仍然是维持简单再生产的、长期停滞的小农经济。想要进一步提高农民收入，离不开现代要素的投入。而通过实际调研的思考，笔者认为半个世纪过去了，这里的现代要素已不再局限于舒尔茨教授所说的技术要素了，信息和制度资源都已成为重要的现代要素。

# 四、增加资产存量，以扩大农民收入的基础

既然资产存量过低、缺乏资产的相关权属表达和缺乏现代要素的投入是制约农民增收的主要原因，那么增加农民拥有的资产存量，明确资产正规的权属表达以及投入现代要素则是增加农民收入的三个重要手段。文章的第四、五部分将分别讲述。

## 1. 高度重视人力资本积累，加强农村教育，更多关注职业教育

在舒尔茨以前，资产主要指的是土地、房屋和钱财这些有型的资产，舒尔茨将人力资本纳入了理论界的视野。个人的知识、才干和能力是比物质资产更加宝贵的人力资本。人力资本的产权界定从来都是清晰，人力资本天然属于个人。既然产权界定清晰，高度重视人力资本的积累，加强农村的教育，即是提高农民收入的重要手段。

客家人自古重视教育，金榜题名改变命运，自古有之。在古代客家地区，人们喜欢在宗祠前为本家族有学衔、官衔的知名人士竖立一根石龙旗杆以显荣耀。去过南靖土楼参观的人，一定对塔下村德远堂前竖立的 22 支高过 10 米的石龙旗杆群印象深刻。而这样的石龙旗杆在客家乡村的宗祠前都不难看见。改革开放以后，多少年福建高考都是一面红旗。说到底都是在大山深处的客家人，想要改变世代为农民的命运，能够选择的出路太少。时至今日，在老家只有愿意认真读书的孩子，成绩大抵不错。很多村里的孩子，通过中考考到长汀一中，并从长汀一中考到好的大学。

总的来说，老家农民高度重视教育，肯为孩子教育投入资源，并形成良好的风气和传统。当下孩子教育的花费已经成为农村三项重大花费（建房、给孩子娶媳妇、供孩子读书）之一。但凡家里有一个大学生在读书的，一般家里一年的收入差不多都全部投进去了。如果两个大学生同时读书，孩子求学期间，村民家庭基本年年资不抵债。一个村民称，"两兄弟上大学，一年花掉的钱可以建一层新的楼房还不止"。不过现在农村子弟的高等教育出现新的问题，即农村子弟就读的一些本三的和专科类的学校，收费非常昂贵，然而毕业生的工资却并不高，甚至找不到工作。这让那些为孩子教育努力工作，甚至不惜负债的农村家庭难以

承受。

笔者在农村观察到的另外一个现象是，在农村，会建房、会看病、会修电器和看水电站的等等，凡是会一门手艺的，农忙时做农业农闲时做兼业的，收入都比普通农民富足。当地也有"家有千金，不如薄技在身"的谚语。其实或许并不一定所有农民的孩子都要受本科教育，农村孩子相比城市孩子，更加心灵手巧，动手能力和实践能力特别强，在学习一门手艺方面更有比较优势。或许可以更多引导农村孩子接受职业教育，而不是本三和部分专科学校。

## 2. 农民承包地和宅基地中能否释放出资本

既然不能离开一个人的资产存量解释收入的多少，那除了人力资本外，农民的实物资产有哪些有助于提高收入呢？农民的资产还有农民的承包地、农民的宅基地以及农民承包的山林。

按照当地的平均水平，东庄村和陈莲村人均大约有一亩多的承包地，一个家庭平均有 6 亩多的承包地。福建省农村集体土地承包经营权证 1999 年下发由中共福建省委农村工作领导小组办公室监制，还清楚地写明每块地块的位置和面积。由于老家农村处于山区远离城市，老家的农田根本无法被城市征用，这些承包地不大可能作为非农用途。因此未来能够产生的收入流，大致就是承包地上长出的农作物。

《中华人民共和国土地管理法》第八条规定，"城市市区的土地属于国家所有。农村和城市郊区的土地，除由法律规定属于国家所有的以外，属于农民集体所有；宅基地和自留地、自留山，属于农民集体所有。"我国法律规定一户一宅，农户孩子成家单独立户之后，可以得到一块宅基地。此宅基地只能自己住，不能参与流转，更不能卖给本村以外的人，原则上人均不能超过 30 平方米。宅基地为集体所有，农民仅仅拥有使用权，不能流转，只能自住和自用，在这种前提下，宅基地未来可能产生的收入流也十分有限。不过国家的"增减挂钩项目"为从这些资产中释放资本提供了契机。

为了解决在城市面积扩大和农村宅基地面积扩大双重夹击下的农村耕地问题，2004 年国务院下发《关于深化改革严格土地管理的决定》（28 号文件），第 10 条规定："在符合规划的前提下，村庄、集镇、建制镇中的农民集体所有建设用地使用权可以依法流转"，"鼓励农村建设用地整理，城镇建设用地增加要与农村建设用地减少相挂钩"。接着 2005 年，国土资源部出台了一份重要文件（即 2005 年 207 号文件），进一步支持并规范基层创新。该文件指出，可以"依据土地利用总体规划，将若干拟复垦为耕地的农村建设用地地块（即拆旧地块）和拟用于城镇建设的地块（即建新地块）共同组成建新拆旧项目区（以下简称项目区），通过建新拆旧和土地复垦，最终实现项目区内建设用地总量不增加，耕地面积不减少、质量不降低。"

　　陈莲村邱坊组恰巧就是长汀县"增减挂钩"项目的一个试点。陈莲村邱坊组原来在山坳中聚居，现在大多数村民都在山坳外的承包地上建房，而老的宅基地也不拆。原来山坳中的旧的宅基地占地 30 亩。镇土地所打算将该地作为增减挂钩项目的试点。以农民自愿为原则，在镇土地所工作人员的监督下，由农民自己丈量旧的宅基地面积（以房屋的滴水面积为准）。由县财政拨款，将旧的宅基地复垦为耕地，复垦后的耕地由村民所有，同时按宅基地面积给农民以补偿。房屋补偿标准为 50 元/平方米，草寮等建筑物补偿标准为 20 元/平方米。而复垦的耕地面积，经由县以上国土部门验收之后，作为新增建设用地指标，由长汀县政府使用。只有农民自愿签订协议，30 亩的旧宅基地中需要有 25 亩宅基地的主人同意，才能将该组作为增减挂钩试点上报。然而村民的工作并不好做，镇土地所的工作人员自从将该村确定为试点的一个月以来，几乎天天要去邱坊村做工作，才与大部分农户签订协议。

　　增减挂钩的经济逻辑在于，城市建设用地增减，在保证耕地数量和质量不下降的情况下，农村宅基地减少。利用土地级差，将城市化过程中的土地收益，一部分返还给农户。宅基地所有者卖出的实质是"在土地上建房子"这个抽象的权利。从先行先试地区的经验来看，如果扩大交易半径，将宅基地建房子的指标卖到大城市，以福建而言，卖到龙岩市、福州市、厦门市的话，土地级差能够释放更加惊人的能量。这样能够大幅度提高补偿标准（以成都为例，成都增减挂钩中期项目补偿标准来看，楼房 230 元/平方米，平房 140 元/平方米，门面 8000元[①]），同时在当地农地平整，为交通不便的田地提供公共交通，也能进一步地提高耕地供应的面积，增减可供交易的土地指标。

　　当然，如果缺乏监管，增减挂钩项目可能会沦为地方政府占用城市周边耕地的工具，而且在执行过程中还有很多细节需要考虑。但是，从经济逻辑上看，增减挂钩项目，能利用土地级差，从农民原有的资产中，释放出巨额的资本，既能解决耕地问题，又能改善村庄环境，还是值得一试的。

### 3. 农户承包山林确权到户的重要性

　　除了农村承包地、农村宅基地外，山区农民拥有的有形资产还有重要的一块，即承包的林地。在当地农村信用社，农村承包地和农村宅基地都不可以进行

---

　　① 北京大学国家发展研究院综合课题组：《还权赋能：奠定长期发展的可靠基础——成都土地制度改革实践调查报告》，北京大学出版社 2010 年版。

抵押贷款，仅有林权证可以用来抵押贷款。正如文章开头所说，东庄村的人均纯收入比陈莲村高，而历史上东庄村的村民也都比陈莲村的村民富裕。从人均占有的耕地面积来讲，东庄村和陈莲村差不多。东庄村和陈莲村收入差距的重要原因在于东庄村人均达 30 亩的山林。常言道，靠山吃山靠水吃水。山林这份资产不仅可以出产野生的香菇、红菇和各种野味，还能生产毛竹、杂木和杉木。山林提供的这份收入流，富裕了东庄村的村民。东庄村的村民也常常打理自己的宝山。

陈莲村山林地较少，但是也可以达到人均 10 亩的水平，可是陈莲村村民基本上无法从山林这份资产中得到收入。陈莲村没有山林收入，人们往往关注其物理条件逊于东庄村，但很容易忽视一个重要的制度细节。东庄村和陈莲村关于农民承包林地最重要的制度差别在于，东庄村农民承包的林地确权到户，户与户之间林地的产权边界清楚。陈莲村的山林仅仅确权到组，确权到组的山属于公山，想要利用公山上的资源，则需要全组村民同意，而"公地的悲剧"也让公山缺少养护，于是陈莲村大片的山林就变成德·索托书中所言的"僵化资产"。

林业站已经将全镇的山林都确权到组，现在每份山林都有所归属，而且每份林权证的背后都附有地理遥感图清晰地描绘着山林的边界和四至。镇林业站的工作人员表示，镇林业站只能做到确权到组，山林组以下的分配则看该组农户们自发达成的协议。在即将下发的新的林权证中，东庄村的村民每一户都有一本林权证。而陈莲村的村民无法做到每一户都有一本林权证，在林权证中只能写到由陈地组、邱坊组、叶屋组所有。

东庄村的林地确权到户始于 1983 年。东庄村的林地比较多，不少山林上的毛竹"长得很漂亮"，为了让农民增加一份收入，村干部就主持将山林分到农户。虽然分山林的时候比较粗略，也有一些纠纷，但总算在各家农户里面形成了较为清楚的边界。2003 年新一轮的林权确权开始了，对于东庄村来说，这一轮的确权将产权边界进一步硬化，所有联户的林地都被切割后分给每个个人。陈莲村的山林相比东庄村而言更少，1983 年的时候，当时的村干部并没有组织农户分山林，这种山林集体所有的状态一直持续至今。由于将承包山林确权到户需要耗费大量的资源，目前来看陈莲村暂时也无法做到。

如德·索托所说，资本犹如储存在原子核中的原子能，要释放需要的就是产权制度的安排。长汀当地发生的故事，很好地印证了这一点。而合法和正规的权属表达，对于保护环境和提高农民收入都有重要作用。如果要进一步提高山区人民收入，如何动员资源通过多种形式将山林确权到户，将是未来最重要的基础性工作。

# 五、投入现代要素以提升收入流量

在农民的众多资产中，人力资本投资回报高但周期较长，短期不易改变；以农田整治和村庄整理为基础的增减挂钩项目，能够在较短的时间内释放巨量的资金，改善农村居住环境，但都是一次性的存量投资。常言道，靠山吃山靠水吃水。山林作为山区农民一份独特而重要的资产，如何通过现代要素的投入，提高收入流量，是影响山区农民收入重要的中长期变量。

东庄村由于其较多的山林和当时精明的村干部，较早建立了较为完善的产权体系。由此农民可以利用所属山林的产出获得收入。然而，现在对山林的利用还处在比较初级的阶段，主要是采摘野生菇类、割松油、两年一次采伐竹林或者十年一次地间伐杉木，基本属于利用初级的太阳能。而正如舒尔茨所说，在现有制度、信息和技术条件下，农民已经最大化自己的收入。在拥有完善的产权体制的情况下，要打破原有的传统农业的均衡，提高山林的收入流量，同样离不开现代要素的投入。

## 1. 提供商务信息，以提高农民收入

要想富先修路。东庄村的村支书很清楚，路开到哪里，山上的林木才能运得出去，沉睡的资产才能变活。在现有的技术条件和当地的劳动力的情况下，当地伐木工人从山上砍伐了树木只能将杂木和竹林送到山下。倘若山下没法开进最基本的农业运输工具——龙马车，运送木头的成本就会高到不合算。东庄村的村支书现在仍然将为山林修路作为自己任内最重要的任务。

在道路已经相对畅通的山林，山上的毛竹和林木得以运送出去，但是信息问题就显得很重要了。以贩卖毛竹为例，沿海一带的商贩跑到当地收购，将长度达到15米满足一定直径要求的毛竹，卖到海边作为海边农民养紫菜和海产之用。据说，卖给沿海发达地区的农民，一根毛竹至少卖到98元。老家的农民经过砍伐、装车和集中收购后，将毛竹以每根60元的价格卖给老家收购的小贩。据东庄村的村支书讲，他们很想赚其中的差价，自己将毛竹运送到沿海进行销售。但是由于不知道沿海的具体需求，他们怕把毛竹运过去之后，没有办法及时销售，或者根本没办法销售。那么毛竹每天的仓储费用、长途运输司机的滞留费以及资金流断裂的风险，足以让家乡农民不敢跑这项运输业务。

当地有良好的高质量的原材料供应，怎样能够找到市场的需求？

笔者首先将目标投向了阿里巴巴的网站。通过简单的搜索，确实发现一些对毛竹有需求的商家。以笔者的文化程度，尚且一时无法理解阿里巴巴的操作和运

作模式，而且对大规模网购的风险有所忌惮。对于连互联网都还不普及的农户来说，让他们通过阿里巴巴自己寻找商务信息简直就像是天方夜谭。

其实信息要素这个东西，只要打通了，之后就能产生巨大的商务往来。在东庄当地，如果村支书会使用阿里巴巴用以搜寻和发布商务信息，或者东庄村的村支书和沿海生产紫菜的村的村支书产生了联系，商务信息的流通以及商品的往来必将变成巨大的流量。在打通信息壁垒这一过程中，政府能够最好地扮演"第一推动力"的角色。

其实现在老家农村已经与龙岩市的一些部门挂钩，这些挂钩部门说了，挂钩就是给钱。陈莲村就通过与龙岩市残联的挂钩，获得8万元的资助，将村支部的楼盖高了一层。未来的挂钩能不能改变单一的支付方式？能否扩大挂钩半径，政府出面帮助毛竹、原木等资源产地村支书与销售地的村支书或拥有加工厂的企业家的挂钩？政府能否帮助农户找到市场的需求者，引导农民规模种植香菇和果树等经济作物？政府能否帮助培训农民，教他们如何使用阿里巴巴等商务信息平台？

如果以发达地区作为参照系的话，发达地区的政府已经开始为农民提供商务信息服务，搭建商务信息交流平台。以笔者调研过的北京市大兴区礼贤益农蔬菜专业合作社所在的大兴区农委为例，2010年，区农委与区商委及大兴区任我科技发展有限公司联合举办了"农超对接洽谈会"活动，以"大兴农业"整体形象与合作社自有品牌相结合的方式，组织19家专业合作社，与家乐福、沃尔玛、易初莲花、洋华堂等20家商场和超市进行对接，搭建销售平台。19家合作社与沃尔玛、洋华堂、阳阳快餐、任我在线等共10家单位达成15笔合作意向。家乡的相关部门，可以学习发达地区的相关经验，进行一定的尝试和摸索。

如果以发达地区的农民作为参照系，他们为了满足城市居民的需求开展着各式各样的生产经营活动。北京周边的农民有订单农业、农超对接等新兴商务模式；有蔬菜进社区网上订购的新兴销售模式；有以网上团购为平台的乡村采摘业；有像十渡一样开发农家乐，提供从竹筏漂流到真人CS的系列服务。发达地区和老家的农民的勤劳和好学是一样的，不同的仅仅是发达地区的农民获取信息的成本较低，能够更好地对城市需求做出反应。发达地区农民的收入水平远高于老家农民，也可以从一个侧面说明信息的重要性。

## 2. 制度资源对于提高农民收入的重要作用

与发达地区农村相比，老家一大缺陷在于一家农民专业合作社也没有。成立农民专业合作社，以什么作为合作社的主营业务需要考虑。当地的机械化等农业配套服务需求不旺，烤烟则由烟草公司负责与农户打交道。种植果树以及成立竹制品初加工厂都是能够提高山林收入流的可行方式，不过笔者通过这次在老家农村的访问，对老家成立养蜂合作社的前景更为看好，下文以养蜂为例说明制度资源的投入对提高农民收入的作用。

从浙江等养蜂发达地区来看，如果东庄村能够成立养蜂合作社，在销售方面同蜂蜜加工企业签订订单合约，通过农超对接将蜂蜜销往大城市的超市，以销定产，吸收具有一定规模和技术条件的养蜂农户，将生蜜进行初步的加工处理以及统一的包装，逐步形成地区内的品牌，那么，对提高东庄农民的收入将大有裨益。

现在的东庄村，具备优质的环境，大片的山林作为蜜源，勤劳好学的客家农民，相对成熟的养蜂技术以及具有企业家才能的村支书，当地大规模发展养蜂业需要的就是"第一推动力"。合作社的制度建设，以销定产的营销理念，政府的扶持和信息资源的提供，都是这"第一推动力"重要的组成部分。对于农民来说，他们聪明且勤劳，学习曲线很陡，一旦村里养蜂产业发展到一定的规模，周围养蜂的农户会越来越多。

笔者认为，政府想要帮助当地农民致富，不能自己空想设计一个目标或者行业让农民实践，而是应该关注农民已有的实践和某些产业发展的苗头。通过帮助解决实践中已经遇到的实际困难，进一步帮助农民发展致富产业。全国各地的农村有苗头的行业有很多，希望当地政府都能因地制宜地给予相关的帮助。在东庄村的例子中，如何通过各项扶持政策，将已经初现苗头的养蜂行业发展壮大，帮助农民提高收入，可以是当地相关部门未来努力的方向。

# 六、总结与思考

传统的农业是相对静态的，在给定的技术和制度条件下，农民在最大化自己利益的努力下达到某种均衡，然后世代作为农民不断重复。改革开放以来，农村发生了翻天覆地的变化，农民生活水平大幅度提高。尤其是新世纪以来中央政府大量支农惠农政策的出台，大幅度改善了农村公共服务质量，同时初步建立农村医疗和养老保险体系，无论是"楼上楼下，电灯电话"还是古人"老有所终，壮有所用，幼有所长，鳏、寡、孤、独、废、疾者，皆有所养"的大同理想，都已经变成了现实。党和政府的努力，将世代为农民的均衡的生活水平大幅度地提高，而且农民的生活水平也逐渐向城市居民收敛。

未来必然是城市化进一步加速，农村人口进一步减少，同时现代要素的投入，帮助农民提高劳动生产率，从而获得较高的收入。最终达到城市居民与农村居民的生活水平相差不远的境地。当下的农村，年青一代通过读书成才和外出经商务工，努力打破世代为农民的宿命，想在城市立足。笔者通过实际调研认为，资产存量过低、缺乏资产的相关权属表达和缺乏现代要素的投入成为制约农民进一步增收的主要原因。而通过多种政策，地方政府在提高农村务农的山区农民的收入方面，仍然大有可为。

政府应该高度重视农民人力资本的积累，这不仅包括传统的高中、本科教育，还应该引导农民加强职业教育培养意识，重视农民就业技能的培训。政府还可以通过为农民的财产——农村承包地、农村宅基地和农民承包的山林地——提供正规的权属表达，以增加农民拥有的资产存量。这是扩大农民收入的基础性工作。有了清晰权证表达的农村承包地和农村宅基地，在严格保证耕地的数量和质量不下降的前提下，通过在国土部门严格监督下进行的增减挂钩项目，释放大城市的土地级差，能够在短期内为改善农村居住环境，提供一笔巨额的投资。而产权界定清晰，分权到户的山林地，能够为提高山区人民中长期的收入奠定良好的基础。

山区农民拥有的山多地少，进一步提高山区农民的收入，离不开山林这份资产收入流的增加。而增加山林资产产生的收入流，离不开现代要素的投入。政府引导和扶持山区人民成立相应的合作社，为农超对接、发展订单农业提供平台，帮助农民建立以销定产的现代营销理念，为农民提供优惠政策以及优质的商务信息。这些综合措施对于提高农民的收入将大有裨益。

# 农业劳动力过度转移对于我国未来
# 粮食供求平衡的影响

随着我国居民收入的提高和生活质量的改善，未来一段时间内，我国粮食需求将在"质"和"量"上都有持续的增长。在我国农业资源日益紧张的背景下，如何保持粮食的供求平衡，将是人们持续关注的一个问题。本文根据调研所反映的情况，将从农业劳动力角度入手，简要分析农业劳动力过度转移对于保持我国粮食供求平衡的影响，并提出了相应的政策建议。

我们实践小队一行7人，先后调查了江苏省连云港市长茂村、江苏省苏州市三扇村、江苏省兴化市腊树村、江苏省苏州市北联村、江苏省扬州市新农村、江苏省宜兴市屺亭村、江苏省盐城市宝塔村等7个江苏的村庄，尤其关注了老人从事农业劳动、获得养老和医疗保障方面的情况。

在调查中我们发现，125户受访者中，有97户还在耕种自己家的耕地，占到总受访户数的77.6%；而对于仍在耕种自家耕地的97户受访者中，有52户的耕种环节是有60岁以上的老人参与的，占53.06%。数据统计如表1。

**表1　　　　　　　耕种自家土地者中各耕地者情况百分比**

| 主要耕地者 | 户数 | 百分比（%） |
|---|---|---|
| 老人（60岁及以上） | 37 | 38.14 |
| 妇女 | 14 | 14.43 |
| 青壮年男性 | 16 | 16.49 |
| 老人 + 妇女 | 12 | 12.37 |
| 老人 + 青壮年男性 | 2 | 2.06 |
| 妇女 + 青壮男男性 | 15 | 15.46 |
| 老人 + 妇女 + 青壮年男性 | 1 | 1.03 |
| 总计 | 97 | 100.00 |

---

本文作者：中国农业大学赴江苏七村调研实践支队。报告执笔人：邵宇新（中国农业大学经管学院农林经济管理系2010级本科生）。

数据表明，老人（60 岁以上）是耕种的主力军。老人成为农村主要耕地者，是因为农村许多青壮年劳动力、尤其是青壮年男性劳动力，大量从传统的农业转移至其他产业。在我们的调查中，全部 335 个劳动力里，有 81 人常年外出务工，占 24.17%；有 152 人完全从事非农业劳动，占 45.37%。长期迁移去外地或转移至其他产业的劳动力大多是青壮年劳动力，留下进行土地耕种的多数是老人及妇女。劳动力长年出去就引出了一个问题：这样大量的青壮年劳动力转移之后，我国的粮食生产能够满足社会需求吗？

本文将先分析我国未来粮食的需求情况，再分析农业劳动力过度转移对于我国未来粮食供给能力的影响，最后给出一定的政策建议与措施，来分析农村劳动力过度转移对我国未来粮食供求平衡的影响。

# 一、我国未来粮食供求状况分析

至 2020 年，我国粮食需求发展的总体趋势是：在"质"和"量"两个方面的需求都会持增长。

从"质"的方面来看。第一，随着我国人均收入的提高和居民生活质量的普遍改善，粮食消费对于我国居民来说不仅仅是饱腹的功效，不同粮食种类的不同口感会是居民粮食消费的更高要求，因此粮食种类之间的可替代性将越来越弱，粮食需求的结构不平衡现象会持续发生；第二，由于我国居民对于粮食品质的要求也越来越高，这会导致粳米、优质小麦等高品质粮食品种的需求会上升；第三，由于居民对于粮食质量安全的要求越来越高，对于有机粮食、无公害粮食产品的需求也会逐步上升。

从"量"的方面来看。第一，我国总人口在未来一段时间内仍将不断增加，人口的增加势必会引起粮食消费总量增加；第二，随着越来越多的农村人口解决了温饱问题，农村人均粮食消费需求在上升；第三，粮食作物的功能性正在不断被开发，除了传统性地被作为食物及动物饲料使用外，将越来越多地被使用在工业领域（如酿酒、酒精燃料制造等），会产生更多的粮食需求。据李波等人（2008）的预测结果，我国粮食总需求将从 2007 年的 52854.96 万吨增长到 2020年的 57455.83 万吨，年均增长率约为 12%[①]。

因此，无论是面对维持粮食总共需平衡，还是粮食供求结构平衡，都面临着一定的压力。面对粮食供求缺口，仅仅依靠国际粮食贸易是不行的。因为国际粮

---

① 李波、张俊飚、李海鹏："我国中长期粮食需求分析及预测"，《中国稻米》，2008 年第 3 期。

食贸易易受国内国际粮食差价和国际关系等因素的影响，而这些因素会给我国的粮食供求平衡带来更多的不稳定因素，并且世界粮食市场也未必能承受中国如此巨大的粮食需求[1]。所以，要维持我国粮食供求的稳定，须以促进国内的供求平衡为首要任务。

然而我国的一个基本国情是：地少人多，土地资源紧张。所以，维持我国粮食供求平衡的一个最关键的问题就是，如何更好地利用日益紧张的农业资源，以满足市场对于粮食"质"和"量"日益增长的需求。其中，是否有和土地资源相匹配的劳动力资源来耕种土地，是一个重要的影响因素。

## 二、农业劳动力过度转移问题对于粮食供给的影响

拉尼斯—费景汉模型（1989）说明，在经济增长初期，由于农业劳动力过剩，从农业向工业转移劳动力不会影响农业产出；但是，随着农业劳动力减少，如果农业生产率不能相应提高，农业总产出就会下降。我国当前及未来的一段时间内在粮食供给方面也会遇到这样的问题。农业劳动力过度转移会对我国粮食生产造成多方面的影响。

农业劳动力过度转移带来更多的土地抛荒问题。据科技部中国科技促进发展研究中心于2004年6月至2005年2月对我国西部11个省、自治区、直辖市开展的"西部大调查"显示，6.5%受访农户将自有耕地抛荒；2008年，安徽省耕地抛荒面积约10万亩[2]。农业劳动力过度转移到其他产业，是导致土地抛荒的直接原因。由于"两田制"等土地制度的影响，导致土地过于分散，且难以进行流转与整合，因此很多小块土地无法进行机械化耕作，而纯人工种植的成本又相对较高，且田间管理需要耗费的时间与精力也过于分散，种地带来的收益远小于外出打工等其他从业方式，因而许多农民选择将土地抛荒。然而，因环境恶化、化肥农药不当使用和工业与农业争地等因素的影响，我国的可耕种土地连年下降。1997年第一次农业普查结果显示，1996年末全国耕地面积为19.51亿亩；2009年2月26日，国土资源部公布的2008年全国土地利用变更调查结果显示，2008年末全国耕地面积为18.2574亿亩，比上年减少29万亩，且已越来越接近"十八亿亩耕地红线"[3]。耕地面积的减少，对于粮食供给能力有直接的影响。因此，必须尽可能地减少抛荒等人为性因素导致的耕地面积减少，这就要求有更多已转

---

① 高国庆、宋建慧："入世后我国粮食供求平衡途径初探"，《国际贸易问题》，2000年第11期。
② 徐莉："我国农地抛荒的经济学分析"，《经济问题探索》，2010第8期。
③ 王学斌："农村土地抛荒现象与中国的粮食安全问题"，《世界经济情况》，2007第3期。

移至非农行业的劳动力愿意回乡种地。

农业劳动力过度转移使土地劳动生产率降低。在我国，转移到其他行业的农业劳动力主力军是青壮年劳动力，尤其是青壮年男性劳动力。当青壮年劳动力出门务工时，如果家里没有老人或妇女，田地可能被出租或者抛荒；如果有老人和妇女，那么很可能就是家里的留守老人和妇女从事农业劳动。然而，当青壮年劳动力外出打工以后，留守老人和妇女的负担就变得更重，除了要耕作田地以外，很多时候还需要照料家中儿童或是病人，以及进行自我照料和经济供养。因此，留守老人和妇女花在田地耕种上的精力要比同等条件下的青壮年农业劳动力少得多，土地的产出效率也因此降低；尤其是只有老人留守的情况下，生活压力和经济压力更大，不仅从事农业生产的精力较少，对其养老和身体健康也有比较大的压力，甚至可能陷入一个"负担重——劳动多——健康差——负担更重——劳动更多——健康更差"的恶行循环。数据显示，目前有80.6%的留守老人仍然从事农业生产，很多老人同时还在替外出子女耕种土地。在这些老人中，55.2%耕种面积在2亩以上，24.1%耕种面积超过了5亩[1]。但由于化肥、农药等生产资料投入大，农产品价格相对较低，土地的经营收益很少，多数留守老人除满足基本生活需求外少有剩余。甚至由于生产成本过高，有些留守老人的农业经营收益为负。此外还有25.9%的留守老人种地面积不到1亩，这部分老人通常是由于高龄、生病等原因，劳动能力较差，因此自己只保留少量菜地以自给自足，土地产出非常少。尤其是当农业生产的利润率明显少于其他产业，且农民拥有地亩数量较少时，留守的老人和妇女就更不会花太多的精力在提高农业效益上了。这与笔者在调查过程中观察到的现象十分吻合。

农业劳动力过度转移使耕种质量降低。青壮年农业劳动力外出打工之后，留守老人和妇女的生活负担更重，大部分的时间和精力被用于解决自身的生活问题，对于新农业品种和新耕作方法等农业技术进步的信息关注比青壮年劳动力少[2]；此外还有个人教育背景和知识水平的影响，导致收到教育质量较差的老一辈农村劳动力和女性劳动力更少参与创新性的农业劳动。笔者在江苏省连云港市长茂村调研时发现，老人较少参加村里组织的农业技术培训，而青壮年农业劳动力参加较多。因此，在农产品品种多元化和品质进步方面，留守老人和妇女耕种的田地更难达到社会日益增长的、对于农产品"质"的需求。

---

[1] 叶敬忠、贺聪志："农村劳动力外出务工对留守老人经济供养的影响研究"，《人口研究》，2009第4期。

[2] 贺聪志、叶敬忠："农村劳动力外出务工对留守老人生活照料的影响研究"，《农业经济问题》，2010第3期。

此外，农业劳动力过度转移也会使农产品作对于市场变化反应的灵敏度降低。虽然我国农产品价格收到政府政策的影响较多，但市场价格的变化仍然对资源分配起着重要的作用。在家中只剩老人和妇女留守、艰难持家时，留守老人和妇女对于市场信息的接收与处理能力比青壮年劳动力显示出更强的滞后性。尤其是对于生产周期较长的种植业，如果不仅不能对市场有一个准确的预期，而且对于市场波动的应变能力还相对更滞后，那么后果会是比较负面的。从个人层面来说，家庭生产的农产品遇到亏损的可能性会更大；从宏观层面来说，因为这样的一种滞后性的存在，市场对于农产品资源配置的能力会减弱，农产品总产出的结构更难和社会需求的结构相匹配。换言之，这样的滞后性对于我国未来粮食的结构性平衡产生负面的效应。

综上所述，农业劳动力过度转移问题不仅会导致因土地抛荒引起的总耕种面积的下降，还会导致土地劳动生产率的降低，更会阻碍农产品多元化和精品化的发展，最终导致农产品供求的总量失衡和结构性失衡。因此，笔者认为，农业劳动力过度转移问题是影响我国未来粮食供求平衡的最重要的因素之一。

# 三、措施与建议

要减小农业劳动力过度转移对于我国粮食产出能力的影响，就要对农业劳动力过度拉向至城市的牵引力进行对症下药，提供更强的反向牵引力，将一些青壮年劳动力牵引回农村。

导致农业劳动力大量转移的原因有如下几个：其一，因为"两田制"等制度原因，导致土地过于分散，机械化耕作比较困难，纯人工种植成本较高，农民不愿种植；其二，因为土地流转不畅，虽然有许多农民愿意多种地，但是无法获得较大面积的土地，种植现有土地所获产出有限，无法获得更多的收入；其三，农民从自身和家庭成员的发展角度考虑，更倾向于迁移至社会福利更好的城市或乡镇，以给家庭提供更好的教育、医疗、保险的公共服务。

针对以上问题产生的原因，提出政策建议如下。

①优化土地整合方式。从上文中可以看出，土地分散是劳动力过度转移的一个主要原因，所以要从这方面入手，以期牵引部分农村劳动回乡务农。对此问题，可以借鉴和采取苏南一些农村的做法，通过村集体将村中土地进行集中，然后承包给村中能够进行机械化生产的农户，这样可以对分散的小块土地进行一定程度的整合，通过机械化耕作降低平均成本，提高种植收益，优化土地配置，提高村里粮食总产量；而释放出来的劳动力可以在临近地区进行工业生产等。这是一种更为健康的农业劳动力转移方式。

②完善土地流转渠道。目前，大多数农户的土地流转都是通过私人间的关系网连结，所能流转到的目标租户也有限。对于此，可以在农村建立土地流转中心，帮助个体农户进行私人间的土地流转，将土地流转的渠道疏通。

③健全农村社会保障。虽然目前我国农村有"新农合"、"新农保"等医疗和养老保障，但是由于所获保金相对较少，对于农业劳动力回乡种地不能形成有效的吸引力。因此，可以考虑加大其领取金额，给农村人口提供更多的经济保障和卫生保障。此外，农村的公共教育水平也需要提升。

# 陈仙桥地区农业水利工程使用状况调研

　　本项目主题定位在"农业水利工程"与"陈仙桥地区"这两个关键词之上，通过地理区位界定，集中描述陈仙桥这个普通村落区域内的农田水利工程使用状况，通过背景介绍以及对当地农业发展特点的描述，集中反映广袤的华北平原上当前农业水利工程的使用与发展环境，并结合当地水资源现状、农业转型趋势和农田水利发展契机进行"麻雀解剖"，对陈仙桥区域的农田水利工程建设和农业发展提出一定的方法论思考。本文在调研方法上侧重通过田野调查、访谈等形式开展实证研究。

## 一、调研主题与背景

　　众所周知，新中国建立后的一个时期内，通过"大跃进"等群众运动，在农村及城郊地区修建了大量的沟、渠、河、坝、闸、塘等农田水利工程，这些工程曾于修建初期在防洪、灌溉、蓄水、供水、发电、航运、改善生态环境等方面发挥过重要作用，但后期大都年久失修，失去了功用，逐渐被废弃。这一状况也使得众多地区的农业生产又回到了靠天吃饭的状态之中，"下雨则涝，天干则旱"成为这些地区农业发展状况的重要特点之一。

　　自古"民以食为天"。农业生产的好坏直接影响着占中国人口半数以上农民的温饱问题，影响着粮食安全与国民经济的发展，也影响着国家和社会的稳定，而水利工程恰是改变农业生产靠天吃饭、决定农业生产活动能否顺利进行的关键所在。因此，从这个层面上来说，农业水利工程"不仅是农业生产的命脉，也是农民生活的命脉，更是农村经济发展的命脉"[②]，直接牵动着国家和社会的发展大计，影响着千千万万普通中国人民的生活。

　　2011年中央"一号文件"明确指出："水是生命之源、生产之要、生态之

---

　　本文作者：周浩，清华大学新闻与传播学院2011级硕士研究生。

　　①　于明："关于农村小型水利工程建设的思考——对青冈县农村小型水利工程建设的调查"，《水利天地》，2005年第4期。

　　②　《中共中央、国务院关于加快水利改革发展的决定》，2011年1月29日。

基。"要求"把水利作为国家基础设施建设的优先领域,把农田水利作为农村基础设施建设的重点任务"①,为这一批次的农业水利工程建设定了一个基调,也为本次调研提供了良好的方向性指导。

本调研项目主题定位在"农业水利工程"与"陈仙桥地区"这两个关键词之上。对于前者来说,主要是指农村中为农业生产服务的沟、渠、塘、坝、井、池以及蓄水、抽水等设施,涉及范围较为广泛,时代特点鲜明。对于后者来说,陈仙桥是安徽省亳州市蒙城县下辖的与任何一个华北平原的村庄都无二致的普通村落,然而正是这样一个毫不出众的村庄,恰恰反映了广袤的华北平原上农业水利工程的使用与发展现状,具有普遍的代表意义,它的面前是沟沟渠渠的纵横交错,背后则是悠远的历史和深邃的将来。

# 二、调研目标与调研方法

## 1. 调研目标

本次调研规划了 2012 年 1 月 12 日～2012 年 2 月 6 日这个时间区间,在此区间内按照要求因地制宜、因时制宜地开展调查、研究与写作,在完成实践活动的同时达到三个目标。

(1) 通过实践增强对于国情尤其是基层国情的了解

我们学习、生活在高校这个学术和思想高度自由且较为单一化的环境之中,缺乏实践的磨砺和锻炼,对于国情的了解大都来源于万千书卷中的懵懵懂懂,而缺少真正的身体力行。我们常常会问自己这样一个问题:中国的国情究竟在哪里?我认为真正的中国国情在农村,在基层,在一线的工厂和车间,更在于田间地头,这就是我们读万卷书之后还要行万里路的根本所在。如果我们不到田间地头走一遭,就永远不会知道 8 亿农民在思考什么;这就如我们如果没有去过河南,就不可能真正理解中国的农业,也就不可能理解传承了几千年的中国农业文化的根源;如果没有去过辽宁、广东和浙江,就不会真正理解中国的工业,也不会领悟改革开放以来中国真正的实体经济命脉。因此,我将这次调研活动的第一个目标定在了解基层国情之上。

(2) 通过实践大兴调查研究之风,进一步培养求真务实的工作态度

改革开放 30 多年来,中国的政治、经济、文化、社会等方方面面都发生了

---

① 《中共中央、国务院关于加快水利改革发展的决定》,2011 年 1 月 29 日。

翻天覆地的变化。西方思想与经济模式的引入带动利益主体的多元化，经济发展与收入分配错综复杂的辩证关系，资本与权势的力量和社会公平、正义之间不时出现的密集性矛盾，政治改革的步履维艰与思想潮流的千头万绪，既得利益者借"摸石头"之机固化现有格局、阻碍改革继续深化的不择手段，都使得问题变得不简单，世界上还没有哪个国家经历过有如当前之中国如此复杂局面的考验。而如此复杂的形势、关系、利益格局，只能呈现在社会这本无字的大书之中，而不会写在寥寥的几张纸上。这恰如黑格尔所言"熟知并非真知"的论断一般，即便我们对于这些问题的理论研究与分析再怎么烂熟于胸间、丘壑于股掌，都不可能有一双眼睛和两只耳朵来得真切，来得实际；只有实践才能检验真理，只有调查研究才能得到真知。因此，我将本次调研项目的第二个目标定在了大兴调查研究之风上。

（3）通过实践锻炼撰写调查报告、公文等文体的能力

我们以往的写作，多限于校园思维之中，要么学术研究，要么工作论文，很少将在社会这个平台上所见、所闻、所思、所想变成文章，也缺少这方面的能力。但是理论和实践证明，开展社会调查、撰写调查报告，是每一名从事或有志于从事公共服务工作的青年应当具备的基本素质与能力，它反映我们观察社会与审时度势的敏捷度，是一种务虚的能力，是对于我们实际工作的方向性指导。因此，我将本次调研的第三个目标定在了锻炼写作能力之上。

## 2. 调研方法

在调查研究的方法上，我重点通过田野调查、访谈进行实证研究，并据此对于当地可循的部分书面材料进行文本分析。在田野调查方面，主要通过走访上世纪修建的重要农田水利工程来开展，具体方法是沿当地的茨河、蒙凤河、小集河、老大桥、大渠等数个比较具有贯穿性的农田水利工程，通过文字记述、拍照等方式来完成现状描述。在访谈方面，我主要针对陈仙桥地区楚店、陈桥两个行政村的党支部书记以及楚村镇曾参与第一批次农田水利工程建设的相关政府官员进行访谈，重点关注这一地区水利工程的使用现状，并对于其第二批次的农田水利工程建设开展建设性的方法论指导与探索。

# 三、陈仙桥地区地理区位

## 1. 地理位置及范围

陈仙桥地处华北平原南端，位于皖西北蒙城县的茨河（古称"蒲水"或

"沙水")① 之滨，距蒙城县城 22.5 千米，经纬度约为 33°20′N 116°55′E。村北现有洛（阳）南（京）高速公路（G36）经过，村内有 203 省道（S203）一线贯通，交通便利，向南可直达省会合肥等地。本文所述陈仙桥地区，是指以陈仙桥自然村为核心的陈桥、楚店、楚庙等三个行政村庄，它们均靠近省道，是当年以及本批次开展农田水利工程建设的重要区域，对于当地的农田水利工程建设的调研来说，具有较高的代表性。

## 2. 经济、文化背景

陈仙桥地区四季气候分明，年平均气温约为 14.8℃，降水量约为 820mm，属于典型的暖温带半湿润季风气候，作物熟制为两年三熟，主要种植小麦、玉米、山芋等粮食作物以及棉花、油菜、黄豆等经济作物，所有田地均为基本农田。

在地势上，除茨河下游南岸地理位置稍有抬高外，陈仙桥地区总体呈现出西高东低的淮北平原特点，但坡度较为和缓。全地区除茨河沿岸约 200 亩沙土地外，其余皆为典型的黄土耕地特征。

陈仙桥历史悠久，自宋代以来便有庄周垂钓于此以及陈抟老祖"四十五里上天梯"、"打柴遇仙而成仙"的故事，当地有诗云："濮水论道造化倚，四十五里上天梯；陈仙桥畔希夷梦，风景依旧留圣迹。"便是这一地区丰富历史文化的佐证。陈仙桥地区历史上一直隶属中原文化圈，在语言系统与生活习惯上更加靠近河南省，通行中原官话。

# 四、陈仙桥地区农业水利工程现状

## 1. 轰动一时的引水渠成为标志性工程

陈仙桥地区的水利工程建设具有两个鲜明的特点：一是整体性和系统性，主要是指当地具有一批较为显著的、具有带动和引领作用的主线水利工程，能够带动整个区域内农田水利设施充分发挥作用；二是活跃性，即村民建设水利工程的热情较高，能够在主线水利工程失去功能的前提下继续探索满足农业需要的各种设施，包括机井、暗渠、机械灌溉设备等。

谈及主线水利工程"大渠"的建设，现任楚店村楚东生产队长的楚电文仍

---

① 《水经·渠水注》："（沙）水东注，即濮水也，俗谓之父水也。"

然记忆犹新。1987年之前，那一代人们对于洪水和干旱的印象还没有这么的深刻。7月初，连绵不绝的大雨下了整整10天，整个地区沦为一片泽国。

"茨河闸每天24小时开闸放水都排不完"，楚电文说，"大水沿着上游闸塘向上漫，几个小时之内，整个陈桥、楚店的水就涨到了膝盖。（人们）可以直接坐在床上弯下腰来洗手，也可以在床底下抓到鱼"。与此同时，村民的庄稼地也大都被洪水淹没，大部分豆苗、玉米苗都烂死在地里；但是紧接着的8月份却整月都滴水未下，致使当季农作物几乎绝收。

这样的场景使得村民们开始思考该如何防范洪水与干旱的再次发生。1988年的春天，时任陈桥乡①党委书记的孙继成提议"修建一条引水渠"时，立即得到了县水利部门及几个村大部分村民的支持。孙继承说："我们当时的想法是想引出茨河的水，往楚庙村的方向调，沿途开几个支流"，而这条水渠的所经之处也正是楚店村、楚庙村的主要耕地集中区，"旱能灌溉，涝能排水"，是这条水渠修建的最主要目标。

1988年的麦收刚过，上级水利部门和镇里共同拨付的80万元资金就已经到位，也标志着这条主线工程的开工。"沙子、石头都是从凤台②拉过来的，工都是农民出"，全程参与水渠建设的楚店村村民袁勇说，"石头涵洞和渠坝都夯得特别结实，平平整整，上面种满了白杨树"。仅仅一个月零几天时间，这条长约3000米，宽约12米，包含1座翻水站、2处涵洞、1处闸门、5条支流、2条回流灌溉水道的小型农田水利工程系统便宣告建成，标志着陈仙桥、楚店、楚庙等几个村庄的零星水利工程被系统化，也标志着整个地区的水系被盘活。按照设计时的规划，这条主线性水利工程要从茨河陈桥闸的上游翻水入渠，通过主渠、两侧分渠及五条支流将水一直引至楚庙、楚赵等村庄，几乎灌溉了陈仙桥、楚店、楚庙三个村庄的全部耕地。

## 2. 三次溃堤后的长期闲置，带动普通农田水利工程年久失修

1988年夏秋之交，几个村庄的人们收割完大豆、玉米、山芋之后，准备开始播种小麦，大渠也找到了发挥作用的舞台，开始了第一次翻水。"一开始还管用，但是到了第二天，就发现拐弯处被冲塌了"，时任楚店村党支部书记的楚化为说，"好不容易翻上来的水又流回了（茨）河，到不了北边"。村干部组织了不少劳动力带上工具，抢修大渠被冲垮的地方，还专门铺上了石头。但是由于拐弯的角度达到了90%，水流太急，导致第二次、第三次供水时又发生了冲塌事

---

① 后陈桥乡撤编，隶属楚村镇管辖，称"陈桥村"。
② 凤台县隶属安徽省淮南市，当地有石山，开办有采石场。

件。很快，便没有村民再对大渠有什么兴趣，这一历时一月建成、使用不足三月的农田水利主线工程被彻底废弃，至 2012 年 2 月，时间跨度达 24 年。

2003 年以来，中央出台各项支农、惠农政策，促使陈仙桥地区不少原先外出打工的农民工返乡，重新开始重视土地，并开始寻求各种农业发展的新路径，耕地在这一阶段内显得供不应求；且由于人口增加，兼具当地结婚须有新房的传统，缺地、缺土成为比较突出的矛盾之一。为此，不少村民开始开挖耕地获得土方、占用耕地建造房屋。与此同时，年久失修的大渠占据了不少耕地，必然会成为当地村民眼中的香饽饽，于是砍树、平整土地、变林为耕在当地已变得不足为奇，反映了陈仙桥地区农田水利工程年久失修的主题背景。

### 3. 农田水利工程粗糙化

陈仙桥地区的农田水利工程建设在精心设计的主线工程废弃后，便开始变得粗糙化，具体体现为以下三点：一是设计简单，功能单一。大部分水利工程仅仅是开挖一条水道，或打几口机井，缺乏相对科学的设计，在发挥功用上更显得事倍功半。二是各自为政，支离破碎。由政府出面组织建设的大渠由于没有发挥出应有的作用，反而占下了不少耕地，挫伤了农民参与农田水利工程建设的积极性。这之后的水利工程建设大都由农民自己实施，"政府变成了旁观者的角色"，原陈桥乡党委书记孙继成说，"没人管，（农民）只有自己干"。三是缺乏后续管养。农民在管养能力和管养技术上的缺乏导致这些零散的农田水利工程呈现出不可持续的特点。"今年抗旱时打口井，用完了也不管，下次再抗旱时就得重新打"。

这种系统性和体系性的缺乏，导致当地的水利工程出现了"点"化的局面，各农田水利工程之间碎片化，分布虽然星罗棋布，但是总体上处于"1 + 1 < 2"的状态。同时，这一状态导致某一水利工程点出现问题后，无法通过系统整合进行修补，只能头痛医头、脚痛医脚，难以因地制宜地采取科学的措施。也正是因为这一弊端的存在，当前陈仙桥地区位于田间地头的基础性水利工程的失修率惊人——仅茨河陈桥闸往下 300 米段至于大渠之间 200 余亩耕地中的 8 口机井，便因常年失修已全部干涸，成为枯井，难以对当地农业产生任何有利影响。

## 五、陈仙桥地区农业发展现状

陈仙桥地区位于淮河北岸平原，中间有较大河流通过，地势平坦、气候温和，非常适宜各类作物的生长，农业生产条件得天独厚；但是，由于淮河防洪的难度及其他各种原因的纠合，使得当地农业的发展也受到了诸多限制，总体上可以说是优劣参半。

### 1. 地势平坦，地块平整

陈仙桥地区的农业土地多为大片相连，很少有百亩以下的单独地块。这一优势为当地的农业生产活动及农田水利工程的建设打下了良好的基础。

### 2. 农业靠天吃饭

当地农田水利工程较低的使用效率以及较高的废弃率从根本上决定了靠天吃饭的农业命运。自2003年淮河流域发生特大洪水以来，陈仙桥地区几乎年年旱涝并举、旱涝急转。对此，原楚店村党支部书记楚电民感触颇深："05年抗洪，06年抗旱，07年抗大洪，08年抗大旱"，这种"与天斗"的状态一直伴随着他走过了四年的村干部历程，也是对当地农业发展状况的一种反映。

### 3. 基本农田保护欠缺

陈仙桥地区涵盖几个行政村，耕地面积较为广阔，且绝大部分耕地属于基本农田范畴，受到政策的特殊保护。对此，县级农业部门也专门做了标识，告诉人们要对此开展保护。但是从当前的状况来看，当地农民对于基本农田保护的政策执行得比较欠缺，除大肆开挖耕地之外，随意改变耕地用途或占用基本农田建造房屋等现象亦随处可见。

### 4. 农业人口数量回暖

上世纪90年代中期以来，城乡收入差距逐渐拉大，农业经济环境不断恶化。在带动作用的驱使下，陈仙桥地区几个行政村外出务工的青壮年劳动力迅速增多，剩下的大部分都是儿童、妇女及老人，人口特点呈现出典型的"三八、六一、九九"结构及"空巢"现象，这对于当时本已羸弱的农业生产无疑又是一个沉重的打击。

陈仙桥村村民刘克国2000年前往上海打工时，全家4口人近6亩地每年的农业收成只有不到5000元，而刘克国在上海太阳能电器厂每月的收入就可以达到1300元，除去日常开销还可以剩下大约800~900元，这相当于一亩地的年收入。类似的收入结构调整在一定程度上使得农民对于耕种土地失去了兴趣，这一状况集中出现在中央密集出台有关"三农"的扶助政策之前。

2003年，这一状况开始得到一定的改变。此后的一个时期内，中央连续出台多项支农、惠农政策，如农业税减免、加大农业投入、提高粮食收购价、在农资方面给予农民优惠、粮食直补等，使得农业生产环境大大改善，人们也改变了对于农业的看法，不少劳动力重新回到农村从事农业生产活动，农村经济也在一定程度上恢复了生机。上述状况在陈仙桥地区的几个行政村中体现较为典型。

## 5. 农业转型趋势来临

经历了二十多年家庭联产承包责任制的积累与酝酿，当前的农业发展轨迹已经走进了转型期，这一转型主要体现在三个方面：一是"农业"的概念转变，开始由以传统种植业为主要特征的"小农业"概念向涵盖农、林、牧、副、渔等内容的"大农业"概念转变；二是在农业生产活动中，在一定程度上改变传统的耕作方式，采用更为精细和更为科学化的方式开展生产和创造；三是将重点放在农业生产效率的提升与农业耕地价值的提升上，提高单位面积产出。

这种转型在陈仙桥地区主要有两类：一是招商引资，借用外部资源以企业化、规模化的形式进行集中转型；二是农民自主的探索转型。但是，无论是以哪一种形式来开展转型，都离不开农田水利工程与农业科技的支持。

（1）循环农业的发展需要水利工程的保障

"循环经济"这一概念性优势在陈仙桥地区主要体现为内生循环、无污染、高收益三个点上，该地区兼具丰富、优质的耕地资源，为吸引外部资金开展循环型的复合生态经济打下了坚实的基础。目前已经建成的位于陈桥村的"京徽蒙现代农业循环经济示范区"即是陈仙桥地区借助外部资金开展规模化农业转型的尝试，取得了不错的效果。

这一项目由北京西南兆隆物流有限公司投资，并由河北远方农牧有限公司提供技术支持，共占地120公顷，计划总投资5亿~8亿元。它以"减量化"、"再利用"、"再循环"、"再思考"的行为原则，规划2011~2015年分三期，引进国内外先进的养殖技术、设施农业技术、节水灌溉技术、绿色食品技术及特种瓜果蔬菜花卉种植技术，并按照现代企业运行机制和管理模式，通过技术创新与机制创新，建设集现代农业、生态农业和观光农业于一体的农业循环经济示范园区。

（2）农民自主探索转型需要公共资源介入

在陈仙桥地区，传统的、家庭式的、以农民为主体的个体农业转型虽然占据着绝大部分，但是他们显然没有上述企业那么幸运，他们所能获得的政策、科技、经济及公共资源支持都远远不能满足转型的需求。

刚刚过去的2011年，陈仙桥地区的几户农民从打工地返乡，准备在自家土地上寻求新的生存方式，有的家庭尝试养鸡、养鸭，有的家庭尝试养鹌鹑，有的家庭尝试种大棚蔬菜，却大都遭遇了前所未有的挫折和损失（见表1：陈仙桥地区部分农户尝试开展自主农业转型一览）。

　　陈桥村民刘克国于 2011 年 10 月中旬以 1.07 元/只的批购价在家养殖了 11000 只鹌鹑，包括幼鸟、养殖场、鸟笼、饲料、开挖机井及其他设备的先期投入共计 41000 余元。11 月下旬开始，鹌鹑开始产蛋，产量日均约 140 斤，市场收购价为 4 元/斤；但与此同时，养殖鹌鹑每天共需饲料 480 斤，市场价 1.2 元/斤；成本还要超过收益 16 元/天。2012 年 2 月 27 日，刘不惜亏本，以 0.65 元/只的价格处理了所有的成年鹌鹑。他在本子上算下了这么一笔账，在养殖鹌鹑的四个半月时间内，后续投资 48000 元，平均每天亏损 300 多元，总计亏损了 39000 元。

　　陈桥村民周忠投资 8 万元，开挖 2 口机井，共养殖了 9000 多只肉鸡，仅 2011 年全年便因瘟疫死亡近 3000 多只，损失 6 万余元。

　　邻村村民邵朝阳在陈桥村茨河之滨包下了 10 亩地养殖了 15000 多只肉鸭，结果因为瘟疫导致鸭子死亡过半。仅 2012 年 1 月 20 日赴鸭舍调研当天，在连病带冻状态之下，邵的鸭子便死了 100 多只，病死的鸭子被扔在鸭舍后的野地里，堆积如丘。自 2011 年 3 月开始养鸭至于 2012 年 2 月他将剩余全部肉鸭一次性低价处理的一年时间里，邵亏损了近 10 万元。

　　楚店村村民楚黑子今年利用自家 4 亩耕地种植大棚蔬菜，投资了近 5 万元，开挖了 3 口机井，还雇佣了 1 名工人。其中 3 亩面积的白菜只卖到 6 分钱一斤，售罄后尚不足以支付工人一个月的工资。若不是因为另一亩地种植了辣椒与西红柿，势必损失惨重。

　　这些转型失败的典型案例，一者归于农业科技的滞后与信息获取的欠缺，二者也与公共资源分配职能的缺位有关，最主要的体现就是用水难、科技难。2011 年、2012 年中央"一号文件"指出，农田水利与农业科技是现代农业发展的命脉，也是实现农业转型的有效助推力。农田水利与农业科技的滞后或者科技资源过度向部分地区倾斜或分配不均匀，将直接限制农业转型的进程。

表 1　　　　　　　陈仙桥地区部分农户尝试开展自主农业转型一览

| 姓名 | 行政村 | 农业转型方向 | 规模 | 投资 | 亏损 | 亏损原因 |
|---|---|---|---|---|---|---|
| 刘克国 | 陈桥 | 养鹌鹑（售蛋） | 1.1 万只 | 8.1 万元 | 3.9 万元 | 产蛋没有达到预期 |
| 周忠 | 陈桥 | 养鸡（肉鸡、鸡蛋） | 9000 多只 | 8 万元 | 6 万余元 | 硬件设施、瘟疫 |
| 邵朝阳 | 电四 | 养鸭（肉鸭、鸭蛋） | 1.5 万只 | 14 万元 | 近 10 万元 | 硬件设施、瘟疫 |
| 楚黑子 | 楚店 | 种菜（当地市场销售） | 4 亩 | 近 5 万元 | 4000 元 | 硬件设施、菜贱伤农 |

　　我们从上述几个案例中不难总结出两个共同点：一是用水就要开挖机井，大量使用地下水；二是硬件投资占总投资比例高。对于前者来说，规模型企业有能

力开挖新水道引河水已用，农民则没有这个能力，且大力开采地下水毕竟是对于地区水资源的极大浪费，始终只能是权宜之计。对于后者来说，硬件投资后的较大亏损导致农民只能将其低价处理，存在着一定的一次性使用状况，对农民来说这是不小的风险。

# 六、陈仙桥地区发展农业水利工程的优势所在

## 1. 区位优势

陈仙桥地区地处平原地带，地形平缓，交通便利，本文所述的三个行政村几乎所有的农田用地距离 203 省道都不超过 2000 米，且大部分耕地都分布在省道沿线 500 米范围之内，有利于农田水利工程的施工与建设，方便总体布局的开展与调度。

## 2. 资源优势

陈仙桥地区存在大量的河、沟、池、塘等水域，且相互之间有所沟通，水资源及水道资源非常丰富，有组成相对较为活跃水网的先天条件。茨河是当地最大的河流，原先自陈仙桥地区横穿向东南流至蚌埠市怀远县荆山以西注入淮河。1971 年开挖茨淮新河时，茨河下游被截断 4 公里，于怀远县上桥附近注入茨淮新河，仍与淮河相连。同时，茨河还通过蒙凤河与茨淮新河、淮河第二大支流涡河直接相连，均可直通淮河，水资源极为丰富。枯水季时，茨河虽水量减少，但却从未断流。此外，当地众多小河道及其支流也四通八达，为开通新的水利工程提供了良好的水道及水域。

## 3. 生态优势

陈仙桥地区的生态优势主要体现在两个方面：一是水好；二是木好。针对前者来说，当地绝大多数农民目前都从事农业生产，农闲之余做生意或外出务工，整个地区几乎没有工业发展；正在发展中的新陈桥集市大都以商业销售为主导方向，加之茨河上游多流经农村，污染来源较少，整个流域水质普遍偏高，为农业发展与农田水利工程的建设提供了优质的生态资源。后者主要指林木覆盖率高；当地包括省道、县道、乡道在内的几乎所有道路沿线都实现了多重绿化，重点水道及区域如茨河、孙凤河、蒙凤河、湾西河、老大桥、岗子区、各自然村庄外缘及内部等，也都布满了林木。水域及森林的覆盖率在全县均处于较为领先的水平。

### 4. 人力优势

修建众多的农田水利工程，单纯依靠机械很难顺利完成，尤其是有些农业水利工程地理位置比较偏僻、规模较小，人力参与仍显得非常重要。虽然农村已经取消了"出工制"这种劳役形式，但陈仙桥地区人力资源较为丰富的现状并没有因此改变；近年来不少劳动力由城市重返农村，更强化了这一优势。在这些劳动力中，不少人曾参加过芡河整治、水道疏通以及其他小型农田水利工程的建设，在修建沟、渠、河、坝、池、塘方面具有一定的经验积累。应当说，这是天然的人力优势所在，为"水利出工"变成"水利雇佣出工"打下了较为坚实的基础。

## 七、陈仙桥地区水利工程建设的方法论思考

如果我们将上世纪60年代初到80年代末修建的农田水利工程作为第一批次来看的话，那么现在正在根据中央"一号文件"精神修建的农田水利工程便可以看作是第二批次，它与前者相辅相成、互相补充。这一批次的建设大致分为两类：一是新建水利工程，二是重修、改造旧有水利工程。而要在这一批次的农业水利工程建设中有所突破，有所进步，就必须坚持统筹兼顾的原则，紧密结合陈仙桥地区的农业发展状况，因地制宜，因时制宜，立足宏观与大局开展规划与建设。具体到方法论上，应当从指导原则、利用契机、融合科技、调动群众、培养人才、建立机制等几个方面入手。

### 1. 在大原则上坚持"三个彻底打破"

一是彻底打破原先的乱修乱建、各自为政、彼此分立的碎片化建、管、养模式，取而代之的是体系化的建设与管、养模式。必须利用当前的地形、生态、水源、水道、人力等先天优势条件建成能够四通八达、互相补给的水网体系。在水资源的使用上坚持统一规划、配置，优先使用地表水，避免在农业生产中过度浪费地下水资源。

二是彻底打破当前吃子孙饭、将水利设施用地辟为农田耕种的短视思维，避免资源使用的恶性循环。这方面可以通过发展农业科技，提高农业单产以及推广生态农业、循环农业的方式来实现。目前这一举措在陈仙桥地区已经呈现出星星之火的势头，而形成燎原之势、实现科学转型，则需要政府角色的参与，提供农田水利工程与农业科技的大力支撑。

三是彻底打破只顾经济效益而大肆砍伐树木，破坏良好的蓄水、养水生态环

境的行为惯性。林木作为区域生态系统中的核心要素，必须认真予以保护，否则将危及整个地区农业生产的基础。这方面可以通过发展速生林技术和实施轮次伐木等措施在林木的经济效益与生态效益之间寻求良好的契合点。

然而在当前农村的大环境下，纯粹自发性的联结作用很难起到作用，农民也不大可能在牺牲自身利益的前提下来主动立足长远、蓄养生态。因此，要实现"三个彻底打破"，在农业 NGO 组织不够发达的情况下，为了保护农业生产的顺利、可持续发展，引导其逐渐转型，就必须有政府角色的组织和参与。

### 2. 充分利用未来十年水利发展黄金期

水利工程关系农业生产，水利兴则国兴，水利衰则国衰，要将水利当做一项兴国兴民的大事来抓，就必须明确其公益性事业的基本特征，明确资金投入，增加财政与政策支持。

2011 年中央"一号文件"明确指出要"进一步提高水利建设资金在国家固定资产投资中的比重，大幅度增加中央和地方财政专项水利资金，从土地出让收益中提取 10% 用于农田水利建设"①，提出在未来 10 年内总投资 4 万亿元，年均投资 4000 亿元的基本目标，从财政上以政府公共财政和土地出让收益两项收入来保证投入。这一举措标志着中国进入了改革开放后水利建设的黄金十年，对于农田水利工程的建设也是良好的契机。此外，去年的中央一号文件也在金融政策上尤其对于农田水利工程做了特别规定，要求国开行、农业发展银行、农村信用合作社、邮政储蓄银行等与农业发展密切相关、在农村网点分布较多的金融机构进一步增加农田水利建设的信贷资金，拉长贷款期限，为地方政府以及农民个人开展农田水利建设提供充足的金融政策支持。这些措施都为陈仙桥地区开展新一批次农田水利工程建设提供了有利的外部环境。

### 3. 规划与建设需融合现代科技

在过去较长的时期内，陈仙桥地区的农田水利工程建设走过了一个粗放色彩浓重的阶段。无论是在规划环节，还是在建设环节，都不尽科学、合理，造成了农田水利工程分布不够合理、使用效率低下等问题出现，直接导致了第一批次农田水利工程的废弃，这也是整个华北平原农田水利工程建设的缩影。为了避免这一状况的再次发生，本批次农田水利工程的规划与建设必须融合现代科技因素，以集约化的思维精打细算，科学、合理规划，充分、精细论证；同时务必加强工

---

① 《中共中央、国务院关于加快水利改革发展的决定》，2011 年 1 月 29 日。

程建设监管，实行责任制度；务必防止粗放的、不负责任的"一次性"工程出现，实现当地农田水利工程建设的跨越式发展。

## 4. 管养与建设并重形成常态化机制

陈仙桥地区的农田水利工程建设一直以来都处于一个重建设、轻管理、无养护的状态之中，这一点从大渠损毁、机井干枯以及当前农业生产"靠天吃饭"的现状可见一斑。因此，要实现这一批次水利工程建设的可持续化，就必须要能够避免以往"重建、轻管、无养"的弊端。从这个角度来说，《中共中央、国务院关于加快水利改革发展的决定》中提出的"水资源有偿使用制度"其实可以在陈仙桥这样的范围内开展实施，以促使建设与管、养的分离。对于后者来说，将管理、养护尤其是养护的环节纳入市场，实行社会化管理，开展市场经济运作，不失为一个有益的探索，也能够带动农田水利工程整个建、管、养系统的机制化形成。

## 5. 充分调动农民群众参与建设的积极性

人民群众中历来蕴含着无穷的智慧和财富，这一点在陈仙桥的农田水利工程建设中体现得尤为明显。仅楚店村楚东队就有 12 人参与过当年的芡河整治、修建大渠、闸门、涵洞等水利工程，具有较为丰富的"出工"经验，占全队总人口的近两成；充分调动农民群众参与农田水利工程建设的积极性，发挥当地的人力资源优势，显得至关重要。在这方面，应当按照"多筹多补、多干多补"的基本原则，利用各级政府对于水利资金的投入，加大一事一议财政奖补力度，重视以经济因素引导农民的广泛参与。

与此同时，为了改变当前农民整体农田水利知识水平不高、缺乏养护能力等问题，应当充分发挥政府的职能作用，通过向基层派遣水利人才、开办培训班等方式，着力提升农民本身的农田水利素质，提升其参与农田水利建设与管养的主人翁意识。同时，作为组织者与管理者的政府，应大兴调查研究之风，在充分征求民意的基础上，将农业水利工程建设对于当地农业的贡献指数纳入到政绩考评体系中，提升对于农田水利工程的关注力度。

# 现代化进程中的土地、教育和文化危机：
## 以一个侗族山村为例

　　市场经济条件下，我国广大农村地区正发生着深刻的社会变革。在取得可喜成绩的同时也存在不少问题，这些问题在不同程度上呈现出危险性倾向。本文以湖南省通道县古伦村为例，从土地、教育、文化解构几个方面描述侗族村庄存在的突出矛盾，试图通过对问题的分析找到可能的解决途径并为后续研究提供一些基本资料。

　　我国幅员辽阔，千千万万座村庄散落在这片神奇的土地上，若漫天星辰。受地理历史因素影响，它们呈现出不同的状况。在时代发展进程中，其发展水平和面对的问题也各不相同。

　　古伦村位于湖南省怀化市通道县境内，贵、湘、桂交界处。全村占地1.3平方千米，地形以山地丘陵为主，森林覆盖率达90%以上。耕地主要是两座山之间的冲积小平地，农作物以水稻油菜为主，经济发展水平不高。全村人口1168人（2012年），全部为侗族人，是典型的少数民族聚居地。

　　该村于200多年前举村迁移至此，具体迁入年份及迁出地不详。自从来到这里，村民便扎下根来在这里繁衍生息，并创造出属于自己的独特文化。受各种因素影响，该地生产力水平相对低下，在极其封闭的环境中长期过着自给自足的生活。30多年的改革开放给这个宁静的村庄带来很多新鲜事物，也深刻地改变着这里的村落形态和社会意识。人们在百年发展历程中不断遇到问题、解决问题，体现出极大的韧性和智慧。当时代的潮流冲击古老的村落，矛盾和问题再次积聚并体现出新的特点，这些问题背后隐藏着巨大的社会危机。

## 一、关于土地

　　土地，这一重要的历史要素，深刻地影响着人类的发展历程。无论是国内还

本文作者：粟少群，中国农业大学人文与发展学院2009级本科生。

是国外,其作为生产要素、生活保障要素和社会文化要素的重要性无需论证。在当下,土地依旧发挥着原来的作用,却因社会生产力和生产关系的变化而表现出一些新的矛盾,在一定程度上阻碍了社会进一步发展。

## 1. 耕地占用问题

如果走在古伦村的小路上,会看到这样一个现实:原来的水田上正在建起一座座楼房。

最近十多年,村里的农民大量外出,务工地主要是广东。村民务工一般能赚到一笔钱,回来后有建房的需求,而多数情况是建房一开始就是农民外出务工的原动力。由于原来的宅基地比较小,或者位置不理想,很难满足村民对新建房屋的要求,因此他们希望能有一块新的宅基地。这样的要求对刚分家的农户来说更为迫切。但该村的地形特点决定了难以满足村民的现实要求,"九分山半分田半分水"是人们对这里地形的准确描述,村民因此将目光瞄准了水田。近些年来,大量人员外出直接导致了村民对稻田现实依赖性的降低,并影响到了人们对土地重要性的认识。在这种背景下,村民的现实需求在村庄内部达成共识,并向外扩散进而形成舆论压力,在个人和集体共同作用下严重干扰政府决策。最终的结果是政府同意并批准村民的要求,并为其找到一个理由:这处于政府合理规划范畴之内。

问题由此产生。首先是此举导致的现实:起初一两户村民通过和村委会协商,用自己的部分承包地换取某处耕地,上报县国土局并征得同意后在此建房。接踵而来的是其他村民相似的要求,村委会、县国土局一般会同意,因为此时他们必须考虑公平性以及可能产生的社会不安定。其心态容易理解,首先是出于利益问题而放宽限制,其次为保证"公平"和避免矛盾产生而选择进一步妥协。其态度及行动导致了大量耕地被占的现实。一位老人不无感慨地说:"现在社会好了,都不要田了!"可是,我们不能不要田,从国家层面还要"坚决保住18亿亩耕地"。部分村民提出,哪一天外出的人都回来,该拿什么养活他们?这里必须谈及另一个问题——法律层面的耕地保护。我国实行最为严格的土地保护制度,要求"合理利用每一寸耕地"。《土地管理法》规定:占用耕地,须经国务院批准。可以说,这样的要求具备法律约束力,也在向我们传递一个强烈信息:不能乱占耕地!但是,正是这样最为严厉的耕地保护制度如今还是受到前所未有的挑战和破坏。这里有公民的责任,也有法律本身的问题。就公民而言,在国家倡导和法律现实约束面前,应该认识到耕地的神圣不可侵犯,并从更高层次、更长远角度考虑自身利益与集体利益的平衡。但正像前人所说:一些人靠理想活着可以,所有人则不行。正是因为存在这样的利益矛盾,法律才成为必要的社会治理工具。但问题是现在这样的社会治理工具本身也存在巨大缺陷：法律在实施过程中的自我矛盾。或者说，法律法规在具体问题上体现出不完善性！

从全局看，国家要求施行最为严格的耕地保护制度十分必要，它在现实中也发挥了巨大的规范作用。但就村民占用耕地建房一事来说，法律在操作层面的自我矛盾却也值得我们思索。容易理解，我国幅员辽阔，各地情况不尽相同，在制定法律之时考虑的是宏观要素，这也决定了法律本身的宽泛性。为了弥补这种不足，法律之下又设置了很多补充条款，包括法规、条例等。在问及村民是否担心占用耕地之后会遭受法律追究之时，村民的回答出奇的一致：这是经过县里同意的，要追究也是县政府的责任。假设事情本身触犯了法律，那么应该由政府还是由村民承担责任，各方承担责任的比重如何？这需要法律本身去回答。现实是，政府相关机构在此问题上表现出自信：这是在政府的合理规划范畴，我们是按规定办事。如果政府人员的话属实，那么法律本身是否体现出它的矛盾性：一方面要求保护耕地，另一方面在"合理利用"的大旗下占用耕地，而且是永久性占用。将耕地变成房屋具有不可逆性，恢复的可能性几乎为零，因为村民不会轻易同意将自己建好的房子撤走，这样的成本太高，社会风险也太大。而现实是，大量的耕地已经被占并将会在更多的耕地上出现一幢幢"漂亮的房子"。如果我们留给下一代的只是房子，那么他们会如何评价，历史将如何评说？需要指出，如果问题的出现是由于地方违规操作造成，那么其内部如何运行，相关监察机构如何发挥作用，以及现实情况下应该采取哪些行之有效的举措，都值得深思。

## 2. 土地荒废问题

土地荒废问题在我国已经成为一个严峻的社会现实，其原因无外乎几点：①种地经济效益差；②劳动力不足；③自然灾害严重；④农耕属高强度体力劳动。在古伦村情况类似，但由于与当地的社会生态密切相关，也表现出了自身的一些特点。

从成因上看，村民荒废土地最重要的原因在于生产投入过多、收益不高以及为之付出的机会成本过大。据介绍，农民在种子、化肥、农药、机械等方面的花费大约是300到400元每亩（若用牛耕方式花费则要少一些），加上时间投入则很难计算清楚。近些年来，在国家政策的推动下，农民切实得到了很多实惠，但优惠的额度是有限的。加之每户所拥有的耕地平均在4至5亩，无法形成规模生产，如果不是难以在外地找到工作或者因照顾家人等原因不得不留在家乡，村民一般不会选择留下来种地。这是村民理性选择的结果，这种理性同时也表现在村民在对收益的准确把握和对机会成本的理解上。村民介绍，在当地一亩稻田产量大约在1000斤左右，晒干后约有700斤稻谷，加工成粳米粒则剩下约500斤。

若出售晒干后的稻谷，每100斤能卖到130元，则每亩能转化成910元收入；若出售粳米粒，每斤市场价格在2.4元左右，以此计算每亩能转化成1200元。二者差价在290元左右，是由加工费、运费等构成。这样一来，扣除生产成本，村民从事耕地能得到的收益非常有限。但若能外出务工情况则大不一样。一般情况下，外出务工村民每月收入2000～3000元，能力强一些的则可达到4000元、5000元，则其一年收入至少能保证在20000元以上，这对一个农村家庭来说是一笔可观收入。在这样的现实利益面前，村民很少选择留在农村。大量村民外出直接导致当地农业劳动力的缺乏，土地的荒废也成为必然。加之可能出现诸如水灾、虫灾、干旱等自然灾害，经过考量村民则更容易选择荒废土地。

从古伦村的现实出发，针对土地荒废现象还可以从以下几个方面进行总结。第一，该村的土地荒废呈现广泛性。从人员分布角度看体现为越来越多的家庭选择撂荒；从空间角度看体现为以荒废边远地区土地为主并有向近郊方向发展的趋势。第二，荒废土地直接导致耕地调整困难。根据相关规定和村民约定，村里各个小组根据需要每隔几年（3年，6年，8年）对土地进行一次调整。以该村六组为例，3年一小调，6年一大调（现因过于麻烦已取消小调）。其主要目的是为了确保每户人家拥有土地的相对公平性，妇女嫁入、婴儿出生、老人死亡等都成为考虑因素。但土地长期荒废导致的结果是土地本身的退化和土地利用类型的转变，土地荒废两年以上恢复的难度很大，三年以上基本就会长成小树林。由于村里许多耕地荒废的时间较长，已经很难恢复，土地的调整也变得困难。因为谁也不愿意要这些荒废了的土地，而在调整土地之时是否将这些荒地算在调整之列本身就存在争议。一个好的解决方案是谁荒废的土地由谁负责在土地调整之前重新开发出来，这也是前几年该村采取的应对措施，但随着荒地现象的普遍化和人们对土地要求的某种程度上的弱化，这一措施没能很好落实。第三，土地荒废给惠农政策的施行带来麻烦。一方面，政府承诺给种粮农民以补贴；另一方面，具体是谁在耕地、耕种土地面积多少则又很难把握。村民当然愿意在自己选择撂荒的情况下还能领取种粮补贴，其利益自我倾向性使农民容易虚报种粮信息，而政府又难以掌握具体情况，是否补贴、给谁补贴成为一个难以准确把握的问题。村委会可以在信息收集方面发挥一定作用，而古伦村的现实是劳动力的大量外出致使基本信息的收集都变得困难。村民一直关注该事件并表现出一定的不安，他们担心上面会取消补贴。村民还反映，"上面"（指政府）已经释放了一些这样的信息（虽然极有可能是个人行为）。

### 3. 问题解决及土地利用

一方面是占用土地，另一方面却又荒废土地，这一占一荒之间反映出耕地地位的下降和市场经济条件下我国面临的现实困境。客观说，而今局面的形成是农民理性选择的结果，具有一定合理性。但从长远角度看，耕地占用和土地荒废无疑会给农村生产生活带来巨大影响，这种影响是负向的、深远的。如果这样的趋势在大范围内扩散，还有可能给国家带来灾难。这些问题的解决至少可以从以下几个方面入手：

①进一步明晰国家法律与地方法规的权力界限，注意实施过程中的权益监督并保证相关举措的现实可操作性。地方法规必须符合国家法律，同时国家法律在弥补其宽泛性的过程中要确保地方法规处于可控范畴。针对地方违规现象，应急处理机制的建设也十分必要。就古伦村而言，县级政府已经同意将两片良田规划为住宅区，每片约达 30 亩。至于县里如何规划不得而知，但村民对耕地的侵占却是事实，而且是"有理有利有节"。如何定位这样的现象，如何应对这样的危机，是急需回答的问题。不得不说，村民的做法是可以理解的，因为这代表了他们对新生活的向往和追求。但农村的发展不能仅靠这些，还需依靠更稳健的步伐和更长远的眼光。

②进一步深入探讨农村土地流转机制，充分发挥土地经济活力。土地荒废的根本原因在于土地经济地位的下降，要解决撂荒现象必须从土地相关权益下功夫。可从土地所有权、使用权、经营权等方面入手，通过转让、转包、出租、承包、互换、赠送等形式提高土地利用效率。具体涉及面很广，相关研究已取得一定突破，这里不赘述。需要指出的是应当根据各地情况选择最佳方式，可考虑赋予农民更多选择权，如村民在耕地上种植经济作物甚至建设养殖基地（必须注意耕地的可恢复性）。

③可尝试推行土地"增减挂钩"，缓和城乡用地矛盾。在市场经济推动下，城市用地需求急剧上升，农村地区却存在大量宅基地。从经济效益角度看，城市用地平均收益远远高于农村地区，理论上将农村用地指标转让给城市的方案具有可行性。这个过程中城市占地所获收益对农村居民宅基地的补偿还能促进农村建设，农村地区通过合理规划可将原来利用水平不足的宅基地整合，达到建房、增收、提高土地利用率和缓和城乡用地矛盾的目的。土地"增减挂钩"政策在不少地区已得到施行并取得一定经验，值得注意的是能否实现利益分配的平衡并切实保证农民自我选择意识得以体现是该政策成败的关键。

# 二、关于教育

教育，可分为传统教育和现代教育。现代教育是相对于传统教育而言，主要是指适应现代社会、现代生产体系、现代经济体系、现代文化体系、现代科技、现代社会生活方式的教育观念、形态和特征，表现为现代需要提倡和应用的教育思想、制度、管理体系、内容、方式、方法等①。教育在侗族人民的历史发展进程中扮演了极其重要的角色，在文化传承上发挥了不可替代的作用，深刻地影响着侗族人民的生产和生活。每一个侗族人都因教育而成长并且有意无意地承担了教育他人的责任，由每一个人点缀并串联，构成了一部生动的侗族教育史。当历史走到今天，侗族人民的教育事业已经发展到一个新高度，同时也出现了一些新问题。在古伦村，这种危机具体体现在教育内容、教育形式、教育观念的变化上。

### 1. 教育内容变化与危机

古伦村民自从在这里扎下根后，一直从事着农业生产活动。从时间角度看，两百多年前村民刚迁移至此处时正值清朝统治晚期，由于交通等地理因素的原因，这里受外来力量的影响十分微弱。老人介绍，以前这里只有一条小道与外界联系，人员交往很少。虽处于封建势力的统治之下，但该地区体现出了明显的原始社会特征，这从村民的称谓等方面就可以看出，女性在社会中的地位也比较低。由于生产需要，男女分工也十分明确。男人主要负责耕地、打猎、砍柴等，妇女则负责种菜、看孩子、喂牲畜等。劳动分工的不同必然带来社会地位的分化，男性地位高于妇女也是不争事实，父权社会特征存在于该地区。

教育服务于生产，生产决定教育内容。长期以来，诸如耕地、播种、插秧、收割、种菜、养殖等生产技能依托于家庭教育一代代向下传承。与社会生活密切相关的常识也在潜移默化中通过家庭传授给下一代，包括伦理道德等内容。客观地说，当地的生产力水平相对低下，并且这样的状态在相当长时间内保持稳定，直到1978年焦柳铁路建成通车。一条铁路，将一个与世隔绝的村庄带入现代社会，生产力水平得到提升，同时当地的生产结构也发生深刻变化。人们开始大量砍伐木材，运送到三公里外的火车站销售。一些村民则开始到火车站兼业，获得少许收入。还有一些村民干脆通过火车，来到柳州等地方打工。随着改革开放的进一步深入，更多的村民选择外出，出行距离也更远。从事原来耕田工作的人越来越少，人们对土地失去兴趣，教育内容在很大程度上向工业、商业方向发展。此外，教育本身也越来越不被重视，传统知识技能的传承状况令人担忧。

### 2. 教育形式变化与危机

侗族教育可分为家庭教育、学校教育和社会教育三种形式。在传统社会，家

---

① 百度百科，http://baike.baidu.com/view/714911.htm。

庭教育占据绝对主导地位，无论是生产技能还是伦理道德的传授都主要由家庭承担，社会教育起到辅助作用。据村里老人介绍，该村历史上也出现过私塾、学堂，这是学校教育的一种形式，但只有很少的人有机会上学，这些人一般都是地主家庭的孩子。因此，在很长的一段时间内，穷人家的孩子基本没有上学的机会，其教育任务只能由家庭承担。新中国成立后，在中国共产党的领导下村里成立了人民公社，并设有专门的学校，公社成员均有上学的权利和义务。教育的任务就历史性地落到学校身上，家庭和社会则起辅助作用。这样的状况维持了较长一段时间，产生的社会效益值得肯定。

问题出在当下，该地区教育正呈现家庭、学校、社会的"集体退出"趋势。在古伦村，劳动力外出已相当普遍，空巢现象十分明显。父母的缺位，致使留守儿童在学习、生活上承受多重压力。其精神上存在的问题尤为突出，学校教育很难弥补这种不足。同时，学校教育也呈现弱化趋势。首先体现在学校的消失。根据国家战略安排，"撤点并校"已在全国范围内推广，古伦村原来的小学已经撤销，学生转移到五里外的团头完小。考虑到一二年级的孩子年龄太小，无法适应寄宿生活，村里才在多方妥协下请了一个老师带一二年级的学生。他们在原来的学校上课，只是这里已经不是一个完整的学校，无论是从学习氛围还是学校机制来说都是这样。其次，学校教育弱化也体现在乡镇教育质量的下降。"撤点并校"的初衷是整合教育资源，给学生提供更好的受教育环境。可现实中这样的期待并未达到，这不是由政策本身决定的，而是因为现实环境留不住老师，尤其是好老师。在通道县这样的国家级贫困县，人们都想着往外走，不想走出通道的人也千方百计地跑到县里条件相对好一些的地方。一位一中（全县最好的学校）的老师这样说："老师每月工资一千多点，混下去真的很难。"或许，这最简单的回答道出的是最关键的原因。此外，更让人担心的是除了家庭、学校没能很好发挥教育职能外，作为为教育提供场所和环境的社会也在退出甚至发挥消极作用。大量劳动力外出直接导致了"空心村"的形成，村级社区教育职能的发挥也显得力不从心。"386199部队"（妇女、儿童、老人）这一概念的出现是对当前农村现状的生动描述，其背后也反映出社会在教育问题上的无力与无奈。可以想象一座只有老人小孩和少数妇女的村子里孩子成长成才的艰难程度，这里太缺乏一个正常社会成员成长所需的社会要素。

## 3. 教育观念转变与危机

"观念，包括教育观念是社会文化的重要因素之一，任何社会制度的转型、文化的变迁首先反映在人们的思想观念上，并反过来对其社会文化起促进或阻碍作用。"① 教育观念本身也在社会发展进程中不断变化，反映社会动态并深刻影响人们的生产生活等各个领域。侗族教育观念在整个民族发展过程中不断变化并在特殊的历史时段体现不同状态。近年来，由于教育内容、教育形式的变化直接带来了教育观念的转变，反映到现实中又体现出一定的危险性偏向。

侗族属"月亮型"民族，在民族性格上体现出内向、自我克制的特点。长期在极其封闭的环境中生活，人们的思想表现出一定的封闭性并反映在对教育尤其是学校教育重要性的忽略上。侗族的传统教育，是培养新生代以促进民族文化的传承，为从事社会生活做准备的整个过程。这个过程中一切都是为了生存。由于在很长历史时段内农业生产都是其最重要的组成部分，人们并不需要太多诸如经商等方面的知识，这就决定了学校教育的低下地位。在古伦村，虽然村民知道"考取功名"是一种选择，但在经济、制度、民族、家庭等社会因素的共同作用下，成功走上仕途的可能性微乎其微。在村里，读书是一种奢侈的行为，与多数人无关，自然也得不到人们更多的关注。新中国建立后，该村在人民公社化浪潮中兴建学校。人们地位平等，村里的孩子都有上学的权利和义务。在思想宣传和政策推动下，形成了一股强劲的学习之风，整个社会的学习氛围十分浓厚。人们对教育有了新的认识，当时的教育内容不仅包含国家提倡的基本知识，还包括大队生产过程中需要的必备技能。教育形式也更加多样化，出现了"夜校"、"互助小组"等。改革开放后，社会经济结构发生变化，人们的教育观念也随之改变。"公社"消失、"夜校"解散，虽然学校依旧，但学生念书的心情却不再。人们忙于赚钱，忙于"到外面去看世界"，已经忘记自己的先辈曾在这片土地上平平静静地生活了很多年。对于学习，多数孩子不太在意，能走到哪一步就走到哪一步，自己不关心，别人更不会关注。对于家长，还是希望孩子能有好成绩的，但因投入太少结果也难以期待。在现实面前，家长选择了远行，这是生活的无奈，却也在一定程度上折射出人们对金钱和物质的渴望。

教育观念的转变不仅仅体现在时间维度上，同时也体现在器物、制度和精神文化层面。侗族人民并无固定宗教信仰，在儒释道的共同作用下，其对神灵的崇拜也体现出选择性和多样性。具体来说，人们根据需要选择自己信奉的神灵，在不同的时间不同的境遇中做出的选择通常不尽相同。如受水灾时会拜龙王庙，庄稼长不好会向土地公祈求，而遇到自己也弄不明白的事情则会向巫师寻求帮助，有时也会到寺庙、道观诉说自己的困境并寻求庇护。教育观念也在无形中受到这样的思想环境的影响，其改变也镶嵌于社会思想的变迁潮流之中。

---

① 高志英："20 世纪中国边疆'直过'民族教育观念变迁研究——以云南独龙族为例"，《华东师范大学学报（教育科学版）》，2007 年第 25 期。

在古伦村农户家中，经常能看到堂屋内摆放着"天地君亲师"位，这是受儒家思想影响的结果，其对"师"的尊崇自古就有，只是这里的"师"不一定是学校中的老师。在农户门前或是村寨入口等地方，还能看到木板或石头上写有"泰山石敢当"字样，这则是受道教影响的结果。这些现象根植于人们的意识深处，反映出人们的思想需求和精神寄托，同时也映衬出人们对自然的敬畏和当地生产力的低下。这些现象的存在无疑会反作用于人们的意识形态，并在家庭、社会范畴发挥潜移默化的教育作用。一个比较有意思的现象是在儿童周岁纪念日的仪式上，家长会在桌子上摆放各种物品（包括锄头、碗筷、玩具、书本等），如果孩子选择了书本，那么人们会认为这个孩子将来在学习上值得期待。这是一种朴素的愿望，却因书本而承担了一个家族的梦想。母亲有时会将这些物品保存下来，并用以在将来勉励自己的孩子。如果孩子没有选择书本，家长则通常会一笑置之，这体现了当地人民对待事物的选择性和趋向性，同时他们会给自己另一种说法，比如选择锄头的通常会被认为将来干活认真。而故事本身也会被传扬下去，用以激励自己孩子认真学习种地的知识。学校是教育的重要场所，其变迁也反映了人们对教育的态度。起初，古伦村的学校教育仅仅依托于私塾，因数量很少加之年代久远，留存下来的几乎没有。建国后村里建起了小学，在几次迁移之后规模不断扩大，最大时能容纳200多名学生。而今，学校依旧，学生却只有十几二十名，学校发挥的作用不再像以前那样突出。

教育观念的变迁在制度层面也表现明显。在古伦村，寨老拥有至高无上的权力，其在生产、生活等各个领域拥有绝对发言权。村民对寨老权威的认同来源于对寨老个人能力的认可，更深层次则体现为侗族人民朴素的唯物主义世界观。在与自然斗争的过程中，他们认识到必须选择有能力的人来领导大家，在村寨内部生活中又必须建立起自我完善的社会价值体系，而寨老在能力、道德等方面通常体现出优势。另外，寨老制度的确立体现了侗族人民对时间的尊重，寨老通常是年纪很大的老人，人们对老人的敬重本身也是对时间（体现在老人年龄上）的尊重。这样的状态持续了不知多少年。危机出现在当下：寨老制度正在瓦解。一方面，人员大量外出导致村庄事务在数量和程度上的减少、弱化；另一方面，老人决策权威也在下降。其原因则是社会现实深度变化和社会意识的变迁。这样的结果是：原始制度下寨老承担的在生产技能、伦理道德等方面的教育职责逐步转移、消失。从家庭层面看也面临新情况：父亲的缺位致使父亲教育权威受到损害。现在的孩子对父亲的教导不再唯命是从，这体现了人与人之间的平等与社会进步的一面，但孩子由此表现出对父亲教育的不屑甚至反抗却影响到了教育本身的正常进行。

如果说教育观念在器物、制度上的变化还能让人接受的话，其在精神文化层面的变化带来的危害则不得不被警惕。一个现实是：人们普遍认为读书没有多少必要性。当然，教育不等于读书，姑且先来看一下村民的理由：①上完大学都未必有工作；②很多人不上学也能赚到很多钱。这被归纳为"读书无用论"，现实中不仅村民这么认为，整个社会都有这种意识倾向。以上两条理由足以改变村民对上学的看法，加上学费负担、学习压力以及存在的潜在诱惑，无论是家长还是学生都很容易放弃读书这一条路。更加令人担忧的是：人们对教育本身也心存怀疑。或许是因为在学习上的失败，或许是因为人生中的失落，人们对现实社会产生敌意。这种敌意容易转化成不信任——对社会，对他人，也包括对自己。难以想象，当一个人以一种怀疑的眼光审视周围的一切，他能从那里学到什么。而当这成为一种普遍的社会现象，社会文化的传承和发展将面临考验。人们对学习的不重视和对教育本身的怀疑无疑又会影响到人们对教育的理解和对待教育的态度上，一个严重的社会现实是：村民在有意无意地忽视和躲避教育的责任，无论是家庭、学校还是社会，也不论是生产还是生活中。

### 4. 危机解决途径

侗族地区教育在内容、形式、观念等方面正发生深刻变化，并通过器物、制度、精神文化得以全面展现，它存在的问题会对整个民族地区的发展产生不利影响。问题的解决是一项系统工程，具有长期性和全局性，但就现实来说，以下几点可以考虑。

①从教育内容看应注意传统知识、技能的传授，注意生产工具、生活物件的保存，在学习外来先进文化的同时保证民族文化的传承和发展。具体可通过开办冬季培训班（考虑到人员在位情况）、文物保护、成立村民文娱组织等实现。

②防止家庭、学校、社会在教育上的"集体退出"。鼓励家庭在儿童教育以及成员之间的相互监督与支持中发挥更重要作用；通过村委会、青年组织、老年协会等组织努力营造有利于成员发展的教育环境；进一步深入探讨学校教育改革的方式方法，发挥学校当下在教育方面的主力作用。

③重塑"寨老权威"和"父亲权威"，构建村级教育核心体系。当然，这里的核心权威体系并不一定只由"寨老""父亲"组成，还可以根据社会发展增加其他权威主体。从根本上说，这样的社会结构的设置应该由生产力水平决定。通过该体系的建立，努力扭转人们对教育的偏见，重新构建崇尚教育的社会氛围和相应的保障系统。

就古伦村而言，还有以下两项具体措施值得提出。

①建立校车与班车的结合制度，解决儿童上学乘车问题。从村里到团头完小有2.5千米，三年级到六年级的孩子需要乘车上学，若将校车与班车结合，只要

保证班车在周末下午、周三中午、周五下午约定时间内接送学生，则可实现公交公司和学校的双赢，学生的安全也更有保障（现在一些学生乘农用车上学）。

②构建学生"心理支持体系"。体系的建立应该包括学校老师、家长、社会等各方面力量。从制度视角考虑，现今学校教育改革取得一定进展，但家长层面则通常显得力不从心。为弥补这种不足，社会力量的介入是必要的。"希望工程"、"免费午餐"的施行给我们带来启示，但这更多停留在物质帮助层面。一个现实是当下农村孩子较以往任何一个时代更加迫切地需要获得精神上的支持。一些研究表明，大学生在这个过程中能发挥显著作用，具体操作过程中可考虑相关的体系创新和政策支持。

# 三、文化解构

无论是土地还是教育问题，其深层次的危机都来自于建立在生产力基础上的社会价值体系的解体。在当下，文化解构是社会深刻变化的结果之一，其出现有历史必然性和相对合理性。但在古伦村，这种必然性和合理性除了为村民带来经济利益和思想解放外，附加的不合理成分却也在事实上给当地社会带来巨大负面效应。根据马林诺夫斯基的理论，文化结构可以从物质、社会、精神三个层面进行理解，文化解构也可从以上三个方面进行描述。考虑到上述内容已有涉及，此处重点描述古伦村文化解构过程中出现的几个突出问题。

## 1. 关于文化认同

文化认同，简单地说就是个人和集体对与自己密切相关的文化的认同，是一种心理作用并反应在其行为上。古伦村民在长期的生活中形成了对自我民族深沉的文化认可，但这样的情况正在发生改变。

侗族人民曾在历史上创造出属于自己的优秀而特殊的文化，这是侗族人民民族认同的根源。侗族大歌、鼓楼、风雨桥是典型代表，芦笙节、侗族情人节（当地称为大戊梁）则极具民族特色，他们贯穿于侗族人民的生活中，并激起了他们对自己民族的热爱。正是这样的民族文化，现今已经处于从未有过的危险境地之中。首先体现在鼓楼、风雨桥等建筑的损坏上，这是时间作用的结果，也因为人们较之以前更少关心其状况。另外，在外来文化的冲击下，侗族文化面临挑战。网络、电视、广播等在无形之中稀释着人们对自我文化的认同，一个比较明显的例子是许多小学生、中学生认为外来文化要远远优于侗族文化。这不仅是对外来文化的盲目崇拜，同时也是对侗族文化的否定。

## 2. 文化抉择引发的困境

对自我民族文化认同的弱化不仅使侗族文化遭受损失，同时也使个人陷入了文化认同两难困境。一方面，许多人贬低侗族文化；另一方面，他们又并不能真正融入外来文化之中。这样，人们很容易陷入文化选择过程中的彷徨与不安。各民族之间的生产力存在差异，但民族文化却无优劣之分。在现实冲击面前，村里许多青少年在进行文化对比时出现判断偏移，这样的结果是直接导致民族特性的消失（如不说侗语）和在外来文化面前的自我迷失。更为可怕的是这样的状况不仅出现在青少年群体，也出现于整个社会成员之中。

当一个社会成员逃离自我文化范畴同时又无法融入另一种文化之时，出现心灵断层、知识技能贫乏的可能性将大大加强。以外出务工人员为例，他们在接触外面的纷繁世界之后，内心会对不同文化进行对比和评价，得出的结果又往往非常容易陷入对自我文化的否定之中。年纪较大的人相对具备抵抗能力，在一番挣扎之后还能适应重回村落的矛盾心理，但许多青年人则做不到这一点，由于传统知识技能的缺乏，他们不再适应农村生活并选择继续外出。当然，这可能不仅仅是技能缺乏的问题，毕竟他们还有学习乡土知识的时间和机会，问题的症结或许出在意识形态的改变上，他们已不再留恋乡村。从社会层面来说，这是比较常见的一种现象，从个人角度分析，他们也拥有自我选择生活方式的权力。但是，当他们再次走出去，会发现外边的世界并不像他们想象的那么美好。在现实中挣扎，另一个严重的问题可能随之出现——犯罪。

初步了解，在最近的两年内，古伦村有外出经历的人员被捕入狱的就达十几人，其中犯下杀人罪行的1人，抢劫罪行的1人，偷盗等罪行的十多人。按被判时间长度划分，15年以上1人，8年以上15年以下的1人，其余人的服刑期在8年以下。如此密集的违法犯罪行为在该村历史实属少见，而该村总人口数仅为1168人（2012年）。

## 3. 犯罪视角下的责任追踪

无论是在外地还是在本地作案，违法者都受到了法律的制裁。问题是，法律真的是阻止犯罪的唯一武器吗？村民在社会中正常生活并避免危机的权利如何体现？相关的犯罪预防机制又该如何构建？

的确，当一个公民违法犯罪时，法律制裁是必要也是最有效的手段。可阻止违法犯罪的武器不只有法律。公民有在社会中正常生活的权力，规避风险的责任和义务该由个人和社会共同承担。村民外出务工时犯下罪行，然后法律予以严判，看似公平，实则不是。作为偏远地区少数民族，在生命之初接受的是本民族的文化熏陶，在小学中学阶段则是汉族文化，二者相互联系并不大，在高考压力之下更是如此。假设一名学生成绩很好，通常就能受到更高等的教育，违法犯罪的几率会明显下降。但问题是在各种因素的共同作用下，90% 以上的侗族青年没有机会上大学，高中之前就外出务工的人员至少在 50% 以上。而当他们来到城市，他们必须适应新的规则。城市会把他们当成具备完全能力的人看待，必要的服务如法律知识培训等却通常处于空缺状态。他们对城市规则的理解只能通过自身的摸索，这样的摸索通常需要为之付出代价。而这样的代价有时过于沉重，那就是犯罪。不妨想一想，其责任是否完全在村民？他们在从农村迈向城市的过程中具备了什么又还缺少什么？人具有自然属性和社会属性，社会属性则是本质属性。那么，作为社会人的我们在应对自我自然属性控制不足而违法犯罪时，是否应该考虑从社会角度来分解这种责任？

预防机制的构建必须回到社会问题的本源。除了法律体制的建立健全，重构社会文化结构则成为必然。另外，在城市乡村建设过程中是否可将人员流动可能出现的问题更多地考虑在内，对于外出务工人员误入歧途时能否多一份理解和关怀，而不仅仅是冰冷（在他们看来）的法律，也值得我们重新思考。

# 结 语

古伦村，祖国西南边陲一个偏远的小村庄，从历史深处走来，有幸在今天见证神州大地的沧桑巨变。穷则思富、弱则图强，侗族儿女正于时代潮流中奋力前行。无疑，我们也遇到了许多困难，关于土地、关于教育、关于深层次的文化解构，如何面对，是我们需要回答的问题。希望今天的危机不会成为明天的危险，也希望问题的解决能为未来提供强大发展动力。青山依旧，绿水长流，古老的侗寨若能与祖国同行，那必定是我民族之幸。

# "农民之子"贵州项目十年总结调研报告

北师大"农民之子"贵州项目为了解贵州省贵定县苗族与布依族聚居的凌武村十年来的发展变化，并总结项目活动经验，从经济发展、教育状况、卖血情况以及社会保障实施等四个主要方面着眼，通过问卷、访谈以及对比等方法获得相关信息。经济方面务工兴、农业贫；教育的硬件设施有极大改善但软环境依旧停滞不前，基础教育质量难以提高；"卖血"现象消失，村民务工谋生；社保体系基本建立但亟待完善。凌武村十年来有了很大的发展，但与全国农村平均水平还有很大的差距，解决当地经济发展问题依然是工作的重心。

# 引　言

从 2002 年一个偶然的机会进入贵州省黔南州贵定县，"农民之子"在当地的足迹就未曾中断过。十年来，北师大"农民之子"的同学们一拨接一拨地来到这里，从教育这条主线入手，开展各种形式的支教与调研活动，在不断的探索中认识中国农村，也在不断的实践过程中认识自己。师大学子的到来，无论是从物质层面还是思想和精神层面，给当地带来了较大的影响。十年来，我们的"一帮一"为当地学生上学募集资助款十多万元，通过联系基金会为我们主要的实践地点凌武村修建了新的小学校舍，也募集资金协助当地修通了入村的道路。我们的到来，给当地带来了新的事物和新的思想，当地的小孩子开始真正意义上接触到外部事物。每年暑期我们实践的半个月，俨然成了当地小孩甚至是全村居民最隆重的节日。

十年，是一段漫长的岁月，我们见证了一个村庄的发展，也陪伴了一群人的成长。十年了，当地的发展究竟怎样？带着这样的问题，我们于 2012 年暑期在当地开展了十年总结调研。此次调研，旨在了解凌武村十年来的宏观变化并对项

本文作者：北京师范大学赴贵州省贵定县暑期实践支队。报告执笔人：罗士轩，蔡燕，蓝基明，董海博，杨浩，冉舒丹（北京师范大学经济管理学院 2010 级本科生）；肖雪（北京师范大学历史学院 2010 级本科生）；邓卫斛（北京师范大学哲学与社会学学院 2011 级本科生）；高飞，向洁心（北京师范大学文学院 2011 级本科生）；刘雪岩（北京师范大学信息科学与技术学院 2011 级本科生）；费兆宇（北京师范大学物理系 2011 级本科生）。

目今后的发展方向和活动方式进行探索，以便更好地指导我们的实践活动。

调研概况：整个调研项目历时半个月，涉及凌武村的基本情况、经济发展、卖血现象以及教育发展和社会保障等主题，涉及该村六个自然村寨，60 余户家庭，受调查对象达 140 余人。在大样本的情况下，我们还对当地的学校老师、村支书等进行了重点访谈调查。并对该镇另外一个村进行了简单的调查，以便进行必要的比较研究。调研方法包括问卷调查法、访谈法、观察法。

凌武村简介：凌武村位于贵州省黔南苗族布依族自治州贵定县昌明镇，是一个苗族布依族聚居的村子。主要由大寨、新寨、湾寨、拦蛇关、挖汞坡、湾河、果园林和甲孔八个自然寨子组成。其中，少数民族占 90% 以上，而汉族也主要是近年来为开发果林外迁进入的。当地群山环绕，主要有山、丘、坝三大地貌构成，山不算高，但足以将当地与外界隔绝。当地人均耕地面积少，经济落后，除年轻人外出务工之外，少有其他经济收入。

2002 年以来，特别是 2005 年以来，当地的经济和教育条件有了较大的改善，在贵州项目的协助之下，当地小学修建起了新的教学楼，进入村子的能基本通车的公路也已修建好，大寨、湾寨和新寨的内部道路得到了硬化。北师大学子的到来还间接地引起了当地政府机关对凌武村的关注，基本上每年暑假教育局领导都会来到凌武小学慰问我们的实践队员，同时也对村里的教育情况进行调研。近年来，凌武村的村民饮水工程、农田水利设施建设等都相继实施，基础设施建设有了长足的进步。学校也于 2012 年初建起了爱心食堂，食堂提供丰富的免费爱心早餐和午餐，改善学生的营养状况。而我们建立的图书室和每年假期的实践活动，也为当地带来了外界新的知识和思想。

凌武村取得的巨大的进步是令人欣慰的，但是由于自然条件的限制和人们思想观念的固化以及受教育水平的落后，凌武的整体发展还是比较滞后的，还需要我们协助村民，与其一道，齐心协力，共克时艰。

# 经 济 篇

历史背景：十年前，"农民之子"成员刚来到这里的时候，这里还是一个四面环山、不通公路的小村庄。地理位置上对外封闭，经济上也是自给自足的封闭的自然经济，外出务工的人很少，种地和卖血成为家庭收入的主要来源，而田地里种植的也是水稻和玉米等粮食作物，加之人多地少，收获的粮食基本没有外卖的，甚至一到灾年还会面临饥饿。卖血基本上成为当时村民最主要的现金收入来源。按卖半血（血浆）计算，75 元一次，扣除车费等剩余 50 元纯收入。一个家庭两个成人，每月两次，一年就可以收入 2400 元。对于他们这样的家庭，可以算是一笔巨大的收入。十年前的凌武村，全村基本上是低矮的土坯瓦房，有许多家庭甚至全家人都挤在狭小破烂的茅草棚内，砖瓦楼房非常少。

调研对象：关于凌武村经济发展状况的调研的主要对象包括各个自然寨子一定数量的村民，样本数约20个，我们还对村支书就整个凌武的经济发展情况进行了访谈。

调研概况：由于家庭的具体收入相对敏感且难以计算。所以，这次调查主要是对各个家庭的收入来源和组成结构进行调查。主要包括：家庭成员的就业情况；家庭的主要收入来源；以及家庭的支出情况等。而对村支书的访谈，则主要集中在整个凌武村经济的发展方式和宏观的村民收支情况。

调研结果及原因分析如下。

（1）从调查的绝大多数样本分析，村民的家庭收入主要来自于家庭成员外出务工的收入。而且，务工收入占了家庭现金收入的90%以上

十年来，特别是2005年对外沟通的公路修通之后，外出务工的潮流在当地不断兴盛。在我们调查的近30户家庭中，90%的家庭都有人在外面打工，95%以上的家庭都有人现在或曾经在外务工过。从年龄段上来看，外出务工的主要是年轻人，甚至有许多是初中辍学的未成年人，老年人则主要在家种地。从性别上来看，则是以男性居多，受当地习俗的影响，女子出嫁的年龄比较小，而且女性多在家抚养孩子。

他们外出务工的目的地有远有近，近的主要在州府都匀和省会贵阳，远的则多集中在浙江和广东等地。根据调查，他们所从事的工种主要集中在：建筑、电子和制衣等主要靠体力劳动的行业，而他们的平均收入在每月1000~2000元，不同行业之间有一定的差异，这样的工资与全国平均相比较，基本上处于中下水平。这是因为，一方面他们基本不懂或者很少懂汉语，直接影响到自身的工作效率和效果；另一方面，他们的自我保护意识不强，没有劳动权利保护相关的知识。

即使工资收入这样低，打工也成为他们家庭收入的最主要来源，也是他们改善家庭生活的最直接有效的途径。我们在村子里面见到的比较好的楼房，全都是由家庭成员在外务工所挣的钱修建的，有的房子还未完工。

（2）与务工的热潮相对的是传统农业的缓慢发展。种植业还是以水稻和玉米为主，许多村民放弃了养猪而只是饲养一头牛以用于耕地，山上林地并未得到有效开发

凌武村山地和林地多，耕地较少，而集中在山间坝子的可耕地又主要用于种植水稻，这些水稻主要是用于自家食用。在受调查的家庭当中，90%以上的家庭

都不会将水稻运到市场上去卖,有部分家庭收获的稻谷刚刚够吃。山地与平地之间极少量的缓坡地则种植玉米,用于饲养猪牛。由于家庭人口多,极其有限的耕地也只能用于生产粮食,以满足基本生活。而当地村民不种植经济作物的原因,也有以下几点:①没有足够的耕地,必须保证基本的粮食产量,特别要预防大汛大旱年带来粮食减产所造成的影响;②不知道种什么,没有合适的渠道。在问及村里一名代课老师时,他告诉我们确实有想过,但不知道适合种什么;③没有资金,承担不了风险。由于当地是相对封闭的少数民族地区,大多数家庭都比较贫穷,而经济作物的种植相对于水稻等粮食作物,在资金方面的投入一般都会比较大,加之当地村民的文化水平一般都较低,没有办法应对这样巨大投资所带来的风险。

在去凌武的路上,我们了解到,中共黔南州委州人民政府今年在全州实行"185"工程。我们在访谈村支书时,这个工程也得到证实。"185"工程即是指:通过政府引导和激励、投入技术和资金帮扶,一亩地的产值要达到5000~8000元,部分好的要达到10000元。但这个工程仅仅惠及了山下省道边的谷虾村,并未对凌武有什么有益的影响。

当地的山林除村口并未被大规模开发,山上主要是松树,稍高的地方只有灌木和草甸和裸岩。由于地势比较陡且树木口径比较小,当地的山林并未被大规模开发,树木也只是用于农家烧柴和建房,从未大规模对外出售。山上有比较多的李子树,由于贵州全省都生产李子,李子并不能卖到比较好的价格,特别是像今年这样的丰收年,好一点的李子也最多一元一斤,更何况在凌武这样交通不便的地方,销路又不畅,李子根本不能大规模的运送出去。所以,山上大片的李子树基本上没有得到细心的照料,村民只需等到成熟季节上山采摘。

在调查过程中,我们也了解到,当地村民养猪的也越来越少,最多养一两头用于过年杀年猪,很多家里只饲养一头牛,用于耕地。对于这种情况,我们了解到的原因是:养猪赚不到钱,猪肉卖不起价,这样多的劳动力投入,还不如出去打工来得划算。且由于每家每户玉米等产量有限,一般只能够两头猪食用,没办法增加数量。

(3)村口历史长久且效益逐渐显现的经济果树林,并未对全村起到很好的示范和带动作用,其影响只局限于村口直接在果园打工的几户汉族人家

凌武村口有一片80亩左右的经济果树林,1992年,现任村支书(布依族)就将其承包下来,用于种植烤烟等,2001年之前一直亏损。后来又将这一片土地用于种植经济果木,到2011年,年产值已经达到30万左右。但这样大的规模,并未对村里的群众带来太大的影响。种植果树的人都是从贵州毕节和云南镇

雄迁来的汉族人，当地村民并没有在里面打工的。

村支书还告诉我们，近年来，他已经组织各个村民组长参观他的果园十多次，希望能够带动大家的积极性，但每次都是无果而终。这里的详细原因不得而知，但很明确的同样是村民没有办法承受那样大资金投入所带来的风险。根据我们的分析，凌武村出现这种务工热、农业弱的情况在某种程度上来说是一种必然。和其他中西部农村地区一样，他们的现代化都必然经历这样一个阶段。具体分析有如下原因：

①农业发展的自然条件限制。喀斯特地貌，土层薄且贫瘠，山地多且陡峭，可耕地有限，只能保证基本的生活需要，加之多自然灾害，应对的能力又差，因此相关的保障显得尤为重要。农民只愿意去种植水稻和玉米，即使丰收，也要储存起来，应对第二年可能的自然灾害。这样，使得农业发展非常低效，产值非常低。

②土地的劳动承载力有限，劳动力大量剩余。由于凌武村还处于劳动力极其丰富的阶段，且土地数量有限，大量的劳动力必然面临就业问题，加上水稻和玉米种植都是季节性的，且两种作物的种收时节相连或重合，农闲时间更长，闲置的劳动力更多，转移就业的压力更大。

③打工带来的相对高的收入是最直接最主要原因。虽然与全国民工的平均工资水平相比，凌武村外出务工村民的工资水平明显偏低。但一年 1 万至 2 万元的收入，已经是在家务农或者是卖血的几倍甚至十几倍了。基本上所有有新房家庭都是靠打工积累的主要资金。而据我们观察和了解，新房对于苗族村民的重要性是极高的。这样一个示范效应，其作用是非常明显的。

④社会保障水平低下，村民家庭的风险应对能力极低。在还存在基本生活压力的情况下，要村民拿出人力、物力和财力去做大额投资明显不现实。凌武村的社会保障体系才开始建立，2007 年开始实施新农合，且效果并不理想；今年开始实行农村养老保险，整个实施情况也并不容乐观（关于社会保障的具体情况，报告后文中会提到）。最基本的生活不能得到有效保障的情况下，农民是不可能来冒险实施大额投资的。

⑤当地文化教育水平落后，村民的文化素质较低。由于大多数人没有读过书或者只有小学初中文化程度。在农村按祖辈经验从事传统种植业和外出依靠体力挣钱成为生存的两个最基本的方式。由于文化程度太低，村民没有办法很快学会种植经济作物的专业知识，更不用说跑市场和销售了，而外出务工也只能是依靠体力来获得收入。

⑥政府相关职能的缺失。首先在基本的社会保障上，当地的实施情况并不理想，许多村民没有医保，有的村民不识字，有医保也不知道怎么用。其次，政府的扶贫还处在输血阶段，并未采取相关措施为村民自己造血创造基本条件。上文

中提到的"185"工程也只是在山下的谷虾村,有个"稻鸭田"项目,凌武村并未因此获益。

纵观凌武经济发展的这十年,最大的特点就是务工潮的兴起。"务工兴,农业贫"的情况也不是凌武的特例,我们也在思考,这样的发展是否是凌武村这样的典型的中国农村现代化的必经阶段?而像凌武这样走在中国农村现代化队伍最后面的村落又该怎样面对这样的转型而迎头赶上呢?我们还没有明确的答案。但无论如何,凌武村发展所取得的成就是非常明显的,新房多了,很多家庭都有彩电、DVD 等电器了,部分年轻人还有自己的摩托车。当然,这只是凌武村现代化的起步,我们需要做的也远远没有结束。怎样提高外出务工者的技能和劳动权益的保护?怎样提高农业的效益?都是我们接下来需要思考并与当地村民一道共同解决的具体问题。

# 教 育 篇

历史背景:2002 年,"农民之子"因教育问题走进凌武村,至今十年的时间里,项目的活动主线都围绕教育开展。十年前的凌武村,适龄儿童的毛入学率只有不到65%,而且中途辍学比例极高,能把小学读完的寥寥无几。小学四五年级和初二初三是退学的高潮时期,小一点的帮家里干农活,大一点的就外出打工。从性别上来看,由于苗族传统的重男轻女的观念,苗族女孩辍学的数量更多,年龄更早,有的父母甚至不愿让女儿读书。整个凌武村在当时只有一个大学生,是现任村支书的儿子,七个寨子一共只有三个高中生,而属于主体的苗族竟没有一个高中生。当时的凌武小学破旧不堪,几百个学生挤在几间泥墙青瓦的土坯危房里,到了冬天就冷得发抖。这样的情况,到了2006 年初才得到改善。学校的师资力量也非常落后,六个年级一共六个老师,有的老师一周最多要上 26节课,工作量之大可想而知。

在分析当地入学率低的原因时,2002 年的调研提到以下几点:教学条件与师资力量差,经济上的贫困,超生严重与女孩地位低以及高额的学杂费。以上这些原因,有的在这十年来已经得到有效的解决,有的在继续影响着当地教育的发展,与此同时,也必然会出现许多新的问题。

2002 年开始,农民之子就重点关注当地教育情况,其中包括苗族和布依族教育观念的差异,当地学前教育的发展状况以及"两基"工程的实施情况。与此同时,通过各种渠道,帮助当地改善办学条件。

十年来,当地的教育情况到底发生了哪些变化,对此我们展开了深入调研。

调研对象:凌武小学学生 30 人、初高中生 10 人、老师(正式与代课)4

人、学生家长 15 人、小学校长以及村支书。

调研概况：我们对凌武村的小学、初中和高中的学生进行了调查，了解他们现在的学习情况以及读书意愿，还有学校的学杂费情况。对当地教师进行了访谈，了解他们的生存情况以及工作情况，并着重关注代课教师的问题。通过访谈家长，了解他们对子女的期望以及让子女读书的意愿和家庭负担问题，通过对村支书和校长的访谈了解整个小学和凌武村的教育发展状况。通过这一系列访谈和调查，我们对凌武的教育发展有了基本的了解，十年前的部分问题还未得到有效的解决而出现的一些新问题也值得我们关注。

调研情况以及原因分析如下。

（1）从九年义务教育的普及和更高层次教育的发展来看，凌武的情况有所好转但形势依旧不容乐观

十年来，凌武村适龄儿童的毛入学率已经从 2002 年的不到 65% 提高到 2012 年的 95% 左右，而且这一比例在最近两年基本保持稳定，初中的入学比例也明显提高，男女的性别比例也逐渐趋于平衡。而我们也了解到，凌武村至今已经走出三个大学生，苗族也有四五个学生分别在镇里和县城读高中。

对于这样的情况，我们分析有如下原因：

①随着打工热潮的兴起，外出务工的人许多都因为学历低甚至不识字而吃过亏，他们能够意识到知识的重要性，至少认为认识最基本的汉字是绝对必要的。

②从 2006 年开始，国家首先免除西部地区农村义务教育阶段的学杂费，并免费为义务教育阶段学生提供教科书，对农村家庭困难的寄宿学生提供生活补助（两免一补），大大减少了孩子上学的负担。

③随着外出务工潮的兴起以及国家于 2006 年全面免除农业税，农民的家庭纯收入得到很大的提高，对于教育负担的承受力更强了。

④办学条件和师资力量的相对改善（后文中会有详细叙述）。

但在调研中我们也发现，许多初中生还有小学高年级的学生已经辍学，有的待业在家，有的已经跟随父母亲戚到外面打工了，辍学的阶段主要集中在小学五六年级和初一初二。与小学和初中入学率大幅提高的情况有鲜明对比的是毕业率依旧很低。而且，学生们的成绩也普遍不太好。

根据调研，我们认为造成高辍学率的原因主要有以下几个方面：

①外出务工带来快速致富实效的示范作用。打工让村民意识到了基本知识的重要性，同时又让他们忽视了更高层次的教育。对于他们来说，只需要认识常用的汉字和进行基本的算术运算便可，家长不愿意让孩子放弃挣钱的机会，把大量的成本都投入到不知道是否能见效的更高层次的教育上来。

②当地师资力量和教学质量较差，小学毕业的孩子升入镇上和县城里的初中之后，与其他学生有一定的差距，很容易跟不上学习进度，导致其丧失自信和学习的兴趣。加之看到村里打工者回来，经济条件明显的改善，他们很容易放弃学习而外出打工。

③从村支书和部分孩子口中，我们了解到，当地学生不愿意上初中或者说中途退学的情况，还有一个重要的原因，就是当地中学校园暴力比较严重，有几个学生都是亲身受害者，有的初中生特别是男生因为被打过或者担心被打，提心吊胆而不愿意再去上学。

（2）师资力量和教学水平有一定改善，但问题依然严重。教龄较长且经验丰富的代课教师被清退或转岗；优秀的教师通过考试与借调到了条件更好的学校；新教师经验不足且部分教师责任心不强

在对正式教师、代课教师以及村支书的访谈过程中我们了解到，贵州省于2011年开始着手清退代课教师，其中极少部分通过考试转为正式教师，拥有编制。部分被清退，部分转岗任用，如凌武小学的代课教师，除一名老师因为学前班缺少老师而暂带学前班之外，其他的都成为食堂的后勤员工，月工资800元。

在对村支书的访谈过程中，他告诉我们他对于凌武小学师资的担忧。现在把有很丰富教学经验的代课教师辞退或转岗任用之后，取而代之的是刚毕业的大学生。这些新老师经验不足、部分老师缺乏责任心，教学效果还不如代课教师。而这里的优秀的老师又通过考试和借调等方式，去了条件更好的学校。凌武小学前任校长钟登良老师就是一个例子，他通过招考，考到贵定县二小去了。此外，他还专门提到，档案在凌武小学的正式教师有12个，而从校长那儿我们知道，真正在凌武教书的只有8人，其他4人都被借调到其他学校去了。据村支书介绍，凡是有一点关系或者花两三万元钱就能被借调到其他条件好些的学校。

（3）教学设施有了极大地改善，凌武的学生基本能够享受到和镇里中心校学生同样的教学和在校生活条件

凌武小学的条件改善，是从2005年"农民之子"成员牵线搭桥联系到江苏爱德基金会捐款修建新的教学楼开始的，教学楼于2006年1月份启用。此后，"农民之子"贵州项目又在校内为学生建立了藏书上千本的图书室，每年实践活动时，都会进行一定量的更新。

之后，农村饮用水安全工程，又使得学校师生有了安全的自来水。2012年，学校获得拨款，新修了爱心食堂，每名学生都能享受到营养健康的爱心早餐或者爱心午餐。政府机关的一对一帮扶，又为教师办公室增加了电脑和复印打印机，

每个教室都有投影仪和音响等多媒体设备。我们即将离开的时候，学校用县发改局资助的资金又准备整修操场。

当然，还有部分亟待改进的是教师宿舍。学校老师还住在十年前的教室当中，非常地简陋，部分房屋已明显成为危房，蟑螂老鼠等也时常见到。

（4）留守儿童教育面临的困难突出。孩子主要是跟随爷爷奶奶，而这里绝大多数老人没有读书识字或者知识很少，无法进行合适的家庭教育。而父爱母爱的缺失，容易导致孩子性格的扭曲等问题

这样的问题没有办法得到太多量化的结果，但从我们的观察中，能够直观的感受到，有父亲或母亲在家的孩子，在穿着上，普遍会比跟随爷爷奶奶的孩子要相对干净，卫生习惯要相对好一些。而留守儿童的性格两极分化也特别严重，我们接触到的部分小孩子，性格非常孤僻，总是喜欢一个人独处，不愿意与同伴玩耍，也不说话；而又有一些孩子，有男有女，非常调皮，完全不听从安排，嬉戏打架等。在和一些留守儿童聊天的时候，一些年龄小的孩子根本就想不起父母的样子，而大孩子则是非常想念父母，很想和父母在一起。

另一方面，由于爷爷奶奶文化水平有限，对于孩子功课上的辅导也非常有限。而且，受思想观念的影响，他们对孩子学习上的重视程度不如父母，特别是女孩子的学习。

对于留守儿童的问题，需要我们的持续关注，给他们多一点儿的帮助。

纵观凌武教育这十年的发展，硬件设施上取得的进步是很大的，也值得欣慰。但辍学率依旧较高，从一方面来看，这其实也是一个典型的中国村庄现代化的必然现象，只是可能在其他地区，这样的过程已经经历了。从这个角度看，凌武的现代化水平落后整个中国农村平均水平接近十年。对于这样的现象，作为学生或者一个小团队的我们所能起到的作用可能杯水车薪，而接下来我们的工作重心会具体放在师资力量的改善和留守儿童教育问题的解决上。

# 卖 血 篇

调研背景：2003 年暑假，"农民之子"贵州项目成员张林刚对凌武村当地的卖血状况进行了调研，并撰写调研报告，从调研报告中我们能看到卖血现象的普遍性和问题的严重性。1987 年卖血刚兴起时，只有 30 多人参加，而到了 2000 年就增加到了上百人，全村 80% 的村民都参与了卖血，而卖血的基本上是苗族人，占苗族成年人总数的 98%。每次卖血的血量为 400ml，而卖一次全血（血液）获得的收入是 115 元，卖一次半血（血浆）获得的收入则只有 75 元，平均一个卖

血者卖血的频率是一个月两次。这样的情况令人担忧，而更严重的是当地的村民丝毫没有意识到这样频繁卖血的危害性。根据张林刚的报告，结合今后几年实践队的一些调查，很大一部分卖血者并不是因为家里穷得需要卖血来维持生计，而是缺乏相关的卫生知识，把卖血当做是一种没有成本的收入。这种观念在我们的走访中也得到了一定的印证。

调研意义：厘清十年来凌武村卖血状况的发展脉络，了解卖血状况的现状，并对整个贵州省卖血现象有个以小见大的把握。

调研对象：昌明镇凌武村村民（30人）、支书，打铁村村民（20人）、村主任，龙里县血站工作人员，龙里县卫生局工作人员，华兰生物（独山）血浆单采站有限责任公司总经理。

调研简介：卖血调研先从村民开始，了解他们卖血的基本情况和卖血的动机。然后通过对村干部的访谈，了解全村卖血情况，通过走访血站和卫生局，对整个卖血经济的运行机制有一个较为清晰的了解。

调研结果及分析如下。

（1）由于血站关停及政府相关政策和行政措施等相关因素的影响，卖血现象在整个贵定县基本上不存在了，持续了25年的血浆经济在贵定县成为了历史

在调查过程中，我们了解到贵州省于2011年下半年开始，相继关停16家单采血浆站，这里面就包括凌武村民经常去的龙里单采血浆站和惠水单采血浆站，只剩下开阳、独山、普定、黄平等四个单采血浆站。自此之后，凌武村和打铁村卖血的现象就基本上没有了。在凌武村，当被问及以前卖血（当地村民习惯说抽血）的情况时，村民告诉我们，这边的少数民族村民特别是苗族的基本上都去过。最开始每次卖血的收入是75元，一般为400ml。后来逐年提高，到2010年左右，涨到150元每次。而在打铁村（布依族聚居）我们得到的信息也是，当地的村民70%都去过，特别是住在山上的家庭，基本上每家都去。一般是每月两次，每次都是成群结队地。2011年下半年之前，打铁村每天破晓都会有一辆大巴车，来接卖血的人去龙里血站，而其他想卖血的村民则一起包车去。

（2）在整个调研过程中，我们依然能够发现当地村民健康意识的缺乏。而停止卖血对于村民的经济状况来说影响并不大

当被问及是否知道这样频繁的卖血对身体有影响时，80%的曾经的卖血者的回答都是没事，有的人还告诉我们有好处。而当问及如果血站再开，是否还会去卖血时，我们得到了不同的回答，一些人会继续去，因为是没有成本的收入；而另外一些人特别是外出打过工的人，则都说不会去了，但不是因为知道卖血不

好，而是觉得自己以前的血卖亏了。卖一次血75元，除去车费，只有60元，还不如一天的工资，且还不算之后需要休息调整要耽误的一两天。在我们采访的几户汉族人中，没有人家去卖过血，问及原因，都觉得会影响身体健康，而且担心血站不卫生，容易患传染病，所以不去。

通过调查，我们发现停止卖血对村民经济上的影响并不是很大，首先是政府对经常卖血的非常贫困的村民，发放低保。而对其他经济条件稍好的影响就更小了，有些村民停止卖血之后，外出务工，获得的收入反而更高。

（3）调研后期，我们对仅存的四所血浆站之一的独山血浆单采站进行了调查，当地卖血现象依然严重但相对呈下降趋势

独山血浆站全名为华兰生物独山单采血浆有限公司，位于贵州省黔南州独山县城。通过对公司负责人访谈，我们了解到，2011年贵州省大面积关停血浆站的做法，对华兰生物的影响确实很大，其在贵州的六个血浆站只保留了独山一个，关停的五个血浆站的血浆采集量占华兰生物的60%。对于独山血浆站的具体运营，该负责人谈到：现在的献血者（她称之为献血者）每献一次血获得的误工费为220元，而且根据距离远近补贴相应的车费。但即使这样前来献血的人数也并未大量增加，反而采集量在不断地减少。她还告诉我们，按照政府规定，每个血浆站都有固定的血浆采集范围，独山单采只能采集都匀市、独山县、荔波县和三都水族自治县居民的血浆。就献血者的民族构成来看，也基本上是少数民族，包括布依族、苗族、水族和土族等，而且以已婚的中年妇女最多。该负责人所说与我们接下来对刚献完血的村民的访谈了解到的情况基本一致，另外，这些村民献血的频率为一个月两次。当我们询问他们卖血是否会给身体带来负面影响时，他们都说不会，只是会头晕，有时要休息几天。

对于卖血行为减少的原因，我们分析有如下几点。

首先，最直接的原因就是政府采取行政措施，对整个血浆单采行业进行调整规划，关停了大量的单采血浆站。这就使得村民没有地方去卖血了。另外，农村的社会保障体系开始建立。社会保障虽说不能使得村民放弃卖血，因为村民始终把卖血当作没有成本的收入，但社会保障却能使得被迫放弃卖血的村民的生活得到基本的保障。

其次，相关健康知识的普及，使得一部分村民，特别是年轻人，在一定程度上意识到了过分卖血的危害性，从而放弃这一行为。

最后，正如前文中提到的一样，很多外出过的人或者身边有外出过的人，都发现自己卖血的价格太低了，不划算。

卖血这一从上世纪80年代就开始的现象，虽然在贵州一个省有所减少，但

就我们的分析，这一现象不会很快消失。因为市场经济就是只要有需求就有供给，除非利用强制力制止。而且这些血站也都是正规的企业，卖血这一行为（用官方的话说是献血）也是合理的。卖血这一问题无论是对社会对政府还是对个人来说都是矛盾的。对于社会，治病救人需要大量的血液，仅靠真正的义务献血完全不能满足，而这些血液又使得一部分人失去了健康。对于政府，在贫困地区，政府自身财政无法支撑贫困居民的生活保障，所以也只能许可村民的这种行为；另一方面，对于某些县，这样一个血浆单采站，对财政的贡献是巨大的。政府又是用这些钱来提供群众的医疗、养老等保障。对于个人，在没有收入保障的情况下，即使牺牲健康，也要保证基本生活，这一选择也是必然。

对于卖血，我们只能希望我们的政府能够在监督管理上更加规范；我们的血站能够更加注重卫生，保障卖血者的安全。也希望我们的社会保障体系能够尽快完善，使得那些不再卖血的贫困村民的基本生活得到更好的保障。

# 社会保障篇

调研背景：对于国家来说，无论是追求经济发展还是社会安定，必定要使其公民的基本生活得到很好的保障。这一点对于中国来说，更为重要和紧迫，广大的底层群众并未直接从经济的高速发展中获得相应的利益，这就需要政府在二次分配时更加注重公平，而社会保障就是国民财富再分配的重要形式之一。对于占中国人口大多数的中国农民来说，完善社会保障体系，具有非常重要的现实意义，同时更是国家和政府的责任。

2003年，国家开始在部分省市进行新型农村合作医疗的试点，2008年实现基本覆盖。而贵州省贵定县于2007年正式开始实施新农合，根据官方的数据，当年新农合已经在全县实现了全覆盖，农民的参合率达到85.64%。2009年的国务院常务会议决定在全国10%的县（市、区）开始试点新型农村社会养老保险，之后各省又根据实际情况，不断扩大范围。2012年初，贵定县开始实施新型农村社会养老保险试点工作。2003年，在城市低保制度逐渐完善之后，农村低保被提上议事日程。2007年7月1日，贵州省开始实施农村低保，年均收入低于693元的绝对贫困人口基本都能获得保障，贵定县也于2007年8月开始发放第一批低保金。

对于凌武村的经济困境，完善社会保障制度无疑是最基本的保证。社会保障制度对于减少卖血现象所具有的效果是显而易见的，而要使得凌武村的农业有所发展，要使得村民能够愿意去从事一些更加经济高效的产业领域，完善的社会保障体系是一道底线。另外，在保证当地村民最基本的生活医疗等方面，社会保障体系更是不可或缺。

调研意义：对凌武村社会保障的发展状况进行调研，基本了解当地社会保障的实施情况，发现实施过程中的问题，并进行分析。

调研对象：凌武村民六十余户、凌武村金支书。

调研简介：结合清华大学中国农村研究院的农户问卷对六十余户村民进行访谈调查，了解当地新农合、新农保以及农村低保的实施情况。结合村级问卷以及农民之子自己的相关提纲，对村支书进行访谈，了解全村社会保障的发展情况。

调研结果：通过对村民以及村支书的访谈调查，对凌武村社会保障情况的发展总结有如下几方面。

①相关的政策和实施条例基本完整到位。通过查阅相关的文献资料以及对村支书的访谈和对村民的调查，我们了解到，贵定县于2008年开始实施新型农村合作医疗，并逐步铺开。2012年的缴费标准为人均50元每年，据村支书的说法，凌武村的参合率在96%以上。2012年，开始实施新型农村社会养老保险，我们下乡调研时，刚好遇到镇里组织照相的师傅来给部分还未照相的村民照相，对于农村养老保险的实施情况我们得到的说法不一。村支书说，与很多地区一样，每人每年100元到1600元，可选择不同的缴费档次，60岁以上的村民只要适龄子女购买了养老保险，老人便可每个月获得60元的基本养老金。村民的说法我们会在下一段进行介绍。对于农村低保，我们从村支书那里了解到，村里也有农村低保，而具体的金额会根据村民的家庭情况划分为12等，不同等级费用不一。

②农村社保实施规范程度与效果令人担忧。国家的好政策怎样在基层得到有效规范地落实，始终是令人困扰的话题。在调查过程中我们发现，在社会保障政策的实施情况方面，无论是规范性还是最后的效果，都存在许多的问题。

村支书告诉我们，村里新农合的参合率在98%以上，当我们询问为什么会这么高，他毫不避讳地告诉我们，这是上头的指标，达不到就要扣他们的工资，所以就会常常采用一些强制措施。如告诉村民，不参合的话，今后有事就不要找村委会和村支部。在支书看来，这是对村民有利的，很多村民不理解，那就采取一些强制措施也没关系。我们问村支书，如果不用强制措施，估计我们的参合率会有多少，得到的回答是：参加比例至少要减少30%～40%。正在开始实施的新型农村社会养老保险方面，按照相关政策的规定，年满60岁的村民需要其子女购买养老保险之后才能获得每月60元的基本养老金，但无论子女是否购买，全村185名年满60岁老人的资料已经全部上报。而对于农村低保，村支书告诉我们是按照家庭贫困程度来分配低保户名额，一些村民却告诉我们，要获得低保名额需要与村干部有关系，每年都是村干部直接通知能够领取低保的家庭上报各种资料，并未通过公开透明的评选方式。

不仅在实施规范性上存在很大问题，在最重要的实施效果上，我们的调查数据与村支书公布的官方数据之间还是有很大的出入。根据我们的调查，新农合的参保率在70%～80%左右，并未像村支书说的在96%以上，而且很多村民只是被要求交钱，其他的相关政策完全不知晓。

关于新农合，我们走访的许多村民都告诉我们，他们知道农村合作医疗，但并未参加，主要原因是他们觉得自己得病少或者基本上不得病，所以，家里每人每年交50元钱都是浪费。还有一部分村民是根本就没有听说过合作医疗和看病报销，更别说参加了，这两类村民大概占了25%。而更为普遍的是，村民有了新农合但不知道如何使用。我们在坐车赶集时遇到一个阿姨胸口疼，脸已经浮肿，我们问她什么病，她说不清楚，据一起赶集的村民说是心脏病。她每次去看病就只是到镇里的私人诊所去打吊针，而她实际上是有医保卡的，但不知道可以在卫生院和县人民医院报销。同样，新型农村社会养老保险的实施难度更大，许多村民告诉我们，他们得到的政策是每个月交100元而不是村支书说的每年100元，这里面到底哪里出了问题，我们不太清楚，但养老保险的实施情况确实不太乐观，目前村民的参保率只有60%左右。而对于农村的低保，如果真如许多村民所言，是凭借与村干部的关系而直接摊派的名额，那即使政策再好也无法用在刀刃上。

③社会保障体系还不够完善，深度还有待进一步拓展。总体来看，当地的基本社保体系正在建立，但从上文中也能看出来，实施的效果还不太理想，怎样将我们的好政策落到实处是我们必须关注的问题。一个工具再好，如果不知道如何使用，也就没有存在的价值。所以，让村民了解政策、读懂政策、用好政策，才能使得社会保障体系全面完善。另一方面，当地社会保障体系覆盖的广度有了，但深度还不够，以新型农村社会养老保险为例：笔者家乡（西部丘陵地区）的基本养老金为70元每个月，而凌武村只有60元。其中，中央财政50元、省财政3元、县财政2元。由此看出，地方的财政实力，确实是影响社保深度的一个重要因素。

无可否认，完善的社保体系的建立，对于凌武这样一个封闭落后的少数民族小山村来说，有点一步跨千年的感觉。但横向来看，无论是政策本身还是实施过程都存在许多问题和亟待改善的地方。怎样让我们制定的政策真正满足群众的需求、怎样使得好的政策被落到实处，这是我们的政策制定者和实施者需要认真考虑的问题。对于社会保障，我们必须清楚的一点是，社会保障是经济发展与社会安定的必要前提，但这些都只是对最后底线的保障，一个家庭或者一个村庄的现代化，可以从它的社会保障开始，但最重要的是自身经济的发展，"造血"能力的提高。所以，怎样使得凌武村的经济能够快速可持续发展，才是我们最重要的课题。

# 结 束 语

十年来,我们见证了凌武村的发展,更多的孩子能够读书,村民生活条件得到改善,卖血的现象也基本上没有了。我们为凌武村民这十年来所取得的成绩感到无比欣慰,我们也为我们能够见证并参与这样的改变而感到幸福。我们的工作并未结束,今后我们的工作重心将主要集中在以下几个方面。

①当地师资力量的改善和留守儿童教育成长问题。

②村民外出务工知识的培训,一方面提高他们的工作效率与效果;另一方面,使得他们能够维护自身的合法权益。

③与公益机构和相关政府部门合作,探索凌武农业发展的新模式和新方向。从而在可能的情况下,将文教支农和科技支农相结合。

其实,当看到那依旧耸立的高山和依旧纯朴的人时,你会发现,十年的时间并不长;而当你看到往日照片里嬉戏的孩子的孩子出现在现在的照片里的时候,你会发现,一切又都过得太快。凌武的孩子在成长,我们的每一次下乡也是一个自我成长的过程,在成长的路上,有人陪伴是幸福的,这对他们和我们都一样。未来,我们还将在那里坚持,见证凌武更大的变化,也让更多的师大学子得到锻炼和洗礼。

# 赴贵州省苗族侗族自治州榕江县联合支教及调研支队四格小学支教支队实践调研报告

　　支队利用暑假两周时间，以支教和调研相结合的方式走进四格村，与村民充分接触，集中考察了村民的物质及精神层面的延续与改变、"新农村"建设情况、农村子女教育问题、少数民族地区习俗与汉文化的区别及其保持情况等四个问题。四格村极具特色，可概括为"中体西用"。不乏电视、手机等高科技产品，但仍然保持着传统的乡土习俗和观念。这与其相对闭塞的交通和是少数民族聚居地有关，是不可多得的研究中国传统农村和少数民族习俗观念的"活化石"。在教育方面，物质层面已取得改善，精神层面建议开展素质教育。

　　"三农"问题一直是国家重点关注的对象，近十年来国家不断加强对农村地区的投入，伴随着一系列涉农政策的出台，例如取消农业税，新农保，新农合等等，农村发生了多少改变？这些政策在农村的反响如何？新农村的建设进入到什么阶段？随着经济的快速发展，在城镇化快速推进的背景下，农村的发展正在面临新的契机和挑战。旧背景下的旧问题被解决又有新背景中的新问题浮出水面。农村新十年应该向着什么方向发展？农村的未来路在何方？

　　上个学期是我对农村问题极其着迷的时候，我选修了一门新生研讨课——新闻学院李彬教授主讲的《新闻中的文化》。课堂上，李老师向我们推荐了三本关于农村研究的书：费孝通著《乡土中国》、曹锦清的《黄河边的中国》和由清华大学新闻系研究生李强完成的《乡村八记》。前两部里面，作者对农村问题研究思想的深刻性令我深深折服，而这些思想都是建立在深入农村进行调查研究、获得第一手现场资料的基础上。于是我借着前两年学长去贵州支教的经验，组队前往四格村，开展支教及调研的综合活动。找到了一批同样对农村问题感兴趣的伙伴，带着问题，带着好奇，去往一个我们未曾踏足的世界。

---

　　本文作者：清华大学赴贵州省苗族侗族自治州榕江县联合支教及调研支队四格小学支教支队。报告执笔人：潘晨（清华大学土木工程系2011级本科生）。队员刘邑鸣、沈嘉玲为本文的撰写提供了有益的建议和帮助。

# 一、活动简介

我们在村里总计呆了 9 天，白天教学，安排了详细的课程表，顺利完成了教学目标，与孩子们建立了很棒的关系。无论我们还是孩子，都乐在其中，受益匪浅。傍晚放学后，我们跟随学生到村民家里走访，互相信赖的良好关系和当地村民的热情与尊重使家访过程非常顺利。我们和村民（老中青三代）、村支书、小学老师都有不错的沟通交流，完成了我们的调查任务。整个活动从准备开始到总结结束，全体队员从各方面都得到了历练，积累了经验，增进了友谊，深入实际的第一手资料带给我们无限的触动、启发和思考。

# 二、活动内容及成果分析

调查期间，除去第一天和最后一天，其余时间都做了家访。家访有两个目的：一是完成我们调查目标的信息收集工作，完成调查问卷；二是对当地孩子的家庭环境有所了解，与孩子的家长多沟通，促进他们重视教育，加强他们让孩子走出去的意识，让孩子能发展自己的天赋。通过对村支书和普通农户的调查走访，得到以下信息和结论。

## 1. 村级调查问卷总结

四格村位于山区，得到了靠近高速公路的便利。村土地总面积约 18000 亩，其中水田有 700 余亩。全村耕地自 1981 年分田到户以后就未曾改变，并且土地所有权证书分到了各户。村民基本以务农为主，种植水稻，留足自家吃的，剩余的作为商品粮卖掉，亩产在 600 公斤左右。至于蔬菜只种植自家够吃的即可，基本生活可以保证自给自足。大部分人家蓄养牲畜，包括鸡、鸭、猪、牛、驴等。一部分家庭承包有林地，少量林地栽植了柑桔、杨梅等果树。

（1）村民收入

2011 年全村人均纯收入 1100 元左右，但根据我们判断，这里应该含有水分，农民实际收入应高于这个水平。

因为村民吃饭可以自给自足，只需要部分资金用于其他支出即可，他们自己也算不清楚自己收入多少、支出多少。不像城里有固定的工资和主要的开销方向，以及善于计算的头脑。我们与村民的关系使我们不可能做到像《黄河边的中国》作者曹锦清那样帮一户村民详细地计算出一年的收入开支结余。

村民的收入非常不固定，大的进项和出项随机变化。比如一个孩子告诉我，如果今年伐倒了一片树，卖了钱，就能得个 1 万到 2 万。再比如如果建新房投入就在 3 万到 4 万。

四格村包含下寨（主村）、上寨、乌卡、红口坡、河坝五个村民小组，总户数为 199 户，总人口为 842 人（实际人口数应略高，原因以下叙述）。该村并不是一个典型的"386199 部队"，出去打工的劳动力只有 30 ~ 40 个，在我们走访的 10 余家农户里也只有一户出去打工。

该村土地基本各种各的，最近几年唯——一次大规模土地流转是因为旁边修建厦蓉高速公路。其中共转出耕地（水田加旱地）600 余亩，林地约 400 亩。按照土地性质不同赔偿金额也不同，例如一亩水田赔偿金额为 22400 元，并不是很高。

（2）农田水利状况

全村用水非常方便，有一条小河流经村里，而且还有山里的泉水，用水取之即可，不用交水费，也没有统一管理配给，也不必修建集体水渠。除了最近一次，即 2010 年云南贵州大旱以外，这几年并未发生用水紧张的情况。那次大旱全村也只是部分农户浇不上水。全村几乎从未发生过用水纠纷。村里的饮用水靠河水和山泉，村里人喝了没病，我们也直接饮用。不知道是否符合饮用水标准。

（3）子女、老人、家庭生活服务情况

全村一所小学，初中设在乡上，高中设在县里。本村正在上高中的只有 2 人。村里的学生都享受"两免一补"。

60 岁以上老人有 120 人左右，村里推行了国家新型农村养老保险的政策，新农保的缴费标准不一，绝大部分人从低缴费 10 元/月，约有 350 人参加。60 岁以上老人每月能领取 55 元的养老金，已有 99 人可以享受。

全村都参加了新型农村合作医疗。一年缴费 50 元。村里有卫生室，村里给村医发给工资，800 元/月。小病在村卫生室就可以解决，大病一般去县级医院。无论是新农保还是新农合，村支书为了说服他们了解政策的好处时花了不少的功夫。

本村最低生活保障是 50 元/月，有 67 个家庭享受。

村里并未开过生产技术方面的讲座，但是刚刚设立了图书室，书籍由外部捐赠得来。

全村有十余户向农村信用社贷过款，主要是为了工商业生产（做点小买卖等）、家庭生活（婚丧嫁娶等）、建房的需要。

## 2. 物质层面

（1）建筑

四格村唯一一栋混凝土建筑就是村小学，农户住的都是木质二层小楼。校舍是混凝土在当地非常少见，这得益于四五年前筑路队在附近修路，施工队驻地在路修好后就成为了新校舍。

在当地，混凝土、水泥、钢筋、砖等建材有高昂的运输成本，而当地木材资源丰富，很多农户都有承包的林地，可以就地取材，成本低廉。而且木质建筑更适合当地潮湿的气候和地理环境，钢筋容易锈蚀，木材可以经过处理；还有木制建筑的建筑风格是当地苗族的悠久传统。以上三点决定了木质建筑在当地一统天下的局面。

虽然都居住在木头房子里，但是与《黄河边的中国》描述的相同，建筑与村民经济实力、年代密切相关。根据观察可基本分为两代，第一代是上世纪七八十年代，现在居住的多数是老人。第二代是本世纪直到现在，第二代比第一代更高大宽阔，里外的装修更好。有些建筑甚至采用了混凝土做地基桩。

整体来说大同小异，这与当地村民经济实力相差不大有关，于是并没有太多的炫耀财富和攀比心理。这与内地第一代毛坯房，第二代砖瓦平房，第三代二层小楼，有瓷砖有门脸，第四代别墅①有很大的区别。这既显示了两地发展水平的巨大差异，也有民俗迁移保持的速率问题。

（2）建设

沿用的是自己动手为主（如果本领还行），亲戚、邻居、村民帮忙的方式，只请少数手艺人即可。我们在家访的时候就遇见一位，自己刨木搭梁，目前暂居铁板塑料搭建的临时房里。我在当地还参与了他们这种传统的互助行为，有一户建新房需要瓦铺房顶，于是相熟的几家就一起帮忙拆掉了旧校舍的瓦，仅仅用了一个下午就拆除了所有一大片的瓦。这说明当地农民善于节约成本，利用资源，这应该是自古以来农民的一种天性，但不能说他们环保意识很强，因为垃圾几乎是随意丢弃的。帮忙结束后这家农户还要请帮忙的人吃饭。

这与《乡土中国》中说的以己推人，逐级拓展的差序型人际关系网十分一致②，这种村内互助建房的方式与《黄河边的中国》中的描写完全契合。这本书

---

① 曹锦清：《黄河边的中国》，上海文艺出版社 2000 年版。
② 费孝通：《乡土中国》，商务印书馆 2011 年版。

完成于上世纪 90 年代，那时河南农村已经逐步用施工队代替了村内互助①，现在中原大地应该再也找不到这种古老传统的方式了，但在贵州还能发现，让我就像发现了活化石一样激动。社会的进步与社会分工的细致程度密不可分，用施工队代替互助从一个方面说明了内地的经济发展要快于边缘省区将近 14 年，但这种社会分工的进步显然缺少了人情味，让人又感到略微的遗憾。

（3）室内布置

几乎家家户户都有沙发，电器一般包括电视、电风扇，条件好一点的还有电冰箱、DVD。但家家户户都不买也不用洗衣机，可能是因为离一条小河非常近，洗衣服很方便的缘故。

（4）公共设施

全村通电，不通饮用水，其实也不太需要。我们在学校里直接就可以喝未经煮沸的山泉水。但是也潜藏着巨大的危险，如果水源遭到污染，可能会引发瘟疫或者群体性中毒等等。全村不通气，家里用电磁炉做饭，更多的用木柴烧火，也没有使用沼气池的。基础水利设施基本没有，因为不需要。村里的道路是土路，坑坑洼洼，一下雨泥泞难行。最宽处有将近两车道，最窄处只有一车道那么宽。离高速公路 500 米远。村里设小学，卫生室，图书室。

（5）交通工具

因为路况原因，最多的交通工具是摩托车，最实用。看到过一辆小卡车，应该是村里跑运输的人买的。

### 3. 精神层面

①民族成分。约 75% 是苗族人，5% 是侗族人，20% 的汉族人。

②语言。中年人、小孩会说普通话，虽然发音不太标准，但与我们交流沟通没问题。这在整个贵州都很普遍。我们采访了在村中心开小卖部的一个外地人，据他介绍，扎根最深的当地老人会说地道的苗语，他来村里结婚已经有 7 年，这种苗语至今他也只能听懂不到 30%，而且还不会说。现在当地普遍使用一种比较现代的土语互相交流，这种语言应该是在苗语的基础上演化而来，糅合了其他的语言发音。但对我们来说，还是跟听天书一样。我们向小孩学了一些最基本的土语，觉得非常有趣。

③姓氏分布。全村吴、宋、谢是人口分布比较多的姓，具体比例村支书也说不上，我们也没有能力一一查访。中姓有黎，其他小姓有张、杨等。村支书说这

---

① 曹锦清：《黄河边的中国》，上海文艺出版社 2000 年版。

里的各类姓氏没有族谱，而且姓与姓之间没有利益争斗，不知是否为真。如果真的如此，则这里不存在浓厚的家族意识。关于姓氏的来历涉及村庄的起源以及这里的家族来历，是一个比较大的课题，我们很遗憾没能展开调查。

④乡土思想。这里的村民乡土观念较根深蒂固，拿计划生育来说，这里的人家普遍都有2到4个孩子，有很多孩子应该是黑户，但是因为话题敏感，我们不敢向村支书请教。我通过查阅《贵州省人口与计划生育条例》发现，由少数民族构成家庭一般只能生育两胎，当其中一个孩子有残疾不能成为正常劳动力时父母可以申请第三胎①，显然当地村民大多没有遵守条例。而且他们平均结婚年龄男子是19、20岁，女子是16、17岁。我们采访的一位19岁的男子，孩子都一岁大了，这显然也是违反国家计划生育政策的。之所以生养这么多，很大程度上是这里重男轻女的思想还未曾隐去。

## 4. 新农村建设

虽然如此偏远，但是满眼所及之处，还是可以看到一些新农村建设留下的影子，比如设施条件相对不错的村小学。还有村图书室、村卫生室。卫生室还有领工资的医生。这些崭新的从外界传来的东西并没有与村庄显得格格不入，还是让村民得到了一些实惠。全国都在开展新农村建设，上级的指标下级要完成，但是如果表面工作大于实质，则又得不偿失了。从中我们应该总结教训，强大的政治推动力要谨慎和适当的使用，才能建设成好的民生工程。

新农村建设我觉得还缺的是必要的生产技术培训，科学的方法和灵活的经济头脑应该可以让这个小山村迸发出新的生机。

## 5. 农村新政

我们向村支书了解到，村民对于新农合和新农保还是不太理解，无论村支书怎样磨破嘴皮子做工作，一些人仍然不愿加入。从他向我们倾诉的语气和表情上可以看出这让村支书非常苦恼。他们认为自己平时无病，现在也不老，老了干得动靠自己，干不动还能靠儿子，不用靠国家，国家发钱自然好，但是还要给国家交钱就不理解。这说明村民眼光比较狭窄，当然这也不能怨他们。而且如果得大病，合作医疗报销以后个人承担部分还是无力承担，养老保险发放数额显然不够"养老"，还是得干活、工作，有其他收入才行。

---

① 《贵州省人口与计划生育条例》第三十条、第三十一条。

## 6. 农村子女教育

(1) "教育的边"

我们提倡素质教育，关注精神层面，然而看待乡村教育时，往往却又关注物质多于精神；乡村的孩子在接受教育的时候，往往还要面临着家庭、户口、婚姻等一系列问题，所以教育在农村往往是奢侈品，而不是必需品。很多孩子在完成九年义务教育后就不再想上学，上学能多大程度改变命运，自己的命运又是否想改变，这对于这里的孩子是一个无解的难题。

城里用一种观点关注农村教育，农村又用一种观点关注自身。无形中，仿佛是一道边界隔开了我们，划分在教育两边。这种边其实就是一条介于城市与农村之间的鸿沟。

(2) 教育资源现状对比及分析

与周围几个村相比，四格村的教育资源算是非常不错。

就物质条件来说，两栋两层的混凝土小楼作为教室、学生宿舍和老师办公室。教具等也比较齐备。黑板，粉笔等都很好用。村子里还即将在学校设立村图书室，孩子们也许可以找到适合自己看的书。

人员配置方面，学校学生将近 120 人，老师配备有 6 名。从村小学的展板可以看出，老师基本都是师专毕业。

土木系一共组织 3 个队去同一个乡的不同村支教。据别的支队反映，他们的校舍是摇摇晃晃的木制建筑，基础设施不齐全或者不好用。老师平时更是非常不负责任，经常让学生自己看书然后去忙别的事情。这也造成了我们两个村孩子们知识水平的差异。针对这种情况，村民曾经向上级主管部门反映过，但是如石沉大海没有消息。同乡不同村都能有如此大的差异，这的确令我们震惊。

据我分析，原因有二：第一，村与村之间资源配置不合理，这种情况不确定性很大，基本取决于老师自身素质、对待学生是否负责的态度差别，不能完全反映当地的整体情况；第二，上级缺乏监管。老师不负责任，教育部门也要为此负责，放任自流的态度也催生了教师队伍素质的退化。

解决方案：加强监管力度，完善奖惩措施，培训老师，引进人才。

(3) 农村与素质教育

虽然物质条件不高，但是孩子们天资聪颖，学什么都特别快。成语接龙快得让语文老师瞠目，教歌也能很快地记住歌词。多数孩子都有特长，有的爱好画画，有的声音特别棒。我不得不为他们惋惜，他们是天生喜爱一些东西，但是缺乏培养的条件，就连城市里都不能做到素质教育，相对落后的农村又怎么能满足他们兴趣爱好的需求？城里的孩子本来的兴趣爱好都被磨平磨圆了，家长花大价钱去给孩子报各种培训班，孩子被硬逼着培养自己的特长。说到这里，我都不知道到底该为谁惋惜了。

如何解决这样的问题？城市并非无可救药，还是要继续推行素质教育。但是，何不尝试从另一个角度切入，在农村同步推行素质教育？普遍观点都是城市资源多、优势大，用城市带动农村，城市做好了农村再去照葫芦画瓢。但是城市与农村差距不小，农村在这方面又有天然的优势，在农村建立素质教育试点具有可行性。农村教育物质条件的不足、资源配置不合理的问题自然在开展素质教育的同时得到了解决，可谓两全其美。

（4）城乡的边——浅析教育和支教的意义

孩子们虽然羡慕外面的世界，但是并没有长久出去的打算。村里大部分孩子读到初中完成国家规定的义务教育就不再继续读书，全村现在只有两名高中生。对他们而言，外面的世界太陌生，不像村子，所有的人都认识，让人感到舒适和安全。在我们这些外人看来，走出大山是他们最好的选择。然而来了以后才发现，虽然他们在这里的生活条件远不如我们，但是自得其乐，并没觉得不妥。热爱家乡并不是不想出去的本质原因，而是认识到适应外面的世界太难，他们没有做好这样的准备。村子里出去打工的人也日渐减少，纷纷逃回自己舒适的家。"教育的边"之前，首先是"城市和乡村的边"。虽然家电下乡，通水通电，但是单纯的技术下乡并没有多大程度上改变固有的乡土意识，城市与乡村之间还是有一条鸿沟。就类似清朝末期洋务派"西学为用，中学为体"一样。这种意识是否应该改变，值得我们思考。

我觉得起码"走出去"的意识值得确立。经济是基础，经济全球化是趋势，所以乡村迟早要向社会敞开，走出去以后再回来支援家乡建设才能改变现状。意识的改变得通过教育，通过体制。成功的案例有不少，比如独生子女政策的推广。重男轻女、养儿防老的思想可以通过新型农村养老保险体制的逐步完善而得到改善甚至消失，这尚在实验阶段。

无论是我们还是普通教师，带给他们的不应该仅仅是知识，我们需要支教者带给他们一种思想的转变，让他们今后能受益一生，比如时间的管理、创造力的锻炼、兴趣爱好的培养。更重要的是强化他们走出农村的意识，我们大学生支教者尤其可以做到榜样的力量。

## 7. 少数民族地区习俗与汉文化的区别及其保持情况

黔东南苗族侗族自治州是苗族主要的聚居区之一，尤其是在凯里附近，有很多苗寨,已经被开发为别具特色的旅游项目。清华大学不乏去这些地方探查民俗民风的支队。但是实话实说,这些已经被旅游商业化的苗寨是否能反映最本质最质朴的东西令人质疑。相反,我们去的这个村子默默无闻,尚未开发,所以也许能具有更大的代表性和普遍性。

(1)重要节日

据小学老师介绍,当地最难得一见的是牯藏节,牯藏节每 13 年进行一次,而且要杀牛祭祀,系苗族重要的祭祖活动,是最具特色、最能体现苗族民族文化的节日。活动内容既有庄重肃穆的祭祀,也有欢快的娱乐项目。我们没有来的那么巧,所以看不到牯藏节,但是看到了爱好摄影的老师拍摄的照片,也满足了我们的小心愿。

来之前和到当地之后,我们反复向小学老师和村支书确认这里是否有什么民俗禁忌,被告知没有什么特别需要注意的。苗族与汉族混居、与汉族融合交流的历史源远流长,自从苗族文字失传后,这种趋势更加明显。比如苗族人不仅过苗年,汉族的春节也过。还可以发现很多相似之处。

(2)穿着打扮

村民从穿着上与汉人看不出区别,成年男子穿 T 恤、长裤,系皮带。小孩还有穿牛仔裤、裙子的。能注意到妇女们的发饰很有特色。

在当地的其中一天,附近的有路村组织斗牛比赛,这里的斗牛并不是西班牙风格的人与牛斗,而是牛与牛斗,我首先想到的就是斗胜的牛会有什么奖励,结果被告知仅仅会使主人获得荣誉,而且卖出去的价格会稍高一些。我突然觉得我是在用城市思维去衡量发生在农村的事件,基于一种有比赛就必然会有物质奖励、一切与经济效益相挂钩的城市思维常识。也许不止我,很多城市人都在以相同的城市标准审视农村,觉得农村有一身的毛病且与自己格格不入,而却没有意识到出发点是有问题的。这种僵化的有差异的思维模式应该得到重视,让真正了解农村的人去改变农村才不会使农村的发展误入歧途。斗牛尤其吸引小孩子,虽然我也很想去,但是无交通工具,支教脱不开身,也害怕出安全事故,于是很遗憾没能去成。

在严老师的资料库里,我们有幸看到了苗族小姑娘穿着苗族传统服饰去春游,还有一段音频,是苗族歌曲。虽然我们一句也听不懂,但是可以感受到那种空旷辽远的气氛,让人心旷神怡,仿佛站在一片草原上。就像朱光潜先生说过的"慢慢走,欣赏啊",才能体味这民俗的魅力。

(3)当地饮食

贵州整体饮食特点是酸和辣。在家访中,我们喝到了自酿的米酒,还有酸肉、酸笋，五花肉配上腌制的冬笋做成的一道菜让我大饱口福。让食物保鲜不腐坏变质是人类发展历史上重要的问题，各地解决的方法各不相同，有咸制、风干、糖渍，在这里则是酸制。

（4）民风

热情好客，质朴大方。没有这些，我们也很难完成调查问卷的任务。我们本来不敢掏出问卷访谈村支书，但是在我们向支书解释清楚仅以学术研究为目的后，他爽快地答应了我们的请求。

总体来说，这里平常生活习惯与汉人区别不大，但是拥有自己的民族节日，保留着古老的传统。

# 三、结 语

应该说，从《乡土中国》和《黄河边的中国》中真的学到好多知识，如果没有这些知识的铺垫，看到了一些东西也不能系统地总结出来，也不会有意识地去观察、询问某些方面。这两本书感觉就像一幅藏宝地图，我做的就是按图索骥，发现了很多珍宝，发现的现象往往与书里总结的不谋而合。《乡土中国》完成在上世纪四五十年代，《黄河边的中国》完成于上世纪90年代，在我看来，即使这么长时间过去了，贵州农村仍旧是乡土气息浓厚的，很多现象、思想、观念在这里仍然如旧。现在20年过去了，人们急需一本展现当今农村的著作，这本巨著必然离不开广泛深入的调查。我想完成但是还不具备这个能力，我们支队只能尽己绵薄之力，以一篇报告管中窥豹。整篇报告力求反映四格村的全面貌，数据力求真实严谨，总结力求全面到位。

入学一年来，清华人"行胜于言"之校风日渐深入我们心中，又自认涉世未深，对他人说法将信将疑，与其凭个人想象，不如亲身经历。故今夏远赴贵州省黔东南州，参与支教调研活动，践之亦思之。

# 对普洱市农村存在问题的思考与探索

云南省普洱市属于西部落后地区，如同大多数西部农村，这里存在着交通不便、经济技术落后、农民文化素质不高等情况。同时这里也面临着土地征收后农民可持续发展力度不足、相关制度与政策传达机制不到位等忧患因素。在经过多天实地调研之后，我们对每个村子的基本情况做了统计，提出几点建议：推进农村基础设施建设，特别是道路交通建设；完善规章制度，加强村集体领导；建立合作机制，科学解决问题。

普洱市位于云南省西南部，辖 1 区 9 县，全市面积 45385 平方公里，是云南省面积最大的一个地区。东南与老挝、越南接壤，西南与缅甸比邻，仅陆上边境通道就有 18 个，国境线长达 625 公里，是祖国重要的西南门户，澜沧江、红河、南亢河三条水道直通境外，是著名的南方丝绸之路之一。普洱市总人口数为 237 万，其中少数民族人口达 144 万，占 61%。全区少数民族有 36 个，世代居住在这里的有 14 个。地势以山地为主，交通相对闭塞。就农村而言，与我国大部分西部地区一样，普洱市周边的农村存在着经济、技术落后，教育、医疗资源稀缺等问题，加之地处西南山区，交通不便，当地农民与外界接触不多，农民很难走出大山，外面的人也少走到村里。因此他们对于新兴科学技术、国家相关政策知之甚少，严重制约了自身发展。基于以上几点，普洱市有投入大量调研工作的必要。因此，中国农业大学信息与电气工程学院的 8 名大一学生组成了赴普洱市实践小分队，做了大量的准备工作，从北京出发历时 3 天来到普洱，用较为科学的方法选取了 4 个行政村，展开了时间跨度 6 天、空间跨度超过 50 公里的调研工作，期间我们结合所选的主题走访了 4 所农村小学、4 所乡镇卫生院，并与相关负责人进行了深层次交流；在进行村级和农户问卷的调研中，我们结合当地特点进行了针对性访谈，在保证 4 份村级问卷和 120 份农户问卷真实性的同时，把每一次访谈中遇到的问题都进行了记录归纳提炼，并提出自己的见解，力求将最真

---

本文作者：中国农业大学赴云南普洱周边农村调研实践支队。报告执笔人：杨晗（中国农业大学信息与电气工程学院 2011 级本科生）。

实最有价值的信息反映给清华大学中国农村研究院。

此份调查报告着重阐述了我们的调研方法、调查数据的反馈、调研中的故事和存在的问题。

# 一、此次调研的定位与方法创新

当我们的立项通过之时，小队就召开了会议。我们首先为这次调研定位：以客观、真实为前提、交流为主，挖掘现象背后的原因，提出观点。为此我们总结出了我们小队的 16 字方针：准备充分、低调行事、以点带面、深入挖掘。这 16 个字自始至终都伴随着我们实践活动的展开，队员们为此做了辛苦的工作，在调研中我们也因此遇到了很多困难，但在一个个问题出现之后又被一个个解决，我们感到了自己的成长与进步，我们每一个人都在用心思考、认真做事，因此我们的调研方法上也有一定的创新，形成了一套自己的架构。

首先是"准备充分"，我们将这个范围很大的词分为 4 个"充分"，即"理论充分"、"实际充分"、"当地充分"、"自我充分"。

① "理论充分"。我们认识到这是一次难得的调研机会，在出发前我们接受培训后认真总结了培训会的精神和对我们成果的期望，查阅了大量网上资料和《调查中国农村》《中国之中——32 位权威人士解读"三农"问题》等书籍，对中国农村的主要问题与如何有针对性地调研有了大概思路，这个"理论充分"主要侧重思路框架的建立，与后面几点并不重复。

② "实际充分"。这一条也是针对大范围内的情况，我们在出发前访问了前辈。我们作为大一的新生在经验上难免不足，于是向许多学长请教了我们在调研工作中可能遇到的问题和危险，有一位学长曾开玩笑地说："你们在村里遇到困难的话就去找村长，不行就去找警务员，实在不行就去找村头下象棋的老大爷，他会帮你们的"。虽然看似玩笑的话，但事实证明，诸多学长们的经验确实给我们在实际处理问题中提供了宝贵借鉴。

③ "当地充分"。去到普洱后，我们并未直接前往调研，作为调研小队中唯一一位普洱人，我先带大家去了图书馆，查阅当地书籍、地图，为选取村子调研做准备，我们借助 google 地球等工具并听取了我父亲的建议，综合考虑，我们选取了 4 个村子并敲定调查顺序。首先，我们选取了 2 个远离市区的传统型农村南岛河村（南岛河村隶属于云南省普洱市思茅区南屏镇，地处南屏镇南边，距南屏镇政府所在地 15 公里，距离思茅区 17 公里）和温泉村（温泉村处于云南省普洱市宁洱县县城东部，距县城 7 公里），和一个基本被城市化进程所吞没的农村三家村（由于政府搬迁，其土地大部分被征用，基本处于城市

中），再有一个就是有一定城市化倾向、处于过渡期的大寨村（该行政村隶属思茅区倚象镇政府，地处倚象镇南边，距倚象镇政府所在地 1 公里，到镇道路为水泥路面，交通方便，距区 10 公里）。由于此次调研需要大量的交流和沟通，我们还必须对当地的语言有所了解，而了解当地语言的最好办法莫过于广场，于是我们来到了普洱市一个比较有名的广场，听流浪歌手唱歌，听各种商铺里人们的讨价还价，还有孩子们的嬉闹，由于普洱话属于北方语系，与普通话相似程度较高，又经过一定的"熏陶"，队员们基本能够听懂方言，这对我们后来提取信息非常重要。

④"自我充分"。这是我们对自己的要求，我们认真研究了三个层级的问卷，并对问卷里面一些相对专业的词汇进行了解释，如"新农合"与"新农保"，我们在研究问卷时就估计会有很多农民将二者混淆，于是我们在调查时都会特别说明：一个是新型农村社会养老保险，另一个是新型农村合作医疗，这样就可以避免调研时产生误解。还有就是自我修为的提高，我们在访谈中会涉及一些话题的引导，所以队员们要能有这个意识，即提问的意识与捕捉点的意识，在访谈中不时提问，在谈话中捕捉重要的信息。

其次是"低调行事"。我认为这也是我们比较有创新的一个举措，我们受到了习近平同志在《学习时报》上刊登的《谈谈调查研究》的启发，这篇文章中提到官员下基层应避免"被调研"，调研中可以有"规定路线"，但还应有"自选动作"，看一些没有准备的地方，搞一些不打招呼、不作安排的随机性调研。我们想到此次调研给我们大学生做就是要让我们能够得到最真实的数据，我们可能并不是最专业的，但我们去的话没有弄虚作假，没有利益纠纷，大学生与农民们也更贴近，他们更愿意把心里的想法与我们交流。但现在很多进行社会实践的大学生却不是这样，出发时大张旗鼓，到了当地还找到地方官员接待，把一切安排妥当，找媒体来报道，拼命扩大影响力，学校也乐意见到这样的效果。但试想几个普普通通的大学生就做这么几天的社会实践，对当地能有多大贡献？值得如此么？这种实践秀的成分远远大于做的成分，助长了社会不正之风。我们小队反其道而行之，在大家都想拼命扩大影响力的时候，我们坚持大学生的天然优势（踏实、贴近生活、接地气），低调行事，绕过一切政府部门，直接和农民面对面交流，在交流中我们也反复强调我们只是普通大学生做社会实践，没有什么忌讳的，不会对大家的生活造成影响。因此，我们得到的资料都是真实而未加任何修饰的，我们坚持低调的思路也给我们带来过很多麻烦，比如很多农民不理解我们，以为我们是骗子，一再要求看我们的证件，或者三五成群对我们议论纷纷，很多次我们敲开农户的门是一句"没时间"后关门的答复，有时我们的队员也情绪低落，但我们最后坚持下来了，我相信我们的思路是正确的：低调行事，行胜于言。

最后一点是"以点带面，深入挖掘"。这两个词连在一起，主要是指我们在和村干部、学校领导、卫生室医生、农户交流过程中对于交流"度"的把握，我们知道我们访谈的农民往往文化程度不高，一些专业性的话题往往会导致谈话在 3 分钟内结束，因此我们的交流往往从一些琐事入手，和农民们唠唠家常，轻松愉快，没有任何专业性，但我们必须从这些话中发现智慧，把握住一个点后联想到整个原因，再引导性地提问，大家把这些东西整理出来，之后我们开会一块讨论，进行深入的挖掘。

以上就是我们实践中的思路和一些创新点，其框架图如下：

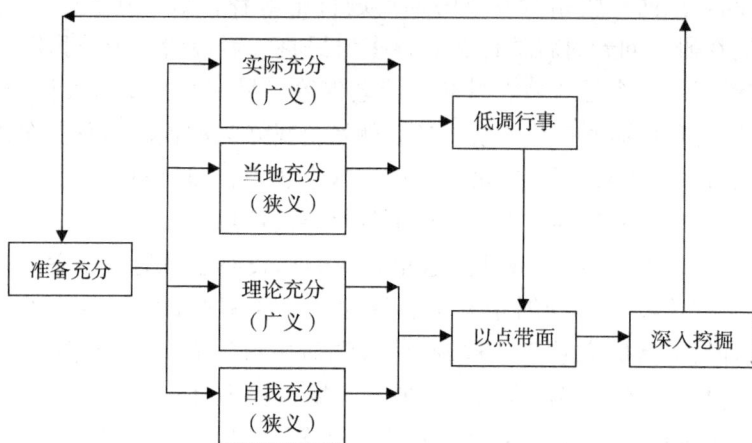

**图 1　调研思路及创新点**

注：广义指针对大环境；狭义指针对地方。

# 二、调查 4 村的基本状况

## 1. 村子基本情况

基于村级问卷的 4 个村子的基本简介如表 1。

在村委会得到的关于农民收入的数据与农户问卷中得到的关于农民收入的数据存在较大差距，可见官方数据和实际情况相距甚远，收入这块数据的统计并不科学。

带着疑问我们对 4 个村子选取的每村 30 户左右的农户进行了统计，并针对不同收入段做了条形统计图，结果如下。

表1　　　　　　　　　　　　村子基本情况

| 村子名称 | 地势 | 村庄类型 | 村土地总面积（亩） | 耕地面积（亩） | 2011年底人均纯收入（元） | 2011年底的村子总户数 | 2011年底在村实际人口 |
|---|---|---|---|---|---|---|---|
| 思茅镇三家村 | 山区 | 城郊型 | 967500 | 3000 | 5862 | 1916 | 6201 |
| 倚象镇大寨村 | 平原 | 城郊型 | 5760 | 4730 | 3756 | 1176 | 4416 |
| 宁洱乡温泉村 | 山区 | 城郊型 | 45000 | 6370.8 | 1980 | 796 | 2508 |
| 南屏镇南岛河村 | 山区 | 城郊型 | 67000 | 3632 | 4539 | 647 | 2535 |

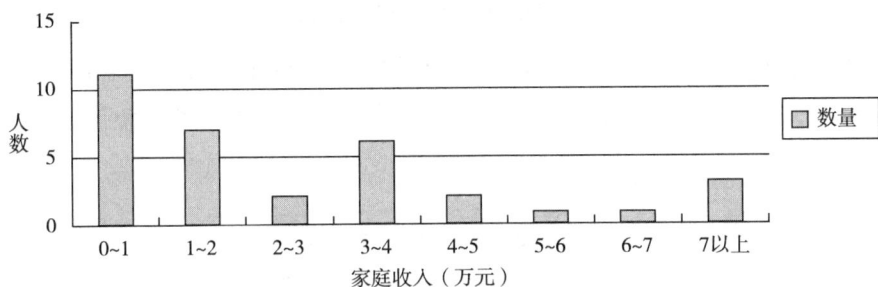

图2　大寨村2011年家庭纯收入

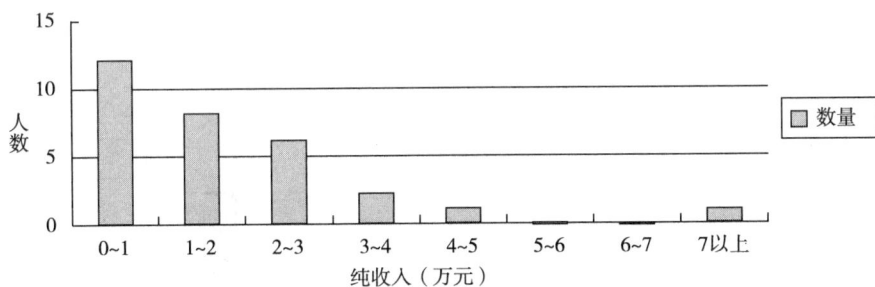

图3　温泉村2011年家庭纯收入

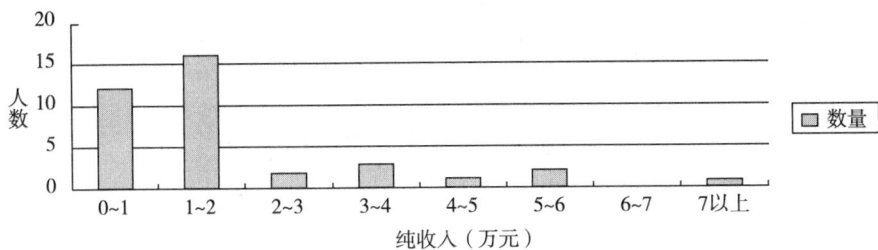

图4　三家村2011家庭纯收入

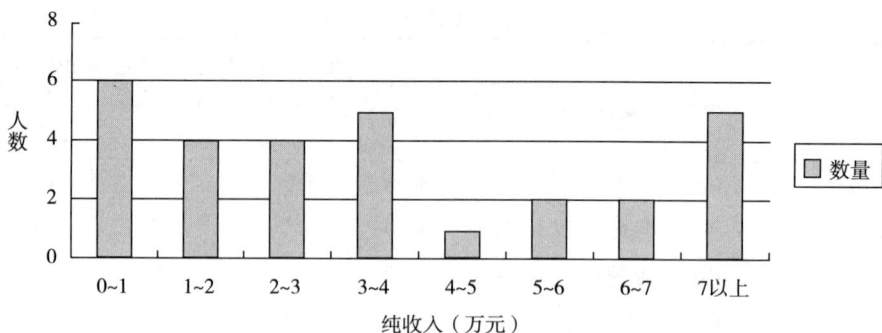

**图5  南岛河村 2011 年家庭纯收入**

从统计结果来看，大寨村和南岛河村的村民收入差距较大，收入 1 万以下和 7 万以上的都占了一定比例，而像温泉村和三家村农民的收入较为平均。

## 2. 耕地状况的统计

我们调查并统计了每户家庭的耕地状况，图示如下。

在调查中我们发现像三家村大寨村的土地被征收得非常严重，可是在已有数据里这一现象表现的并不明显，村民们可能出于各种考虑对我们有所保留，不尽真实。

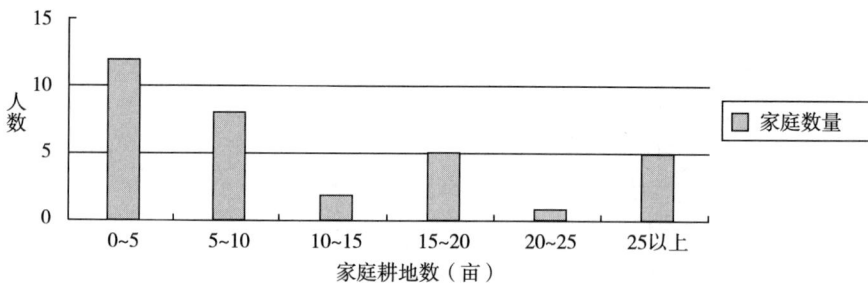

**图6  大寨村家庭耕地数**

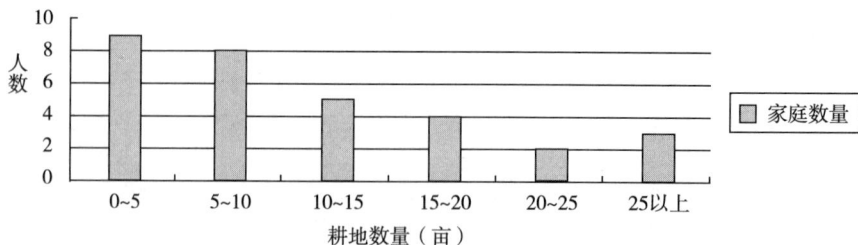

**图7  温泉村家庭耕地数**

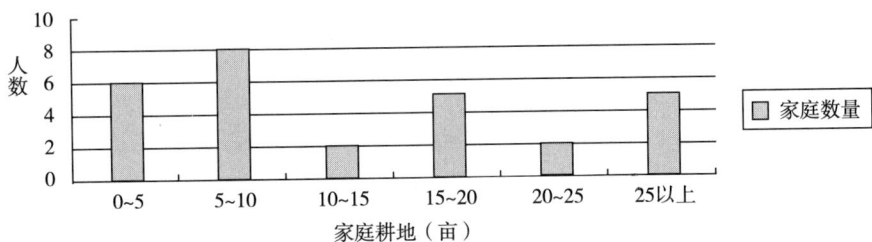

**图8　三家村家庭耕地数**

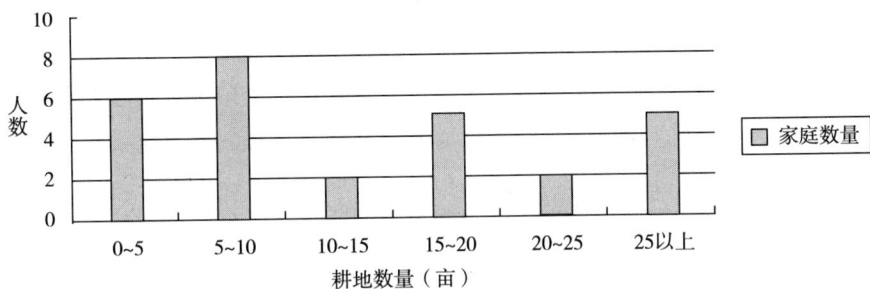

**图9　南岛河村家庭耕地数**

## 3. 对农村教育及其所占费用的统计

我们首先对被访村民的教育状况进行了统计，如下图。

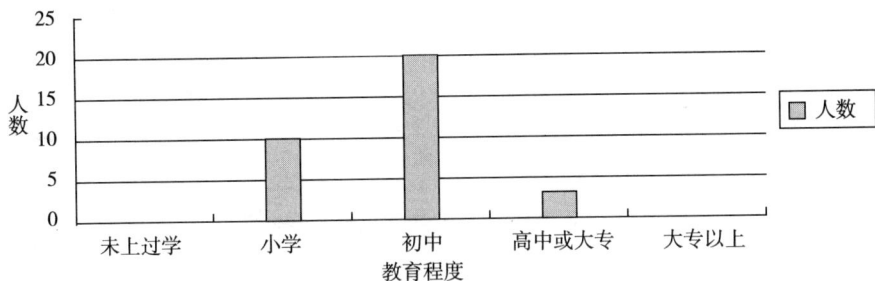

**图10　大寨村教育程度统计表**

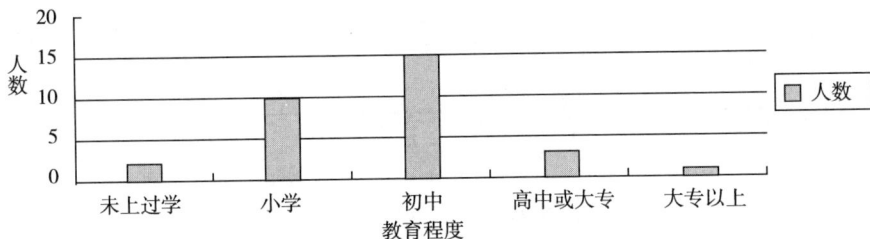

**图11　温泉村教育程度统计**

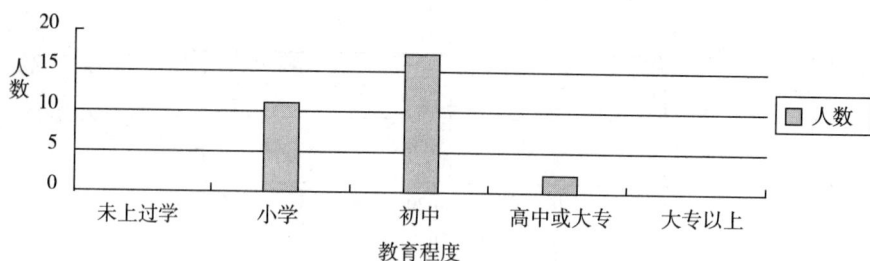

**图12 三家村教育程度统计**

统计结果显示，现在农民的教育程度多是在小学到高中之间，也有一些没上过学的，但大多数是停留在义务教育阶段，可见之前一个阶段我们农村的教育并没有得到认同，很多农民在完成或未完成义务教育就选择放弃继续读书。

## 4. 对于农村的贷款问题统计

数据汇总如下。

从图中可以看出，农民们的贷款多限于小额贷款，有的甚至没有贷款，农民们贷款的意识还很薄弱。

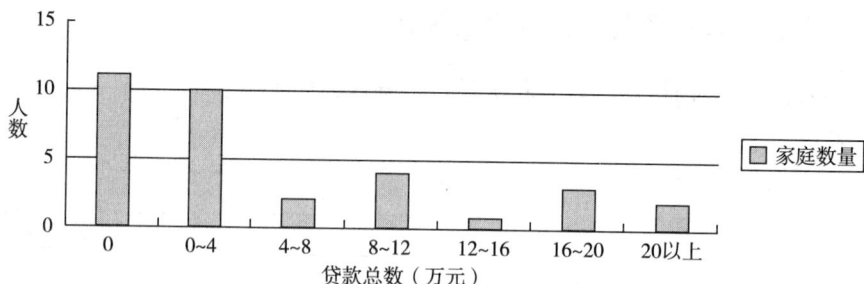

**图13 大寨村2005年至今家庭贷款总数**

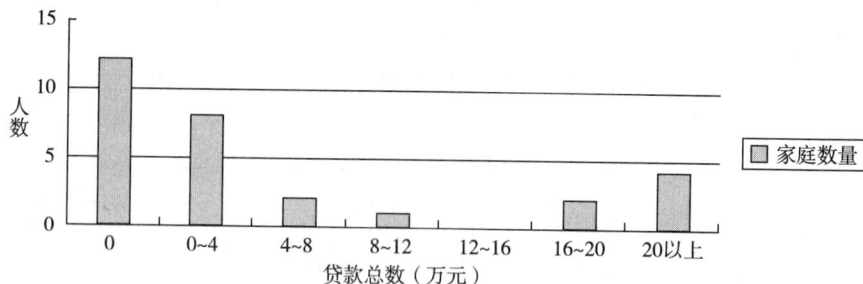

**图14 温泉村2005年至今贷款总数**

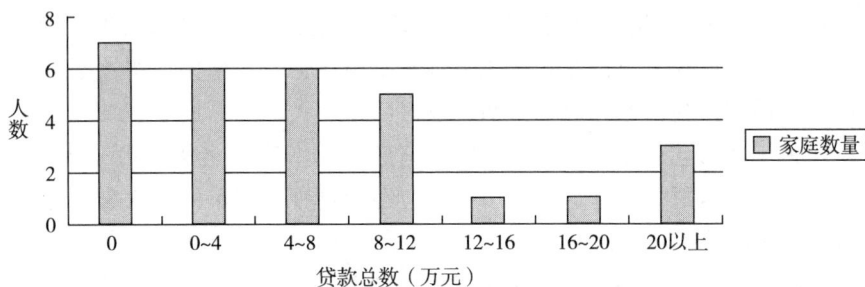

**图 15　三家村 2005 年至今贷款总数**

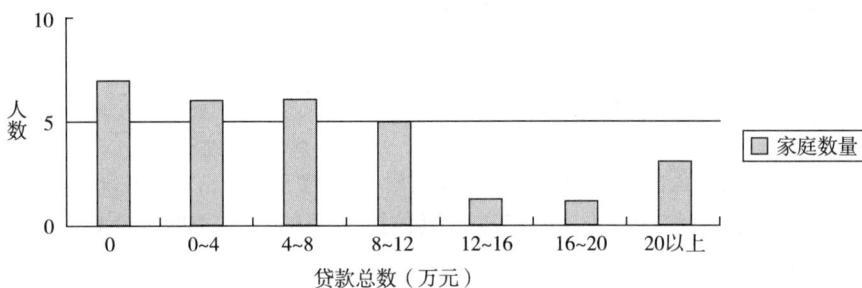

**图 16　南岛河村 2005 年至今贷款总数**

# 三、调研中遇到的故事

这么多天的调研发生了很多故事，持续地走访也让我们了解了更多农民们的百态，他们的故事和人生与我们非常不同，但从他们朴素而执著、眼含热泪的诉说中，我们被深深感染，我们知道我们的力量有限不能为他们带来什么，但我们觉得我们必须把这段故事记录下来，这是几十年如一日面朝黄土背朝天的农民的苦，我们今日之调研就是要调农民之苦，解民生之多艰。

## 1. "余震" 比地震更可怕

2007 年 6 月 3 日 05 时 34 分，在云南省普洱市宁洱哈尼族彝族自治县发生6.4 级地震。我们走访的温泉村就是当时受灾较为严重的村落，我们在访谈过程中就不可避免的涉及到了地震对村子带来的影响。一位年过六旬的老奶奶带着哭腔对我们讲述了地震后他们家的故事："那天早上后家里的房子都住不了了，我们那个苦呀，房子就是我们的根，但后来让我们住进了临时的帐篷，后面才知道那是有记者要来，记者走后，没过几天我们的帐篷就被拿走了，我连住的地方都没有，只有睡在那颗大树下。"说着，她给我指了指村中小卖部旁的那棵大榕树

（那棵树还在有一定斜度的小坡上），接着老人家潸然泪下。"后面我去贷款重建房子，可是他们见我家里没有年轻人根本不贷给我，我在他们那里哭了一个多小时，房子没得住，我都不知道怎么活。还好后来在大家的帮助下我才熬过来，这房子也是去年才修建好的"，说到这她也略感欣慰。现在老人家开了家小卖部，生活也还不错，但每每提到这段经历，这位经历过种种困难的老人家都会眼眶发红，可见对她的伤害有多大，我想老人家的故事可能不是个案，她集中反映了农村农民贷款难的问题，特别是一些年纪大的老人家，银行信用社对这一特定人群的还款能力有很大质疑，对此我们应该更加关注这些人群，建立有效机制，特别是在灾难面前，加大对这些老人贷款的投放力度，保证老人的生活得以正常进行。

## 2. 双女结扎户的心伤

在调研中我们偶然发现了"双女结扎户"这样的农户，即农村家庭中有了两个女儿之后，女方采取结扎的措施，以控制孩子的数量，响应计划生育政策，而国家对此有相应的补贴。我们知道中国历史进入"父系社会"之后就存在着"重男轻女"的现象，特别是农村这种现象尤为严重，虽然改革开放之后我们的观念在转变，但几千年根深蒂固的思想也不是几十年能够扭转的。在农村有很多类似的说法：男孩意味着生产力，是自己家的，而女孩终究是要嫁到别人家的，还不能干体力活。因此很多农户都希望家中有男孩，他们可能生很多孩子直到有男孩，但这与我国推行计划生育的政策相悖，也给家庭带来了比较大的负担。我们在调研过程中就遇到了一位妇女，当时我们走进她家中，家里男人下田里干活，只有她和两个女儿在家。她告诉我们，她自己也是读过一些书的，虽然因为家里的原因高中没毕业就辍学了，但一些国家政策她也很支持。当家里生了第二个女儿时响应了国家政策进行了结扎。她希望家里的孩子能够读书，她结扎的话孩子高考时就能有加分，能上好一点的学校。但是她也说到了现实的问题，当时承诺的一些补贴都没有到位，现在读书越来越贵，家里面劳动力不足，就她丈夫一个壮年，家里还有一个老人，她和老人都干不了重活，况且还有两个孩子要带。说着她把两个孩子带了出来，其中一个孩子还只能由妈妈抱着，另一个有6、7岁年纪，蹦蹦跳跳。她接着说："现在大学的学费那么贵，我想让她们读书，可我怕自己供不起，怕她们和我有一样的命运，我现在都有点后悔了，那个补贴没有到位，如果有男孩子以后还可以帮帮家里干干活，我们老了以后还有依靠，可现在我们女儿能不能读出来都不知道，以后更不知道怎么过。"

人生百味涌上心头，我们所有人都陷入了沉思，我们思索着制定政策的目的在于服务于国家大局。这样我们不得不改变很多人的生活甚至牺牲部分人的利益，他们这些人响应政策必定会付出许多代价，因此我们应该有相应的政策给予扶持。首先，承诺的东西一定要到位，这是我们国家公信力的基本保证；其次，我们得挖掘这些人因为政策而失去的东西再做相应的扶助，有时候一些实际困难的支持比经济上的支持更重要。

### 3. 征地后的尴尬

普洱市近年来的城市化发展速度很快，这就意味着一些处于城乡结合部的过渡地带会被快速吞没，这就涉及到了一个敏感的话题——征地。我们调研的两个村落都存在着比较明显的征地现象，征地给农民的影响确实超出我们的想象。

来到三家村，首先映入眼帘的是一片片荒芜的土地，后来我们知道这些土地都是被征收的土地，在后来的调研中我们发现村子的大多数土地都被征走。现在村民的焦虑都比较严重，可能是话题比较敏感，我们的调研遇到很大的麻烦。在我们走访一个正在开小商铺的农民家时，他向我们道来了他们的难处与困境："现在大部分的农民的地都没了，大家的生活完全变了，以前大家都下地里干活，现在没地了，都不知道干嘛，所以大部分人都处在极不稳定的状态。"

后续的调查中我们发现政府征地的补偿力度很大，达到 8 万元一亩。但对于这些已习惯了与土地为生的农民而言多少钱都没有说服力，他们需要的是一种可持续的生存模式。而在城市化进程中他们是被动的，被迫征地、被迫改变生活状态。其实无论在哪个村子里我们都特别关注调查问卷中的"如果进城，您愿意让出承包地吗"、"您认为农民进城落户定居工作后，是否应该保留承包地"这两个问题，120 份问卷中几乎所有的农户回答都是不愿意，应该永久保留承包地。当我们问及原因时，几乎所有的回答都一致：我们把土地卖了，孩子们咋办？他们以后吃什么？其实这样的结果也很容易理解，农民的观念是这样的，土地是他们的依靠，没了土地他们没有了持续发展的根本，我们没有权力要求他们从农民转变成市民。因此在征地的过程中，有没有设想过这些农民的未来，给予农民的不应当是钱，而是一种可持续发展的能力，让他们不要在城市与乡村的边缘游离。

### 4. 如何留住孩子们的笑颜

一所学校是一群孩子与一群老师的有机整体，来到南岛河村的小学后我们确实感受到了教育的艰难。农村教育的推行举步维艰，在访谈中我们找到那里的副校长，他给我们介绍学校情况的时候也说出了自己的苦衷，但我们问到他对学校资源整合有什么看法时，他坚定的告诉我们："教育资源必须整合，不然孩子们环境不行，硬件跟不上，还有就是教师的师资力量跟不上，会耽误孩子。"看着走过嘻嘻闹闹的孩子，他接着说："我们也想让孩子们能够欢笑，但是农村教育实在太难了，教师待遇不行，我们的收入根本留不住好的老师。"最后，他拿自己做例子说道："我现在是副校长，教了17年书，每个月才有1700多块钱，连个打工的都不如，你说这有几个人愿意干？"

副校长的话让我们警醒，农村孩子们的生活很苦，他们的老师也过着辛苦的生活。我们都是从学校教育中走来，知道老师的辛苦，而在农村更为严重。我们要想让孩子们快乐地成长，是否忽略了老师的待遇？我不禁想到了俞敏洪老师的在清华演讲时说过的："我要想请你（老师）来，我首先会付给你足够的钱表示我对你足够的尊重。"试想我们的老师如果连生活问题都没办法解决，如何来更好的完成自己的本职工作。所以，想留住孩子们的笑颜，请先留住优秀的老师。

# 四、调研中反映的主要问题

（1）农业的机械化程度低

首先我们得意识到整个普洱市处于祖国西南山区，受制于地形交通等因素的影响，普洱市农业基本没有什么现代化器械。我们调查的4个村子基本的播种、收割都是靠人力完成，严重制约了生产力发展。我们观察发现，这里的主要工具只有拖拉机和汽车两种，且数量极其有限。农民劳动紧张程度和劳动强度非常大，在收割季节，往往是好几家人相互帮助才完成收割。

（2）农村的交通不便制约经济发展

在我们从北京到普洱的路程中经历了从平原到丘陵再到山地的变换，普洱附近的农村都是山区，这里的交通非常不便，很多农民在一些农产品生产后都难以把这些带到乡镇上卖，因此严重影响到了农民的收入。有一些农民为了增加收入而开起了类似农家乐的小餐馆，可是随着一些新道路的建设，新公路并不通过原来的村落，导致客流量减少，不少农户因此面临着改变收入方式的转换。

（3）相关制度不完善

在我们访问的村子中，有村委会相关人员向我们透露，现在有的干部在村委会中挂着职位却没有尽到责任，有点像类似吃空饷的情况。还有就是在涉及村集体管理的项目时，不同农民说法不一。可见普洱市乡村中制度并不规范，有待进一步完善。

（4）政策传达不到位，许多农民存在误解

在我们采访时，不同村子很多农民都说过相似的话令我们吃惊：中央的政策是好的，可我们这些边疆的少数民族就没人管了。其实中央有很多针对边疆少数民族的优惠政策，可是传达得不到位造成了很多误解，甚至影响到了边疆地区的民族团结，这点应该引起足够重视。再者通过120户的访谈我们发现，对于医疗报销比例同一村子存在各种比例，还有的甚至不知道可以报销，可以说我们的政策宣传确实任重而道远。

（5）教育医疗机构相关人士的待遇

农村的教育医疗机构本身就是服务于民，而处于这些机构中的老师和医生在农村而言是极其缺少的。我们走访的几个学校都有师资不足的情况，而卫生员不足的问题尤为严重。南岛河村的卫生室就只有一个正式医生，他经常需要父亲帮忙，如此多的人才需求缺口要补，但在我们访问的农村中这些岗位的待遇实在太低，很难吸引甚至留住人才。

（6）指导培训力度不够

我们访问的村子中有好几个村子都是以茶叶为主要经济作物，但有几点令我们非常吃惊：在自然条件差不多的同一个村子里不同的农家种植的茶叶、咖啡的亩产有很大差距，有的甚至有多达4倍的差距。我们经过询问后得到了原因：有的农户在种植方面有很多经验，他们可能去学习过，而有些农户是看到最近茶叶咖啡价格高才开始种的，很多方面都不懂，而由于个体利益的关系，不愿意传授经验。在南岛河村与温泉村的农民都向我们表示，希望县、镇农业部门能够指派技术人员到村里给大家培训。特别是温泉村的村委会主任还希望我们这些高校的专家老师们能到温泉村来分析指导。

（7）征地后农民的"后路"不足

我们在三家村和大寨村都遇到很多征地问题。前面也提过，农民地被征后对未来的发展一片迷茫，我们的政府在征完地后不能仅仅给一些钱就完事，更应该关注他们的可持续发展，授人以鱼不如授人以渔。

（8）贷款难，利息高

我们访问的农民中贷款的数额并不高，贷款的用途主要在于盖房等。他们普遍反映贷款利率高，希望能降低利率，普洱市附近的村子生产都是个体形式，没有产业化，很多农家都是自给自足的模式，这点也在我们的问卷中表现出来，因此农民得到现金很难。想要扩大规模和建房等需要付出大量资金的项目，因此大家觉得贷款利息偏高，压力太大。还有就是前面提到对老人贷款应有一定的扶持，特别是在灾难面前。

（9）产业链有很大问题，垄断企业拿利润，农民被剥削严重

受制于交通等因素，普洱的很多村子在产品的销路上被很多企业垄断，很多

茶商统一收购村里的茶叶，价格由他们定。通常，这些茶商用极低的价格收购农民的茶叶又以高价卖出，使得农民的劳动力价值被严重低估，农民享受不到普洱市茶叶发展所带来的利润。

（10）农民个人素质有待提升

我们特别关注了各个农家对一些现代化产品的使用情况。调查中发现，很多农户家中都有电视，几乎没有电脑，只有学校等地才会有电脑，但会使用者凤毛麟角。农民们对电脑的排斥度也很高，他们认为电脑就是给孩子打游戏的，会影响孩子，即便是有条件，很多农户家还是选择不安装电脑。因此他们的信息来源非常有限，观念也有所僵化，很多东西不愿学习。有一个例子：一户农家将土地租给外地的商人，商人靠这些土地种植香蕉赚了很多钱，当我们问到你为什么不自己种地赚钱呢，她回答就简单的三个字"我不会"。其实有很多致富的机会是存在的，往往一些观念和思维上的禁锢会制约农民未来的发展，因此，农民素质上的提升势在必行。

# 五、几点思考与建议

## 1. 交通对于农村的意义

有一句话"要想富，先修路"，确实是道出了农村经济发展的命脉。中国自古以来都保有自给自足的农耕经济，但市场经济高度发达的今天，不同区域之间，乡村与城市之间经济交流越来越明显，农村只有依托于城市这个大的市场，才能更好地发展自身的经济潜能，从而走上致富道路。良好的交通是实现城乡交流的纽带，拥有良好的交通，城市能够带给农村足够的机会，一个强大的市场将会推动农村产业的不断升级和优化。纵观历史，放眼世界，当年的德意志联邦通过关税同盟很好地改善了交通状况，也因此促进了19世纪德国产业革命的发展。时至今日，德国、美国等先进国家极少数人口从事农业却养活了整个国家的人口，可以说这与他们遍布全国的铁路网是分不开的。从深层次讲，交通带去的不只是经济的发展，更多的是文化和观念上的转变，农民有更多的机会了解先进的理念，有更多的机会将自己的孩子送到城里接受更好的教育，当他们的孩子学成回来，当更多的人才涌入，一切的改变都在潜移默化中。如同当年改革开放之前，广东省的农民对香港知之甚少，有好奇、有迷惑，但大多数人还是静观其变，维持着自己平静的生活，直到有一天，开放香港，一些胆大的农民去香港，得到了超过之前10倍以上的收入，消息传开，其他的农民再也按捺不住冲动，粉碎了自己之前的观念，于是一个小渔村成了深圳。

普洱没有如此得天独厚的条件，它是中国交通很不发达的地区之一。正因如此，这里的农村贫穷，农民观念落后，企业垄断现象猖獗。在我看来，现在普洱农村存在的首要问题就是交通，它是大多数问题的根源，唯有真正发展好这里的交通，农民才真正能"从自强到求富"。

### 2. 规范规章制度，增强村集体力量

我们很多天调查下来，走访4村120户，总有一种"凌乱"的感觉，不是说村子的环境，而是大家对有关问题的回答，很多概念和规定都是模糊的。于是我们在有些村子里关于某一些特定问题的提问，会得到不同的答案，我们去找村子里的相关数据也会有各种残缺不全，甚至有的村子里会把村集体收入和村子总收入混为一谈，当然也有村干部向我们反映有的人就是挂空职。基于以上一些考虑，我们觉得有必要加强村集体的力量，还有就是规范规章制度。

对此，我们有几点建议：①加强村干部的素质，定期举行培训；②加强村集体对村民集体项目的渗透，要有统一规范及解决纠纷的流程；③加强村干部与村民的交流，定期收集整理村民的意见；④建立责任监督机制，防止渎职等现象。

### 3. 建立合作机制，科学解决问题

普洱市是云南省最大的一个地区，但它仅有一个师范类的本科院校，这里高等教育资源稀缺。我们发现了一个有趣的现象，这里较大的书店中仅有一家销售高数之类的高等教育书籍，这里的研究型人才是奇缺的，很多较为专业的问题解决不了。我们调研过程中很多农民有很多问题希望我们解决，但很遗憾，因为专业和经验我们很多都解决不了。因此，我们认为这里的村子应该与一些专业机构建立合作关系，有一种解决问题的渠道，如定期将遇到的问题由村委会收集，集中反映给相关机构，相关机构在研究后统一给其培训，这样可能对村民更有帮助。

# 安徽省亳州市利辛县阚疃镇镇东居委会
# 调研实践支队调研报告

2012 年 6 月 25 日至 6 月 29 日，中国农业大学农学与生物技术学院赴安徽省亳州市利辛县阚疃镇实践小分队暨清华大学"百村调查"实践小队展开了为期 5 天的暑期社会实践活动。本次实践活动把"农业生产效益核算、九年义务教育发展现状和农村医疗改革落实情况调查"作为实践的核心内容，以入户访谈、填写问卷作为主要的活动形式，最终达到了预期目标与结果。虽然实践时间很短暂，但队员们都表示掌握了很多交流技巧，收获了很多实践经验，交到了很多朋友，做到了更加"接地气"，了解到了农民生产的不易，更加明确了自己肩上的一份责任——解民生之多艰。

# 一、前　言

## 1. 实践的背景

（1）国家重视"三农"问题

全面建设小康社会，加快推进社会主义现代化建设，最艰巨最繁重的任务在农村。党中央提出要把"三农"问题作为全党工作的重中之重，在工业化、城镇化深入发展中同步推进农业现代化。截至 2012 年 2 月 1 日，中央一号文件已连续第九年聚焦"三农"。为了引导大学生关注"三农"问题，鼓励大学生深入农村调研，关注家乡发展，清华大学中国农村研究院开展了 2012 年"百村调查"暑期实践活动。

（2）袁隆平院士"两会"提案

"2011 年，由于生产成本上升了 121.6 元，农民种植每亩水稻纯收益仅有

---

本文作者：中国农业大学赴安徽省亳州市利辛县阚疃镇镇东村调研实践支队。报告执笔人：张彬彬、谭佳、石伟、杨亚丽（中国农业大学农学与生物技术学院 2009 级本科生）；汪广宇、濮超、李董（中国农业大学农学与生物技术学院 2010 级本科生）；解雨燕（中国农业大学农学与生物技术学院 2011 级本科生）。

116.6 元，除去 109.1 元的国家粮食补贴，农民纯收益只有 7.5 元。建议政府要以较高的价格收购农民的粮食，然后以平价出售粮食。"当然这些数据反映的是全国的平均水平，考虑了天灾人祸、歉收绝产的情况，那么在稳产情况下，农民究竟每年有多少纯收益？这是我们当代学子应该关心和了解的基本情况，但却很少有学生能知道。带着这样一个问题，我们小队决定奔赴农村基层进行调研，对农民年收益状况进行深入调查。

（3）学生不知道和想知道的

作为当代大学生，我们理应关注"三农"问题，了解农民的生产生活情况。但我们却很少知道一亩地到底能产多少斤粮食，能卖多少钱，农民能赚多少钱。我们的理论知识与生产实践出现严重的脱轨现象。所以，我们要利用暑假的社会实践活动弥补生产实践的空白。我们也特别想知道"三农"问题的现状及发展方向。

## 2. 实践的内容及形式

（1）实践的内容

了解当地气候地理条件、风土人情及当地富有特色的农业生产经营结构与模式是我们开展深入调研活动所必须做好的准备工作。而农民生产效益的核算，九年义务教育的发展现状以及农村医疗改革的落实状况调查等才是我们此次实践的重点。针对农业生产效益的核算我们主要从种子、农药、化肥、机械和人工等生产成本以及销售收入两个大的方面来调查；针对九年义务教育和农村医疗改革方面的调查，我们将结合农户以及学校和医疗机构所反映的情况来综合考虑。

（2）调研的形式

为了更好地与农民接触，更加深入地了解他们的生活生产状况，我们将采取入户深入访谈的形式来展开调研，我们有一份本次调研项目完整的调查问卷，基本上是以问答的形式来完成问卷。

## 3. 国内外农村问题的研究现状

吴宪[1]研究提出，要解决农村低保发放不规范问题就必须保证保障对象和标准的确定要合理，应引入多元化资金筹集机制，搭建公益帮扶平台，还要完善法律体系，加大低保监督工作的透明度。郦琴[2]研究表明，土地、市场等因素是影

---

① 吴宪："当前农村低保发放的不规范性探析"，《企业导报》，2012 年第 9 期。

② 郦琴："影响我国农村稳定的经济因素分析及建议"，《北京农业》，2011 年第 33 期。

响我国农村稳定发展的重要因素，要结合我国目前农村经济发展的现状，健全体制，从根本上预防和解决土地问题等矛盾因素，不断规范农村财务管理和核算，提高各级政府的思想认识，将农村经济作为重点来抓，不断促进我国农村经济稳步发展。刘晓妮[1]等对农村基础设施建设的现状进行了总结，进而分析以自用性和公益性为主的农村小型水利设施在建设过程存在的融资困难及成因；最后，针对农村水利设施建设过程的融资问题提出对策：即加强政府引导，提高社会共建力度；完善农村小型水利设施管理机制；发挥农村资源优势扩大融资渠道。闵桂林[2]等针对农村个体诊所存在执业资质不全、执业结构失衡、常用设备不全、购药安全隐患依旧、医疗废物处理违规、诊疗程序失范等一系列问题，提出应严格农村个体诊所准入条件，扶植与培育新生代农民医生，鼓励和引导多形式的设备投入，构建药品供应与监管"两网"，提高农民规范意识与认知能力，以致力于农村个体诊所规范化建设，让农民切实享有到安全、有效、价廉的卫生服务。赵一春[3]提出，要采用新途径推进农村计划生育宣教工作，创新人口与计划生育宣传教育的理念，各宣传教育工作人员需要加强理论学习，因地制宜，根据民众的不同学历层次和个人素质，开展好各项计划生育宣传教育活动。谭淑豪[4]研究表明，增大土地经营规模可以在一定程度上促进农业现代技术的采用，降低农业生产总成本，提高农民收入和农业竞争力。邓富光[5]提出：政府补贴，如农资补贴、粮价补贴、良种补贴、购机补贴等虽在某种意义上间接降低了农业生产成本，但这些补贴都是非劳动创造收入，数额不多，亦非长效性，更不是根治之本。辛毅[6]研究表明，降低农业生产成本是市场经济条件下农户维持农业生产的根本途径，是市场经济条件下政府提高农民生产积极性的主要政策选择。Norton[7]研究表明，生产成本不仅影响农产品的竞争力，也影响生产者的决策，即如何利用土地，是抛荒还是耕种？是集约耕种还是粗放耕种等？

## 4. 实践的目的和意义

我们主要从两个方面来分析此次实践活动的目的和意义。

[1] 刘晓妮："农村小型水利设施建设融资困境及对策研究"，《价值工程》，2012 年第 2 期。

[2] 闵桂林等："农村个体诊所亟待规范建设的问题探讨"，《辽宁行政学院学报》，2010 年第 12 期。

[3] 赵一春："新途径推进农村计划生育宣教工作"，《大家健康（学术版）》，2012 年第 8 期。

[4] 谭淑豪："现行农地经营格局对农业生产成本的影响"，《农业技术经济》，2011 年第 4 期。

[5] 邓富光："重视农业及农民增收的途径"，《安徽农学通报》，2012 年第 8 期。

[6] 辛毅："农业生产成本与农村基础设施建设相关性的理论与实证分析"，《价格理论与实践》，2006 年第 7 期。

[7] 胡豹："金融危机下江浙沪农民工收入的影响因素分析"，《安徽农业科学》，2012 第 8 期。

（1）对自己本身的意义

参加此次实践活动不仅能让我们更深入了解农村的生产生活状况，丰富我们的实践经验，提高我们的人际交流能力，还能锻炼我们的精神意志品质，加强写作能力和科学研究能力，增强团结友爱、奉献他人的良好意识，为以后的生活学习奠定良好的基础。

（2）对实践当地的意义

我们实践的初衷就是真真切切地关心"三农"现状，想为"三农"事业添一份力。我们此行就是调研农民的生产成本及生产效益，探寻更加合理高效的生产模式。我们此行或许会给当地带来一些不便和打扰，但我们的出发点是好的。

利用此次实践活动，我们可以给当地带去的应该是一些比较前沿的生产信息及生产理念和思想，一种比较积极的生活态度。我们带走的应该是当地比较先进的生产模式、淳朴的风俗民风等信息，我们大力宣传这种好的现象，让更多的人关注当地、了解当地，也希望此次宣传活动能为当地带去良好的发展机会。

### 5. 实践的预期结果

我们的预期成果主要从以下几个方面来考虑：第一，按计划完成 4 类调查问卷——百村调查农户调查问卷、村级调查问卷、农村医疗机构调查问卷、中小学调查问卷，并对我们感兴趣的内容进行重点分析，得出一定结论；第二，搜集一些生产过程中常见的技术问题并尽可能访寻技术人员予以解决；第三，队员能在此次调研活动中有新的认识、新的想法，利于以后的工作、学习；第四，当地政府和村民能对我们的调研活动予以肯定并对当代大学生有更深层次的认识。

# 二、实践小队概况和活动安排

我们实践小队由 8 人组成，4 男 4 女，全部来自中国农业大学农学与生物技术学院，但我们来自不同的年级，其中一年级 1 人，二年级 3 人，三年级 4 人，一些同学因此次实践活动才相识。我们分别来自黑龙江、甘肃、湖北、河南、北京等不同省份。

我们实践小队总共有 5 天的日程安排，6 月 25 日晚上我们从北京西站出发，26 日下午到达实践目的地，当日我们没有安排任务，只是让队员们做了些简单的休息与调整。27 日，我们展开了第一天真正意义上的走访调研，这一天我们走访了两个村庄——筐头张庄和蒋圩村，总共深入接触了 30 户农民家庭，完成了 32 份调查问卷，包括 30 份农户调查问卷和 2 份村级问卷。28 日，我们仍安排两个村庄——三里张庄和侯楼村的走访任务，另外还有一所村医疗室，完成了32 份调查问卷，包括 31 份农户问卷和 1 份医疗机构问卷。29 日上午，我们走访了当地唯一的一所小学——侯土楼小学，并完成了 1 份小学调查问卷；下午，没有外出走访的安排，队员们主要在家中进行资料的整理、统计以及相关的总结。实践的几天中天公不作美，一直在下雨，为了不把时间拖得太长我们加快了实践节奏，提前完成了预定任务，虽然队员们到处奔波很劳累，但他们丝毫没有半点怨言，都顺利地完成了所交付的任务。

# 三、实践成果及简单分析

我们小队的实践成果主要体现在实践所围绕的主题之中，主要包括农民生产效益、九年义务教育、农村医疗改革等三个方面的分析，由于调查具有一定的局限性，得到的结果仅在一定程度上可以反映当地的情况。

## 1. 生产效益核算及分析

我们把当地的农业生产成本分为以下 6 个主要方面：种子费用、化肥费用、喷药费用、机械耕种费用、机械收割费用以及灌溉费用。调查的农作物对象主要包括：小麦、玉米和水稻。

（1）关于几种农作物生产成本的比较

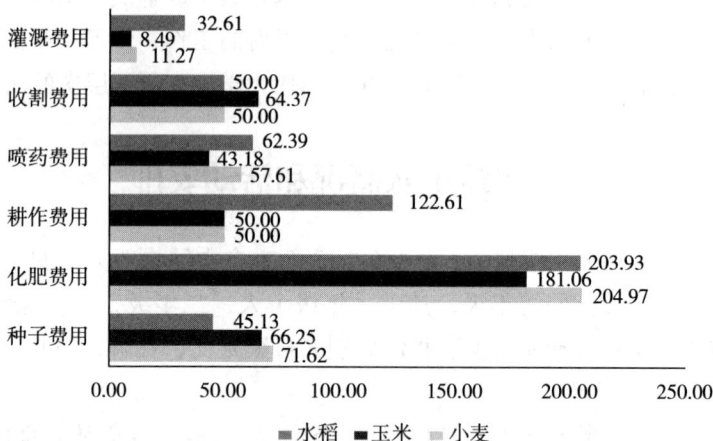

图 1　几种农作物生产成本核算表（元/亩）

由图 1 结合图 2、图 3、图 4 可以看出几种农作物生产成本分配有几乎一致的趋势。小麦、玉米、水稻生产中的化肥费用最多，分别为 204.97 元/亩、181.06 元/亩、203.93 元/亩，在总成本中所占比例分别为 46%、44%、39%；

而灌溉费用在总成本中所占比例最小，分别为3%、2%、6%；水稻的耕作费用相对于小麦和玉米较高，为122.61元/亩，所占比例达24%，而小麦和玉米这一比例都在12%左右，仅为水稻的一半。收割费用、种子费用以及喷药费用在三种农作物的生产成本中所占比例都比较接近，在14%左右。

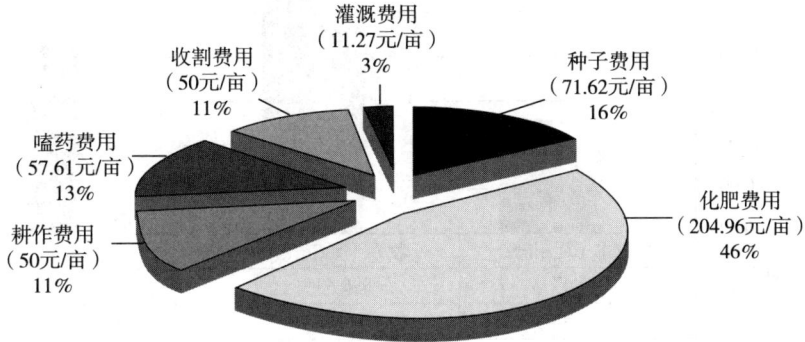

图2 小麦生产成本核算表

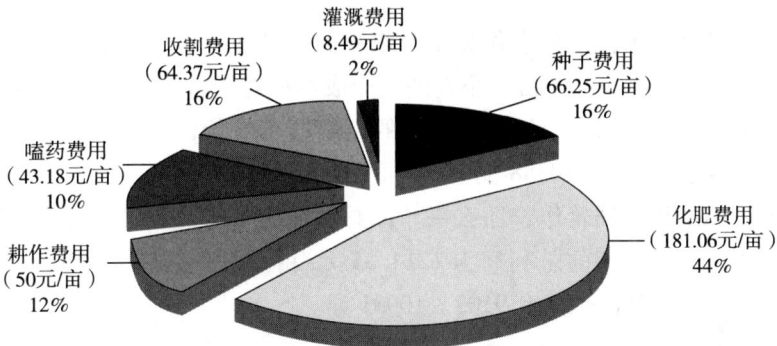

灌溉费用（11.27元/亩）3%
种子费用（71.62元/亩）16%
收割费用（50元/亩）11%
喷药费用（57.61元/亩）13%
耕作费用（50元/亩）11%
化肥费用（204.96元/亩）46%

**图2 小麦生产成本核算表**

灌溉费用（8.49元/亩）2%
种子费用（66.25元/亩）16%
收割费用（64.37元/亩）16%
喷药费用（43.18元/亩）10%
耕作费用（50元/亩）12%
化肥费用（181.06元/亩）44%

**图3 玉米生产成本核算表**

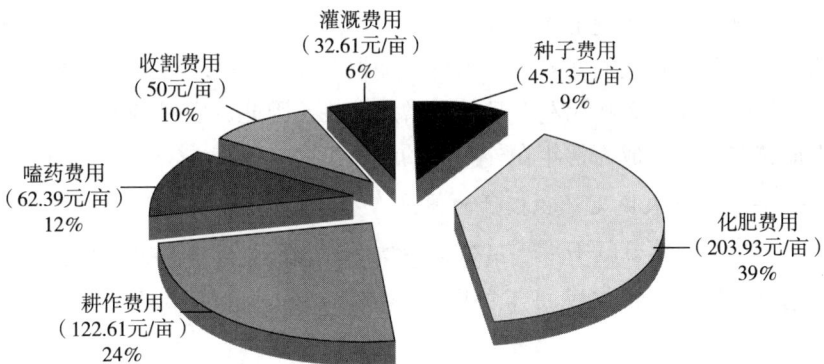

灌溉费用（32.61元/亩）6%
种子费用（45.13元/亩）9%
收割费用（50元/亩）10%
喷药费用（62.39元/亩）12%
耕作费用（122.61元/亩）24%
化肥费用（203.93元/亩）39%

**图4 水稻生产成本核算表**

（2）关于几种农作物生产效益的比较

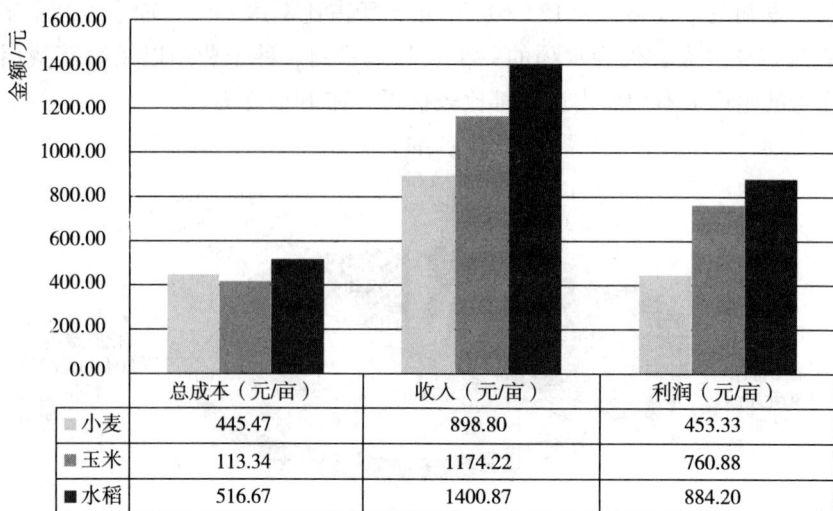

| | 总成本（元/亩） | 收入（元/亩） | 利润（元/亩） |
|---|---|---|---|
| ■ 小麦 | 445.47 | 898.80 | 453.33 |
| ■ 玉米 | 113.34 | 1174.22 | 760.88 |
| ■ 水稻 | 516.67 | 1400.87 | 884.20 |

**图5　几种农作物生产效益的比较**

由图5可以看出：三种农作物中，水稻的生产成本最高，为516.67元/亩，利润也最高，为884.20元/亩；小麦的生产成本相对于水稻较低，为445.47元/亩，利润最低，为453.33元/亩；玉米的生产成本最低，为413.34元，利润介于水稻和小麦之间，为760.88元。

如果是小麦和水稻轮作，那么一年的总利润为1337.53元/亩；如果是小麦和玉米轮作，那么一年的总利润为1214.21元/亩。一个五口之家按7.5亩耕地计算，一年的农业利润也只有9105~10031元。

（3）农民放弃耕地原因的思考

从上文的结果中可以看到，一个五口之家一年种粮食的利润只有1万元左右，这对于维持一个家庭正常的开销是相当困难的，尤其是在消费水平不断提高、消费欲望不断膨胀的背景下。另外，胡豹①调查显示，2010年江浙沪一带农民工年平均收入在14200元左右且仍有增加趋势。因此，农民普遍放弃了多年经营的土地转向城市，成为常年在外打工的农民工。

（4）关于调动农民生产积极性的建议

第一，加大农资补贴力度。虽然国家每年都在加大农资补贴力度，但从我们的调查结果来看，当地农民每年每亩耕地能得到的直接资金补贴仅有100元左

---

① Norton, G. W. and Alwang, J. Introduction to Economics of Agricultural Development. Virginia Polytechnic Institute and State University. M cGRAW-H ILL, INC, 1993。

右，给农民带来的经济效益并不明显。因此，政府应继续提高农资综合补贴标准，大幅度增加种粮直补力度，调动农民种粮积极性。

第二，提高粮食收购价格。"谷贱伤农，米贵伤民"。粮食价格一方面关系到种粮农民的切身利益，另一方面关系到消费者的承受能力。因此，国家应采取相应政策提高粮食收购价格，稳定销售价格，保护农民种粮积极性。

第三，扶持农村耕地流转，鼓励规模经营。我国城镇化的不可逆性，决定了农村劳动力资源的稀缺性将不断加重。因此，减少耕地劳动力投入力度，集约化、商品化经营将成为未来农业发展的趋势。国家对于各种科学的耕地流转形式，各种农村合作组织，一方面要加强引导，另一方面要给予必要的资金、科技和政策支持。

第四，推进机械化进程。解放劳动力、提高生产率，是发展现代化农业的一大目的。然而目前农业机械化的现状却不容乐观，主要表现在如下方面：第一，没有全面机械化，如玉米收获主要还是靠人力；第二，农机具以小型机械为主；第三，农民承包地面积太小，耕地周围道路失修，不利于农机作业；第四，农业机械闲置普遍，几乎每个家庭都配有耕作机器，机械作业面积小，利用率低。

农业机械化能在一定程度上降低生产成本，增加了生产效益，尤其在规模经营中体现更为明显。因此，要加大科研投入，研究更为先进的农业机械，加大农业机械的补贴，让农民更有机会享受农业机械化带来的效益。

## 2. 九年义务教育发展现状

### (1) 九年义务教育调查内容及初步结果

我们实践小队以筐头张庄、蒋圩村作为九年义务教育调查的重点范围，将调查人群分为三类：第一类人群是未曾接受过九年义务教育的 80 后，他们因为当时政策和经济条件的限制无法完成学业，这情有可原；第二类人群是有经济实力且可以享受九年义务教育政策的 90 后；第三类人群就是这些孩子们的家长，他们与这些孩子的教育成长密切相关。

调查情况如表 1 和表 2 所示。

**表 1**           **样本中 80 后人群的初中毕业情况汇总表**

| 类别 | 初中毕业者 | 初中未毕业者 | 总计 |
|------|-----------|-------------|------|
| 人数 | 35 | 37 | 72 |

**表 2**           **样本中 90 后人群的初中毕业情况汇总表**

| 类别 | 初中毕业者 | 初中未毕业者 | 尚未毕业的在读者 | 总计 |
|------|-----------|-------------|----------------|------|
| 人数 | 43 | 47 | 38 | 128 |

由表1可以看出，该村80后总共有72人，初中毕业率为48.6%。与城市的初中毕业率相比较，这个数字显得太低。但是就当时那个年代，考虑当时该村的实际情况，这个数字值得欣慰。因为我是在这里土生土长的，相对来说比较了解这里的情况。举个例子来说，我刚好是90后，上小学的时候还没赶上九年义务教育这个政策，我们家的经济情况和其他家庭差不多，我们小学五年每个学期的学费几乎都是要交整整一个学期才能交完，因为当时家里真的没有太多积蓄，如果交了学费，家庭的日常开支真的会受很大影响。所以我对这个数字表示理解。

由表2则可以看出，除去尚在读的人群，初中毕业者为47.8%，大部分人选择了中途辍学。这种现象很是让人不解，为什么90后的生活水平提高了，国家的帮扶政策多了，初中毕业率反而降低了？这是个很值得深思的问题。

怎样来解释上面这种现象？家长应该有他们的想法。调查表明，70%的家长认为自己的孩子学习成绩不好，与其在学校浪费时间、浪费金钱，还不如早点去外地打工挣钱。还有小部分家长认为就算是读了大学也不一定能找到好工作，一样还得受苦受累，所以他们就不对孩子抱有希望。

（2）义务教育背景下辍学率升高原因之探讨

九年义务教育下孩子辍学率在升高，如何来解释这种现象？每个地方有每个地方各自的特点，有各自的历史残留问题，所以应该具体问题具体对待，应该更多地结合该村的实际情况加以分析、探讨。

第一，高考血泪史。据统计，2000年以前筐头张庄竟没有考取过一个大学生，到目前为止也仅仅考中过两个本科、两个大专。周围没有大学生榜样，没有因为上学而出人头地的案例，家长哪有信心，孩子哪有动力？所以当孩子成绩不好时，他们自己上学感到很累，家长为此也是操碎了心。一旦孩子和家长都不愿忍受这种痛苦时，他们就选择了放弃，选择了一条似乎更有前途、更有希望的路，毕竟人这一生很大一部分的奋斗目标是金钱，而实现这一目标的途径不只有一条，上学仅仅是一个选择。

第二，金钱的诱惑。随着改革开放的进一步深入，打工浪潮一浪高过一浪。据统计，筐头张庄西队现有劳动力102人，其中外出打工者75人，外出打工率为73.5%。种地已经远远不能满足他们的生活需求，而外面的世界却更加精彩，蕴含着巨大的财富。所以，一大批农民放弃了土地，选择了去外地打拼。的确外面的世界很精彩，很多人挖到了人生的所谓的第一桶金，有一部分人年收入达到十几万、几十万甚至上百万，即便是考上大学找到工作收入也不过如此。面对巨大的金钱诱惑，家长们动心了，孩子们浮躁了。

第三，缺少家庭的温暖。80后的孩子有家长们相伴，他们从来不缺少家庭温暖。然而90后、00后的孩子就没这么幸运了，家长们为了生活外出打工，留下的仅仅是老人和孩子以及维持生活开支的钞票。孩子们在家无人管教，再加上电脑游戏的诱惑，很多孩子慢慢堕落了，学习成绩逐渐下滑，辍学率增加就不足为奇了。

第四，学校、政府部门监管不力。九年义务教育的其中一个基本性质就是强制性。所谓强制性又叫义务性，让适龄儿童、少年接受义务教育是学校、家长和社会的义务。谁违反这个义务，谁就要受到法律的规范。家长不送学生上学，家长要承担责任；学校不接受适龄儿童、少年上学，学校要承担责任；学校不提供相应的条件，也要受到法律的规范。然而在现实生活中，辍学现象如此严重，学校、政府部门确实有很多方面是应该加强的，应该采取积极的措施鼓励孩子们继续完成学业。

# 四、总 结

### 1. 研究结论

农业生产的高成本，直接影响着农民的种植收益和生产积极性。应该建立生产成本和产品价格、生产成本和农业补贴之间的联动机制，比如当农资价格上涨，农资综合补贴也应该相应增加。通过提高农业生产规模化和现代化水平减少成本上涨带来的冲击。此外，国家通过加强农田水利等基础设施的投资建设，改善农业生产条件，也有助于降低农业生产成本。通过提高农业生产规模化和现代化水平减少成本上涨带来的冲击。

九年义务教育现状在广大农村仍不容乐观，需要政府、学校和家长相互协作，共同努力，让适龄儿童上得起学、愿意上学、上得好学。

农村医疗卫生条件虽已有很大改善，但不和谐现象仍屡见不鲜，政府应加大相关政策的宣传力度，医疗机构要加强医德医风建设，而人民群众也要积极响应政策号召，共同为医疗改革深入开展献计献策，共同享受医改带来的福利。

### 2. 本文的研究局限及不足

由于活动时间有限，我们没能去更多的村庄调研，得到的数据有限，仅能反映调研当地的实际情况。在调研中，我们也犯了一些小错误，如：分工不甚明确，调查结果填写不尽规范等，导致后期花费了大量时间予以纠正；团队中也出现过小分歧。这些都是值得我们认真总结的，希望在以后的工作或实践中能避免此类错误再次发出现。

# 河北省兴隆县三道河乡黑峪沟村及
# 大石门村考察报告

本文以在兴隆县五天的实际考察为基础，介绍兴隆县百姓的生活条件和发展状况。兴隆县是在 7·21 北京暴雨中的重灾区，其闭塞的山区环境使之蒙受着交通不便和自然灾害的双重压力。在本文中，我们通过与当地群众的面对面访谈，了解他们面临的发展困局和切身需求，勾勒出山区群众的真实的生活图景与致富之路。同时，本文也提出了一些兴隆县百姓亟待解决的问题，并对农村"熟人社会"的淳朴环境有所描绘。

## 楔　子

我对兴隆县了解多少？直到实践前的最后一周，我才对这里有了一个直观的认识。这里，就是 7 月 21 日暴雨中被遗忘的灾区，四人丧生，却没有引起任何的注意。这片被群山包围的土地，究竟有几多辛酸血汗，而生活在这里的人们，又是以怎样的眼光看待自己的生活？

带着这样的问题，7 月 28 日，我们来到了兴隆县，开始了一段探索与发现之旅。

## 群山之中的城镇

"九山半水半分田"，这是对兴隆县的最简单诠释。这是一座陷入群山的城镇，燕山在这里转折，长城在这里蜿蜒穿过，在带给这里不平凡的积淀的同时，也带来了闭塞与不便。

等待了若干小时之后，我们终于坐上了前往半壁山镇的客车，沿途，盘山公路上不时留下彩色的标记，那是那场暴雨冲毁护栏的遗迹。转过一个超过九十度

---

本文作者：清华大学赴河北省承德市兴隆县三道河乡黑峪沟村及大石门村支队。报告执笔人：于喆（清华大学数学系 2011 级本科生）。

的大转弯，面前出现了触目惊心的一幕：湍急的水流冲刷着路基下区区两三米的乱石滩，而在这"急湍甚箭，猛浪若奔"的湍流之中，赫然有一棵树梢已经贴近水面的树，湍流冲击河底掀起的浪花，甚至可以打到树顶。显然，这里不是感慨生命力强盛的时候，那棵树的周围曾经是陆地，才是最正确的解释。再看看面前山坡上赭红色的底土，我更确信了自己的想法。

假如没有队长张泽华的接应，我们还不知会在这乱山之中徘徊多久。因为，即使已经到了那个叫做半壁山的小镇，距离真正的目的地依然有十余里地的颠簸。有些地方似乎曾经有公路存在，但路面已经被犁出一道道深深的沟壑，残存的雨水沿着这些沟壑，形成一段段支流。对于一个习于城市生活的人，像我，又何尝见到过这样完全不能被称之为"路"的公路？也许鲁迅是对的，"山地里本来没有路，走的车多了，也便成了路"。

终于，到了一个叫做大石门的村庄，这里，我们幸运地遇上了队长若干姨中的一个。在家里休息片刻之后，站在门前的台阶上我惊奇地发现，东西南北四方是黛青色的山影。"这才是真正的山区"，我不禁感慨，但这意味着什么，还要等第一个晚上来临，才会真正清楚。

# 积尘的"第三产业"

下午的第一项任务，是熟悉周边的环境。沿着村里唯一的主干道西行，一路上有无数新鲜的农家图景吸引着人的眼球。乡村的土路上，不时有几只鸡鸭大摇大摆地走过，他们似乎已经熟悉了人的存在，听到车笛声，会大摇大摆地让开，但模仿犬吠，却只能得到不屑的目光。

大概已经走出了两三公里，路旁的栗子树和玉米已经引起不了大家的任何兴趣，我们终于走到了这一段路的尽头，一个叫做河套的地方。面前是一座半在水上半在水面的桥梁，但漫水桥的部分已经被一周前的洪峰冲垮。冲断的桥基与激流互相冲荡，形成一个个微型的漩涡。"这座桥什么时候能修好呢？"答案是："已经报上去了，但是，多久能修好？……"

返程的途中，为了买一副牙具，我走进了村里最大的一个商店。它大概有普通超市一半的规模，屋顶却挂着"文革超市"这样一个诡异的名字。不过，只要走进去你就会发现，这个超市确实有文革时代的古风。那时已经是傍晚时分，从玻璃窗中只能透进寥寥几缕阳光，但是，屋里没有灯，只能看见阳光下幸福地坐着布朗运动的尘粒。名曰超市，其实只有一排老式的玻璃柜台和后面的一排货柜，玻璃柜台上的编织袋罩着少许饼干和糕点，但是，天知道这些经历过漫长岁月的食品，和我的诺基亚手机哪个更硬。柜台前站着一位波浪头的女士，她一面照顾着两个淘气的孩童，一面将一套牙具递到我的手中。这里，大家的态度都是那么和蔼，但是，大概是由于顾客的匮乏，商店的环境实在令人难以恭维。

归途中，我用心打量了一下沿途那凤毛麟角的商店与饭馆。相比之下，"文革"超市已经是紧跟潮流的了，大多数小店只是十来平方米大小，商品种类屈指可数，唯一带有现代气息的，便是一台台式烤香肠机。而村里的饭馆，大多数只是某一家突出的厨房，当然，村头的家常菜馆是一个例外。

作为一个几百户人的村庄，这些许"第三产业"，还是显得太小了。有位专家说，"农村已经成为一个充斥着各种廉价商品的地方"，但是，我想说的是，现在绝对不是要优先解决商品质量问题的时候，要激活这"蒙尘的第三产业"，让这里充满商品，才是真正的当务之急。

# 无奈黄土不生金

手里握着 8 页的调查表，我们开始一户户地寻访。除了一些简单的问题，大多数问题分为几个部分：收入，土地流转，灌溉，教育，社会保障和贷款。

本来，我觉得自己已经知道了土地这一部分问题的大致答案。因为，这里是农村，是"面朝黄土背朝天"的农村，农民的天生本质，就是在土地上寻找自己的财富。但是，现实证明，这只是一个可悲的误会。

"您家大约有几亩土地？"

第一户："4 亩左右……算上山上的栗子林"；

第二户："一口人将近一亩地，大概有 3 亩吧"；

第三户："我家地都退耕还林种栗子了……好吧，大概还剩下一亩地"；

……

平均下来，大石门村每一户的四五口人，总共大约能有不过四亩土地，这两个被九分山地所围困的村落，将每一分土地都种满了玉米，但每年也不过能够有每亩八九百斤玉米的收成。换言之，这些土地能带来的，只有每人每年七百斤左右的玉米产量。就算能够达到 100% 的收购率，除去每人每天至少一斤粮食的消耗，以一元每斤的收购价计，一个家庭一年的耕地收入不过是区区 1000 元左右，讽刺的是，这个数目刚好小于两位老人合计一年 1440 元的养老保险金！换句话说，仅仅依靠耕地的话，这里一个壮劳力的价值，甚至小于一位耄耋老人。

当然，没有人会仅仅依赖八九分地过活，这里的生命线，在于村外山坡上的几千亩栗林。村外的山坡，名义上进行了退耕还林，但实际上，是种上了不到一拳粗的栗树树苗。这种生长谈不上迅速的树木，虽然已经生长了七八年，但实际上依旧不过有手臂粗细。大概还需要同样的时间，它们才能够真正意义上形成一片树林。这样也就不难解释，为什么这个明明种满树的山县，却会出现规模不小的滑坡。

但是，没有人有资格责备他们。正如战地急救的一句著名理论所说，只有活下去的人，才有资格考虑是否感染。同样，只有已经摆脱贫穷的人，才有可能"衣食足而知荣辱"，开始重视环境的意义。现在，最重要的还是，这些栗子究竟能带来多少收入呢？

一棵刚刚挂果的栗子树，一年能产的栗子不过一斤左右；一棵生长了数十年的树，虽然能够将这个数目提升到数十斤，但是这样的果树实在是太少了。平均来看，一户家庭带来的栗子收入，大约只有5000元左右，甚至有五六个受访者直接表示自己的农业收入是0。即使算上务工收入，户均收入也只有两万元左右而已，换句话说，也就是人均收入不足800美元，落后于整个中国平均水平接近15年。

了解了这样的情况，也就不难解释，为什么1/3的受访者，在"有多少土地就可以不去打工"的问题上，难以给出具体的答案。无奈黄土不生金，兴隆县也就难以摆脱贫困的命运。也许，矿业与务工才是这里走向富裕的出路。

# 基层民主的矛盾

要创业，要发展新的产业，自然不能希望村民完全自力更生，下一个问题，就是贷款问题。

在这片农村地区，人们没有所谓的"稳定收入来源"，也没有城市居民那样价格高昂的房屋作为抵押，银行贷款的大门基本上对他们关闭，贷款的唯一来源，只能是当地的农村信用社。而在此时，在贷款的利率与限额方面，却出现了巨大的差距。

金额方面，不少受访者表示，没有担保的情况下，他们的贷款数额只能被限制在3000元左右，而在一些家庭中，平均每次贷款金额超过10万元；在利率方面，平均利率大约在10%左右，但是，最高的达到了13%以上，而一些家庭，则只需付出8%的年利率。甚至有一户，他们的5万元贷款，贷款的利率是0。那本来是政府下发的扶贫创业无息贷款，但却被完整地移植到一个家庭的致富项目中，而村里的其他人则无权动此资金分毫。至于它会成为谁家的致富经费，就无需多言了。

有了足够的信用额度，一部分人就可以摆脱小打小闹的零工和小生意，而将大量资金投入到矿业等高投入高产出的项目中；而有了低息，就有了周转资金的资本。最后，这群人无疑将成为村里的"先富者"，从而得到村中更高的地位。

村干部和有家人在县里工作的人，其房屋总是最气派的；而有人告诉我说，为了入党以获得支书的参选资格，就有人愿意开出上万元的价码，这只是一个矛盾的两个方面。

一个小团体，在不过千余户的村里，就可以拥有具有相当影响力的选票。这样的话，先富和先贵之间，就形成了"先有鸡还是先有蛋"一样的奇异联系，这个问题，大概也是在观察农村时所不得不考虑的。

# 头顶的达摩克利斯

第二天，学会了在卫生所，在商店，在一切有人聚集的地方寻找受访者的踪迹后，我们的寻访之路轻松了许多。与钻到别人家里相比，坐在商店里间的炕头上，在一片烟雾缭绕之间轻松愉快地拉家常要轻松得多，而在这样的交流中，一旦打开了话匣子，对生活的感慨，便会混合着手中纸卷的青烟，一层层扑面而来。

这大多数感慨，除了教育，便是有关医疗的了。

那天，在一家路边小店里，刚刚问到"请问您家去年的净收入是……"耳边便传来一个愤懑的声音，"挣钱？一分钱也挣不来！"

回过头去，我看见的是一个患类风湿关节炎的中年女性。她一面揉着脚上肿起的一块块，一面把近几年求医的"烧钱"经历一一道来。话到中途，我不由得问道："那么，医保给您报销了吗？"没想到，这句话却引来了一阵更猛烈的爆发，"人要住院才给报销，我这种病怎么住院？还非要定点在兴隆县医院，这个他们会治吗？每次都要去北京治，从儿子那里要了好几万，医保一分钱也没给报过！"

后来我才发现，这个问题并不只是个例。大多数在医疗上花掉大部分收入的家庭，医保报销额一栏上，都是一个触目惊心的0。这些家庭，在层层的山区中，以毕生的努力积攒了一笔财富，却往往由于这样那样的疾病彻底返贫。身边的店主在炕头轻轻敲了一下烟袋锅，随着烟圈而来的是一阵无奈的叹息："政策是好的，可是……到了我们手里，又能剩下多少呢？"

我们要问的是，是什么让医保这一保护伞，彻底丧失了它的作用？因为，这一个为城镇这样的收入和医疗条件定做的制度，在农村这个完全不同的环境里，完全水土不服！

我们所在的兴隆县大石门村和黑峪沟村，平均距离县城40～50公里，患小病的村民，一般会选择在村里解决，想要达到医保报销的标准——住院，更是几乎不可能。而假如不幸病情严重，以兴隆县的水平，也未必能达到救护标准，而一旦选择了紧邻的北京，便又出了报销范围。甚至，假如选择了邻近的，距离仅30公里左右的唐山市遵化县，也会面对一分钱报销也拿不到的窘境。换言之，此时的医保，已经成为除了限制医疗之外，没有任何保障措施的"银样镴枪头"。医疗，作为悬在头顶的达摩克利斯之剑，在这个问题消失之前，又有谁敢以自己的生命为赌注，为事业进行一次豪赌？又有谁敢大胆奋斗，而不留下宝贵的救命钱？

也许，我们需要的，不是一面号召大干的红旗，而是——那带来心安的红十字。

## 麻将桌上的黑峪沟

如果说大石门村展示的是靠天吃饭的范例的话，那么黑峪沟村则体现的是靠不上天的困局。去年的一场大冰雹，让几千亩栗林几乎绝收，而今年，本来可以产五六千斤的林地，也大概只能打下二三百斤而已。这里的不少村民，回答的收入数额，都不过四位数的数字，换言之，埃塞俄比亚的人均收入水平。

虽然如此，但是，在村里的各条街道穿行时，我却看不到改善生活的渴望。在每一座小店，每一家的院子里，都是一盘盘搓麻的人群，有的刚刚在我们的统计表上写下了年收入2000的数字，便又投身于5元钱一盘的牌戏中。这里，虽然已经有了电视音响摩托车，但是人们的生活方式却依然停留在十年甚至二十年以前。

突然间，一阵与周围环境极不搭调的手机铃声在店里响起。这是《Burning》，一首不知从何而来的英文歌。那位手握着这部手机的中年汉子，大概有一位上过高中甚至大学的孩子吧？但是，经历过供养学生的艰难过程，他又怎能心安理得地回到麻将桌前，忘记自己曾经的艰辛呢？或者，他们只是在逃避，不愿看到眼前惨淡的收成和艰辛的生活？

## 人寡难觅水灌田

走过两个村庄，探访了几十家农户，大家对每个问题的答案大多各有不同，但对其中一组问题，大家的回答却惊人的一致。

"您家的地，都是靠什么灌溉呢？"

"灌溉？都是靠天吃饭咧！"

两个村里曾经都有过水渠，有过机井，但它们都随着分田，成了无人维护的废弃设施。而那些灌溉设备，早已被大队干部换成了钞票，至于它的去向，就只有天知道了。

"村里开过会讨论灌溉问题吗?"

"从来没有过!"

当然,大家都忙着自己的生计,又有谁能顾及建成了自己也分不到多大一份的灌溉设施呢?

"您觉得,建立一个协会来集体解决灌溉问题,是一个好办法吗?"

"当然了,我觉得可以。"

"那么,您觉得,这样的事能办成吗?"

"……"

"您觉得可以吗?"

"可以是可以,可是,有人组织吗?"

"那您觉得,这个问题应该由谁来解决呢?"

"政府来解决呗!"

确实,这是唯一能够想到的办法,因为任何人都没有能力独立支撑起一个村庄的水之源泉。当1984年这个村庄第一次开始分地的时候,幸福的村民们,大概也不会想到,一场"公用地悲剧"的典型范例,正在他们的身上上演。如今,集体经济解体的阵痛,开始一点点地显形。人寡难觅水灌田只是一个范本,水利之外,许多基础设施的问题,正等待着人们用智慧去解决。找准集体与个人的平衡点,这个课题,会由谁来解决呢?

# 柴草上的希望

早在第一天晚上,为了一份学校问卷,我们便走进了坐落在大石门村的小学与初中合一的三道沟中学。我想,应该感谢那场阵雨,让我们不情愿地留在了学校一个小时,真正了解了这里的情况。

接待我们的是学校的一位值班主任。当他在住宿条件一栏填上"良好"时,我不由得摸着柴草堆成的铺位,无奈地摇头苦笑——这个叫做良好,那么我们的大学宿舍,莫非要叫"豪华"?似乎是为了验证我的说法,一道闪电闪过,停电了。显然,乡村脆弱的几根电线,如同部队中的菜鸟学员,平时或许还能耀武扬威,但在大风大浪面前,却毫无还手之力。

走出学校时,已经是一小时之后。望着已经有些内涝的门厅,再看看屋顶手指肚大的蜘蛛,值班主任竟然一脸轻松,似乎已经习惯了面前的一切。面对已成为一片汪洋的学校操场,看着与远处山影融为一色的国旗,再看看在表格上写下最大困难是饮水不足却依然淡定的主任老师,一种特殊的感觉油然而生。

后来我知道，最艰难的还不只此。

黑峪沟村里，当我问到村里有没有小学时，得到的回复是"一二年级在村里有，而高年级就去邻村吧"。但尽管如此，这两个村子的入学率，依然近乎百分之百！

这时，我曾经对农村学生加分的不满烟消云散，因为仅仅是在这些简朴的柴草上，却支撑着这里未来二十年的希望，而能从这种环境里走出来的人，都是真正优秀的学生，是比那些占据着无形优势却又茫然不自知的学生更加优秀的人才！

不知道那些执教的支队们是不是也会有相同的感想，我觉得在这个问题上他们更是我们的老师。

"两免一补"的执行情况还算乐观。但是，在高中阶段的入学率锐减，也是不得不面对的问题。最近的高中在遵化，但可以上的最近高中在百里之外的兴隆。这道有形又无形的墙，正在无形中吞噬着山村里未来的命运。我只是一个过客，我留下的只能是祝福。希望有一天，这些比我还小的学生们，不必在百里之外才能找到自己的梦想。

# 温暖的"熟人社会"

"箫鼓追随春社近，衣冠简朴古风存"，这几天，我虽然往往以近乎挑剔的眼光看待眼前的一切，以寻找这里面对的现实与症结，但我应该承认，我已经被这里温暖的熟人社会所彻底感染。

久违了，村前游戏的儿童；久违了，月下畅谈的场面；久违了，夜不闭户的信任。那些唯恐不够丰盛的招待，那毫无戒备的欢笑畅谈，那不顾劳顿的指引，带来的是一种别样的温暖。

还记得那天，为了让我们有机会去看看溪水对面的长城，小店的店主隔着水想将雨靴扔过溪流，尽管最后雨靴随水被冲到了下游，但是他却不以为意；还记得，一起爬上山去看水库的半路上，虽然说着减产的局面，但老支书爷爷依然带着爽朗的笑容；还记得，每次吃饭时，我们都被逼得狼狈不堪，直到肚子被装得圆滚滚，才被允许放下手中的筷子……

"寻寻觅觅找不到活着的证据/都市的柏油路太硬踩不出足迹/愚妄无知的现代人不知道珍惜/那一片被文明糟蹋过的海洋与天地"，城市里生活的我们，缺少的正是这种"熟人社会"，这种邻里之间的亲情与温暖。也许在其他方面是我在考察乡村，但在这里，是乡村教育了我。

"回来吧，回到最初的美好。"

# 附录

# 清华大学中国农村研究院 2012 年
# "百村调查" 工作总结报告

农村是大学生了解国情的广阔天地，调查研究是大学生增长才干的最好形式。清华大学中国农村研究院（以下简称农研院）以服务"三农"决策、培养农村研究人才为己任，高度重视农村调查研究工作，并在《清华大学中国农村研究院发展规划（2012～2015）》中，将"大学生农村社会调查项目"作为一项重要工作任务。2012 年，在清华大学、农研院指导委员会、学术委员会的关心指导下，经农研院院领导班子决议和部署，组织首都高校大学生和研究生开展首届"百村调查"暑期实践活动（以下简称"百村调查"）。活动吸引了近千名大学生参与，经过几个月的努力，取得了丰硕的成果。现将本次活动情况总结如下。

## 一、活动基本情况

2012 年 5 月，农研院启动了"百村调查"暑假实践活动。旨在鼓励在校大学生、研究生深入农村开展实地调研，了解农村正在发生的历史性变化，并从多学科的视角进行研究，进而对公共政策的制定提出相关建议。通过这项活动，引导在校学生关注"三农"、了解农村、认识国情、服务农民。

"百村调查"以"谁在农村"、"谁在种地"和"服务如何"为主题，设置了七个调研专题，包括：农村承包地经营与流转、农村"三留守"人员状况、农民子女教育、农田水利问题、农村医疗卫生、农村金融服务和农村经济合作组织。鼓励在校学生利用暑假赴农村开展社会实践活动，针对上述一个或多个选题开展调查研究，参与形式包括个人和支队两种，调研内容包括问卷调查和深度访谈两部分。

农研院与共青团清华大学委员会、研究生委员会，北京其他高校相关机构和学生社团合作，于 6 月份启动报名工作。共收到来自清华大学、中国农业大学、中国人民大学、北京师范大学、中国青年政治学院等多所高校 107 个支队和 36 份个人报名申请，近千名学生参与。

本着调研与回家或暑期社会实践活动相结合的原则，农研院对报名申请进行认真筛选，有 96 个支队，36 名个人获得立项批准。调研选题分布如下：针对农村子女教育问题和土地流转的选题居多，各 23 个立项；其次为 "三留守" 问题，20 个立项。

为保证调研质量，6 月下旬，农研院副院长韩俊，农研院院长助理何宇鹏为报名参加 "百村调查" 活动的学生进行了专题调研培训。

6 月底，高校陆续进入暑期，同学们带着 "百村调查" 农户和村级问卷及深度访谈提纲，奔赴各地调查研究。同学们的足迹遍及全国 17 个省、5 个自治区和 2 个直辖市，走访了 205 个村庄，调查了 5000 多个农户，调查对象最小 15 岁，最大 90 岁。

经过为期两个半月的实地调研，活动取得了丰硕的成果。活动共发放 6000 余份调查问卷，回收 5363 份，问卷回收比例约 90%。其中，回收农户问卷 5165 份，村级问卷 205 份。

学生提交的调研报告共 84 篇。各个选题的调研报告分布情况为：综合选题调研报告 36 篇，"农村承包地经营与流转" 选题调研报告 14 篇，"农村'三留守'人员状况" 选题调研报告 11 篇，"农民子女教育" 选题调研报告 9 篇，"农田水利问题" 选题调研报告 3 篇，"农村医疗卫生" 选题报告 3 篇，"农村金融服务" 选题调研报告 2 篇，"农村经济合作组织" 选题报告 4 篇，其他选题调研报告 2 篇。

回收的村级和农户调查问卷经过数据处理，形成了描述性统计分析报告，在此基础上完成了综合分析报告的撰写，相关决策建议已报送有关部门和领导。

农研院设立 "农村调查研究奖"，表彰假期实践活动中由调研个人或支队完成的优秀调研报告。农研院工作人员从选题意义、成果质量和写作规范三个方面对全部调研报告进行了初选，并邀请学术委员会委员对 61 篇符合要求的调研报告进行了专业评审，共评选出 17 篇获奖文章。其中特等奖 1 篇，奖金 5000 元；一等奖 2 篇，奖金各 3000 元；二等奖 4 篇，奖金各 2000 元；三等奖 10 篇，奖金各 600 元。所有获奖个人或支队，获颁荣誉证书。

11 月 29 日，"百村调查" 暑期实践活动报告会暨 "农村调查研究奖" 颁奖仪式在清华大学主楼接待厅举行。活动对 "百村调查" 工作进行了总结，对优秀调研报告进行了表彰，并邀请部分获奖学生代表现场汇报调研成果。农研院院长陈锡文、副院长韩俊百忙中亲临现场，为获奖同学颁奖。《"甘沐青春"暨清华大学赴甘肃青海两省六市调研教育资源整合现状调查报告》获特等奖；《青藏双语教学的现状、问题与对策：基于比较分析的视角》、《"农民之子"贵州项目十年总结调研报告》获一等奖；《对普洱市农村存在问题的思考与探索》等 4 篇报告获二等奖；《河南内黄县 "赤脚医生" 规范化情况调查》等 10 篇报告获三等奖。

"百村调查"优秀调研报告结集出版，部分获奖报告在农研院主办的《"三农"决策要参》刊载，供有关部门和领导参阅。

# 二、主要工作方法

①采取问卷与访谈相结合的调研形式，增加调研深度。活动形式主要包括问卷调查和深度访谈两部分。问卷调查分为村级和农户调查两部分。通过问卷调查，了解整体情况；通过深度访谈，对所选主题深入探讨。

②指定专家设计选题方向和调查问卷，保证调研质量。本次活动所选的七个主题，均由专家根据当前中国农村经济发展的热点和难点问题设定。调查问卷也由农研院专家根据相应主题进行设计，内容全面，结构合理，保证了调研质量。

③严格筛选参与人员，保证学生调查员素质。调查员是保证调研活动实施效果的关键。农研院制定了周详的报名立项计划，并根据报名同学的学科背景、调研经历和提出的调研计划进行了筛选，最后选出近千名符合要求的同学。

④采取个人立项和集体立项相互结合的灵活形式，扩大参与面。本次调研采取个人立项和支队立项相结合的形式，通过相对灵活的组织形式，满足不同同学的调研需求，鼓励更多同学参与到调研活动中，扩大了参与范围。

⑤组织专业调研培训，加深学生对调研的理解程度。6月下旬，农研院副院长韩俊、院长助理何宇鹏为报名参加"百村调查"活动的学生进行了专题调研培训，让同学们理解本次调研的重要意义、任务和方法，并通过现场答疑，加深学生对调研活动的理解。

⑥鼓励回乡调研，解决"入户难"的问题。活动以鼓励学生回乡调研为主。回乡学生与村民之间相互熟识，容易消除戒备心理，获取真实的资料。从实际情况来看，个人调研主要以学生返乡调研为主，大多数支队调研的地点往往也是支队中某位成员的家乡。通过鼓励回乡调研，提高了调研的效率。

⑦结合高校其他活动，充分调动组织资源。"百村调查"的组织工作与共青团清华大学委员会、研究生委员会的学生暑假实践活动相结合，并通过其他高校的团委组织扩大宣传力度，既提高了活动组织的效率，又扩大了活动参与范围。

⑧提供调研经费资助，为活动开展提供后勤保障。农研院为参加调研的同学报销交通费用，使更多同学能够参与到调研中，有效地保障了活动的开展。

⑨引入激励机制，表彰优秀调研成果。农研院设立"中国农村调查研究奖"，奖励取得优秀调研成果的支队和同学。同时，通过报告会形式，邀请部分获奖学生汇报调研成果，分享调研体会，为同学们更好地开展调研活动提供了有效激励和成功经验。

# 三、主要收获

"百村调查" 活动的收获不仅体现在一份份问卷与调研报告中，更重要的是，通过深入农村开展调研的实践行动，同学们对中国农村有了全新认识，提升了历史责任感和使命感，增强了社会实践能力。

## 1. "百村调查" 为学生提供了深入了解中国农村的窗口

"百村调查" 让广大学生深入基层，了解农村。很多调查支队和同学到边远地区最基层的村庄调研后认识到，虽然以前一直听到有关农村现状的种种说法，但直到去做调研后才明白真正的农村是什么样。许多同学提到，返乡调查使他们从新的角度审视家乡的现状与未来，发现了很多之前没有注意到的情况与变化。同学们在实践总结中说，"清华大学中国农村研究院的'百村调查'，让我们能够俯下身去，发现一个不一样的中国农村，收获颇多"；"很早之前就听学长说过'调研改变中国'，那时候还半信半疑，但暑假实践调研活动从某种程度上来说，即使没有能够改变中国，也改变了我对中国的认识"；"看农民下地干农活，有两个细节特别感动，一个是将豆子导入容器中，小心翼翼生怕撒掉一粒，一个是反复漂洗装农药的袋子，不浪费一滴——朴实无华的农民"。

在调研过程中，同学们真情投入，与农民交朋友，把农民生活中的幸福和苦难、问题和要求都记在心里，把迫切需要解决的问题带回来写进调研报告里。尽管活动时间短暂，却足以改变学生对人生的看法，成为他们刻骨铭心的实践经历和陪伴终生的宝贵财富。

## 2. "百村调查" 提升了学生的社会调查和实践能力

很多同学提到，调研过程中遇到的实际问题难以预料，唯有坚持不懈，才能克服种种困难，搜集和挖掘到真实的数据材料。不少同学提到，农村调研并没有想象中的容易，需要结合多种不同的调研方式。调研出发前，同学们运用文献法，阅读大量的政府文件、学术文章和新闻报道，做好准备工作；调研过程中，同学们综合运用访谈法、问卷法、非参与式观察法和参与式农村快速评估法等方法，有针对性地开展调研；当调研遇到困难时，同学们运用观察、比照法等方法从侧面发现总结问题。例如，在调查过程中，问到村民收入等敏感问题时，有的村民非常谨慎，不配合访谈；问到当地农村发展中的突出问题时，也有的村民不屑一顾。为了保证访谈数量和质量，有的同学花费大量时间与村民聊天，解除他们的戒备心理；也有同学自掏腰包赠送小礼品，拉近与村民的距离。有同学说，

"虽然我们不常走山路，但是相比而言，翻山越岭远没有从别人嘴里获得有效信息困难。山路虽不好走，只要一步一步地走，总能走过去。而从别人嘴里获取信息，一句一句地却套不出来。但即使这样也挡不住我们前行的脚步——这就是我们深入田间地头最真切的感受"；"在官田村调研的时候正好碰上当地农民插秧时期，我们的调研到处碰壁。但是，我们的实践小队成员克服重重困难，穷追不舍，改变时间，改变方式，最终完成了调研任务。实践是辛苦的，调研更是件麻烦事，但是只要你有心，什么事情都可以完成，世上最怕的就是有心人"；有同学将自己的调研经验总结为"接地气，沉住气；走进基层，扎入农村；拜民为师，与人为友"。

### 3."百村调查"提升了学生发现、分析和解决问题的能力

通过参加实地调研，同学们对很多问题的认识，不再是一种情绪化的宣泄，也不再是简单地进行价值判断和道德判断，而是转变为从农民当中去寻求解决问题的方案。务实成为许多同学最大的调研收获。由于有写作调研报告的要求，在经过专业培训后，许多同学从原来只会做单纯的访谈记录到学会了整理分析各类调研资料，能够大胆假设、小心求证。在写作调研报告过程中，同学们充分发挥专业特长，用自己的视角观察农村问题。比如，有同学提到，"通过所看、所思、所感，深刻地感受到基层尤其是中西部的农村，农村土地流转所带来的实实在在的成效，也许是现代农村规模经营的一个试验田和改革地"；"农民其实是非常理性的，他们有他们的账本，时刻权衡着做任何决策可能带来的得失。我们无权去批判他们，反而应该去接纳他们，理解他们，甚至帮助他们"；"走访中，我感受到中国农村存在超乎想象的复杂问题，如人均耕地极少，空巢老人生活艰难，留守儿童缺少关爱，'两免一补'未能普及，上访结果差，农村合作制度成为'空头支票'等等……希望能够有更多同学走进基层，深入农村，实地考察政策落实情况，了解农民的实际要求"；"调研只是解决问题的一小步，未来还需要国家制定出切实有效的让广大农民满意的政策，让他们尽快过上幸福的生活"。

### 4."百村调查"提升了学生的团队协作能力

"百村调查"为学生社会实践活动提供了项目化运作平台，使得学生能够通过团队形式开展社会实践活动，通过活动增进了解，相互协作，共同完成调研任务。例如，清华大学10个院系的43名学生组成"赴甘肃青海两省六县调研教育资源整合现状联合支队"，兵分六路对甘肃、青海六个县市的30多个乡镇进行了历时37天的调研。由于队员间的相互协作，取得了极其丰富的调研成果。这种

团队形式充分发挥了清华学生多学科的优势，通过多视角观察，系统解决问题。北京师范大学"农民之子"贵州项目，持续十年深入调研，不仅全面总结了当地农村现状及其发展，也从几个典型事件研究中提出了新的问题。还有同学提到，"这次实践，让我体会到了切实地服务'三农'对中国农业农村发展的重要性，更让我意识到了校训'解民生之多艰'施加给农大学子的一份责任感和使命感。然而更实际的，却是在实践过程中，几个人从陌生人到逐渐建立起来深刻的友谊，以及在一次次的任务中培养出来的坚强的品格"。

### 5. "百村调查"提升了学生的历史责任感和使命感

大学生和研究生深入农村调查了解，看到的是真问题。他们希望通过"百村调查"，为农民反映、传达真实的想法和感受，为决策提供真实的数据和材料，为解决"三农"问题贡献自己的力量。正如同学所说，在"百村调查"活动中，同学们都感受到投身于社会主义新农村建设的必要性与紧迫性，产生了由衷的责任心与使命感。

"百村调查"使大学生和研究生在调研过程中深受感染，对农村产生了深厚的感情，这将为大学生和研究生的成长带来正能量。有的同学真实地感受到脚下这块土地是养育中国人的根之所在，对土地应当怀有一颗谦虚的、崇敬的、感恩的心；有的同学说，七八天的调研像经历了一场蜕变，整个身心脱胎换骨、焕然一新；有的同学提到，被中国农民的热情与纯朴和他们对土地的那份执著地热爱深深地感动了；有的同学认为，通过调研看到了一个不一样的中国，体会到了农民生活的艰辛、农民子女上学的不易，体会到了农民需要帮助，作为当代大学生要更加珍惜学习的机会，奋发图强，为社会贡献自己的力量。

# 四、存在的问题和改进方向

除了收获，同学们对"百村调查"工作还有一些期待和建议，这也是"百村调查"活动未来改进的方向。

### 1. 调研问卷有些概念或单位不够通俗易懂，篇幅较长

问卷中有些概念或单位，村民因看不懂或不太了解而无法填写。比如"问卷的第二部分土地经营情况中'工日'的概念，第四部分农田水利情况中'灌溉用水量'，农户们不理解，也不会计算"等。针对这一问题，同学们建议可在调研前进行试调查，提高问卷设计质量。

同时，问卷设置问题数量较多，许多热心的村民望而生畏，打消了接受调查

的念头。建议将问卷题量尽量压缩，对不同地区亦可采取不同侧重点的问卷，在不影响样本代表性的同时，因地制宜，提高效率。

### 2. 鼓励做长期追踪调查，进行深度调研

活动过程中，许多城市里的同学，到农村这样一个完全陌生的世界进行调研，仅仅呆三天到五天，感觉时间有些太短。本次调研北京师范大学"农民之子"的贵州项目和甘肃青海的调查取得成功的一个重要特点，即与当地建立了长期联系，跟踪观察。贵州扶贫项目更是已持续十年之久，积累了大量经验。同学们建议，农研院未来应更加鼓励大学生和研究生针对某一重要问题进行长期跟踪调查，并考虑给予这部分同学更多资助。

### 3. 村民存在戒备心理，抵触情绪常产生

调研过程中，受访者常会因戒备心理或敏感性问题而产生抵触情绪，提供虚假答案，甚至终止访谈。解决这一问题，同学们给出的唯一方法是坚持与耐心，用真诚去打动受访者。比如，采用谈心的方式打开话题更容易取得村民信任，建立好感，为之后的调研扫清障碍。虽然时间花费较多，但只有这样，才能得到最真实的答案。同时，农研院也将继续鼓励回乡调研，尽量减少或避免这一障碍。

### 4. "三留守"问题严重使调研难度加大

调查一般在白天进行，但青壮年农民大都是白天在田里干活或者外出打工，留在家里的妇女、儿童与老人，很多不识字或对家里的情况不太了解，增加了调研的难度。虽然这一问题短时间内没有很好的解决办法，但可以在今后的调研工作中思考和寻找办法。另外，驻村调研的同学也可考虑在晚间开展入户调查，以提高调研访谈质量。

### 5. 个别地区语言沟通不畅问题

有些地区的方言与普通话差异较大，还有偏远地区的少数民族方言通常需要专人翻译。同学们在调研过程中大量依赖担任翻译工作的同学，影响了调研进度。建议针对语言差异较大的地区鼓励回乡调研，以减少语言沟通障碍，提高工作效率。

## 五、结　语

活动结束后，不断有同学与农研院办公室联系，询问来年开展调研活动的可

能性等。由此可见,"百村调查"已在学生中产生了良好的反响。正如陈锡文院长所言"同学们深入农村包括很多最偏远地区的农村开展调查研究,用最平实、最鲜活的语言反映了最真实的农村农民现状。这种调查研究不带任何功利目的,用纯净的眼光去看"三农"问题,深入田间地头开展实地调研,为农研院带回了最宝贵、最有价值的资料。"农研院也将以此为契机,不断改进和完善工作方法,提供机会、条件和帮助,将农村调查活动持续、深入地开展下去。

"百村调查"活动之所以圆满完成,是与各方的关心和支持分不开的,在此谨表谢意。在整理本书过程中,清华大学中国农村研究院在站博士后刘万霞、刘正山、刘红岩、刘文勇、杨立、陈春良、王晓莉为修改调研报告付出辛勤汗水,并对书稿的整理工作提出许多宝贵意见,在此对他们的艰辛付出表示感谢。同时也对其他为该书出版提供帮助的各界人士表示感谢。